전면개정판

5급 공채·입법고시

행정법 기출문제
답안과 강평

강 평 교수진

김철용(건국대) / 김향기(성신여대) / 김용섭(전북대) / 김치환(영산대)

류광해(충남대) / 방동희(부산대) / 송시강(홍익대) / 유진식(전북대)

이은상(아주대) / 이호용(한양대) / 최우용(동아대) / 최철호(청주대)

고시계사

머리말

　행정법을 처음으로 대하는 수험생들은 대체적으로 행정법이 매우 복잡한 법이라고 생각들 한다. 행정법을 어떻게 공부하여야 쉽게 이해할 수 있느냐고 묻는 수험생들도 많다.

　행정법의 핵심은 '법적 논리'의 구성이다. 구체적으로 제시된 문제상황에 대하여 어떠한 결론이 타당함을 주장하고 싶다면, 이러한 결론이 어떻게 도출되는지를 돌다리 쌓듯이 스스로 스토리를 만들어나가야 한다. 단순히 "이 문제는 쟁점이 이거겠구나" 하여 그 쟁점을 소위 '바르는' 것이 아니라 이러한 쟁점이 왜 문제되며, 해당 결론으로 나아가기 위해서 또 다른 중간논의가 필요한 것은 아닌지를 끊임없이 고민하는 과정이 중요하다.

　이 교재는 2007년에 처음으로 도서출판 고시계사에 출간한 『5급 공채(행정고시) 기출해설과 예상논점-행정법』을 바탕으로 하여 매년 새롭게 업데이트 하여 출간되고 있다.

　이번 전면개정판에도 많은 수험생들의 의견에 따라 2023년도를 포함하여 연도별로 5급 공채(행정고시) 기출문제(2023년~2010년)의 『답안과 강평』을 바탕으로 사법시험 기출문제(2017년~2010년)『답안과 강평』, 입법고등고시 기출문제(2013년~2010년)에 대한 『어드바이스』 및 『답안구성 예』를 추가하여 이번에도 새롭게 출간한 행정법의 보조교재이다.

　지금까지 출제되었던 기출문제의 분석은 모든 수험공부의 시작이자 종착점이다. 앞으로 출제경향의 분석이나 수험방향의 흐름을 파악하는데 있어서 기출문제의 분석은 수험생들에게는 절대적으로 유용한 수험공부의 기본패턴이다.

　이번 전면개정판에도 전면적으로 수험생들의 기대에 부응하기 위해 다음과 같은 내용을 담아 전면개정판을 출간하게 되었다.

　첫째, 2023년부터 2010년도까지의 총 14년 간의 5급 공채(행정고등고시)행정법 기출문제(필수/선택, 재경직렬)의 『답안과 강평』와 사법시험 기출문제(2017년~2010년)의 『답안과 강평』, 입법고등고시 기출문제(2023년~2010년)의 『어드바이스』 및 『답안구성 예』를 기본으로 하여 구성하였다.

둘째, 연도별 기출문제의 정제된 답안은 5급 공채(행정고등고시)시험과 사법시험에 우수한 성적으로 합격한 합격자분들 중에서 행정법 과목의 점수가 우수한 합격자분들이 실제시험에서의 실제답안처럼 작성하여 답안의 오류를 잡았다.

셋째, 정제된 기출문제의 답안에 주요 법학전문대학원(법학과 포함)의 행정법과목의 출제위원급 교수님들께서 직접 작성하신 출제분석과 출제의도, 중요 논점, 모범답안의 답안작성 방법 등을 강평으로 첨부하여 수험생 여러분들이 스스로도 자가학습이 가능하도록 하였다.

넷째, 2023년도부터 2010년도까지 입법고등고시 기출문제는 행정법 과목에서 좋은 점수를 받은 사무관님들께서, 각각의 설문마다 답안작성에 필요한 『어드바이스』와 『답안구성 예』두어 답안의 중요 논점과 전체 답안 맥락의 파악 및 답안의 서술전개를 파악할 수 있게 하였다.

수험생 여러분들은 본인이 가지고 있는 기존의 행정법 기본교재와 함께 이 보조교재를 가지고 수험공부를 진행한다면 행정법의 고득점에 한 걸음 더 다가설 수 있다고 확신한다.

각각의 기출문제의 답안마다 일일이 상세하게 강평을 해 주신 김철용 교수님(건국대), 김향기 교수님(성신여대), 김용섭 교수님(전북대), 김치환 교수님(영산대), 류광해 교수님(충남대), 방동희 교수님(부산대), 송시강 교수님(홍익대), 유진식 교수님(전북대), 이은상 교수님(아주대), 이호용 교수님(한양대), 최우용 교수님(동아대), 최철호 교수님(청주대), 그리고 정제된 답안을 작성하여 주신 여러 사무관님들 및 이 교재의 구성에 좋은 정보를 제공해 주신 행정법의 여러 강사님들께도 진심으로 감사를 드린다.

부디 이 교재가 많은 수험생들에게 한 알의 밀알이 되었으면 바람이다.

2023년 9월
고시계 편집국

Contents

Contents

9   2015년도 기출문제

10   2014년도 기출문제

Contents

17 2010년도 기출문제(재경직 및 기타직렬)

| 제1문 | A시는 A시에 소재한 甲소유 임야 10,620m^2(이하 '이 사건 토지'라 한다)가 포함된 일대의 토지에 대해 공익사업을 위한 토지 등의 취득 및 보상에 관한 법률(이하 '토지보상법'이라 한다)상 공익사업인 공원조성사업을 시행하기로 하였다. 공원조성사업의 시행자인 A시의 시장은 甲과의 협의가 성립되지 아니하자 관할 X지방토지수용위원회에 수용재결을 신청하였고, X지방토지수용위원회는 이 사건 토지를 토지보상법에 따라 금 7억원의 보상금으로 수용하는 재결(이하 '수용재결'이라 한다)을 하였다. 그러나 甲은 "이 사건 토지는 공원용지로서 부적합하며, 인접 토지와의 사이에 경계, 위치, 면적, 형상 등을 확정할 수 없어 정당한 보상액의 산정은 물론 수용대상 토지 자체의 특정이 어려워 토지수용 자체가 불가능하므로 수용재결이 위법하다"는 이유로 토지보상법 제83조에 따라 X지방토지수용위원회를 거쳐 중앙토지수용위원회에 이의를 신청하였다. 이에 중앙토지수용위원회는 이 사건 토지에 대한 수용자체는 적법하다고 인정하면서 이 사건 토지에 대한 보상금을 금 8억원으로 하는 재결(이하 '이의재결'이라 한다)을 하였다. (각 문항은 상호독립적임) (총 50점)

(1) 甲은 자신의 토지는 수용대상 토지를 특정할 수 없어 수용 자체가 불가능하므로 수용재결과 이의재결은 위법하다고 주장하며 이의재결취소소송을 제기하였다. 이의재결이 취소소송의 대상이 될 수 있는지 검토하시오. (25점)

(2) 토지보상금이 적음을 이유로 甲이 보상금의 증액을 청구하는 행정소송을 제기하는 경우, 본안판결 이전에 고려할 수 있는 행정소송법 상 잠정적인 권리구제수단에 대하여 검토하시오. (10점)

(3) 甲은 보상금 산정의 전제가 된 표준지공시지가결정의 비교표준지 선정에 오류가 있고, 평가액 산정의 평가요인별 참작 내용의 정도 등이 불명확하여 적정성과 객관성이 담보되지 않았다는 이유로 표준지공시지가결정이 위법하다고 주장한다. 甲이 보상금증액청구소송에서 이를 주장할 수 있는지 검토하시오. (단, 표준지공시지가결정에 대해서는 제소기간이 도과하였음) (15점)

〔 참고조문 〕「공익사업을 위한 토지 등의 취득 및 보상에 관한 법률」

제4조(공익사업) 이 법에 따라 토지등을 취득하거나 사용할 수 있는 사업은 다음 각 호의 어느 하나에 해당하는 사업이어야 한다.

1. 국방·군사에 관한 사업

2. 관계 법률에 따라 허가·인가·승인·지정 등을 받아 공익을 목적으로 시행하는 철도·도로·공항·항만·주차장·공영차고지·화물터미널·궤도(軌道)·하천… (중략) … 전기통신·방송·가스 및 기상 관측에 관한 사업

3. 국가나 지방자치단체가 설치하는 청사·공장·연구소·시험소·보건시설·문화시설·공원·수목원·광장·운동장·시장·묘지·화장장·도축장 또는 그 밖의 공공용 시설에 관한 사업

[이하 생략]

제34조(재결) ① 토지수용위원회의 재결은 서면으로 한다.

제83조(이의의 신청) ① 중앙토지수용위원회의 제34조에 따른 재결에 이의가 있는 자는 중앙토지수용위원회에 이의를 신청할 수 있다.

② 지방토지수용위원회의 제34조에 따른 재결에 이의가 있는 자는 해당 지방토지수용위원회를 거쳐 중앙토지수용위원회에 이의를 신청할 수 있다.

제84조(이의신청에 대한 재결) ① 중앙토지수용위원회는 제83조에 따른 이의신청을 받은 경우 제34조에 따른 재결이 위법하거나 부당하다고 인정할 때에는 그 재결의 전부 또는 일부를 취소하거나 보상액을 변경할 수 있다.

제85조(행정소송의 제기) ① 사업시행자, 토지소유자 또는 관계인은 제34조에 따른 재결에 불복할 때에는 재결서를 받은 날부터 90일 이내에, 이의신청을 거쳤을 때에는 이의신청에 대한 재결서를 받은 날부터 60일 이내에 각각 행정소송을 제기할 수 있다. 이 경우 사업시행자는 행정소송을 제기하기 전에 제84조에 따라 늘어난 보상금을 공탁하여야 하며, 보상금을 받을 자는 공탁된 보상금을 소송이 종결될 때까지 수령할 수 없다.

② 제1항에 따라 제기하려는 행정소송이 보상금의 증감(增減)에 관한 소송인 경우 그 소송을 제기하는 자가 토지소유자 또는 관계인일 때에는 사업시행자를, 사업시행자일 때에는 토지소유자 또는 관계인을 각각 피고로 한다.

답안작성

윤 ○ ○ / 2022년도 5급 공채 일반행정직 합격

Ⅰ. 설문 (1)

1. 논점의 정리

『공익사업을 위한 토지 등의 취득 및 보상에 관한 법률』(이하『토지보상법』)상 적법한 재결절차를 거친 후 제기한 이의신청이 특별행정심판에 해당하는지, 유리한 변경재결이 있는 경우 수용재결 고유의 하자를 주장하면서도 이의재결을 취소소송의 대상으로 삼을 수 있는지 문제된다.

2. X지방토지수용위원회 수용재결의 법적 성질

『토지보상법』제34조의 재결은 법 문언상 '재결'이지만, 재결로써 사업시행자가 토지의 소유권 또는 사용권을 취득할 수 있게 하고, 토지 소유자에 지급할 보상금이 책정되는 형성적 행정행위로 최초 처분에 해당한다.

3. 중앙토지수용위원회 이의재결의 법적 성질

(1) 문제점

중앙토지수용위원회의 이의재결은 『토지보상법』제83조 문언상 이의신청에 대한 재결로 강학상 진정에 대한 결정인지 『행정심판법』제4조에 따른 특별행정심판의 재결인지 문제된다.

(2) 이의신청과 행정심판의 의의

강학상 진정으로 이의신청이란 위법, 부당한 행정작용으로 권리나 이익이 침해된 자가 행정청에 대하여 처분의 시정을 구하는 절차를 의미한다. 한편 행정심판이란 『헌법』제107조 제3항을 근거로 하여 행정상 법률관계에 관한 분쟁을 행정기관이 심리, 판정하는 쟁송절차이다.

(3) 이의신청과 행정심판의 구별

이의신청과 행정심판을 구별에 있어 사법절차의 준용, 대심기관의 존재, 재차 행정심판을 제기할 수 없는 경우 행정심판이라 할 것이다. 판례는 『토지보상법』제83조의 이의신청에 따른 재결에 대해서 행정심판의 재결에 해당한다고 판시한 바 있다.

(4) 사안의 경우

사안의 『토지보상법』제83조의 이의신청 절차는 중앙토지수용위원회라는 대심기관에서 처리하는 것이고 이의재결에 대하여 별도로 행정심판을 제기하는 것이 아닌 행정소송을 제기하도록 하고 있다. 따라서 『행정심판법』제4조에서 정하는 특별행정심판이라 할 것이고 판례 또한 이와 같이 판시하고 있다.

4. 유리한 변경재결 시 취소소송의 대상

(1) 취소소송의 대상적격

『행정소송법』제19조에 따르면 '처분 등'이 취소소송의 대상이 된다. 동법 제2조 제1항 제1호에 따라 '처분 등'이란 행정청이 행한 구체적 사실에 대한 법집행으로 공권력의 행사 및 그 거부와 그 밖에 이에 준하는 행위 그리고 재결이다.

(2) 대상적격의 입법주의 : 원처분중심주의

행정심판의 재결을 거친 경우 취소소송의 대상적격 입법주의와 관련하여 원처분 고유의 하자를 주장하는 경우 원처분을 소송의 대상 삼고, 재결 고유의 하자를 주장하는 경우 재결을 대상으로 삼아야 한다는 '원처분 중심주의'와 재결을 거친 경우 재결을 대상으로 삼아야 한다는 '재결주의'가 있다.

우리나라 『행정소송법』 제19조의 대상적격의 경우 원칙적으로 원처분중심주의를 택하고 있고 예외적으로 개별법상 정한 바가 있다면 재결주의가 적용될 수 있다. 감사원, 노동위원회, 특허심판의 결정 등이 대표적인 재결주의가 적용되는 예시이다.

(3) 유리한 변경재결이 있는 경우 소송의 대상

가. 문제점

유리한 변경재결이 있는 경우 처분의 내용을 달리하는 결정에도 불구하고 원처분중심주의에 따라 원처분을 소송의 대상으로 삼아야 하는지 견해의 대립이 있다.

나. 학 설

① 변경된 원처분설은 원처분 중심주의에 따라서 원처분 중 일부가 남아있고 원처분 고유의 하자를 주장하는 경우에는 변경된 원처분을 소의 대상 삼아야 한다고 주장한다.

② 변경재결설은 변경재결은 원처분을 대체하는 새로운 처분으로 이를 최초 처분으로 보고 변경재결을 소의 대상 삼아야 한다고 주장한다.

③ 절충설은 처분이 일부취소된 경우에는 변경된 원처분을 대상으로 하고 적극적인 변경이 있는 경우 변경재결을 원처분으로 보고 이를 대상으로 소송을 제기해야 한다고 주장한다.

다. 판 례

판례는 소청심사위원회의 감봉처분을 견책처분으로 변경한 사건에서 재결의 주체, 형식, 절차, 내용상 고유한 하자를 주장하는 것이 아니라면 변경된 원처분을 소의 대상 삼아야한다고 판시한 바 있다.

라. 검토 및 사안의 경우

생각건대, 원처분 중심주의를 택하고 있는 우리나라에서 재결 고유의 하자를 주장하는 것이 아니라면 원처분을 소의 대상 삼아야 하고, 유리하게 변경되어 외형이 변하였다고 하여 다르게 볼 것은 아니다.

사안의 경우 甲은 자신의 토지가 수용 자체가 불가능하다고 하여 원처분으로 수용재결 고유의 하자를 주장하고 있다. 이 때 중앙토지수용위원회에서 보상금을 8억원으로 증액하는 변경재결을 한 바, 소의 대상은 보상금 8억원을 내용으로 하는 수용재결이다.

5. 사안의 해결

사안에서 甲이 『토지보상법』 제85조 제1항의 취소소송을 제기함에 있어서 이의재결을 소의 대상으로 삼을 수 없고, 보상금 8억원을 내용으로 하는 수용재결을 소송의 대상으로 삼아야 한다.

II. 설문 (2)

1. 논점의 정리

보상금증액청구 소송이 형식적 당사자소송이고, 당사자소송에서 가구제 수단으로 집행정지가 준용되지 않는 바,『민사집행법』제300조의 가처분이 준용될 수 있는지 문제 된다.

2. 보상금 증액청구 소송의 법적 성질

(1) 형식적 당사자소송

『행정소송법』제3조 제2호에 따르면 '당사자소송'이란 처분 등을 원인으로 하는 법률관계에 관한 소송, 그 밖에 공법상의 법률관계에 관한 소송으로 그 법률 관계의 한쪽 당사자를 피고로 하는 소송을 의미한다. 형식적 당사자 소송이란 처분이나 재결의 효력에 대해서는 직접적으로 다투지 않으면서도 처분이나 재결에 의해 형성된 법률관계에 대하여 그 일방 당사자를 피고로 하여 제기하는 소송을 의미한다.

(2) 사안의 경우

『토지보상법』제85조 제2항의 보상금증액청구소송은 수용재결의 효력을 직접 다투지 않고 그 내용으로 보상금에 대한 부분의 변경을 구하는 소송이다. 이러한 소송은 형식적 당사자소송이라고 볼 수 있다.

3. 당사자소송에서『민사집행법』제300조의 가처분 준용 가능성

(1) 문제점

『행정소송법』제44조에서는 당사자소송의 경우 집행정지와 같은 가구제 수단을 준용하지 않는 바『민사집행법』제300조의 가처분을『행정소송법』제8조 제2항의 규정에 따라 준용할 수 있는지 견해의 대립이 있다.

(2) 학 설

① 긍정설은 당사자소송 청구자의 실질적인 권리구제가 필요하고, 집행정지를 당사자소송에서 준용하고 있지 않아 유효한 가구제 수단이 부재하므로,『행정소송법』제8조 제2항의 규정에 따라『민사집행법』제300조의 가처분을 준용할 수 있다고 한다.

② 부정설은 당사자소송에서 명시적인 가구제 수단을 규정하거나 준용하고 있지 않으므로 법상 가구제를 허용할 수 없다고 한다.

(3) 판 례

판례에 따르면 당사자소송과 더불어 보상금증액청구소송과 같은 형식적 당사자 소송에서도『민사집행법』제300조의 가처분을『행정소송법』제8조 제2항의 규정에 따라 준용할 수 있다고 판시한 바 있다.

(4) 검토 및 사안의 경우

생각건대,『행정소송법』의 목적이 국민의 권리의무 보호에 있어 당사자소송에서도 국민의 권리의무 보호를 위한 가구제가 필요하고, 동법 제8조 제2항의 규정에『행정소송법』에 정해지지 않은 부분은『민사집행법』의 규정을 준용할 수 있다고 되어 있으므로『민사집행법』제300조의 가처분이 준용될 수 있을 것이다.

사안의 경우 甲의 보상금증액청구 소송은 형식적 당사자소송으로『행정소송법』제8조 제2항의 규정에 따라『민사집행법』제300조의 가처분을 준용할 수 있어 甲은 가처분을 신청할 수 있다.

4. 사안의 해결

甲은 가구제 수단으로『민사집행법』제300조의 가처분을 신청할 수 있다.

Ⅲ. 설문 (3)

1. 논점의 정리

당사자소송에서도 하자승계 논의가 가능한지 문제되고, 사안에서 표준지공시지가결정과 수용재결 사이 하자승계가 인정되는지 문제된다.

2. 하자승계의 의의

하자승계란 일정한 행정목적을 위하여 두 개 이상의 행정행위가 연속하여 행하여지는 경우, 선행처분에 하자가 존재하지만 제소기간 도과로 공정력에 의해 다툴 수 없을 때, 후행처분을 소의 대상으로 삼고 선행처분의 위법성을 주장하는 것을 의미한다. 행정법 관계의 안정성을 위해 제한적으로만 인정되고 있다.

3. 당사자소송에서 하자승계 논의 가능성

하자승계가 당사자소송에서도 가능한지와 관련하여 판례는 당사자소송에서 하자승계 논의를 배제하지 않고 검토하고 있어 당사자소송에서도 하자승계 논의가 가능하다.

4. 하자승계의 논의의 전제

(1) 연속되는 처분의 존재

연속되는 처분이 존재해야 한다. 사안의 경우 후행처분인 수용재결은 X지방토지수용위원회의 처분이지만 선행처분인 표준지공시지가결정에 대해서는 처분성과 관련하여 견해의 대립이 있다. 처분이라는 견해, 행정규칙이라는 견해, 법규명령이라는 견해 등이 대립하지만 판례는 처분인 것임을 인정하는 것을 전제로 조세처분에의 하자승계 논의를 진행한 바 있다. 생각건대, 표준지공시지가 결정에 의해서 주변 토지의 지가 설정 및 세액의 결정등이 이루어질 수 있으므로 국민의 재산권 행사 등에 있어 영향을 미치는 처분이라고 봄이 타당할 것이다.

(2) 선행처분에 취소사유에 해당하는 위법성 존재

선행처분에 취소사유에 해당하는 위법성이 존재해야 한다. 사안의 경우 표준지공시지가결정의 비교표준지 선정상 오류와 평가액 산정의 평가요인별 참작 내용의 정도 등이 불명확하여 적정성과 객관성이 떨어진다는 사유는 정당한 이익형량이 이루어지지 못한 것으로 볼 수 있다. 이는 처분의 효력에 있어서 일반인의 관점에서 명백하다거나 중대한 것으로 보기는 어려워 취소사유에 해당하는 위법성이 있는 것으로 보인다.

(3) 선행처분의 제소기간 도과

선행처분의 제소기간이 도과하여 선행처분을 소의 대상으로 다툴 수 없어야 한다.

(4) 후행처분에 고유한 하자 부재

후행처분에 고유한 하자가 있어 후행처분을 다투어 권리구제될 수 없는 경우에 하자승계 논의가 가능하다.

(5) 사안의 경우

사안의 경우 연속된 처분이 존재하고, 선행처분인 표준지공시지가결정에 취소사유에 해당하는 위법성이 존재하며, 선행처분의 제소기간은 도과하였고 후행처분에 별다른 위법성이 없으므로 하자승계 논의의 전제를 충족했다.

5. 하자승계 인정여부

(1) 학 설

① 전통적 하자승계론에 따르면 연속된 처분이 달성하고자 하는 목적이 동일한 경우에 하자승계를 인정할 수 있고 별개의 법률효과를 목적으로 하는 경우에는 하자승계를 인정할 수 없다고 주장한다.

② 구속력이론은 선행처분에 일정한 구속력을 인정한다는 전제하에 하자승계는 원칙적으로 부정하지만 그로 인한 결과가 상대방에게 예측불가능하고 수인불가능한 불이익을 발생시키는 경우 예외적으로 하자승계를 인정할 수 있다고 한다.

(2) 판 례

판례에 따르면 선행처분이 당연무효이거나 연속된 처분이 동일한 행정목적 달성을 목표로 하는 경우에 하자승계를 인정할 수 있다. 다만 동일한 행정목적을 목표로 삼지 않았다고 하더라도 선행처분의 하자를 주장하지 못하는 것이 상대방에 대하여 예측불가능하고 수인불가능한 불이익을 발생시키는 경우에는 예외적으로 하자승계를 인정한다. 표준지공시지가와 조세처분이 연속하여 이루어진 사례에서 예측불가능하고 수인불가능한 불이익을 받을 수 있어 하자승계를 인정한 바 있다.

(3) 검토 및 사안의 경우

생각건대, 하자승계는 원칙적으로 행정법 관계의 안정성을 위해 인정되어서는 안 된다. 다만 관례의 입장처럼 두 처분이 동일한 행정목적 달성을 목표로 한다거나, 하자승계를 주장하지 못함이 처분 등의 상대방에게 예측불가능하고 수인한도 넘는 피해를 발생시키는 경우에는 국민의 권리의무 보호 차원에서 인정하는 것이 타당할 것이다.

사안의 경우, 표준지공시지가결정과 수용재결의 보상금 산정 사이에는 같은 행정목적을 공유한다고 보기 어렵다. 그러나 표준지공시지가결정에 대해서 甲이 인지하고 이의신청하기 어려운 점, 처분으로 권리제한과 의무부과가 임박할 때 권리구제를 도모하는 것이 우리나라 국민정서임을 고려했을 때, 하자 승계를 주장하지 못함은 예측불가능하고 수인한도넘는 피해를 甲에게 입힐 수 있다. 따라서 하자승계가 인정되는 것이 타당할 것이다.

6. 사안의 해결

사안에서 甲은 표준지공시지가결정과 수용재결 보상금 산정 사이에 하자승계가 인정되므로 표준지 공시지가결정의 하자를 당사자소송으로 보상금증액청구소송에서 주장할 수 있다.

─┤ 강 평 ├─

1. 제1문은 토지수용위원의 수용재결에 대한 불복절차에 관한 질문이다. 수용재결에 대한 이의신청은 임의적인 특별행정심판에 해당한다. 이의재결을 거쳐 제기하는 행정소송에 전형적인 쟁점들을 정확하게 이해하고 있는지를 평가하고자 함이 출제자의 의도로 보인다.

2. 행정처분에 대해 행정심판의 재결을 거쳐 항고소송을 제기하는 경우 항고소송의 대상이 되는 것이 원래의 행정처분인지 아니면 행정심판의 재결인지를 묻는 문제이다.
   이에 관하여 행정소송법 제19조 단서는 "재결취소소송의 경우에는 재결 자체에 고유한 위법이 있음을 이유로 하는 경우에 한한다."라고 규정하는바, 이를 편의상 '원처분주의'라고 부른다. 이러한 원처분주의에서 예외적으로 행정심판의 재결을 항고소송의 대상으로 삼기 위해서는 재결 자체에 고유한 하자를 주장하여야 한다. 이러한 법리는 행정심판의 재결이 전부 기각이 아니라 일부 인용인 경우라고 해서 다르지 않다. 행정심판의 재결을 통해서 내용이 변경된 행정처분이 항고소송의 대상이 되는바, 원래의 행정처분보다 청구인에게 불리한 행정심판의 재결은 있을 수 없는 점(행정심판법 제47조 제2항)에서, 과세처분에 대한 행정심판의 경우 행정심판의 재결로 감경된 과세처분이 항고소송의 대상이 되고, 수용재결에 대한 행정심판의 경우 행정심판의 재결로 보상금이 증액된 수용재결이 항고소송의 대상이 된다.

3. 설문에서 甲은 수용대상이 특정될 수 없는 점에서 수용재결과 이의재결이 모두 위법하다고 주장하면서 수용재결이 아닌 이의재결에 대한 취소소송을 제기하였다. 그 소송이 적법하기 위해서는 재결 자체에 고유한 위법이 주장되어야 하지만 설문에서는 그에 관한 단서가 제시되어 있지 않다. 따라서 취소소송의 대상이 될 수 있는 것은 이의재결로 보상금이 증액된 수용재결이라는 점을 설명하면 충분하다는 생각이다. 이 점에서 예시답안을 보면, 이의재결이 특별행정심판에 해당하는 점, 원처분주의에 따라 이의재결로 증액된 수용재결이 항고소송의 대상이 되는 점을 잘 설명하고 있다. 다만, "유리한 변경재결이 있는 경우 소송의 대상"이라는 목차 아래 ① 변경된 원처분설, ② 변경재결설, ③ 절충설을 학설로 소개하고 있는데, 이러한 견해의 대립이 실제 있는지 의문이다. 참고로, 행정처분이 행정심판의 재결을 거쳐서 그 내용이 변경되는 경우는 행정청이 직권으로 행정처분의 내용을 변경하는 경우와 구별되어야 한다. 후자와 관련하여, 예를 들어, 과세처분에 대한 감액경정처분이나 증액경정처분이 있는 경우 과세처분과 경정처분의 관계에 관한 병존설, 흡수설, 역흡수설 등의 견해 대립이 있다.

4. 수용재결에 대한 보상금증감청구소송은 당사자소송을 형식으로 하지만 항고소송의 실질을 가지는 점에서 형식적 당사자소송이라고 하는바, 이러한 형식적 당사자소송에 취소소송의

가구제에 관한 법리가 동일하게 적용되어야 하는지를 묻는 문제이다. 행정소송법 제44조는 취소소송의 집행정지에 관한 제22조의 규정을 당사자소송에 준용하고 있지 않은 점에서, 당사자소송을 본안으로 하는 가처분에 대하여는 행정소송법 제8조 제2항에 따라 민사집행법상 가처분에 관한 규정이 준용되어야 한다는 것이 판례(대법원 2015. 8. 21.자 2015무26 결정)의 입장이다. 여기서 형식적 당사자소송도 당사자소송의 일종이라는 점을 강조한다면 민사집행법상 가처분에 관한 규정이 형식적 당사자소송에도 준용되어야 한다는 결론에 이를 수 있겠으나, 형식적 당사자소송이 가지는 항고소송으로서 성격을 고려한다면 모든 형식적 당사자소송에 보편적으로 민사집행법상 가처분에 관한 규정이 준용되어야 한다는 결론에 선뜻 동의하기 어렵다. 일반적으로 수용재결에 대한 보상금증감청구소송에는 민사집행법상 가처분에 관한 규정이 준용되더라도 특별한 문제가 발생하지 않을 것으로 보이나, 甲의 보상금증액청구소송(청구취지: 피고는 원고에게 금000원을 지급하라)를 본안으로 하는 가처분이 민사집행법 제300조[1]에서 정하는 가처분의 목적에 부합할 수 있을지는 의문이다.

5. 이상의 점을 고려하건대, 예시답안은 수용재결에 대한 보상금증감청구소송이 형식적 당사자소송이라는 점, 민사집행법상 가처분에 관한 규정이 당사자소송에 준용되어야 한다는 판례를 잘 설명하고 있는 점에서는 모범적이나, 그 판례가 실질적 당사자소송이 아닌 형식적 당자자소송에 대해서 제한 없이 적용될 수 있는지, 甲의 보상금증액청구소송을 본안으로 하는 가처분이 과연 민사집행법상 가처분의 목적에 부합할 수 있는지에 관한 검토가 없다는 점에 대한 지적이 불가피하다는 생각이다. 참고로, 당사자소송에 민사집행법상 가처분 규정이 준용될 수 있는지에 관한 학설을 소개하면서 부정설을 설명하고 있는데, 이러한 견해가 실제 있는지 의문이다. 기계적으로 견해 대립을 소개하는 답안은 지양할 필요가 있다.

6. 표준지공시지가결정의 위법을 이유로 보상금의 증액을 청구할 수 있는지 묻는 문제이다. 이 문제를 해결하기 위해서는 수용재결에 보상금에 관한 내용이 포함되어 있고 그 보상금을 산정하는 기초가 되는 것이 표준지공시지가결정이라는 점, 보상금증액청구는 보상금의 증액을 청구하는 당사자소송의 형식이지만 보상금에 관한 수용재결의 취소(더 정확하게는 변경)를 구하는 항고소송의 실질을 포함하는 점에 대한 이해가 선행되어야 한다. 그래야만 보상금증액청구소송에 표준지공시지가결정의 하자가 승계되는지에 관한 쟁점을 제대로 이해할 수 있다. 이에 관하여 예시답안은 "하자승계가 당사자소송에서도 가능한지와 관련하여 판례는 당사자소송에서 하자승계 논의를 배제하지 않고 검토하고 있어 당사자소송에서도 하자승계 논

---

1) 제300조(가처분의 목적) ① 다툼의 대상에 관한 가처분은 현상이 바뀌면 당사자가 권리를 실행하지 못하거나 이를 실행하는 것이 매우 곤란할 염려가 있을 경우에 한다.
② 가처분은 다툼이 있는 권리관계에 대하여 임시의 지위를 정하기 위하여도 할 수 있다. 이 경우 가처분은 특히 계속하

의가 가능하다."라고 서술하는바, 설문의 논리적 전제에 대한 이해가 정확하지 않다는 점을 드러내고 있다.

7. 설문을 해결하는 데 핵심이 되는 것은 "표준지로 선정된 토지의 표준지공시지가를 다투기 위해서는 처분청인 국토교통부장관에게 이의를 신청하거나 국토교통부장관을 상대로 공시지가결정의 취소를 구하는 행정심판이나 행정소송을 제기해야 한다. 그러한 절차를 밟지 않은 채 토지 등에 관한 재산세 등 부과처분의 취소를 구하는 소송에서 표준지공시지가결정의 위법성을 다투는 것은 원칙적으로 허용되지 않는다."라고 설시한 최근의 판례(대법원 2022. 5. 13. 선고 2018두50147 판결)이다. 표준지로 선정된 토지에 대한 과세처분의 경우 개별공시지가를 따로 결정하지 않고 표준지공시지가를 개별공시지가로 간주하여 과세처분을 하는바, 이 논리에 따르면 과세처분 등의 효력을 소송으로 다투면서 개별공시지가 결정의 위법을 독립된 위법사유로 주장할 수 있다는 판례(대법원 1994. 1. 25. 선고 93누8542 판결)와 수용재결을 다투면서 그 보상금의 증액을 청구하는 소송에서 표준지공시지가 결정의 위법을 독립한 위법사유로 주장할 수 있다는 판례(대법원 2008. 8. 21. 선고 2007두13845 판결)는 사실상 폐기되어야 한다. 다시 말해, 그동안 판례에 의하여 전개된 "선행처분과 후행처분이 서로 독립하여 별개의 효과를 목적으로 하는 경우에도 선행처분의 불가쟁력이나 구속력이 그로 인하여 불이익을 입게 되는 자에게 수인한도를 넘는 가혹함을 가져오며, 그 결과가 당사자에게 예측 가능한 것이 아닌 경우에는 국민의 재판 받을 권리를 보장하고 있는 헌법의 이념에 비추어 선행처분의 후행처분에 대한 구속력은 인정될 수 없다."라는 법리가 적어도 표준지공시지가결정이나 개별공시지가결정의 하자에 대해서는 더 이상 적용되지 않는다는 것이다. 이러한 판례의 실질적 변경이 논리적으로 타당한지는 여기서 상론할 성질의 것이 아니다. 그 찬반을 떠나 수험생은 최근의 판례 동향을 정확하게 이해할 것이 요구되는바, 이 점에서 보면 예시답안에는 중대한 결함이 있다. 표준지공시지가결정에 대해서 따로 다투지 않았기 때문에 특별한 사정이 없는 한 보상금증액청구소송에서 그 위법성을 주장할 수 없다는 것이 최근 판례에 따른 결론이다.

는 권리관계에 끼칠 현저한 손해를 피하거나 급박한 위험을 막기 위하여, 또는 그 밖의 필요한 이유가 있을 경우에 하여야 한다.

| 제2문 | 甲은 X토지에 액화석유가스 충전시설을 설치하기 위하여 2023. 1. 5. A군 군수에게 국토의 계획 및 이용에 관한 법률 에 따른 개발행위허가를 신청하였다.

A군 군수는 2023. 2. 9. 甲에게 "X 토지 대부분이 마을로부터 100m 이내에 위치하여 A군 개발행위허가 운영지침 (이하 '이 사건 지침'이라 한다) 제6조 제1항 제1호에 저촉된다"는 이유로 거부처분을 하였다. 이 사건 지침 제6조 제1항 제1호는 액화석유가스 충전시설의 세부허가기준으로 "마을로부터 100m 이내에 입지하지 아니할 것"을 규정하고 있다. 甲은 2023. 4. 12. A 군 군수의 거부처분이 위법하다고 주장하며 그 취소를 구하는 소송을 제기하였다.(총 25점)

(1) A군 군수가 甲에게 거부처분을 하기 전에 사전통지를 하지 않았다면 위법한지 검토하시오. (10점)

(2) A군 군수는 위 소송에서 "이 사건 지침 조항에 따라 거부처분을 한 것이므로 적법하다"고 주장한다. 그 주장의 당부에 관하여 검토하시오. (15점)
(단, 제시된 참조조문 외 다른 법령을 고려하지 말 것)

[참고조문] 현행법령을 사례해결에 적합하도록 수정하였음

「국토의 계획 및 이용에 관한 법률」

제58조(개발행위허가의 기준) ① 특별시장·광역시장·특별자치시장·특별자치도지사·시장 또는 군수는 개발행위허가의 신청 내용이 다음 각 호의 기준에 맞는 경우에만 개발행위허가 또는 변경허가를 하여야 한다.

1. 용도지역별 특성을 고려하여 대통령령으로 정하는 개발행위의 규모에 적합할 것. 다만, 개발행위가 「농어촌정비법」 제2조 제4호에 따른 농어촌정비사업으로 이루어지는 경우 등 대통령령으로 정하는 경우에는 개발행위 규모의 제한을 받지 아니한다.

2. 도시·군관리계획 및 성장관리계획의 내용에 어긋나지 아니할 것

3. 도시·군계획사업의 시행에 지장이 없을 것

4. 주변지역의 토지이용실태 또는 토지이용계획, 건축물의 높이, 토지의 경사도, 수목의 상태, 물의 배수, 하천·호소·습지의 배수 등 주변환경이나 경관과 조화를 이룰 것

5. 해당 개발행위에 따른 기반시설의 설치나 그에 필요한 용지의 확보계획이 적절할 것

③ 제1항에 따라 허가할 수 있는 경우 그 허가의 기준은 지역의 특성, 지역의 개발상황, 기반시설의 현황 등을 고려하여 다음 각 호의 구분에 따라 대통령령으로 정한다.

「국토의 계획 및 이용에 관한 법률 시행령」

제56조(개발행위허가의 기준) ① 법 제58조 제3항에 따른 개발행위허가의 기준은 별표 1의2와 같다.

④ 국토교통부장관은 제1항의 개발행위허가기준에 대한 세부적인 검토기준을 정할 수 있다.

「개발행위허가 운영지침」(국토교통부훈령 제1017호)

제1장 총칙

제1절 개발행위허가지침의 목적

1-1-1. 이 지침은 「국토의 계획 및 이용에 관한 법률 시행령」 제56조 제4항에 따라 개발행위허가의 대상·절차·기준 등에 대한 사항을 제시하여 개발행위허가제의 원활한 운영을 도모함을 목적으로 한다.

제2절 개발행위허가의 의의 및 운영원칙

1-2-2. 특별시장·광역시장·특별자치시장·특별자치도지사·시장 또는 군수(이하 '허가권자'라 한다)는 「국토의 계획 및 이용에 관한 법률」, 「국토의 계획 및 이용에 관한 법률시행령」에서 위임하거나 정한 범위 안에서 도시·군계획조례를 마련하거나 법령 및 이 지침에서 정한 범위안에서 별도의 지침을 마련하여 개발행위허가제를 운영할 수 있다.

제3장 개발행위허가기준

제2절 분야별 검토사항

3-2-6. 그 밖의 사항

(3) 허가권자는 제3장 및 제4장의 개발행위허가기준을 적용함에 있어 지역특성을 감안하여 지방도시계획위원회의 자문을 거쳐 높이·거리·배치·범위 등에 관한 구체적인 기준을 정할 수 있다.

Ⅰ. 설문 (1)	Ⅱ. 설문 (2)
1. 논점의 정리	1. 논점의 정리
2. 사전통지의 의의	2. 『A군 개발행위허가 운영지침』의 법적 성질
3. 거부처분에 대한 사전통지 필요 여부	(1) 문제점
(1) 문제점	(2) 학 설
(2) 학 설	(3) 판 례
(3) 판 례	(4) 검 토
(4) 검토 및 사안의 경우	(5) 사안의 경우
4. 사안의 해결	3. 사안의 해결

Ⅰ. 설문 (1)

1. 논점의 정리

거부처분도 침익적 처분으로 『행정절차법』 제21조의 사전통지 의무가 있는지 문제된다.

2. 사전통지의 의의

사전통지란, 『행정절차법』 제21조 제1항에 따르면 행정청이 국민의 권리의무를 제한하는 처분을 하는 경우에 불복방법 등을 알려주는 절차이다. 국민의 방어권 보장을 통한 권리보호에 있어 의의가 있다.

3. 거부처분에 대한 사전통지 필요 여부

(1) 문제점

거부처분에 대해서도 사전통지가 이루어져야 하는지 견해의 대립이 있다.

(2) 학 설

① 긍정설은 거부처분도 침익적인 처분에 해당하므로 사전통지가 필요하다고 한다. ② 부정설은 거부처분의 경우 어떠한 권리도 설정되어 있지 않으므로 침익적 처분이라 볼 수 없어 사전통지의 필요성이 없다고 한다.

③ 제한적 긍정설은 거부처분으로 인하여 침익적인 상태에 놓이게 되는 경우 제한적으로 사전통지가 이루어져야 한다고 주장한다.

(3) 판 례

판례에 따르면 거부처분의 경우 어떠한 권리를 설정하거나 침해하는 것이 아니므로 사전통지 의무의 대상이 아니라고 판시한다.

(4) 검토 및 사안의 경우

생각건대, 거부처분으로 인하여 침익적인 상태에 놓일 수 있는 출입국거부와 같은 경우에는 제한적으로 사전통지가 필요할 것이다.

사안의 경우, A군 군수가 甲에게 『국토의 계획 및 이용에 관한 법률』 제58조의 개발행위허가를 거부하였다고 하여 甲이 특별하게 침익적인 상태에 놓인다고 볼 수 없다. 따라서 사안의 거부처분은 사전통지 의무의 대상이 아니다.

4. 사안의 해결

사안에서 A군 군수의 개발행위허가 거부처분은 『행정절차법』 제21조의 사전통지 의무의 대상이 아니므로 사전통지 없이 이루어진 거부처분은 위법하지 않다.

Ⅱ. 설문 (2)

1. 논점의 정리

『A군 개발행위허가 운영지침』의 법적성질이 법령보충규칙으로 대외적인 효력이 존재하여 이에 기초한 개발행위허가 거부처분이 적법한지 문제된다.

2. 『A군 개발행위허가 운영지침』의 법적 성질

(1) 문제점

『A군 개발행위허가 운영지침』의 형식은 행정규칙이나 상위법령의 수권을 받아 법규명령의 효력을 갖는지 문제된다.

(2) 학 설

① 실질설은 헌법에서 인정하는 법규명령의 형식은 예시적이고 행정규제기본법 제4조 제2항 단서를 근거로 상위법령의 수권을 받아 해당 규범을 보충하는 행정규칙은 법규명령으로 인정할 수 있다고 한다.

② 형식설은 『헌법』 제75조, 제95조에서 법규명령 형식을 열거한 것으로 그 외 형식을 법규명령으로 인정할 수 없다고 한다.

③ 법규명령의 효력을 갖는 행정규칙설은 법적성질은 행정규칙이나 수권받은 사항의 범위 내에서는 법규명령의 효력을 인정할 수 있다고 한다.

④ 위헌무효설은 『헌법』에서 인정하지 않은 새로운 입법형식으로 위헌무효인 행정입법이라고 한다.

(3) 판 례

판례에 따르면 상위법령의 수권에 따라 행정규칙의 형식으로 법령의 내용을 구체적으로 보충할 권한이 부여된 경우 법령의 범위 안에서 대외적 구속력 있는 법규명령으로서 효력이 있다고 판시하고 있다.

(4) 검 토

생각건대, 전문적이고 기술적인 모든 사항들에 대해서 상위법령에서 모두 규율할 수 없다고 할 것이고, 상위법령의 수권을 받아 그 범위 안에서 처분 대상 등 법령의 내용을 구체화하여 규율하는 경우는 입법자의 의도 등을 고려했을 때 법규명령과 동일한 효력을 지니는 것으로 보아야 할 것이다. 다만 법령보충규칙의 한계로 수권상 법률유보원칙 준수 여부, 포괄위임금지원칙 위반 여부, 내용상 법률우위원칙 위반이 없어야 한다.

(5) 사안의 경우

사안에서 『국토의 계획 및 이용에 관한 법률』(이하 『국토법』)제58조 제3항, 동법 시행령 제56조 1항 및 4항, 『개발행위허가 운영지침』(국토교통부훈령 제1017호) 제1장 제2절 1-2-2, 제3장 제2절 3-2-6 (3)에 따라 A군 군수가 개발행위허가 기준에 대한 지침을 마련할 수 있도록 수권 조항이 있어 법률유보원칙은 준수하였다.

『국토법』 시행령 제56조 제1항 및 별표1, 별표2에서 정한 기준들에 대한 세세한 기준을 동법 제56조 제4항에서 국토교통부장관이 정할 수 있도록 하고 이에 대해 구체적으로 적시한 후 시도지사 규칙으로 정할 수 있도록 위임하였으므로 포괄위임금지원칙에 저촉되지 않는다.

지역특성을 고려하라는 상위법령의 취지에 따르면 지역특성을 고려하여 '거리'에 대해서 정할 수 있도록 하는 것 또한 법률우위원칙에 위배되지 않는다고 볼 수 있다. 따라서 법령보충규칙의 한계를 일탈하지 않아 『A군 개발행위허가 운영지침』 제6조 제1항 제1호는 대외적 효력이 있는 법령보충규칙이다. 이를 근거로 한 거부처분은 적법한 처분이라 할 것이다.

3. 사안의 해결

사안의 『A군 개발행위허가 운영지침』은 법령보충규칙으로 법규명령과 같이 대외적 효력이 인정되고, 이에 기초한 A군 군수의 개발행위허가 거부처분은 적법하다.

┤ 강평 ├

1. 제2문은 개발행위허가 신청에 대한 거부처분에 행정절차법상 사전통지가 적용되는지와 행정규칙에 위반된다는 이유로 개발행위허가를 거부한 것에 위법이 있는지가 쟁점이다.
   (1) 설문(1)에 관한 예시답안은 관련되는 학설과 판례를 잘 소개하고 있는 점에서 모범적이고 추가로 보탤 설명이 없다.
   (2) 이와 달리 설문(2)에 관한 예시답안은 정답과는 거리가 멀다. 다만, 이는 상당 부분 설문의 불충분함 내지 부적절함으로 인한 것인 점에서 수험생을 탓할 수만은 없다는 생각이다.

2. 이 문제의 바탕이 되는 것은 대법원 2020. 8. 27. 선고 2019두60776 판결이다. 이에 따르면, "구 국토계획법 시행령 제56조 제1항 [별표 1의2] '개발행위허가기준'은 국토계획법 제58조 제3항의 위임에 따라 제정된 대외적으로 구속력 있는 법규명령에 해당한다. 그러나 구 국토계획법 시행령 제56조 제4항은 국토교통부장관이 제56조 제1항 [별표 1의2]에서 정한 개발행위허가기준에 대한 '세부적인 검토기준'을 정할 수 있다고 규정하였을 뿐이므로, 그에 따라 국토교통부장관이 정한 구 개발행위허가 운영지침은 세부적인 검토기준일 뿐 그 자체가 대외적으로 구속력 있는 규범이라고 볼 수는 없고, 상급행정기관인 국토교통부장관이 소속 공무원이나 하급행정기관에 대하여 개발행위허가업무와 관련하여 국토계획법령에 규정된 개발행위허가기준의 해석·적용에 관한 세부 기준을 정해 주는 '행정규칙'이라고 보아야 한다. 피고가 정한 구 양양군 개발행위허가 운영지침 역시 관계 법령과 구 개발행위허가 운영지침의 범위 안에서 개발행위 허가권자인 피고가 개발행위허가제를 운영하기 위하여 각 지방자치단체의 특성에 맞도록 별도로 마련한 개발행위 허가에 관한 세부적인 검토기준으로, 그 형식 및 내용에 비추어 피고 내부의 사무처리준칙 또는 재량준칙에 불과하므로 일반 국민이나 법원을 구속하는 대외적 구속력은 없다. (…) 이 사건 지침 조항은 대외적 구속력이 없는 행정규칙에 불과하지만, 구 국토계획법 시행령 제56조 제1항 [별표 1의2]에서 정한 '주변의 자연경관 및 미관을 훼손하지 아니하고 조화를 이룰 것', '환경오염·생태계파괴·위해발생 등이 발생할 우려가 없을 것'이라는 개발행위허가기준을 구체화한 것이라고 볼 수 있고, 행정처분이 적법한지 여부는 상위법령의 규정 등에 적합한지 여부에 따라 판단하여야 한다." 이러한 설시는 대법원 2023. 2. 2. 선고 2020두43722 판결[2]에서도 반복되고 있다.

---

2) 대법원 2023. 2. 2. 선고 2020두43722 판결: 국토의 계획 및 이용에 관한 법률 시행령(이하 '국토계획법 시행령'이라 한다) 제56조 제1항 [별표 1의2] '개발행위허가기준'은 국토계획법 제58조 제3항의 위임에 따라 제정된 대외적으로 구속력 있는 법규명령에 해당한다. 그러나 국토계획법 시행령 제56조 제4항은 국토교통부장관이 제1항의 개발행위허가기준에 대한 '세부적인 검토기준'을 정할 수 있다고 규정하였을 뿐이므로, 그에 따라 국토교통부장관이 국토교통부 훈령으로 정한 '개발행위허가운영지침'은 국토계획법 시행령 제56조 제4항에 따라 정한 개발행위허가기준에 대한 세부적인 검토기준으로, 상급행정기관인 국토교통부장관이 소속 공무원이나 하급행정기관에 대하여 개발행위허가업무와 관

3. 요컨대, 국토교통부훈령에 해당하는 「개발행위허가 운영지침」이 대외적 구속력이 없는 행정규칙에 불과한 점에서 그에 근거하는 이 사건 지침 또한 대외적인 구속력이 없는 행정규칙에 불과하다. 이와 달리 이 사건 지침이 법령보충적 행정규칙으로서 대외적 구속력이 있다는 점을 전제로 하는 예시답안은 그 출발점부터 오류가 있는 것이다.

4. 이 사건 지침은 대외적 구속력이 없는 행정규칙에 불과하므로 이 사건 거부처분이 적법한지는 「국토의 계획 및 이용에 관한 법률 시행령」 제56조 제1항 [별표 1의2]에 따른 개발행위허가기준과 비례·평등원칙과 같은 법의 일반원칙에 적합한지 여부에 따라 판단해야 한다는 것이 정답이 될 것이다. 문제는 「국토의 계획 및 이용에 관한 법률 시행령」 제56조 제1항 [별표 1의2]가 설문에서 제시되어 있지 않다는 것이다. 「국토의 계획 및 이용에 관한 법률 시행령」 제56조 제1항 [별표 1의2]의 제시 없이는 A군 군수의 주장에 관한 당부를 구체적으로 판단할 수 없다. 앞서 인용한 판례가 「개발행위허가 운영지침」에 대외적 구속력이 없다고 판단한 가장 중요한 이유도 「개발행위허가 운영지침」은 「국토의 계획 및 이용에 관한 법률 시행령」 제56조 제1항 [별표 1의2]를 세부적으로 검토하는 기준에 불과하다는 점에 있는바, 「국토의 계획 및 이용에 관한 법률 시행령」 제56조 제1항 [별표 1의2]을 설문에 제시하지 않고서 어떻게 답안을 작성하라는 것인지 이해할 수 없다. 결국 해당 판례를 알면 바로 정답을 쓸 수 있지만 그렇지 않으면 오답을 쓸 수밖에 없도록 출제한 것인바, 바람직하지 않다는 생각이다.

련하여 국토계획법령에 규정된 개발행위허가기준의 해석·적용에 관한 세부 기준을 정하여 둔 행정규칙에 불과하여 대외적 구속력이 없다. 따라서 행정처분이 위 지침에 따라 이루어졌다고 하더라도, 해당 처분이 적법한지는 국토계획법령에서 정한 개발행위허가기준과 비례·평등원칙과 같은 법의 일반원칙에 적합한지 여부에 따라 판단해야 한다.

| 제3문 | 기초지방자치단체 A시 의회는 '합의제행정기관'인 A시 시정연구위원회를 설치하기 위하여 'A시 시정연구위원회 설치 및 운영에 관한 조례안'(이하'이 사건 조례안'이라 한다)을 독자적으로 발의하고, 의결한 후 A시 시장에게 이송하였다. 이 사건 조례안의 주된 내용은 다음과 같다. (총 25점)

---

(1) 시정연구위원회는 A시 의회 소속 하에 두되 그 직무에 있어서는 독립된 지위를 가진다.

(2) A시의 위상 강화 방안, 의결기관과 집행기관의 통합형과 대립형 구조에 관한 검토, 주민참여제도의 활성화 방안 수립 등을 그 업무범위로 한다.

---

(1) 이 사건 조례안은 적법한지 검토하시오. (15점)

(2) 만약 이 사건 조례안이 법령에 위반됨에도 불구하고 A 시 시장이 재의요구를 하지 않고 있다면, 행정안전부장관은 지방자치법상 어떤 조치를 강구할 수 있는지 검토하시오. (10점)

Ⅰ. 설문 (1)

1. 논점의 정리
2. 조례의 의의
3. 조례의 한계
 (1) 조례제정 대상(조례제정권)
 (2) 법률유보원칙
  가. 의 의
  나.『지방자치법』제28조 제1항 단서의 위헌 여부
 (3) 법률우위원칙
  가. 의 의
  나. 학 설
  다. 판 례
  라. 검 토
 (4) 사안의 경우
4. 사안의 해결

Ⅱ. 설문 (2)

1. 논점의 정리
2. 재의요구지시
 (1) 의 의
 (2) 사안의 경우
3. 제소지시
 (1) 의 의
 (2) 사안의 경우
4. 직접제소 및 집행정지 신청
 (1) 의 의
 (2) 사안의 경우
5. 사안의 해결

Ⅰ. 설문 (1)

1. 논점의 정리

'A시 시정연구위원회 설치 및 운영에 관한 조례안'(이하 '이 사건 조례안')이 조례의 한계를 일탈하여 위법한지 문제된다.

2. 조례의 의의

조례란 지방자치단체가 법령의 범위 안에서 그 권한에 속하는 사무에 관하여 지방의회의 의결을 거쳐 제정하는 자치법규로 외부적 효력을 갖는 일반적 추상적 규율이자 실질적 의미의 법률의 성격을 갖는다.

3. 조례의 한계

(1) 조례제정 대상(조례제정권)

『지방자치법』 제28조에 따라 지방자치단체는 법령의 범위에서 '그 권한에 속하는 사무'에 관하여 조례를 제정할 수 있다. 지방자치단체의 권한의 속하는 사무에는 자치사무와 단체위임사무가 해당된다. 기관위임사무의 경우 개별법상 위임이 있는 경우에 조례제정이 가능하다.

(2) 법률유보원칙

가. 의 의

『지방자치법』 제28조 제1항 단서에 따라서 주민의 권리제한, 의무부과에 관한 사항이나 벌칙을 정할 때에는 법률의 위임이 필요하다. 이러한 제한에 대하여 『헌법』 제117조에서 보장하는 조례제정권을 침해하는 것인지 견해의 대립이 있다.

나. 『지방자치법』 제28조 제1항 단서의 위헌 여부

『헌법』 제117조에서 포괄적으로 인정하고 있는 조례제정권을 개별법에서 제한하는 것은 위헌이라는 견해와 『헌법』 제37조 제2항에 따라서 기본권 제한에 관한 사항은 법률유보원칙이 적용되어야 하므로 합헌이라는 견해가 대립한다. 판례는 이에 대해 국민의 권리제한, 의무부과에 관한 사항은 『헌법』 제37조 제2항에 따라서 법률의 위임근거가 있어야 한다고 하여 위헌성을 부정하고 있다. 생각건대 『헌법』 제117조에서 조례제정권을 포괄적으로 인정하고 있다고 해도 국회입법과 지방의회 입법의 중대성에 차이가 있고 『헌법』 제37조 제2항의 규정이 국가의 법체계에 동일하게 적용되는 것으로 보는 것이 타당하다는 측면에서 합헌이라 할 것이다.

(3) 법률우위원칙

가. 의 의
『헌법』 제117조와 『지방자치법』 제28조 제1항에 따라서 '법령의 범위'에서 조례를 제정할 수 있다. 법령에 위반되는 조례는 무효이다. 이와 관련하여 조례로 규율하려는 사항이 이미 법령에 의해 규율되고 있는 경우 조례가 법령위반인 것인지 문제된다.

나. 학 설
① 법률선점이론은 어떤 사항이 이미 법률에 규정되고 있다면 조례로는 다른 내용의 규율을 할 수 없다고 한다.

② 수정법률선점이론은 이미 법률이 존재하더라도 국가의 법률이 지방자치단체의 지역 실정에 맞는 특별한 규율을 행하는 것을 용인하는 취지라고 해석되면 조례가 국가의 법령에 위반되지 않는다고 보고 추가초과조례를 허용할 수 있다고 한다.

다. 판 례
판례에 따르면 조례가 규율하려는 사항이 법령의 규정이 의도하는 목적과 효과를 전혀 저해하는 바가 없을 때, 전국에 걸쳐 일률적으로 동일한 내용을 규율하려는 취지가 아닌 지방의 실정에 맞게 별도로 규율하는 것을 용인하는 취지라고 해석되는 때에는 당해 조례가 법령에 위반되는 것은 아니라고 판시한 바 있다.

라. 검 토
생각건대, 개별법상 지역의 실정에 맞게 추가초과조례를 허용하는 규정이 있는 경우에는 추가초과조례가 허용될 것이나, 전국적으로 체계적인 규율이 필요하고 개별법상 별도 규정이 없는 경우에는 조례는 법령의 범위를 벗어나서는 안 될 것이다.

(4) 사안의 경우
사안의 경우 『지방자치법』 제129조는 지방자치단체 소관 사무의 일부를 독립하여 수행할 필요가 있는 경우 법령이나 지방자치단체의 조례로 정하는 바에 따라서 합의제행정기관을 설치할 수 있다. A시가 합의제행정기관을 통해 수행하려는 업무는 지방자치단체의 기관구성 검토와 주민참여제도 활성화 방안 수립 등으로 이는 『정부조직법』 제34조에서 행정안전부장관에게 속한 '지방자치제도'에 관한 사항이지만 그 내용상 지방의 실정을 고려한 판단이 필요한 부분으로 자치사무에 해당하여 조례제정의 대상이 된다. 또한 합의제행정기관의 설치가 국민의 기본권의 중요한 부분을 규율하는 것은 아니므로 법률유보원칙이 별도로 문제되지 않는다.

그러나 『지방자치법』 제129조의 규정은 '집행기관'에 관한 규정으로 지방자치단체장의 소관으로 합의제행정기관을 둘 수 있을 뿐 지방의회 소속으로 합의제행정기관을 두는 것은 불가능하다. 따라서 이는 법률우위원칙을 위반한 조례안으로 위법하다.

4. 사안의 해결

사안의 'A시 시정연구위원회 설치 및 운영에 관한 조례안'은 법률우위원칙을 위반하여 위법한 조례안이다.

Ⅱ. 설문 (2)

1. 논점의 정리

기초자치단체의 조례안에 대하여 제1차 감독청인 시·도지사가 아닌 제2차 감독청으로 행정안전부장관이 직접 재의요구지시, 제소지시, 직접제소 및 집행정지 신청하여 통제할 수 있는지 문제된다.

2. 재의요구지시

(1) 의 의

『지방자치법』제192조 제2항에 따르면 기초지방자치단체 의회의 의결이 법령에 위반된다고 판단됨에도 불구하고 시·도지사가 재의요구지시 하지 아니한 경우 주무부장관이 직접 기초자치단체장에게 재의를 요구하게 할 수 있다.

(2) 사안의 경우

사안의 경우 기초지방자치단체인 A시 의회가 의결한 이 사건 조례안이 법령에 위반됨에도 A시 시장이 재의요구를 하지 않고 있다. 이에 대해 제1차 감독청으로 도지사가 A시 시장에게 재의요구지시를 하지 않은 경우 행정안전부장관은 직접 A시 시장에게 재의요구지시를 할 수 있다.

3. 제소지시

(1) 의 의

『지방자치법』제192조 제5항에 따라 기초지방자치단체장에게 재의요구지시를 한 주무부장관은 재의결된 사항이 법령에 위반된다고 판단됨에도 불구하고 해당 지방자치단체장이 소를 제기하지 않는 경우 제소지시할 수 있다.

(2) 사안의 경우

행정안전부장관이 직접 A시 시장에게 재의요구지시하였고, A시 시장이 재의요구하여 원안대로 가결된 경우에 A시 시장이 소를 제기하지 않은 경우 행정안전부장관은 A시 시장에게 제소지시가 가능하다.

4. 직접제소 및 집행정지 신청

(1) 의 의

『지방자치법』 제192조 제8항에 따라서 주무부장관의 재의요구지시에도 불구하고 기초지방자치단체장이 재의요구를 하지 않은 경우 주무부장관은 대법원에 직접제소 및 집행정지 신청할 수 있다.

『지방자치법』 제192조 제7항에 따라서 주무부장관의 지시에 따라 기초지방자치단체장이 재의요구하였으나 원안대로 가결되었고 이에 대해 기초지방자치단체장이 대법원에 소 제기 하지 않은 경우, 주무부장관은 직접제소 및 집행정지 신청할 수 있다.

이러한 소송은 『지방자치법』상 인정되는 기관소송이라 할 것이다.

(2) 사안의 경우

행정안전부장관이 직접 A시 시장에게 재의요구지시하였으나 A시 시장이 재의요구를 하지 않은 경우와 A시 시장이 재의요구하였으나 원안대로 의결된 사안에 대해 소 제기를 하지 않은 경우, 행정안전부장관은 위법한 조례안에 대하여 대법원에 직접 제소하거나 집행정지를 신청할 수 있다.

5. 사안의 해결

행정안전부장관은 조례안이 법령에 위반됨에도 불구하고 A시 시장이 별도로 조치를 취하지 않고 이에 대해 도지사가 통제하지 않는 경우, A시 시장에 대해 재의요구지시할 수 있고 이러한 경우에 한하여 제소지시, 직접제소 및 집행정지 신청 조치를 강구할 수 있다.

┤ 강 평 ├

1. 설문 (1)에 관한 예시답안에서 법률유보원칙에 관한 설명은 불필요한 내용이다. 합의제행정 기관을 설치하는 것은 조직에 관한 사무로서 당연히 자치권의 범위에 속하는 점에서 그러하다. 지방자치법 제13조(지방자치단체의 사무 범위)와 지방자치법 제28조(조례)를 지적하는 것만으로도 충분하다.

2. 설문 (2)에 관한 예시답안은 충분하지 않다. 지방자치법 제192조 제2항[3] 및 제5항[4]이 개정되어 주무부장관이 기초자치단체장에게 재의요구를 지시하고 직접 제소를 할 수 있도록 규정하는 계기가 된 판례에 대한 소개가 필요하다.
   대법원 2016. 9. 22. 선고 2014추521 전원합의체 판결에서 다수의견은 "지방의회 재의결에 대하여 제소를 지시하거나 직접 제소할 수 있는 주체로 규정된 '주무부장관이나 시·도지사'는 시·도에 대하여는 주무부장관을, 시·군 및 자치구에 대하여는 시·도지사를 각 의미한다."라는 입장인 데 반하여, 소수의견은 "주무부장관은 지방자치단체가 '시·도' 또는 '시·군 및 자치구'인지 관계없이 제소권을 가진다고 보아야 하고, 다수의견과 같이 '시·도'에 대하여는 주무부장관에게, '시·군 및 자치구'에 대하여는 시·도지사에게만 있다고 해석할 것은 아니다."라는 입장으로 대립하였다. 이 판결에 따르면 주무부장관이 기초자치단체장에 대해서 제소를 지시하거나 직접 제소를 할 수 없는 결과, 지방자치법이 지금처럼 개정된 것이다.

3. 한편 예시답안은 주무부장관의 직접제소를 기관소송으로 설명하고 있으나, 이에 대해서는 특별한 항고소송이라는 견해의 대립이 있는 점에서, 만약 소개한다면 모두를 소개하고 그렇지 않다면 설명하지 않는 것이 타당하다는 생각이다.

---

3) 제192조(지방의회 의결의 재의와 제소) ② 시·군 및 자치구의회의 의결이 법령에 위반된다고 판단됨에도 불구하고 시·도지사가 제1항에 따라 재의를 요구하게 하지 아니한 경우 주무부장관이 직접 시장·군수 및 자치구의 구청장에게 재의를 요구하게 할 수 있고, 재의 요구 지시를 받은 시장·군수 및 자치구의 구청장은 의결사항을 이송받은 날부터 20일 이내에 지방의회에 이유를 붙여 재의를 요구하여야 한다.

4) 제192조(지방의회 의결의 재의와 제소) ⑤ 주무부장관이나 시·도지사는 재의결된 사항이 법령에 위반된다고 판단됨에도 불구하고 해당 지방자치단체의 장이 소를 제기하지 아니하면 시·도에 대해서는 주무부장관이, 시·군 및 자치구에 대해서는 시·도지사(제2항에 따라 주무부장관이 직접 재의 요구 지시를 한 경우에는 주무부장관을 말한다. 이하 이 조에서 같다)가 그 지방자치단체의 장에게 제소를 지시하거나 직접 제소 및 집행정지결정을 신청할 수 있다.

2023년도 입법고등고시 기출문제와 어드바이스 및 답안구성 예

| 제1문 (40점) |

甲은 A부에 근무하는 국가공무원(사무관)이다. 甲은 근무 중에 수시로 이석하였으며 주식투자에만 열중한 사실이 적발되어 직위해제를 당하고 감찰을 받게 되었다. A부 장관은 甲에 대하여 근무를 충실히 할 것과 업무에 필요 없는 일은 절대 하지 않도록 지시하였다. 그러나 甲은 지시를 어기고 계속하여 수차례 주식투자 사이트에 접속한 사실이 추후 밝혀졌다.

한편 甲은 A부 내에 자신이 소속한 종교동아리에 예산지원을 하는 등으로 다른 모임보다 특혜를 주는 것에 대하여 상사로부터 그런 행위를 중단할 것을 지시받았음에도 이를 거부한 채 계속적으로 예산지원을 하여왔다.

이와 같은 이유들로 인하여 甲은 직권면직처분을 받았다.

(1) 甲이 직위해제처분을 받은 후 곧바로 제소기간 내에 취소소송을 관할법원에 제기한 경우 그 소의 적법성 여부를 검토하시오. (10점)

(2) 甲이 직권면직처분에 대한 취소소송을 제기하였고, 해당 소송의 사실심 계속 중 정년이 경과한 경우 이 사건 직권면직처분의 취소를 구할 법률상 이익이 있는지 검토하시오. (15점)

(3) 甲이 종교동아리에 예산지원을 하고 이를 시정하라는 상사의 지시를 거부한 것은 공무원으로서 어떤 의무를 위반한 것인지 검토하시오. (15점)

Advice

Ⅰ. 설문 (1)

직위해제처분에 대한 취소소송을 제기한 것으로 제소기간을 제외한 소제기 적법성 요건을 검토해주는 문제이다. 사안의 경우 대상적격, 원고적격, 소의 이익, 피고적격은 별도로 문제되지 않으나 공무원의 인사에 관한 결정이므로 소청심사위원회의 결정을 필수적 전심절차로 먼저 거쳐야 하는지 전심절차를 위주로 논설하는 문제이다.

Ⅱ. 설문 (2)

1. 직권면직처분에 대한 적법한 취소소송 계속 중 정년이 도과한 경우 협의의 소의 이익이 문제된다. 직권면직처분이 취소된다고 하더라도 정년 도과로 인해 복직이 불가능함(원상회복 불가능함)에도 부수적인 이익이 보호될 수 있어 소송을 계속할 현실적인 필요성이 있는지를 논설해주는 문제이다.

2. 『행정소송법』 제12조 후문의 '법률상 이익'의 경우 「처분의 효력이 소멸된」 국면에서는 그 의미에 대해 학설·판례 검토를 기술하여 포섭할 필요가 있으나 「원상회복이 불가능한 경우」에는 이

러한 논의를 기술하기보단 관련 판례를 충분히 소개하여 포섭하는 것이 더 논리적일 것으로 생각된다.

Ⅲ. 설문 (3)

1. 사안의 상사의 지시의 법적성질에 대해서 검토하고 그러한 지시가 적법한 명령인지 검토하여 이를 따르지 않은 것이 공무원으로서 「헌법」, 「국가공무원법」에 따라서 가지는 의무 중 어떤 의무를 위반한 것 같은지 소개하고 포섭하는 문제이다.

2. 「헌법」 제7조의 국민에 대한 봉사자로서 공직자, 「국가공무원법」 제56조의 성실의무, 제57조의 복종의 의무, 제59조의 친절·공정의 의무 등을 자신의 견해에 따라서 포섭할 수 있을 것이다.

답안구성 예

Ⅰ. **설문 (1)**
  1. 논점의 정리
  2. 취소소송의 적법성 요건
  3. 필수적 전심절차
    (1) 의 의
    (2) 공무원 인사에 관한 사항의 경우
    (3) 사안의 경우
  4. 사안의 해결

Ⅱ. **설문 (2)**
  1. 논점의 정리
  2. 협의의 소의 이익
    (1) 의 의
    (2) 소의 이익이 없는 경우
    (3) 직권면직처분 중 정년이 경과한 경우

    (4) 사안의 경우
  3. 사안의 해결

Ⅲ. **설문 (3)**
  1. 논점의 정리
  2. 시정 지시의 적법성
    (1) 직무명령의 의의
    (2) 직무명령의 적법성 요건
    (3) 사안의 경우
  3. 시정지시 거부와 공무원의 의무
    (1) 국민에 대한 봉사자로 책임의무 위반
    (2) 성실의무 위반
    (3) 복종의무 위반
    (4) 친절·공정 의무 위반
  4. 사안의 해결

| **제2문(30점)** |

甲은 화약류 제조 및 판매업 등을 목적으로 하는 회사로서 乙협회의 회원이다. 乙협회는 총포·화약류·분사기·전기충격기·석궁(이하 '총포·화약류 등'이라 한다)으로 인한 위험과 재해의 예방을 위한 안전기술의 연구·개발과 행정기관이 위탁하는 총포·화약류 등의 안전에 관한 교육 등을 수행하기 위하여 「총포화약법」 제48조에 의해 설립된 특수공법인이다. 甲은 乙협회의 회원이 된 이래 「총포화약법」 제58조, 「총포화약법 시행령」 제78조제1항제4호, 「乙협회 정관」 제33조제2호에 근거하여 매년 전년도 매출액의 1,000분의 0.75에 해당하는 금액을 납부하였다.

(1) 총포화약법령은 乙협회가 징수할 수 있는 회비의 액수를 직접 정하지 않고 乙협회의 정관으로 정하도록 규정하고 있다. 이는 위임입법의 한계에 비추어 적법한지 검토하시오. (15점)

(2) 丙은 총포·화약류 등의 수입업을 하려고 하는 업자이다. 丙은 乙협회를 대상으로 장래의 회비 납부통지의 금지를 구하는 소송을 제기하고자 한다. 이러한 소송이 현행 행정소송법상 인정되는지를 검토하시오. (15점)

[참조조문] 현행법령 및 정관을 사례해결에 적합하도록 수정하였음

「총포화약법」

제1조(목적) 이 법은 총포·도검·화약류·분사기·전자충격기·석궁의 제조·판매·임대·운반·소지·사용과 그 밖에 안전관리에 관한 사항을 정하여 총포·도검·화약류·분사기·전자충격기·석궁으로 인한 위험과 재해를 미리 방지함으로써 공공의 안전을 유지하는 데 이바지함을 목적으로 한다.

제48조(총포·화약안전기술협회의 설립) ① 총포·화약류·분사기·전자충격기·석궁으로 인한 위험과 재해를 예방하기 위한 안전기술의 연구·개발과 행정관청이 위탁하는 총포·화약류·분사기·전자충격기·석궁의 안전에 관한 교육, 그 밖의 업무를 수행하기 위하여 총포·화약안전기술협회(이하 "협회"라 한다)를 설립한다.

제52조(사업) 협회는 다음 각 호의 사업을 한다.

2. 총포·분사기·전자충격기·석궁 안전검사 및 화약류 안정도 시험

제58조(재정) ① 협회의 운영 및 사업에 드는 경비는 다음 각 호의 재원으로 충당한다.

2. 행정안전부령으로 정하는 총포의 안전검사, 화약류의 안정도시험 및 교육 등의 수수료

3. 회원 중 대통령령으로 정하는 자의 회비

② 제1항 제3호에 따른 회비의 부담방법·부담비율과 그 밖에 회비에 관하여 필요한 사항은 대통령령으로 정한다.

「총포화약법 시행령」

제78조(회비) ① 협회는 법 제58조 제1항 제3호에 따른 회비를 다음 각 호에서 정한 금액의 범위에서 정관이 정하는 바에 따라 징수한다.

3. 총포·화약류·분사기·전자충격기·석궁의 수입허가를 받은 사람은 수입원가의 100분의 1에 해당하는 금액

4. 화약류 제조업자·판매업자는 매년 전년도 매출액의 1,000분의 0.75에 해당하는 금액

「乙협회 정관」

제33조(수수료·회비 및 기술지원비 등) 수수료, 회비, 기술지원비 및 교육비는 다음 각 호에서 정하는 금액 또는 비율로 한다.

2. 회비회원의 회비는 「총포화약법 시행령」 제78조에서 정한 상한액으로 한다. 다만 화약류 사용자에 대하여는 이사회의 의결을 거쳐 회비를 면제할 수 있다.

제35조(수수료 및 회비의 징수) ③ 화약류 제조·판매업자에 대한 회비는 허가관청과 협조하여 분기마다 제조·판매량에 대한 자료를 수집하고, 제조·판매업자로부터 매출액에 대한 자료를 다음연도 3월말까지 인수하여 4월에 회비를 산정, 부과하여 징수한다.

Advice

I. 설문 (1)

1. 행정입법에 있어 법의 수권을 받은 사안을 정관으로 재위임한 경우 이러한 위임입법이 가능한지 한계 일탈 여부를 검토하여 적법성을 판단하는 문제이다.

2. 정관의 적법성을 물어본 것이 아닌 시행령의 재위임이 위법한지를 물어본 것으로 수권상의 한계(법률유보원칙, 포괄위임금지원칙, 재위임가능성)와 내용상의 한계(법률우위원칙)의 일탈이 있는지 검토하여 재위임한 시행령 규정의 적법성 여부를 판단할 수 있을 것이다.

II. 설문 (2)

회비 납부통지의 금지를 구하는 예방적 금지소송이 현행 행정소송법상 인정되는지에 대한 문제이다. 무명항고소송으로 예방적 금지소송의 허용 여부에 대한 학설, 판례, 검토의견과 사안 포섭을 통해 해결할 수 있다.

답안구성 예

I. 설문 (1)
1. 논점의 정리
2. 위임입법의 의의
3. 위임입법의 한계
 (1) 수권상의 한계
 (2) 내용상의 한계
 (3) 사안의 경우
4. 사안의 해결

II. 설문(2)

1. 논점의 정리
2. 예방적 금지소송의 의의
3. 예방적 금지소송의 허용 여부
 (1) 문제점
 (2) 학 설
 (3) 판례
 (4) 검 토
 (5) 사안의 경우
4. 사안의 해결

| 제3문 (30점) |

공무원이 직무를 수행하면서 고의 또는 과실로 법령을 위반하여 타인에게 손해를 입힌 경우 해당 공무원 개인이 국가 또는 지방자치단체 및 피해자에게 지는 책임을 설명하시오.

1. 「국가배상법」 제2조의 공무원의 위법한 직무집행에 따른 배상책임의 경우 공무원의 대내외적 책임에 관한 문제이다.

2. 국가배상책임의 성격과 관련하여 대위책임과 자기책임인지와 관련한 논의를 서술하고 공무원의 대외적 책임에 대한 학설, 판례, 검토의견을 제시한 후 내부적으로 국가 및 지방자치단체가 구상권을 행사할 수 있는지와 징계책임에 대해서 설명할 수 있다.

답안구성 예

Ⅰ. 논점의 정리

Ⅱ. 「국가배상법」 제2조 책임의 성격

Ⅲ. 공무원의 대외적 책임 인정 여부
   1. 문제점
   2. 학설

3. 판례
4. 검토

Ⅳ. 국가 및 지방자치단체에게 지는 책임
   1. 구상책임
   2. 징계책임

| 제1문 | 甲은 X시의 시장 乙에게 X시에 소재한 자신의 토지에 공동주택의 건설사업을 위한 개발행위허가 신청을 하였다. 乙은 "甲의 신청지는 X시 도시기본계획상 도시의 자연환경 및 경관을 보호하기 위하여 도시자연공원구역으로 지정이 예정되어 있어 전체적인 개발계획이 수립되지 않은 상태에서 개별적인 공동주택 입지를 위한 개발행위허가는 불합리하다."라는 이유로, 2020. 10. 9. 甲의 신청을 거부하였다(이하 '제1차 거부처분'). 이에 甲은 乙을 상대로 제1차거부처분의 취소를 구하는 소를 제기하였고, 법원은 제1차 거부처분이 구체적이고 합리적인 근거 없이 甲의 신청을 불허한 것으로 재량권의 일탈·남용이라고 보아 甲의 청구를 인용하는 판결을 하였다. 이 취소판결은 확정되었고, 사실심 변론종결일은 2021. 11. 16.이다. 甲은 위 판결 확정 이후인 2021. 12. 17. 乙에게 위 확정판결에 따른 후속조치의 이행을 촉구하는 내용의 민원을 제기하였는데, 당시 X시의 담당과장은 민원을 접수하면서 甲에게 "법적으로 가능하다면 개발행위를 허가해 주겠다."라고 구두로 답변하였다. 그러나 乙은 2021. 12. 28. 甲에게 "甲이 신청한 토지는 국토교통부에서 확정 발표한 도시자연공원 확대사업이 반영된 대상지로서 우리 시에서는 체계적인 도시개발 및 난개발 방지를 위해 국토의 계획 및 이용에 관한 법률 에 따라 2021. 10. 26. 개발행위허가 제한지역으로 고시하여 현재 신규 개발행위허가는 불가능하다."라는 사유로 甲의 개발행위를 불허하는 통지를 하였다(이하 '제2차 거부처분'). 다음 물음에 답하시오. (총 50점)

(1) 甲은 제2차 거부처분이 확정된 취소판결의 취지에 따르지 아니한 것으로 보아 행정소송법상 간접강제를 신청하였다. 그 신청의 인용 가능성을 검토하시오. (30점)

(2) 甲은 X시의 담당과장이 "법적으로 가능하다면 개발행위를 허가해 주겠다."라고 답변한 것을 들어, 제2차 거부처분이 위법하다고 주장한다. 甲의 주장이 타당한지 검토하시오. (10점)

(3) 乙은 제2차 거부처분을 하면서 행정심판 및 행정소송의 제기 여부 등 불복절차에 대하여 아무런 고지를 하지 않았다. 甲은 이를 이유로 제2차 거부처분은 절차적 하자가 있는 위법한 처분이라고 주장한다. 甲의 주장이 타당한지 검토하시오. (10점)

【 **참고조문** 】 현행 법령을 사례해결에 적합하도록 수정하였음

「국토의 계획 및 이용에 관한 법률」

제56조(개발행위의 허가) ① 다음 각 호의 어느 하나에 해당하는 행위로서 대통령령으로 정하는 행위 (이하 "개발행위"라 한다)를 하려는 자는 특별시장·광역시장·특별자치시장·특별자치도지사·시장 또는 군수의 허가(이하 "개발행위허가"라 한다)를 받아야 한다.

1. 건축물의 건축 또는 공작물의 설치

제58조(개발행위허가의 기준) ① 특별시장·광역시장·특별자치시장·특별자치도지사·시장 또는 군수는 개발행위허가의 신청 내용이 다음 각 호의 기준에 맞는 경우에만

개발행위허가 또는 변경허가를 하여야 한다.

1. 용도지역별 특성을 고려하여 대통령령으로 정하는 개발행위의 규모에 적합할 것

2. 도시·군관리계획 및 성장관리계획의 내용에 어긋나지 아니할 것

3. 도시·군계획사업의 시행에 지장이 없을 것

4. 주변지역의 토지이용실태 또는 토지이용계획, 건축물의 높이, 토지의 경사도, 수목의 상태, 물의 배수, 하천·호소·습지의 배수 등 주변환경이나 경관과 조화를 이룰 것

5. 해당 개발행위에 따른 기반시설의 설치나 그에 필요한 용지의 확보계획이 적절할 것

제63조(개발행위허가의 제한) ① 국토교통부장관, 시·도지사, 시장 또는 군수는 다음 각 호의 어느 하나에 해당되는 지역으로서 도시·군관리계획상 특히 필요하다고 인정되는 지역에 대해서는 대통령령으로 정하는 바에 따라 중앙도시계획위원회나 지방도시계획위원회의 심의를 거쳐 한 차례만 3년 이내의 기간 동안 개발행위허가를 제한할 수 있다.

3. 도시·군기본계획이나 도시·군관리계획을 수립하고 있는 지역으로서 그 도시·군기본계획이나 도시·군관리계획이 결정될 경우 용도지역·용도지구 또는 용도구역의 변경이 예상되고 그에 따라 개발행위허가의 기준이 크게 달라질 것으로 예상되는 지역

② 국토교통부장관, 시·도지사, 시장 또는 군수는 제1항에 따라 개발행위허가를 제한하려면 대통령령으로 정하는 바에 따라 제한지역·제한사유·제한대상행위 및 제한기간을 미리 고시하여야 한다.

답안작성

김 ㅇㅇ / 2021년도 5급 공채 일반행정직 합격

Ⅰ. 설문 (1)

1. 쟁점의 정리

먼저, 제2차 거부처분이 취소판결의 기속력에 반하는지를 살펴보고, 이에 기초하여 甲이 신청한 간접강제의 인용 가능성을 검토할 것이다.

2. 취소판결의 기속력

(1) 의미와 법적 근거

취소판결의 기속력이란 소송당사자인 행정청과 관계행정청에게 확정판결의 취지에 따라 행동하여야 할 의무를 지우는 효력을 말한다. 「행정소송법」 제30조는 이러한 취소판결의 기속력에 관하여 규정하고 있다.

(2) 기판력과의 구별

취소판결의 기속력에 관하여, 기속력은 기판력의 당연한 결과로서 인정된다는 기판력설이 주장되나, 기속력은 판결의 실효성을 확보하기 위하여 행정청과 관계행정청을 구속하는 실체법상의 효력으로 법적 안정성을 위하여 인정되는 소송법상 효력인 가판력과는 구별된다고 보는 것이 타당하다. 판례 역시 종래 기판력설을 취하는 것으로 평가되었으나, 최근에는 태도를 변경하여 기속력을 기판력과 구별되는 특수한 효력으로 보는 것으로 평가된다.

(3) 범위

가. 주관적 범위

기속력은 당사자인 행정청과 관계행정청을 기속한다(「행정소송법」 제30조 제1항).

나. 객관적 범위

확정판결의 기속력은 판결의 주문 및 그 전제가 되는 요건사실의 인정과 판단에 미치고, 판결의 결론과는 직접 관계없는 방론이나 간접사실의 판단에는 미치지 않는다는 것이 일반적인 견해이다. 즉, 기속력은 판결의 주민 및 개개의 위법사유에 미치는 것이다. 따라서 종전 처분과 다른 사유를 들어 동일한 처분을 하는 것은 기속력에 반하지 않는다. 여기서 다른 사유인지 여부는 확정판결에서 위법한 것으로 판단된 종전 처분사유와 기본적 사실관계의 동일성이 인정되는지에 따라 판단되어야 하며, 기본적 사실관계의 동일성 여부는 처분사유를 법률적으로 평가하기 이전의 구체적 사실관계에 착안하여 그 기초가 되는 사회적 사실관계가 기본적인 점에서 동일한지에 따라 판단되어야 한다.

다. 시간적 범위

기속력의 시간적 범위는 위법판단의 기준시에 의존한다. 적극적인 처분의 경우 위법판단의 기준시가 처분시라는 것이 통설과 판례의 입장이나 거부처분의 위법판단의 기준시에 관하여 견해대립이 존재한다. 이에 대하여, 위법판단의 기준시가 ① 처분시라는 견해, ② 판결시라는 견해, ③ 위법판단 시점과 인용여부 판단시점을 구별해야한다는 견해 등이 대립하나, 판례는 거부처분 취소소송의 경우에도 위법판단의 기준시를 처분시로 보고 있다.

이러한 판례를 태도를 고려하면, 기속력의 시간적 범위 역시 처분시를 기준으로 판단하여야 한다. 따라서 취소판결의 기속력은 처분 당시까지 존재하던 사유에 대하여만 미치고 그 이후에 생긴 사유에 대하여는 미치지 않는다고 봄이 타당하다.

(4) 내용

가. 문제점

기속력은 소극적 효력으로서 반복금지효와 적극적 효력으로서 재처분의무 및 결과제거의무가 인정된다. 사안의 경우, 거부처분에 대한 취소판결이 있으므로 재처분의무를 중심으로 기속력을 살펴볼 것이다.

나. 거부처분이 취소된 경우 재처분의무

거부처분취소판결이 확정된 경우, 행정청은 「행정소송법」 제30조 제2항에 따라서 판결의 취지에 따라 다시 이전의 신청에 대한 처분을 하여야 한다. 이때 행정청의 재처분은 반드시 인용처분일 필요는 없고, 판결의 취지를 존중하여 다시 거부처분을 할 수도 있다.

즉, ① 행정청은 위법한 것으로 판단된 종전의 처분사유와 기본적 사실관계의 동일성이 없는 사유를 근거로 다시 거부처분을 할 수 있으며 ② 거부처분 후에 법령이 개정된 경우 경과규정이 있는 등 특별한 사정이 없는 한 개정된 법령에 근거하여 다시 거부할 수 있으며 ③ 종전 거부처분이 절차 또는 형식의 위법을 이유로 취소된 경우 적법한 절차나 형식을 갖추어 다시 거부할 수 있다.

(5) 사안의 경우

살피건대, 제1차 거부처분취소 판결에서 위법한 것으로 판단된 처분사유는 전체적인 개발계획이 수립되지 않은 상태에서 개별적인 개발행위허가가 불합리하다는 것이다. 반면, 제2차 거부처분의 처분사유는 甲이 신청한 토지가 국토교통부에서 확정 발표한 도시자연공원 확대사업에 반영된 대상지로서 해당 토지가 「국토의 계획 및 이용에 관한 법률」에 근거하여 개발행위허가 제한지역으로 고시되어 신규 개발행위허가가 불가능하다는 것이다. 따라서 제2차 거부처분의 처분사유는 제1차 거부처분 이후에 발생한 사정변경에 따른 것으로서 두 처분사유 사이에 기본적 사실관계의 동일성을 인정하기 어렵다. 그러므로 제2차 거부처분은 반복금지효에 위반되는 것이 아니라 오히려 성실히 재처분의무를 이행한 것으로서 취소판결의 기속력에 반하지 않는다고 봄이 타당하다.

3. 법원의 간접강제
(1) 의미와 법적 근거

거부처분취소 판결이 확정되어 재처분의무가 발생함에도 불구하고 행정청이 이를 이행하지 않은 경우 그 의무이행에 대한 강제수단이 필요한바, 「행정소송법」 제34조는 법원의 간접강제를 규정하여 재처분의무에 대한 강제수단을 마련하고 있다.

(2) 요 건

법원의 간접강제가 인용되기 위하여는 ① 거부처분에 대한 취소판결이 확정되어야 하며, ② 처분청이 재처분의무를 불이행하여야 한다. 이때 재처분의무의 불이행에는 아무런 재처분을 하지 않는 것뿐 아니라 행정청의 재처분이 취소판결의 기속력에 반하여 당연무효가 되는 경우 역시 포함한다.

(3) 절 차

법원의 간접강제를 신청하기 위하여 당사자는 취소판결이 확정되는 심급에 관계없이 '제1심 수소법원'에 간접강제를 신청하여야 한다(「행정소송법」 제34조 제1항). 한편, 법원은 별도의 별론을 거치지 않더라도 간접강제 결정을 할 수 있다. 다만, 변론을 열지 않고 결정을 하는 경우에도 행정청을 심문하여야 한다(「행정소송법」 제34조 제2항, 「민사집행법」 제262조).

(4) 사안의 경우

살피건대, 甲은 제1심 수소법원에 간접강제를 신청할 수 있다. 다만, 앞서 살펴본 바와 같이 제2차 거부처분은 취소판결의 기속력에 반하지 않는 재처분에 해당하므로 행정청의 재처분의무의 이행이 인정되어 간접강제요건이 충족되기 어려울 것이다.

4. 설문의 해결

甲의 간접강제 신청은 기각될 것이다.

Ⅱ. 설문 (2)

1. 쟁점의 정리

제2차 거부처분의 위법성과 관련하여 신뢰보호의 원칙의 위반이 문제된다.

2. 신뢰보호의 원칙

(1) 의미와 법적 근거

신뢰보호의 원칙은 행정기관의 어떠한 언동에 대해 국민이 신뢰를 갖고 행위를 한 경우 그 국민의 신뢰가 보호할 가치가 있는 경우에는 그 신뢰를 보호해주어야 한다는 원칙으로서 법치국가의 원리에 그 근거를 두고 있으며, 최근 「행정기본법」 제12조가 일반적인 법적 근거로서 신설되었다.

(2) 요 건

판례에 따르면 신뢰보호의 원칙이 적용되기 위하여는, ① 행정청이 개인에 대하여 신뢰의 대상이 되는 공적인 견해표명을 하고 ② 행정청의 견해표명이 정당하다고 신뢰한 데 대하여 개인에게 귀책사유가 없어야 하며 ③ 그 개인이 그 견해표면을 신뢰하고 이에 어떠한 행위를 하여야 하며 ④ 이후 행정청이 견해표명에 반하는 처분을 하여 개인의 이익이 침해되는 결과가 초래되어야 한다.

공적견해표명의 인정과 관련하여 판례는 반드시 행정조직상의 형식적인 권한분장에 구애될 것은 아니고 당사자의 조직상의 지위와 임무, 당해 언동을 하게 된 경위와 그에 대한 상대방의 신뢰가능성에 비추어 실질에 따라 판단하여야 한다고 판시하였다. 그러므로 판례는 납세상담과 같이 단순한 상담에 대하여는 공적 견해표명을 부정하였으나, 상대방의 질의에 대한 구세청의 회신은 공적 견해표명에 해당한다고 판시하였다.

(3) 한 계

신뢰보호의 원칙의 요건이 충족된다고 하더라도 공적견해표명에 반하는 후행처분을 통하여 달성하려는 공익과 그로 인해 침해되는 상대방의 신뢰이익을 비교·형량하여 공익이 더 큰 경우에는 당해 후행처분은 적법한 처분이 되는바, 이러한 법리를 신뢰보호의 한계라고 하며 「행정기본법」 제12조 제1항은 행정청은 공익 또는 제3자의 이익을 현저히 해칠 우려가 있는 경우를 제외하고는 행정에 대한 국민의 정당하고 합리적인 신뢰를 보호하여야 한다고 명시하여 신뢰보호의 한계를 규정하고 있다.

3. 설문의 해결

살피건대, X시의 담당과장이 비록 공적인 견해표명을 할 수 있는 조직상의 지위를 지닌다고 하더라도, 담당과장의 답변은 법적으로 가능하다면 개발행위를 허가해 주겠다는 취지인 점, 위와 같은 답변이 민원접수에 대한 답변으로서 구두로 이루어진 점, 위 토지가 개발행위허가 제한지역으로 고시되어 신규 개발행위가 불가능한 점 등을 고려하면 무조건적으로 갑에 대하여 개발행위를 허가해주겠다는 공적견해표명이 있다고 인정되기 어려워 신뢰보호의 원칙이 적용되기 어려울 것이다.

가사, 신뢰보호의 원칙의 요건이 충족된다고 하더라도, 제2차거부로 인하여 甲이 입는 신뢰이익의 침해가 그 거부를 통하여 달성하려는 체계적인 도시개발 및 난개발의 방지라는 공익의 정당성을 상실시킬 정도로 극심하다고 보기 어려워, 제2차거부처분은 여전히 적법한 처분이라고 판단된다. 따라서 甲의 주장은 타당하지 않다.

Ⅲ. 설문 (3)

1. 쟁점의 정리

제2차거부처분을 하면서 행정청이 갑에게 행정심판 및 행정소송의 제기 여부 등 불복절차에 대하여 고지를 하여야 할 의무가 있는지 여부 및 그러한 의무의 위반이 거부처분의 절차적 위법을 구성하는지 여부가 문제된다.

2. 고지제도

(1) 의미와 법적 근거

고지제도란 행정청이 처분을 할 때에는 당사자에게 그 처분에 관하여 행정심판 및 행정소송을 제기할 수 있는지 여부, 그 밖에 불복을 할 수 있는지 여부, 청구절차 및 청구기간, 그 밖에 필요한 사항을 알려야 한다는 제도이다. 행정소송과 행정심판에 대한 고지제도는 「행정절차법」 제26조에 근거하며, 「행정심판법」 제58조는 행정심판에 대하여 별도의 고지제도를 두고 있다.

(2) 종 류

「행정심판법」 제58조는 행정청이 처분을 할 때에는 처분의 상대방에게 해당 처분에 대하여 행정심판을 청구할 수 있는지 등 알려야 한다고 명시하여 직권고지를 규정하며, 한편으로는 행정청은 이해관계인이 요구하면 해당 처분이 행정심판의 대상이 되는 처분인지 등을 지체 없이 알려 주어야 한다고 명시하여 청구에 의한 고지를 규정하고 있다.

(3) 불고지·오고지가 위법을 구성하지는 여부

고지를 하지 않거나 고지를 잘못한 경우에 처분의 절차상 하자가 인정된다는 견해가 있으나, 판례에 따르면 고지제도의 취지는 불복방법에 편의를 제공하는 것일 뿐, 고지제도가 처분의 성립과정이나 처분의 형식을 규율하는 것이 아니라고 하여 불고지나 오고지가 처분의 위법사유가 되지 않는다는 입장이다. 고지 자체가 처분의 주체, 형식, 절차, 내용을 구성한다고 보기 어려우므로 불고지 혹은 오고지가 처분의 위법과 무관하다는 판례의 태도가 타당하다.

3. 설문의 해결

「행정절차법」제26조 혹은 「행정심판법」제58조에 따라, 乙은 제2차 거부처분을 하면서 甲에게 행정심판 및 행정소송의 제기 여부 등 불복절차에 대하여 고지를 할 의무가 인정된다. 다만, 이러한 의무의 불이행이 처분의 위법을 구성한다고 볼 수 없으므로 불고지가 제2차 거부처분의 절차적 위법을 이룬다고 甲의 주장은 타당하지 않다.

┤ 강 평 ├

1. 설문 (1)은 간접강제 신청의 인용 가능성을 묻고 있다. 따라서 답안의 목차 작성도 간접강제 신청의 요건을 중심으로 검토하면서, 그 요건 중 '확정된 거부처분 취소관결의 취지에 따른 재처분을 하지 않았을 것'을 핵심쟁점으로 서술하면 된다.

2. 제시된 답안은 비교적 많은 분량을 할애하여 취소관결의 기속력부터 먼저 서술하고 있다. 그러나 해당 설문은 어디까지나 간접강제 신청의 인용 가능성 검토이므로, 간접강제신청의 요건부터 먼저 서술하면서 그 요건 검토 내용 중 하나인 취소확정관결의 기속력을 부각하여 서술하는 것이 논리적 순서에 맞을 것이다. 그 부분을 제외하고 답안은 세부 쟁점을 잘 짜여진 목차에 따라 빠짐없이 잘 서술하였는데, 해당 답안은 이상적인 형태의 답안이고 실제 수험생으로서는 취소관결의 기속력에 관한 내용 중 해당 설문의 논리적 서술과 직접 관련된 항목 위주로 효율적으로 답안을 작성하면 충분할 것이다.

3. 설문 (2)는 X시의 담당과장의 답변 내용과 관련된 제2차 거부처분의 위법성 여부를 검토하라는 10점 배점의 문제이다. 따라서 출제자의 의도에 따라 판례에서 제시하는 신뢰보호원칙의 요건에 따른 그 위반 여부, 그중에서도 공적 견해 표명 요건을 중심으로 해당 사안에 적용하여 서술하면 된다. 답안은 이 점을 잘 반영하여 작성되었다.

4. 설문 (3)은 고지의 하자와 처분의 위법 여부를 묻는 문제이다. 답안은 불복절차에 대한 고지의무의 법적 근거, 불고지가 처분의 위법을 구성하는 절차적 하자에 해당하는지 여부 등에 관하여 배점에 부합되도록 목차와 내용을 잘 서술하였다.

| 제2문 | A도(道) B시(市) 인사과장 乙은 신임 시장의 취임 직후 B시에 소속된 모든 4급 이상 공무원에게 사직서 제출을 요청하였다. 다음 물음에 답하시오. (총 30점)

(1) B시 4급 공무원 甲은 사직서를 제출하면서 자신은 사직 의사가 전혀 없다는 점을 乙에게 분명히 전달하였으나 사직서가 수리되어 의원면직(依願免職)되었다. 甲에 대한 의원면직처분이 적법한지 검토하시오. (10점)

(2) 乙의 일괄 사직서 제출 요청행위는 지방공무원법상 징계의결요구를 하여야 할 징계사유에 해당함에도 불구하고, B시 시장은 오히려 乙을 4급에서 3급으로 승진임용하였다. 행정안전부장관이 B시 시장의 乙에 대한 승진임용처분을 취소할 수 있는지 검토하시오. (20점)

【참고조문】 현행 법령을 사례해결에 적합하도록 수정하였음

「지방공무원법」

제38조(승진) ① 계급 간의 승진임용은 근무성적평정, 경력평정, 그 밖의 능력의 실증에 따라 한다. 다만, 1급부터 3급까지의 공무원으로의 승진임용은 능력과 경력 등을 고려하여 임용한다.

「지방공무원 임용령」

제34조(승진임용의 제한) ① 공무원이 다음 각 호의 어느 하나에 해당하는 경우에는 승진임용될 수 없다.

1. 징계의결요구 또는 관계 행정기관의 장의 징계처분요구가 있거나, 징계처분, 직위해제, 휴직 또는 시보임용기간 중에 있는 경우

「민 법」

제107조(진의 아닌 의사표시) ① 의사표시는 표의자가 진의아님을 알고 한 것이라도 그 효력이 있다. 그러나 상대방이 표의자의 진의아님을 알았거나 이를 알 수 있었을 경우에는 무효로 한다.

Ⅰ. 설문 (1)

1. 쟁점의 정리

甲은 사직의사가 전혀 없다는 사실을 乙에게 분명히 전달하면서 사직서를 제출하였음에도 사직서가 수리되어 의원면직이 되었다. 따라서 사직서 제출이라는 甲의 공법행위의 하자와 그에 터 잡은 의원면직처분의 효력이 문제된다.

2. 사인의 공법행위에 대한 적용법규

사인의 공법행위에 대하여는 통칙적인 규정이 없어 개별법상 규정이 적용된다. 만약 이러한 규정도 없다면, 민법상의 법원칙과 법률행위 및 의사표시에 관한 규정을 유추·적용할 수 있다. 다만, 이러한 경우에도 공법행위의 특수한 성질에 어긋나지 않는 범위 내에서만 유추적용을 하여야할 것이다.

3. 사인의 공법행위의 하자와 행정행위의 효력

(1) 문제점

사인의 공법행위가 행정행위의 발령의 필수적인 요건이 되는 경우에 사인의 공법행위의 하자가 그에 터 잡은 행정행위의 효력에 어떠한 영향을 주는지 문제된다.

(2) 학 설

① 사인의 공법행위가 무효인 경우에는 그에 따른 행정행위도 무효가 되고, 사인의 공법행위에 취소사유의 하자가 있는 경우에는 행정행위가 발령되기 전에는 당해 공법행위를 취소 또는 철회할 수 있고, 그 이후에는 단지 행정행위의 취소를 구해야한다는 취소·무효 구별설과 ② 행정행위란 행정청의 일방적인 단독행위라는 점을 들어, 사인의 공법행위의 하자의 정도와 무관히 항상 그에 기한 행정행위는 취소할 수 있는 행위로 보아야한다는 원칙적 취소설 등이 대립한다.

(3) 판 례

판례는 공직자숙정계획의 일환으로 일괄사표의 제출 및 선별수리의 형식으로 공무원에 대한 의원면직처분이 이루어진 경우, 사직원 제출행위가 강압에 의하여 의사결정의 자유를 박탈당한 상태에서 이루어진 것이라고 할 수 없고, 민법상 비진의 의사표시의 무효에 관한 규정은 사인의 공법행위에 적용되지 않는다는 이유로 그 의원면직처분을 당연무효라고 할 수 없다고 판시하였다. 아울러 판례는 중앙정보부 공무원의 구타, 협박으로 인하여 의사결정의 자유가 박탈된 상태에서 이루어진 사직원 제출에 기한 면직처분은 위법하다고 판시하였으며, 공무원에 의하여 제출된 사직원은 그에 터 잡은 의원면직처분이 있을 때까지는 취소나 철회가 가능하다고 판시하여 전반적으로 취소·무효 구별설과 유사하다고 평가할 수 있다.

(4) 검토 및 사안의 경우

생각건대, 사인의 권리구제와 행정법관계의 안정성을 조화해 볼 때, 취소·무효구별설이 타당할 것이다.

살피건대, 甲이 의사결정의 자유가 박탈된 상태에서 사직서를 제출한 것이 아닌 점, 甲이 비록 사직의 사가 없음을 명백히 밝혔다고 하더라도 표시주의가 지배하는 공법영역에서 「민법」 제107조 단서의 비진의 의사표시 무효에 관한 규정이 유추·적용될 수 없는 점 및 인사과장 乙은 B시 공무원에 대한 사실상 인사권을 행사할 수 있는 지위를 지녀 甲의 사직서 제출행위는 공포심을 가져 그 해악을 피하기 위하여 이루어진 진의 아닌 의사표시로서 강박에 의한 의사표시라 볼 수 있는 점 등을 고려하면, 甲의 사직서 제출행위는 당연무효가 아닐지라도 취소사유에 해당하는 하자가 있다고 할 것이다(「민법」 제110조). 그러므로 취소·무효구별설을 취할 때, 취소사유에 해당하는 하자가 있는 사직서 제출에 기초한 의원면직처분 역시 취소사유에 해당하는 위법이 있다고 봄이 타당하므로 갑에 대한 의원면직처분은 위법하다고 판단된다.

3. 설문의 해결

甲에 대한 의원면직처분은 위법하다.

Ⅱ. 설문 (2)

1. 쟁점의 정리

B시장의 승진임용에 대하여 직근 감독청인 A도지사가 아닌 행정안전부장관이 B시장의 승진임용처분에 대하여 취소를 할 수 있는지가 문제된다.

2. 감독청의 시정명령 및 취소·정지

(1) 법적 근거

기존에 감독청의 시정명령 및 취소·정지를 규정하던 (구)「지방자치법」 제169조가 「지방자치법」의 전면개정으로 인하여 「지방자치법」 제188조로 변경되면서 기초자치단체장의 위법 혹은 부당한 명령이나 처분에 대하여 직근 감독청뿐 아니라 장관 역시 시정명령 및 취소·정지를 할 수 있는 근거가 마련되었다.

(2) 대 상

가. 시정명령 및 취소·정지의 대상

「지방자치법」 제188조는 '지방자치단체의 사무에 관한 지방자치단체의 장의 명령이나 처분'이라고 규정하여 시정명령 및 취소·정지의 대상이 되는 사무는 자치사무와 단체위임사무로 한정되며, 관례도 같은 입장이다.

아울러, 시정명령 및 취소·정지의 대상이 되는 지방자치단체의 장의 명령이나 처분이 항고소송의 대상이 되는 행정처분에 한정되는지가 문제되나, 판례는 지방자치단체 인사위원회위원장의 채용공고를 행정자치부장관이 취소할 수 있다고 판시하여 위 대상을 항고소송의 대상인 처분에 한정하지 않고 있다.

나. 자치사무의 판단기준

해당 사무가 자치사무인지 기관위임사무인지를 판단함에 있어, 먼저 법령의 규정을 우선적으로 고려하여야 한다. 따라서 처음부터 국가기관의 권한으로 규정된 것은 국가사무로 보아야하며, 처음부터 지방자치단체의 장의 권한으로 규정된 것은 자치사무로 보아야할 것이다. 만약 권한규정이 불분명한 경우에는 해당 사무가 전국적으로 통일된 처리가 요구되는 사무인지, 비용부담규정, 수입규정, 감독규정 및 「지방자치법」 제13조와 제15조의 예시규정 등을 종합적으로 고려하여 사안에 따라 개별적으로 판단하여야할 것이다.

다. 사안의 경우

살피건대, 「지방자치법」 제13조 제2항 제1호 마목이 소속 공무원에 대한 인사를 지방자치단체의 사무로 예시하는 점, 「지방자치법」 제118조가 지방자치단체의 장의 소속 직원에 대한 임면권을 규정하는 점 등을 고려하면, B시 소속 공무원에 대한 승진은 B시의 자치사무에 해당한다.

아울러, 승진임용처분은 승진대상 공무원의 법적 지위에 직접 영향을 미치며, 그에 대하여 이해관계를 가지는 다른 공무원의 법률상 이익을 침해할 수도 있는 행위로서 항고소송의 대상이 되므로 특별한 사정이 없는 한 시정명령 및 취소·정지의 대상에 포함된다.

(3) 법령위반의 의미

가. 문제점

「지방자치법」 제188조 제5항의 법령위반의 개념에 재량의 일탈·남용이 포함되는지에 대하여 견해의 대립이 있다.

나. 학설 및 판례

① 「지방자치법」 제188조 제5항의 법령위반을 재량의 일탈·남용을 포함하는 일반적인 경우와 다르게 취급할 이유가 없다는 것을 근거로 동조의 법령위반에는 재량의 일탈·남용이 포함된다는 긍정설 및 판례의 다수견해와 ② 헌법이 보장하는 포괄적인 지방자치단체의 자치권 등을 고려할 때, 자치사무의 처리에 있어서 국가 등의 개입을 엄격히 금지할 필요성이 있다는 이유로 동조의 법령위반에는 재량의 일탈·남용이 포함되지 않는다는 부정설 및 판례 소수견해 등이 대립한다.

다. 검토 및 사안의 경우

생각건대, 「지방자치법」 제188조 제5항의 법령위반은 동조 제1항에서 규정하는 '현저히 부당하여 공익을 해친다고 인정되는 경우'에 대비되는 개념이며, '현저히 부당하여 공익을 해친다고 인정되는 경우'

란 위법하지는 않지만 해당 행위가 부당하다는 의미로 해석함이 타당하므로, 동조 제5항의 법령위반은 부당과 대비되는 것으로서 재량의 일탈·남용이 포함되는 위법을 의미한다고 봄이 타당하다.

살피건대, 乙의 일괄 사직서 제출 요청행위는 「지방공무원법」상 징계의결요구를 하여야 할 징계사유에 해당하고, 만약 B시장이 징계의결을 하였다면 「지방공무원 임용령」 제34조 제1항 제1호에 따라 승진임용 대상에서 공무원 乙이 제외되므로 승진임용이 불가능한 바, B시장이 징계의결요구의무를 위반하여 공무원 乙을 승진임용시킨 행위는 비록 승진임용행위가 B시장의 재량판단의 영역이라고 하더라도 그 범위를 벗어난 행위 또는 관련 법령을 명시적으로 위반한 행위에 기초한 것으로서 법령위반에 해당한다고 판단된다.

3. 설문의 해결

B시장의 승진사무는 자치사무로서 「지방자치법」 제188조가 규정하는 시정명령 및 취소·정지의 대상의 대상이 되며, 乙에 대한 승진임용처분은 법령위반에 해당하는 처분이다. 그러므로 행정안전부장관은 A도지가사 동조 제1항에 따른 시정명령을 하지 아니하면 그에게 기간을 정하여 시정명령을 하도록 명할 수 있고(동조 제2항), A도지사가 이에 불응하는 경우에는 직접 B시장에게 기간을 정하여 서면으로 시정할 것을 명하고, 그 기간에 이행하지 아니하면 직접 B시장의 승진임용처분을 취소할 수 있다고 봄이 상당하다(동조 제3항).

| 강 평 |

1. 설문 (1)은 甲의 사직서 제출이라는 '사인(私人)의 공법행위'(사직의 의사표시)에 진의 아닌 의사표시로서의 하자가 있는 경우 해당 의원면직처분의 위법성 여부를 묻는 문제이다. 설문에서 "甲은 사직 의사가 전혀 없다는 점을 인사과장 乙에게 분명히 전달하였다."고 전제하고 있으므로, 이는 참조조문으로 주어진 것처럼 민법 제107조의 진의 아닌 의사표시 규정이 사인의 공법행위에도 준용되는지 여부가 핵심 쟁점이다. 판례는 진의 아닌 의사표시에 관한 민법 제107조는 그 성질상 사직의 의사표시와 같은 사인의 공법행위에는 준용되지 않는다고 명시적으로 판시하고 있다(대법원 1997. 12. 12. 선고 97누13962 판결 등 참조). 답안은 쟁점의 누락 없이 목차를 잘 세워 내용을 대체로 잘 서술하고 있다.

그러나 답안은 '(4) 검토 및 사안의 경우'에서 인사과장 乙의 사직서 제출 요청과 그에 따른 甲의 사직의 의사표시가 민법 제110조의 강박에 의한 의사표시로서의 하자가 있다고 보았는데, 설문이나 문제의 사실관계만으로는 인사과장 乙이 사직서 제출을 '요청'한 것을 넘어서 '강박'이 있었는지는 분명하지 않다(답안처럼 乙이 인사과장으로서 사실상 인사권을 행사할 수 있었다는 점만으로는 강박을 인정하기는 어려울 것이다. 위 대법원 1997. 12. 12. 선고 97누13962 판결의 사실관계 참조).

2. 해당 설문에 10점만 부여된 점, 참조조문에 민법 제110조는 제시되어 있지 않은 점 등에 비추어 보더라도 해당 설문에서는 민법 제107조의 진의 아닌 의사표시 규정이 사인의 공법행위에도 준용되는지 여부의 쟁점만 답안에 서술해도 충분할 것으로 보인다. 굳이 강박에 의한 의사표시 가능성을 논하려면 결론 부분에 가정적 판단 내지 방론으로만 간략히 서술하는데 그쳐야 할 것이다.

3. 설문 (2)는 주무부장관인 행정안전부장관이 B시 시장의 乙에 대한 승진임용처분을 취소할 수 있는지를 묻고 있다. 시정명령·취소·정지의 대상이 되는 사무유형이 무엇인지, 승진임용처분이 자치사무에 해당되는지, 개정된 지방자치법 제188조 제5항의 '법령위반'에 재량권 일탈·남용이 포함되는지 등이 주요 쟁점이 된다. 개정된 지방자치법 제188조 제3, 4항에서 규정하는 상황에 따라 A도지사가 시정명령을 하지 않은 경우(제3항) 또는 시정명령 후 취소·정지를 하지 않은 경우(제4항)별로 나누어 행정안정부장관이 B시 시장의 乙에 대한 승진임용처분을 직접 취소할 수 있는 서술함이 타당하다.

4. 답안은 대체로 잘 짜여진 목차에 따라 쟁점 누락 없이 내용을 잘 서술하고 있으나, 지방자치법 제188조 제4항의 경우에 대한 서술까지 보완한다면 좋았을 것이다.

| **제3문** | A주택재건축정비사업조합(이하 'A조합')은 B시(市) 소재 아파트의 재건축사업을 시행할 목적으로 관계 법령에 따라 조합설립의 인가 및 등기를 마쳤다. A조합은 조합 총회에서 관리처분계획안을 의결하고, B시 시장에게 관리처분계획의 인가를 신청하였다. 다음 물음에 답하시오. (총 20점)

(1) B시 시장은 위 관리처분계획에 대한 인가를 하였다. 이에 조합원 甲은 위 관리처분계획이 위법하다는 이유로 위 인가처분의 취소를 구하는 소송을 제기하였다. 협의의 소의 이익에 대하여 검토하시오. (10점)

(2) B시 시장의 관리처분계획에 대한 인가 전에 조합원 乙이 위 관리처분계획안에 대한 조합 총회결의의 효력을 다투고자 한다면 어떠한 소송에 의하여야 하는지 검토하시오. (10점)

【참고조문】 현행 법령을 사례해결에 적합하도록 수정하였음

「도시 및 주거환경정비법」

제74조(관리처분계획의 인가 등) ① 사업시행자는 제72조에 따른 분양신청기간이 종료된 때에는 분양신청의 현황을 기초로 다음 각 호의 사항이 포함된 관리처분계획을 수립하여 시장·군수등의 인가를 받아야 하며, 관리처분계획을 변경·중지 또는 폐지하려는 경우에도 또한 같다.

1. 분양설계
2. 분양대상자의 주소 및 성명
3. 분양대상자별 분양예정인 대지 또는 건축물의 추산액
4. 분양대상자별 종전의 토지 또는 건축물 명세 및 사업시행계획인가 고시가 있은 날을 기준으로 한 가격
5. 정비사업비의 추산액 및 그에 따른 조합원 분담규모 및 분담시기
6. 그 밖에 정비사업과 관련한 권리 등에 관하여 대통령령으로 정하는 사항

Ⅰ. 설문 (1)
  1. 쟁점의 정리
  2. 관리처분계획에 대한 인가의 법적 성질: 강학상 '인가'
  3. 소의 이익에 대한 인가의 법리
  4. 설문의 해결
Ⅱ. 설문 (2)- 대법원 2009. 9. 17. 선고 2007다2428 전원합의체 판결

  1. 쟁점의 정리
  2. 법적 성질
   (1) A 조합: 공법인으로서 행정주체
   (2) 관리처분계획
  3. 관리처분계획안에 대한 조합 총회결의를 다투는 방법
  4. 설문의 해결

I. 설문 (1)

1. 쟁점의 정리

관리처분계획에 대한 인가가 효력이 발생한 경우 조합원인 甲이 관리처분계획의 위법을 이유로 인가처분의 취소를 구할 법률상 이익이 있는지가 문제된다.

2. 관리처분계획에 대한 인가의 법적 성질: 강학상 '인가'

판례에 따르면, 관리처분계획에 대한 인가는 "주택개량재개발조합의 관리처분계획에 대한 법률상의 효력을 완성시키는 보충행위로서 그 기본되는 관리처분계획에 하자가 있을 때에는 그에 대한 인가가 있었다 하여도 기본행위인 관리처분계획이 유효한 것으로 될 수 없다."고 판시하여 이를 강학상 인가로 보는 것으로 평가된다.

3. 소의 이익에 대한 인가의 법리

인가의 경우, 기본행위에 하자가 있다면 기본행위의 하자를 직접 다투어야 하며, 기본행위의 하자를 이유로 인가처분의 취소 또는 무효확인을 구할 법률상 이익이 인정되지 않는다. 다만, 기본행위가 적법·유효하고 보충행위인 인가처분 자체에만 하자가 있다면 그 인가처분의 무효나 취소를 주장할 수 있다. 이러한 인가의 법리는 관리처분계획의 인가에도 적용되는바, 판례는 기본행위에 해당하는 관리처분계획의 내용상 하자를 이유로 인가의 무효확인을 구하는 것은 법률상 이익이 없는 것이어서 부적법하다고 판시하였다.

4. 설문의 해결

조합원 甲이 위 인가로 인하여 행정처분으로서 효력이 완성된 관리처분계획 그 자체에 대하여 항고소송을 제기하는 것을 별론하고 관리처분계획의 위법을 이유로 직접 인가처분의 취소를 구하는 소송은 협의의 소의 이익이 부정될 것이다.

II. 설문 (2)– 대법원 2009. 9. 17. 선고 2007다2428 전원합의체 판결

1. 쟁점의 정리

먼저, 관리처분계획의 법적성질이 문제되며, 이를 기반으로 조합 총회결의의 효력을 다투기 위하여 제기해야 할 소송이 어떤 소송인지 살펴볼 것이다.

2. 법적 성질

(1) A 조합: 공법인으로서 행정주체

관례에 따르면, 재건축조합은 관할 행정청의 감독 아래 도시정비법상의 주택재건축사업을 시행하는 공법인으로서, 그 목적 범위 내에서 법령이 정하는 바에 따라 일정한 행정작용을 행하는 행정주체의 지위를 갖는다고 판시하였다. 따라서 A조합 역시 공법인으로서 행정주체의 지위를 지닌다고 봄이 상당하다.

(2) 관리처분계획

관례에 따르면, 관리처분계획은 관할 행정청의 인가·고시를 통해 비로소 그 효력이 발생하게 되므로 그때 비로소 조합원의 재산상 권리·의무 등에 구체적이고 직접적인 영향을 미치게 되는 구속적 행정계획으로서 재건축조합이 행하는 독립된 행정처분에 해당하게 된다.

3. 관리처분계획안에 대한 조합 총회결의를 다투는 방법

관리처분계획에 대한 관할 행정청의 인가·고시가 있은 후에는 관리처분계획은 '구속적 행정계획'으로서 재건축조합이 행하는 독립된 행정처분이 된다. 그러므로 관리처분계획에 대하여 직접 항고소송을 제기하여 총회결의에 관한 하자를 주장하여야 한다. 그리고 이러한 경우 관리처분계획이라는 행정처분을 행한 A조합이 피고적격을 지니게 된다.

반면, 관할 행정청의 인가·고시 전에는 관리처분계획은 독립된 행정처분으로서 효력을 지니지 못하므로 그에 대하여 직접 항고소송을 제기할 수는 없다. 그러므로 관리처분계획이라는 행정처분에 이르는 절차적 요건 중 하나로서 그것이 위법하여 효력이 없다면 관리처분계획의 하자를 구성하는 조합 총회결의를 직접 다투어야 한다. 그리고 이때 소송은 형태는 행정처분에 이르는 절차적 요건의 존부나 효력 유무에 관한 소송으로서 그 소송결과에 따라 행정처분의 위법 여부에 직접 영향을 미치는 공법상 법률관계에 관한 것이므로, 「행정소송법」 제3조 제2호 소정의 당사자소송에 해당한다. 아울러 이 경우 공법상 법률관계의 일방 당사자로서 권리주체인 A조합이 피고적격을 지니게 된다(「행정소송법」 제3조 제2호, 제39조).

4. 설문의 해결

조합원 乙은 위 관리처분계획안에 대한 조합 총회결의의 효력을 다투기 위하여 A조합을 상대로 「행정소송법」 제3조 제2호 소정의 당사자소송을 제기하여야 한다.

이 은 상 / 아주대학교 법학전문대학원 교수·변호사

| 강평 |

1. 설문 (1)은 관리처분계획 인가처분의 취소소송을 제기하면서 관리처분계획의 하자를 이유로 관리처분계획 인가처분의 취소를 소로써 구할 협의의 소의 이익이 있는지를 묻고 있다.
   관리처분계획 인가의 법적 성질에 관해 판례는 보충행위로서 '강학상 인가'로 보고 있지만, 관리처분계획인가는 단순히 조합총회의 결의를 승인하는 한도를 넘어 관리처분계획이라는 처분을 대외적으로 확정하기 위한 것이어서 강학상 인가에 해당되지 않고 독립된 처분성이 없다는 유력한 견해도 있다[김종보, 건설법의 이해(제6판), 603면 참조].

2. 설문에서는 판례에 따라 결론을 내라는 제한을 두지 않았으므로, 관리처분계획 인가처분의 법적 성질을 서술하면서 위와 같은 견해도 서술해주면 더 좋을 것이다. 답안은 잘 구성된 목차에 따라 쟁점을 빠짐없이 잘 서술하고 있다.

3. 설문 (2)는 인가 전 관리처분계획안에 대한 조합 총회결의의 효력을 다툴 소송형태를 묻고 있다. 주지하다시피 판례에 의할 때 관리처분계획에 대한 인가·고시가 있기 전후에 따라 조합 총회결의의 효력을 다툴 수 있는지 여부와 소송형태가 달라진다(대법원 2009. 9. 17. 선고 2007다2428 전원합의체 판결 참조).

4. 답안은 공법인인 A조합의 행정주체로서의 성격까지 포함하여 잘 짜여진 목차와 항목에 따라 쟁점 누락 없이 내용을 잘 서술하고 있어 모범적이다.

2022년도 입법고등고시 기출문제와 어드바이스 및 답안구성 예

| 제1문 (50점) |

甲은 서울 근교에 농지를 소유하고 있는데, 관할 시장 A는 해당 농지의 개별공시지가를 결정·공시하였다. 이에 대하여 甲은 비교표준지선정이 잘못되어 개별공시지가 결정이 위법하다며 A시장에게 이의신청하였다. 이를 심사한 A시장은 기각결정을 통지하였고 甲은 이에 대하여 불복하지 않았다. 이후 甲은 해당 농지를 공장부지로 사용하기 위해 관할 행정청 B에게 해당 농지의 전용허가를 신청하였다. B는 이러한 甲에게 농지전용허가를 하면서 농지보전부담금을 부과하였다. 이에 대해 甲은 농지보전부담금 부과처분은 위법한 개별공시지가 결정에 따른 것이어서, 해당 농지보전부담금 부과처분은 위법하다고 판단하고 있다(해당 개별공시지가 결정에 대한 쟁송 제기기간은 이미 도과하였다).

(1) 甲은 B의 농지보전부담금 부과처분에 대한 취소소송을 제기하면서 그 이유로 개별공시지가 결정의 위법성을 주장한다. 이러한 甲의 주장은 받아들여질 수 있는가? (25점)

【 참조조문 】「부동산가격공시 및 감정평가에 관한 법률」
제10조(개별공시지가의 결정·공시 등) ① 시장·군수 또는 구청장은 국세·지방세 등 각종 세금의 부과, 그 밖의 다른 법령에서 정하는 목적을 위한 지가산정에 사용되도록 하기 위하여 제25조에 따른 시·군·구부동산가격공시위원회의 심의를 거쳐 매년 공시지가의 공시기준일 현재 관할 구역 안의 개별토지의 단위면적당 가격(이하 "개별공시지가"라 한다)을 결정·공시하고, 이를 관계 행정기관 등에 제공하여야 한다.
② ~ ④ (생략)
⑤ 시장·군수 또는 구청장은 개별공시지가를 결정·공시하기 위하여 개별토지의 가격을 산정할 때에는 그 타당성에 대하여 감정평가법인등의 검증을 받고 토지소유자, 그 밖의 이해관계인의 의견을 들어야 한다. 다만, 시장·군수 또는 구청장은 감정평가법인등의 검증이 필요 없다고 인정되는 때에는 지가의 변동상황 등 대통령령으로 정하는 사항을 고려하여 감정평가법인등의 검증을 생략할 수 있다.
제11조(개별공시지가에 대한 이의신청) ① 개별공시지가에 이의가 있는 자는 그 결정·공시일부터 30일 이내에 서면으로 시장·군수 또는 구청장에게 이의를 신청할 수 있다.
② 시장·군수 또는 구청장은 제1항에 따라 이의신청 기간이 만료된 날부터 30일 이내에 이의신청을 심사하여 그 결과를 신청인에게 서면으로 통지하여야 한다. 이 경우 시장·군수 또는 구청장은 이의신청의 내용이 타당하다고 인정될 때에는 제10조에 따라 해당 개별공시지가를 조정하여

다시 결정·공시하여야 한다.

「농지법」

제42조(원상회복 등) ① 농림축산식품부장관, 시장·군수 또는 자치구구청장은 다음 각 호의 어느 하나에 해당하면 그 행위를 한 자에게 기간을 정하여 원상회복을 명할 수 있다.

1. 제34조제1항에 따른 농지전용허가 또는 제36조에 따른 농지의 타용도 일시사용허가를 받지 아니하고 농지를 전용하거나 다른 용도로 사용한 경우

2. (이하생략)

제63조(이행강제금) ① 시장(구를 두지 아니한 시의 시장을 말한다. 이하 이 조에서 같다)·군수 또는 구청장은 다음 각 호의 어느 하나에 해당하는 자에게 해당 「감정평가 및 감정평가사에 관한 법률」에 따른 감정평가법인등이 감정평가한 감정가격 또는 「부동산 가격공시에 관한 법률」 제10조에 따른 개별공시지가(해당 토지의 개별공시지가가 없는 경우에는 같은 법 제8조에 따른 표준지공시지가를 기준으로 산정한 금액을 말한다) 중 더 높은 가액의 100분의 25에 해당하는 이행강제금을 부과한다.

1. (생략)

2. 제42조에 따른 원상회복 명령을 받은 후 그 기간 내에 원상회복 명령을 이행하지 아니하여 시장·군수·구청장이 그 원상회복 명령의 이행에 필요한 상당한 기간을 정하였음에도 그 기한까지 원상회복을 아니한 자

⑥ 제1항에 따른 이행강제금 부과처분에 불복하는 자는 그 처분을 고지받은 날부터 30일 이내에 시장·군수 또는 구청장에게 이의를 제기할 수 있다.

⑦ 제1항에 따른 이행강제금 부과처분을 받은 자가 제6항에 따른 이의를 제기하면 시장·군수 또는 구청장은 지체 없이 관할 법원에 그 사실을 통보하여야 하며, 그 통보를 받은 관할 법원은 「비송사건절차법」에 따른 과태료 재판에 준하여 재판을 한다.

Advice

1. 행정행위의 하자승계 논의에 대한 문제이다. 하자승계의 논의의 전제를 서술하기 위해 먼저 개별공시지가 결정의 법적 성질을 논의하는 것이 요구된다. 개별공시지가의 처분성 여부, 행위형식에 관하여 서술할 수 있을 것이다. 아울러 제시문에서 개별공시지가 결정에 대한 쟁송제기기간이 도과하였다고 가정하였으므로, 이를 통해 개별공시지가 결정에 취소사유에 해당하는 하자가 있다고 추측할 수 있다. 행정행위의 하자승계 기준에 관하여, 전통적인 하자승계론과 구속력이론의 대립을 서술하고, 대법원의 입장을 명확히 밝혀주는 것이 필요하다.

2. 사안의 포섭에 관하여, 판례의 입장에서 살펴보면 개별공시지가 결정은 무효가 아니며, 개별공시지가결정과 농지보전부담금 부과처분은 서로 별개의 목적을 추구하며, 甲은 이미 개별공시지가 결정에 대하여 이의신청을 제기하고 기각결정을 받았으나 더 이상 불복하지 않아 해당 사안에 있어서 구속력을 부정할 특별한 사정이 없다는 논리구조를 취한다면 사안의 해결에 있어 특별한 어려움은 없을 것이다.

(2) 만약, 甲이 농지전용허가를 받지 아니하고 해당 농지를 공장부지로 사용한 것이 적발되어 농지법에 따른 원상회복명령을 받았으나 정해진 기한 내에 원상회복을 하지 않아 이행강제금을 부과받았고, 甲이 이행강제금 부과에 불복하여 진행된 재판에서 원상회복명령의 위법성을 주장하는 경우 관할법원은 원상회복명령의 위법성을 판단할 수 있는가? (25점)

Advice

1. 최근 판례인 대법원 2019. 4. 11. 선고 2018두42955 판결을 기반으로 만들어진 문제이다. 구성요건적 효력과 선결문제에 관하여 물어보면서 「농지법」상 이행강제금의 불복방법에 관하여 추가적으로 요구하고 있다. 먼저, 「농지법」상 이행강제금이 항고소송의 대상이되는지를 논증할 필요가 있다. 「건축법」 등 다른 법률과 달리 「농지법」상 이행강제금은 여전히 「비송사건절차법」에 따른 과태료 재판을 하도록 규정되어있다. 따라서 별도의 불복절차가 규정되어있는 경우, 처분의 개념징표를 충족한다고 하더라고 항고소송의 대상이 될 수 없으며, 판례 역시 동일한 입장임을 밝혀주는 것이 필요하다.

2. 선결문제에 관하여, 위 이행강제금이 적법성은 그에 앞선 원상회복명령의 위법여부에 의존한다. 따라서 과태료 재판을 받은 관할 법원은 원상회복명령의 위법여부를 선결문제로서 판단할 필요가 있다. 그러므로 선결문제에 대한 일반론을 서술한 뒤, 위 관할법원이 원상회복명령의 위법성에 대하여 판단할 수 있다는 논리로 사안을 포섭할 수 있을 것이다. 위 문제에서 주의할 점은 「농지법」상 이행강제금에 대한 불복방법을 명시적으로 밝혀 주는 것과 민사법원 및 형사법원에 대한 선결문제의 논의가 과태료 재판을 받은 관할법원에 대하여도 여전히 유효하게 적용될 수 있음을 빠르게 인지하고 문제를 풀어가는 것이다.

답안구성 예

Ⅰ. **설문 (1)**
  1. 쟁점의 정리
  2. 개별공시지가 결정의 법적 성질
    (1) 물적행정 행위
    (2) 항고소송의 대상인 처분
    (3) 하자의 정도: 취소사유
  3. 행정행위의 하자승계
    (1) 하자승계의 의미
    (2) 하자승계의 논의의 전제
    (3) 하자승계의 기준
      가. 문제점
      나. 학 설
      다. 판 례
      라. 검 토
  4. 사안의 경우
    (1) 하자승계의 논의의 전제 충족 여부
    (2) 하자승계 인정 여부
  5. 설문의 해결

Ⅱ. **설문 (2)**
  1. 쟁점의 정리
  2. 「농지법」상 이행강제금이 항고소송의 대상인지 여부
  3. 공정력과 구성요건적 효력의 의미와 구별여부
  4. 구성요건적 효력과 선결문제
    (1) 문제점
    (2) 학 설
    (3) 판 례
    (4) 검 토
  5. 사안의 경우
  6. 설문의 해결

| 제2문 (30점) |

A광역시 B구에서 폐기물중간처리업을 운영하는 사업자 甲은 노후화된 기존 소각시설은 폐기하고 시설부지를 추가 편입하여 소각시설을 약 3배 규모로 신축하기 위해 B구의 구청장 乙에게 도시계획시설(폐기물처리시설) 결정(변경)에 관한 도시관리계획 입안제안서를 제출하였다. 이에 乙은 현재 B구에 각종 폐기물처리시설이 포화상태이며, 3배 규모의 소각장 증설시 주민의 생활환경이 심히 악화된다는 등의 사유로 甲의 도시관리계획 입안제안서를 반려하였다.

(1) 위 도시관리계획의 법적 성질을 검토하시오. (10점)

Advice

행정계획의 법적 성질에 관한 질문이다. 행정계획의 법적 성질에 관하여 종래 다양한 학설이 제기되었으나 각 행정계획마다 개별적으로 법적 성질을 판단하는 것이 타당할 것이다. 특히, 판례는 도시·군관리계획의 처분성을 긍정하므로, 이 점을 고려하여 답안을 서술하는 것이 바람직할 것이다.

(2) 乙의 도시관리계획 입안제안서 반려에 대하여 甲이 취할 수 있는 행정소송법상 권리구제와 관련한 '대상적격'과 '가구제의 가능성'을 검토하시오. (20점)

Advice

1. 도시관리계획 입안신청에 대한 반려의 처분성과 소송법상 가구제(假救濟) 수단을 물어보는 문제이다. 반려의 처분성에 관하여 거부처분의 성립여부를 검토할 필요가 있다. 특히, 거부처분의 성립요건 중 법규상 또는 조리상 신청권이 문제된다. 이와 관련하여, 대상적격 논의에 앞서 계획입안·변경신청권에 대한 판례의 입장을 소개하고 사안의 경우 「국토계획법」 제26조에 따라 법규상 신청권을 인정할 수 있을 것이다. 거부처분의 성립요건 중 공권력의 행사요건에 관하여, 설문 (1)에서 논증한 도시관리계획의 처분성을 근거로 사용할 수 있을 것이다.

2. 가구제의 가능성에 관하여, 거부처분과 같은 소극적인 처분에 대하여 가처분을 생각해볼 수 있다. 그러나 대법원은 항고소송에 있어서 「민사집행법」 상의 가처분을 준용하지 않으므로 가처분을 통한 권리구제는 어려울 것이다.

3. 아울러, 거부처분에 대하여 예외적으로 집행정지를 고려해볼 수 있다. 그러나 집행정지의 한계를 신청의 이익론으로 극복하는 예외적 긍정성에 따르더라도 위 거부처분에 대한 집행정지를 통하여 구제될 수 있는 법률상 이익이 있다고 보기는 어려울 것이다. 결국, 행정소송법상 대상적격은 긍정되나, 가구제의 가능성은 낮다는 결론이 도출 될 수 있다. 이는 곧 입법론적으로 의무이행소송의 도입의 필요성을 반증하는 결과로 해석할 수 있을 것이다.

| 제3문 (20점) |

행정행위에 부가된 위법한 부관에 대한 독립쟁송 가능성을 검토하시오.

Advice

1. 부관의 독립쟁송에 관한 일반론을 물어보는 문제이다. 배점이 20점으로 부여되어 부관의 독립쟁송에 대한 학설에 초점을 맞추어 서술하는 것이 필요하다. 일반적인 사례문제에서는 독립쟁송에 대한 학설 논의를 간략하게 서술하고 사례해결에 초점을 맞추어야하나, 위 문제의 경우 일반론을 요구하는 문제이므로 학설에 대한 풍부한 설명이 들어간다면 좋은 점수를 받을 수 있을 것이다.

2. 아울러 부관에 대한 불복에 관하여 부담과 기타부관을 나누어 다루고 있는 판례의 태도와 예외적으로 부관의 변경에 대한 거부처분을 다툴 수 있도록 불복의 기회를 열어주는 판례의 태도 역시 서술되어야 할 것이다.

| 제1문 | A군의 군수(이하 'A 군수')는 甲 주식회사에게 중소기업창업 지원법 제33조 및 제35조에 따라 관할행정청과의 협의를 거쳐 산지전용허가 등이 의제되는 사업계획을 승인하였다. 산지전용허가가 의제되는 부지 인근에 거주하고 있는 주민乙은 해당 사업이 실시될 경우 산에서 내려오는 물의 흐름이 막혀 지반이 약한 부분에서 토사유출 및 산사태 위험이 있다며 해당 산지전용허가에 반대하고 있다. 관할행정청은 이후 산지관리법 제37조에 따라 재해위험지역 일제점검을 하던 중 甲의 시설공사장에서 토사유출로 인한 산사태 위험을 확인하고, 甲에게 시설물철거 등 재해의 방지에 필요한 조치를 할 것을 명하였다. 다만, 甲에게 통지된 관할행정청의 처분서에는 甲이 충분히 알 수 있도록 처분의 사유와 근거가 구체적으로 명시되지는 않았다. (총 50점)

(1) 甲의 신청이 산지전용허가요건을 완비하지 못한 경우에도, A 군수가 사업계획승인을 할 수 있는지를 검토하시오. (15점)

(2) 이해관계인 乙이 산지전용허가를 대상으로 취소소송을 제기할 수 있는지를 검토하시오. (원고적격은 논하지 않는다) (10점)

(3) 甲은 관할행정청의 조치명령을 이행하지 아니하여 산지관리법 위반으로 형사법원에 기소되었으나 해당 조치명령이 위법하므로 자신이 무죄라고 주장한다. 甲의 주장이 타당한지를 검토하시오. (25점)

[참고조문] 현행 법령을 사례해결에 적합하도록 수정하였음

중소기업창업 지원법

제33조(사업계획의 승인) ① 제조업을 영위하고자 하는 창업자는 대통령령으로 정하는 바에 따라 사업계획을 작성하고, 이에 대한 시장·군수 또는 구청장(자치구의 구청장만을 말한다. 이하 같다)의 승인을 받아 사업을 할 수 있다. 사업자 또는 공장용지의 면적 등 대통령령으로 정하는 중요 사항을 변경하려는 경우에도 또한 같다.

제35조(다른 법률과의 관계) ① 제33조 제1항에 따라 사업계획을 승인할 때 다음 각 호의 허가, 인가, 면허, 승인, 지정, 결정, 신고, 해제 또는 용도폐지(이하 이 조에서 "허가 등"이라 한다)에 관하여 시장·군수 또는 구청장이 제4항에 따라 다른 행정기관의 장과 협의를 한 사항에 대하여는 그 허가등을 받은 것으로 본다.

6. 산지관리법 제14조 및 제15조에 따른 산지전용허가, 산지전용신고, 같은 법 제15조의2에 따른 산지일시사용허가·신고 및 같은 법 제21조에 따라 산지전용된 토지의 용도변경 승인과 산림자원의 조성 및 관리에 관한 법률 제36조 제1항 및 제4항에 따른 입목벌채 등의 허가와 신고

④ 시장·군수 또는 구청장이 제33조에 따른 사업계획의 승인 또는 건축법 제11조 제1항 및 같은 법 제22조 제1항에 따른 건축허가와 사용승인을 할 때 그 내용 중 제1항부터 제3항까지에 해당하는 사항이 다른 행정기관의 권한에 속하는 경우에는 그 행정기관의 장과 협의하여야 하며, 협의를 요청받은 행정기관의 장은 대통령령으로 정하는 기간에 의견을 제출하여야 한다. 이 경우 다른 행정기관의 장이 그 기간에 의견을 제출하지 아니하면 의견이 없는 것으로 본다.

산지관리법

제14조(산지전용허가) ① 산지전용을 하려는 자는 그 용도를 정하여 대통령령으로 정하는 산지의 종류 및 면적 등의 구분에 따라 산림청장등의 허가를 받아야 하며, 허가받은 사항을 변경하려는 경우에도 같다. 다만, 농림축산식품부령으로 정하는 사항으로서 경미한 사항을 변경하려는 경우에는 산림청장등에게 신고로 갈음할 수 있다.

④ 관계 행정기관의 장이 다른 법률에 따라 산지전용허가가 의제되는 행정처분을 하기 위하여 산림청장등에게 협의를 요청하는 경우에는 대통령령으로 정하는 바에 따라 제18조에 따른 산지전용허가기준에 맞는지를 검토하는 데에 필요한 서류를 산림청장등에게 제출하여야 한다.

제37조(재해의 방지 등) ① 산림청장등은 다음 각 호의 어느 하나에 해당하는 허가등에 따라 산지전용, 산지일시사용, 토석채취 또는 복구를 하고 있는 산지에 대하여
대통령령으로 정하는 바에 따라 토사유출, 산사태 또는 인근지역의 피해 등 재해방지나 산지경관 유지 등에 필요한 조사·점검·검사 등을 할 수 있다.

1. 제14조에 따른 산지전용허가

8. 다른 법률에 따라 제1호부터 제5호까지의 허가 또는 신고가 의제되거나 배제되는 행정처분

⑥ 산림청장등은 제1항 및 제2항에 따른 조사·점검·검사 등을 한 결과에 따라 필요하다고 인정하면 대통령령으로 정하는 바에 따라 제1항 각 호의 어느 하나에 해당하는 허가 등의 처분을 받거나 신고 등을 한 자에게 다음 각 호 중 필요한 조치를 하도록 명령할 수 있다.

1. 산지전용, 산지일시사용, 토석채취 또는 복구의 일시중단

2. 산지전용지, 산지일시사용지, 토석채취지, 복구지에 대한 녹화피복(綠化被覆) 등 토사유출 방지조치

3. 시설물 설치, 조림(造林), 사방(砂防) 등 재해의 방지에 필요한 조치

4. 그 밖에 산지경관 유지에 필요한 조치

제55조(벌칙) 보전산지에 대하여 다음 각 호의 어느 하나에 해당하는 자는 2년 이하의 징역 또는 2천만원 이하의 벌금에 처하고, 보전산지 외의 산지에 대하여 다음 각 호의 어느 하나에 해당하는 자는 1년 이하의 징역 또는 1천만원 이하의 벌금에 처한다.

7. 제37조 제6항 각 호에 따른 조치명령을 위반한 자

답안작성

김 ○ ○ / 2020년도 5급 공채 일반행정직 합격

[제1문의 (1)]

Ⅰ. 쟁점의 정리

甲의 신청이 의제되는 인허가인 산지전용허가요건을 완비하지 못한 경우에도 주된 인허가인 사업계획승인이 가능한지와 관련하여 인허가의제의 절차집중, 실체집중여부가 문제된다.

Ⅱ. 인허가의제 심리 범위
1. 절차집중 여부

주된 인허가시 의제되는 인허가의 절차를 함께 준수해야 하는지와 관련하여 ① 인허가의제의 절차간소화 취지를 고려할때 주된 인허가의 절차만 거치면 된다는 '절차집중설', ② 이해관계인의 권익보호와 같은 중요한 절차는 준수하여야 한다는 '제한적 절차집중설' 등이 대립하나, 인허가의제의 창구단일화, 절차간소화 취지 고려시 절차집중설이 타당하다고 본다. 판례 역시 인허가의제제도의 취지는 창구단일화, 절차간소화를 통해 각종 시간 비용의 절약에 있으므로 이러한 취지 고려시 협의절차와 별도로 의제되는 인허가의 절차를 거칠 필요는 없다고 판시한 바 있다.

2. 실체집중 여부

(1) 학 설

주무행정청의 의제되는 인허가 요건의 심리범위와 관련하여 ① 의제되는 인허가요건은 이익형량의 요소에 불과하다는 '제한적 실체집중설' ② 의제되는 인허가 요건에 엄격하게 구속되어 이를 모두 충족하여야 주된 인허가 발급이 가능하다는 '실체집중부정설'이 대립한다.

(2) 판 례

판례는 인허가의제제도의 취지는 창구단일화, 절차간소화 및 시간비용 절약하여 국민의 권익을 보호하려는 것이지 인허가의제사항 관련 법률에 따른 각각의 인허가요건에 관한 일체의 심사를 배제하려는 것으로 보기 어렵다고 판시한바 있다. 또한 최근 건축법상 건축허가 절차에서 의제되는 인허가인 국토계획법상 개발행위허가기준을 충족하였는지를 함께 심사하여야 하며, 개발행위허가기준이 충족되지 않은 경우 건축허가 발급을 거부하여야 한다고 판시하였다.

(3) 검 토

생각건대 인허가의제제도의 창구단일화, 절차간소화 취지가 일체의 인허가요건 심사배제를 의미하는 것으로 보기 어렵고, 법치행정의 원칙상 명문의 규정이 없는 한 실체집중부정설이 타당하다고 본다.

3. 사안의 경우

사안의 산지전용허가는 「중소기업창업지원법」 제33조 제1항 및 제35조 제1항 제6호에 따라 사업계획승인에 의제되는 인허가로, 동법 제35조 제4항 및 「산지관리법」 제14조 제1항에 따라 산림청장과의 협의가 필요하다. 이때 「산지관리법」 제14조 제4항에서 산지전용허가가 의제되는 처분을 위해 산림청장등에게 협의 요청시 산지전용허가기준에 맞는지를 검토하는데 필요한 서류 제출을 요청하고 있는점 등에 비추어 볼 때, 주된 인허가인 사업계획 승인을 위해서는 의제되는 인허가인 산지전용허가의 요건 역시 갖추는 것이 타당하다.

Ⅲ. 사안의 해결

주된 인허가인 사업계획 승인을 위해서는 의제되는 인허가인 산지전용허가의 요건을 갖추어야 하는 바, 甲의 신청이 산지전용허가요건을 완비하지 못한 경우 A군수는 사업계획승인을 할 수 없다.

[제1문의 (2)]

Ⅰ. 쟁점의 정리

乙이 주된 인허가인 사업계획승인이 아니라 의제된 인허가인 산지전용허가를 대상으로 취소소송을 제기할 수 있는지에 대해 대상적격여부와 관련하여 의제된 인허가의 실재여부가 문제된다.

Ⅱ. 취소소송 대상인 처분

취소소송의 대상인 처분이란 「행정소송법」 제19조 및 제2조 제1항 제1호와 판례에 따르면, 행정청이 행하는 구체적 사실에 관한 법집행으로서 공권력을 행사, 거부하는 국민의 권리의무에 직접적 영향을 미치는 공법행위로서, 행정청의 행위가 항고소송의 대상이 될수 있는지 여부는 추상적 일반적으로 결정할 수 없고 구체적인 경우 관련 법령의 내용, 취지, 행위의 주체 절차 형식 내용, 행위와 상대방의 불이익간 실질적 견련성 등을 고려하여 개별적으로 결정하여야 한다.

Ⅲ. 의제된 인허가의 실재 여부

1. 문제점

의제된 인허가에 위법이 있는 경우 주된 인허가를 다투지 않고 의제된 인허가에 대해 취소소송을 제기하는 것이 가능한지와 관련하여 의제된 인허가의 실재여부가 문제된다.

2. 학 설

① 의제된 인허가는 법률상 의제에 불과하고 주된 인허가만 실재하므로 의제된 인허가의 위법사유를 다투기 위해서는 주된 인허가의 취소를 구해야 한다는 '부정설' ② 의제된 인허가도 주된 인허가와 마찬가지로 실재하므로 의제된 인허가에 고유한 위법사유가 있는 경우 의제된 인허가처분이 취소의 대상이 될 수 있다는 '긍정설'이 대립한다.

3. 판 례

판례는 ① 인허가의제의 대상이 되는 처분에 하자가 있다 하더라도 그로써 해당 인허가 의제효과가 발생하지 않을 여지가 있을 뿐 그러한 사정이 주된 인허가 자체의 위법사유가 될 수 없고 ② 의제된 인허가는 통상 인허가와 동일한 효력을 가지므로 그 효력제거를 위한 법적 수단으로 의제된 인허가의 취소, 철회가 허용될 필요가 있으며 ③ 직권취소, 철회가 가능한 이상 쟁송취소 역시 허용되는 것으로 보아야 한다고 판시한 바 있다.

4. 검토 및 사안의 경우

생각건대 인허가 의제에 대한 실체집중부정설에 따라 의제되는 인허가 요건 역시 주된 인허가시 검토

됨을 고려할 때 의제된 인허가는 통상 인허가와 동일한 효력을 갖는다고 보는 것이 타당한 바 의제된 인허가는 실재하므로 고유한 위법사유가 존재하는 경우 의제된 인허가에 대해 취소소송 제기가 가능할 것이다.

사안의 경우 주된 인허가인 사업계획 승인의 의제효에 따라 산지전용허가가 실재하며, 乙이 주장하는 토사유출 및 산사태위험 등은 산지전용허가의 위법사유로 보이는 바 산지전용허가를 대상으로 취소소송을 제기할 수 있다.

Ⅳ. 사안의 해결

당해 산지전용허가가 행정청이 행하는 구체적 사실에 대한 법집행으로서 국민의 권리의무에 영향을 미치는 처분인지와 관련하여, 의제된 인허가는 통상 인허가와 마찬가지로 실재하고 사안의 토사유출 및 산사태위험 등은 의제된 인허가인 산지전용허가의 위법사유로 보이므로 대상적격이 인정되는 바, 乙은 산지전용허가를 대상으로 취소소송을 제기할 수 있다.

[제1문의 (3)]

Ⅰ. 쟁점의 정리

甲의 주장의 타당성과 관련하여 조치명령위반죄의 선결문제로서 조치명령의 위법여부가 문제되는 바, 형사법원이 스스로 조치명령의 위법여부 심사가 가능한지에 대해 처분의 구성요건적 효력이 문제되며, 심사가 가능한 경우 조치명령의 위법성과 관련하여 이유제시 하자여부 및 절차하자의 독자적 위법사유 여부가 문제된다.

Ⅱ. 구성요건적 효력과 선결문제

구성요건적 효력이란 유효한 행정행위가 존재하는 이상 모든 국가기관은 이를 스스로의 판단의 기초 내지 구성요건으로 삼아야 한다는 구속력을 말한다.

선결문제란 구성요건적 효력과 관련된 문제로서, 민형사소송에서 본안판단의 전제가 된 행정행위의 위법 여부나 효력 유무를 해당법원이 스스로 심리, 판단할 수 있는지의 문제이다.

Ⅲ. 조치명령 위법여부에 대한 형사법원의 심사 가부
1. 문제점

조치명령의 위법여부는 조치명령위반죄의 구성요건으로서 선결문제인 바 형사법원이 이를 스스로 심사하는 것이 처분의 구성요건적 효력에 반하는지와 관련하여 별도의 규정이 없어 문제된다.

2. 학설

① 처분의 위법여부 판단에 대한 행정법원의 배타적 관할권 및 「행정소송법」 제11조는 열거적 규정임을 강조하는 '심사부정설', ② 처분의 효력 부인이 아닌 위법성 심사는 구성요건적 효력에 반하지 않으며 「행정소송법」 제11조는 예시적 규정임을 강조하는 '심사긍정설'이 대립한다.

3. 판례

판례는 조치명령위반죄가 성립하기 위해서는 해당 조치명령이 적법해야 한다고 판시하여 심사긍정설의 입장이다.

4. 검토 및 사안의 경우

생각건대 처분의 위법성 판단은 처분의 효력을 부인하는 것이 아닌 위법여부 확인에 불과하므로 구성요건적 효력에 반하지 않는 바 심사긍정설이 타당하다.

따라서 당해 형사법원은 甲이 조치명령을 이행하지 않아 「산지관리법」 제55조 제7호의 조치명령위반죄에 해당하는지와 관련하여 조치명령의 위법여부를 심사할 수 있다.

Ⅳ. 조치명령 위법 여부

1. 문제점

처분이 위법하기 위해서는 주체, 절차, 형식, 내용상의 하자가 존재해야 한다. 당해 조치명령의 위법성과 관련하여 주체, 형식, 내용상 하자는 보이지 않는바, 절차하자로서 이유제시의 하자가 존재하는지, 절차하자의 독자적 위법사유가 인정되는지 문제된다.

2. 이유제시의 하자 여부

(1) 이유제시의 의의

이유제시란 행정청이 처분시 당사자에게 법적근거와 이유를 구체적으로 명시하여야 하는 의무를 말한다(행정절차법 제23조 제1항). 「행정절차법」 제23조는 처분에 대한 일반법이자 강행규정으로 동조 제1항 각호의 제외사유에 해당하는 경우가 아니라면 모든 처분에 대해 이유제시를 해야 할 의무가 있다.

(2) 이유제시의 정도

이유제시의 정도와 관련하여 명문의 규정이 존재하지 않는바, 판례는 침익적 처분과 관련하여 상대방의 불복여부판단에 도움이 되고, 쟁송에서 법원이 처분의 근거를 토대로 적법타당성을 판단 가능할 정도로 구체적이고 명확하게 제시하여야 하나, 처분당시 이유를 충분히 알 수 있어 행정구제절차로 나아가는데 지장이 없다면 구체적으로 명시하지 않더라도 그로 인해 처분이 위법하게 되는 것은 아니라고 판시하여 이유제시의 완화가능성을 인정한 바 있다.

(3) 사안의 경우

당해 조치명령은 「산지관리법」 제37조에 따라 재해방지를 위해 甲에게 시설물철거 등의 의무를 부과하는 공권력의 행사로서 침익적 처분이다. 따라서 처분당시 이유를 충분히 알 수 있어 구제절차로 나아가는데 지장이 없는 경우가 아닌 한 관할행정청은 처분시 甲의 불복여부판단에 도움이 되고 쟁송에서 적법타당성을 판단가능할 정도로 구체적이고 명확하게 처분사유와 근거를 구체적으로 명시하여야 한다.

사안의 경우 관할행정청의 처분서에 甲이 충분히 알 수 있도록 처분사유와 근거를 구체적으로 명시하지 않았으며, 처분당시 이유를 충분히 알 수 있어 구제절차로 나아가는데 지장이 없다는 사정도 보이지 아니한 바 이유제시의 하자가 존재한다.

3. 절차하자의 독자적 위법사유

(1) 문제점

절차하자를 이유로 처분이 취소되더라도 실체적 하자와는 달리 동일한 내용의 처분을 다시 할 수 있어 소송경제에 반하는 바 절차하자의 독자적 위법사유가 인정되는지 문제된다.

(2) 학 설

① 절차는 수단에 불과한 것으로 보며 소송경제 차원을 강조하는 '부정설', ② 헌법상 적법절차원칙 및 절차하자가 있는 처분이 취소되더라도 재처분시 동일한 처분을 한다는 보장이 없다는 '긍정설', ③ 기속행위는 실체적 요건을 충족하면 절차하자를 이유로 취소나 무효확인이 불가능하다는 '절충설' 등이 대립한다.

(3) 판 례

판례는 기속행위, 재량행위를 불문하고 절차적 요건을 준수하지 않은 처분은 위법하다고 판시하고 있다.

(4) 검토 및 사안의 경우

생각건대 행정절차의 사전적 권리구제제도로서의 중요성 및 기능을 고려할 때 긍정설이 타당하다. 「행정소송법」 제30조 제3항은 절차하자로 취소된 처분에 대한 재처분의무를 규정하고 있어 절차하자의 독자적 위법사유의 법적 근거로 볼 수 있다.

따라서 절차하자에 대한 독자적 위법사유가 인정되는 바 이유제시의 하자로서 절차하자가 존재하는 당해 조치명령은 위법하다.

V. 사안의 해결

「산지관리법」상 조치명령위반죄의 선결문제로서 조치명령의 위법여부에 대한 형사법원의 심리는 처분의 구성요건적 효력에 반하지 않으므로 심사가능하며, 당해 조치명령은 이유제시의 하자가 존재하며 절차하자의 독자적 위법사유가 긍정됨에 따라 위법한 처분이다. 따라서 조치명령위반죄의 범죄구성요건으로서 조치명령이 위법한 바 甲은 무죄이므로 甲의 주장은 타당하다.

강 평

1. 설문 (1)에 대하여

(1) "산지전용허가요건을 완비하지 못한 경우에도 사업계획승인을 할 수 있는지"라는 설문은 그 의미가 분명하지 않다. 산지전용허가와 사업계획승인의 관계가 충분히 드러나 있지 않기 때문이다. 사업계획승인으로 산지전용허가가 의제되는 경우에 산지전용허가에 하자가 있더라도 그것이 언제나 사업계획승인의 하자가 되는 것은 아니다. 판례의 입장에 따른다면, 산지전용허가가 사업계획승인의 조건이 되지 않는다면 산지전용허가에 어떤 하자가 있더라도 산지전용허가 의제의 효과가 발생하지 않을 여지가 있게 될 뿐이고 그러한 사정이 사업계획승인 자체의 위법사유가 될 수 없다(대법원 2018. 11. 29. 선고 2016두38792 판결). 따라서 산지전용허가가 사업계획승인의 조건이 되지 않는다면 산지전용허가요건을 완비하지 못한 경우에도 산지전용허가가 위법할 뿐이고 사업계획승인 자체는 위법하지 않다. 그렇다면 산지전용허가요건을 완비하지 못한 경우에도 사업계획승인은 할 수 있다는 것이 아닌가? 실무적으로는 협의 과정에서 법령에 저촉되는 사정이 발견되면 해당 인허가만 따로 유보한 채로 나머지 인허가에 대해 의제를 처리하는 경우가 적지 않다. 다만, 산지전용이 필요한데도 산지전용 없이 공장을 설립하는 것은 논리적으로 가능하지 않은 일이므로, 설문에 잘 드러나 있지 않지만 산지전용허가는 사업계획승인의 조건이 된다고 보는 것이 자연스럽다는 생각이다.

(2) 이러한 설문의 중대한 난점에도 불구하고 답안은 이른바 집중효의 쟁점에 초점을 맞추어 그 내용을 잘 정리하고 있다. 판례는 절차의 집중효는 인정하지만 실체의 집중효는 인정하지 않는다. 다만 주의할 점은 이러한 집중효에 관하여 법령이 따로 규정하고 있다면 그에 따라야 한다는 것이다. 대표적으로, 「공익사업을 위한 토지 등의 취득 및 보상에 관한 법률」 제21조 제2항은 사업인정이 의제되는 경우에도 사업인정에 필수적인 중앙토지수용위원회의 협의 및 이해관계자의 의견청취 절차가 생략되지 않는다고 규정한다.

2. 설문 (2)에 대하여

(1) 설문은 대법원 2018. 7. 12. 선고 2017두48734 판결(사업계획승인으로 산지전용허가가 의제되었는데 이후에 행정청이 1차로 산지전용허가를 철회하고 이를 이유로 2차로 사업계획승인을 철회하였는바, 이에 원고가 산지전용허가 철회 및 사업계획승인 철회의 취소를 청구한 사건)의 사안을 바탕으로 대법원 2018. 11. 29. 선고 2016두38792 판결(사업계획승인으로 지구단위계획결정이 의제되었는데 원고가 사업계획승인의 취소를 청구함과 함께 지구단위계획결정의 취소를 청구한 사건)의 설시를 출제한 것으로 보인다.

(2) 대법원 2018. 11. 29. 선고 2016두38792 판결의 설시를 인용하면 다음과 같다.

"주택건설사업계획 승인권자가 관계 행정청의 장과 미리 협의한 사항에 한하여 승인처분을 할 때에 인허가 등이 의제될 뿐이고, 각호에 열거된 모든 인허가 등에 관하여 일괄하여 사전 협의를 거칠 것을 주택건설사업계획 승인처분의 요건으로 규정하고 있지 않다. 따라서 인허가 의제 대상이 되는 처분에 어떤 하자가 있더라도, 그로써 해당 인허가 의제의 효과가 발생하지 않을 여지가 있게 될 뿐이고, 그러한 사정이 주택건설사업계획 승인처분 자체의 위법사유가 될 수는 없다. 또한 의제된 인허가는 통상적인 인허가와 동일한 효력을 가지므로, 적어도 '부분 인허가 의제'가 허용되는 경우에는 그 효력을 제거하기 위한 법적 수단으로 의제된 인허가의 취소나 철회가 허용될 수 있고, 이러한 직권 취소·철회가 가능한 이상 그 의제된 인허가에 대한 쟁송취소 역시 허용된다. 따라서 주택건설사업계획 승인처분에 따라 의제된 인허가가 위법함을 다투고자 하는 이해관계인은, 주택건설사업계획 승인처분의 취소를 구할 것이 아니라 의제된 인허가의 취소를 구하여야 하며, 의제된 인허가는 주택건설사업계획 승인처분과 별도로 항고소송의 대상이 되는 처분에 해당한다."

(3) 답안은 위 판결의 설시를 충실하게 반영하고 있다. 다만, 정확한 이해에는 일부 부족함이 있다. 판례는 적어도 '부분 인허가 의제가 허용되는 경우'에는 그 효력을 제거하기 위한 법적 수단으로 의제된 인허가의 취소나 철회가 허용될 수 있고 그 의제된 인허가에 대한 쟁송취소 역시 허용된다는 입장이다. 이는 "인허가 의제 대상이 되는 처분에 어떤 하자가 있더라도, 그로써 해당 인허가 의제의 효과가 발생하지 않을 여지가 있게 될 뿐이고, 그러한 사정이 사업계획승인 자체의 위법사유가 될 수는 없다."는 명제가 타당한 경우[이점에 대해서는 설문 (1)의 해설 참고]에는 논란의 여지없이 의제된 인허가에 대한 취소나 철회가 허용되고 나아가 쟁송취소도 가능하다고 본 것이다. 위 판결의 설시에서 지구단위계획결정은 사업계획승인의 조건이 되지 않기 때문에 '부분 인허가 의제가 허용되는 경우'에 해당한다. 그러나 설문에서 산지전용허가는 사업계획승인의 조건이 되는 것으로 보아야 한다. 다시 말해, 산지전용허가의 위법이 사업계획승인 자체의 위법사유가 될 수밖에 없는 점에서 '부분 인허가 의제가 허용되는 경우'라고 볼 수 없다. '부분 인허가 의제가 허용되는 경우'에 해당하지 않는데도 의제된 인허가에 대한 쟁송취소가 허용되는지에 관하여 판례는 명시적으로 설시한 바가 없는데 판례가 그 대상적격을 당연히 인정하는 것으로 여기고 답안을 작성하는 것은 정확한 이해라고 볼 수는 없지만 출제자 역시 이점을 간과한 것으로 보이기에 채점에는 크게 영향이 없을 것으로 생각한다.

3. 설문 (3)에 대하여

(1) "甲의 주장이 타당한지를 검토하시오."라는 설문이 과연 적절한지 의문이 있다. 형식적으로는 재판부가 조치명령의 위법성을 심사할 수 있는지가 문제이고, 실질적으로는 조치명령

이 어떤 점에서 위법한지가 문제인데, 이 모두를 포괄하려면 "甲의 주장에 대해서 판단하시오."라는 설문이 더 적절하지 않을까 생각한다.

(2) 우선, 답안은 선결문제에 있어 행정행위의 효력, 다시 말해 구성요건적 효력에 관한 내용을 충실하게 반영하고 있다. 다만 판례가 언제나 행정행위의 위법성 심사에 적극적인 것은 아니고 무면허운전죄나 무면허수입죄의 경우에는 행정행위의 위법성을 심사하지 않는다는 점을 아울러 지적할 필요가 있다는 생각이다.

(3) 다음, 답안은 조치명령에 이유제시의 하자가 있다는 점, 더 나아가 독자적인 취소사유가 된다는 점에 관한 내용을 충실히 반영하고 있다. 다만, 판례가 경미한 사항을 위반한 경우에는 취소하여야 할 위법사유로 보지 않는다는 점에 대한 지적이 추가된다면 더 좋겠다는 생각이다.

| 제2문 | 甲은 만취한 상태로 운전하다가 경찰 검문소 앞에서 음주운전 일제단속에 적발되었다. 당시 근무 경찰관 A는 甲의 차량을 도로변에 정차시킨 다음 운전면허증과 차량 열쇠를 甲으로부터 임의제출 받아 검문소 사무실 서랍에 보관한 후 음주측정을 한 바 혈중알콜농도 0.15 %가 측정되었다. 甲이 경찰관A에게 다른 차들의 교통에 방해가 되지 않도록 도로 밖으로 차량을 이동시키겠다고 말하면서 열쇠의 반환을 요구하자, 경찰관A는 그 상태에서 운전을 해서는 안 되니 일단 귀가하였다가 술이 깬 후 다음날 오거나 대리운전자를 데리고 와 차를 가져가라고 말한 후 열쇠를 甲에게 주었다. 甲은 단속 경찰관들의 동태를 살피다가 몰래 차량을 운전하여 집으로 가던 중 보행자 乙을 충격하는 사고를 일으켜 乙이 사망하였다. 사고 당시 甲은 제한속도를 시속 30킬로미터나 초과하여 운행하였다. 이 사고로 인해 사망한 乙의 유족은 경찰관 A의 직무상 의무 위반을 이유로 국가배상법 상 손해배상을 청구할 수 있는지를 검토하시오. (25점)

I. 쟁점의 정리	3. 사안의 경우
II. 국가배상법 제2조의 배상책임	**IV. 고의과실 인정 여부**
III. 법령위반 인정 여부	1. 의의 및 판단기준
1. 국가배상법 제2조 제1항의 법령위반의 의미	2. 사안의 경우
2. 조리상 작위의무 인정여부	**V. 상당인과관계 인정 여부**
(1) 문제점	1. 의의 및 판단기준
(2) 학 설	2. 사익보호성 논의
(3) 판 례	3. 사안의 경우
(4) 검 토	**VI. 사안의 해결**

답안작성 김 0 0 / 2020년도 5급 공채 일반행정직 합격

I. 쟁점의 정리

경찰관 A의 음주운전 단속에 대한 후속조치가 제대로 취해지지 않은 것이 직무상 의무위반으로 「국가배상법」 제2조의 손해배상책임이 성립하는지가 문제되며, 특히 법령위반과 관련하여 당해 직무와 관련된 근거규정이 보이지 않는 바 조리상 작위의무 인정여부, 고의과실 인정여부, 손해와 법령위반행위간 상당인과관계 인정여부가 문제된다.

Ⅱ. 국가배상법 제2조의 배상책임

국가나 지방자치단체는 ① 공무원이 ② 직무를 집행하면서 ③ 고의 또는 과실로 ④ 법령을 위반하여 ⑤ 타인에게 손해를 입히고 손해와 직무행위간 상당인과관계가 인정되는 경우 그 손해를 배상하여야 한다 (국가배상법 제2조 제1항). 이때 공무원이란 널리 공무를 위탁받아 실질적으로 공무에 종사하는 자를 말한다. 직무집행이란 그 범위와 관련하여 협의설, 광의설, 최광의설이 대립하나 다수설 및 판례는 권력작용 및 비권력적 작용을 포함하고 사경제적 작용은 제외한다. 손해란 법익침해로 인한 불이익으로서 재산적, 비재산적 불이익 모두를 포함한다.

사안의 경우 ① A는 경찰관으로 공무원이며 ② A의 음주운전 일제단속 및 음주차량 열쇠관리 등은 「경찰관직무집행법」 제2조 제5호의 교통단속과 교통위해의 방지로서 직무행위이며 ③ 당해 사고로 인한 乙의 사망은 손해에 해당한다. 다만 법령위반, 고의과실, 상당인과관계의 인정여부가 문제된다.

Ⅲ. 법령위반 인정 여부

1. 국가배상법 제2조 제1항의 법령위반의 의미

국가배상법 제2조 제1항의 법령위반의 의미와 관련하여 ① 손해의 불법성을 기준으로 하는 '결과위법설', ② 피침해이익의 성격, 침해정도, 가해행위의 태양 등을 종합적으로 고려하여 객관적 정당성을 결여한 경우로 보는 '상대적 위법성설', ③ 항고소송과 동일한 법령에의 합치여부로 보는 '협의의 행위위법설', ④ 법령에 반하는 경우와 더불어 국가의 일반적인 손해방지의무를 포함한다는 '광의의 행위위법설' 등의 대립하나, 손해발생과 관련된 여러 정황을 종합적으로 고려해 피해자 구제에 보다 충실한 상대적 위법성설이 타당하다고 본다.

최근 판례 역시 "법령위반이란 엄격하게 형식적 의미의 법령에 명시적으로 공무원의 행위의무가 정해져 있음에도 이를 위반하는 경우만을 의미하는 것은 아니고, 인권존중·권력남용·신의성실과 같이 공무원으로서 마땅히 지켜야 할 준칙이나 규범을 지키지 않은 경우를 비롯하여 널리 그 행위가 객관적인 정당성을 결여하고 있는 경우를 포함한다."고 판시한 바 있다.

2. 조리상 작위의무 인정 여부

(1) 문제점

경찰관 A의 음주운전 단속에 대한 후속조치가 제대로 취해지지 않은 것이 직무상 의무위반으로 법령위반에 해당하는지와 관련하여 당해 직무상 작위의무에 대한 근거규정이 보이지 않는 바, 작위의무가 법령에서 명문으로 규정되지 않은 경우에도 조리상 작위의무가 인정되는지 문제된다.

(2) 학 설

① 법치행정의 원칙에 비추어 조리상 작위의무를 인정하지 않는 '부정설', ② 국민 보호 차원에서 조리상, 사회통념상 국가의 위험방지의무가 인정될 수 있다는 '긍정설'이 대립한다.

(3) 판 례

판례는 국민의 생명, 신체, 재산 등을 보호하는 것을 본래적 사명으로 하는 국가가 초법규적, 일차적으로 그 위험배제에 나서지 아니하면 국민의 생명, 신체, 재산 등을 보호할 수 없는 경우에는 형식적 의미의 법령에 근거가 없더라도 국가의 위험배제 작위의무를 인정할 수 있다고 하여 긍정설의 입장이다.

또한 최근 공무원에 대해 작위의무를 명하는 법령 규정이 없는 경우 ① 공무원의 행위로 인해 침해된 국민의 법익 또는 국민에게 발생한 손해가 어느 정도 심각하고 절박한 것인지, ② 관련 공무원이 그와 같은 결과를 예견하여 결과를 회피하기 위한 조치를 취할 가능성이 있는지 등을 종합적으로 고려하여 판단하여야 한다고 판시한 바 있다.

(4) 검 토

생각건대 헌법상 국가의 기본권 보호의무를 고려할 때 국가의 조리상 위험방지의무가 도출된다고 봄이 타당한 바 긍정설이 타당하다.

3. 사안의 경우

경찰관의 음주단속업무 및 후속조치 등과 관련된 명문 규정상 작위의무는 보이지 않으나, ① 甲에 대해 국가가 초법규적, 일차적으로 나서지 아니하면 음주운전으로 인한 국민의 생명, 신체, 재산을 보호하기 어려운 경우이고 ② 경찰관 A의 후속조치의 미숙으로 인한 음주운전사고로 乙이 사망하는 등 손해가 막대하며 ③ 경찰관 A는 열쇠를 줄 때 甲의 음주운전으로 인한 사고 등을 예견하여 이를 회피하기 위한 조치를 취할 가능성이 있다고 봄이 타당한 바 조리상 작위의무 위반이 인정되어 객관적 정당성을 결여한 행위로서 법령위반이 존재한다.

IV. 고의과실 인정 여부

1. 의의 및 판단기준

고의란 행위로 인한 결과발생을 인식하고 이를 용인한 채 행위를 하는 심리상태이고, 과실이란 행위로 인한 결과발생을 알 수 있었음에도 주의의무태만으로 이를 인식하지 못한채 행위하는 심리상태를 말한다.

한편 판례는 과실의 판단기준과 관련하여 '담당공무원이 해당 직업에 종사하는 평균인에게 요구되는 주의의무를 결하여 객관적 정당성을 상실하였다고 인정되는 경우'라고 보아 추상적 과실로 이해하고 있다.

2. 사안의 경우

경찰공무원의 평균적 주의의무를 고려할 때 경찰관 A는 열쇠 지급시 甲이 재차 음주운전하여 사고가 발생할 수 있음을 충분히 예견할 수 있었음에도 불구하고 주의의무 태만으로 이를 인식하지 못한채 행위한 것으로 볼 수 있는 바 과실이 존재한다.

Ⅴ. 상당인과관계 인정 여부

1. 의의 및 판단기준

직무상 법령위반이 존재하는 경우라 하더라고 이와 피해자의 손해간 상당인과관계가 인정되는 경우에만 국가배상법 제2조의 배상책임이 성립한다. 상당인과관계의 판단기준과 관련하여 판례는 일반적인 결과발생의 개연성, 관련법령의 목적·취지, 가해행위의 태양, 피해정도 등을 종합적으로 고려하여 판단한다고 판시하고 있다.

2. 사익보호성 논의

국가배상청구소송에서도 사익보호성이 요구되는지, 요구된다면 어느 요건과 관련된 것인지에 대해 ① 사익보호성은 항고소송의 원고적격에 관한 문제일 뿐이라는 '불요설', ② 반사적이익에 대한 배상책임은 인정하지 않는 것이 타당하다는 견해로 어느 요건에 관한 것인지에 대해 위법성설, 손해설, 직무관련성설, 상당인과관계설 등을 포함하는 '필요설'이 대립한다. 생각건대 반사적 이익의 침해에 대한 국가배상책임 성립은 타당하지 않으므로 필요설이 타당하며, 사익보호의 취지가 인정되는 경우에만 상당인과관계가 인정되는 바 상당인과관계설이 타당할 것이다.

판례 역시 '국가는 직무상 의무위반과 피해자가 입은 손해간 상당인과관계가 인정되는 범위 내에서만 배상책임을 지며, 상당인과관계가 인정되기 위해서는 공무원에게 부과된 직무상 의무의 내용이 단순히 공공일반의 이익을 위한 것이거나 행정기관 내부의 질서규율을 위한 것이 아니고, 전적으로 또는 부수적으로 사회구성원 개인의 안전과 이익을 보호하기 위하여 설정된 것이어야 한다'고 판시하여 사익보호성을 상당인과관계의 판단요소로 보고 있다.

3. 사안의 경우

경찰관 A가 甲에게 열쇠를 지급하는 등 조리상 작위의무 위반과 甲의 음주운전사고간 결과발생의 개연성이 인정되며, 甲은 제한속도를 시속 30km나 초과하여 운행하였고 이로 인해 乙이 사망에 이르는 등 피해가 막대한 점, 음주운전단속과 관련하여 경찰관에게 부여된 조리상 작위의무는 단순히 공공일반의 이익을 위한 것이 아니라 전적으로 또는 부수적으로 乙의 생명권 등을 보호하기 위해 설정된 것으로 봄이 타당한 바 사익보호성이 인정되는 점 등을 고려할 때 상당인과관계가 인정된다.

Ⅵ. 사안의 해결

경찰관 A의 음주운전 단속에 대한 후속조치가 제대로 취해지지 않은 것이 직무상 의무위반으로 국가배상법 제2조 책임이 성립하는지와 관련하여 경찰관A는 공무원이며, 음주운전 단속 등은 「경찰관직무집행법」 제2조 제5호의 직무행위이며, 당해 직무행위에 대한 조리상 작위의무위반으로 법령위반 및 과실이 존재하며, A의 직무상 의무위반과 乙의 사망이라는 손해간 상당인과관계가 인정되는 바 국가배상법 제2조 요건을 모두 충족한다. 따라서 乙의 유족은 이에 대해 「국가배상법」 제2조의 손해배상을 청구할 수 있다.

| 강 평 |

1. '법령을 위반하여'에 관하여

(1) 설문은 대법원 1998. 5. 8. 선고 97다54482 판결의 사안과 설시를 출제한 것으로 보인다. 「국가배상법」 제2조의 '법령을 위반하여'를 적용함에 있어서, 판례는 한편으로는 '객관적 정당성의 결여'라는 공식을 사용하고 다른 한편으로 '직무상 의무의 위반'이라는 공식을 사용하는데, 경우에 따라서는 두 개의 공식을 모두 사용하기도 한다. 대법원 1998. 5. 8. 선고 97다54482 판결의 설시를 인용하면 다음과 같다.

(2) "경찰관직무집행법 제1조, 제2조, 제4조 및 도로교통법 제43조 제2항의 각 규정에 의하면, 경찰의 임무는 본질적으로 국민의 자유와 권리를 보호하고 사회공공의 질서를 유지하기 위하여 범죄의 예방·진압 및 수사, 교통의 단속과 위해의 방지 기타 공공의 안녕과 질서에 대한 위험 방지에 있고, 이러한 책무 수행을 위하여 경찰관으로 하여금 술취한 상태로 인하여 자기 또는 타인의 생명·신체와 재산에 위해를 미칠 우려가 있는 자를 발견한 때에는 경찰관서 등에 보호하는 등 적당한 조치를 취할 수 있으며 특히 주취 상태에서 자동차를 운전하는 사람에 대하여는 정상적으로 운전할 수 있는 상태에 이르기까지 운전의 금지를 명하고 그 밖의 필요한 조치를 취할 수 있도록 개별적 수권규정을 두고 있는바, 주취 상태에서의 운전은 도로교통법 제41조의 규정에 의하여 금지되어 있는 범죄행위임이 명백하고 그로 인하여 자기 또는 타인의 생명이나 신체에 위해를 미칠 위험이 큰 점을 감안하면, 주취운전을 적발한 경찰관이 주취운전의 계속을 막기 위하여 취할 수 있는 조치로는, 단순히 주취운전의 계속을 금지하는 명령 이외에 다른 사람으로 하여금 대신하여 운전하게 하거나 당해 주취운전자가 임의로 제출한 차량열쇠를 일시 보관하면서 가족에게 연락하여 주취운전자와 자동차를 인수하게 하거나 또는 주취 상태에서 벗어난 후 다시 운전하게 하며 그 주취 정도가 심한 경우에 경찰관서에 일시 보호하는 것 등을 들 수 있고, 한편 주취운전이라는 범죄행위로 당해 음주운전자를 구속·체포하지 아니한 경우에도 필요하다면 그 차량열쇠는 범행 중 또는 범행 직후의 범죄장소에서의 압수로서 형사소송법 제216조 제3항에 의하여 영장 없이 이를 압수할 수 있다 할 것이다. 이와 같은 경찰관의 주취운전자에 대한 권한 행사가 관계 법률의 규정 형식상 경찰관의 재량에 맡겨져 있다고 하더라도, 그러한 권한을 행사하지 아니한 것이 구체적인 상황하에서 현저하게 합리성을 잃어 사회적 타당성이 없는 경우에는 경찰관의 직무상 의무를 위배한 것으로서 위법하게 된다고 할 것이다.

(3) 이 사건의 경우, 원심이 적법하게 인정한 사실관계에 의하면, 위 소외 1이 음주운전으로 적발되어 그 주취 정도를 측정하여 본 결과 혈중 알콜농도가 0.09%임이 밝혀졌음에도 단속경

찰관이 위 소외 1의 요구에 따라 그가 여전히 주취 상태에 있음에도 불구하고 당해 차량을 이동할 수 있도록 보관중인 차량열쇠를 교부하였을 뿐만 아니라 차량 이동 후에도 위 소외 1로 하여금 주취운전을 감행할 수 있도록 방치하였다고 할 것인바, 그 당시 위 소외 1은 주취로 인하여 주시력, 주의력, 위험상황에 대한 판단력 및 반응력 등이 약화되고 법준수에 대한 긴장력이 떨어져 과속의 가능성이 높은 상태에 있어, 만일 그 상태로 운전을 감행한다면 자기 또는 타인의 생명이나 신체에 위해를 미칠 위험이 현저한 상황에 있었다고 할 것이므로, 이러한 사정을 합리적으로 판단할 때 단속경찰관으로서는 위 소외 1이 정상적으로 운전할 수 있는 상태에 이르기까지 주취운전을 하지 못하도록 구체적이고도 적절한 조치를 취하여야 할 의무가 있다고 해석함이 상당하고, 그러함에도 단속경찰관이 이러한 조치를 취하지 아니한 채 위 소외 1로 하여금 주취 상태에서 운전을 계속할 수 있도록 보관 중이던 차량열쇠를 교부한 것은 직무상 의무에 위배하여 위법하다고 할 것인바, 같은 취지의 원심 판단은 수긍이 가고, 거기에 소론과 같은 단속경찰관의 과실에 관한 법리오해의 위법이 있다고 할 수 없다.”

(4) 위 판결에서는 ‘직무상 의무의 위반’의 공식이 사용되었는데, 이 공식은 행정청이 공권력 행사를 하지 않았거나 충분하지 않게 행사한 경우에 자주 사용된다. 이 공식을 적용하기 위해서는 먼저 행정청에게 권한을 수권하는 규정을 찾아야 하는데, 위 판결에서는 「경찰관직무집행법」에 의한 일반적 수권, 「도로교통법」에 의한 개별적 수권이 논증되었다. 다음으로, 수권규정이 기속적인지 재량적인지를 확인해야 하는데, 대부분은 재량적인 수권규정이 문제가 된다. 끝으로, 재량적인 수권이 전혀 행사되지 않거나 적절하게 행사되지 않은 사실이 인정되면 직무상 의무의 위반에 해당한다는 결론이 도출된다.

(5) 답안의 내용은 이상과 같은 논리적인 전개와 무관하다. 답안이 상세하게 기술하고 있는 ‘조리상 작위의무의 인정 여부’에 관한 내용은 행정청에게 권한을 수권하는 규정이 없거나 그 권한 행사의 기준과 절차에 관한 규정이 없음으로 인하여 국민의 생명, 신체, 재산 등을 적절하게 보호할 수 없는 상황에 관한 판례의 설시로서, 대표적으로 대법원 2020. 5. 28. 선고 2017다211559 판결을 인용하면 다음과 같다.
“공무원의 부작위로 인한 국가배상책임을 인정하기 위해서는 공무원의 작위로 인한 국가배상책임을 인정하는 경우와 마찬가지로 ‘공무원이 직무를 집행하면서 고의 또는 과실로 법령을 위반하여 타인에게 손해를 입힌 때’라는 국가배상법 제2조 제1항의 요건이 충족되어야 한다. 여기서 ‘법령 위반’이란 엄격하게 형식적 의미의 법령에 명시적으로 공무원의 작위의무가 규정되어 있는데도 이를 위반하는 경우만을 의미하는 것은 아니고, 인권존중·권력남용금지·신의성실과 같이 공무원으로서 마땅히 지켜야 할 준칙이나 규범을 지키지 않고 위반한 경우를 포함하여 널리 객관적인 정당성이 없는 행위를 한 경우를 포함한다(대법원

2008. 6. 12. 선고 2007다64365 판결 등 참조). 국민의 생명·신체·재산 등에 관하여 절박하고 중대한 위험상태가 발생하였거나 발생할 우려가 있어서 국민의 생명·신체·재산 등을 보호하는 것을 본래적 사명으로 하는 국가가 초법규적, 일차적으로 그 위험 배제에 나서지 않으면 국민의 생명·신체·재산 등을 보호할 수 없는 경우에는 형식적 의미의 법령에 근거가 없더라도 국가나 관련 공무원에 대하여 그러한 위험을 배제할 작위의무를 인정할 수 있다. 그러나 그와 같이 절박하고 중대한 위험상태가 발생하였거나 발생할 우려가 없는 경우에는 원칙적으로 공무원이 관련 법령을 준수하여 직무를 수행하였다면 공무원의 부작위를 가지고 '고의 또는 과실로 법령을 위반'하였다고 할 수는 없다. 따라서 공무원의 부작위로 인한 국가배상책임을 인정할 것인지 여부가 문제 되는 경우에 관련 공무원에 대하여 작위의무를 명하는 법령 규정이 없다면 공무원의 부작위로 인하여 침해된 국민의 법익 또는 국민에게 발생한 손해가 어느 정도 심각하고 절박한 것인지, 관련 공무원이 그와 같은 결과를 예견하여 결과를 회피하기 위한 조치를 취할 가능성이 있는지 등을 종합적으로 고려하여 판단하여야 한다(대법원 1998. 10. 13. 선고 98다18520 판결 등 참조)."

(6) 요컨대, 답안에서 상세하게 기술하는 '조리상 작의위무의 인정 여부'에 관한 내용은 설문을 해결하는 데 직접적인 도움이 되지 않는다. 그보다는 「경찰관직무집행법」이나 「도로교통법」의 수권 규정을 찾아서 재량적인 권한이 적절하게 행사되지 않아 직무상 의무의 위반에 해당한다는 논증이 설문의 해결에 적절하다는 생각이다. 다만 출제자가 실제로 이것을 의도한 것인지는 별개의 문제이다.

2. '고의 또는 과실'에 관하여

답안은 '고의 과실 인정 여부'에 관하여 기술하면서 판례가 '객관적 정당성의 상실'을 과실의 판단 기준으로 삼고 있는 것처럼 설명하고 있는데, 이것은 판례를 오해한 것이다. 판례는 '법령을 위반하여'에 관하여 '객관적 정당성의 상실'이나 '직무상 의무의 위반'을 판단하고 더 나아가 '고의 또는 과실'에 관하여는 특별히 판단하지 않는 것이 일반적인 추세이다. 종종 '고의 또는 과실'에 관한 판단을 '법령을 위반하여'에 관한 판단과 묶어서 하나로 판단하기도 하지만 '고의 또는 과실'에 관한 판단을 '법령을 위반하여'에 관한 판단에 추가하여 별도로 판단하는 경우는 흔하지 않다.

3. '인과관계'에 관하여

(1) 답안은 '상당인과관계 인정 여부'에 관하여 기술하면서 '사익보호성 논의'에 관한 내용을 상세하게 설명하고 있지만 설문의 해결에는 직접적인 도움이 되지 않는다는 생각이다. '사익보호성 논의'는 행정청에게 권한을 수권하는 규정이 너무 광범위한 목적을 가지고 있는 것

이어서 예외적으로 국가배상책임을 제한할 필요성이 있는 경우에 쟁점이 되는 것인데 설문의 사안에는 그만한 사정이 없는 것으로 보이기 때문이다. 또한 '사익보호성 논의'는 인과관계의 문제이기도 하지만 '법령을 위반하여'의 문제이기도 하다는 점도 주의할 필요가 있다.

(2) 대표적으로 대법원 2008. 4. 10. 선고 2005다48994 판결은 사익보호성이 없다는 이유로 경찰공무원의 직무위반행위와 사망 사이에 상당인과관계가 존재하지 않는다고 판시하고 있지만[1] 그와 동시에 사익보호성이 인정된다는 이유로 '객관적 정당성의 결여'에 해당한다고 판시하였다.[2]

---

1) "원심이 경찰관직무집행법이나 형사소송법, 풍속영업의 규제에 관한 법률의 각 규범 목적, 이 사건 화재의 발생 및 망인들이 사망에 이르게 된 경위 등에 비추어 이 사건 경찰공무원들의 직무위반행위와 망인들의 사망 사이에 상당인과관계가 존재하지 않는다고 판단한 것은 정당하고, 거기에 상고이유에서 주장하는 바와 같은 국가배상책임의 발생요건으로서 상당인과관계에 관한 법리오해 등의 위법은 없다."

2) "구 소방법(2003. 5. 29. 법률 제6893호로 제정된 소방기본법에 의하여 폐지되기 전의 것, 이하 같다)은 화재를 예방·경계·진압하고 재난·재해 및 그 밖의 위급한 상황에서의 구조·구급활동을 통하여 국민의 생명·신체 및 재산을 보호함으로써 공공의 안녕질서의 유지 및 복리증진에 이바지함을 목적으로 하여 제정된 법으로서, 소방법의 규정들은 단순히 전체로서의 공공 일반의 안전을 도모하기 위한 것에서 더 나아가 국민 개개인의 인명과 재화의 안전보장을 목적으로 하여 두어진 것이라고 봄이 상당하므로, 소방공무원이 소방법 규정에서 정하여진 직무상의 의무를 게을리한 경우 그 의무위반이 직무에 충실한 보통 일반의 공무원을 표준으로 할 때 객관적 정당성을 상실하였다고 인정될 정도에 이른 경우에는 국가배상법 제2조에서 말하는 위법의 요건을 충족하였다고 봄이 상당하다(대법원 2001. 3. 9. 선고 99다64278 판결 등 참조)."

| 제3문 | 건설업을 운영하는 甲 주식회사는 「국가를 당사자로 하는 계약에 관한 법률」에 근거하여 국방부장관이 주관하는 전투지휘훈련센터 시설공사의 기본설계 기술제안 도급계약을 체결한 후 기본설계를 진행하였다. 그 과정에서 甲의 직원인 乙은 입찰 관련 서류를 입찰에 유리하도록 변조하여 제출하였고, 이후 乙은 이와 같은 사실로 인하여 법원에서 사문서변조죄의 유죄판결을 선고받아 이 판결은 그대로 확정되었다. 국방부장관은 즉시 그 계약을 해지하는 한편 甲에게 입찰 관련 서류를 변조하였다는 사유로 국가를 당사자로 하는 계약에 관한 법률, 같은 법 시행령·시행규칙에 근거하여 1년간 입찰참가자격을 제한하는 부정당업자 제재통보를 하였다. (총 25점)

(1) 국가와 甲 사이에 체결된 도급계약의 법적 성격을 검토하시오. (10점)

(2) 국방부장관은 甲의 직원 乙의 사문서변조죄에 대하여 유죄의 확정판결이 있었다는 이유로 사전통지와 의견제출의 기회를 부여하지 않고 입찰참가자격 제한을 하였다. 그 적법 여부를 검토하시오. (15점)

[참고조문] 현행 법령을 사례해결에 적합하도록 수정하였음

「국가를 당사자로 하는 계약에 관한 법률」

제27조(부정당업자의 입찰 참가자격 제한 등) ① 각 중앙관서의 장은 다음 각 호의 어느 하나에 해당하는 자(이하 "부정당업자"라 한다)에게는 2년 이내의 범위에서 대통령령으로 정하는 바에 따라 입찰 참가자격을 제한하여야 하며, 그 제한사실을 즉시 다른 중앙관서의 장에게 통보하여야 한다. 이 경우 통보를 받은 다른 중앙관서의 장은 대통령령으로 정하는 바에 따라 해당 부정당업자의 입찰 참가자격을 제한하여야 한다.

9. 그 밖에 다음 각 목의 어느 하나에 해당하는 자로서 대통령령으로 정하는 자가. 입찰·계약 관련 서류를 위조 또는 변조하거나 입찰·계약을 방해하는 등 경쟁의 공정한 집행을 저해할 염려가 있는 자

「국가를 당사자로 하는 계약에 관한 법률 시행령」

제76조(부정당업자의 입찰참가자격 제한) ④ 입찰참가자격 제한의 기간에 관한 사항은 법 제27조제1항 각 호에 해당하는 행위별로 부실벌점, 하자비율, 부정행위 유형, 고의·과실 여부, 뇌물 액수 및 국가에 손해를 끼친 정도 등을 고려하여 기획재정부령으로 정한다.

「국가를 당사자로 하는 계약에 관한 법률 시행규칙」

제76조(부정당업자의 입찰참가자격 제한기준 등) 영 제76조 제4항에 따른 부정당업자의 입찰참가자격 제한의 세부기준은 별표 2와 같다.

[별표 2] 부정당업자의 입찰참가자격 제한기준(제76조 관련)

1. 일반기준

다. 각 중앙관서의 장은 부정당업자에 대한 입찰참가자격을 제한하는 경우 자격제한 기간을 그 위반행위의 동기·내용 및 횟수 등을 고려해 제2호에서 정한 기간의 2분의 1의 범위에서 줄일 수 있으며, 이 경우 감경 후의 제한기간은 1개월 이상이어야 한다.

2. 개별기준

입찰참가자격 제한사유	제재기간
입찰 관련 서류를 위조·변조하거나 부정하게 행사하여 낙찰을 받은 자 또는 허위서류를 제출하여 낙찰을 받은 자	1년

행정절차법 시행령

제13조(처분의 사전 통지 생략사유) 법 제21조 제4항 및 제5항에 따라 사전 통지를 하지 아니할 수 있는 경우는 다음 각 호의 어느 하나에 해당하는 경우로 한다.

2. 법원의 재판 또는 준사법적 절차를 거치는 행정기관의 결정 등에 따라 처분의 전제가 되는 사실이 객관적으로 증명되어 처분에 따른 의견청취가 불필요하다고 인정되는 경우

[제3문의 (1)]

Ⅰ. 문제점

Ⅱ. 공사법관계의 구별
1. 학설
2. 판례
3. 검토 및 사안의 경우

Ⅲ. 사안의 해결

[제3문의 (2)]

Ⅰ. 문제점

Ⅱ. 입찰참가자격제한의 법적 성질
1. 계약의 이행행위와 처분의 구별기준
2. 사안의 경우

Ⅲ. 입찰참가자격제한의 위법 여부
1. 문제점
2. 사전통지, 의견제출의 의의 및 적용제외 사유
3. 사안의 경우

Ⅳ. 사안의 해결

[제3문의 (1)]

Ⅰ. 문제점

국가와 甲 사이에 체결된 도급계약의 법적 성격이 공법상 계약인지 사법상 계약인지와 관련하여 공법관계와 사법관계의 구별이 문제된다.

Ⅱ. 공사법관계의 구별

1. 학 설

① 양자간 지배복종관계인지 대등관계인지를 기준으로 판단하는 '성질설', ② 근거법의 목적, 취지가 공익목적인지 사익목적인지를 기준으로 하는 '이익설', ③ 법률관계의 한쪽 당사자가 공권력 주체로서 지위를 갖는지를 기준으로 하는 '주체설' 등이 대립하나 ④ 이를 종합적으로 고려하는 '복수기준설'이 다수설이다.

2. 판 례

판례는 「국가를당사자로하는계약에관한법률(이하 국가계약법)」에 근거하여 국가 등이 일방당사자가 되는 계약으로 상대방과 대등한 위치에서 사경제주체로서 체결하는 도급계약에 대해 사법상 계약으로 판시한 바 있다.

3. 검토 및 사안의 경우

생각건대 근거법규를 중심으로 판단하되 명확하지 않은 경우 근거법규의 목적, 내용, 법률관계의 성질, 당사자간 관계 등을 종합적으로 고려하는 복수기준설이 타당하다.

사안의 경우 「국가계약법」에 근거하여 국가가 甲과 대등한 지위에서 사경제주체로서 전투지휘훈련센터 시설공사 기본설계 기술제안과 관련된 이익을 취하고자 상호합의하에 행하는 공공계약으로서 사법상 계약에 해당한다.

Ⅲ. 사안의 해결

당해 도급계약은 국가가 甲과 대등한 지위에서 사경제주체로서 행하는 공공계약으로서 사법상 계약이다.

[제3문의 (2)]

Ⅰ. 문제점

입찰참가자격제한의 적법성과 관련하여 당해 입찰참가자격제한의 법적 성질이 계약의 이행행위인지 침익적 처분인지 문제되며, 처분인 경우 사전통지 및 의견제출 기회를 부여하지 않은 것이 절차하자인지와 관련하여 사전통지 및 의견제출 제외사유인지 여부가 문제된다.

Ⅱ. 입찰참가자격제한의 법적 성질

1. 계약의 이행행위와 처분의 구별기준

계약 상대방에게 불이익한 국가등의 조치가 계약에 따른 제재조치인지 침익적 처분인지는 조치내용, 과정, 강제성 등을 종합적으로 고려하여 판단하여야 한다. 판례 역시 "해당 조치에 이르는 문서 내용과 과정을 종합해 판단하고, 불분명할 경우 상대방의 불복방법, 예측가능성을 고려해 규범적으로 판단해야 한다."고 판시하였으며, 최근 "국가등의 제재조치가 계약에 따른 제재조치에 해당하려면 일정한 사유가 있을 때 그러한 제재조치를 할 수 있다는 점을 그 거래상대방이 미리 구체적으로 약정하였어야 한다."고 판시한 바 있다.

2. 사안의 경우

사안의 경우 서류 변조시의 입찰참가자격제한에 대해 양자간 미리 약정하였다는 사정이 보이지 않으며, 甲의 예측가능성 및 효과적인 권리구제를 위한 불복방법 등을 고려할 때 이는 계약의 이행행위가 아닌「국가계약법」제27조 제1항 제9호 가목 및 동법 시행령 제76조 제4항, 동법 시행규칙 제76조 별표2에 근거하여 구체적 사실에 관한 법집행으로서 공권력의 행사인 처분에 해당한다고 봄이 타당하다.

Ⅲ. 입찰참가자격제한의 위법 여부

1. 문제점

당해 입찰참가자격제한은 甲에게 침익적인 효과를 가져오는 처분인 바,「행정절차법」의 적용대상이다. 이 때 국방부장관의 사전통지, 의견제출 결여로 절차상 하자가 존재하여 입찰참가자격제한이 위법한지와 관련하여 사전통지, 의견제출 적용제외 대상인지 여부가 문제된다.

2. 사전통지, 의견제출의 의의 및 적용제외 사유

사전통지란 의무를 과하거나 권익을 제한하는 처분을 하는 경우 당사자 등에게 미리 결정의 내용, 청문일시 등을 통지하여야 함을 말한다(행정절차법 제21조 제1항). 의견제출이란 행정청이 어떠한 행정작용을 하기에 앞서 당사자등이 의견을 제시하는 절차로, 행정청이 당사자에게 의무를 과하거나 권익을 제한하는 처분을 함에 있어서 청문이나 공청회를 실시하지 않는경우에는 당사자등에게 의견제출의 기회를 주어야 한다(동법 제2조 제7호, 제22조 제3항).

한편 동법 제3조 제2항 각호는 행정절차법 적용제외 사유, 동법 제21조 제4항 및 제5항은 사전통지의 적용제외사유를 규정하고 있으며, 동법 제22조 제4항은 제21조 제4항을 준용하여 의견제출의 제외사유를 규정하고 있다.

3. 사안의 경우

당해 입찰참가자격제한은 「행정절차법」 제3조 제2항 각호의 적용제외 사유에는 해당하지 않으나, 처분의 전제가 되는 사실인 입찰관련 서류변조에 대한 사문서변조죄 유죄판결이 확정된 바 동법 제21조 제4항 및 제5항, 동법 시행령 제13조 제2호에 따라 '법원의 재판에 따라 처분의 전제가 되는 사실이 객관적으로 증명되어 처분에 따른 의견청취가 불필요하다고 인정되는 경우'에 해당하여 사전통지의 적용제외 사유에 해당한다. 또한 동법 제21조 제4항을 준용하는 제22조 제4항에 의해 의견제출 적용제외 사유에도 해당하는 바 국방부장관의 사전통지, 의견제출 결여는 절차상 하자에 해당하지 않는다. 따라서 당해 입찰참가자격제한에 주체, 절차, 형식, 내용상 위법이 보이지 않는 바 당해 입찰참가자격제한은 적법하다.

Ⅳ. 사안의 해결

당해 입찰참가자격제한은 「국가계약법」 제27조 제1항 제9호 가목 등에 근거한 구체적 사실에 대한 법집행으로서 공권력의 행사인 침익적 처분이나, 그 전제가 되는 사실에 대해 유죄판결이 확정되어 「행정절차법」 제21조 제4항 및 제5항, 제22조 제4항, 동법 시행령 제13조 제2호에 의해 사전통지, 의견제출 적용제외 사유에 해당하는 바 절차상하자가 존재하지 않으며, 주체, 형식, 내용상 하자 역시 보이지 않는바 적법한 처분이다.

| 강 평 |

1. 설문 (1)에 대해서

「국가를 당사자로 하는 계약에 관한 법률」에 따라 국가가 당사자가 되는 이른바 공공계약은 사경제 주체로서 상대방과 대등한 위치에서 체결하는 사법상 계약으로 보는 것이 일반적이고 답안은 이에 관한 내용을 충실히 반영하고 있다.

2. 설문 (2)에 대해서

(1) 설문은 대법원 2017. 4. 7. 선고 2015두50313 판결의 사안을 바탕으로 대법원 2020. 7. 23. 선고 2017두66602 판결의 설시를 출제한 것으로 보인다. 답안은 입찰참가자격제한이 행정 처분에 해당하는 점을 논증하고, 나아가 사전통지와 의견청취를 거치지 않은 것이 위법한지 여부를 검토하고 있다. 입찰자격제한이 위법한지를 따지기에 앞서 행정처분에 해당하는지 여부를 논증한 점은 훌륭하다. 행정처분에 해당해야 「행정절차법」이 적용되기 때문이다. 그러나 입찰자격제한이 위법한지에 대한 검토는 충분하지 않았다.

(2) 「행정절차법 시행령」 제13조는 '법원의 재판에 따라 처분의 전제가 되는 사실이 객관적으로 증명되어 처분에 따른 의견청취가 불필요하다고 인정되는 경우'를 사전통지의 생략사유로 규정하고 있지만 설문의 사안은 이에 해당한다고 보기 어렵다. 이에 관한 대법원 2020. 7. 23. 선고 2017두66602 판결을 인용하면 다음과 같다.

"행정절차법 제21조, 제22조, 행정절차법 시행령 제13조의 내용을 행정절차법의 입법 목적과 의견청취 제도의 취지에 비추어 종합적·체계적으로 해석하면, 행정절차법 시행령 제13조 제2호에서 정한 '법원의 재판 또는 준사법적 절차를 거치는 행정기관의 결정 등에 따라 처분의 전제가 되는 사실이 객관적으로 증명되어 처분에 따른 의견청취가 불필요하다고 인정되는 경우'는 법원의 재판 등에 따라 처분의 전제가 되는 사실이 객관적으로 증명되면 행정청이 반드시 일정한 처분을 해야 하는 경우 등 의견청취가 행정청의 처분 여부나 그 수위 결정에 영향을 미치지 못하는 경우를 의미한다고 보아야 한다. 처분의 전제가 되는 '일부' 사실만 증명된 경우이거나 의견청취에 따라 행정청의 처분 여부나 처분 수위가 달라질 수 있는 경우라면 위 예외사유에 해당하지 않는다."

입찰 관련 서류를 변조한 사실은 판결에 의하여 증명되었다고 보아야 하겠지만 입찰참가자 격제한을 함에 있어 재량이 여전히 남아 있다면 그에 관한 의견청취가 필요하기 때문에 사전통지를 거쳐야 한다.

(3) 여기서 「국가를 당사자로 하는 계약에 관한 법률 시행규칙」 제76조 [별표2]가 대외적 구속력을 가지는지, 나아가 대외적 구속력을 가진다면 기속적인 규정인지 아니면 재량적인 규정인지를 검토하여야 한다. 판례에 따르면 부령 형식의 제재처분의 재량행사기준에는 대외적 구속력이 인정되지 않기 때문에 「국가를 당사자로 하는 계약에 관한 법률」 제27조, 같은 법 시행령 제76조에 따라 입찰참가자격제한은 「국가를 당사자로 하는 계약에 관한 법률 시행규칙」 제76조 [별표2]와 관계없이 재량행위에 해당한다. 그뿐만 아니라 「국가를 당사자로 하는 계약에 관한 법률 시행규칙」 제76조 [별표2] 또한 2분의 1 범위 내에서 감경할 수 있도록 규정하고 있다. 따라서 입찰참가자격제한이 재량행위라는 점은 분명하다.

(4) 요컨대, 입찰 관련 서류를 변조한 사실은 판결에 의하여 증명되었지만 입찰참가자격제한은 여전히 재량행위에 해당하기 때문에 「행정절차법 시행령」 제13조에도 불구하고 사전통지와 의견청취는 생략될 수 없는바, 입찰참가자격제한은 위법하다.

2021년 입법고등고시 기출문제와 어드바이스 및 답안구성 예

| 제1문 (50점) |

甲은 자신이 소유하고 있는 서울특별시 소재 지상 5층 건물 중 지상 1층에서 정육식당을 운영하던 자인데, 식당 매출이 부진하자 업종을 변경하여「게임산업진흥에 관한 법률」상 일반게임제공업을 운영하고자 한다. 해당 건물 인근에는 H고등학교가 있기 때문에 甲은「교육환경 보호에 관한 법률」(이하 '교육환경보호법'이라 한다)에 따라 A교육지원청교육장 乙에게 금지행위 및 시설 금지 해제 신청을 하였고 乙은 A교육지원청 소속 지역교육환경보호위원회(이하 '지역위원회'라 한다)의 현장 실사 등을 거쳐 '금지행위 및 시설금지 해제'결정을 하였다.
이후 甲은 관할 A구청장으로부터「게임산업진흥에 관한 법률」에 따른 일반게임제공업 허가를 받았다.

(1) 지역위원회는 지역위원회 회의 시 재적위원 과반수 출석과 출석위원 3분의 2에 못 미치는 과반수 찬성으로 금지행위 및 시설금지 해제 의결을 하였다. H고등학교 근처에서 일반게임제공업을 운영 중인 丙은 위 의결은 교육환경보호법령에 위반된다고 주장하면서 乙의 금지행위 및 시설금지 해제결정에 대하여 취소소송을 제기하고자 한다. 丙은 승소할 수 있는지를 설명하시오. (제소기간은 준수한 것으로 본다) (20점)

Advice

1. 승소가능성을 묻는 문제로서 소제기의 적법성, 처분의 위법성을 모두 논해주어야 한다. 소제기 적법성 중에서는 대상적격, 원고적격이 문제되며 처분의 위법성은 과반수 찬성으로 의결한 것이 절차적 하자로서 절차하자의 독자적 위법사유 인정여부가 문제됨을 언급하여야 한다. 대상적격은「행정소송법」제19조, 제2조 제1항 제1호의 처분개념을 먼저 논해주고, 금지행위 및 시설금지 해제결정이「교육환경보호법」제9조 제20호에 따른 예외적 승인 및 재량행위로서 처분성이 있음을 포섭한다.

2. 원고적격은 乙은 처분의 직접상대방이 아닌 동종 영업을 운영하는 제3자로서 경업자소송에서의 원고적격이 문제되는데, 일반게임제공업은「게임산업진흥에 관한 법률」제26조 제1항의 허가업으로서 판례의 '과당경쟁으로 인한 경영불합리의 방지'가 인정되지 않아 법률상 이익이 없어 부정될 것이다. 처분의 위법성은 주제, 형식, 내용상 하자가 보이지 않으며 절차하자만 존재하는 경우로서 절차하자의 독자적 위법사유 인정여부에 대한 학설, 판례 등을 서술하여 위법성이 인정될 것이다.

Ⅰ. 쟁점의 정리

Ⅱ. 소제기 적법성 여부

  1. 대상적격 인정여부

    (1) 취소소송 대상인 처분

    (2) 사안의 경우: 예외적 승인 – 적극

  2. 원고적격 인정여부

    (1) 원고적격의 의의

    (2) 법 제12조 제1문의 법률상이익의 의미

    (3) 경업자 소송에서의 원고적격

    (4) 사안의 경우: 소극

Ⅲ. 위법성 여부

  1. 문제점

  2. 절차하자의 독자적 위법사유 인정 여부

  3. 사안의 경우: 적극

Ⅳ. 사안의 해결

---

(2) 甲은 일반게임제공업 허가를 받은 후 건축법령에 따라 건축물대장상 해당 5층 건물 중 지상 1층의 용도를 일반음식점에서 판매시설(게임제공업소)로 변경하여 기재해달라는 신청을 하였다. 그러나 게임장 개설사실을 알게 된 인근 주민들이 항의하자 A구청장은 甲의 건축물대장 용도변경신청을 반려하였다. 甲은 이 반려조치를 항고소송으로 다툴 수 있는가? (10점)

Advice

1. 건축물대장 용도변경신청 반려행위가 공증에 대한 거부행위로서 처분성이 인정되는지 문제된다. 공증의 의의, 처분성 인정여부에 대한 학설, 판례는 최근 공증이 '권리행사의 전제로서 개인의 실체적 권리관계에 영향을 미치는 경우' 처분성을 긍정했음을 활용하여 공증의 처분성을 포섭한다.

2. 한편 반려행위에 대해 판례의 거부처분 성립요건 및 신청권 존부의 검토단계에 대한 논의를 서술하고 처분성이 인정됨을 포섭한다.

Ⅰ. 쟁점의 정리

Ⅱ. 건축물대장 용도변경신청반려의 법적 성질

  1. 강학상 공증의 의의

  2. 공증의 처분성 여부

  3. 거부처분 성립요건

  4. 사안의 경우: 적극

Ⅲ. 사안의 해결

[참조조문]

「교육환경보호법」(구 학교보건법)

제9조(교육환경보호구역에서의 금지행위 등) 누구든지 학생의 보건·위생, 안전, 학습과 교육환

경보호를 위하여 교육환경보호구역에서는 다음 각 호의 어느 하나에 해당하는 행위 및 시설을 하여서는 아니 된다. 다만, 상대보호구역에서는 제14호부터 제29호까지에 규정된 행위 및 시설 중 교육감이나 교육감이 위임한 자가 지역위원회의 심의를 거쳐 학습과 교육환경에 나쁜 영향을 주지 아니한다고 인정하는 행위 및 시설은 제외한다.

20. 「게임산업진흥에 관한 법률」제2조 제6호 다목에 따라 제공되는 게임물 시설

제5조(시·도교육환경보호위원회 등) ⑧ 교육감은 제9조에 따른 교육환경보호구역 내 금지행위 및 시설이 교육환경에 미치는 영향에 대하여 심의하기 위하여 「지방교육자치에 관한 법률」제34조에 따른 교육지원청에 지역교육환경보호위원회(이하 "지역위원회"라 한다)를 두어야 한다. 다만, 교육지원청이 없는 경우 시·도위원회의 심의를 받는다.

⑨ 시·도위원회와 지역위원회의 조직, 기능 및 운영 등에 관한 사항은 대통령령으로 정한다.

「교육환경보호법 시행령」

제10조(지역교육환경보호위원회의 기능) 법 제5조 제8항 본문에 따른 지역교육환경보호위원회(이하 "지역위원회"라 한다)는 다음 각 호의 심의를 담당한다.

1. 생략

2. 법 제9조 각 호 외의 부분 단서에 따른 심의

제14조(지역위원회의 회의 등) ① 지역위원회의 위원장은 지역위원회의 회의를 소집하고, 그 의장이 된다.

② 지역위원회는 재적위원 과반수의 출석으로 개의하고, 출석위원 과반수의 찬성으로 의결한다. 다만, 제10조 제2호에 따른 심의를 하는 경우에는 재적위원 과반수의 출석으로 개의하고, 출석위원 3분의 2 이상의 찬성으로 의결한다.

「게임산업진흥에 관한 법률」

제2조(정의) 이 법에서 사용하는 용어의 정의는 다음과 같다.

6의2. 제6호의 게임제공업 중 일정한 물리적 장소에서 필요한 설비를 갖추고 게임물을 제공하는 영업은 다음 각 호와 같다.

가. 청소년게임제공업 : 제21조의 규정에 따라 등급분류된 게임물 중 전체이용가 게임물을 설치하여 공중의 이용에 제공하는 영업

나. 일반게임제공업 : 제21조의 규정에 따라 등급분류된 게임물 중 청소년이용불가 게임물과 전체 이용가 게임물을 설치하여 공중의 이용에 제공하는 영업

제26조(게임제공업 등의 허가 등) ① 일반게임제공업을 영위하고자 하는 자는 허가의 기준·절차 등에 관하여 대통령령이 정하는 바에 따라 특별자치시장·특별자치도지사·시장·군수·구청장의 허가를 받아 영업을 할 수 있다. 다만, 「국토의 계획 및 이용에 관한 법률」제36조 제1항 제1호 가목의 주거지역에 위치하여서는 아니 된다.

(3) 甲은 일반게임제공업 영업을 하던 중 2020년에 코로나19 확산으로 영업이 어려워지자, 위 지상 1층 영업장에 있던 일반게임제공업 관련 시설물들을 모두 철거하여 5층 건물옥상에 쌓아두었다. 그리고 영업장 출입문에 "개인 사정으로 폐업합니다"라는 안내문을 게시하였다. 우연히 이를 알게 된 A구청장은 甲에게 일반게임제공업 허가취소를 통지하였다. 이에 甲은 경영난으로 인해 잠시 휴업하고자 하는 의도였을 뿐인데, 일반게임제공업 허가를 취소한 것은 위법하다고 주장하며 취소소송을 제기하였다. 甲은 승소할 수 있는지 논하시오. (20점)

1. 설문 (1)과 같은 승소가능성을 논하는 문제로서 소제기 적법성과 처분의 위법성을 모두 논해주어야 한다. 소제기 적법성은 대상적격과 관련하여 「행정소송법」 제19조, 제2조 제1항 제1호의 처분개념을 논하고 A구청장의 일반게임제공업 허가취소가 강학상 철회로서 처분성이 인정됨을 포섭한다.

2. 처분의 위법성과 관련하여 수익적 행정행위 철회의 법적 근거 요부에 대한 견해대립, 철회의 사유, 철회의 한계를 「행정기본법」 제19조를 활용하여 서술하여야 하며, 사안의 경우 철회로 인한 공익보다 甲의 불이익이 커 철회가 위법하다고 판단되나, 반대의 경우에도 철회사유 및 한계로서 비교형량을 활용하여 논리적으로 포섭하면 족하다.

답안구성 예

Ⅰ. 쟁점의 정리

Ⅱ. 일반게임제공업 허가취소의 법적성질
 1. 취소소송의 대상인 처분
 2. 사안의 경우: 강학상 철회 – 적극

Ⅲ 허가취소의 위법성 여부

 1. 철회의 법적근거 요부
 2. 철회의 사유
 3. 철회의 한계
 4. 사안의 경우: 적극

Ⅳ. 사안의 해결

| 제2문 (35점) |

乙은 A시에서 공장을 운영하는 자로서 「산업집적활성화 및 공장설립에 관한 법률」에 따라 공장건물을 등록하고, 「지방세법」에 의하여 재산세를 납부하였다. 이후 乙은 사업확장을 목적으로 본 사안의 공장건물을 「건축법」상 요구되는 허가 또는 신고를 하지 아니한 채 증축하였다. A시 甲시장은 乙의 공장건물을 위법한 건축물로 보아 乙에 대하여 시정조치를 하였다. 그러나 乙이 이에 응하지 아니하자, 甲시장은 乙에 대하여 철거명령과 함께 대집행 계고처분을 발하였다. 그런데 乙은 위법하게 증축한 건축물 부분을 원상회복하고자 할 경우 재산상 손실 등의 불이익이 과다할 것으로 판단하여 소송을 제기하고자 한다.

(1) 甲시장의 계고처분의 적법성 여부에 대하여 검토하시오. (20점)

1. 「건축법」 제79조 및 「행정대집행법」에 따른 대집행 계고처분의 적법성과 관련하여 계고의 요건 충족여부가 문제된다. 이때 계고의 요건으로서 대집행 요건이 충족되었는지가 문제되므로 계고의 의의 및 요건을 논하기 전에 철거명령의 적법성 및 대집행 요건 충족여부를 논해주는 것이 좋다.

2. 한편 철거명령과 함께 대집행 계고처분을 할 수 있는지 결합가부가 문제되는 바, 판례의 '철거명령과 계고처분은 독립하여 있는 것으로서 각 요건이 충족된 것으로, 철거명령에서 주어진 일정기간이 철거에 필요한 상당한 기간이라면 그 기간에는 계고시 필요한 상당한 이행기간이 포함된 것'이라는 판시를 활용하여 적법함을 포섭하거나, 설문 (2)와의 연계성을 고려하여 계고처분의 위법성을 논리적으로 포섭하면 족하다.

답안구성 예

　Ⅰ. **쟁점의 정리**

　Ⅱ. **철거명령의 적법성**

　Ⅲ. **대집행의 의의, 요건**
　　1. 대집행의 의의 및 요건
　　2. 사안의 경우

　Ⅳ. **계고의 적법성 여부**
　　1. 계고의 의의, 요건
　　2. 철거명령과의 결합 가부
　　3. 사안의 경우: 적법

　Ⅴ. **사안의 해결**

(2) 乙은 제소기간이 도과한 계고처분의 위법성 여부를 대집행 영장에 의한 통지처분에 대한 소송에서 다툴 수 있는가? (15점)

1. 계고처분과 영장통지 간 하자승계 인정여부에 관한 문제이다. 하자승계에 관한 일반적 문제로서 하자승계에 대한 학설대립 및 판례를 서술하기 전 반드시 하자승계 논의의 전제를 충족하는 사안임을 먼저 포섭해주어야 한다.

2. 하자승계 인정여부와 관련해서는 판례가 대집행 과정을 이루는 계고, 영장통지, 대집행 실행, 비용납부는 '선행처분과 후행처분이 결합하여 하나의 법률효과를 완성하는 경우'로서 하자승계를 긍정함을 활용하여 포섭한다.

| 제3문 (15점) |

취소판결의 기속력을 논하시오.

Advice

입법고등고시에 자주 등장하는 약술형 문제로서 해당 개념에 대한 폭넓은 서술이 요구된다. 취소판결의 기속력의 의의, 법적 성질, 범위, 내용, 위반효과 및 구제수단으로서 간접강제 등을 논해주는 것이 좋다. 특히 의의, 범위 및 내용과 관련하여 「행정소송법」 제30조를 활용하여야 하며, 법적 성질과 관련하여 기판력과의 구별에 관한 학설 및 판례를 논해주어야 할 것이다.

총평 유 진 식 / 전북대학교 법학전문대학원 교수

1. 올해의 문제도 예년과 같이 행정법에서 기본적으로 다루는 문제들을 쟁점으로 하여 치우침 없이 균형 있게 출제되었다. 그리고 주목해야 할 점은 세 개의 설문 모두 판례를 소재로 하여 문제를 구성하고 있다는 점이다. 따라서 교과서에서 소개하는 기본이론을 리딩 케이스와 병행하여 공부한 수험생은 큰 어려움 없이 합격점을 받을 수 있었을 것이라고 생각한다.

2. 강평의 대상이 된 답안은 모범답안으로 소개하여도 손색이 없을 정도로 설문의 쟁점을 훌륭하게 포착하여 정리하고 이를 학설·판례의 이론에 따라 차분하게 논리적으로 작성한 수준 높은 것이다. 이 답안은 행정법 답안작성에 고민하는 수험생들에게 많은 도움이 되리라고 생각한다. 다만 답안에 대하여 몇 가지 점에서 지적할 사항이 있어 이를 중심으로 강평하고자한다.

| 제1문 | 甲과 乙은 각각 여객자동차 운수사업법 상 운송사업등록을 하여 전세버스 운송사업에 종사하는 자이다. 관할 도지사 A는 甲과 乙에게 2020. 3. 2. 같은 법 제23조제1항 제5호에 따라 자동차에 대한 개선명령을 발령하여 그 처분서가 다음 날 송달되었으나, 甲과 乙은 이를 이행하지 아니하였다. 도지사 A는 이를 이유로 같은 법 제85조제1항 및 제88조제1항에 따라 2020. 7. 10. 甲과 乙에게 사업정지에 갈음하는 과징금 부과처분을 각각 행하였다. 한편, 乙은 아직 과징금을 납부하지 않은 상태에서 丙에게 자신의 전세버스운송사업을 양도하였고, 관련 지위승계신고가 수리되었다. (총 50점)

(1) 甲은 과징금부과처분에 대해 취소소송을 제기하고자 한다. 도지사 A의 甲에 대한 개선명령에 행정절차법 상 요구되는 의견제출절차를 거치지 않은 위법이 있는 경우 甲이 과징금부과처분취소소송에서 승소할 수 있는지를 검토하시오. (20점)

(2) 甲이 과징금부과처분취소소송을 제기하지 않고 과징금부과처분의 법령위반을 들어 국가배상청구소송을 제기할 경우 수소법원은 과징금부과처분의 위법 여부를 판단할 수 있는지를 설명하시오. 또한, 만약 이 사안에서 국가배상책임이 성립할 경우 도지사 A 개인도 손해배상책임을 지는지를 검토하시오. (20점)

(3) 丙이 乙에게 부과된 과징금을 납부하여야 할 의무가 있는지를 검토하시오. (10점)

【**참고조문**】 현행 법령을 사례해결에 적합하도록 수정하였음

여객자동차 운수사업법

제4조(면허 등) ① 여객자동차운송사업을 경영하려는 자는 사업계획을 작성하여 국토교통부령으로 정하는 바에 따라 국토교통부장관의 면허를 받아야 한다. 다만, 대통령령으로 정하는 여객자동차운송사업을 경영하려는 자는 사업계획을 작성하여 국토교통부령으로 정하는 바에 따라 특별시장·광역시장·특별자치시장·도지사·특별자치도지사(이하 "시·도지사"라 한다)의 면허를 받거나 시·도지사에게 등록하여야 한다.

제23조(여객자동차운송사업의 개선명령 등) ① 국토교통부장관 또는 시·도지사는 여객을 원활히 운송하고 서비스를 개선하기 위하여 필요하다고 인정하면 운송사업자에게 다음 각 호의 사항을 명할 수 있다.

5. 자동차 또는 운송시설의 개선

제85조(면허취소 등) ① 국토교통부장관 또는 시·도지사는 여객자동차 운수사업자가 다음 각 호의 어느 하나에 해당하면 면허·허가·인가 또는 등록을 취소하거나 6개월 이내의 기간을 정하여 사업의 전부 또는 일부를 정지하도록 명하거나 노선폐지 또는 감차 등이 따르는 사업계획 변경을 명할 수 있다.

22. 제23조에 따른 개선명령을 이행하지 아니한 경우

제88조(과징금 처분) ① 국토교통부장관 또는 시·도지사는 여객자동차 운수사업자가 제85조제1항 각 호의 어느 하나에 해당하여 사업정지 처분을 하여야 하는 경우에 그 사업정지 처분이 그 여객자동차 운수사업을 이용하는 사람들에게 심한 불편을 주거나 공익을 해칠 우려가 있는 때에는 그 사업정지 처분을 갈음하여 5천만원 이하의 과징금을 부과·징수할 수 있다.

여객자동차 운수사업법 시행령

제4조(시·도지사의 면허 또는 등록 대상인 여객자동차운송사업) ② 법 제4조제1항 단서에 따라 시·도지사에게 등록하여야 하는 등록대상 여객자동차운송사업은 마을버스운송사업·전세버스운송사업 및 특수여객자동차운송사업으로 한다.

Ⅰ. **설문 (1)의 검토**

　1. 문제의 소재

　2. 소제기의 적법성 여부

　3. 개선명령의 위법을 과징금부과처분에서 주장할 수 있는지

　　(1) 문제점

　　(2) 하자승계 논의의 전제조건 충족 여부

　　(3) 개선명령의 하자를 과징금부과처분 취소소송에서 주장할 수 있는지

　　(4) 사안의 경우

　4. 사안의 해결

Ⅱ. **설문 (2)의 검토**

　1. 문제의 소재

　2. 민사법원이 과징부과처분의 위법여부를 판단할 수 있는지

　　(1) 구성요건적 효력의 의의

　　(2) 행정행위의 위법여부를 민사법원이 심사할 수 있는지

　3. 도지사 A의 개인적 손해배상책임 인정 여부

　　(1) 문제점

　　(2) 학설 및 판례

　　(3) 검토 및 사안의 경우

　4. 사안의 해결

Ⅲ. **설문 (3)의 검토**

　1. 문제의 소재

　2. 제재처분효과의 승계가능성

　　(1) 학설 및 판례

　　(2) 검 토

　3. 사안의 해결

답안작성
조 ○ ○ / 2019년도 5급 공채 일반행정직 합격

Ⅰ. 설문 (1)의 검토

1. 문제의 소재

　甲은 '여객자동차 운수사업법(이하 운수사업법)' 제23조 제1항 제5호의 개선명령을 받고 이행하지 아니한 자이나 의견제출기회를 부여받지 못한바 절차상 하자가 있는 것으로 의심된다. 다만 개선명령의 제소기간이 도과한 것으로 보이는 바, 개선명령의 하자가 후행처분인 과징금 부과처분에 승계될 수 있는지가 특히 문제된다.

2. 소제기의 적법성 여부

취소소송이 적법하게 제기되기 위해서는 행정소송법상 ① 대상적격(행정소송법 제2조 제1항 제1호, 제19조) ② 원고적격(법 제12조 제1문) ③ 소의 이익(법 제12조 제2문) ④ 피고적격(법 제13조) ⑤ 예외적 행정심판 전치주의(법 제18조) ⑥ 제소기간(법 제20조)을 갖추어 ⑦ 적법한 관할법원(법 제9조)에 제기해야 한다.

과징금부과처분은 운수사업법 제85조 제1항 제22호와 제88조 제1항을 근거로 상대방에게 납부의 의무를 부과하는 강학상 하명으로서 처분에 해당하며, 갑은 이러한 불이익 처분의 상대방으로서 도지사 A를 상대로 제소기간 내에 관할법원에 소를 제기하였다고 본다면 소송요건을 모두 충족한 것으로 보이는 바 당해 소송은 적법하다.

3. 개선명령의 위법을 과징금부과처분에서 주장할 수 있는지

(1) 문제점

당해 과징금부과처분 자체에 주체, 형식, 절차상 하자는 없다고 보인다. 다만, 개선명령의 하자를 과징금부과처분 취소소송에서 주장할 수 있는지와 관련하여 하자승계여부를 검토하도록 하겠다.

(2) 하자승계 논의의 전제조건 충족 여부

가. 전제조건

하자승계논의가 이뤄지기 위해서는 ① 선·후행행위가 모두 처분이고 ② 선행행위에 취소정도의 하자가 발생하였으며 ③ 선행행위에 불가쟁력이 발생하였고 ④ 후행행위에 별도의 위법사유가 없어야 한다. 이와 관련하여 선행행위인 개선명령에 위법사유가 있고 취소정도의 하자인지를 우선적으로 검토하겠다.

나. 개선명령의 위법여부 및 하자의 정도

행정절차법 제22조 제3항은 당사자에게 의무를 부과하거나 권익을 제한하는 처분의 경우 동조 제1항이나 제2항의 경우 외에는 의견제출기회를 부여하도록 규정하고 있다. 개선명령은 강학상 하명으로 상대방에게 수인의무를 부과하는 처분이며 운수사업법의 규정을 볼 때, 청문을 거치거나 공청회를 개최해야 하는 사안은 아니다. 또한 행정절차법 제21조 제4항 각호에 해당하거나 갑이 의견제출기회를 포기한다는 뜻을 보인 바도 없다. 결국 당해 사안은 의견제출기회를 부여하여야 하는 사안으로 이를 거치지 않은 개선명령은 절차상 하자가 있다.

절차상 하자가 독자적 위법사유가 될 수 있는지와 관련하여 견해의 대립이 존재하나 재량행위인 식품위생법상 영업정지처분에서 청문절차를 거치지 않은 경우 처분의 위법을 인정한 판례의 견해를 따를 때 독자적 위법사유가 될 수 있다고 봄이 타당하다.

개선명령의 하자의 정도가 취소사유인지 무효사유인지와 관련하여, 대법원 다수견해인 중대명백설에 따를 때, 의견제출기회를 부여하지 않은 하자는 행정절차법을 위반한 중대한 하자임에는 분명하나 일반인의 관점에서 명백하다고 보기 힘든바 취소사유 정도의 하자라고 봄이 타당하다고 생각된다.

다. 소 결

사안의 경우 ① 개선명령과 과징금부과처분은 각각 운수사업법에 근거하여 상대방에게 의무를 부과하는 강학상 하명으로 처분에 해당한다. ② 선행행위인 개선명령은 행정절차법 제22조 제3항의 의견제출기회를 부여하지 않은 절차상 하자가 있어 위법하나, 명백한 하자가 아니므로 취소정도의 하자라고 보인다. ③ 또한 개선명령의 처분서를 송달받은 3.3로부터 90일 경과하여 선행행위에 불가쟁력이 발생하였고 ④ 후행행위인 과징금부과처분에 별도의 하자가 없다고 보이는바 하자승계 논의의 전제조건을 모두 충족한 것으로 보인다.

(3) 개선명령의 하자를 과징금부과처분 취소소송에서 주장할 수 있는지

가. 학설 및 판례

① 선행행위와 후행행위가 결합하여 동일한 법적효과를 추구하는 경우에만 하자승계를 긍정하는 하자승계론 ② 선행행위의 불가쟁력이 발생한 경우, 원칙적으로 하자의 승계를 부정하나 수인한도를 넘어선 것으로서 예측가능성이 없었던 경우 예외적으로 하자승계를 긍정하는 구속력 이론이 대립하고 있다.

이에 대해 판례는 원칙적으로 하자승계론의 입장에서 동일한 법적효과를 추구하는 경우에 하자의 승계를 긍정하고 있으나, 예외적으로 예측가능성과 수인가능성이 없는 경우에는 동일한 법적효과를 추구하는 경우가 아니라도 하자승계를 긍정하여 두 입장을 아울러 고려하는 것으로 보인다.

나. 검 토

생각건대, 구속력 이론은 행정처분에 기판력과 유사한 효력을 인정한다는 점에서 문제가 있으며, 하자승계론은 예외적인 경우에 국민의 권리구제에 미흡할 수 있는바 국민의 권리구제와 법적 안정성의 조화를 추구하는 판례의 입장이 타당하다고 생각된다.

(4) 사안의 경우

선행행위인 개선명령은 운수사업법 제23조에 근거하여 운송서비스를 원활하게 하기 위한 목적을 지니고, 후행행위인 과징금부과처분은 동법 제85조 제1항 및 제88조 제1항에 근거하여 사업자에게 납부의무를 부과하여 위반행위를 시정하고 제재를 내려 감독의 효과를 달성하는 것이 그 목적인 것으로 보이는바 양자가 추구하는 목적이 동일하지 않다고 보인다. 또한 관련 조문을 검토할 때, 甲은 개선명령이 있는 경우 이에 응하지 않을 경우 제재처분이 있을 것을 충분히 예상할 수 있다고 보이며 수인한도를 넘는 사정도 보이지 않는다. 따라서 甲은 개선명령의 하자를 과징금부과처분 취소소송에서 주장할 수 없다.

4. 사안의 해결

甲은 과징금부과처분의 상대방으로서 소송요건을 모두 충족한 것으로 보인다. 다만, 선행행위인 개선명령에 절차상 하자가 있고 취소정도의 하자가 있더라도, 과징금부과처분과 동일한 법적효과를 추구하는 것으로 보이지도 않으며 예측가능성이 충분히 있다고 보이며 수인한도를 넘는다고 보기도 힘든바 개선명령의 하자를 과징금부과처분에서 주장할 수 없다. 결국 다른 위법 사유가 보이지 않는바 甲의 소송은 기각될 것이다.

Ⅱ. 설문 (2)의 검토

1. 문제의 소재

국가배상청구소송의 경우 실무상 민사법원이 담당하고 있다. 행정행위의 위법을 이유로 민사법원에 국가배상청구소송을 제기한 경우, 민사법원이 선결문제로 행정행위의 위법여부를 심사할 수 있는지에 대해 명문의 규정이 없어 문제된다. 또한 국가배상책임이 성립할 경우 가해 공무원인 도지사 A가 손해배상 책임을 지는지에 대해 견해의 대립이 존재한다.

2. 민사법원이 과징부과처분의 위법여부를 판단할 수 있는지

(1) 구성요건적 효력의 의의

구성요건적 효력이란 취소소송의 수소법원 이외의 다른 법원이나 제3의 국가기관은 처분청에 의하여 행정행위가 발급되어졌다는 사실을 존중하여야 하며 이러한 행정행위를 그들의 결정에 기초하여야 한다는 구속력을 의미한다. 공정력과 구성요건적 효력을 동일시하는 견해도 있으나, 공정력은 법적 안정성에 그 근거를 두고 구성요건적 효력은 국가기관 간 상호존중에 그 근거를 두는바 양자를 구분하는 견해가 타당하다고 생각된다.

(2) 행정행위의 위법여부를 민사법원이 심사할 수 있는지

가. 학설 및 관례

학설은 ① 행정소송법 제11조를 열거규정으로 보는 입장으로 민사법원이 행정행위의 위법여부를 판단하는 것이 구성요건적 효력에 반한다는 심사부정설과 ② 행정소송법 제11조를 예시규정으로 보는 입장으로 행정행위의 위법여부를 판단하는 것이 구성요건적 효력에 반하지 않는다고 보는 심사긍정설이 대립한다.

이에 대해 관례는 "대집행에 대한 취소관결이 있어야만 그 행정처분의 위법을 이유로 한 손해배상청구를 할 수 있는 것은 아니다."라고 관시하여 심사긍정설의 입장을 취하고 있다.

나. 검토 및 사안의 경우

생각건대, ① 민사법원이 행정행위의 위법여부를 판단하는 것이 그 자체로 행정행위의 효력에 영향을 주는 것이 아니라는 점 ② 구성요건적 효력은 적법성을 추정하는 효력이 아니라는 점 ③행정소송법 제11조를 열거규정으로 보아야 한다는 특별한 사정이 없다는 점 등을 고려할 때 심사긍정설이 타당하다고 생각된다.

국가배상청구소송을 담당한 민사법원이 과징금부과처분의 위법여부를 판단하는 것이 구성요건적 효력에 반하지 않는다고 보이는 바 수소법원은 과징금부과처분의 위법여부를 판단할 수 있다.

3. 도지사 A의 개인적 손해배상책임 인정 여부

(1) 문제점

국가배상책임의 성질과 관련하여 공무원의 책임을 국가가 대신하여 지는 것이라는 대위책임설, 국가의 자신의 행위에 대한 책임이라는 자기책임설, 경과실인지 고의·중과실인지 여부에 따라 판단하는 절충설 등이 대립하고 있으나 피해자가 가해 공무원 개인에게 직접 손해배상을 청구할 수 있는지 여부는 이와 논리적 연관성이 부족하고, 이에 대한 인정여부를 입법정책적 문제라고 봄이 타당해 보인다. 다만, 국가배상법은 이에 대해 직접적인 규정을 두고 있지 않은바 헌법 제29조 제1항 단서와 국가배상법 제2조 제2항의 취지 등을 종합적으로 고려하여 공무원의 개인적 손해배상책임 인정여부를 결정함이 타당하다고 생각된다.

(2) 학설 및 판례

학설은 ① 헌법 제29조 제1항 단서의 '면제되지 않는 공무원의 책임'은 민사책임을 포함한다고 보며 위법행위 방지 기능이 있음을 근거로 공무원의 배상책임을 인정하는 긍정설 ② 헌법 제29조 제1항 단서의 책임을 내부구상책임으로 보며, 공무원의 직무집행위축과 피해자 구제가 완전하지 않을 수 있음을 이유로 배상책임을 부정하는 부정설 ③ 경과실인 경우 공무원의 배상책임을 부정하나 고의·중과실인 경우 공무원 개인과 국가 등에 대해 배상책임을 인정하는 절충설 등이 대립하고 있다.

이에 대해 판례는 경과실의 경우는 공무원의 배상책임을 부정하나 고의·중과실인 경우 공무원 개인의 책임을 긍정하여 절충설의 입장을 취하고 있다.

(3) 검토 및 사안의 경우

생각건대, 헌법과 국가배상법의 규정만으로는 공무원의 외부적 책임을 명확히 판단하기 힘들다고 보인다. 국가배상법에 직접적인 규정을 두는 것이 필요하나 직접적인 규정이 없는 현재 공무원의 위법행위 예방, 피해자의 권리예방 등을 조화롭게 고려하여 판단하는 것이 타당하다고 생각된다. 피해자의 권리를 두텁게 보호하는 동시에 소극행정이 문제되는 현실에서 공무원의 적극적인 직무집행을 유도하기 위해 판례의 입장인 절충설이 타당하다고 생각된다.

판례의 입장에 따를 때, 도지사 A가 경과실인 경우 개인적 손해배상책임을 지지 않으나, 고의 또는 중과실인 경우 개인적 손해배상책임을 진다. 또한 지방자치단체가 이미 피해자에게 배상금을 지급한 경우에도 A가 고의 또는 중과실에 해당하는 경우 구상권 행사가 가능하나 경과실에 해당하는 경우 구상권을 행사할 수 없다.

4. 사안의 해결

국가배상청구소송을 담당한 민사법원이 과징금부과처분의 위법여부를 판단하는 것은 구성요건적 효력에 반하지 않으므로 이에 대한 심사가 가능하다고 봄이 타당하다. 도지사 A의 개인적 손해배상책임 인정여부와 관련하여 절충설을 취하는 판례의 입장에 따를 때 도지사 A에게 경과실만 있는 경우 손해배상책임이 부정될 것이나, 고의 또는 중과실이 있는 경우 손해배상책임을 긍정하며, 이미 지방자치단체가 배상을 한 경우 A가 고의 또는 중과실에 해당하는 경우에만 구상권을 행사할 수 있다.

Ⅲ. 설문 (3)의 검토

1. 문제의 소재

乙이 자신에게 부과된 과징금을 납부하지 않은 채 丙에게 사업자의 지위를 양도하고 이에 대한 지위승계신고가 수리된 바, 명문의 규정이 없는 경우 선의의 양수인인 丙이 乙에게 부과되었던 과징금 납부의무를 대신하여 이행할 필요가 있는지 견해의 대립이 존재한다.

2. 제재처분효과의 승계가능성

(1) 학설 및 판례

① 선의의 양수인을 보호하기 위해 명문의 규정 없이 원칙적으로 승계 대상이 될 수 없으며, 헌법상 비례원칙에도 반한다는 부정설, ② 영업양도 시 제재처분의 효과가 양도대상과 함께 영업자의 지위에 포함된 것으로 당연히 승계되며, 제재처분을 회피하려는 의도로 악용되는 것을 방지하기 위해 승계를 긍정하는 긍정설, ③ 일신전속적인 성격의 처분의 경우 승계가 가능하지 않으며, 일신전속적인 성격이 아닌 경우 승계될 수 있다는 절충설 등이 대립한다.

이에 대해 판례는 사안과 같이 제재처분효과의 승계규정이 없는 경우, 사업정지 등의 제재처분이 대물적 처분의 성질을 갖고 있고 지위승계 시 제재처분의 승계가 포함되며 과징금부과처분은 사업정지처분에 갈음하여 부과되는 것으로 사업정지처분과 달리 볼 이유가 없다고 보아 승계를 긍정하는 입장으로 보인다.

(2) 검 토

생각건대, 제재처분의 효과가 승계되지 않는 경우 이의 악용을 통해 행정 목적 달성에 큰 지장이 있을 우려가 있는 점, 선의의 양수인의 경우 양도인에게 민사상 책임을 물어 그 피해를 회복할 수 있는 점 등을 종합적으로 고려할 때 긍정설의 입장이 타당하다고 생각된다.

3. 사안의 해결

명문의 규정이 없는 경우에도 양수인에게 제재처분의 효과가 승계된다고 봄이 타당해 보인다. 또한 일반적인 과징금부과처분의 경우 일신전속적인 성격의 처분으로 볼 수 있으나, 당해 과징금부과처분의 경우 운수사업법 제85조 제1항의 영업정지에 갈음하여 내려진 대물적 처분이라는 점에서 일신전속적인 성격을 띠지 않는다고 봄이 타당하다. 따라서 판례의 입장뿐 아니라 절충설에 따를 때도 乙에게 부과되었던 과징금납부의무는 丙에게 승계되며 丙은 이를 납부할 의무가 있다.

┤ 강 평 ├

　제1문은 행정법에서 일반적으로 쟁점이 되는 사안을 입체적인 문제로 구성한 것이다. 따라서 먼저 그 쟁점이 무엇인지 파악하는 것이 중요하다. 답안은 이 점을 훌륭히 포착하고 있다.

　제1문(1)은 행정행위의 하자승계이론과 행정절차법상 의견청취에 하자가 있는 경우의 처분의 효과, 제1문(2)는 국가배상에서의 취소소송과 국가배상의 관계 그리고 공무원의 개인책임, 제1문(3)은 제재처분의 승계여부가 그 쟁점이다.

1. 답안은 제1문(1)에서 하자승계론에 대하여 교과서 레벨의 내용을 무리 없이 소화하여 기술하였다(참고로 현재의 하자승계론에 대한 학설·판례의 내용은 지나치게 관념적이고 추상적으로 되어 있어 학습자로서 이해하기 매우 힘든 상황이다. 하자승계의 여부는 선행행위를 공격할 수 있는 제도가 정비되어 있고 여기에 이를 이용할 수 있는 충분한 시간이 부여되어 있는가에 따라 결정되어야 한다. 개별공시지가결정과 과세처분에 관한 판례(대법원 1994. 1. 25. 선고 93누8542) 등 일련의 판례를 분석해 보면 이 점을 쉽게 이해할 수 있을 것이다).

의견청취상의 하자에 대하여 답안은 교과서의 설명대로 이를 절차상의 하자로 포괄하여 다루고 있다. 그리하여 이를 무효취소론에 대입하여 의견제출절차를 거치지 않은 것이 중대한 하자이지만 명백하지 않기 때문에 취소사유라는 결론을 이끌어낸다. 그러나 의견청취에 하자가 있는 경우 그것이 처분에 미치는 영향과 그 내용이 매우 다양하기 때문에 이것을 일반화해서 논하는 것은 문제가 있다고 본다. 그래서 이것을 설명해주는 것이 하자치유이론인데 이에 의하면 하자가 경미한 경우는 치유되어 유효한 처분이고 그렇지 않은 경우에는 무효 또는 취소할 수 있는 처분이 된다. 본 사안에서는 의견제출을 거치지 않았기 때문에 이는 치유될 수 없지만 하자가 중대명백하지 않기 때문에 결론적으로 취소사유로 보는 것이 타당하다.

2. 제1문(2)는 국가배상에서의 취소소송과 국가배상의 관계 그리고 공무원의 개인책임이 그 쟁점이다. 전자의 경우 국가배상에서 처분의 위법성심사가 문제가 되는 것은 공정력과 관련이 있기 때문이다. 따라서 국가배상에서 논하는 위법성의 심사는 행정행위의 공정력을 부인하는 것이 아니기 때문에 수소법원에서 과징금부과처분의 위법여부를 판단할 수 있다. 답안은 부정설과 긍정설로 나누어 다소 긴 설명을 하고 있는데 국가배상의 청구가 행정행위의 공정력을 부인하는 것이 아니라는 점을 핵심으로 하여 간략히 정리하는 것이 좋을 것이다(참고로 강평자는 이러한 논의가 어떠한 실익이 있는지 설문 자체에 대하여 의문을 가지고 있다).

후자, 즉 공무원의 개인책임을 논의하기 위해서는 국가배상제도의 존재이유, 즉 그 기능과 국가배상책임의 성질에 대한 이해가 전제되어야 한다. 국가배상제도는 ① 피해자구제기능, ② 손해분산기능, ③ 제재기능·위법행위억제기능을 수행한다(하명호, 행정법, 박영사, 390쪽, 참조). 그리고 국가배상책임의 성질과 관련하여 논리적으로 공무원의 개인책임이 성립하는 경우는 자기책임설의 경우이다. 대위책임설의 경우 국가가 이미 공무원개인의 채무를 대신하였기 때문에 피해자에 대하여 공무원이 개인적으로 책임을 질 필요가 없다. 그리고 절충설의 경우는 논리적으로 성립이 어렵다. 따라서 현행 판례가 공무원의 개인책임에 대하여 절충설을 취하는 합리적인 근거는 국가배상제도의 존재이유, 즉 그 기능에서 찾아야 한다. 즉, 국가배상법의 입법과 해석은 국가배상제도의 기능을 염두에 두고 정책적으로 운용되고 있다고 보아야 할 것이다.

3. 제1문(3)은 제재처분효과의 승계가능성에 관한 문제이다. 판례의 경우 제재처분이 대물적 처분이고 사업자의 지위승계가 허용되는 경우 제재처분의 효과도 승계된다고 보고 있다(대법원 2001.6.29. 선고 2001두1611 판결; 대법원 2003.10.23. 선고 2003두8005판결 등, 참조). 답안은 긍정설과 부정설을 소개한 후 판례의 입장이 타당하다고 결론짓고 있다. 그러나 양도인의 자격상실이나 부정영업 등 인적인 사유 또는 책임이 문제가 되는 경우 등과 같이 승계를 인정할 수 없다는 유력한 설도 존재한다는 점을 염두에 두어야 할 것이다.

| 제2문 | 중앙행정기관의 5급 공무원 甲은 무단결근으로 경고처분을 받았다. 乙장관은 위 경고처분에도 불구하고 甲의 근무태도가 개선되지 아니하자, 국가공무원법 제73조의 3제1항 제2호에 따라 甲에 대하여 2020. 3. 5. 제1차 직위해제처분을 하였다. 이후 甲은 감독 대상 업체들로부터 상품권 등을 수수하고 감독업무를 부실하게 한 혐의로 관할 수사기관에서 수사를 받았다. 乙은 수사기관으로부터 甲에 대한 수사상황을 통보받고, 중앙징계위원회에 뇌물수수 및 직무유기 등의 사유로 甲에 대한 징계 의결을 요구하면서, 그 사실을 甲에게 문서로 통지하였다.

이후 乙은 2020. 5. 19. 국가공무원법 제73조의3 제1항 제3호의 사유로 甲에게 제2차 직위해제처분을 하였다. 제2차 직위해제기간 중 중앙징계위원회는 같은 사유로 甲에 대한 해임을 의결하였고, 乙은 2020. 6. 24. 甲을 해임하였다.

이에 甲은 해임에 불복하는 소청을 제기하였고, 소청심사위원회는 2020. 8. 11. 甲에 대한 해임을 정직 3월로 변경하였다. 甲은 소청심사위원회의 변경재결서를 2020. 8. 12. 송달받았다. (총 25점)

(1) 甲이 소청심사위원회의 결정에 불복하여 취소소송을 제기하고자 할 경우, 그 소송의 대상과 제소기간을 검토하시오. (15점)

(2) 甲이 제1차 직위해제 및 제2차 직위해제 처분의 취소를 구하는 소송을 제기할 경우 각각 소의 이익이 있는지를 검토하시오. (10점)

[참고조문] 현행 관계 법령 등을 사례해결에 적합하도록 수정하였음

국가공무원법

제73조의3(직위해제) ① 임용권자는 다음 각 호의 어느 하나에 해당하는 자에게는 직위를 부여하지 아니할 수 있다.

2. 직무수행 능력이 부족하거나 근무성적이 극히 나쁜 자

3. 파면·해임·강등 또는 정직에 해당하는 징계 의결이 요구 중인 자

공무원보수규정

제14조(승급의 제한) ① 다음 각 호의 어느 하나에 해당하는 사람은 해당 기간 동안 승급시킬 수 없다.

1. 징계처분, 직위해제 또는 휴직(공무상 질병 또는 부상으로 인한 휴직은 제외한다)중인 사람

제29조(직위해제기간 중의 봉급 감액) 직위해제된 사람에게는 다음 각 호의 구분에 따라 봉급(외무공무원의 경우에는 직위해제 직전의 봉급을 말한다. 이하 이 조에서 같다)의 일부를 지급한다.

1. 국가공무원법 제73조의3제1항제2호에 따라 직위해제된 사람: 봉급의 80퍼센트

3. 국가공무원법 제73조의3제1항제3호·제4호 또는 제6호에 따라 직위해제된 사람: 봉급의 50퍼센

트. 다만, 직위해제일부터 3개월이 지나도 직위를 부여받지 못한 경우에는 그 3개월이 지난 후의 기간 중에는 봉급의 30퍼센트를 지급한다.

I. **설문 (1)의 검토**
1. 문제의 소재
2. 원처분주의와 재결주의
3. 변경재결이 나온 경우 취소소송의 대상
   (1) 문제점
   (2) 학설 및 판례
   (3) 검토 및 사안의 경우
4. 제소기간
   (1) 행정소송법 제20조
   (2) 사안의 경우

5. 사안의 해결
II. **설문 (2)의 검토**
1. 직위해제의 법적 성질
2. 협의의 소익과 법률상 이익의 의미
   (1) 의 의
   (2) 법률상 이익의 의미
3. 사안의 해결
   (1) 제1차 직위해제처분의 경우
   (2) 제2차 직위해제처분의 경우

답안작성
조 0 0 / 2019년도 5급 공채 일반행정직 합격

I. 설문 (1)의 검토

1. 문제의 소재

국가공무원법 제16조는 행정소송을 제기하기 전에 소청심사위원회의 심사를 거치도록 규정하고 있는바 이는 행정심판에 해당한다. 갑이 소청심사위원회의 재결을 거쳐 변경재결을 받은 경우 그 소송의 대상과 제소기간의 기산점이 특히 문제된다.

2. 원처분주의와 재결주의

원처분주의는 원처분과 재결 모두 소의 대상이 될 수 있으나 재결에 대한 취소소송은 재결 자체의 고유의 위법이 있는 경우에 한한다. 이에 반해 재결주의는 재결에 대해서만 소송을 제기할 수 있도록 하며 원처분의 위법도 재결에 대한 취소소송에서 주장할 수 있다.

현행 행정소송법 제19조는 원칙적으로 원처분을 소의 대상으로 하고 있으나 재결 자체에 고유한 위법이 있는 경우 재결에 대한 취소소송을 제기할 수 있도록 하여 원처분주의를 취하고 있다. 다만 개별법에서 재결주의를 채택하고 있는 경우 재결에 대한 취소소송을 제기해야 한다.

사안에서 국가공무원법은 소청심사위원회의 심사를 필요적 전심절차로 규정하고 있으나 반드시 재결에 대해서 소송을 제기하도록 규정하고 있지 않은바 재결 자체에 고유한 하자가 없는 한 원처분에 대한 소를 제기하여야 한다.

3. 변경재결이 나온 경우 취소소송의 대상

(1) 문제점

해임처분에 비해 비교적 가벼운 처분인 정직3월로 변경재결이 나온바 재결자체의 고유한 위법이 있는지에 따라 소송의 대상이 달라질 것이다.

(2) 학설 및 판례

학설은 ① 변경재결은 원처분의 강도를 감경한 것에 불과한 것으로 재결 자체에 고유한 위법이 없는바 변경된 원처분을 소의 대상으로 해야 한다는 견해 ② 행정심판기관의 재결은 당초의 원처분을 대체하는 새로운 처분이므로 변경재결이 소의 대상이 되어야 한다는 견해 등이 대립하고 있다.

이에 대해 판례는 소청심사위원회가 감봉처분을 견책처분으로 변경한 결정에 대해서 견책이 재량권이 일탈 또는 남용으로서 위법하다는 주장이 소청결정 자체에 고유한 위법을 주장하는 것이 아니라 원처분 자체에 있는 위법을 주장하는 것이므로 소청결정 자체의 취소사유가 될 수 없다고 판시하여 변경된 원처분이 소의 대상이 된다는 입장을 취하고 있다.

(3) 검토 및 사안의 경우

생각건대, 변경재결의 경우 제재처분 등의 강도를 감경하는 것에 불과하여 원처분과 변경재결 사이에 질적인 차이를 찾기 어렵다고 생각된다. 따라서 변경재결이 나온 경우 재결자체의 고유한 위법이 있다고 보기 힘든바 변경된 원처분이 소의 대상이 된다고 봄이 타당하다고 생각된다.

사안의 경우 당해 변경재결은 해임처분을 정직 3월로 처분의 강도만 감경한 것에 불과한 바 취소소송의 대상은 변경재결이 아니라 변경된 원처분인 2020. 6. 24. 정직3월 처분이다.

4. 제소기간

(1) 행정소송법 제20조

행정소송법 제20조 제1항 단서조항은 행정심판을 거친 경우 재결서를 송달받은 날로부터 90일 이내에 행정소송을 제기할 수 있도록 규정하고 있다. 이 때, 행정심판을 청구한 경우는 적법한 행정심판의 청구를 의미하는 것으로 개별법에 제소기간에 대한 별도의 규정이 없는 경우 행정소송법이 적용되어 재결서 정본을 송달받은 날부터 90일 이내에 취소소송을 제기해야 한다.

(2) 사안의 경우

국가공무원법은 본인의 의사에 반한 불리한 처분에 대해 소청심사위원회의 심사·결정을 필요적 절차로 규정하고 있으나(법 제16조), 제소기간에 대해 별도의 규정이 없는 것으로 보이므로 행정소송법 제20조 제1항 단서조항이 적용된다. 따라서 제소기간의 기산점은 변경재결서를 송달받은 2020. 8. 12.부터 90일 이내에 제기해야 한다.

5. 사안의 해결

당해 변경재결은 원처분인 해임처분의 강도를 정직 3월로 감경한 것에 불과한바 소송의 대상은 변경된 원처분인 2020. 6. 24.자 정직3월 처분이며, 행정심판을 거친 사안이므로 행정소송법 제20조 제1항 단서조항이 적용되어 변경재결서를 송달받은 2020. 8. 12.부터 90일 이내에 취소소송을 제기해야 한다.

II. 설문 (2)의 검토

1. 직위해제의 법적 성질

직위해제는 국가공무원법 제73조의 3에 근거하여 당해 공무원이 직무를 계속 담당할 경우 장래에 발생할 업무상의 장애 등을 예방하기 위해 임시적으로 보직을 부여하지 않는 잠정적 조치로서 강학상 가행정행위에 해당한다. 직위해제는 불이익처분에 해당하나 징계처분과 그 목적과 성질이 다르므로 동일한 사유에 대해 다시 징계처분이 나온다고 하여도 일사부재리 원칙에 반하지 않는다.

2. 협의의 소익과 법률상 이익의 의미

(1) 의 의

협의의 소익이란 원고의 청구가 소송을 통하여 분쟁을 해결할 만한 현실적인 필요성 내지 이익을 의미한다. 일반적으로 대상적격과 원고적격이 인정될 경우 충족되는 것으로 보나, ① 처분의 효력이 소멸한 경우 ② 원상회복이 불가능한 경우 ③ 이익침해 상황이 해소된 경우 ④ 보다 용이한 구제수단이 있는 경우 ⑤ 원고의 청구가 이론적인 의미만 있는 경우 등은 예외적으로 협의의 소익이 부정된다.

단, 현행 행정소송법 제12조 제2문은 처분의 효력이 소멸된 경우에도 처분을 취소하여 회복되는 이익이 법률상 이익인 경우 소의 이익을 인정하고 있다.

(2) 법률상 이익의 의미

학설은 법률상 이익설과 정당한 이익설 등이 대립하고 있으나, 판례는 제12조 제1문의 법률상 이익과 동일하게 보는 입장을 취하였으나 최근 '반복될 위험성이 있어 행정처분의 위법성 확인이 필요하다고 판단되는 경우'에 해당하는 경우 처분의 효력이 소멸한 경우에도 소의 이익을 긍정하여 정당한 이익설의 입장도 일부 받아들이고 있다고 보인다. 생각건대, 처분의 효력이 소멸된 상태에서 진행되는 소송을 취소소송으로 보기 어렵다는 점과 위법확인을 통해 과거의 위법한 처분으로 인해 발생할 수 있는 법적 위험성을 제거해 국민의 권익을 두텁게 보호하는 것이 필요하다고 생각되는바 정당한 이익설이 타당하다고 생각된다.

3. 사안의 해결

(1) 제1차 직위해제처분의 경우

판례는 이와 유사한 사건에서 '행정청이 공무원에 대하여 새로운 직위해제사유에 기한 직위해제처분을 한 경우 그 이전에 한 직위해제처분은 이를 묵시적으로 철회하였다고 봄이 상당하므로'라고 판시하여 제1차 직위해제처분에 대한 소를 존재하지 않는 처분을 대상으로 한 것으로 보아 소의 이익을 부정한바 있다.

생각건대, 직위해제처분이 징계처분을 내릴지에 대한 결정을 내리기 전 잠정적 조치로서의 성격을 갖는 점을 고려할 때, 비록 제1차 직위해제처분과 제2차 직위해제처분의 사유가 상이하다고 하더라도 다시 제2차 직위해제처분을 내릴 당시 행정청이 기존의 종합적인 사정을 고려하여 다시 직위해제처분을 한 것으로 볼 수 있고 제1차 직위해제처분에 대한 철회의 의사표시를 한 것으로 볼 수 있다고 생각된다. 결국 판례의 태도가 타당하다고 생각된다.

(2) 제2차 직위해제처분의 경우

제2차 직위해제처분은 종국적 결정인 징계처분이 나옴으로서 그 효력이 상실된 것으로 보인다. 다만, 공무원 보수규정 제14조 제1항 제1호에 의해 승진상의 불이익을 입을 수 있으며, 제29조 제3호에 의해 보수지급상의 불이익을 입을 것으로 보이는바, 2차 직위해제처분의 취소로 회복될 법률상 이익이 있다고 보인다. 판례 역시 이와 같은 취지에서 직위해제로 인해 감액된 봉급 등의 지급을 청구할 수 있는 경우 직위해제처분의 취소를 구할 법률상 이익이 있다고 인정한 바 있다.

┤ 강 평 ├

1. 제2문 (1)은 취소소송에 있어서 처분에 대한 재결이 있는 경우 행정소송법이 원처분주의(행정소송법 제19조)를 취하고 있는 점과 관련한 문제이다. 그리고 소청심사에서 변경재결이 나온 경우 어느 것을 원처분으로 볼 것인가 학설의 대립이 있다. 그러나 학설의 대립은 관념적인 것으로 어느 설을 취하든 변경재결이 원처분에 해당한다는 점에는 변함이 없다. 답안은 이 점을 잘 파악하여 작성하였다.

2. 제2문 (2)는 직위해제처분취소에 관한 판례(대법원 2003.10.10. 선고 2003두5945 판결; 대법원 1996.10.15. 선고 95누8119 판결 등)를 소재로 한 협의의 소(행정소송법 제12조 제2문) 의 이익에 관한 문제이다. 직위해제처분이 설문처럼 제1차, 제2차 연속하여 내려지고 제2차 직위해제 기간 중 정식으로 징계처분이 내려진 경우 각각의 직위해제에 대하여 소를 제기할 수 있는가가 문제된다.

3. 제2차 직위해제의 경우 답안처럼 보수와 승진상의 불이익이 있기 때문에「법률상의 이익」이 인정된다고 할 수 있다. 제1차 직위해제에 대하여 답안은 판례의 입장에 따라 협의의 소의 이익이 인정되지 않는다고 보고 있다. 그러나 각각의 직위해제는 그 시기가 다르기 때문에 제1차 직위해제의 경우도 보수와 승진상의 불이익이 있다면 제2차 직위해제와 마찬가지로 협의의 소의 이익이 있다고 보아야 할 것이다.

| 제3문 |

甲은 A시가 주민들의 복리를 위하여 설치한 시립체육문화회관 내 2층에서 종합스포츠용품판매점을 운영하고자 공유재산 및 물품 관리법 제20조 제1항에 따라 사용허가를 신청하였다. 이에 A시의 乙시장은 甲에게 사용허가를 하면서, 스포츠용품 구매고객의 증가로 인해 회관 내 주차공간이 부족해질 것을 우려하여 회관 인근에 소재한 甲의 소유 토지 중 일부에 주차대수 규모가 5대인 주차장의 설치를 내용으로 하는 조건을 붙였다. (총 25점)

(1) 乙시장이 甲에게 발급한 시립체육문화회관 사용허가의 법적 성질을 검토하시오. (10점)

(2) 위 조건의 적법 여부를 검토하시오. (15점)

Ⅰ. **설문 (1)의 검토**
  1. 문제의 소재
  2. 행정재산의 목적외 사용의 법적 성질
    (1) 문제점
    (2) 학설 및 판례
    (3) 검 토
  3. 사안의 해결
Ⅱ. **설문 (2)의 검토**
  1. 문제의 소재

  2. 당해 조건의 법적 성질
    (1) 강학상 부관의 의의 및 종류
    (2) 사안의 경우
  3. 당해 조건의 위법 여부
    (1) 문제점
    (2) 부관의 내용적 한계 위반 여부
    (3) 비례원칙 위반 여부
  4. 사안의 해결

답안작성

조 0 0 / 2019년도 5급 공채 일반행정직 합격

Ⅰ. 설문 (1)의 검토

1. 문제의 소재

시립체육문화회관은 시민의 체육활동 및 문화 활동 등을 위해 설치된 것으로서 공물 중 공공용물에 해당하며, 공유재산 및 물품관리법에 의해 규율되는 공유재산인 행정재산에 해당한다. 따라서 갑이 종합스포츠용품판매점을 운영하고자 하는 것은 시립체육문화회관의 일반적인 목적에 해당하지 않고 행정재산의 목적외 사용으로 보이는바 이러한 행정재산의 목적외 사용이 공법관계인지 사법관계인지에 따라 그 사용허가의 법적성질 등이 달라질 수 있으므로 이를 검토하겠다.

2. 행정재산의 목적외 사용의 법적 성질

(1) 문제점

행정재산도 예외적으로 본래의 목적이나 용도에 방해가 되지 않는 범위에서 사용 또는 수익을 허가할 수 있는바 이를 행정재산의 목적외 사용이라고 하는데, 이러한 행정재산의 목적외 사용이 공법관계인지 사법관계인지에 따라 사용허가의 법적성질이 달라질 수 있다.

(2) 학설 및 판례

학설은 ① 행정재산의 목적외 사용이 사용자의 사적이익만을 목표로 하고 있을 뿐이며 관리청과 사용자간의 우열관계를 판단하기 어렵다는 점에서 사법관계이며 이에 대한 사용·수익허가는 사법상 임대차에 해당한다는 사법관계설과 ② 행정재산의 사용·수익이 공물의 특별사용에 해당하며 그에 대한 사용·수익허가는 강학상 특허에 해당한다는 공법관계설 등이 대립한다.

이에 대해 판례는 "국유재산 등의 관리청이 하는 행정재산의 사용·수익에 대한 허가는 순전히 사경제주체로서 행하는 사법상의 행위가 아니라 관리청이 공권력을 가진 우월적 지위에서 행하는 행정처분으로서 특정인에게 재산을 사용할 수 있는 권리를 설정하여 주는 강학상 특허에 해당한다."고 판시하여 공법관계설의 입장이다.

(3) 검토

생각건대, ① 공유재산 및 물품관리법 제20조 제1항이 지방자치단체의 장의 허가를 받도록 하고 있으며, ② 동법 제22조 제1항이 사용료를 일방적으로 부과할 수 있도록 규정하고 있는 점, ③ 동법 제25조는 상대방의 귀책사유나 공공목적으로 필요한 경우 등에 지방자치단체의 장이 사용허가를 일방적 철회할 수 있도록 하며, 제26조가 사용허가를 철회할 경우 청문을 실시하도록 규정하고 있는 점 등을 고려할 때 공법관계설이 타당하다고 생각된다.

3. 사안의 해결

甲이 운영하고자 하는 종합스포츠용품판매점은 행정재산인 시립체육문화회관의 일반적인 목적을 벗어난 행정재산의 목적외 사용으로 공물의 특별사용에 해당한다. 따라서 이에 대한 사용허가는 상대방에게 공물에 대한 일반적 사용범위를 넘어선 권리를 설정해주는 것으로서 강학상 특허에 해당한다. 또한 공유재산 및 물품 관리법 제20조 제1항의 문언이 "사용 또는 수익을 허가할 수 있다."고 규정된 점과 상대방에게 수익적인 행위라는 점에서 재량행위에 해당한다고 봄이 타당하다.

II. 설문 (2)의 검토

1. 문제의 소재

당해 조건이 강학상 부관 중 부담에 해당하는지 검토하겠다. 부담에 해당하는 경우, 부관의 한계 중 내용상 한계로 부당결부원칙위반이 있는지 특히 의심되는바 이에 대한 검토를 하겠다.

2. 당해 조건의 법적 성질

(1) 강학상 부관의 의의 및 종류

강학상 부관이란 주된 행정행위의 효과를 제한하거나 보충하기 위해 부과된 종된 규율로서 법령에 의해 일의적으로 부가되도록 규율된 법정부관과 구별된다. 강학상 부관의 종류로는 ① 행정행위의 발생 또는 소멸을 장래 도래가 불확실한 사실의 발생에 의존시키는 '조건' ② 행정행위의 발생 또는 소멸을 장래 도래가 확실한 사실의 발생에 의존시키는 '기한' ③ 행정청이 일정한 경우 행정행위를 철회하여 그 효력을 소멸시킬 수 있는 권한을 유보하는 '철회권의 유보' ④ 주된 행정행위에 부수하여 상대방에게 의무를 부과하는 '부담'이 있으며, 통설은 ⑤ 법령이 행정행위에 부여한 효과의 일부를 배제하는 부관인 '법률효과 일부배제' 역시 강학상 부관으로 보고 있다. '조건'과 '부담'의 경우, 구별에 다소 어려움이 있으나 행정청이 부관을 부가한 객관화된 의사표시를 고려하고, 그럼에도 불명확한 경우 상대방에게 유리한 '부담'으로 봄이 타당하다.

(2) 사안의 경우

사안에서 주된 행정행위인 사용허가의 경우 근거법인 공유재산 및 물품관리법에서 부관을 부가하도록 일의적으로 규정되어 있지 않으며, 상대방에게 주차장 설치의무를 부과함으로서 사용허가의 효과를 보충하려는 목적을 지니고 있다고 보이는바 강학상 부관 중 '부담'에 해당하는 것으로 봄이 타당하다고 생각된다.

3. 당해 조건의 위법 여부

(1) 문제점

부관이 적법하기 위해서는 부관의 가능성, 부관의 내용상 한계, 부관의 시간적 한계를 벗어나지 않아야 한다. 사안의 사용허가는 앞서 검토한바와 같이 강학상 특허로서 수익적인 행정행위이며 재량행위이므로 명시적인 근거없이 부관을 부가할 수 있다. 판례 역시 수익적 행정행위를 재량행위로 보는 입장에서 법령에 특별한 근거규정이 없다고 하더라도 부관으로서 부담을 붙일 수 있다는 입장이다. 또한 당해 부관이 행정행위를 발한 후 사후에 새롭게 부가된 것도 아닌바 시간적 한계를 위반한 사실도 없다. 사안의 경우, 특히 부관의 내용상 한계 중 부당결부금지 원칙 위반이 의심된다.

(2) 부관의 내용적 한계 위반 여부

가. 부관의 내용적 한계

부관은 법률적합성 원칙에 따라 법령에 위배되지 않아야 하며, 명확하고 이행가능해야 하며, 주된 행정행위의 목적에 반해서는 안되며, 비례의 원칙, 부당결부금지원칙 등 행정법의 일반원칙에도 반해서는 안된다.

사안의 경우 근거법령에 위배되는 사실이 보이지 않고, 명확하며 이행가능하고 주된 행정행위를 실현하는 목적과 어긋난다고 보이지는 않는다. 다만, 주차장 설치가 주된 사용허가와 실질적 관련성이 있는가가 의심되는바 부당결부금지원칙 위반여부를 중점적으로 검토하겠다.

나. 부당결부금지원칙 위반 여부

부당결부금지원칙이란 행정기관이 행정작용을 함에 있어 그와 실질적 관련성이 없는 반대급부를 결부시켜서는 안된다는 원칙으로서 헌법상 법치국가원리와 자의금지 원칙에서 도출되는 헌법적 효력을 가진다고 보는 것이 타당해 보인다.

부당결부금지원칙 위반이 성립하기 위해서는 행정작용과 그에 결부된 반대급부 사이에 실질적인 관련성이 없어야 한다. 실질적인 관련성이 인정되기 위해서는 주된 행정행위와 반대급부 사이에 직접적인 인과관계가 있어야 하며(원인적 관련성), 주된 행정행위의 근거법률 및 행정분야가 추구하는 목적을 위해서만(목적적 관련성) 반대급부 결부가 가능하다.

사안에서 주차장을 설치하라는 조건은 사용허가 시 별도로 스포츠용품만 구매하고자 하는 고객의 증가 가능성이 있어 회관 내 주차공간이 부족해질 것이 우려되는 상황에서 행정재산의 사용에 장애가 없도록 하기 위한 것으로 원인적 관련성이 있다고 보인다. 또한 당해 시립체육문화회관을 본래 목적 외로 사용할 수 있도록 하는 취지가 단순히 사용자의 수익을 도모하는 것이 아니라 행정재산을 본래 목적대로 사용하는 가운데 그에 방해가 되지 않는 선에서 사용자가 수익을 도모할 수 있도록 하는 것인바 목적적 관련성이 없다고 보이지 않는다. 결국 당해 주차장 설치 조건은 실질적 관련성이 있어 부당결부원칙에 반하지 않는다고 보인다.

(3) 비례원칙 위반 여부

5대 분량의 주차장 설치가 그를 통해 행정재산의 원활한 사용에 적합한 수단으로 보이며(적합성 원칙), 늘어나는 고객 수를 예상할 때 필요 최소한의 설치 분량을 부과한 것으로 보인다(필요성의 원칙). 또한 이를 통해 달성되는 시민들의 시립체육문화회관의 원활한 이용이라는 공익에 비해 갑이 입는 사익의 침해에 비해 결코 작다고 볼 수 없는바 비례원칙위반도 없다고 보인다.

4. 사안의 해결

사안의 주차장 설치 조건은 강학상 부관 중 부담에 해당하는 것으로, 부관의 가능성이나 시간적 한계를 벗어나지 않았으며 행정재산을 본래 목적 이외에 사용함에 있어 그에 따른 불편이나 장애를 해소하고자 하는 것으로 실질적 관련성이 있다고 보이며 갑에게 너무 과한 의무를 지우는 것도 아니라고 보이는바 내용상 한계를 위반하지도 않은 것으로 보인다. 결국 당해 조건은 적법하다고 생각된다.

| 강평 |

1. 제3문 (1)은 행정재산의 목적 외 사용의 법적 성질에 관한 문제이다. 일반적으로 재산과 관련한 법률관계의 형성은 민사상의 계약이 적합한 법적 수단이라고 생각할 수 있다. 그러나 행정에서는 행정행위가 갖는 장점을 고려하여 그 대상이 재산인 경우에도 행정행위 형식에 의하여 법률관계를 형성하는 경우가 있다. 행정재산의 목적 외 사용허가가 그 경우이다. 그런데 이 경우 그 법적 성질은 용어 그 자체가 아니라 이를 규율하는 실정법상의 규정에 의하여 결정된다는 점에 유의하여야 한다. 답안이 제시하고 있는 공유재산 및 물품관리법 상의 제 규정에 의하면 해당 사용허가는 행정행위이며 특허에 해당한다.

2. 제3문 (2)는 부관의 한계에 관한 문제이다. 우리나라의 경우 개발허가를 하는 경우 처분과 실질적 관련이 없는 기부채납을 부관으로 붙이는 경우(=부당결부)가 많아 큰 문제가 되고 있다. 답안은 부관의 내용적 한계에 관한 이론을 잘 정리하였고 이에 바탕하여 해당 부관이 부당결부에 해당하지 않는다는 타당한 결론을 이끌어내고 있다.

| 제1문 (50점) |

K도에 소재하는 산악지역에 대규모 풍력발전단지 조성사업을 준비해오던 A주식회사는 「환경영향평가법」에 따라 풍력발전단지 조성사업을 위한 환경영향평가서를 작성한 후, 발전용량 250MW 규모의 풍력발전소를 개발하는 전원개발사업 실시계획 승인을 신청하였고, 산업통상자원부장관은 위 전원개발사업 실시계획을 승인하였다.

이에 지역주민 甲, 乙과 지역에 소재지를 둔 재단법인 丙은 산업통상자원부장관을 상대로 위 전원개발사업 실시계획 승인처분의 취소를 구하는 소를 제기하면서, 같은 처분의 집행정지를 구하는 신청을 하였다. 법원이 위 사건을 심리한 결과 다음과 같은 사실이 인정되었다.

가. 甲은 위 전원개발사업을 위한 환경영향평가 대상지역 내에 주소를 두고 거주하면서 그곳에서 목축업에 종사하고 있다. 乙은 위 전원개발사업을 위한 환경영향평가 대상지역 밖에 주소를 두고 거주하면서 그곳에서 농업에 종사하고 있다. 재단법인 丙은 위 전원개발사업을 위한 환경영향평가 대상지역 안에 소재하면서 과일 쨈을 생산하여 지역에 판매하고 있다.

나. 위 소송에서 甲은 풍력발전 과정에서 발생하는 저주파 공해로 사람의 신체와 사육하는 가축에 중대한 위해를 미친다고 주장하고, 乙은 「헌법」 제35조 제1항에서 정하고 있는 환경권을 침해당했다고 주장한다. 재단법인 丙은 위 승인처분으로 인해 법률상 보호되는 환경상 이익을 침해받았다고 주장하는 한편, 위 승인처분으로 환경에 영향을 주어 쨈 공장에 재산적 피해가 발생하고 재단법인의 존립에 위협을 받는다고 주장한다.

다. A주식회사가 제출한 위 환경영향평가서에 일부 항목의 미비점이 발견되는 등 환경영향평가의 내용이 다소 부실하였다.

【 참조조문 】

「전원개발촉진법」

제1조(목적) 이 법은 전원개발사업(電源開發事業)을 효율적으로 추진함으로써 전력수급의 안정을 도모하고, 국민경제의 발전에 이바지함을 목적으로 한다.

제2조(정의) 이 법에서 사용하는 용어의 뜻은 다음과 같다.

1. (생략)

2. '전원개발사업'이란 다음 각 목의 어느 하나에 해당하는 사업을 말한다.

가. 전원설비를 설치·개량하는 사업

나. 설치 중이거나 설치된 전원설비의 토지등을 취득하거나 사용권원(使用權原)을 확보하는 사업

3. '전원개발사업 실시계획'이란 정부의 전력수급기본계획에 따른 전원개발사업의 실시에 관한 세부계획을 말한다.

제5조(전원개발사업 실시계획의 승인) ① 전원개발사업자는 전원개발사업 실시계획(이하 '실시계획'이라 한다)을 수립하여 산업통상자원부장관의 승인을 받아야 한다. 다만, 대통령령으로 정하는 전원개발사업에 대하여는 그러하지 아니하다.

「환경영향평가법」

제1조(목적) 이 법은 환경에 영향을 미치는 계획 또는 사업을 수립·시행할 때에 해당 계획과 사업이 환경에 미치는 영향을 미리 예측·평가하고 환경보전방안 등을 마련하도록 하여 친환경적이고 지속가능한 발전과 건강하고 쾌적한 국민생활을 도모함을 목적으로 한다.

제3조(국가 등의 책무) ① 국가, 지방자치단체 및 사업자는 정책이나 계획을 수립·시행하거나 사업을 시행할 때에 환경오염과 환경 훼손을 최소화하기 위하여 필요한 방안을 마련하여야 한다.
② 국가, 지방자치단체, 사업자 및 국민은 환경영향평가등의 중요성을 인식하고, 이 법에서 정하고 있는 절차가 적절하고 원활하게 추진될 수 있도록 노력하여야 한다.

제6조(환경영향평가등의 대상지역) 환경영향평가등은 계획의 수립이나 사업의 시행으로 영향을 받게 되는 지역으로서 환경영향을 과학적으로 예측·분석한 자료에 따라 그 범위가 설정된 지역에 대하여 실시하여야 한다.

제22조(환경영향평가의 대상) ① 다음 각 호의 어느 하나에 해당하는 사업(이하 '환경영향평가 대상사업'이라 한다)을 하려는 자(이하 이 장에서 '사업자'라 한다)는 환경영향평가를 실시하여야 한다.
3. 에너지 개발사업

제25조(주민 등의 의견 수렴) ① 사업자는 제24조에 따라 결정된 환경영향평가항목등에 따라 환경영향평가서 초안을 작성하여 주민 등의 의견을 수렴하여야 한다.

(1) 위 취소소송에서 甲, 乙, 丙에게 각각 원고적격이 인정되는지 여부를 검토하시오. (25점)

Advice

1. 사안의 甲, 乙, 丙은 모두 자연인 혹은 법인으로 당사자능력이 인정된다. 다만, 원고로서 소송을 수행하여 본안판결을 받을 자격인 원고적격이 있는지 각 사안별로 문제된다. 먼저 취소를 구하는 전원개발사업 실시계획 승인처분의 근거 법률인 「전원개발촉진법」 이외에 「환경영향평가법」 제6조나 「헌법」 제35조를 이유로 원고적격이 인정되는지 '법률의 범위'를 중심으로 검토할 필요가 있다. 판례에 따르면 환경영향평가 밖에 거주하는 乙의 경우, 「헌법」 규정으로 바로 원고적격을 인정받을 수 없다.

2. 또한, 그러한 법률이 보호하는 개별적·구체적·직접적 이익이 보호되는지 검토할 필요가 있는데, 丙의 경우 판례에 따르면 환경상 이익의 침해가 곧바로 구체적이고 직접적인 재산상 이익 침해로 도출되지 않기에 원고적격을 인정받을 수 없다.

(2) 위 환경영향평가의 내용상 부실이 전원개발사업 실시계획 승인처분의 효력에 어떠한 영향을 미치는가? (10점)

Advice

1. 환경영향평가는 전원개발사업 실시계획 승인처분의 절차적 요건에 해당한다(「환경영향평가법」 제22조를 포섭하면 더욱 좋다). 환경영향평가의 내용상 부실은 절차적 하자에 해당하므로, 이러한 하자가 바로 실시계획 승인처분의 위법으로 연결되는지 절차하자의 독자성 인정 여부를 쟁점으로 잡아주면 좋다.

2. 다만, 최근 판례의 경우 환경영향평가의 내용상 부실 등과 같은 사안에서 절차적 하자가 있다고 하여 바로 위법성을 인정하지 않고 재량의 일탈·남용의 기준으로만 판단하기 때문에, 이를 유의할 필요가 있다. 사안의 경우 환경영향평가의 내용상 부실이 실시계획 승인처분의 효력에 아무런 영향을 주지 못한다.

(3) 甲, 乙, 丙의 집행정지신청은 인용될 수 있는가? (15점)

Advice

1. 집행정지를 서술하기 이전에 쟁점의 정리에서 "우리 행정소송은 집행부정지 원칙을 따르기 때문에 별도의 집행정지 신청이 필요하다."는 내용이 들어가면 좋다. 이후 집행정지의 형식적 요건과 실체적 요건에 따라 甲, 乙, 丙 각 사안별로 포섭해주면 된다.

2. 乙과 丙의 경우, 애초에 원고적격이 인정되지 않기에 '적법한 본안 소송의 계속'이라는 형식적 요건에 위배되어 집행정지가 인정되지 않을 것이다. 甲의 경우 요건에 따라 포섭하기 나름이지만 사람의 신체와 사육하는 가축에 회복하기 어려운 중대한 위해를 인정하여 집행정지를 인정해주는 방향으로 서술해주면 좋다.

답안구성 예

Ⅰ. 쟁점의 정리

Ⅱ. 취소소송의 집행정지
　1. 의 의
　2. 요 건
　　(1) 형식적 요건
　　(2) 실체적 요건

Ⅲ. 甲, 乙, 丙의 집행정지 인정여부
　1. 甲의 경우 : 적극
　2. 乙의 경우 : 소극
　3. 丙의 경우 : 소극

Ⅳ. 소 결

| 제2문 (30점) |

甲은 사실상의 도로가 포함된 일단의 토지를 매수하여 임대용 건물을 건축하고자 관할 구청장 A에게 건축허가를 신청하였으나 A는 건축허가신청을 거부하였다. 이에 대해 甲은 건축허가거부처분 취소소송을 제기하였다.

(1) 구청장 A가 비록 건축법령상 명문으로 규정되지는 않았지만 해당 토지에 건물이 신축될 경우 주민들의 통행에 막대한 지장을 초래하는 등 중대한 공익상의 이유로 甲의 건축허가신청을 거부하였다면 이는 적법한가? (15점)

Advice

건축허가는 강학상 허가에 해당하지만, 사회 전체의 공적 이익을 고려하는 차원에서 점차 재량성을 넓혀가고 있다. 따라서 이러한 추세에 맞추어 기속재량행위라고 서술하는 것이 좋다. 다만 질문이 건축허가신청 거부의 '적법성'이므로, 법원이 '중대한 공익상의 이유'를 인정하는지 따라 결론이 달라질 것이다. 따라서 '판례의 태도'를 별도의 목차로 잡아 사안별로 소개하는 것이 15점짜리 배점에 맞게 풍부하게 서술하는 방안이 될 것이다.

Ⅰ. 쟁점의 정리

Ⅱ. 건축허가의 법적 성질

  1. 강학상 허가

  2. 재량행위인지 여부

    (1) 기속행위와 재량행위의 구별

    (2) 사안의 경우 : 기속재량행위

Ⅲ. 건축허가신청 거부의 적법성 여부

  1. 판례의 태도

  2. 사안의 경우

Ⅳ. 소 결

---

(2) 구청장 A가 거부처분의 사유로 '위 토지에 포함된 도로는 「건축법」상 도로이고, 도로상에는 건축을 할 수 없음'을 들었다가 위 취소소송의 계속 중 '해당 토지에 건물이 신축될 경우 주민들의 통행에 지장을 초래한다는 중대한 공익상의 이유'로 거부사유를 변경할 수 있는가? (15점)

Advice

처분사유 추가·변경에 대하여 직접적으로 물어보았다. 다만 단독 쟁점으로 배점이 15점이므로, 처분사유 추가·변경을 구체적으로 작성해주면 좋다. '객관적 인정요건'에서 '기본적 사실관계의 동일성'의 의미를 구체적으로 작성하며, '시간적 한계'에서 위법성 판단시와 위법성 사유의 허용 시점도 써주면 좋다. 다만 일의적인 결론이 도출되지 않는 답안이므로, '사안의 경우'의 단계에서 앞선 단계에서 작성한 일반론을 하나하나 포섭하며 작성하는 것이 매우 중요하다.

Ⅰ. **쟁점의 정리 : 처분사유 추가·변경의 의의**

Ⅱ. **처분사유 추가·변경의 인정여부**

  1. 학 설

  2. 판 례

  3. 검 토

Ⅲ. **처분사유 추가·변경의 허용 범위**

  1. 객관적 인정요건

  2. 시간적 한계

Ⅳ. **구청장 A의 거부사유 변경 가능성**

Ⅴ. **소 결**

| 제3문 (20점) |

A는 환경부장관에게 배출시설 가동개시 신고를 한 후 시멘트 공장을 운영하는 사업자이다. 인근에서 양봉업을 하던 甲은 A의 공장에서 배출되는 분진으로 인해 자신이 기르던 꿀벌들의 절반 가량이 죽고, 나머지 꿀벌들도 폐사할 위기에 처하였다. 조사결과, A의 공장에서 배출되는 분진은 「대기환경보전법」 제16조의 배출허용기준을 초과하고 있음이 밝혀졌다. 甲이

환경부장관에게 A에 대하여 「대기환경보전법」 제33조의 개선명령을 발령할 것을 청구할 수 있는가?

【 참조조문 】

「대기환경보전법」

제1조(목적) 이 법은 대기오염으로 인한 국민건강이나 환경에 관한 위해를 예방하고 대기환경을 적정하고 지속가능하게 관리·보전하여 모든 국민이 건강하고 쾌적한 환경에서 생활할 수 있게 하는 것을 목적으로 한다.

제16조(배출허용기준) ① 대기오염물질배출시설(이하 '배출시설'이라 한다)에서 나오는 대기오염물질(이하 '오염물질'이라 한다)의 배출허용기준은 환경부령으로 정한다.

제30조(배출시설 등의 가동개시 신고) ① 사업자는 배출시설이나 방지시설의 설치를 완료하거나 배출시설의 변경(변경신고를 하고 변경을 하는 경우에는 대통령령으로 정하는 규모 이상의 변경만 해당한다)을 완료하여 그 배출시설이나 방지시설을 가동하려면 환경부령으로 정하는 바에 따라 미리 환경부장관 또는 시·도지사에게 가동개시 신고를 하여야 한다.

제33조(개선명령) 환경부장관 또는 시·도지사는 제30조에 따른 신고를 한 후 조업 중인 배출시설에서 나오는 오염물질의 정도가 제16조나 제29조 제3항에 따른 배출허용기준을 초과한다고 인정하면 대통령령으로 정하는 바에 따라 기간을 정하여 사업자(제29조 제2항에 따른 공동 방지시설의 대표자를 포함한다)에게 그 오염물질의 정도가 배출허용기준 이하로 내려가도록 필요한 조치를 취할 것(이하 "개선명령"이라 한다)을 명할 수 있다.

Advice

1. 행정개입청구권의 전형적인 사례이다. 그러나 배점이 20점인 만큼 개선명령의 근거가 되는 「대기환경보전법」 제33조의 재량규정이 0으로 수축하는지 여부, 「대기환경보전법」이 A의 사익도 보호하는 취지를 담고 있는지 설문의 사실관계와 참조조문을 포섭하여 구체적으로 밝혀주는 것이 중요하다.

2. 서술할 내용이 부족하여 간혹 '무하자재량행사청구권'을 쓸 가능성도 있으나 사안의 경우는 개선명령이라는 적극적 행정조치를 요구하는 내용이므로, 무하자재량행사청구권은 서두에 아주 간단하게만 쓰도록 한다.

답안구성 예

Ⅰ. **쟁점의 정리**

Ⅱ. **행정개입청구권**
　1. 의 의

　2. 요 건

Ⅲ. **개선명령 청구 가능성 : 적극**

Ⅳ. **소 결**

2019년도 기출문제

| **제1문** | 甲은 국립 K대학교의 교수로 재직 중이다. K대학교는 교육공무원법 제24조 등 관계 법령 및 K대학교 학칙에 근거한 K대학교 총장임용후보자 선정에 관한 규정에 따라 총장임용후보자 선정관리위원회 구성, 총장임용후보자 공모, 정책토론회 등의 절차를 거쳐 총장임용추천위원회 투표 결과 가장 많은 득표를 한 甲을 1순위 총장임용후보자로, 그 다음으로 많은 득표를 한 乙을 2순위로 선정하였다. 이에 따라 K대학교는 교육부장관에게 총장임용후보자로 甲을 1순위, 乙을 2순위로 추천하였는데, 장관은 대통령에게 乙만을 총장임용후보자로 제청하였다. 甲은 1순위 임용후보자인 자신이 아닌 2순위 후보자인 乙을 총장으로 임용하는 것은 위법하다고 주장한다. (총 50점)

(1) 임용제청을 받은 대통령은 乙을 총장으로 임용하려 한다. 대통령의 임용행위를 저지하기 위해 甲이 취할 수 있는 행정소송상의 수단을 검토하시오. (15점)

(2) 대통령은 교육부장관의 임용 제청에 따라 乙을 K대학교 총장으로 임용하였다. 대통령의 임용행위의 위법 여부를 검토하시오. (단, 절차적 하자는 제외함) (20점)

(3) 대통령이 乙을 총장으로 임용한 것에 대하여 총장임용추천위원회 위원으로 학생위원을 추천한 총학생회가 취소소송을 제기한 경우, 총학생회의 원고적격 인정 여부를 검토하시오. (15점)

[**참조조문**] 현행 관계 법령 등을 사례해결에 적합하도록 수정하였음

『교육공무원법』

제24조(대학의 장의 임용) ① 대학(고등교육법 제2조 각 호의 학교를 말하되, 공립대학은 제외한다)의 장은 해당 대학의 추천을 받아 교육부장관의 제청으로 대통령이 임용한다.

② 제1항 본문에 따른 대학의 장의 임용추천을 위하여 대학에 대학의 장 임용추천위원회(이하 "추천위원회"라 한다)를 둔다.

③ 추천위원회는 해당 대학에서 정하는 바에 따라 다음 각 호의 어느 하나의 방법에 따라 대학의 장 후보자를 선정하여야 한다.

1. 추천위원회에서의 선정

④ 대학의 장 후보자는 대학의 장으로서 요구되는 학식과 덕망을 갖추고 통솔력과 행정능력을 고루 갖춘 사람으로 다음 각 호의 자격을 모두 충족하여야 한다.

1. 법 제10조의4 각 호의 교육공무원 결격 사유가 없는 사람

⑤ 추천위원회의 구성·운영 등에 필요한 사항은 대통령령으로 정한다.

『교육공무원임용령』

제12조의2(대학의 장의 추천) 대학은 법 제24조제1항 또는 제55조제1항의 규정에 의하여 대학의 장의 임용추천을 할 때에는 2인 이상의 후보자를 대학의 장의 임기만료일 30일전까지 교육부장관에게 추천하여야 한다.

제12조의3(대학의 장 임용추천위원회의 구성 및 운영) ① 법 제24조제2항에 따른 대학의 장 임용추천위원회(이하 "추천위원회"라 한다)는 다음 각 호의 사람 중에서 해당 대학의 학칙으로 정하는 바에 따라 10명 이상 50명 이하의 위원으로 구성한다.

3. 해당 대학의 재학생

② 추천위원회의 위원에는 제1항 각 호에 해당하는 위원이 각 1명 이상 포함되어야 한다.

③ 추천위원회의 운영 등에 필요한 세부사항은 해당 대학의 학칙으로 정한다.

『고등교육법』

제6조(학교규칙) ① 학교의 장은 법령의 범위에서 학교규칙(이하 "학칙"이라 한다)을 제정하거나 개정할 수 있다.

② 학칙의 기재사항, 제정 및 개정 절차 등 필요한 사항은 대통령령으로 정한다.

제12조(학생자치활동) 학생의 자치활동은 권장·보호되며, 그 조직과 운영에 관한 기본적인 사항은 학칙으로 정한다.

『고등교육법 시행령』

제4조(학칙) ① 법 제6조에 따른 학교규칙(이하 "학칙"이라 한다)에는 다음 각 호의 사항을 기재하여야 한다.

10. 학생회 등 학생자치활동

『K대학교 학칙』

제12조(총장) ③ 총장후보자는 공모에 의한 방법으로 선정하되, 총장임용추천위원회를 두어 추천하며 세부사항은 따로 정한다.

제92조(학생활동) ① 학생은 학생회구성 등 자치활동을 할 수 있다.

『K대학교 총장임용후보자 선정에 관한 규정』

제4조(추천위원회의 구성) ③ 추천위원회는 다음 각 호에 해당하는 총 30인의 위원으로 구성한다.

3. 학생위원 2인

제5조(추천위원회 위원의 선정) ③ 제4조제3항제3호의 학생위원 2인은 총학생회가 추천한다.

답안작성

정 ㅇㅇ / 2019년도 5급 공채 일반행정직 합격

Ⅰ. 설문 (1)에 대하여: 甲이 취할 수 있는 행정소송상 수단

1. 쟁점의 소재

甲이 대통령의 임용행위를 저지하기 위해 현행 행정소송법에 명시 되어 있지 않은 예방적 금지소송을 제기하고 가처분을 신청할 수 있는지 검토하고, 대통령의 임용행위 이후 甲이 乙에 대한 임용행위처분취소소송과 甲에 대한 임용거부처분취소소송으로 제기할 수 있는지 검토한다.

2. 예방적 금지소송 가능 여부

가. 예방적 금지소송의 의의

예방적 금지소송은 행정청의 공권력 행사에 의해 국민의 권익이 침해될 것이 예상되는 경우에 미리 그 예상되는 침익적 처분의 발급을 저지하는 것을 목적으로 제기하는 소송으로 원고에게 행정청에 대한 부작위를 요구할 수 있는 청구권이 있는지를 확인하여 행정청에게 그 이행을 명령하는 이행소송에 해당한다.

나. 예방적 금지소송의 인정 여부

(1) 학설 및 판례

학설은 ① 권력분립원칙을 강조하여 예방적 금지소송을 부정하는 견해, ② 예방적 금지소송을 당사자소송의 한 종류로 인정하는 견해, ③ 행정소송법 제4조를 예시적 규정으로 보아 예방적 금지소송을 무명항고소송으로 인정하는 견해 등이 대립한다.

판례는 "건축물의 준공처분을 하여서는 아니 된다는 내용의 부작위를 구하는 청구는 행정소송에서 허용되지 않는다."라고 하여 예방적 금지소송을 부정하고 있다.

(2) 검토 및 사안의 경우

법적 안정성을 위하여 법률로 명시적으로 인정되어야 하므로 예방적 금지소송을 인정하기 어렵다고 보인다. 다만 예방적 금지소송의 도입으로 국민의 실질적인 권리구제에 도움이 될 것으로 보이는바 예방적 금지소송의 도입이 필요하다고 보인다. 사안의 경우 예방적 금지소송을 제기할 수 없을 것이다.

3. 가처분 가능성

가처분이란 금전 이외의 특정한 급부를 목적으로 하는 청구권의 집행보전을 도모하거나 쟁의 있는 권리관계에 관하여 임시의 지위를 정함을 목적으로 하는 가구제 제도를 말한다. 「행정소송법」제8조 제2항에 따라 「민사집행법」제300조의 가처분에 관한 규정을 사안의 경우 준용할 수 있는지와 관련하여 예방적 금지소송이 무명항고소송으로 가능하지 않으므로 乙에 대한 총장임용행위거부처분을 할 것을 내용으로 하는 가처분을 신청할 수 없다고 판단된다.

4. 대통령의 임용행위 이후 甲이 취할 수 있는 행정소송수단

甲과 乙은 대통령의 총장임용행위 관련하여 경원자 관계에 해당하는 것으로 보이는 바 甲은 대통령의 乙에 대한 임용행위에 대해 취소소송을 제기할 수 있는 것으로 판단된다. 또한 乙에 대한 임용행위는 甲에 대한 임용거부행위에 해당하므로 甲은 임용거부처분취소소송을 제기할 수 있을 것이다.

5. 소 결

대통령의 乙에 대한 총장임용행위를 저지하기 위해 甲은 행정소송으로 예방적 금지소송을 제기할 수 없고, 대통령의 임용행위 이후에 취소소송을 제기할 수 있을 것이다.

Ⅱ. 설문 (2)에 대하여: 대통령의 임용행위의 위법 여부

1. 쟁점의 소재

대통령의 임용행위가 적법하기 위해서는 대통령의 임용행위가 주체, 절차, 형식 및 내용상 하자가 존재하지 않아야 한다. 사안의 경우 주체, 형식상 하자는 존재하지 않는 것으로 보인다. 절차의 하자를 제외한 내용상 하자와 관련하여 재량의 일탈·남용이 존재하는지 논하기 위하여 대통령의 임용행위의 법적 성질, 「교육공무원임용령」의 법적 성질과 「K대학교 학칙」의 법적 성질을 우선 검토하고, 대통령의 임용행위의 재량의 일탈·남용 여부를 검토한다.

2. 대통령의 임용행위의 법적 성질

가. 임용의 의의

임용이란 실정법상 용어로 강학상 임명에 해당한다. 임명은 특정인에게 공무원으로서 신분을 부여하여 공무원관계를 발생시키는 행위이다.

나. 대통령의 임용행위가 행정행위에 해당하는지

행정행위란 행정청이 구체적 사실에 대한 법집행으로서 행하는 외부에 대하여 직접적인 법적 효과를 발생시키는 공법상의 단독행위이다. 사안의 대통령의 임용행위는 대통령이 공법상 단독으로 교육부장관으로부터 추천받은 K대학교 총장임용후보자 중에서 총장을 임명하는 구체적인 법집행으로서 총장임용후보자들에게 총장임용 혹은 총장임용거부라는 직접적인 법적 효과를 발생시키는 공법상 단독행위로서 행정행위에 해당한다. 판례도 국·공립대학교 교원의 임용을 행정행위로 보는 것을 전제로 신규임용거부와 재임용거부 취지의 임용기간만료통지가 항고소송의 대상이 된다고 판시하였다.

다. 대통령의 임용행위가 재량행위인지

(1) 재량행위와 기속행위의 구별기준

재량행위와 기속행위의 구별기준과 관련하여 판례는 당해 행위의 근거법규의 문언, 당해행위의 성질, 당해 행위가 속하는 행정 분야의 주된 목적과 특성 등을 모두 고려하여 사안에 따라 개별적으로 판단해야 한다는 것을 기본적인 입장으로 하면서도, 수익적 처분은 원칙적으로 재량행위라고 하여 성질설을 보충적인 기준으로 활용하고 있다.

(2) 사안의 경우

대통령의 K대학교 총장임용행위는 「교육공무원법」 제24조 제1항의 문언만으로 재량행위인지 기속행위인지 구별하기 어렵다고 판단된다. 그러나 「교육공무원법」 제24조 제4항에서 대학의 장 후보자는 대학의 장으로서 요구되는 학식과 덕망을 갖추고 통솔력과 행정능력을 고루 갖춘 사람의 자격요건을 규정한 것은 대통령이 국립대학교 총장임용권자로서 이러한 요건에 대해 판단할 재량이 주어진 것으로 보이며, 총장임용행위가 수익적 처분에 해당하는바 재량행위로 봄이 타당하다.

3. 「교육공무원임용령」 및 「K대학교 학칙」의 법적 성질

가. 「교육공무원임용령」의 법적 성질

「교육공무원임용령」은 교육공무원법 제24조 제5항의 수권에 따라 추천위원회의 구성·운영이라는 위임된 사항을 제정한 대통령령으로 법규명령에 해당하며, 법규성이 인정된다.

나. 「K대학교 학칙」의 법적 성질

「K대학교 학칙」은 형식은 행정규칙이나 총장 후보자 선정 방법, 학생활동 등이 규정되어 국민의 권리·의무와 관계되는 내용이 규율되어 있어 이른바 행정규칙 형식의 법규명령으로 법령보충규칙에 해당하며 법규성이 인정되는지 문제된다. 법령보충규칙의 법적 성질에 관한 다수설인 수권여부기준설에 의하면 K대학교 학칙은 「고등교육법」 제6조 제1항의 수권에 따라 제정된 행정입법으로 법규명령에 해당한다고 판단된다. 또한 판례는 법령 위임의 한계를 벗어나지 아니하는 한 상위 수권법령과 결합하여 대외적인 구속력이 있는 법규명령의 효력을 갖는다고 본다. 따라서 판례에 의하는 경우에도 「K대학교 학칙」은 상위법인 「고등교육법」 제6조 제1항과 결합하여 법규명령의 효력을 갖는 것으로 판단된다.

4. 대통령의 임용행위의 재량의 일탈·남용 여부

가. 재량의 일탈·남용 판단기준

판례는 대학의 장 임용행위와 관련하여 행정청의 전문적인 정성적 평가 결과는 그 판단의 기초가 된 사실인정에 중대한 오류가 있거나 그 판단이 사회통념상 현저하게 타당성을 잃어 객관적으로 불합리하다는 등의 특별한 사정이 없는 한 법원이 그 당부를 심사하기에는 적절하지 않으므로 가급적 존중되어야 한다고 판시하였다.

나. 사안의 경우

사안의 「K대학교 학칙」 제12조 제3항과 「교육공무원법」 제24조 제3항 제1호의 규정에 의해 총장임용추천위원회의 선정에 따라 총장임용후보자를 결정한다. 이러한 법령의 취지는 총장 임용권자로 하여금 총장임용추천위원회가 추천한 후보자들을 모두 고려하여 「교육공무원법」 제24조 제1항에 따라 임용행위를 할 재량이 주어진 것으로 판단된다. 그러나 사안의 경우 교육부장관이 총장임용추천위원회가 선정한 후보자 중 1명만을 대통령에게 추천함으로써 「K대학교 학칙」 제12조 제3항, 「교육공무원법」 제24조 제3항 제1호 및 「교육공무원임용령」 제12조의2 의 규정에 반하여 대통령의 임용행위 판단의 기초가 되는 사실인정에 중대한 오류가 존재한다. 또한, 이러한 오류가 존재하는 판단은 총장임용후보자인 甲의 총장임용후보자로서의 적격여부를 대통령으로 하여금 판단할 기회조차 잃게 하여 사회통념상 현저하게 타당성을 잃어 객관적으로 불합리하다는 사정이 인정되는 것으로 보인다. 따라서 대통령의 임용행위는 재량의 일탈·남용에 해당한다.

5. 소 결

대통령의 총장임용행위는 재량의 일탈·남용이 존재하여 내용상 하자가 인정되므로 위법하다.

Ⅲ. 설문 (3)에 대하여: 총학생회의 원고적격 인정 여부

1. 쟁점의 소재

원고적격이란 구체적인 소송에서 원고로서 소송을 수행하여 본안관결을 받을 수 있는 자격을 말하는 것이다.「행정소송법」제12조 제1문에서 취소소송은 처분 등의 취소를 구할 법률상의 이익이 있는 자가 제기할 수 있다고 규정하는데, 총학생회가 대통령의 乙총장임용행위에 대해 취소소송을 제기할 법률상 이익이 존재하는지를 검토한다.

2. 법률상 이익의 의미

가. 학설 및 판례

「행정소송법」제12조 제1문의 법률상 이익에 대하여 ① 권리구제설, ② 법이 보호하는 이익구제설, ③ 소송상 보호할 가치 있는 이익구제설, ④ 적법성보장설 등의 견해가 대립한다.

관례는 법률상 이익이란 처분의 근거 법규 및 관련 법규에 의하여 보호되는 개별적·직접적·구체적 이익이라고 보아 법이 보호하는 이익구제설의 입장이다.

나. 검토

우리나라의 취소소송은 주관적 쟁송이라는 점에서 적법성 보장설은 타당하지 않다. 또한 보호가치 있는 이익에 대한 기준이 명확하지 않기 때문에 보호가치 있는 이익구제설도 타당하지 않다. 권리구제설은 협의의 공권만을 권리로 보면 원고적격 범위가 지나치게 좁아 국민의 권리구제에 한계가 존재하며 광의의 공권을 권리로 보면 법이 보호하는 이익구제설과 동일한 결론에 이른다는 점에서 타당하지 않다. 따라서 법이 보호하는 이익구제설이 타당하다고 판단된다.

3. 사안의 경우

사안의 「K대학교 총장임용후보자 선정에 관한 규정」은 형식은 행정규칙이나 「K대학교 학칙」제12조 제3항의 수권에 의해 규율되어 법규성이 인정되는 법규명령에 해당한다. 「K대학교 총장임용후보자 선정에 관한 규정」제4조 제3항 제3호에 따라 추천위원회 30인 중 2인을 학생위원으로 구성하여 한다. 또한 당해 규정 제5조에서 추천위원회의 학생위원 2인은 총학생회가 추천한다고 규정한다. 이러한 규정 내용으로 판단하건대 추천위원회 30인 중 학생위원은 2인에 불과하여 학생위원의 의견이 총장임용후보자 선정에 있어 구속력이 있다거나 영향력이 있다고 보기 어렵다. 따라서 학생위원을 선정하는 총학생회에게 대통령의 총장임용행위에 대해 취소소송을 제기할 법률상 이익이 있다고 보기 어렵다.

4. 소 결

K대학교 총학생회에게 대통령의 乙에 대한 총장임용행위에 대해 취소소송을 제기할 원고적격이 인정되지 않는다.

│ 강 평 │

1. 설문 (1)에 대하여

(1) 답안은, 사안의 쟁점을, ① 예방적 금지소송의 가능 여부, ② 민사집행법상의 가처분의 인정여부, ③ 대통령의 임용 이후 甲이 취할 수 있는 행정소송수단의 3가지로 보았다.

먼저 '① 예방적 금지소송의 가능 여부'에 대하여 보면, 이 사안에 대한 적절한 쟁점이고, 또 답안의 내용도 적절하다고 생각된다. 다음 '② 민사집행법상의 가처분의 인정 여부'에 대하여 보면 이 설문으로 적절한 쟁점으로 보이고 그 결론도 수긍할 만하지만 관련 학설과 관례의 소개가 없는 점은 아쉬운 부분이다. 마지막으로 '③ 대통령의 임용 이후 甲이 취할 수 있는 행정소송수단'은 이 설문의 쟁점이 아닌 것으로 판단된다.

(2) 한편 이 사안의 중요한 쟁점으로는 '甲이 교육부장관의 임용제청거부행위를 다툴 수 있는지 여부, 다툴 수 있다면 이를 본안사건으로 하여 집행정지 신청을 할 수 있는지 여부'의 문제가 있다고 생각된다. 참고로 판례는 임용제청거부행위의 처분성을 인정하고 있지만(대법원 2018. 6. 15. 선고 2015두50092 판결), 거부처분에 대한 집행정지를 인정하고 있지 아니하므로(대법원 1992. 2. 13. 자 91두47 결정), 甲은 소송을 제기할 수는 있지만 집행정지를 신청할 수는 없다. 따라서 이 방법도 대통령의 임용을 저지할 적절한 수단이 되지 못한다.

(3) 마지막으로 이 사안의 또 다른 중요한 쟁점으로 '甲이 교육부장관의 乙 임용제청행위를 다툴 수 있는지 여부 및 나아가 이를 본안사건으로 하여 집행정지를 신청할 수 있는지 여부'의 문제가 있다고 생각된다. 현행 행정소송 제도 아래 가장 실효성 있게 대통령의 임용행위를 저지할 수 있는 수단으로 생각된다. 甲과 乙은 경원자 관계이므로 다양한 논리 구성이 가능하다고 생각된다. 이와 관련된 직접적 판례는 찾지 못하였지만 쟁점으로 언급하고 소견을 밝힐 필요는 있다고 생각된다.

2. 설문 (2)에 대하여

(1) 먼저 답안 중 '대통령의 임용행위가 행정행위에 해당하는지 여부'는 이 사안의 쟁점으로 적절하고 답안도 적절하다고 생각된다.

다음 답안 중 '대통령의 임용행위가 재량행위인지 여부' 또한 이 사안의 적절한 쟁점이고 재량행위로 본 결론도 판례의 취지에 맞는 적절한 결론으로 생각된다. 다만 학설의 소개가 없는 점은 아쉬운 부분이다.

(2) 마지막으로 답안은 '교육공무원 임용령 및 학칙의 법적 성질'을 논하고 나아가 '재량의 일탈·남용 여부'와 관련된 부분에 대해 검토하였다. 먼저 결론에서 '사실인정에 중대한 오류'가 있다고 보았는데 다소 의문이다. 관련 법령 어느 곳에도 1순위자를 임명제청하여야 한다거나 임용하여야 한다는 취지의 법령이 없다. '학식과 덕망, 통솔력과 행정능력'이 요건인데 이는 고도로 재량의 여지가 인정될 수 있는 부분이다. 판례도 마찬가지 취지이다(대법원 2018. 6. 15. 선고 2016두57564 판결).

3. 설문 (3)에 대하여

먼저 답안에서는 '법률상 이익'과 관련된 학설과 판례를 검토하였는데 적절하다고 생각된다.

나아가 답안에서는 '사안의 검토'에서 "추천위원회 30인 중 학생위원이 2인에 불과하다."는 점을 들어 법률상 이익을 부정하였는데 이는 부적절하다고 생각된다. 법률상 이익은 근거 법규 및 관계 법규에서 '사익보호성'이 인정되는지 여부로 판단되어야 하지 문제된 사인의 행위가 결과에 영향을 미칠 수 있는지 여부로 판단되는 것은 아니다. '학생회로 하여금 학생위원 2명을 추천할 수 있도록 한 규정'이 순전히 공익만을 위한 것인지 아니면 학생회의 사익도 보호하기 위한 것인지를 검토하였어야 하다고 생각된다.

| 제2문 | A광역시는 2010. 5. 10. 시도인 X도로를 개설하였고, 도로의 관리권한을 B구청장에게 위임하였다. X도로는 빈번한 차량 통행으로 인해 환경법령상 기준을 현저히 초과하는 소음이 상시적으로 발생되고 있다. 甲은 2005. 1. 1.부터 X도로와 인접한 지역에서 거주하고 있고, 乙은 2014. 5. 1.부터 X도로와 인접한 지역으로 이주하여 거주하고 있다. 甲과 乙은 X도로의 도로소음으로 인하여 정상적인 생활이 곤란할 정도로 생활상 및 정신적 피해가 크다는 이유로 국가배상법 에 따른 손해배상청구소송을 제기하였다. (총 30점)

(1) 위 사안에서 국가배상법 에 따른 손해배상책임의 주체에 대하여 논하시오. (15점)

(2) 피고는 甲에 대한 배상책임은 인정하면서도 乙에 대해서는 X도로의 개통이후 이주하였음을 이유로 배상책임을 부인하고 있다. 피고 주장의 당부를 판단하시오. (15점)

Ⅰ. 설문 (1)에 대하여: 손해배상책임의 주체
 1. 쟁점의 소재
 2. X도로 관리사무의 법적 성질
   가. 사무유형의 구별기준
   나. 사안의 경우
 3. 「국가배상법」상 손해배상책임주체
   가. 「국가배상법」 제6조 제1항의 입법취지
   나. 사무귀속주체로서의 손해배상책임주체
   다. 비용부담자로서의 손해배상책임주체
   라. 최종적 손해배상책임자
 4. 소 결

Ⅱ. 설문 (2)에 대하여: 피고 주장의 당부
 1. 쟁점의 소재
 2. 피고의 甲과 乙에 대한 배상책임 성립 여부
   가. 배상책임의 성립요건
   나. X도로가 공공의 영조물인지
   다. 기능적 하자의 존재 여부
    (1) 기능적 하자가 영조물의 하자인지
    (2) 기능적 하자의 수인한도 판단 기준
    (3) 사안의 경우
   라. 타인의 손해 발생 여부
 3. 소 결

답안작성   정 ㅇㅇ / 2019년도 5급 공채 일반행정직 합격

Ⅰ. 설문 (1)에 대하여: 손해배상책임의 주체

1. 쟁점의 소재

사안에서 국가배상법에 따른 손해배상책임의 주체를 논하기 위하여 X도로 관리사무의 법적 성질을 검토하고, X도로 관리사무의 사무귀속주체와 비용부담주체로서의 책임자를 검토한다.

2. X도로 관리사무의 법적 성질

가. 사무유형의 구별기준

지방자치단체의 장이 처리하도록 규정하고 있는 사무가 자치사무인지 아니면 기관위임사무에 해당하는지 여부를 판단함에 있어서 그에 관한 법령의 규정형식과 취지를 우선 고려하여야 한다. 다만 권한규정이 불분명한 경우에는 전국적으로 통일적인 처리가 요구되는 사무인지 여부, 비용부담, 수입규정 및 감독규정 그 밖에 「지방자치법」 제9조와 제11조의 예시규정을 함께 고려하여 종합하여 판단하여야 할 것이다.

나. 사안의 경우

「도로법」 제23조 제1항 제3호에 따르면 시도의 경우 해당 도로 노선을 지정한 행정청이 도로관리청이 된다. 사안의 X도로는 시도에 해당하고, A광역시가 X도로를 개설하였으므로 A광역시장이 도로 노선을 지정했을 것이라 판단되므로 A광역시장이 도로관리청이 된다고 봄이 타당하다. 또한 X도로 관리권한을 B구청장에게 권한위임 하였으므로 B구청장에게 X도로 관리사무는 상위 지방자치단체로부터 위임된 사무이므로 기관위임사무에 해당한다.

3. 「국가배상법」상 손해배상책임주체

가. 「국가배상법」 제6조 제1항의 입법취지

「국가배상법」 제6조 제1항은 국가나 지방자치단체가 손해를 배상할 책임이 있는 경우에 영조물의 설치·관리를 맡은 자와 비용을 부담하는 자가 동일하지 아니하면 그 비용을 부담하는 자도 손해를 배상하여야 한다고 규정한다. 이는 사무귀속주체와 비용부담자가 동일하지 않을 때 피해자가 피고를 잘못 지정함으로써 불이익을 받는 일이 없도록 선택적 배상 청구권을 인정한 것이다.

나. 사무귀속주체로서의 손해배상책임주체

X도로 관리사무는 A광역시가 B구청장에게 위임한 기관위임사무이므로 사무귀속주체는 A광역시이다. 따라서 A광역시가 사무귀속주체로서 손해배상책임주체가 된다.

다. 비용부담자로서의 손해배상책임주체

「도로법」 제85조 제1항은 도로에 관한 비용은 도로관리청이 국토교통부장관인 도로에 관한 것 외의 도로에 대해서 해당 도로의 도로관리청이 속해 있는 지방자치단체가 부담한다고 규정한다. 또한 판례는 서울특별시 영등포구가 영등포광장에서 차량진입으로 일어난 인신사고사건에서 여의도광장의 관리비용부담자는 그 위임된 관리사무에 관한 한 관리를 위임받은 영등포구청장이 속한 영등포구가 되므로 영등포구는 여의도 광장에서 차량진입으로 일어난 인신사고에 관하여 「국가배상법」 제6조 소정의 비용부담자로서 손해배상책임이 있다고 하였다. 사안의 경우 도로관리청은 X도로 관리사무를 A광역시로부터 위임을 받은 B구청장이다. 따라서 B구가 형식적 비용부담자 및 실질적 비용부담자로서 손해배상책임주체가 된다.

라. 최종적 손해배상책임자

사무귀속주체와 비용부담자가 다른 경우 양쪽 모두 피해자에게 배상책임을 지며,「국가배상법」제6조 제2항에 따라 손해를 배상한 자는 손해를 배상할 책임이 있는 자에게 구상할 수 있다. 이 때 누가 내부관계에서 손해를 배상할 책임이 있는지에 대해 판례는 사무귀속주체가 최종적 손해배상책임자가 된다고 본다. 판례에 따를 경우 A광역시가 최종적 손해배상책임자가 된다.

4. 소 결

사안의 경우 X도로에 대한 손해배상책임주체는 사무귀속주체로서 배상책임자는 A광역시, 비용부담자로서 배상책임자는 B구가 된다. 따라서 양자 모두 국가배상청구의 피고가 된다.

II. 설문 (2)에 대하여: 피고 주장의 당부

1. 쟁점의 소재

피고가 甲과 乙에 대하여「국가배상법」제5조 제1항에 따라 손해배상책임이 인정되는지와 관련하여 X도로의 도로소음이 공공의 영조물의 기능적 하자이고, 그 기능적 하자가 甲과 乙의 수인한도 여부를 초과하는지 검토한다.

2. 피고의 甲과 乙에 대한 배상책임 성립 여부

가. 배상책임의 성립요건

「국가배상법」제5조 제1항은 도로·하천 기타 공공의 영조물의 설치 또는 관리에 하자로 인하여 타인에게 손해를 발생하게 하였을 때에는 국가 또는 지방자치단체는 그 손해를 배상하여야 한다고 규정한다.

나. X도로가 공공의 영조물인지

「국가배상법」제5조에서 말하는 영조물이란 국·공유나 사유임을 불문하고 행정주체에 의하여 특정 공공의 목적에 공여된 유체물 또는 물적 설비, 즉 강학상 공물을 의미한다.

사안의 경우 X도로는 일반 공중의 사용에 제공된 물건으로 공공용물에 해당하며, 일반 공중의 통행이라는 공적 목적에 제공되기 위하여 인위적으로 가공된 물건으로 인공공물에 해당하므로 강학상 공물에 해당한다. 따라서 X도로는 공공의 영조물이다.

다. 기능적 하자의 존재 여부

(1) 기능적 하자가 영조물의 하자인지

「국가배상법」제5조 제1항의 영조물의 하자는 일반적으로 공물이 통상적으로 갖추어야 할 안전성을 결여한 상태를 말한다. 판례는 일반적 하자와 더불어 "영조물이 공공의 목적에 이용됨에 있어 그 이용 상태 및 정도가 일정한 한도를 초과하여 제3자에게 사회통념상 수인할 것이 기대되는 한도를 넘는 피해를 입히는 경우까지 포함된다고 보아야한다."라고 하여 기능적 하자의 개념을 수용하고 있다.

(2) 기능적 하자의 수인한도 판단 기준

영조물의 설치 또는 하자에 관한 제3자의 수인한도의 기준을 결정함에 있어서는 일반적으로 침해되는 권리나 이익의 성질과 침해의 정도뿐만 아니라 침해행위가 갖는 공공성의 내용성과 정도, 그 지역 환경의 특수성, 공법적인 규제에 의하여 확보하려는 환경기준, 침해를 방지 또는 경감시키거나 손해를 회피할 방안의 유무 및 그 난이 정도 등 여러 사정을 종합적으로 고려하여 사안에 따라 개별적으로 판단하여야 한다.

(3) 사안의 경우

甲은 X도로 건설 이전인 2005. 1. 1.부터 X도로와 인접한 지역에 거주한 자로서 2005. 1. 1.부터 2010. 5. 10.에 X도로의 건설이 이루어지고 X도로의 소음이 발생할 것이라는 것을 거주시점부터 예상하기는 어렵다고 보인다. 따라서 도로소음에 의한 침해행위는 甲이 X도로 인접 지역에 거주하면서 받지 않았던 침해를 겪게 되는 것으로 공공성의 침해정도가 크다고 판단된다. 또한 X도로가 완성되고 실제 도로로 사용되기 이전에는 도로소음의 정도를 정확히 알지 못하므로 도로에 의한 침해를 방지 또는 경감시키거나 손해를 회피할 방안을 미리 준비하기 어려울 것이다. 그러므로 甲에게 수인한도를 넘는 X도로의 기능적 하자가 인정된다.

한편 乙은 X도로 건설 이후인 2014. 5. 1.에 X도로 인접지역으로 이주한 자이다. 따라서 X도로 인접 주거지역에 도로에 의한 소음이 발생하는 것은 2014. 5. 1.당시 해당 지역의 특수성으로 볼 수 있고 이는 어렵지 않게 乙이 예상할 수 있었을 것이다. 또한, X도로에 의해 발생하는 소음에 의한 손해를 회피할 방안을 이주 이전에 마련할 수 있었을 것이다. 그러므로 乙에게 수인한도를 넘는 X도로의 기능적 하자를 인정하기 어렵다고 판단된다.

라. 타인의 손해 발생 여부

영조물의 설치·관리의 하자로 타인에게 손해가 발생하여야 하며 하자와 손해사이에 인과관계가 있어야 한다. 사안의 경우 甲과 乙은 X도로의 소음으로 인하여 정상적인 생활이 곤란할 정도의 생활상 및 정신적 피해가 발생하는 손해가 인정된다.

3. 소 결

甲에 대한 배상책임은 인정되고, 乙의 경우 기능적 하자가 인정되지 않으므로 배상책임이 인정되지 않을 것이다. 따라서 피고의 주장은 타당하다.

| 강 평 |

1. 설문 (1)에 대하여

(1) 답안은 전체적으로 적절한 체계로 잘 구성되었다고 생각된다. 핵심 쟁점인 국가배상법상 손해배상책임의 주체와 관련하여 사무귀속주체와 비용부담자를 검토한 것도 적절하다고 생각된다.

(2) 다만 아쉬운 점은 답안에서 B구를 실질적 비용부담자로 보았는데, 법령상 사무를 위임할 경우 비용도 지급하도록 되어 있어 위임자를 실질적 비용부담자, 수임자를 형식적 비용부담자로 보는 것이 일반적이다. B구는 형식적 비용부담자로 보아야 하는 것이 아닌지 의문이다. 국가배상법상 비용부담자에 대해, 실질적 비용부담자를 의미하는지 아니면 형식적 비용부담자를 의미하는지, 둘 다 의미하는 것인지에 대한 학설의 대립이 있는데 이에 대한 소개가 없는 점도 아쉬운 부분이다.

(3) 최종적 손해배상책임자와 관련하여서는 판례가 사무귀속주체를 최종적 비용부담자로 보고 있다고 하면서 그에 따라 결론을 내리고 있는데, 이 쟁점에 대하여는 학설의 대립이 있고 판례의 태도에 대하여도 다양한 견해가 있으므로 그에 대한 소개가 있었어야 한다고 본다.

2. 설문 (2)에 대하여

(1) 답안은 전체적으로 적절한 체계로 잘 구성되었다고 생각된다. 다만 기능적 하자와 관련하여 학설에서는 '간접손실로 보아야 한다는 견해', '수용적 침해보상으로 보아야 한다는 견해' 등이 있으므로 이에 대한 소개가 있었으면 더욱 훌륭한 답안이 되었을 것으로 생각된다.

(2) 답안은 결론에 있어서 '乙의 예상가능성'을 들어 기능적 하자를 부정하였다. 판례의 기본적인 태도에 부합한다. 다만 판례는 '일반인이 공해 등의 위험지역으로 이주하여 거주하는 경우라고 하더라도 위험에 접근할 당시에 그러한 위험이 존재하는 사실을 정확하게 알 수 없는 경우가 많고, 그 밖에 위험에 접근하게 된 경위와 동기 등의 여러 가지 사정을 종합하여 그와 같은 위험의 존재를 인식하면서도 위험으로 인한 피해를 용인하면서 접근하였다고 볼 수 없는 경우에는 손해배상액의 산정에 있어 형평의 원칙상 과실상계에 준하여 감액사유로 고려하여야 한다(대법원 2010. 11. 25. 선고 2007다74560 판결).'고 보고 있는 점도 언급하였더라면 더욱 훌륭한 답안이 되었을 것으로 생각된다.

| **제3문** | A광역시 시장은 A광역시의 B구와 C구의 일대를 포함하는 P지역을 국제교류복합지구로 지정하였고, 토지이용규제 기본법 제8조제2항에 따라 B구의 구청장과 C구의 구청장에게 지구단위계획 결정, 지형도면 고시에 관한 사항 및 고시예정일 등을 통보하였다. B구의 구청장은 통보받은 사항을 같은 조 제3항에 따라 국토이용정보체계에 등재하여 일반 국민이 볼 수 있도록 조치하였다. 그러나 C구의 구청장은 국토이용정보체계 등재를 보류·지연하고 있다. 이 경우 A광역시 시장이 C구 구청장의 등재 보류·지연에 대하여 지방자치법 상 취할 수 있는 행정적 통제수단을 검토하시오. (20점)

〖**참조조문**〗 현행 법령을 사례해결에 적합하도록 수정하였음

「**토지이용규제 기본법**」

제8조(지역·지구등의 지정 등) ① 특별시장, 광역시장, 도지사가 지역·지구등을 지정하는 경우에는 지형도면을 작성하여 그 지방자치단체의 공보에 고시하여야 한다.

② 특별시장, 광역시장, 도지사는 제1항에 따라 지형도면등의 고시를 하려면 관계 시장·군수 또는 구청장에게 관련 서류와 고시예정일 등 대통령령으로 정하는 사항을 미리 통보하여야 한다.

③ 제2항에 따라 통보를 받은 시장·군수 또는 구청장은 그 내용을 국토이용정보체계에 등재하여 지역·지구등의 지정 효력이 발생한 날부터 일반 국민이 볼 수 있도록 하여야 한다.

제12조(국토이용정보체계의 구축·운영 및 활용) ① 국토교통부장관, 특별시장, 광역시장, 도지사는 국토의 이용 및 관리 업무를 효율적으로 추진하기 위하여 국토이용정보체계를 구축하여 운영할 수 있다.

② 국토교통부장관, 특별시장, 광역시장, 도지사는 국토이용정보체계를 통하여 지역·지구등의 지정에 관한 사항을 일반 국민에게 제공할 수 있다.

제23조(권한의 위임) 국토교통부장관, 특별시장, 광역시장, 도지사는 제12조제1항의 국토이용정보체계의 구축·운영 및 활용에 관한 권한의 일부를 시장·군수·구청장에게 위임할 수 있다.

Ⅰ. **쟁점의 정리**

Ⅱ. **국토이용정보체계 등재사무의 법적 성질**
　1. 기관위임사무와 자치사무의 의의
　2. 기관위임사무와 자치사무의 구별
　3. 사안의 경우

Ⅲ. **A광역시장의 C구청장에 대한 지방자치법상 행정적 통제수단**

　1. A광역시장의 C구청장에 대한 지도·감독 가능 여부
　2. A광역시장 C구청장에 대한 위법·부당한 명령·처분의 시정 가능 여부
　3. A광역시장의 C구청장에 대한 직무이행명령 가능 여부

Ⅳ. **사안의 해결**

Ⅰ. 쟁점의 정리

A광역시 시장의 지방자치법상 행정적 통제수단을 검토하기 위하여 국토이용정보체계 등재 사무가 기관위임사무인지 국토이용정보체계 등재사무의 법적성질을 검토하고, 국토이용정보체계 등재사무가 기관위임사무라면 지방자치법상 지도·감독, 시정명령과 취소 및 정지, 직무이행명령 등을 할 수 있는지 검토한다.

Ⅱ. 국토이용정보체계 등재사무의 법적 성질

1. 기관위임사무와 자치사무의 의의

기관위임사무란 국가 또는 다른 지방자치단체 등으로 부터 당해 지방자치단체의 기관에 위임된 사무를 의미한다. 자치사무란 지방자치단체가 자신의 고유한 업무로서 자기책임 하에 처리하는 사무를 말한다.

2. 기관위임사무와 자치사무의 구별

지방자치단체의 장이 처리하는 사무가 자치사무인지 아니면 기관위임사무에 해당하는지 여부를 판단함에 있어서는 그에 관한 법령의 규정형식과 취지를 우선 고려하여야 한다. 다만 권한 규정이 불분명한 경우에는 전국적으로 통일적인 처리가 요구되는 사무인지 여부, 비용부담, 수입규정 및 감독규정, 그 밖에「지방자치법」제9조와 제11조의 예시규정을 함께 고려하여 종합적으로 판단하여야 한다.

3. 사안의 경우

사안의 경우「토지이용규제 기본법」제12조 제1항에서 광역시장은 국토의 이용 및 관리 업무를 효율적으로 추진하기 위하여 국토이용체계를 구축하여 운영할 수 있다고 규정하고 있고, 동조 제2항에서 광역시장은 국토이용정보체계를 통하여 지역·지구 등의 지정에 관한 사항을 일반 국민에게 제공할 수 있다고 규정하는 바 국토이용정보체계 관련 사무는 A광역시의 사무에 해당된다고 판단된다.

또한, 동법 제23조에서 광역시장은 국토이용정보체계의 구축·운영 및 활용에 관한 권한의 일부를 구청장에게 위임할 수 있다고 규정한다. 따라서 사안의 경우 A광역시장이 C구청장에게 국토이용정보체계 등재 사무를 위임한 것으로 볼 수 있다. 그러므로 C구청장 입장에서 국토이용정보체계 등재 사무는 기관위임사무에 해당된다고 보인다.

Ⅲ. A광역시장의 C구청장에 대한 지방자치법상 행정적 통제수단

1. A광역시장의 C구청장에 대한 지도·감독 가능 여부

「지방자치법」제167조 제2항은 시·군 및 자치구나 그 장이 위임받아 처리하는 시도의 사무에 관하여는 시·도지사의 지도·감독을 받는다고 규정한다. 따라서 사안의 경우 국토정보이용체계 등재 사무를 위임받은 C구청장의 등재 보류·지연에 대해 A광역시장이 지도·감독을 통하여 통제할 수 있다.

2. A광역시장 C구청장에 대한 위법·부당한 명령·처분의 시정 가능 여부

「지방자치법」 제169조 제1항은 지방자치단체의 사무에 관한 그 장의 명령이나 처분이 법령에 위반되거나 현저히 부당하여 공익을 해친다고 인정되면 시·군 및 자치구에 대하여는 시·도지사가 기간을 정하여 서면으로 시정할 것을 명하고, 그 기간에 이행하지 아니하면 이를 취소하거나 정지할 수 있다고 규정한다. 해당 규정에서 '지방자치단체의 사무'는 자치사무와 단체위임사무를 의미하고, 사안의 경우 국토이용정보체계 등재 사무는 기관위임사무이므로 A광역시장은 C구청장의 등재 보류·지연에 대해 시정명령을 내리거나 취소·정지 할 수 없다.

3. A광역시장의 C구청장에 대한 직무이행명령 가능 여부

「지방자치법」 제170조 제1항은 지방자치단체의 장이 시·도위임사무의 관리와 집행을 명백히 게을리 하고 있다고 인정되면 시·군 및 자치구에 대하여 시·도지사가 기간을 정하여 서면으로 이행할 사항을 명령할 수 있다고 규정한다. 따라서 사안의 경우 C구청장의 등재 보류·지연은 A광역시장으로부터의 기관위임사무를 명백히 게을리 하고 있다고 인정되는 바 A광역시장이 기간을 정하여 서면으로 C구에 대하여 A광역시장으로부터 통보받은 사항을 국토이용정보체계에 등재할 것을 명령할 수 있다.

또한, 동조 제2항에서 시·도지사는 해당 지방자치단체의 장이 제1항의 기간에 이행명령을 이행하지 아니하면 그 지방자치단체의 비용부담으로 대집행하거나 행정상·재정상 필요한 조치를 할 수 있다고 규정한다. 따라서 C구청장이 A광역시장의 등재이행명령을 이행하지 아니하면 A광역시장은 C구의 비용부담으로 대집행하거나 행정상·재정상 필요한 조치를 할 수 있다.

Ⅳ. 사안의 해결

국토이용정보체계 등재 사무는 기관위임사무이므로 A광역시장은 C구청장에게 등재 보류·지연에 대해 「지방자치법」 제167조 제2항에 따른 지도·감독, C구에게 제170조 제1항에 따른 이행명령을 통해 행정적 통제를 할 수 있다.

　　답안은 전체적으로 보아 적절한 체계로 잘 작성되었다고 생각된다. 특히 법령의 규정형식과 취지에 기초하여 사안의 등재사무를 'A 광역시'의 사무로 본 것은 적절하다고 생각된다. 지방자치법은 '자치사무 및 단체위임사무'와 '기관위임사무'에 대해 행정적 통제수단을 달리 하고 있는데 이에 대하여 아주 적절히 검토하고 있다고 생각된다. 그 밖에 답안에 대해 특별히 언급할 부분은 찾지 못하였다.

〈총 평〉

1. 사안은 '제1문 총장임용후보자와 관련된 사례(50점)', '제2문 도로 소음과 관련된 사례(30점)', '제3문 토지이용규제기본법상의 등재사무와 관련된 사례(20점)'로 구성되었다. 이 중 '도로 소음과 관련된 부분'은 행정법 강의에서 언급되는 부분이지만 '총장임용후보자와 토지이용규제기본법과 관련된 부분'은 행정법 강의에서 잘 다루지 않는 부분이어서 수험생들이 매우 당황하였을 것으로 생각된다.

　그나마 '토지이용규제기본법과 관련된 사례'는 지방자치법상 통제수단과 관련된 부분으로서 지방자치법에서 강의되는 부분이므로 답안 작성에 다소나마 어려움이 줄어들었을 것으로 생각된다. 한편, '총장임용후보자와 관련된 사례'는 최신 판례를 기초로 한 것이고 배점도 50점으로 큰 부분을 차지하고 있어서 답안 작성에 매우 고생하였을 것으로 생각된다.

2. 답안을 보면 제3문의 경우 매우 잘 작성되었다고 생각되고, 제2문의 경우 학설이나 판례의 소개가 다소 미흡하지만 그래도 잘 작성된 답안으로 생각된다.

　한편 제1문의 경우 중요 쟁점이 누락되거나 혹은 학설 판례의 소개가 다소 미흡한 점이 있다고 생각된다. 제1문의 경우 사례 자체가 생소하고 쟁점에 대한 사안의 해결 또한 법률적 지식을 바탕으로 나름대로 구성하여야 문제였기 때문에 어쩔 수 없지 않았나 생각된다. 강평자가 수험생의 입장에서 작성하더라도 쉽게 작성할 수 없을 정도라고 생각된다. 특히 관련 판례를 모를 경우 작성이 쉽지 않았을 것으로 생각된다. 제1문의 경우 답안 작성이 어려운 문제라고는 생각되지만 문제의 측면에서 보면 수험생의 법률 지식을 평가하기에 매우 좋은 문제였다고 생각된다.

| 제1문(50점) |

甲은 「민사집행법」에 따른 강제경매절차를 통하여 乙이 소유·경영하던 지상 건물1동과 같은 건물에 설치된 「공중위생관리법」상 공중위생영업으로서 신고업인 X미용업시설(이하 "미용업소"라 함) 일체를 경락받아 2018. 5. 3. 대금을 완납하고, 같은 달 10일 관할시장 A에게 미용업자 지위승계신고를 하여 같은 달 14일자로 수리되었으며, A는 수리된 그 다음날 甲에게 그 사실을 통지하였다. 그런데 乙이 2018. 5. 2. 자신이 경영하던 X미용업소 내에서 「공중위생관리법」 제4조에서 금하는 공중위생업자의 위생관리의무 위반행위에 해당하는 점빼기·문신 등을 시술하던 중 단속 공무원에게 적발되어 A는 乙의 지위승계를 이유로 같은 달 30일 甲에게 「공중위생관리법」 제11조 제1항 제4호 및 동법 시행규칙 제19조에 근거하여 영업정지처분(2개월)을 하였다. 그러자 乙은 이 기회에 영업지위승계 그 자체의 위법성을 주장하여 甲으로부터 일정한 금전을 편취할 목적으로, 그리고 甲은 X미용업소의 계속성을 유지하기 위해, 乙과 甲은 각각 A를 상대로 법적 쟁송수단을 준비하고 있다.

【참조법령】

「공중위생관리법」 제3조의2(공중위생영업의 승계)

① (생략)

② 민사집행법에 의한 경매, 「채무자 회생 및 파산에 관한 법률」에 의한 환가나 국세징수법·관세법 또는 「지방세징수법」에 의한 압류재산의 매각 그 밖에 이에 준하는 절차에 따라 공중위생영업 관련시설 및 설비의 전부를 인수한 자는 이 법에 의한 그 공중위생영업자의 지위를 승계한다.

「공중위생관리법」 제11조(공중위생영업소의 폐쇄 등)

① 시장·군수·구청장은 공중위생영업자가 다음 각 호의 어느 하나에 해당하면 6월 이내의 기간을 정하여 영업의 정지 또는 일부 시설의 사용중지를 명하거나 영업소폐쇄 등을 명할 수 있다. (단서 생략)

1. ~ 3. (생략)

4. 제4조에 따른 공중위생업자의 위생관리의무 등을 지키지 아니한 경우

「공중위생관리법」 제11조의2(과징금처분)

① 시장·군수·구청장은 제11조제1항의 규정에 의한 영업정지가 이용자에게 심한 불편을 주거나 그 밖에 공익을 해할 우려가 있는 경우에는 영업정지처분에 갈음하여 1억원 이하의 과징금을 부과할 수 있다. (단서 생략)

(1) A가 甲에 대하여 영업정지처분을 할 수 있는지 여부를 검토하시오. (20점)

Advice

1. 사안의 甲은 乙의 지위를 승계한 양수인에 해당하며, 乙은 영업 양도인에 해당한다. 甲이 영업지위승계를 함에 따라 행정제재사유도 승계하는지 문제된다. 甲이 양도인乙의 행정제재사유를 승계한다면 A가 甲에 대해 영업정지처분을 할 수 있다. 학설 및 판례 논의에 따라 행정제재사유가 甲에게 승계된다.

2. 행정제재사유 승계가능 여부를 검토하기에 앞서 설문 (1)의 배점을 고려하고, 행정제재가 처분에 해당되어야 구체적인 권리·의무에 변동이 생겨 제재사유 승계를 다투는 이유가 된다는 점 및 설문 (3)과의 연관성을 고려하여 영업정지처분이 처분성을 의 법적 성질을 검토한다. 영업정지처분은 부작위 하명이고, 주어진 법조문에 의할 때 재량행위에 해당한다.

답안구성 예

Ⅰ. **쟁점의 정리**

Ⅱ. **영업정지처분의 법적성질**
   1. 부작위하명인지
   2. 재량행위인지

Ⅲ. **甲의 乙에 대한 행정제재사유 승계가능 여부**
   1. 문제점
   2. 학설
   3. 판례
   4. 검토
   5. 사안의 경우

Ⅳ. **소결**

(2) 한편, A는 甲의 지위승계신고에 응한 수리행위를 함에 있어서 乙에 대해 「행정절차법」 제21조 및 제22조상의 사전통지·의견제출 절차를 밟아야 하는지 여부를 법리적으로 검토하시오. (15점)

Advice

1. 우선 지위승계신고와 그 수리의 법적성질을 검토하여 지위승계신고수리가 양도인에게 행정절차법 제21조에서 규정하는 당사자에게 의무를 부과하거나 권익을 제한하는 처분인지를 검토한다. 그리고 지위승계신고수리가 양도인에게 행정절차법상 사전통지·의견제출을 거쳐야 하는지와 관련하여 사전통지·의견제출(청문)의 예외 사유인지와 판례의 입장을 검토한다.

2. 지위승계신고는 행정요건적 신고에 해당하며 그 수리는 처분성이 인정된다. 또한 판례에 따를 경우 지위승계신고수리는 양수인에 대한 권리설정행위이고 양도인에 대한 사업허가취소에 해당하며 양도인 乙에게 사전통지·의견제출 절차가 필요하다.

Ⅰ. 쟁점의 정리

Ⅱ. 지위승계신고와 그 수리의 법적 성질

  1. 지위승계신고수리의 법적 성질

  2. 지위승계신고수리의 법적 성질

Ⅲ. 乙에 대한 사전통지·의견제출 절차 필요여부

1. 행정절차법 제21조 및 제22조의 규정

2. 사전통지 및 의견제출의 예외사유 인지

3. 판례의 입장

4. 사안의 검토

Ⅳ. 소 결

---

(3) 甲이 「공중위생관리법」 제11조 제1항에 따른 미용업 영업정지처분에 대한 취소쟁송을 통해 그에 갈음하는 동법 제11조의2 제1항에 규정된 과징금처분을 받으려고 할 경우 어떠한 취소쟁송을 선택하여야 할지에 관해 검토하시오. (15점)

Advice

1. 甲이 제기 가능한 취소쟁송은 크게 행정심판과 행정소송으로 나누어진다. 행정소송법 제4조 제1호의 취소소송에서의 '변경'은 소극적 변경에 해당하여 판결을 통해 영업정지처분을 과징금으로의 변경을 기대할 수 없다. 취소소송에서의 '변경'의 의미에 대해 학설과 판례의 논의를 검토한다.

2. 이와 별도로 인용판결이 나온 경우 기속력에 의한 재처분 의무에 의해 과징금처분을 받을 가능성이 있다고 검토 할 수 있다. 하지만 행정심판법 제5조 제1호의 취소심판에서의 변경은 적극적 변경을 의미하므로 영업정지처분을 과징금처분으로의 변경재결을 받을 가능성이 있다고 검토 가능하다. 또는 취소재결에 따른 재처분 의무에 의해 과징금처분 받을 가능성도 함께 적시한다.

Ⅰ. 쟁점의 정리

Ⅱ. 영업정지처분 취소소송

  1. 문제점

  2. 취소소송에서의 변경의 의미

  3. 인용판결 받은 경우

  4. 사안의 검토

Ⅲ. 영업정지처분 취소심판

  1. 문제점

  2. 취소심판에서 변경의 의미

  3. 취소재결 받은 경우

  4. 사안의 검토

Ⅳ. 소 결

| 제2문(30점) |

「공공기관의 운영에 관한 법률」에 의한 시장형 공기업인 A사는 민간기업인 B사로부터 원자력발전소 발전설비를 납품받는 계약을 체결하였다. B사는 하수급업체인 C사로부터 발전설비에 들어가는 부품에 대한 시험성적서 등을 받아서 A사에 제출하였다. 그런데 A사는 위 시험성적서 중 일부가 위·변조 의심 문서라고 판단하고, B사가 '입찰 또는 계약에 관한 서류를 위조·변조한 자'에 해당한다는 이유로 A사가 실시하는 입찰에 6개월간 참가를 제한하는 입찰참가자격제한조치를 하였다.

위 입찰참가자격제한조치서에는 "「공공기관의 운영에 관한 법률」 제39조, 「공기업·준정부기관 계약사무규칙」 제15조 및 「국가를 당사자로 하는 계약에 관한 법률」 제27조 제1항 제8호 가목에 따라 아래와 같이 귀사의 입찰참가자격제한을 결정하여 알려드리며, 이에 대해서는 「공기업·준정부기관계약사무규칙」 제17조에 따른 이의신청, 「행정심판법」에 따른 행정심판, 「행정소송법」에 따른 행정소송의 제기가 가능하니 참고하시기 바랍니다."라고 기재되어 있다. 참고로 이들 청구가 가능한 청구기간(제소기간)에 관한 내용은 위 문서에 포함되어 있지 않다.

【 참조법령 】

「공공기관의 운영에 관한 법률」 제39조(회계원칙 등)

① (생략)

② 공기업·준정부기관은 공정한 경쟁이나 계약의 적정한 이행을 해칠 것이 명백하다고 판단되는 사람·법인 또는 단체 등에 대하여 2년의 범위 내에서 일정기간 입찰참가자격을 제한할 수 있다.

③ 제1항과 제2항의 규정에 따른 회계처리의 원칙과 입찰참가자격의 제한기준 등에 관하여 필요한 사항은 기획재정부령으로 정한다.

「공기업·준정부기관계약사무규칙」(기획재정부령) 제15조(부정당업자의 입찰참가자격제한) 법제39조제3항에 따라 기관장은 공정한 경쟁이나 계약의 적정한 이행을 해칠 것이 명백하다고 판단되는 자에 대해서는 「국가를 당사자로 하는 계약에 관한 법률」 제27조에 따라 입찰참가자격을 제한할 수 있다.

「공기업·준정부기관계약사무규칙」 제17조(이의신청)

① 「국가를 당사자로 하는 계약에 관한 법률 시행령」 제110조제1항 각 호의 구분에 따른 금액 이상의 공기업·준정부기관 조달계약 과정에서 해당 기관장 또는 계약담당자로부터 다음 각 호의 어느 하나에 해당하는 사항으로 인하여 불이익을 받은 자(이하 이 조에서 "이의신청인"이라 한다)는 그 행위의 취소 또는 시정을 위하여 해당 기관장에게 이의신청을 할 수 있다.

1. 국제입찰에 의한 공기업·준정부기관 조달계약의 범위와 관련된 사항

2. 입찰참가자격과 관련된 사항

3. (이하 생략)

② 제1항에 따른 이의신청인은 이의신청의 원인이 되는 행위가 있었던 날부터 15일 이내 또는 그 행위가 있었던 것을 안 날부터 10일 이내에 해당 기관장에게 이의신청을 하여야 한다.

「국가를 당사자로 하는 계약에 관한 법률」 제27조(부정당업자의 입찰 참가자격 제한 등) ① 각 중앙관서의 장은 다음 각 호의 어느 하나에 해당하는 자(이하 "부정당업자"라 한다) 에게는 2년 이내의 범위에서 대통령령으로 정하는 바에 따라 입찰 참가자격을 제한하여야 하며, 그 제한사 실을 즉시 다른 중앙관서의 장에게 통보하여야 한다. 이 경우 통보를 받은 다른 중앙관서의 장 은 대통령령으로 정하는 바에 따라 해당 부정당업자의 입찰 참가자격을 제한하여야 한다.
1. 계약을 이행함에 있어서 부실·조잡 또는 부당하게 하거나 부정한 행위를 한 자
2. ~ 7. (생략)
8. 그 밖에 다음 각 목의 어느 하나에 해당하는 자로서 대통령령으로 정하는 자
가. 입찰·계약 관련 서류를 위조 또는 변조하거나 입찰·계약을 방해하는 등 경쟁의 공정한 집행 을 저해할 염려가 있는 자

(1) 위 입찰참가자격제한조치의 법적 성질을 논하고 B사가 이 조치에 대해서 불복할 수 있는 수 단 및 이러한 수단들이 허용되는 청구기간(제소기간) 에 관하여 논하시오. (단, 잠정적인 권 리구제수단에 대해서는 논하지 않음) (20점)

Advice

1. 입찰참가자격제한조치의 법적성질과 관련하여 입찰참가자격제한조치가 처분이고 재량행위임을 검토한다. 처분성 여부에서 공기업·준정부기관의 제재조치에 대한 판례(대법원 2018. 10. 25. 선고 2016두33537 판결) 의 처분성 판단기준의 입장을 언급하는 것이 필요해 보인다.

2. B사가 불복할 수 있는 수단 및 제소기간과 관련하여 「공기업·준정부기관계약사무규칙」(이하 '사 무규칙'이라 한다) 이 시행규칙으로 법규명령에 해당함을 언급할 필요가 있다. '사무규칙'의 법규 성이 인정되므로 이의신청과 이의신청 가능기간이 의미가 있기 때문이다. 한편, B사가 제기할 수 있는 불복수단은 이의신청, 행정심판, 행정소송 등이 있다.

3. 또한 '사무규칙'에 따른 이의신청이 특별행정심판인지 진정에불과한지에 따라 행정심판의 청구 기간과 행정소송의 제소기간이 달라지므로 이의신청의 법적성질을 검토한다. 사안의 이의신청은 '사무규칙' 규정에 따를 때 해당 기관장에게 이의신청을 제기하므로 진정에 불과하다. 따라서 이 의신청은 입찰참가자격제한조치가 있었던 날부터 15일 이내에 하여야 하고, 행정심판은 입찰참 가자격제한조치가 있었던 것을 안날부터 90일 이내(행정심판법 제에 청구하여야 한다. 행정소송 의 경우 행정심판을 거치지 않았다면 입찰참가자격제한조치가 있음을 안날부터 90일 이내(행정 소송법 제20조)에, 행정심판을 거쳤다면 재결서 정본을 송달받은 날부터 90일 이내에 제기한다.

Ⅰ. **쟁점의 정리**

Ⅱ. **입찰참가자격제한조치의 법적 성질**

1. 처분성 여부
2. 재량행위인지

Ⅲ. **B사가 불복할 수 있는 수단**

1. 문제점
2. '사무규칙'의 법적 성질
3. 이의신청의 법적 성질과 이의신청
   제기 가능 여부

4. 행정심판 제기 가능 여부
5. 행정소송 제기 가능 여부

Ⅳ. **불복수단들이 허용되는 청구기간, 제
   소기간**

1. 이의신청의 경우
2. 행정심판의 경우
3. 행정소송의 경우

Ⅴ. **소 결**

---

(2) 위 입찰참가자격제한조치에 대해서 사전통지가 이루어지자 B사가 의견제출기한 내에 청문
절차를 거칠 것을 신청한 경우 A사는 이에 응해야 하는지에 관하여 논하시오. (10점)

Advice

행정절차법 제22조 제1항은 청문을 시행하는 경우를 규정하므로 불이익한 처분을 하는 경우 반드
시 청문을 실시해야 하는 것은 아니다. 사안의 입찰참가자격제한조치는 행정절차법 제22조 제1항
제3호 나목에 해당된다고 판단되므로 해당 조항에 따라 당사자등의 신청이 있는 경우 청문을 한다.
다만, 동조 제4항에 해당하는 경우 청문을 실시하지 않을 수 있다. 따라서 행정절차법의 청문의 예
외사유를 활용하여 '청문에 응해야한다' 혹은 '응하지 않을 수 있다'를 논리적으로 답하는 것이 필요
하다.

Ⅰ. **쟁점의 정리**

Ⅱ. **청문에 응해야 하는지 여부**

1. 청문의 의의
2. 청문의 적용범위

3. 청문의 예외사유
4. 사안의 경우

Ⅲ. **소 결**

「공익사업을 위한 토지 등의 취득 및 보상에 관한 법률」상 이주대책대상자의 이주대책상의 권리취득시기와 그에 따른 권리구제 수단에 관하여 논하시오.

Advice

1. 이주대책의 의의 및 성질을 적시하고, 이주대책대상자의 수분양권의 성립시기에 관한 판례의 다수의견 및 반대의견 각 의견에 따라 이주대책대상자의 권리취득시기와 그에 따른 권리구제 수단이 다르게 됨을 제시한다. 판례의 다수의견은 이주대책대상자의 수분양권이 이주자가 사업시행자에게 대책대상자 선정신청을 하고 사업시행자가 이를 받아들여 이주대책 대상자로 확인·결정하여야만 비로소 구체적인 수분양권이 발생한다고 본다.

2. 반면에 판례 반대의견은 「공익사업을 위한 토지 등의 취득 및 보상에 관한 법률」(이하 '토지보상법'이라 한다) 제78조의 규정에 의하여 당연히 이주자에게 구체적인 수분양권이 발생한다고 본다. 판례의 다수의견에 따를 경우 사업시행자의 이주대책 대상자 확인·결정은 행정처분으로 항고소송이 권리구제 수단이 되고, 반대의견에 따를 경우 이주대책 대상자 확인·결정은 행정처분이 아니므로 이주대책대상자는 공법상 당사자소송이 권리구제 수단이 된다.

답안구성 예

Ⅰ. 서 론

Ⅱ. 이주대책의 의의 및 성질
　1. 이주대책의 의의
　2. 이주대책의 성질

Ⅲ. 수분양권의 성립시기와 권리구제 수단
　1. 문제점
　2. 판례의 다수의견
　3. 판례의 반대의견

Ⅳ. 결 론

| 제1문 | 가구제조업을 운영하는 甲은 사업상 필요에 의해 자신이 소유하는 산림 50,000㎡ 일대에서 입목을 벌채하고자 산림자원의 조성 및 관리에 관한 법률 제36조 및 같은 법 시행규칙 제44조의 규정에 따라 관할 행정청 乙시장에게 입목벌채 허가를 신청하였다. 이에 대해서 인근 A사찰의 신도들은 해당 산림의 입목벌채로 인하여 사찰의 고적하고 엄숙한 분위기가 저해될 것을 우려하여 乙시장에게 당해 허가를 내주지 말라는 민원을 강력히 제기하였다.

그러나 乙시장은 甲의 입목벌채허가신청이 관계 법령이 정하는 허가요건을 모두 갖추었음을 이유로 입목벌채허가를 하였다. 다음 물음에 답하시오. (각 문항들은 상호 독립적임) (총 50점)

(1) 乙시장은 A사찰 신도들의 민원이 계속되자 甲에게 벌채허가구역 중 A사찰의 반대쪽 사면(斜面)에서만 벌채를 하도록 서면으로 권고하였다. 乙시장의 이러한 권고에 상당한 압박감을 느낀 甲은 乙시장의 서면권고행위의 취소를 구하는 소를 제기하였다. 이 소는 적법한가? (15점)

(2) A사찰 신도들의 민원이 계속되자 乙시장은 민원을 이유로 甲에 대한 입목벌채 허가를 취소하였고, 이에 대해 甲은 입목벌채허가취소처분 취소소송을 제기하였다. 乙시장은 취소소송 계속중에 A사찰이 유서가 깊은 사찰로 보존가치가 높고 사찰 인근의 산림이 수려하여 보호의 필요가 있다는 처분사유를 추가하였다. 이러한 처분사유의 추가가 허용되는가? (15점)

(3) 만약, 위 사례에서 乙시장이 A사찰 신도들의 민원을 이유로 甲에 대한 입목벌채허가를 거부하였다면, 乙시장의 불허가처분은 적법한가? (20점)

[참조조문] (현행 법령을 사례해결에 적합하도록 단순화하였음)

산림자원의 조성 및 관리에 관한 법률

제36조(입목벌채등의 허가 및 신고 등) ① 산림 안에서 입목의 벌채, 임산물의 굴취·채취를 하려는 자는 농림축산식품부령으로 정하는 바에 따라 특별자치시장·특별자치도지사·시장·군수·구청장이나 지방산림청장의 허가를 받아야 한다.

② 특별자치시장·특별자치도지사·시장·군수·구청장이나 지방산림청장은 국토와 자연의 보전, 문화재와 국가 중요 시설의 보호, 그 밖의 공익을 위하여 산림의 보호가 필요한 지역으로서 대통령령으로 정하는 지역에서는 제1항에 따른 입목벌채등의 허가를 하여서는 아니 된다. 다만, 병해충의 예방·구제

등 대통령령으로 정하는 사유로 입목벌채등을 하려는 경우에는 이를 허가할 수 있다.

③ 특별자치시장·특별자치도지사·시장·군수·구청장이나 지방산림청장은 제1항에 따른 입목벌채등의 허가신청을 받은 경우 벌채 목적과 벌채 대상의 적정성 등 농림축산식품부령으로 정하는 사항을 고려하여 그 타당성이 인정되면 입목벌채등을 허가하여야 한다.

산림자원의 조성 및 관리에 관한 법률 시행규칙

제44조(입목벌채의 허가) ② 특별자치시장·특별자치도지사·시장·군수·구청장 또는 지방산림청국유림관리소장은 제1항에 따른 신청을 받은 경우에는 다음 각 호의 사항을 조사·확인하여 허가를 하는 것이 타당하다고 인정되는 때에는 별지 제35호서식에 따른 허가증을 발급하여야 한다.

1. 벌채구역의 경계표시의 적정성 여부
2. 대상목의 선정 및 표시의 적정성 여부
3. 잔존시킬 입목의 선정 및 표시의 적정성 여부(모수작업만 해당한다)
4. 별표 3에 따른 기준벌기령, 벌채·굴취기준 및 임도 등의 설치기준에 적합한지 여부

Ⅰ. 설문 (1)

1. 문제의 소재

소제기가 적법하려면 처분 등을 대상으로 (「행정소송법」 제19조, 제2조 제1항 제1호), 법률상 이익이 있는 자가(제12조) 제소기간 내에(제20조) 처분청을 피고로 하여(제13조)필요한 절차를 거쳐(제18조) 관할 법원에(제9조) 제기해야 한다. 사안의 경우, 다른 소제기 요건은 문제 없어 보이나 乙시장의 서면 권고행위가 취소소송의 대상인 처분인지 문제된다. 서면권고 행위의 법적 성질을 검토하고, 취소소송의 대상인 처분인지 살펴본다.

2. 서면권고행위의 법적 성질

행정청이 어떠한 행정 목적을 위해 상대방에게 어떠한 행위를 하거나 하지 말 것을 지도, 권고하는 행위를 행정지도라고 한다. 乙시장의 서면권고 행위는 甲에게 A사찰의 반대쪽 사면에서만 벌채를 하도록 권고하는 것으로서 행정지도에 해당한다.

그런데 「산림자원의 조성 및 관리에 관한 법률」은 권고로 인해 직접 甲에게 어떠한 법률상의 효과가 발생한다고 규정하고 있지 아니하다. 따라서 이 사건 서면권고행위는 어떠한 법적 효과를 의도하는 것이 아닌 사실행위에 해당한다. 이와 같이 행정지도는 그 자체는 사실행위에 불과하다는 점에서 취소소송의 대상인 처분개념에 해당하는지 별도로 살필 필요가 있다.

3. 처분의 개념

(1) 문제점

「행정소송법」 제2조는 행정소송의 대상이 되는 처분에 대해 공권력의 행사 또는 그 거부에 '준하는 행정작용'이라고 규정하고 있다. 공권력의 행사 또는 그 거부란 행정행위의 또는 그 거부에 해당하는 것이 명백하나, '그 밖에 이에 준하는 행정작용'이라는 문언의 해석 및 범위에 대해 견해가 갈린다.

(2) 학 설

가. 일원설(실체법적 개념설)

이 견해는 취소소송을 위법하지만 일단 유효하게 성립한 행정행위의 법적 효력을 소급적으로 상실시키는 형성소송으로 보기 때문에, 취소소송의 대상은 공정력을 가지는 법적 행위인 행정행위에 한하여 인정된다고 하는 견해이다. 따라서 취소소송의 대상을 강학상의 행정행위로 제한하고, 사실행위와 같은 여타의 행정작용에 대해서는 일반적 이행소송을 당사자소송의 형태로 제기하여 그 '중지'나 '금지'를 요구하여야 한다고 주장한다.

나. 이원설(쟁송법적 개념설)

쟁송법적 개념설은 취소를 위법상태를 제거하는 것으로 이해한다. 따라서 취소판결에서의 취소는 행정행위에 대해서는 법적 효력을 상실시키는 행위를 갖고, 사실행위에 대해서는 위법상태를 배제하는 효력을 갖는다고 하여 취소소송의 대상을 사실행위에까지 넓히고 있다.

(3) 판 례

항고소송의 대상이 되는 행정처분이라 함은 행정청의 공법상의 행위로서 특정 사항에 대하여 법규에 의한 권리의 설정 또는 의무의 부담을 명하거나 기타 법률상 효과를 발생하게 하는 등 국민의 권리의무에 직접 관계가 있는 행위를 가리키는 것이라 하면서도, 행정처분에 해당하는 가는 그 행위의 성질, 효과 외에 행정소송제도의 목적 또는 사법권에 의한 국민의 권리보호의 기능도 충분히 고려하여 합목적적으로 판단되어야 한다면서 행정청의 어떤 행위가 행정처분과 같은 외형을 갖추고 있으며 상대방이 이를 행정처분으로 인식할 정도라면 그로 인하여 파생되는 국민의 불이익 내지 불안감을 제거시켜주기 위한 구제수단이 필요한 점에 비추어 상대방이 입는 불이익 내지 불안이 있는지 여부도 고려해야 한다고 하면서 처분의 개념을 넓히고 있다.

(4) 검토 및 사안의 경우

「행정소송법」제2조 제1항 제1호가 '그 밖에 이에 준하는 행정작용'이라는 문언을 포함한 취지와, 취소소송 위주의 소송실무를 고려할 때 전형적인 강학상 행정행위의 개념이 아니더라도 취소소송의 대상인 처분으로 보아야 할 것이다. 특히 항고소송의 목적이 위법한 처분으로부터 국민의 권익을 보호하려는 것임을 고려해야 한다. 따라서 쟁송법적 개념설이 타당하다.

사안의 경우, 乙시장의 서면권고행위는 행정지도로서, 전형적인 행정행위의 개념은 아니다. 그러나 당사자인 甲은 권고로 인해 압박감을 느끼고 있으며, 특히 乙시장이 처분권자라는 점에서 향후 허가가 취소될 불안에 처해있다. 따라서 이러한 압박감 내지 불안감을 제거시켜주기 위한 구제수단으로서의 취소소송의 필요성을 고려한다면 서면권고행위는 취소소송의 대상인 처분으로 보아야 한다.

3. 소 결

乙시장의 서면권고행위는 행정지도이며, 취소소송의 대상이다. 따라서 취소소송의 다른 소제기 요건을 갖춘 甲이 제기한 이 사건 소는 적법하다.

Ⅱ. 설문 (2)
1. 문제의 소재

소송 도중 처분의 적법성을 유지하기 위해 처분사유를 추가하는 것을 처분사유의 추가라고 한다. 이러한 처분사유 추가의 허용여부에 대해 우리 「행정소송법」에 규정이 없어 문제가 된다.

2. 처분사유 추가 허용 여부

(1) 처분사유 추가의 개념

처분사유란 처분의 사실적 이유와 법적 근거를 말한다. 행정청은 처분을 함에 있어서 처분사유를 구체적으로 명시하여야 하는데, 처분의 적법성을 유지하기 위해 소송 도중 행정청이 당초 사유 이외의 다른 사유를 추가하는 것을 처분사유 추가라 하며 허용여부에 대해 견해대립이 있다.

(2) 학 설

① 처분사유의 추가를 허용하면 처분 상대방에게 예기치 못한 불이익을 가져올 수 있으므로 상대방의 권익보호 차원에서 부정하는 견해, ② 처분사유의 추가가 허용되지 않는다면 무용한 처분과 절차가 반복되어 행정경제 및 소송경제에 반하므로 분쟁의 일회적 해결차원에서 긍정하자는 긍정설, ③ 처분사유의 기본적 사실관계의 동일성이 유지되는 범위 내에서 제한적으로 허용하자는 견해 등이 있다.

(3) 판 례

실질적 법치주의와 행정처분의 상대방인 국민에 대한 신뢰보호라는 견지에서 처분청은 당초 처분의 근거로 삼은 사유와 기본적 사실관계의 동일성이 있다고 인정되는 한도 내에서만 다른 사유를 추가할 수 있다고 하여 제한적 긍정설의 입장이다.

(4) 검 토

처분사유의 추가는 처분 상대방의 권익보호와 소송경제 양자의 상충 문제이다. 양자를 조화하는 관점에서, 기본적 사실관계의 동일성 여부를 기준으로 처분사유의 추가를 허용하는 제한적 긍정설이 타당하다.

3. 사안의 경우

(1) 기본적 사실관계 동일성 판단 기준

기본적 사실관계의 동일성 유무는 처분사유를 법률적으로 평가하기 이전의 구체적인 사실에 착안하여 그 기초가 되는 사회적 사실관계가 기본적인 점에서 동일한지 여부에 따라 결정된다고 한다. 그리고 기본적 사실관계의 동일성은 시간적·장소적 근접성, 행위의 태양·결과 등 제반 사정을 종합적으로 고려하여 개별 사안에 따라 구체적으로 판단하여야 한다.

(2) 사안의 경우

당초 처분사유인 '신도들의 민원'과 추가한 사유인 '사찰로서의 보존가치가 높고 인근 산림의 보호 필요성'이라는 사유는 거부사유의 취지나 장소적 동일여부 등을 고려할 때 사회적 사실관계가 동일하다고 할 수 없다. 따라서 처분청 乙시장이 기본적 사실관계가 동일하지 않은 별개의 사실을 들어 처분사유로 주장하는 것은 허용되지 아니한다.

4. 검토

추가한 사유가 기본적 사실관계가 동일하지 않은 사유이므로 허용되지 않는다. 따라서 법원은 당초 처분사유를 토대로 처분의 적법·위법을 판단해야 한다.

Ⅲ. 설문 (3)

1. 문제의 소재

신도들의 민원이 법령에 규정된 사유가 아닌데, 이를 근거로 거부할 수 있는지가 문제된다. 우선사안의 입목벌채 허가의 법적 성질을 살펴본다. 만일 재량행위라면 법령 외 사유를 들어 거부가 가능할 것이다. 다만 그러한 경우에도 그러한 거부처분에 재량의 일탈·남용이 없어야 할 것이다.

2. 입목벌채허가의 법적 성질

(1) 강학상 허가인지

강학상 허가란, 질서유지를 위해 일정한 행위를 법으로 금지시켰다가, 개인이 법에서 정한 요건을 충족시키는 경우에 금지를 해제시키는 행위를 말한다.

사안의 경우 자신이 소유하는 산림 내에서 입목벌채는 국민의 기본적 자유에 속하나, 산림자원의 보호 등 질서유지를 위해 일반적으로 벌채행위를 금지하였다가 요건 충족 시 그 금지를 해제하는 것으로서 강학상 허가이다.

(2) 재량행위인지 기속행위인지

가. 구별기준

판례는 근거법규의 체제, 형식, 문언 등을 고려하고, 당해 행정행위가 속하는 행정분야의 주된 목적과 특성 및 당해 행위 자체의 개별적 성질과 유형 등을 모두 고려하여 개별적으로 판단한다. 재량, 기속 여부는 판례와 같이 처분과 제반 사정을 종합적으로 살펴 판단함이 타당하다.

나. 사안의 경우

근거 법령인 「산림자원의 조성 및 관리에 관한 법률」 제36조 제3항의 문언이 "허가하여야 한다."고 하여 기속적으로 규정되어 있다. 그러나 허가를 위해서는 농림축산식품부령으로 정하는 사항을 고려하여 타당성이 인정되어야 하는데, 그 타당성 판단 시에는 벌채구역의 경계 표시 및 대상목의 선정 및 표시의 적정성 등을 고려해야 하며(법 시행규칙 제44조 제2항 제1호 및 제2호) 이러한 적정성 여부를 판단함에 있어서는 행정청의 공익 판단에 기한 재량의 여지가 인정된다고 보인다. 결국 입목벌채허가는 재량행위이다.

3. 재량의 일탈·남용 여부

(1) 문제점

사안의 입목벌채허가가 재량행위이므로 법령에 명시적인 규정이 없는 사유를 들어 거부하는 것도 가능하다. 그러나 그러한 사유가 재량의 일탈 및 남용이 아닌지는 별개의 문제이다. 이를 판단해본다.

(2) 재량의 일탈 및 남용이 있는지

우선 신도 민원만을 이유로 거부하는 것이 비례의 원칙에 반하는 것은 아닌지 살펴본다. 비례의 원칙이란 행정목적과 이를 실현하는 수단 사이에는 합리적인 비례관계가 있어야 한다는 원칙으로서 국민의 권리와 공익의 이익형량을 규정한 「헌법」 제37조 제2항에 근거를 두고 있다. 이러한 비례의 원칙은 적합성 원칙, 필요성 원칙, 상당성 원칙을 단계적으로 검토해야 한다.

사안의 경우, 적합성 및 필요성 원칙에는 부합할지 모르나, 입목벌채허가 거부로 침해되는 甲의 재산권 등 사익이 의도하는 공익보다 크다고 볼 여지가 크다. 특히 甲이 법률 및 이에 근거한 시행규칙에 규정된 요건을 모두 갖췄으므로 벌채행위가 유발하는 공익침해 행위가 적을 것임에도 민원만을 이유로 거부하는 것은 비례원칙에 반한다고 볼 수 있다.

뿐만 아니라 신도들의 민원은 법령에서 고려하는 사유와 연계성이 낮고, 이를 고려해야 할 필요성도 그다지 크지 않아 보인다. 이러한 점에서 乙시장의 거부는 목적위반 내지는 타사고려의 재량의 하자가 있다고 보인다.

4. 소결

입목벌채허가는 재량행위로서 법령에 명시적으로 규정된 것 외의 사유를 들어 거부하는 것도 가능하다. 다만 신도들의 민원만을 이유로 적격자에 대해 거부하는 행위는 비례의 원칙에 반하거나, 목적위반 혹은 타사 고려의 재량의 일탈·남용이 있어 위법하다.

| 강평 |

1. 문제의 소재는 보다 간명하게 기술되어야 할 것이다. 본 문항의 핵심쟁점은 취소소송의 대상적격, 서면권고 행위의 법적성격, 행정지도 여부, 처분성 판단기준, 서면권고 행위의 처분성 판단이다. 답안의 본론은 잘 작성되었다. 다만 행정지도의 실정법상 근거와 내용 및 한계에 대한 기술, 처분에 관한 학설의 보다 간명한 정리가 이루어졌으면 선택과 집중이 보다 잘 이루어진 답안으로 평가되었을 것이다. 끝으로 처분성을 판단함에 있어 답안작성자는 쟁송법적 개념설을 본인의 소결로 제시하면서도, 판례가 처분성을 판단하면서 보충적 기준으로 제시한 '불이익 내지 불안감의 제거'를 기준으로, 본 사안에서 처분성을 판단하고 있다. 주장의 일관성과 명료성이 다소 결여되어 있는 것 아닌가 사료된다. 우리 판례는 권리나 의무에 직접적으로 영향을 미치고 있는 가를 기준으로 처분성 유무를 판단하고 있음을 고려할 때 본 사안에서 서면권고 행위는 압박감을 느낀 것이지 그 이외의 甲의 권리나 의무에 직접 영향을 주고 있다고 판단하기 어렵다. 즉 설문의 사실관계에서 처분성을 인정할 만한 단서는 찾기 어렵다. 시험장용 법전에 수록된 본 문항 풀이의 기준이 되는 실정법(행정소송법, 행정절차법) 해당 조항의 간명한 언급은 필요하다.

2. 검토할 쟁점은 철회의 사유와 처분사유의 추가변경이다. 처분사유의 추가변경에서 처분의 당초 사유는 처분사유의 추가변경이 가능한지 여부를 판단하는 기준이 된다. 사례에서 甲에 대한 입목벌채 허가의 취소는 철회에 해당하고, 따라서 철회권의 행사의 법리, 특히 철회의 사유와 그 가능성에 대한 언급이 간명하게 이뤄지고 이후 처분사유 추가변경의 가능성에 대한 검토가 있으면 더욱 유연하고 체계적 답안이 될 것이다.

3. 배점이 높은 문항에 대해서는 상대적으로 더욱 정치한 답지구성이 필요하다. 재량행위와 기속행위의 구별에 관한 각 학설과 그 내용이 보다 상세하게 기술될 필요가 있다. 더불어 판례는 인정하고 있지 않지만 본 참조조문을 통해 확인할 수 있듯이 요건판단에서의 문제인 불확정개념과 판단여지의 적용문제에 대한 기술도 필요하다. 위법판단도 요건의 문제로 볼 것인지 효과의 문제로 볼 것인지에 따라 달라지겠다. 판례의 입장이 타당하다고 사료되면 판례의 입장에 따라 재량의 문제로 판단하고 그에 따라 행정소송법 제27조에 따라 재량권의 한계와 남용을 행정법의 일반원칙인 비례의 원칙에 따라 검토하면 되겠다.

| **제2문** | A시에서 농사를 짓고 있는 甲 등 주민들은 최근 들어 하천에서 악취가 나고 그 하천수를 농업용수로 사용하는 경작지 작물들이 생육이 늦어지거나 고사하는 문제를 발견하였다. 이에 甲 등 주민들이 인근 대학교에 의뢰하여 해당 하천의 수질을 검사한 결과 『물환경보전법』상 배출허용기준을 초과하는 오염물질이 다량 검출되었다. 현재 甲 등 주민 다수에게는 심각한 소화기 계통의 질환과 회복할 수 없는 후유증이 발생하였다. 오염물질이 검출된 곳으로부터 2km 상류 지점에는 큰 규모의 제련소가 위치하고 있다. 甲은 물환경보전법령에 따라 개선명령 권한을 위임받은 A시장 乙에게 위 제련소에 대한 개선명령을 요청하였다. 乙이 위 제련소에 대한 정밀조사를 실시한 결과, 위 제련소가 오염물질의 배출원으로 밝혀졌다. 그러나 乙은 그 제련소가 지역경제에서 차지하는 비중을 고려하여 상당한 기간 동안 별다른 조치를 하지 않고 있다. 甲이 취할 수 있는 『행정심판법』상의 구제수단을 검토하시오. (30점)

〔 **참조조문** 〕

물환경보전법

제1조(목적) 이 법은 수질오염으로 인한 국민건강 및 환경상의 위해(危害)를 예방하고 하천·호소(湖沼) 등 공공수역의 물환경을 적정하게 관리·보전함으로써 국민이 그 혜택을 널리 향유할 수 있도록 함과 동시에 미래의 세대에게 물려줄 수 있도록 함을 목적으로 한다.

제3조(책무) ① 국가와 지방자치단체는 물환경의 오염이나 훼손을 사전에 억제하고 오염되거나 훼손된 물환경을 적정하게 보전할 수 있는 시책을 마련하여 하천·호소 등 공공수역의 물환경을 적정하게 관리·보전함으로써 모든 국민이 건강하고 쾌적한 환경에서 생활할 수 있도록 하여야 한다.

② 모든 국민은 일상생활이나 사업활동에서 수질오염물질의 발생을 줄이고, 국가 또는 지방자치단체가 추진하는 물환경 보전을 위한 시책에 적극 참여하고 협력하여야 한다.

제39조(배출허용기준을 초과한 사업자에 대한 개선명령) 환경부장관은 제37조제1항에 따른 신고를 한 후 조업 중인 배출시설(폐수무방류배출시설은 제외한다)에서 배출되는 수질오염물질의 정도가 제32조에 따른 배출허용기준을 초과한다고 인정할 때에는 대통령령으로 정하는 바에 따라 기간을 정하여 사업자(제35조 제5항에 따른 공동방지시설 운영기구의 대표자를 포함한다)에게 그 수질오염물질의 정도가 배출허용기준 이하로 내려가도록 필요한 조치를 할 것(이하 "개선명령"이라 한다)을 명할 수 있다.

답안작성   박 ○ ○ / 2018년도 5급 공채 일반행정직 합격

Ⅰ. 쟁점의 정리

甲에게 행정청으로 하여금 어떠한 행위를 발동하게 할 권리가 있는지 우선 검토해야 한다. 그리고 이러한 권리에 근거하여 「행정심판법」상 아무런 조치를 하지 않는 것에 대해 어떠한 구제수단이 있는지 살핀다.

Ⅱ. 행정개입청구권 인정 여부

1. 행정개입청구권의 개념 및 의의

행정개입청구권이란 자기를 위하여 행정청으로 하여금 제3자에게 행정권을 발동할 것을 요구하는 것을 내용으로 하는 주관적 공권을 말한다. 형식적 권리에 불과한 무하자재량행사청구권과 달리 특정한 행위의 발급을 요구할 수 있는 실체적 권리에 해당한다.

2. 행정개입청구권의 성립 여부

(1) 성립요건

행정개입청구권이 성립하기 위해서는 첫째, 행정개입의 의무를 부과하는 강행법규가 필요하다. 기속법규의 경우에는 이러한 의무를 인정하기에 어려움이 없으나, 재량인 경우에는 재량이 『0』으로 수축하여야 한다. 재량이 『0』으로 수축하여 행정청의 개입의무가 인정되기 위해서는 ① 생명·신체·재산 등 중대한 법익에 대한 위해가 존재해야 하며, ② 그러한 위험이 행정권의 발동에 의해 제거될 수 있는 것

이어야 하며, ③ 피해자의 개인적인 노력으로는 권익 침해의 방지가 충분하게 이루어질 수 없는 경우여야 한다. 둘째, 당해 법규가 공익뿐만 아니라 최소한 사익보호를 의도하고 있어야 한다.

(2) 사안의 경우

우선 청구권에 대응되는 행정청의 의무가 인정되는 지 살펴본다. 「물환경보전법」 제39조 규정이 허용기준을 초과한 사업자에 대해 필요한 조치를 할 것을 "명할 수 있다."고 재량으로 규정되어 있어 재량이 0으로 수축되는 지 살필 필요가 있다. ① 甲은 현재 심각한 소화기계통 질환과 회복할 수 없는 후유증을 겪고 있으며, ② 적절한 개선명령을 통해 이러한 신체에 대한 위해가 해소될 가능성이 있는 점, ③ 甲 개인적인 노력으로는 구제가 어려워 보이는 점을 고려하면 재량이 『0』으로 수축하여 개입의무가 있다고 보인다.

둘째, 관계 법령에 甲과 같은 개인들의 사익을 보호하려는 취지가 있는지 검토한다.

「물환경보전법」 제39조가 처분청에게 개선명령을 할 수 있는 권한을 부여한 취지는 물환경을 보전함으로써 공익 증진을 하고자 하는 것 뿐 아니라, 수질 악화로 인해 국민 개개인이 입을 수 있는 생명, 신체 등의 개인적 법익을 보호하고자 하는 취지가 있다고 보인다.

이러한 점을 종합적으로 고려하면, 甲의 권리는 법령이 보호하는 법익으로서 행정청 乙에 대해 적절한 개입요구를 할 행정개입청구권이 인정된다고 보인다.

3. 소 결

甲에게는 행정개입청구권이 인정된다.

Ⅲ. 「행정심판법」상 구제수단

1. 개 설

우선 乙이 아무런 조치를 하지 않은 것이 부작위에 해당하는 지 검토하고, 부작위에 대한 구제수단으로서 의무이행심판 및 그 후속 조치와 가구제 수단으로서 임시처분에 대해 살펴본다.

2. 부작위 성립 여부

(1) 부작위의 성립요건

부작위가 성립하기 위해서는 ① 당사자의 신청에 대해, ② 행정청이 상당한 기간 내에, ③ 일정할 처분을 하여야 할 법률상 의무가 있음에도 불구하고, ④ 그 처분을 하지 아니하여야 한다. 이 때, 부작위의 성립단계에서 당사자에게 법규상 또는 조리상의 신청권이 인정되어야 하는지 문제가 된다.

(2) 부작위 성립단계에서 신청권이 요구되는지 및 신청권 유무

일부 견해는 신청권이 있는 자만이 원고적격이 있다하여 신청권을 원고적격 단계에서 심사하나, 판례는 부작위의 성립단계에서 당사자의 신청권의 존부를 심사한다. 생각건대, 행정청에게 일정한 처분을 하여야 할 법률상 의무를 지우기 위해서는 그에 대응되는 상대방의 신청권이 있어야 할 것이다.

甲에게 신청권이 있는지 살펴보자면, 현재 소화기계 질환 등 신체라는 법익에 대한 위해있음을 주장하는 甲의 신청권을 부정하여 심판청구의 적법성 단계에서 그의 청구를 배척하는 것보다는 신청권을 긍정하여 본안까지 나아가 청구 이유유무를 판단하는 것이 개인의 권리구제를 본질로 하는 사법국가 원리에 부합하는 점을 고려하면 甲에게 신청권이 있음을 인정해야 할 것이다. 특히 앞서 행정개입청구권 있음이 인정된바, 이에 비추어서도 신청권이 있다고 보아야 한다.

(3) 소 결
의무이행심판의 대상이 되는 부작위가 성립한다.

3. 「행정심판법」상 구제수단
(1) 의무이행심판
가. 의무이행심판의 개념
의무이행심판이란 당사자의 신청에 대한 행정청의 위법 또는 부당한 거부처분이나 부작위에 대하여 일정한 처분을 하도록 하는 행정심판을 말한다(「행정심판법」제5조 제3호).

나. 청구요건을 갖추었는지
부작위에 대한 의무이행심판의 청구가 적법하려면 부작위를 대상으로 처분을 신청한 자가 부작위한 처분청을 피청구인으로 하여 관할 행정심판위원회에 제출하여야 한다. 앞서 살폈듯이 부작위는 성립하며, 청구인 적격을 갖추었는지만 살펴보도록 한다.

판례는 신청권이 없는 경우 위법한 부작위가 없거나 부작위에 대한 청구인 적격을 인정하지 않는데, 사안의 甲은 신청권이 있는 자이므로 문제없다. 따라서 甲은 적법하게 乙의 부작위에 대한 의무이행심판을 청구할 수 있다.

다. 의무이행 심판에 대한 재결
부작위에 대한 의무이행 심판의 인용재결은 처분재결 혹은 처분명령 재결이 된다. 일반적으로 처분명령재결이 주로 이루어지는 데, 처분명령재결이라는 이행재결이 있는 경우 처분청 등은 재결의 취지에 따를 의무를 진다(「행정심판법」제49조 제3항).

(2) 위원회의 직접처분
만일 「행정심판법」제49조 제3항의 기속력에도 불구하고 처분을 하지 아니하는 경우에는 당사자가 신청하면 기간을 정하여 위원회가 기간을 정하여 서면으로 시정을 명하고 그 기간에 이행하지 아니하면 직접 처분을 할 수 있다(제50조 제1항). 이를 위원회의 직접처분이라 한다.

다만, 이러한 경우에도 처분의 성질이나 그 밖에 불가피한 사유로 위원회가 직접 처분을 할 수 없는 경우에는 직접처분을 할 수 없다(동 조항 단서).

(3) 위원회의 간접강제

「행정심판법」제49조 제2항 또는 제3항에 따른 처분을 하지 아니하면 청구인의 신청에 의하여 위원회의 결정으로 상당한 기간을 정하고 피청구인이 그 기간 내에 이행하지 아니하는 경우에는 그 지연기간에 따라 일정한 배상을 하도록 명하거나 즉시 배상을 명할 수 있다(「행정심판법」제50조의2). 이를 위원회의 간접강제라 하며, 2017년 「행정심판법」 일부개정으로 도입되었다. 이러한 간접강제는 위원회의 직접처분이 불가능한 경우에도 이행재결의 실효성을 확보할 수 있다는 의의가 있다.

(4) 가구제로서 임시처분

가. 임시처분의 개념 및 의의

임시처분이란 행정청의 거부처분이나 부작위 때문에 발생할 수 있는 당사자의 불이익이나 급박한 위험을 막기 위해 당사자에게 임시지위를 부여하는 행정심판위원회의 결정을 말한다(「행정심판법」제31조). 이러한 임시처분은 소극적 가구제 수단인 집행정지만으로는 청구인의 권익보호에 한계가 있어 이를 보완하기 위해 도입되었다.

나. 임시처분의 요건

적극적 요건으로는 ① 거부처분 또는 부작위가 위법·부당하다고 상당히 의심되며, ② 행정심판 청구가 적법하게 계속 중이어야 하고, ③ 처분 또는 부작위 때문에 당사자가 받을 우려가 있는 중대한 불이익이나 당사자에게 생길 급박한 위험이 존재해야 하며, ④ 이를 막기 위해 임시지위를 정하여야 할 필요가 있어야 한다.

한편 소극적 요건으로는 ① 공공복리에 중대한 영향을 미칠 우려가 있거나, ② 집행정지로 목적을 달성할 수 있는 경우에는 허용되지 아니한다(「행정심판법」제31조 제3항).

사안의 경우를 살피면 임시처분의 요건을 충족된 듯 하고, 특히 심판의 대상이 '부작위'로서 집행정지의 소극적 성질상 구제가 어려우므로, 임시처분도 가능하리라 생각된다.

Ⅳ. 사안의 해결

행정개입청구권이 인정되는 甲의 개선명령 요구에 대해 乙이 부작위 하고 있음이 인정된다. 그리고 이러한 부작위에 대해 「행정심판법」상 의무이행심판을 청구할 수 있고, 심판재결의 후속 조치로서 간접강제 혹은 직접처분의 신청이 가능하다. 또한 가구제로서 임시처분을 신청할 수 있을 것이다.

┤ 강 평 ├

1. 행정심판법상 구제수단을 묻고 있다. 설문에 따르면 주민인 甲은 乙에게 개선명령을 요청하였고, 이에 대하여 乙은 상당한 기간 동안 별다른 조치를 하지 않고 있다. 의무이행심판청구의 가능성, 임시처분, 의무이행심판청구가 인용되어 이행명령재결이 있음에도 처분청이 이행하지 않는 경우 직접처분, 최근에 신설된 간접강제에 대한 언급이 필요하다. 행정개입청구권을 별도로 검토하기 보다는 의무이행심판의 적법요건 중 청구인 적격, 법률상 이익(권리)이 있는가를 검토하는 것이 보다 체계적 문제해결의 방식이다.

2. 또한, 부작위의 문제도 의무이행심판의 대상적격으로서의 부작위에 대한 요건의 검토로 이루어짐이 타당하다. 부작위가 성립하기 위한 한 요건인 신청권은 부작위 판단에 있어서 신청권의 필요 여부에 대한 학설과 판례의 입장을 구체적으로 언급할 필요가 있다. 그 과정에서 행정개입청구권의 법적 성격과 위상도 검토될 것이다. 답안 내용의 범위가 매우 넓으므로 핵심내용에 해당하는 쟁점의 근거, 내용으로서의 요건과 효과를 시험장용법전을 토대로 간명하고 신속하게 정리하여야 한다.

| 제3문 | 甲은 2009. 9. 1. 징역 10월에 집행유예 2년을 선고받아 그 형이 확정되었다. 행정청 乙은 甲이 임용결격자임을 밝혀내지 못한 채 2013. 5. 1. 7급 국가공무원 시보로 임용하였고, 그로부터 6개월 후인 2013. 11. 1. 정규 공무원으로 임용하였다. 다음 물음에 답하시오. (총 20점)

(1) 위 시보임용처분의 법적 효력에 대해 설명하시오. (10점)

(2) 그 후 乙은 시보임용처분 당시 甲에게 공무원임용 결격사유가 있었음을 확인하고는 甲에 대하여 시보임용처분을 취소하고, 그에 따라 정규임용처분도 취소하였다. 甲은 시보임용시에는 임용결격자였지만, 정규임용시에는 임용결격사유가 해소되었다. 乙이 정규임용처분의 취소처분시 甲에게 사전통지를 하지 않거나 의견제출의 기회를 주지 아니하였다면, 위 정규임용처분의 취소처분은 적법한지에 대해 설명하시오. (10점)

Ⅰ. **설문 (1)**

1. 문제의 소재
2. 무효와 취소의 구별기준
3. 결격사유 있는 자에 대한 임용행위의 효력유무
   (1) 학 설
   (2) 판 례
   (3) 검토 및 사안의 경우
4. 소 결

Ⅱ. **설문 (2)**

1. 문제의 소재

2. 정규임용처분의 효력 및 정규임용처분 취소의 법적 성질
3. 정규임용취소처분 시 의견제출 기회부여가 필수적인지
   (1) 문제점
   (2) 적용배제 사안인지
4. 의견제출 절차를 결여한 처분의 위법 여부
   (1) 의견제출 절차 결여의 하자
   (2) 절차상 하자의 독자적 위법성
5. 소 결

답안작성

박 0 0 / 2018년도 5급 공채 일반행정직 합격

Ⅰ. 설문 (1)

1. 문제의 소재

공무원에 임용되기 위해서는 결격사유가 없고, 경력요건을 충족하여야 한다. 그런데 시보 임용 당시에 甲에게 결격사유가 있었던바 이러한 경우 임용처분의 법적 효력이 문제된다.

2. 무효와 취소의 구별기준

무효와 취소의 구별은 법적 안정성과 개인의 권익보호의 조화의 문제이다. 생각건대, 보통의 하자가 있는 행정행위의 경우에는 쟁송기간이 경과하면 더 이상 다툴 수 없도록 하여 법적안정성을 고려하고,

하자가 중대·명백한 경우에는 무효로 함으로써 개인의 권리구제를 도모하는 것이 타당하다.

판례도 하자 있는 처분이 당연무효가 되기 위하여는 그 하자가 법규의 중요한 부분을 위반한 중대한 것으로서 객관적으로 명백한 것이어야 한다고 한다.

3. 결격사유 있는 자에 대한 임용행위의 효력유무

(1) 학 설

① 재직 중에도 결격사유에 해당하게 되면 당연퇴직 사유가 되도록 하고 있다는 점, 공무에 대한 국민의 신뢰를 확보하고자 하는 취지 등을 고려하건대 당연무효라고 보는 견해와 ② 임용결격사유를 간과한 임용행위의 하자가 중대하지만 외견상 일견 명백하다고 볼 수는 없으므로 취소사유에 불과하다는 입장이 대립한다.

(2) 판 례

판례는 일관되게 결격사유 있는 자에 대한 임용은 당연무효라고 보고 있다. 비록 국가의 과실로 인해 임용결격자임을 밝혀내지 못하였다 하더라도 그 임용행위를 당연무효로 보고 있으며, 결격사유가 소멸된 후 장기간 사실상 공무원으로 계속 근무를 하였다고 하더라도 그것만으로는 임용권자가 묵시적으로 새로운 임용처분을 한 것으로 볼 수 없다고 판시하고 있다.

(3) 검토 및 사안의 경우

결격사유를 당연퇴직의 사유로 규정한 「국가공무원법」 취지와 공무에 대한 국민의 신뢰 확보차원에서 결격사유 있는 자에 대한 임용행위의 효력은 무효로 보는 것이 타당하다고 생각한다.

사안의 경우, 甲은 집행유예를 선고 받고 그 형이 확정된 자로서 자신에게 결격사유 있음을 알았거나 알 수 있었다고 보여지며, 이러한 경우까지 그를 보호할 필요가 적다. 또한 이와 같은 경우를 당연퇴직 사유로 규정한 「국가공무원법」 제69조 및 제33조 제3호의 취지를 고려하면 결격사유 있는 자에 대한 시보임용처분은 그 하자가 법규의 중요한 부분을 위반한 중대한 것으로서 그 하자가 일반인의 관점에서도 일견 명백하여 무효이다.

4. 소 결

당해 시보임용처분은 무효이다.

Ⅱ. 설문 (2)

1. 문제의 소재

결격사유가 해소된 이후의 정규임용처분의 법적 효력을 우선 살펴본다. 그리고 이러한 정규임용처분을 취소하면서 의견제출 기회를 주지 아니한 경우 하자가 있는 것인지 검토한다.

2. 정규임용처분의 효력 및 정규임용처분 취소의 법적 성질

결격사유 있는 자에 대한 시보임용처분은 당연무효의 행위로서, 이를 취소하는 처분은 당초 임용처분이 당연무효였음을 알리는 관념의 통지에 불과하다. 따라서 당연히 처분이 아니다.

그러나 결격사유가 해소된 이후 정규임용처분은 단지 경력요건을 결여한 것일 뿐이어서 당연무효가 아닌 취소사유가 있는 유효한 처분이다. 이러한 경우의 정규임용을 취소하는 처분은 법정사유에 의해 공무원으로서의 신분을 상실시키는 처분에 해당한다.

3. 정규임용취소처분 시 의견제출 기회부여가 필수적인지

(1) 문제점

「행정절차법」 제22조는 당사자에게 의무를 부과하거나 권익을 제한하는 처분을 할 때 청문, 공청회를 실시하는 경우가 아니라면 당사자에게 의견제출 기회를 부여하도록 하고 있다. 당연히 정규임용처분 취소는 甲의 공무원으로서의 신분을 박탈하는 행위로서 권익을 제한하는 처분이다. 그런데 동법 제3조 제2항은 광범위한 적용 배제 사항을 적용하는데, 사안의 취소처분이 동조항 제9호의 '공무원 인사관계 법령에 따른 징계와 그 밖의 처분'에 해당하여 「행정절차법」이 적용되지 않는 것은 아닌지 문제된다.

(2) 적용배제 사안인지

행정의 공정성·투명성 및 신뢰성을 확보하고 국민의 권익을 보호하고자 하는 「행정절차법」의 목적을 고려할 때, 공무원 인사관계 법령에 따른 징계와 그 밖의 처분에 해당한다 하더라도 무조건 「행정절차법」의 적용이 배제되는 것은 아니라고 보아야 한다. 즉 이러한 경우에도 '행정작용의 성질상 행정절차를 거치기 곤란하거나 거칠 필요가 없다고 인정되는 사항과 행정절차에 준하는 절차를 거친 사항'이어야 한다.

사안의 경우, 정규임용처분을 취소하는 처분은 공무원 인사 관계 처분이나 「국가공무원법」상의 징계가 아니어서 징계절차에 적용되는 절차를 거치지 아니하며, 처분의 '성질상' 행정절차를 거치기 곤란하거나 거칠 필요가 없는 경우가 아니다. 따라서 「행정절차법」의 적용배제 사안이 아니다.

4. 의견제출 절차를 결여한 처분의 위법 여부

(1) 의견제출 절차 결여의 하자

「행정절차법」 제22조가 당사자에 대한 의견청취를 규정하고 있는 사안이므로, 이러한 의견제출 절차를 결여한 이 사건 정규임용처분 취소는 절차상의 하자가 있다.

(2) 절차상 하자의 독자적 위법성

행정경제를 이유로 실체상 하자가 없으면 절차상 하자만으로 처분의 위법성을 인정하지 않는 견해가 있다. 그러나 행정절차에 의한 국민의 권익보호, 「행정소송법」 제30조 제3항이 '절차 하자를 이유로 취소된 경우'를 규정하는 취지를 고려하면, 절차상 하자만으로도 처분이 위법하게 된다고 봄이 타당하다.

5. 소 결

이 사건 정규임용처분 취소처분은 절차상 하자가 있는 것으로서 위법하다. 다만 중대하고 명백한 하자는 아니어서 취소사유가 될뿐이다.

┤ 강 평 ├

1. 정답이 명확한 답안이라 하더라도 사례형의 답안작성 방식에 충실하게 기본적으로 적용되는 쟁점이론에 대한 언급은 필요하다. 본 문항은 대법원 2009. 1. 30, 선고 2008두16155 판결에 기반 한 공무원법의 전형적인 쟁점을 묻고 있는 문항이다. 임용결격의 하자가 무효에 해당함은 익히 잘 파악하고 있지만, 무효와 취소의 구별에 관한 학설과 판례의 언급, 시험장용법전에서 국가공무원법 관련 조항의 언급과 이론과 조항에 근거한 본 사례에의 포섭, 나아가 관련 판례의 기술이 필요하다.

2. 정규임용처분의 취소의 법적 성질이 문제된다. 직권취소의 근거와 사유 및 가능성 검토가 필요하다. 수익적 행정행위의 직권취소의 경우에 행정절차법상 사전통지 및 의견제출절차의 적용이 필요한지가 문제된다. 행정절차상의 하자가 본 행정처분의 독자적 위법사유가 되는지에 대한 학설과 판례의 검토가 필요하다. 다소 쟁점이 많은 문항이므로 배점에 부합하는 정도로 간명하게 핵심위주로 기술하는 능력이 요구된다.

2018년도 입법고등고시 기출문제와 어드바이스 및 답안구성 예

| 제1문(50점) |

A시 토지소유자인 甲은 자신의 대지 위에 숙박시설을 건축하고자 계획을 하였다. 우선 甲은 2018년 1월 「건축법」 제10조 제1항에 근거하여 해당 대지에 숙박시설을 건축하는 것이 법령에 의하여 허용되는지 여부를 결정해달라고 A시 乙 시장에게 신청하였다.

乙 시장은 이에 대한 회신으로 현행 법령상 건축이 허용된다고 통보하였다. 이에 따라 甲은 건축사에게 의뢰하여 건축물의 설계도를 작성하고 건물외벽 마감재를 외국에서 수입하는 계약을 체결한 후, 2018년 5월 당해 숙박시설의 건축허가를 신청하였다. 이에 대하여 선거에서 새로 당선된 A시 丙 시장은 건축위원회의 심의결과 위 건축물이 주변 교육환경에 적합하지 않다는 이유로 불허가를 결정하고 이를 甲에게 통보하였다.

1. 乙 시장의 위 대지에 대한 건축적합성 통보의 법적 성질과 효력에 대하여 설명하시오. (15점)

Advice

1. 사안의 통보는 종국결정(건축허가)의 요건 중 일부에 대해서 사전적으로 내리는 결정으로서 사전결정이다. '해당 대지에 숙박시설 건축이 가능한지' 여부에 대한 회신이지 '숙박시설 건축이 가능하다'는 행정청의 자기구속행위가 아니므로 확약보다는 사전결정으로 서술하는 것이 타당하다. 물론 사전결정은 확인적 행정행위로서 처분으로서의 성질도 가진다.

2. 법적 효력에 대해서는 종국결정(건축허가 또는 불허가)이 발령되기 전까지는 유효하나, 종국결정 발령 이후에는 그에 흡수되어 독립된 존재가치를 상실한다는 점을 언급해야 할 것이다.

답안구성 예

Ⅰ. **쟁점의 정리**

Ⅱ. **사안의 통보의 법적 성질**
  1. 사전결정인지
  2. 사전결정의 처분성

Ⅲ. **사안의 통보의 효력**
  1. 사전결정의 구속력 인정 여부
  2. 사안의 경우

Ⅳ. **소 결**

2. 위 숙박시설 건축허가의 법적 성질에 관하여 행정청의 재량권의 유무와 범위라는 관점에서 논하시오. (25점)

1. 우선 숙박시설 건축허가가 강학상 허가라는 점을 밝힌다. 그리고 대개 허가는 기속적 행위이나, 건축법 문언상 숙박시설에 대한 건축허가는 허가권자의 재량으로 명확히 규정되어 있어 재량행위라는 점을 언급한다(건축법 제11조 제4항).

2. 재량의 범위와 관련해서는 본래적 자유를 회복시키는 금지해제적 성질인 허가는 기속과 친하다는 점을 언급하고 건축법 문언상 '이 법'과 '다른 법률'에 규정되어있는 사유에 한정된다고 서술한다.

답안구성 예

Ⅰ. **쟁점의 정리**

Ⅱ. **숙박시설 건축허가의 법적 성질**
  1. 강학상 허가인지
  2. 일반적인 허가가 기속행위인지

Ⅲ. **사안의 건축허가의 검토**
  1. 재량행위인지
  2. 허가가 재량의 범위에 해당하는지

Ⅳ. **소 결**

---

3. 甲은 丙 시장의 건축허가 거부처분은 전임 乙 시장의 대지에 대한 건축적합성 통보에 반하여 신뢰보호원칙에 위반된다고 주장한다. 甲의 주장의 타당성과 신뢰보호의 내용에 대해 서술하시오. (10점)

신뢰보호의 일반론을 우선 서술한다. 행정법의 일반원칙의 경우에는 의의 및 법적 근거, 요건 및 한계의 순서로 서술하는 것이 일반적이다. 甲 주장의 타당성에 대해서는 건축적합성 통보가 행정청의 공적견해표명인지 여부인지 우선 검토하고, 신뢰보호의 한계 측면에서 교육환경을 보호해야하는 공익과 甲의 사익 간의 비교형량에 대해 서술한다. 교육환경 보호라는 공익이 더 우선시 된다고 판단된다면, 甲의 주장은 타당하지 않다고 결론을 내린다.

답안구성 예

Ⅰ. **쟁점의 정리**

Ⅱ. **신뢰보호원칙 위반여부**
  1. 의의 및 근거
  2. 적용요건
  3. 한 계

  4. 甲주장의 타당성
    (1) 건축적합성 통보가 공적견해표명인지
    (2) 신뢰보호원칙의 한계가 인정되는지

Ⅲ. **소 결**

| 제2문(30점) |

甲은 법무부장관에게 광복절 특별사면과 관련한 '사면실시건의서 및 사면심의에 관한 국무
회의 안건자료'의 공개를 청구하였다. 이에 대하여 법무부장관은 위 정보에는 사면대상자 또
는 제외자의 이름 및 그 사유 등이 포함되어 있어 「공공기관의 정보공개에 관한 법률」 제9조
제1항 제6호에 해당하여 공개될 경우 사생활의 비밀을 침해할 우려가 있다는 이유로 공개를
거부하였다. 甲은 이에 대해 법무부장관을 피고로 하여 정보공개거부처분 취소소송을 제기
하였다.

1. 법무부장관이 위 취소소송 중에 위 정보가 같은 항 제4호의 형의 집행, 교정, 보안처분에 관
   한 사항으로서 공개될 경우 그 직무수행을 현저히 곤란하게 한다고 인정할 만한 상당한 이유
   가 있는 정보에도 해당한다는 점을 비공개사유로 추가하는 것은 허용되는가? (15점)

Advice

1. 처분사유 추가에 대한 문제이다. 처분사유 추가의 의의에 대해 서술하고, 소송법에 허용여부에
   관한 규정이 없어 문제된다는 점, 허용여부에 대한 학설 및 판례를 서술한다. 판례는 처분시 존재
   하는 처분사유로서 당초 처분사유와 기본적 사실관계의 동일성이 인정되는 한도 내에서 처분사
   유의 추가를 허용한다.

2. 국민의 권익보호와 소송경제의 요청을 조화하는 관점에서 판례와 같이 판단하되, 추가한 사유가
   기본적 사실관계 동일성이 인정되는지 여부를 검토한다. 당초사유인 정보공개법 제9조 제1항 제
   6호(사생활비밀 보호)와 동조항 제4호(직무수행 현저히 곤란 방지)는 그 입법 목적 및 취지가 다
   르며 그 근거하는 사회적 사실관계도 동일하지 아니하므로, 처분사유 추가는 인정되지 않는다고
   결론내리는 것이 타당할 것이다.

| 답안구성 예 |

Ⅰ. 쟁점의 정리	4. 검토
Ⅱ. 처분사유추가의 허용여부	Ⅲ. 처분사유추가의 인정범위 및 허용시기
1. 처분사유추가의 의의와 문제점	1. 객관적 범위
2. 학설	2. 시간적 범위
3. 판례	3. 허용시기

2. 만약 위 제4호의 처분사유의 추가가 거부되고 법무부장관이 위 소송에서 패소하여 그 판결
   이 확정되었다면, 그 후 법무부장관이 다시 위 정보가 같은 항 제4호에 해당한다는 사유로 정
   보공개를 거부하는 것은 가능한가? (15점)

1. 취소판결의 기속력의 일반론에 대해 우선 서술한다. 기속력의 의의 및 성질(기판력과의 구별 여부), 범위 및 내용이 서술되어야 할 내용이다. 일반론을 서술하면서 재거부의 가능성은 기속력의 객관적 범위와 관련해 판결 주문 및 그 전제가 된 요건사실과 재거부 사유가 '기본적 사실관계 동일' 한지 판단한다.

2. 앞선 문제에서 '기본적 사실관계 동일성'이 인정되지 않아 처분사유 추가가 불가능하다고 판단했다면, 이 문제에서는 역시 이전 취소 사유와 '기본적 사실관계 동일성'이 인정되지 않으므로 해당 사유로 재거부 하는 것은 기속력에 반하지 않는다고 결론 내려야 한다.

답안구성 예

I. 쟁점의 정리

II. 취소판결의 기속력의 의의 및 성질
1. 행정소송법 제30조
2. 기속력의 성질

III. 기속력의 범위
1. 주관적 범위
2. 객관적 범위

3. 시간적 범위

IV. 기속력의 내용
1. 재처분 의무
2. 판 례

V. 사안의 검토

VI. 소 결

| 제3문(20점) |

행정입법의 필요성을 설명하고, 국회에 의한 통제에 대하여 논하시오.

입법고시를 대비하기 위해 준비했음직할 주제이기도 하지만, 일부는 당황했을 주제이기도 하다.
우선 (1) 원칙적으로 입법권은 국회에 속하나(헌법 제40조), 헌법 제75조, 제95조에서는 일정한 범위 내에서 행정입법을 허용한다. 이러한 행정입법은 사회적 변화에 대응한 입법수요의 급증에 대비하기 위한 것이다. (2) 통제수단과 관련하여 첫째, 국회는 법률을 개정하여 법규명령의 제정에 관한 수권을 제한하거나, 법규명령에 저촉되는 법률을 제정하여 행정입법을 통제할 수 있다. 둘째, 국회법 제98조의2 보고의무도 국회에 의한 행정입법의 통제수단의 일종이다. 해당 국회법 조항을 법전에서 찾아 상임위에 대한 제출의무 및 검토, 통보 등에 대해 서술하면 좋다.

| 제1문 | 甲 등은 노후·불량건축물에 해당하는 공동주택이 밀집한 지역에 거주하고 있는데, 그 지역이 「도시 및 주거환경정비법」에 따라 정비구역으로 지정되어서 재개발사업을 추진하기 위해 재개발조합을 설립하기로 하였다. 그리하여 甲 등은 우선 그 정비구역에 위치한 건축물 및 그 부속토지의 소유자 과반수의 동의를 얻어 조합설립추진위원회를 구성하여 A시장의 승인을 받은 다음, 이 조합설립추진위원회가 상기 소유자 4분의 3 이상의 동의를 받아 A시장으로부터 조합설립인가를 받았다. 그 후이 재개발조합은 A시장으로부터 재개발사업시행인가를 받았는데, A시장은 인가조건으로 '지역발전협력기금 10억 원을 기부할 것'을 부가하였다. 다음 물음에 답하시오. (총 45점)

(1) 조합설립추진위원회구성 승인의 법적 성질을 검토하시오. (10점)

(2) 조합설립인가의 법적 성질을 검토하시오. (15점)

(3) 재개발사업시행인가에 부가된 지역발전협력기금 기부조건은 어떤 부관에 해당하는가? 이 기부조건은 적법한가? (20점)

[참조조문]

「도시 및 주거환경정비법」(현행 법령을 사례 해결에 적합하도록 수정하였음)

제8조(주택재개발사업 등의 시행자) ① 주택재개발사업은 조합이 이를 시행하거나 조합이 조합원 과반수의 동의를 얻어 시장·군수, 주택공사등, 건설업자, 등록사업자 또는 대통령령이 정하는 요건을 갖춘 자와 공동으로 이를 시행할 수 있다.

제13조(조합의 설립 및 추진위원회의 구성) ① 시장·군수, 지정개발자 또는 주택공사등이 아닌 자가 정비사업을 시행하고자 하는 경우에는 토지등소유자로 구성된 조합을 설립하여야 한다.

② 제1항에 따라 조합을 설립하고자 하는 경우에는 정비구역지정 고시 후 위원장을 포함한 5인 이상의 위원 및 운영규정에 대한 토지등소유자 과반수의 동의를 받아 조합설립을 위한 추진위원회를 구성하여 시장·군수의 승인을 받아야 한다.

제16조(조합의 설립인가 등) ① 주택재개발사업 및 도시환경정비사업의 추진위원회가 조합을 설립하려면 토지등소유자 4분의 3 이상의 동의를 얻어 다음 각 호의 사항을 첨부하여 시장·군수의 인가를 받아야 한다.

1. 정관

2. (이하 생략)

제28조(사업시행인가) ① 사업시행자는 정비사업을 시행하고자 하는 경우에는 사업시행계획서에 정관등과 그 밖에 국토교통부령이 정하는 서류를 첨부하여 시장·군수에게 제출하고 사업시행인가를 받아야 한다.

A. 설문 '(1)'

Ⅰ. 쟁점 정리

조합설립추진위원회구성 승인이 강학상 인가인지, 기속행위인지 검토한다.

Ⅱ. 강학상 인가인지(적극)

1. 강학상 인가

(1) 의 의

행정청이 당사자의 법률행위를 동의로써 보충하여 그 법률효과를 완성하여 주는 보충행위이다. 실정법상 허가, 특허, 승인, 인가 등의 용어로 혼용되고 있다.

(2) 성 질

인가의 대상이 되는 기본행위의 효력을 완성시켜준다는 점에서 형성적 행정행위이다.

2. 사안의 경우

(1) 도시 및 주거환경정비법(이하 '도정법'이라 함) 제13조 제2항에 의하면 조합설립을 위한 추진위원회를 구성하여 시장·군수의 승인을 받도록 하고 있으므로, 추진위원회 구성의 법률효과를 승인을 통해 완성하여 주는 것으로 볼 것이므로, 조합설립추진위원회구성 승인은 강학상 인가이다.

(2) 판례(대법원 2013. 1. 31. 선고 2011두11112 판결) 역시 조합설립추진위원회 구성승인처분은 조합의 설립을 위한 주체인 추진위원회의 구성행위를 보충하여 그 효력을 부여하는 처분이라 하여 강학상 인가로 본다.

Ⅲ. 기속행위인지(적극)

1. 기속행위와 재량행위의 구별

종래 요건재량설, 효과재량설 등이 있었으나, 오늘날 일반적인 견해는 법문이 일차적 기준이 된다고 본다. 다만, 법문이 불분명한 경우 법규의 취지와 목적 등을 고려하여 결정한다.

2. 사안의 경우

(1) 도정법 제13조 제2항에 따르면, 5인 이상의 위원 및 운영규정에 대한 토지등 소유자 과반수의 동의를 받는 것을 요건으로 규정하는 외에 별도로 승인을 위한 요건을 정하고 있지 않으므로 이를 갖추면 승인을 해야 하는 기속행위로 보인다.

(2) 판례(대법원 2008. 7. 24. 선고 2007두12996 판결) 역시 추진위원회의 설립승인신청을 받은 시장·군수로서는 승인신청서에 첨부된 첨부서류에 의하여 당해 추진위원회의 구성에 대하여 토지등소유자의 2분의 1 이상의 동의가 있고, 추진위원회가 위원장을 포함한 5인 이상의 위원으로 구성되어 있음을 확인할 수 있다면 그 추진위원회의 설립을 승인하여야 한다고 하여 기속행위로 보는 듯하다.

Ⅳ. 문제 해결

조합설립추진위원회구성 승인은 강학상 인가로서 형성적 행정행위이며, 기속행위이다.

B. 설문 '(2)'

Ⅰ. 쟁점 정리

조합설립인가가 설권적 행위로서 강학상 특허인지 판례의 태도를 검토하고, 재량행위인지 검토한다.

Ⅱ. 조합설립인가가 강학상 특허인지(적극)

1. 판 례

(1) 종래 태도(대법원 2000. 9. 5. 선고 99두1854 판결)

조합설립인가는 조합설립행위를 조합설립행위를 보충하여 그 법률상 효력을 완성시키는 보충행위일 뿐이라고 하여 강학상 인가로 보았다.

(2) 최근 태도(대법원 2009. 9. 24. 선고 2008다60568 판결)

행정청이 도시 및 주거환경정비법 등 관련 법령에 근거하여 행하는 조합설립인가처분은 단순히 사인들의 조합설립행위에 대한 보충행위로서의 성질을 갖는 것에 그치는 것이 아니라 법령상 요건을 갖출 경우 도시 및 주거환경정비법상 주택재건축사업을 시행할 수 있는 권한을 갖는 행정주체(공법인)로서의 지위를 부여하는 일종의 설권적 처분의 성격을 갖는다고 보아야 한다고 하여 종래 태도를 변경하였다.

(3) 검 토

판례에 대하여 ① 조합설립인가는 사업시행자인 조합을 확정하고 조합이 각종 처분을 내릴 수 있는 포괄적인 권한을 부여하는 설권적 행위로서 특허로 보아야 한다는 견해(특허설)가 있으나 ② 조합에 대하여 행정주체로서의 지위를 부여하는데 그치는 것이 아니라 정관에 대한 인가의 의미도 있으므로 판례가 조합설립인가를 강학상 특허와 강학상 인가의 성격을 동시에 갖는 것으로 보고 있다는 보는 것(특허·인가 복합체설)이 타당하다.

2. 사안의 경우

조합설립인가는 변경된 판례에 따라 설권적 처분으로서 강학상 특허에 해당한다. 나아가 도정법 제16조 제1항 제1호에서 조합설립인가를 받기 위해 정관을 제출하도록 하고 있으므로 강학상 인가의 성격도 갖는다.

III. 재량행위인지(적극)

1. 관련 판례(대법원 1995. 12. 12. 선고 94누12302 판결)

주택조합설립인가 처분과 관련하여 관련 규정의 입법취지와 공익을 실현하여야 하는 행정의 합목적성에 비추어 볼 때, 설립인가처분이 재량임을 전제로 판단한 원심의 조치를 적법하다고 판시한 바 있다.

2. 검토 및 사안의 경우

도정법 제16조 제1항 문언상 재량행위인지 불분명하나, 재건축은 규모가 적지 않아 공익관련성이 크고, 설권적 행위로서 강학상 특허임을 고려할 때 재량행위로 보는 것이 타당하다. 따라서 조합설립인가는 재량행위이다.

IV. 문제 해결

조합설립인가는 강학상 인가이면서, 설권적 처분으로서 강학상 특허에 해당하며, 재량행위이다.

C. 설문 '(3)'

I. 쟁점 정리

1. 지역발전협력기금 기부조건이 부담에 해당하는지, 특히 조건과의 구별이 문제되고
2. 기부조건이 적법한지와 관련하여 ① 부관의 사항적 한계로서 재개발사업시행인가가 재량행위인지 ② 부관의 내용적 한계로서 부당결부금지의 원칙이 문제된다.

II. 지역발전협력기금이 부담인지(적극)

1. 부관의 종류

부관은 주된 행정행위의 효과를 제한 또는 보충하기 위하여 부과된 종된 규율로서, 조건, 기한, 철회권 유보, 부담 등이 있다.

2. 조건과 부담의 구별

부담은 실정법상 조건으로 표시되기 때문에 조건과의 구별이 쉽지 않다. 그러나, 정지조건부 행정행위는 일정한 사실이 성취가 있어야 효력이 발생하는 반면 부담부 행정행위는 처음부터 효력이 발생된다

는 점에서 차이가 있다. 양자의 구별이 명확하지 않은 경우 개인에게 상대적으로 유리한 부담으로 보는 것이 타당하다.

3. 사안의 경우

설문에서 기부조건은 10억 원을 기부할 것을 정지조건으로 재개발사업시행인가를 한 것으로 볼 여지도 있으나, 재개발사업에 수많은 이해관계자들을 고려할 때, 사업시행인가의 효력은 즉시 발생하되 급부의무를 부과한 부담으로 봄이 타당하다.

Ⅲ. 기부조건의 부가가 적법한지(소극)

1. 사항적 한계

(1) 의 의

기속행위에 대하여는 법령상 특별한 근거가 없는 한 부관을 붙일 수 없고, 만약 부관을 붙였다면 무효로 보는 것이 판례(대법원 1993. 7. 27. 선고 92누13998 판결)이다. 다만, 재량행위에 대해서는 법령에 특별한 근거규정이 없다고 하더라도 부관을 붙일 수 있다.

(2) 재개발사업시행인가가 재량행위인지(적극)

도정법 제28조 재개발사업시행인가는 법문상 재량행위인지 불분명하나, 재개발사업의 공익성이 크고, 사업시행인가가 수익적 행정행위인 점을 고려할 때 재량이라고 할 것이다.

(3) 사안의 경우

설문에서 A시장의 기부조건의 부가는 법에 근거가 없으나 재개발사업시행인가가 재량이므로 이에 부담을 부가한 것 자체는 적법하다. 판례(대법원 2007. 7. 12. 선고 2007두6663 판결) 역시 주택재건축사업시행의 인가에 대해 상대방에게 권리나 이익을 부여하는 수익적 행정처분으로서 재량행위에 속한다는 전제에서 법령의 근거 없이 여러 조건(부담)을 부과할 수 있다고 하여 같은 취지로 판시하였다.

2. 내용적 한계

(1) 의 의

부관은 행정의 법률적합성의 원칙에 따라 법령을 위반해서는 안 되고, 행정법의 일반원칙에 위배되어서도 안 된다. 행정법의 일반원칙은 주로 부당결부금지의 원칙이 문제된다.

(2) 부당결부금지의 원칙

1) 의 의

행정기관이 행정작용을 함에 있어서 그것과 실질적 관련성이 없는 상대방의 반대급부와 결부시켜서

는 안 된다는 원칙이다. 헌법상 법치국가의 원리와 자의금지의 원칙에서 도출되는 행정법의 일반원칙
이다.

 2) 적용요건
행정작용과 반대급부 사이에 직접적인 인과관계가 없거나(원인적 관련성의 결여), 행정작용과 반대급
부가 특정한 행정목적의 추구에 있어서 관련성을 갖고 있지 않다면(목적적 관련성 결여) 그 반대급부는
부당결부금지 원칙에 반하여 위법하게 된다.

(3) 사안의 경우
재개발사업시행인가는 甲 등이 거주하는 지역의 노후·불량건축물의 개선 등 지역발전을 위한 것으로
이에 10억 원의 지역발전협력기금을 부가한 것은 목적적 관련성을 인정할 여지가 있다. 그러나 재개발
사업시행인가가 지역발전을 저해하는 것이 아니라 오히려 기여한다는 점을 고려할 때 지역발전협력기
금 부과는 원인적 관련성이 결여되어 부당결부금지 원칙에 반한다.

3. 소 결
지역발전협력기금을 부가한 것이 법적 근거가 없는 것은 문제되지 않으나, 부당결부금지 원칙에 반하
여 부적법하다.

Ⅳ. 문제 해결
1. 지역발전협력기금 기부조건은 부담에 해당한다.

2. 기부조건은 부당결부금지의 원칙에 반하여 적법하지 않다.

| 강평 |

1. (1)에서는 조합설립추진위원회의 승인의 법적 성질을, (2)에서는 조합설립인가의 법적 성질을, (3)에서는 재개발사업시행인가에 부가된 지역발전협력기금 부가조건의 법적 성질과 그에 따른 적법성을 묻고 있다. 행정법 문제가 대개 법적 성질을 파악한 다음 사례를 해결하는 것이긴 하지만 법적 성질을 너무 많이 묻고 있다. 또 하나의 지문에서 세부 문제를 생산할 때에는 앞 문제와 뒷 문제가 서로 연결되어 결국은 하나의 결론을 도출하는 식으로 문제가 출제되는 것이 일반적인데 이번에는 세 개의 질문이 모두 분절적이다. 문제의 완성도 면에서는 다소 떨어진다. 수험생들에게 쉬운 문제를 출제하려는 출제자의 의도라고 보여진다. 답안을 살펴보면 (1) 조합설립추진위원회의 법적 성격은 답안에도 잘 나와 있듯이 강학상 인가이다. 인가는 제3자들간의 법률관계에 행정이 개입하여 그 효력을 완성시켜주는 보충적 행위이다. 인가의 재량행위 기속행위 여부에 관해서는 인가가 형성적 행위라는 점에서 재량행위성이 강하지 않느냐라고 생각할 수 있으나, 위에서 보는 바와 같이 인가는 제3의 법률관계에 개입하는 행위이어서 가부만을 결정해 줄뿐, 적극적인 변화를 줄 수 없다. 이와 같이 보면 인가는 기속행위성이 강하다. 수정인가는 허용되지 않는데 이런 성질과도 연결된다.

2. 이런 면에서는 인가는 명령적 행위 성격이 강한 허가보다도 기속행위성이 강하다고 할 수 있다. 또 행정행위의 법적 성질을 물을 때에는 대개의 경우 재량행위인지의 여부도 함께 기술해 주어야 하는데 그 이유는 재량행위인지 여부에 따라 사례의 해결(구제방법)이 달라질 수 있기 때문이다. 그런데 이번 문제처럼 행정행위의 법적 성질만 묻고 그것을 구제방법과 연결시키지 않은 경우에는 재량행위성 여부를 서술해 주는 것이 무슨 의미가 있을지는 의문이다. 아마도 채점자의 채점표에서는 재량행위성 여부가 채점포인트로 되어 있을 것 같긴 한데, 이점에서도 문제의 완성도가 아쉽다. 아무튼 수험생으로서는 평소 연습한대로 재량행위성 여부도 기술해 주는 것이 좋겠다.

3. 답안작성자는 '강학상 인가인지(적극)'등과 같이 판례해설처럼 표시하고 있는데 적절치 않다. 본 시험답안지에서는 물음에 답할 뿐, 필요이상의 기술 태도를 보일 필요는 없다. 채점자에게 나쁜 인상을 줄 수 있기 때문이다. (2) 재개발조합설립인가의 법적 성질에 관해서는 "행정청의 조합설립 인가처분은 단순히 사인(私人)들의 조합설립행위에 대한 보충행위로서의 성질을 가지는 것이 아니라 법령상 일정한 요건을 갖추는 경우 행정주체(공법인)의 지위를 부여하는 일종의 설권적 처분의 성질을 가진다고 봄이 상당하다(대법원 2010. 1. 28. 선고 2009두4845 판결)"을 문제화한 것인데 이것의 성질을 묻는 이유는 그에 따라 구제방법이 달라지기 때문이다. "행정청의 조합설립 인가처분은 단순히 사인(私人)들의 조합설립행위에

대한 보충행위로서의 성질을 가지는 것이 아니라 법령상 일정한 요건을 갖추는 경우 행정주체(공법인)의 지위를 부여하는 일종의 설권적 처분의 성질을 가진다고 봄이 상당하다(대법원 2010. 1. 28. 선고 2009두4845 판결)"에서 볼 수 있는 바와 같이 '소의 이익'이 있기 위해서는 인가의 경우는 '인가'가 아니라 본 행위를 다투어야 하지만 특허의 경우에는 특허 그 자체를 다투어야 하기 때문이다. 특허의 경우에는 본 행위에 해당하는 것은 특허를 내주는 요건에 불과하게 된다. (2) 문제도 학교수업에서는 인가와 특허를 비교할 때 많이 드는 사례이므로 수험생들에게 쉬운 문제로 받아들여졌을 것 같다. (3)문제에서는 기부조건이 해제조건인지 부담인지, 그에 따라 적법성 여부를 판단하는데, 여기서는 부당결부금지원칙의 적용여부를 판단해 보아야 한다. 답안지에서도 대체로 잘 기술하고 있으나, 단순히 조건과 부담을 비교하기 보다는 해제조건과 부담을 기술해야 더 정확하며 그 구분의 기준과 관련해서도 부관과 본 행위 관계의 필연성(혹은 견련성의 정도) 및 그 부관이 성취되지 않았을때의 효력문제가 더 중요한데 이 부분은 빠뜨리고 있어 아쉽다. 답안지가 기술한 효력의 선후 문제는 조건과 부담의 비교에서는 적절할 수 있어도, 해제조건과 부담과의 비교에서는 충실하지 않을 수 있으니 유의해야 한다.

| 제2문 | 교육부장관은 A학교법인의 이사 甲에게 「고등교육법」위반사유가 있음을 이유로, A학교법인에 대하여 甲의 임원취임승인을 취소하면서 乙을 임시이사로 선임하는 처분을 하였다. 甲은 교육부장관을 상대로 본인에 대한 임원취임승인취소처분과 乙에 대한 임시이사선임처분의 취소를 구하는 소송을 제기하였다. 소송 진행 중 임시이사 乙의 임기가 만료되어 임시이사는 丙으로 변경되었고, 甲의 원래 임기가 만료되었을 뿐만 아니라 甲에 대한 「사립학교법」제22조 제2호 소정의 임원결격사유기간도 경과하였다. 甲이 제기한 취소소송에 대하여 다음 물음에 답하시오. (총 25점)

(1) 甲에게는 원고적격이 인정되는가? (10점)

(2) 甲이 제기한 취소소송은 '협의의 소의 이익'이 있는가? (15점)

【 참조조문 】

「사립학교법」

제20조의2(임원취임의 승인취소) ① 임원이 다음 각호의 1에 해당하는 행위를 하였을 때에는 관할청은 그 취임승인을 취소할 수 있다.

1. 이 법, 「초·중등교육법」또는 「고등교육법」의 규정을 위반하거나 이에 의한 명령을 이행하지 아니한 때

2. (이하 생략)

② 제1항의 규정에 의한 취임승인의 취소는 관할청이 당해 학교법인에게 그 사유를 들어 시정을 요구한 날로부터 15일이 경과하여도 이에 응하지 아니한 경우에 한한다. 다만, 시정을 요구하여도 시정할 수 없는 것이 명백하거나 회계부정, 횡령, 뇌물수수 등 비리의 정도가 중대한 경우에는 시정요구 없이 임원취임의 승인을 취소할 수 있으며, 그 세부적 기준은 대통령령이 정한다.

제22조(임원의 결격사유) 다음 각 호의 1에 해당하는 자는 학교법인의 임원이 될 수 없다.

1. (생략)

2. 제20조의2의 규정에 의하여 임원취임의 승인이 취소된 자로서 5년이 경과하지 아니한 자

3. (이하 생략)

제25조(임시이사의 선임) ① 관할청은 다음 각 호의 어느 하나에 해당되는 경우에는 이해 관계인의 청구 또는 직권으로 조정위원회의 심의를 거쳐 임시이사를 선임하여야 한다.

1. (생략)

2. 제20조의2에 따라 학교법인의 임원취임 승인을 취소한 때. 다만, 제18조제1항에 따른 이사회 의결 정족수를 초과하는 이사에 대하여 임원취임 승인이 취소된 때에 한한다.

3. (이하 생략)

답안작성

김 0 0 / 2016년도 5급 공채 일반행정직 합격

A. 설문 '(1)'

Ⅰ. 쟁점 정리

교육부장관은 A학교법인에 대하여 임원취임승인을 취소하였는데, 취소의 직접상대방이 아닌 甲에게 취소소송의 원고적격이 있는지 행정소송법 제12조의 법률상 이익의 의미가 문제된다.

Ⅱ. 甲에게 원고적격이 있는지(적극)

1. 원고적격

(1) 의 의

구체적인 소송에서 원고로서 소송을 수행하여 본안판결을 받을 수 있는 자격을 말한다. 행정소송법 제12조 제1문은 "취소소송은 처분 등의 취소를 구할 법률상의 이익이 있는 자가 제기할 수 있다."라고 하여 취소소송의 원고적격을 규정하고 있다.

(2) '법률상 이익'의 의미

① 권리구제설, ② 법이 보호하는 이익구제설, ③ 소송상 보호할 가치 있는 이익구제설, ④ 적법성보장설 등의 견해가 대립되며, ⑤ 판례(대법원 2004. 8. 16. 선고 2003두2175 판결)는 행정처분의 직접 상대방이 아닌 제3자라 하더라도 당해 행정처분으로 인하여 법률상 보호되는 이익을 침해당한 경우에는 취소소송을 제기하여 그 당부의 판단을 받을 자격이 있다고 하면서, 여기에서 법률상 이익이란 처분의

근거 법규 및 관련 법규에 의하여 보호되는 개별적·직접적·구체적 이익을 말한다고 하여 법이 보호하는 이익구제설의 입장이다. ⑥ 행정소송법 제12조 문자의 표현 그대로 법이 보호하는 이익이라고 해석하는 판례가 타당하다.

2. 사안의 경우

甲은 비록 교육부장관의 취소처분이나 임시이사선임처분의 상대방은 아니지만, 임원취임승인의 취소에 따라 임원취임이 효력을 상실하면 직접적으로 A학교법인의 이사자격을 상실하며, 임시이사선임처분은 사립학교법 제25조 제1항 제2호에 따라 임원취임승인의 취소를 전제로 하므로 각 처분을 다툴 법률상 이익이 인정된다.

Ⅲ. 문제 해결

甲은 각 처분의 직접 상대방은 아니나 이를 다툴 법률상 이익이 있으므로, 甲에게는 원고적격이 인정된다.

B. 설문 '(2)'

Ⅰ. 쟁점 정리

임원취임승인취소처분이 취소되어도 甲의 원래 임기가 만료되어 원상회복이 불가능하며, 임시이사 乙의 임기가 완료되어 당초 취소소송의 대상인 임시이사선임처분의 효력이 소멸되었다는 점에서 협의의 소의 이익이 문제된다.

Ⅱ. 협의의 소의 이익이 있는지(적극)

1. 협의의 소의 이익

(1) 의의 및 내용

취소소송에서 권리보호의 필요성은 대상적격과 원고적격이 인정되는 한 충족된 것으로 추정되고 특별한 사정이 있는 경우에만 부정된다. 이때 특별한 사정이란 ① 처분의 효력이 소멸한 경우 ② 원상회복이 불가능한 경우 ③ 권리침해의 상태가 해소된 경우 ④ 취소소송보다 쉬운 방법으로 목적을 달성할 수 있는 경우이다.

(2) 근 거

행정소송법 제12조 제2문에서는 처분의 효과가 소멸된 뒤에도 처분의 취소로 인하여 회복되는 법률상 이익이 있는 경우에는 취소소송을 제기할 수 있다고 하여 협의의 소의 이익을 규정하고 있다.

(3) 행정소송법 제12조 제2문의 법률상 이익의 의미

① 법률상 이익설은 동조 제1문의 법률상 이익과 마찬가지로 좁게 해석하나 ② 정당한 이익설은 위법 확인의 정당한 이익만 인정되면 소송을 제기할 수 있는 것으로 본다. ③ 판례는 행정소송법 제12조 제2문의 법률상 이익의 개념을 제1문의 그것과 동일하게 파악하여 인격적 이익의 침해에 대해서는 원칙적으로 소의 이익을 부정하여 왔으나, 최근(대법원 2007. 7. 19. 선고 2006두19297 판결) 반복될 위험성이 있어 행정처분의 위법성 확인이 필요하다고 판단되는 경우에 소의 이익을 긍정하고 있어 법률상 이익의 의미를 넓히고 있는 것으로 보인다. ④ 국민의 실효적인 권리구제를 위해 법률상 이익의 의미를 제1문보다 넓게 파악하는 것이 타당하다.

2. 사안의 경우

(1) 임원취임승인취소처분의 취소를 구하는 부분

甲의 원래 임기가 만료되어 임원취임승인취소처분이 취소되어도 이사자격을 회복할 수 없으므로 원상회복이 불가능한 것으로 보인다. 그러나 민법 제691조를 유추하여 임기가 만료된 이사의 경우에도 긴급처리권이 인정되어 회복될 법률상 이익이 있을 수 있다. 甲에 대한 임원결격사유기간이 경과하여 특별히 긴급처리권을 부정할 이유가 없으며, 새로운 후임 정식이사가 아직 선임되지 않아, 이에 대한 긴급처리권을 인정할 수 있으므로 회복되는 법률상 이익이 인정된다. 앞서 언급한 법률상 이익의 의미를 넓힌 최근 판례에서도 같은 이유로 법률상 이익을 인정하였다.

(2) 임시이사선임처분의 취소를 구하는 부분

임시이사의 임기가 만료되어 처분의 효력이 소멸한 경우에 해당한다. 그러나 소를 취하하고 다시 후임임시이사선임처분을 다투는 도중에 다시 임기가 만료되는 등으로 임시이사가 교체될 위험이 있어 무익한 처분과 소송이 반복될 가능성이 있으므로 취소를 구할 법률상 이익을 긍정할 필요가 있다. 앞서 언급한 법률상 이익의 의미를 넓힌 최근 판례에서도 같은 이유로 법률상 이익을 긍정하였다.

Ⅲ. 문제 해결

일응 원상회복이 불가능하거나 처분의 효력이 소멸한 것으로 보이나, 처분의 취소로 甲에게 회복될 법률상 이익이 있으므로, 甲이 제기한 취소소송은 협의의 소의 이익이 있다.

이 호 용 / 한양대학교 정책과학대학 정책학과 교수

| 강 평 |

1. (1)에서는 임원취임승인취소처분에 대한 취소소송에서 임원이 원고적격을 갖느냐 하는 문제이다. 이것은 조합원이 조합설립인가취소처분에 대한 취소소송에서 원고적격을 갖느냐와 같은 문제이다. 이런 문제도 전형적인 문제로서 "행정처분의 직접 상대방이 아닌 제3자라도 당해 행정처분의 취소를 구할 법률상의 이익이 있는 경우에는 원고적격이 인정된다. 그런데 여기서 말하는 법률상의 이익은 당해 처분의 근거 법률에 의해 보호되는 직접적이고 구체적인 이익이 있는 경우를 말하고 간접적이거나 사실적·경제적 이해관계를 가지는 데 불과한 경우에는 여기에 포함되지 않는다."의 요지로 기술해 주면 되겠다.

2. (2)에서는 협의의 소익 문제로 행정소송법 제12조의 구조를 설명하면서 협의의 소익의 의의를 소개한 다음 문제에 적용해 주면 되겠다. 특히 협의의 소익에서는 '회복될 법률상 이익(실제로 구제될 법적 이익)'이 무엇인지 확정하여 기술해 주어야 한다.

| 제3문 | A시에서 B백화점을 경영하고 있는 甲은 A시의 乙시장에게 A시 소유 지하도에서 B 백화점으로 연결하는 연결통로 및 에스컬레이터 설치를 위한 도로점용허가를 신청하였고, 乙시장은 위 시설물을 건설하여 이를 A시에 기부채납할 것을 조건으로 20년간 도로점용을 허가하였다. 甲은 위 시설물을 건설하여 A시에 기부채납하였고, 그 시설물은 일반 공중의 교통에도 일부 이용되었지만 주로 백화점 고객들이 이용하고 있다. 그 후 새로 A시 시장으로 취임한 丙은 A시 관할의 도로점용허가 실태에 대하여 조사를 실시한 결과 甲이 원래 허가받은 것보다 3분의 1 정도 더 넓은 면적의 도로를 점용하고 있을 뿐만 아니라 연결통로의 절반에 해당하는 면적에 B백화점의 매장을 설치하여 이용하고 있음을 확인하고 甲에게 「도로법」 제72조에 근거하여 변상금을 부과하였다. 다음 물음에 답하시오. (총 30점)

(1) 甲은 위 시설물이 백화점 고객 외 일반 공중의 교통에도 사용되고 있으므로 처음부터 도로점용허가를 받을 필요가 없었다고 하면서 丙시장의 변상금부과처분이 위법하다고 주장한다. 甲의 주장은 타당한가? (15점)

(2) 한편 주민 丁은 A시 乙시장의 甲에 대한 도로점용허가가 사실상 도로의 영구점용을 허용하는 것이므로 도로점용허가 자체가 위법하다고 주장하면서 A시를 관할하는 도지사에게 감사청구를 하였으나, 그 주장은 받아들여지지 아니하였다. 丁은 「지방자치법」상의 주민소송을 제기할 수 있는가? (15점)

A. 설문 '(1)'

Ⅰ. 쟁점 정리

Ⅱ. 도로점용이 공물의 일반사용과 병존 가능한지 (적극)
  1. 공물의 일반사용과 특별사용
   (1) 의 의
   (2) 허가사용과 특허사용의 상대화
   (3) 일반사용과 특별사용의 병존가능성
  2. 사안의 경우

Ⅲ. 문제 해결

B. 설문 '(2)'

Ⅰ. 쟁점 정리

Ⅱ. 주민소송의 대상이 되는지(적극) - 주민소송 (지방자치법 제17조)
  1. 의 의
  2. 대 상
  3. 제소사유
  4. 원고와 피고
  5. 주민소송의 유형(지방자치법 제17조 제2항)
  6. 사안의 경우
   (1) 대 상
   (2) 제소사유
   (3) 원고와 피고
   (4) 주민소송의 유형

Ⅲ. 문제 해결

A. 설문 '(1)'

Ⅰ. 쟁점 정리

도로점용이 공물의 특별사용에 해당하는지, 공물의 일반사용과 병존가능한지 문제된다.

Ⅱ. 도로점용이 공물의 일반사용과 병존 가능한지(적극)

1. 공물의 일반사용과 특별사용

(1) 의 의

공물을 누구든지 타인의 공동사용을 방해하지 않는 한도에서 행정청의 허락을 받음이 없이 공적 목적에 따라 자유로이 사용하는 것을 공물의 일반사용이라고 한다. 공물의 특별사용은 일반사용의 범위를 넘어 행정청의 허가를 받거나 (허가사용), 특별한 사용권을 설정 받아(특허사용) 공물을 사용하는 것이다.

(2) 허가사용과 특허사용의 상대화

주로 기간의 장단으로 구별되었으나, 오늘날 특별사용이라는 명칭으로 사용하고 있으며 실정법 역시 양자를 구별하지 않고 있다.

(3) 일반사용과 특별사용의 병존가능성

1) 공물의 특별사용은 공물의 사용 목적이나 기간에 따라 결정되는 것이지 일반사용과 병존가능성은 개념요소가 아니므로, 일반사용과 병존된다고 하여 특별사용이 아니라고 할 수는 없다.

2) 판례(대법원 1995. 2. 14, 선고 94누5830 판결) 역시 도로점용과 관련하여 도로의 점용을 특별사용으로 볼 것인지는 그 도로점용의 주된 용도와 기능이 무엇인지 가려야 한다고 하면서 일반사용과의 병존가능성을 인정하였다.

2. 사안의 경우

甲이 한 도로점용은 연결통로 및 에스컬레이터 설치를 위해 20년간 공물을 사용한 것으로 공물의 특별사용(특히 특허사용)에 해당한다. 이러한 사실은 일반공중의 교통에도 사용되고 있었다는 사정에 영향을 받지 않는다.

Ⅲ. 문제 해결

공물의 특별사용은 일반사용과 병존 가능하므로 위 시설물이 백화점 고객 외에 일반 공중의 교통에도 사용될 수도 있다. 따라서 처음부터 도로점용허가를 받을 필요가 없었다는 甲의 주장은 타당하지 않다.

B. 설문 '(2)'

Ⅰ. 쟁점 정리

지방자치법 제17조 주민소송에 대해 검토하고, 특히 도로점용허가가 주민소송의 대상이 되는지 문제된다.

Ⅱ. 주민소송의 대상이 되는지(적극) – 주민소송(지방자치법 제17조)

1. 의 의

주민이 지방자치단체의 위법한 재무회계행위의 방지 또는 시정을 구하거나 그로 인한 손해의 회복 청구를 요구할 수 있도록 한 것이다.

2. 대 상

공금의 지출에 관한 사항, 재산의 취득·관·처분에 관한 사항, 당해 지방자치단체를 당사자로 하는 매매·임차·도급 그 밖의 계약의 체결·이행에 관한 사항 또는 지방세·사용료·과태료 등 공금의 부과·징수의 해태에 관한 사항이 대상이 된다.

3. 제소사유

① 주무부장관 또는 시·도지사가 감사청구를 수리한 날부터 60일을 경과하여도 감사를 종료하지 아니한 경우, ② 감사결과 또는 감사결과에 따른 조치요구에 불복이 있는 경우, ③ 감사결과에 따른 조치요구를 지방자치단체의 장이 이행하지 아니한 경우, ④ 조치요구에 대한 지방자치단체의 장의 이행조치에 불복이 있는 경우가 이에 해당한다.

4. 원고와 피고

(1) 제소 대상을 감사청구한 주민이라면 누구나 원고가 될 수 있으며, 1인에 의한 제소도 가능하다.

(2) 주민소송의 피고는 해당 지방자치단체의 장이 된다.

5. 주민소송의 유형(지방자치법 제17조 제2항)

중지청구소송, 취소 또는 무효확인소송, 부작위위법확인소송, 손해배상 또는 부당이득반환청구소송이 가능하다.

6. 사안의 경우

(1) 대 상
재산의 취득·관리·처분에 관한 사항인지

1) 사안에서 A시가 甲에게 도로점용을 허가한 것은 A시가 소유하는 지하도 일부를 백화점을 위한 시설을 설치하는 데 사용할 수 있도록 甲에게 허가한 것으로, 실질적으로 재산의 임대와 유사한 것이다. 따라서 재산의 관리에 관한 사항에 해당하여 주민소송의 대상이 된다고 할 것이다.

2) 판례(대법원 2016. 5. 27. 선고 2014두8490 판결) 역시 유사하게 지하부분을 도로점용 허가한 사안에서 실질적으로 지하 부분의 사용가치를 제3자로 하여금 활용하도록 하는 임대 유사행위로서, 지방자치법 제17조 제1항의 '재산의 관리·처분에 관한 사항'에 해당한다고 하였다.

(2) 제소사유
도로점용허가 자체가 위법하다는 丁의 주장이 받아들여지지 아니하였으므로, 감사결과에 불복이 있는 경우에 해당한다고 볼 수 있다(지방자치법 제17조 제1항 제2호).

(3) 원고와 피고
丁은 감사를 청구한 주민으로서 원고적격을 갖고, 지방자치단체장인 乙시장이 피고가 된다.

(4) 주민소송의 유형
도로점용허가가 위법함을 이유로 이를 취소하는 소송이나 하자가 중대하고 명백하다면 무효확인소송도 가능하다.

Ⅲ. 문제 해결
도로점용허가는 재산의 취득·관리·처분에 관한 사항이므로 丁은 乙시장을 상대로 지방자치법 제17조에 따라 주민소송을 제기할 수 있다.

| 강평 |

1. (1) 공물의 일반사용과 특별사용의 병존가능성에 관한 문제로 제1문과 제2문보다는 상대적으로 어렵게 느낄 수는 있으나 수험계에서 행정법문제 쟁점을 꼽는다면 공물편에 포함될 수 있는 문제여서 그리 생소한 문제는 아니었을 것이라고 판단된다. 이 문제는 도로의 점용이라는 것이 일반인의 통행 등 도로의 일반 사용과 병존할 수도 있으며 공물사용에 관한 전통적 인식 즉, 일반사용 아니면 특별사용이라는 이분법적 구분은 잘못된 것이라는 점을 지적한 판례를 문제화한 것으로 일반사용과 특별사용의 상대화 양자의 병존 가능성 위주로 기술하면 되겠다.

2. (2)는 마지막 문제로 답안작성에 시간을 없을 수험생들을 배려한 문제이다. 이론문제라기보다는 법전을 읽고 해석하는 문제로 주민소송의 기본개념을 안다면 지방자치법 제17조를 해설하고 적용하는 정도로 기술하면 답안을 대강 작성할 수 있는 문제이다.

| **제1문** | A도 B군의 군수 乙은 대형마트를 유치하기 위하여 대규모점포를 개설등록하면 법률상 재량을 행사하여 일체의 영업시간 제한이나 의무휴업일 지정을 하지 않겠다고 甲에게 약속하였다. 이 말을 믿은 甲은 乙에게 대규모점포의 개설등록을 신청하였고, 개설등록이 되었다. 그런데 개설등록 이후 乙은 오전 0시부터 오전 8시까지 영업시간을 제한하고 매월 둘째 주와 넷째 주 일요일을 의무휴업일로 지정하는 내용의 처분(이하 '제1차 처분'이라 한다)을 하였다. 이에 甲은 이 처분에 대해 취소소송을 제기하였다. 그런데 취소소송의 계속 중에 乙이 영업제한시간을 오전 0시부터 오전 10시까지로 변경하되, 의무휴업일은 종전과 동일하게 유지하는 것을 내용으로 하는 처분(이하 '제2차 처분'이라 한다)을 하였다. (총 50점)

1. 「유통산업발전법」상 대규모점포 개설등록의 법적 성격을 검토하시오. (10점)

2. 乙이 사전약속을 위반하였으므로 제1차 처분이 위법하다는 甲 주장의 당부를 검토하시오. (15점)

3. 제2차 처분으로 제1차 처분은 소멸되었으므로 甲이 제기한 취소소송은 부적법하다는 乙 주장의 당부를 검토하시오. (10점)

4. 甲은 2017. 5. 3. 영업제한시간을 위반하고, 의무휴업일인 2017. 5. 14. 영업을 한 후, 이런 위반 사실을 숨긴 채 2017. 5. 30. 해당 대규모점포를 丙에게 양도하였다. 이런 사실을 모르는 丙이 의무휴업일인 2017. 6. 11. 영업을 한 이후, 乙이 丙에게 10일의 영업정지처분을 하였다. 자신은 한 차례만 위반하였음을 들어 영업정지처분이 위법하다는 丙 주장의 당부를 검토하시오. (15점)

[참조조문]

「유통산업발전법」(※ 가상의 법률임)

제8조(대규모점포의 개설등록 및 변경등록) ① 대규모점포를 개설하려는 자는 영업을 시작하기 전에 산업통상자원부령으로 정하는 바에 따라 상권영향평가서 및 지역협력계획서를 첨부하여 특별자치시장·시장·군수·구청장에게 등록하여야 한다.

제13조(대규모점포개설자의 지위승계) ① 다음 각 호의 어느 하나에 해당하는 자는 종전의 대규모점포개설자의 지위를 승계한다.

1. 대규모점포개설자가 대규모점포를 양도한 경우 그 양수인

제13조의4(영업정지) 특별자치시장·시장·군수·구청장은 다음 각 호의 어느 하나에 해당하는 경우에는 1개월 이내의 기간을 정하여 영업의 정지를 명할 수 있다.

1. 영업시간제한명령을 1년 이내에 3회 이상 위반하여 영업제한시간에 영업을 한 자 또는 의무휴업명

령을 1년 이내에 3회 이상 위반하여 의무휴업일에 영업을 한 자. 이 경우 영업시간제한명령 위반과 의무휴업명령 위반의 횟수는 합산한다.

I. 「유통산업발전법」상 대규모점포 개설등록의 법적 성격 - 설문 (1)
 1. 문제의 소재
 2. 신고제 일반론
  (1) 강학상 신고의 의의 및 종류
  (2) 자기완결적 신고와 수리를 요하는 신고의 구별기준
 3. 사안의 경우
 4. 소 결

II. 甲 주장의 당부 - 설문 (2)
 1. 문제의 소재
 2. 사전약속의 법적 성질 및 확약의 구속력에 반하는지 여부
  (1) 사전약속의 법적 성질 – 강학상 확약
  (2) 확약의 구속력 및 실효
  (3) 사안의 경우
 3. 신뢰보호의 원칙 위반 여부

 (1) 신뢰보호의 원칙의 의의
 (2) 적용요건
 (3) 적용의 한계
 (4) 사안의 경우
 4. 소 결

III. 乙 주장의 당부 - 설문 (3)
 1. 문제의 소재
 2. 협의의 소익 일반론
 3. 사안의 경우

IV. 丙 주장의 당부 - 설문 (4)
 1. 문제의 소재
 2. 학설의 대립
  (1) 승계 긍정설
  (2) 승계 부정설
 3. 판례의 태도
 4. 검토 및 소결

답안작성

신 ㅇㅇ / 2016년도 사법시험 합격

I. 「유통산업발전법」상 대규모점포 개설등록의 법적 성격 – 설문 (1)

1. 문제의 소재

쟁점이 되는 대규모점포 개설등록이 형식상 '등록'으로 규정되어 있으나 그 성질이 강학상 사인의 공법행위로서의 신고에 해당하는지, 수리를 요하는지 여부가 문제 된다.

2. 신고제 일반론

(1) 강학상 신고의 의의 및 종류

신고라 함은 사인이 행정기관에 대하여 일정한 사항을 알리는 공법행위를 의미한다. 신고는 신고요건만 갖추면 신고의무를 이행한 것으로 보는 자기완결적 신고와 행정청의 수리가 있어야 신고의 효과가 발생하는 수리를 요하는 신고로 구분된다.

(2) 자기완결적 신고와 수리를 요하는 신고의 구별기준

신고유형의 구분 기준에 대하여는 다양한 견해가 대립하고 있다. 신고요건의 형식성을 기준으로 판단하는 견해, 심사방식의 형식성을 기준으로 판단하는 견해, 입법자의 객관적 의사에 대한 추정으로 판단하는 견해 등이 대립한다. 판례는 명시적으로 기준을 제시한 바 없으나, 신고요건 및 심사방식의 형식성을 기준으로 하고 있다. 생각건대, 입법자의 객관적 의사를 최우선으로 하되, 불분명할 시 신고요건 및 심사방식의 형식성을 고려함이 타당해 보인다.

3. 사안의 경우

당해 개설등록은 대규모 점포의 개설사항을 알리는 사인의 공법행위로서 강학상 신고에 해당한다. 수리요부에 관하여는 근거법인 유통산업발전법에 수리규정은 없다. 다만 동 법률의 취지가 지역 경제에 큰 영향을 미칠 수 있는 대규모 점포의 개설사항을 관리하여 균형있는 유통산업의 발전을 도모한 것으로 보이는 점, 법 제8조 제1항이 등록을 함에 있어 상권영향평가서 및 지역협력계획서를 첨부하게 한 점 등을 고려하면, 입법자의 의사는 당해 개설등록이 지역경제에 미칠 영향을 행정청이 면밀히 검토하여 수리하게 함에 있고, 첨부서류 역시 실질적 심사가 필요한 것인 바. 동 신고는 수리를 요하는 신고로 봄이 타당하다. 판례도 유사한 사안에서 대규모 점포 개설등록을 수리를 요하는 신고로 본 바 있다.

4. 소 결

당해 대규모점포 개설등록은 사인의 공법행위로서 '신고'이며, 신고 중 수리를 요하는 신고에 해당한다.

II. 甲 주장의 당부 - 설문 (2)

1. 문제의 소재

乙의 사전약속에 대한 위반이, 강학상 확약의 구속력 및 신뢰보호의 원칙에 반하여 위법한지 문제된다. 특히 이 사전약속이 강학상 확약인지, 구속력의 실효사유에 해당하는 지 여부 및 신뢰이익과 공익과의 충돌이 쟁점이 된다.

2. 사전약속의 법적 성질 및 확약의 구속력에 반하는지 여부

(1) 사전약속의 법적 성질 - 강학상 확약

강학상 확약은 장래 일정한 행정행위를 하거나 하지 않을 것을 약속하는 의사표시를 말한다. 사안의 사전약속은 영업시간 제한이나 의무휴업일 지정을 하지 않겠다는 의사표시로서 강학상 확약에 해당한다. 확약의 처분성에 대해서는 판례는 부정하나 확약의 내용대로 이행할 법적 의무가 발생한다는 점에서 긍정함이 타당해 보인다.

(2) 확약의 구속력 및 실효

확약의 효과는 행정청에 대해서는 확약의 내용인 행위를 하여야 할 법적 의무를 부여하고 상대방에게는 행정청에 대한 확약내용의 이행청구권이 인정된다. 판례는 확약의 대상이 위법한 경우에는 확약의 구속력을 인정하지 않는다. 또한 판례는 확약이 있은 후 사실적·법률적 상태가 변경되었다면 그와 같은 확약 또는 공적인 의사표명은 행정청의 별다른 의사표시를 기다리지 않고 실효 되었다고 본다.

(3) 사안의 경우

사안은 행정청인 乙이 영업시간 제한이나 의무휴업일 지정을 하지 않겠다고 확약 했음에도 불구하고, 등록 후 영업시간 제한 및 의무휴업일을 지정한 바 확약에 반하여 처분했다. 사안의 확약은 위법하지도 않고 그 구속력을 실효시킬 만한 특별한 사정이 보이지 않는다. 따라서 확약의 구속력에 반하는 당해 제1차 처분은 위법하다. 만약 설문에 제시되지 않은 공익상 사유가 있다 하더라도, 이는 확약을 신뢰한 갑의 신뢰이익과 비교형량 되어야 하는 바 신뢰보호의 원칙에 반하는지 여부에 대한 검토 역시 필요하다.

3. 신뢰보호의 원칙 위반 여부

(1) 신뢰보호의 원칙의 의의

신뢰보호의 원칙은 행정청의 언동에 대한 사인의 보호가치 있는 신뢰는 보호되어야 한다는 원칙으로 신뢰보호의 법적 근거로 신의성실의 원칙을 드는 경우도 있지만 법치국가의 한 내용인 법적 안정성을 드는 것이 일반적 견해이다.

(2) 적용요건

신뢰보호의 원칙이 적용되기 위해서는 첫째, 행정청의 개인에게 신뢰를 주는 선행조치(공적 견해표명)이 있어야 하고, 둘째, 이에 대한 상대방의 신뢰에 보호가치가 있어야 하며, 셋째, 신뢰에 입각한 사인의 조치가 있고, 넷째, 신뢰에 반하는 행정권의 행사가 있어야 한다. 마지막으로 선행조치와 사인의 조치 사이에는 인과관계가 있어야 한다.

(3) 적용의 한계

신뢰보호의 원칙은 공익 또는 합법성의 원칙과 충돌 할 수 있는데, 합법성의 원칙은 우위에 있다고 보는 경우도 있으나, 다 같이 법치국가의 원리를 이루는 것이므로 동위에 있다고 봄이 타당하다. 따라서 공익 및 합법성과의 충돌이 있는 경우 비교형량이 필요하다.

(4) 사안의 경우

사안의 사전약속은 행정청인 乙의 선행조치로서 이에 대한 甲의 신뢰는 귀책사유가 없는 바 보호가치가 있다. 또한 이를 믿고 이에 따라 甲은 대규모점포를 등록·운영 하였는데 선행조치인 확약에 반하는 의무 휴업일 지정 및 영업시간 제한 처분이 있었는 바, 신뢰보호 원칙의 적용요건을 충족하였다. 그러나 규제는 경제상황에 맞게 사후 형성적인 경우가 많고 동 규제를 통해 달성하고자 하는 상생발전 및 경제 민주화의 공익이 甲이 입는 영업상 이익의 일부 손해라는 사익에 비해 가볍다고 보기 어렵다. 따라서 당해 제1차 처분은 신뢰보호의 원칙에 반하지 않는다.

4. 소 결

사안의 제1차 처분은 확약의 내용에 반하는 처분으로서 위법하다 볼 수 있으나, 처분을 통해 달성하고자 하는 공익이 있다면(사실적 상태가 변경되었다면) 그러한 공익이 甲의 신뢰이익보다 작다고 할 수 없으므로 위법하다 보기 어렵다. 甲의 주장은 타당하지 않다.

Ⅲ. 乙 주장의 당부 - 설문 (3)

1. 문제의 소재

취소소송의 적법요건 중 특히 소의 대상이 되는 처분이 소멸한 경우에 소를 구할 법률상 이익이 있는지, 즉 협의의 소익이 있는지 여부가 문제 된다. 특히 사안은 제2차처분으로 제1차처분이 소멸한 것인지가 쟁점이 된다.

2. 협의의 소익 일반론

협의의 소익은 취소소송의 본안판결을 구할 현실적 이익 내지 필요성으로서 일반적으로 원고적격이 있는 자에게는 협의의 소익이 인정되나 처분의 효력이 소멸한 경우, 원상회복이 불가능한 경우, 보다 실효적인 권리구제 수단이 있는 경우 등에는 소의 이익이 부정된다. 다만 이 경우에도 취소를 구할 '현실적인 법률상 이익'이 있는 경우에는 소의 이익이 인정된다.

3. 사안의 경우

사안은 우선 제2차처분으로 제1차처분이 소멸되었는지가 쟁점이 된다. 판례는 종전처분을 변경하는 처분이 있는 경우, 후속처분이 종전처분을 완전히 대체하는 것이거나 그 주요 부분을 실질적으로 변경하는 내용인 경우에는 특별한 사정이 없는 한 종전처분은 효력을 상실하고 후속처분이 소의 대상이 되지만, 후속처분의 내용이 종전 처분의 유효를 전제로 그 내용 중 일부만을 추가·변경·철회 하는 것인 경우, 그리고 그 변경된 부분이 그 내용과 성질상 나머지 부분과 불가분적인 것이 아닌 경우에는 후속처분에도 불구하고 종전처분이 여전히 항고소송의 대상이 된다고 본다.

이러한 판례의 입장에 따를 때, 종전 영업시간 제한(0시에서 8시까지) 및 의무휴업일 지정 처분(제1차처분)의 내용 중 영업시간 제한 부분만을 일부 변경(0시부터 10시까지)하는 당해 제2차처분은 의무휴업일 지정 부분은 그대로 유지한 채 영업시간 제한 부분만을 일부 변경하는 것으로 추가된 영업시간 제한 부분은 가분적인 것인 바, 제2차처분으로 제1차처분이 소멸했다고 보기는 어렵다. 따라서 협의의 소익이 있고, 다른 적법요건상 문제가 보이지 않는 바 乙의 주장은 타당하지 않다(소는 적법하다).

IV. 丙 주장의 당부 - 설문 (4)

1. 문제의 소재

명문의 규정 없이도 양도인의 양도행위 이전의 제재사유가 지위승계와 함께 양수인에게 승계되는지, 제재처분사유의 승계가능성이 문제된다.

2. 학설의 대립

(1) 승계 긍정설

영업양도의 경우 허가의 성질이 일신 전속적이지 않는 한 양도인의 법적지위는 지위승계규정의 해석상 양수인에게 승계되어야 한다고 보아야 하며, 만약 부정하는 경우 양도인의 책임회피수단으로 악용될 가능성이 있다. 양수인의 피해는 양도인과의 관계에서 조절될 수 있다,

(2) 승계 부정설

지위승계에 관한 규정이 제재처분의 사유의 승계까지 포함한다고 볼 수 없으며, 법령위반 등 귀책사유는 일신전속적인 성질을 가지는 것으로 승계될 수 없다. 또한 선의의 양수인의 신뢰보호의 관점에서도 승계를 긍정할 수 없다.

3. 판례의 태도

판례는 긍정설의 입장이다. 판례는 석유판매업허가의 양도인이 행한 위법사유를 이유로 양수인에게 조치를 취할 수 있다고 본 바 있다. 또한 선의의 양수인의 보호의 관점에서 선의의 양수인인 경우에는 귀책사유가 승계되지 않는다고 본 경우도 있다.

4. 검토 및 소결

사안의 유통산업발전법 제13조 제1항은 대규모점포개설자의 지위승계를 규정하고 있으나, 제재처분사유의 승계에 대해서는 명문의 규정이 없다. 생각건대, 명문의 규정이 없는 한 양도인의 법위반행위와 같은 귀책사유가 허가의 양도와 함께 당연히 이전된다고 보기는 어렵다. 따라서 승계를 부정함이 타당해 보인다. 결국, 甲의 제재사유가 승계되지 않는 한 丙은 1회의 위반만이 있었던 것이므로 당해 처분은 법 제13조의4 제1호에 위반된다. 丙의 주장은 타당하다.

Ⅰ. 총 평

사안은 대법원 2015. 11. 9. 선고 2015두295 전원합의체 판결 사건을 기본으로 하여 재구성된 문제로서 세부 설문이 네 개에 이를 정도로 행정법적으로 흥미로운 다수의 쟁점을 내포하고 있다. 수험자가 최신의 주요판결례를 눈여겨 보아두었다면 답안 작성에 도움이 되었을 것이다. 설문 1과 설문 2, 설문 4는 신고, 확약과 신뢰보호의 원칙, 행정행위의 종류 또는 공법상 의무의 승계라는 총론적 쟁점이, 설문 3은 취소소송의 대상과 법률상의 이익이라는 행정구제법적 쟁점이 각각 다루어지고 있다. 특히 발견해내기 어려운 쟁점이 숨어 있는 것은 아니지만 약간의 쟁점들은 행정법적으로 매우 중요한 의미를 가지고 있고 풀어내는 것이 용이하지 않을 수도 있다. 답안은 쟁점들을 매우 정확하게 간파하고 있으며 무난하게 답안을 구성하고 있다. 답안들은 수험자들의 성향에 따라 필요한 내용을 빠짐없이 다루고는 있어 틀리지는 않지만 지나치게 간결하게 작성하여 논리적으로 연결이 매끄럽지 않은 경우가 있으나 본 답안은 비교적 그렇지 아니하다. 특히 쟁점을 제시하는 서두부분에서 단지 앞으로 다룰 쟁점만을 제시하지 않고 그 쟁점이 왜 검토되어야 하는지에 대해 다소나마 전후 부연설명이 있는 부분이 좋다고 생각된다. 예를 들어 설문 1의 경우 단지 "수리를 요하는 신고인지가 문제된다."고만 적는 것이 아니라 "대규모점포 개설등록이 형식상 '등록'으로 규정되어 있으나"와 같이 운을 띄움으로써 좀 더 차분한 답안의 인상을 줄 수 있다. 강평자로서는 서두부분의 문제의 소재나 쟁점제시부분에서 법리적 쟁점의 명칭만을 간략하게 적는데 그치지 않고 왜 그 쟁점이 문제되는지를 다소 부연한 후에 본론으로 들어가는 것이 보다 친절한 답안이 될 것이라 생각한다. 물론 본론에서 그것이 왜 쟁점이 되었는지가 설명된다고 보면 서두부분이 지나치게 간결하다고 문제될 것은 없다.

Ⅱ. 답안에 대한 강평

1. 설문 1에 대하여

개설등록의 법적 성격을 묻고 있는데 그에 대한 답은 신고에서 발견된다. 판례는 대규모점포의 개설등록은 이른바 '수리를 요하는 신고'로서 행정처분에 해당하고 등록은 구체적 유형구분에 따라 이루어지므로 등록의 효력은 대규모점포가 구체적으로 어떠한 유형에 속하는지에 관하여도 미친다고 본다(대법원 2015. 11. 19. 선고 2015두295 전원합의체 판결). 따라서 개설등록의 법적 성격을 수리를 요하는 신고로 설명하는 데는 문제가 없어 보인다. 다만, 신고는 사인의 공법행위인데 수리를 요하는 신고가 행정처분이 된다고 설명하는 태도는 적절하지 않다. 사인의 신고에 대하여 그 신고내용을 판단하고 관계장부에 등록하는 행정청의 행위가 처분이라는 설명이 보다 정확할 것이다. 그 등록할 것인지의 여부에 대한 판단이 "수리를 요한다."는 측면이 되고 수리할 것인지의 판단이 법상 행정청에게 부여되어 있는 경우 그 행정청의 판단은 처분의 성격을 가진다. 등록(수리) 또는 등록거부(수리거부)에 따라 사인이 대상행위를 할 수 있는지 여부가 결정되므로 사인의 권리의무에 직접적인 변동을 초래하기 때문이다. 답안은 자기완결적 신고와 수리를 요하는 신고를 구분하고 그 구별기준에 관한 학설을 정리한 후 사안이 수리를 요하는 신고에 해당함을 가상의 법률규정에 입각하여 설득력 있게 풀어내고 있다.

2. 설문 2에 대하여

사안에서 乙의 사전약속은 행정법상 확약에 해당함은 의문의 여지가 없다. 장래 일체의 영업시간 제한이나 의무휴업일 지정을 하지 않겠다고 약속한 것이기 때문이다. 그런데 보다 정확히는 확약의 주체요건으로서 정당한 권한을 갖는 행정청이 하는 약속만이 적법한 확약이 된다. 사안에서는 사전약속 했던 乙이 사후에 영업시간 제한과 의무휴업일 지정처분을 하였으므로 처분권한 있는 기관임을 알 수 있고 그가 한 약속이므로 주체와 관련하여 확약의 적법요건을 충족한다. 그 밖에 확약의 절차나 형식에 관한 요건에 관해서는 문제될 만한 아무런 단서도 제시되고 있지 않으므로 고려할 필요가 없다. 다음으로 확약의 내용이 적법 가능하고 명확해야 하며 법령에 반하지 않아야 한다. 사안에서는 '법률상 재량을 행사하여'라고 하고 있으므로 영업시간 제한 등을 명령하는 행위가 재량행위임을 추측할 수 있다. 기속행위에는 확약이 허용되지 않는다는 견해도 있지만 사안은 재량행위인 경우라고 하면 확약의 허용여부에 관하여는 이견이 있을 수 없다. 자신의 재량권에 속하는 행위에 대하여 재량권을 발동하여 영업시간 제한 등을 하지 않겠다고 한 것이므로 법령에 반하는 부분이 없다. 따라서 확약은 적법했고 그에 따라 행정청인 乙에게는 자기구속력이 발생하고 상대방인 甲은 확약대로의 이행을 청구할 권리를 갖게 된다. 사안에는 확약의 기초가 된 사실상태나 법률상태의 변동이 있다는 아무런 제시도 없으므로 확약은 실효되지 않은 상태이다. 그럼에도 불구하고 乙은 제1차 처분을 함으로써 확약을 위반하였다. 이는 乙이 자신이 한 확약을 철회한 셈이 된다. 그 철회한 사유는 사안에서는 전혀 나타나지 않으나 가상의 법률에서 개설등록을 위해 상권영향평가서와 지역협력계획서를 제출하도록 되어 있는 점에서 인근상권에의 영향을 고려한 공익적 사유가 내재되어 있을 것을 추측해볼 수 있다. 그리고 공익적 사유에 입각한 재량권의 행사행위를 위법하다고 평가할 수는 없을 것이다. 甲이 위법하다고 주장하는 것은 확약에 위반했다는 이유이다. 아무튼 확약을 철회하였다면 그 확약을 신뢰한 상대방의 이익을 침해하게 되므로 신뢰보호의 원칙의 위반여부에 대한 검토로 이행하지 않으면 안 되게 된다. 이때에는 공익을 위한 확약위반은 오히려 적법한 행위이고 적법한 행정행위와 신뢰보호의 원칙이 충돌할 경우의 해법의 문제가 된다. 견해의 대립이 있지만 양자는 동등한 가치를 가지므로 비교형량을 통해 우선시킬 이익을 결정하게 된다는 것이 학설과 판례의 태도이다. 답안은 이 모든 과정을 충실히 거치면서 결론에 이르고 있다. 한 가지 아쉽다면 확약의 적법요건에 대한 검토를 소홀히 하고 있는 점이다.

3. 설문 3에 대하여

취소소송으로 다투고 있는 처분이 소멸하였다면 해당 소는 더 이상 다툴 실익이 없으므로 법률상의 이익, 정확히는 권리보호의 필요성인 협의의 소익이 없어 부적법한 소가 되지 않을 수 없다. 사안에서 문제의 쟁점은 제1차 처분을 변경하는 제2차 처분이 있는 경우 새로운 제2차 처분에 의하여 취소소송으로 다투고 있던 제1차 처분이 과연 소멸하게 되는가 하는 점이다. 이 경우의 결론은 두 가지이다. 제2차 처분으로 인하여 제1차 처분이 효력을 상실하고 소멸한다고 보는 경우와 제2차 처분이 있음에도 불구하고 제1차 처분은 여전히 유효하게 존속한다고 보는 경우가 그것이다. 그것을 판단하는 기준은 제1차 처분과 제2차 처분의 관계에 달려 있다. 최근의 판례(대법원 2015. 11. 19. 선고 2015두295 전원합의체 판결)에서는 그 판단에 관하여 중대한 기준을 제시하였고 답안은 그 판단기준을 한 군데도 틀림이 없이 정확히 인용하고 있다. 사안에서 취소소송의 대상이 된 제1차 처분은 영업시간 제한과 의무휴업일 지정이라는 두 가지가 결합된 처분인데 제2차 처분은 그 중 의무휴업일 지정에 관한 내용은 동일하게 반복한 채 영업시간 제한에 관한 부분을 두 시간 연장하는 내용의 처분이었다. 이것은 최근의 판례가 제시한 "후속처분의 내용이 종전 처분의 유효를 전제로 그 내용 중 일부만을 추가"하는 변경을 가한 것이고, 또한 그 추가된 내용이 종전처분의 내용과 "불가분적이 아닌 경우"라는 판단기준을 충족한다. 0시부터 8시까지의 제한에서 0시부터 10시까지의 제한으로 변경한 것은 0시부터 8시까지의 종전처분에 8시부터 10시까지라는 후속처분을 추가한 것에 불과하고 이 양자는 성질상 충분히 가분적이라 이해되기 때문이다. 따라서 제1차 처분(종전처분)과 제2차 처분(후속처분)은 별개로 병존하는 것이고 제2차 처분에 의하여 제1차 처분이 대체되어 소멸되는 관계에 있지 아니한다. 즉 제1차 처분에 대한 취소소송은 여전히 적법하다. 답안은 이러한 내용들을 정확히 풀이해내고 있어 놀랍기만 하다. 사안에서와 같은 제2차 처분은 시간적으로 후속처분이기는 하지만 '새로운 처분'이라고 표현하기 보다는 '추가처분'이라고 표현하는 것이 적절할 것이라는 생각이다. 그리고 '새로운 처분'은 선행처분을 완전히 대체하는 등으로 선행처분의 소멸을 초래하는 처분을 의미하는 것으로 이해하고, 추가처분은 선행처분의 존속을 전제로 그것에 추가, 변경 또는 철회 등이 발생한 처분의 의미로 구분하여 사용한다면 유익할 것으로 생각된다.

4. 설문 4에 대하여

설문 4에서의 쟁점도 비교적 단순하다. 甲의 위반사실이 丙의 위반사실에 승계되어 丙이 甲의 위반에 대한 책임도 함께 부담하여야 할 것인가 하는 점이다. 하지만 풀이가 결코 용이하지만은 않다. 답안은 설문이 제재처분사유의 승계를 묻고 있는 것이라 지적하며 그에 관한 학설과 판례를 소개한 후 결론에 이르고 있다. 답안도 언급하고 있는 것처럼 사안에서 제시한 가상의 법률에 의하면 제13조에 대규모점포개설자의 지위승계에 관한 규정이 있어 대규모점포개설자가 대규모점포를 양도한 경우 종전의 대규모점포개설자의 지위를 양수인이 승계한다고 규정하고 있는데 이것이 제재처분사유의 승계까지도 포함한 것으로 이해될 수 있는지에 대해서는 고민하지 않을 수 없다. 만일 이 조항이 제재처분사유의 승계까지 포함한 것이라고 한다면 문제의 해결은 극히 간단하다. 하지만 그와 같이 간단한 문제가 배점 15점의 규모로 출제될 리는 없다. 답안은 오로지 제재처분사유의 승계라는 쟁점에만 초점을 맞추어 풀이하고 있는데 쟁점은 꼭 그것에만 국한되지는 않는다. 소위 행정행위의 종류에서 대인적 행정행위와 대물적 행정행위라는 것도 행정행위의 효력의 승계와 관련하여 중요한 의미를 갖기 때문이다. 또한 공의무의 승계론에 따른 풀이도 가능하다. 대규모점포의 양도인이 영업제한시간과 의무휴업일 처분을 위반하였지만 아직 그에 대한 구체적인 제재처분이 내려지기 전이었다고 하면 양수인에게 승계될 구체적인 의무는 아직 존재하지 않는다. 또한 영업제한시간과 의무휴업일에는 영업을 하지 말라는 의무는 타인이 대신할 수 없는 의무이므로 일신전속적인 부작위의무이다. 뿐만 아니라 위반사실을 숨기고 양도하여 그 사실을 전혀 모르는 양수인에게 자신이 위반하지도 않은 사실에 대한 책임을 부담하게 하는 것은 원래의 위반자에 대한 단속을 제대로 하지 않은 행정청의 업무해태행위에 대한 책임을 양수인에게 전가시키는 비윤리적인 발상이기도 하다. 이러한 점들을 고려한다면 제재처분사유의 승계에만 집중하고 있는 답안이 조금 더 보완될 필요도 있다고 생각된다. 한편, 가상의 법률 제13조가 규정하고 있는 지위승계에 관한 규정은 개설등록의 효과를 승계한다는 것을 의미하는 것이지 종전의 사업자가 행한 제재적 사유까지 승계한다는 것을 의미하는 것은 아니라고 할 것이다.

| 제2-1문 | 앱 개발회사 甲과 중소기업정보진흥원장 乙은 "乙은 甲에게 정보화 지원금을 지원하고, 甲이 '사업실패' 평가를 받으면 乙은 협약해지·지원금환수·사업참여제한을 할 수 있다."라는 내용의 협약(이하 '이 사건 협약'이라 한다)을 체결하였다. 甲이 지원금을 받아 사업진행 중 '사업실패' 평가를 받자, 乙은 이 사건 협약을 해지하면서 甲에게 '지원금환수 및 3년간 정보화 지원사업 참여자격 제한' 통보(이하 '이 사건 통보'라 한다)를 하였다. 한편, 「중소기업 기술혁신 촉진법」은 법 제18조의 사업에 관한 협약해지·지원금환수·사업참여제한 등은 규정하지 않았다. (총 30점)

1. 이 사건 협약의 법적 성격을 검토하고, 이 사건 협약과 같은 형식과 내용으로 '중소기업 정보화 지원사업'을 수행하는 것이 허용될 수 있는지 설명하시오. (20점)

2. 乙의 이 사건 통보가 취소소송의 대상적격이 있는지 검토하시오. (10점)

[참조조문]

「중소기업 기술혁신 촉진법」 (※ 가상의 법률임)

제18조(중소기업 정보화 지원사업) 중소기업청장은 중소기업 정보화 지원사업을 추진할 수 있고, 중소기업의 신청이 있는 경우 기술능력 등을 고려하여 지원금 지급여부를 결정할 수 있다.

제31조(지원사업 참여제한 및 출연금 환수 등) 중소기업청장은 제10조의 기술혁신사업, 제11조의 산학협력사업에 참여한 중소기업자가 사업실패로 평가된 경우 5년의 범위에서 기술혁신 촉진 지원사업 참여제한을 할 수 있고, 이미 출연한 사업비를 환수할 수 있다.

제45조(권한의 위탁) 이 법 제18조 및 제31조에 따른 중소기업청장의 권한은 중소기업정보진흥원장에게 위탁한다.

I. 설문 (1)에 대하여
  1. 문제의 소재
  2. 이 사건 협약의 법적 성격 – 공법상 계약
   (1) 공법상 계약의 개념 및 의의
   (2) 공법관계와 사법관계의 구별기준
   (3) 사안의 경우 – 공법상 계약
  3. 공법상 계약을 통한 '중소기업 정보화 지원사업' 수행 가부

   (1) 공법상 계약으로 자금지원이 가능한지
   (2) 공법상 계약으로 부관의 부과가 가능한지
  4. 소 결
II. 설문 (2)의 해결
  1. 문제의 소재
  2. 취소소송의 대상적격
  3. '이 사건 통보'의 처분성
  4. 소 결

I. 설문 (1)에 대하여

1. 문제의 소재

우선 이 사건 협약의 법적 성격이 공법상 계약인지가 문제되며, 공법상 계약이라면 이와 같은 형식으로 '중소기업 정보화 지원사업'을 수행하는 것이 가능한지, 특히 사업실패시의 내용을 규율하는 부관을 공법상 계약의 형식으로 부가할 수 있는지가 문제된다.

2. 이 사건 협약의 법적 성격 – 공법상 계약

(1) 공법상 계약의 개념 및 의의

공법상 계약은 공법상 법률관계의 변경을 가져오는 양 당사자 사이의 반대방향의 의사의 합치로 정의된다. 공법상 계약은 공법관계와 사법관계의 구별에 관한 일반적 기준에 따라 사법상 계약과 구분되며, 합의에 의해 행해진다는 점에서 일방적으로 행해지는 행정행위와 구분된다.

(2) 공법관계와 사법관계의 구별기준

공법관계와 사법관계의 구별 기준에 대하여 관계의 권력성(주체설), 공익관련성(이익설), 권리의무의 귀속주체(신주체설) 등 다양한 견해가 대립하나, 어느 견해도 완벽하지 못한 바 여러 기준을 종합적으로 고려하는 '복수기준설'이 타당해 보인다.

(3) 사안의 경우 – 공법상 계약

사안의 이 사건 협약의 경우, 행정청이 일방적으로 행한 것이 아닌 바 행정행위로 볼 수 없고, 계약의 한쪽 주체가 지원 권한을 위탁받은 중소기업정보진흥원장인 점, 계약의 목적이 중소기업 진흥이라는 공익인 점, 지원사업의 내용과 조건을 행정주체와 지원사업자 양 당사자 사이의 반대방향의 의사의 합치를 통해 정하는 행위라는 점에 비추어 공법상 계약으로 봄이 타당해 보인다.

3. 공법상 계약을 통한 '중소기업 정보화 지원사업' 수행 가부

(1) 공법상 계약으로 자금지원이 가능한지

사안의 협약의 첫 번째 내용은 "乙은 甲에게 정보화 지원금을 지원한다."는 부분이다. 이와 같은 자금지원이 공법상 계약의 형식으로 가능한지가 문제 된다. 문제의 자금지원은 중소기업 기술혁신 촉진법(이하 '법') 제18조에 근거가 있고, 제45조에 의해 중소기업정보진흥원장에게 위탁되어 행사되고 있다. 지원금 지급에 대한 법적 근거가 있고 그 결정 여부를 일방적으로 결정할 수 있게끔 규정된 바, 이러한 지급 결정은 성질상 행정행위로 봄이 타당해 보인다.

그러나 실제로는 '협약'이라는 공법상 계약의 형식으로 자금지원이 이루어진 바, 공법상 계약으로 행정행위를 갈음할 수 있는가가 쟁점이 된다. 이를 불가하다고 보는 견해도 있으나, 생각건대 공법상 계약은 법률의 근거 없이도 인정되므로 긍정함이 타당해 보인다.

(2) 공법상 계약으로 부관의 부과가 가능한지

사안의 협약의 두 번째 내용은 "甲이 '사업실패' 평가를 받으면 乙은 협약해지·지원금환수·사업참여 제한을 할 수 있다." 는 부분이다. 이 부분은 자금 지원의 행정행위성을 고려하면, 자금지원에 더해 사업실패 평가 시에 甲은 일정한 의무를 부담해야 한다는 내용을 규율한 '부관'으로서 부관 중 특히 '부담'으로 볼 수 있는 여지가 있다. 만약 자금지원을 행정행위로 본다면 공법상 계약과 협약을 준수할 것을 조건으로 한다는 부담이 결합된 것으로 볼 수 있다. 다만 자금지원을 상술한 바와 같이 공법상 계약으로 본다면 공법상 계약은 양 당사자간 의사의 합치에 의해 성립되므로 법률유보 원칙도 적용되지 않는 바 내용상 문제 될 것이 없다. 따라서 자금지원의 법적 성질을 어떻게 보던 간에 위와 같은 내용으로 사업수행이 가능하다는 점에는 차이가 없다.

4. 소 결

이 사건 협약은 공법상 계약의 성격을 가지며, 이와 같은 형식과 내용으로 '중소기업 정보화 지원사업'을 수행하는 것은 가능하다.

II. 설문 (2)의 해결

1. 문제의 소재

'이 사건 통보'의 대상적격성과 관련하여, 단지 협약의 내용에 따른 의사표시에 불과한지, 취소소송의 대상이 되는 '처분'에 해당하는지가 문제된다.

2. 취소소송의 대상적격

행정소송법 제19조는 취소소송의 대상을 '처분 등'으로 제한하며, 법 제2조 제1항 제1호는 처분의 개념을 '행정청이 행하는 구체적 사실에 관한 법집행으로서의 공권력의 행사'로 규정한다. 이러한 처분 개념을 해석하면 ① 행정청의 행위여야 하며 ② 구체적 사실에 관한 집행행위여야 하고 ③ 외부에 대한 법적행위로서 국민의 권리 의무에 직접적 영향을 미치는 것이어야 한다.

3. '이 사건 통보'의 처분성

우선 근거법을 살펴보면, 중소기업 기술혁신법 제31조는 제10조의 기술혁신사업과 제11조의 산학협력사업에 적용될 뿐 사안의 중소기업정보화 지원사업의 경우에는 적용될 수 없다. 또한 달리 지원금 환수 등에 관한 구체적인 법률상 근거를 찾을 수 없다. 사안은 협약에서 해지에 관한 사항을 정하고 있고 이에 따라 협약 해지를 통보한 경우, 그 효과는 전적으로 협약이 정한 바에 따라 정해질 뿐, 달리 협약 해지의 효과 또는 이에 수반되는 행정상 제재 등에 관하여 관련 법령에 아무런 규정을 두고 있지 아니한 점을 고려하면, 이 사건 협약의 해지 및 그에 따른 이 사건 환수통보는 공법상 계약에 따라 행정청이 대등한 당사자의 지위에서 하는 의사표시로 봄이 타당하고, 이를 행정청이 우월한 지위에서 행하는 공권력의 행사로서 행정처분에 해당한다고 볼 수는 없다. 판례도 유사한 사안에서 환수통보의 처분성을 부정한 바 있다.

4. 소 결
'이 사건 통보'는 처분성이 없어 취소소송의 대상이 될 수 없다.

강평

Ⅰ. 설문 1에 대하여

(1) '협약'을 체결하고 그 '협약'을 해지했다고 하는 기술에서 협약의 법적 성질에 관해서는 당사자 쌍방의 의사의 합치라고 하는 공법상 계약의 이론이 쟁점이 되고 있음을 용이하게 인식할 수 있다. 다만, '사업실패' 평가를 받으면 지원금환수 및 사업참여제한을 할 수 있다고 하는 일방적인 공권력의 행사와 같은 내용이 협약과 결합되어 있어 다소 고민해야 하는 사항을 던져주고 있다. 또한 지원금환수 및 사업참여제한 등에 관한 근거규정은 없다는 사실을 사안에서 일부러 부연하고 있는 것은 그것이 답안 작성에 있어서 고려되기를 바라는 의도가 담겨있다. 사안에서 제시한 가상의 법 제31조는 지원사업 참여제한 및 출연금 환수에 대해 규정하고 있지만 해당 조항은 제10조의 기술혁신사업과 제11조의 산학협력사업에 한정되어 있고 제18조의 정보화지원사업은 그 대상에 포함되어 있지 않다. 설문은 협약의 법적 성질과 협약형식에 의한 중소기업 정보화 지원사업의 수행가능성의 두 가지를 묻고 있지만 전자의 질문은 비교적 평이하고 출제자가 좋은 답안을 기대하는 부분은 후자의 질문일 것이라 생각한다.

(2) 답안은 쟁점들을 정확히 파악하고 있다. 다만 사소한 부분들에서 아쉬움이 느껴진다. 예를 들면 공법상계약의 개념과 의의에 대해 설명하면서 '공법상 법률관계의 변경을 가져오는' 이라는 설명을 하고 있는데 이는 적절하지 않다. 변경이라고 하면 이미 존재하는 것을 전제로 할 것인데 과거에 없던 공법관계가 새로이 창설되는 경우까지를 포섭하는 설명이 되기는 어렵기 때문이다. 일반적으로 설명하는 대로 '공법적 효과의 발생을 목적으로 하는' 정도로가 좋았을 것이다. 이어서 답안은 공법상 계약을 사법상 계약 및 행정행위와 구별하고 있는데 공법상 계약이 서로 반대방향의 의사표시의 합치라고 한다면 서로 같은 반향의 의사표시의 합치인 공법상 합동행위와의 구별에 대해서도 잠깐 언급했더라면 좋았을 것이다. 답안은 공법상 계약이 공법관계와 사법관계의 일반적인 구별기준에 따라 사법상계약과 구분된다는 이유로 공법관계와 사법관계의 구별기준에 관한 학설도 설명하고 있는데 장황하게 설명하는 것은 아니지만 이는 문제해결에 있어서 꼭 필요한 내용이라고 보기 어려우며 채점자의 성향에 따라서는 이것까지 기술한 데 대해 갸웃거리게 할 수도 있을 것으로 생각된다. 그 보다는 공법상 계약의 특징을 보다 상설하거나 그 종류 등에 답지를 할애하는 편이 좋았을 것이라 생각한다.

(3) 한편, 답안은 문제의 소재 부분에서 "특히 사업실패시의 내용을 규율하는 부관을 공법상 계약의 형식으로 부가할 수 있는가?"라는 쟁점을 지적하고 있다. 행정행위의 성격을 지니는

내용을 공법상 계약의 조건으로 하여 규율할 수 있는가를 검토하려는 것인데, 부관이라는 용어를 단정적으로 사용하는데 대해 주의하는 것이 필요하다. 부관이란 행정행위에 부가되는 규율이므로 계약의 형식인 공법상 계약에 부관이라는 용어를 사용하는 것이 적절하지 않기 때문이다. 그 외에 답안이 중소기업 기술혁신 촉진법 제18조의 "기술능력 등을 고려하여 지원금 지급여부를 결정할 수 있다."는 규정에 근거하여 성질상 행정행위로 판단한 점, 그러한 행정행위를 공법상 계약의 형식으로 실현하는 것의 가능성을 검토한 점, 나아가 그러한 행정행위에 갈음하는 공법상 계약에 행정행위적 성질을 가지는 부관(부담)을 조건 또는 계약의 내용으로 하는 것의 가능성을 차례대로 검토한 부분, 이들 문제를 법률유보의 관점에서 풀이해 나간 부분등은 적절하다. 다만, 행정행위에 갈음하는 공법상 계약의 가능성을 풀이할 때 행정주체와 개인간의 계약성립 가능성에 관한 학설대립과 계약이 성립가능한 경우에도 그 체결에는 법률의 근거가 있어야 하는가 하는 자유성의 문제를 제기하고 학설의 대립을 보다 상세하게 소개하며 설명했으면 더욱 좋았을 것이다.

Ⅱ. 설문 2에 대하여

행정권 내부에서의 행위나 알선, 권유, 사실상의 통지 등과 같이 상대방 또는 그 밖의 관계자들의 법률상 지위에 직접적인 법률적 변동을 일으키지 않는 행위는 처분이 아니며 항고소송의 대상이 될 수 없다(대법원 2008. 4. 24. 선고 2008두3500 판결). 당연퇴직의 통보는 법률상 당연히 발생하는 퇴직사유를 공적으로 확인하여 알려주는 사실의 통보에 불과하고 그 통보자체가 징계파면이나 직권면직과 같이 공무원의 신분을 상실시키는 새로운 형성적 행위는 아니므로 항공소송의 대상이 될 수 없다(대법원 1985. 7. 23. 선고 84누374 판결). 통보가 이와 같이 이미 결정된 일정한 사실을 알리는 행위에 불과하다면 통보 자체만으로는 국민의 구체적인 권리의무에 직접적인 변동을 초래하지 않는다. 따라서 처분성이 없고 취소소송의 대상이 될 수 없다. 통보를 다투는 많은 사건에서 그 처분성이 부인되고 있는 점은 다수의 판례에서 확인되고 있다. 사안은 중소기업청장의 권한이 중소기업진흥원장 乙에게 위탁되어 있어 乙의 행위에 행정권한의 행사라는 외관이 강한 점과 乙이 일방적으로 계약을 해지하고 있는 점, 이 사건 통보로 인하여 甲은 이미 지원받은 지원금을 반환해야 하는 직접적인 불이익이 발생하는 점 등을 고려하면 통보 그 자체가 취소소송의 대상이 되는 처분의 성격을 지니고 있다고 볼 여지도 없지 않다. 그러나 행정청이 자신과 상대방 사이의 법률관계를 일방적인 의사표시로 종료시켰다고 하더라도 곧바로 그 의사표시가 행정청으로서 공권력을 행사하여 행하는 행정처분이라고 단정할 수는 없다. 또한 관계 법령이 상대방의 법률관계에 관하여 구체적으로 어떻게 규정하고 있는지에 따라 그 의사표시가 항고소송의 대상이 되는 행정처분에 해당하는 것인지 아니면 공법상 계약관계의 일방 당사자로서 대등한 지위에서 행하는 의사표시인지 여부를 개별적으로 판단하여야 한다(대법원 2015. 8. 27. 선고 2015두41449 판결). 이 사건 통보는 협약이라는 공법상 계약에 따라 행정청이 대등한 당사자의 지위에서 하는 의사표시이지 행정청이 우월한 지위에서 행하는 공권력의 행사가 아니다. 답안은 이러한 내용을 정확히 숙지하고 있다. 만일 사안에서 지원금 지급결정이 공법상 계약의 형식이 아닌 행정행위의 형식으로 이루어졌다면 이 사건 통보의 처분성에 대하여 다른 결론에 도달할 수도 있을 것이다. 통보의 처분성을 인정한 판례에는 대법원 2016. 7. 14 선고 2015두58645 판결, 통지의 처분성을 인정한 판례에는 대법원 2003. 11. 14. 선고 2001두8742 판결 등이 있는데 그 예는 많지 않다.

| 제2-2문 | A시는 도로사업 부지를 취득하기 위하여 「공익사업을 위한 토지 등의 취득 및 보상에 관한 법률」(이하 '토지보상법'이라 한다)에 따라 2013. 11. 15. 甲으로부터 토지를 협의취득하여 2013. 11. 22. A시 앞으로 소유권이전등기를 마쳤다. 그 후 A시의 시장은 甲의 토지를 포함한 이 사건 도로사업 부지를 택지개발사업에 이용하기 위해 2016. 4. 25. 도로사업을 토지보상법상 사업인정이 의제되는 택지개발사업으로 변경·고시하였다. 甲은 자신의 토지가 도로사업에 필요 없게 되었다고 판단하여 보상금에 상당하는 금액을 공탁한 후, 2017. 3. 24. A시에게 환매의사표시를 하고 소유권이전등기청구소송을 제기하였다. 이 청구는 인용될 수 있겠는가? (20점)

답안작성　　　　　　　　　　　　　　　　　　　　　　신 ○ ○ / 2016년도 사법시험 합격

I. 문제의 소재

사안의 甲이 소유권이전등기청구소송을 통해 환매권 행사가 가능한지, 특히 환매권의 제한으로서 '공익사업의 변환'에 해당하는 경우는 아닌지가 문제된다.

II. 환매권 행사요건 충족 여부

1. 환매권의 의의 및 근거

환매권은 공익사업을 위해 취득 된 토지가 해당 사업에 필요 없게 되거나 일정기간 동안 당해 사업에 이용되지 않는 경우에 원소유자 등이 일정한 요건 하에 당해 토지를 회복할 수 있는 권리를 말한다. 오늘날 환매권의 이론적 근거는 재산권보장, 보다 정확히는 재산권의 존속보장에서 찾는 견해가 유력하다. 실정법적으로는 헌법상 재산권보장 규정 및 법률상 토지보상법(제91조, 제92조)등에 근거하고 있다.

2. 환매권의 행사요건 및 행사기간

환매권의 성립시기에 관하여 다수설인 수용시설을 따를 때 환매권은 수용시에 성립하는 것으로서 법상 행사요건을 갖추면 행사할 수 있다. 토지보상법 제91조에 따르면 ① 토지의 취득일로부터 10년 이내에 해당 사업의 폐지·변경 그 밖의 사유로 취득한 토지의 전부 또는 일부가 필요 없게 된 경우(제1항) ② 토지의 취득일로부터 5년 이내에 취득한 토지의 전부를 해당사업에 이용하지 않았을 때(제2항) 환매권을 행사할 수 있다. 또한 환매권의 행사는 ①의 경우 토지의 전부 또는 일부가 필요 없게 된 때로부터 1년 또는 그 취득일로부터 10년 이내에, ②의 경우 취득일로부터 6년 이내에 환매권을 행사해야 한다.

3. 사안의 경우

협의 취득일은 2013. 11. 22. 토지가 필요 없게 된 때는 2016. 4. 25. 이므로 협의취득일로부터 5년 이내에 취득한 토지의 전부가 해당 사업인 도로사업에 필요없게 되었으므로, 요건 ②를 충족한다. 또한 협의취득일로부터 의사표시일인 2017. 3. 24. 까지 행사기간인 6년 역시 도과하지 않았으므로 환매권 행사를 위한 요건은 구비하였다.

III. 환매권의 제한으로서 공익사업의 변환

1. 의 의

공익사업의 변환이라 함은 공익사업을 위하여 토지를 취득한 후 당초의 공익사업이 다른 공익사업으로 변경된 경우, 별도의 협의취득 또는 수용 없이 당해 토지를 변경된 다른 공익사업에 이용하게 하는 제도로서 무용한 절차의 반복을 막아 경제성을 달성하고자 하는 취지이다.

2. 공익사업변환의 요건

토지보상법 제91조 제6항에 따르면 공익사업의 변환이 허용되기 위해서는 ① 사업주체가 국가, 지방자치단체, 또는 공공기관의 운영에 관한 법률 제4조에 따른 공공기관 중 대통령령으로 정하는 공공기관이어야 하며 ② 사업인정을 받은 공익사업이 공익성의 정도가 높은 제4조 제1호 내지 제5호에 규정된 다른 공익사업으로 변경된 경우에 한하며 ③ 변경된 사업의 시행자가 당해 토지를 소유하고 있어야 한다. 사업시행자와 다른 공익사업의 시행자가 동일할 것은 요건이 아니다(판례).

3. 공익사업변환의 효과

토지보상법 제91조 제1항 및 제2항의 환매권 행사를 위한 기간은 당해 공익사업의 변경을 관보에 고시한 날로부터 다시 기산된다.

4. 사안의 경우

사안의 사업주체는 ① A시로서 지방자치단체이고 ② 변경된 택지개발사업은 토지보상법 제4조 제5호가 규정하는바 공익성이 높은 사업이며 ③ 변경된 사업시행자가 여전히 토지를 보유하고 있는 것으로 보이는 바 공익사업의 변환을 위한 요건을 모두 충족하였다. 따라서 환매권은 2016. 4. 25.을 기점으로 다시 기산된다. 즉 의사표시일인 2017. 3. 24. 에는 환매의 요건을 충족하지 못해 청구가 인용되기 어려울 것이다.

Ⅳ. 결 론

사안의 甲은 환매권의 행사요건은 충족하였으나 환매권의 제한으로서 공익사업 변환이 있는 경우에 해당하여 당해 소유권이전등기청구소송은 기각될 것이다.

┤ 강 평 ├

1. 다른 사안의 경우에서와 달리 이 사안은 특히 날짜를 명기하고 있어 그 부분이 문제를 풀이하는 과정에서 고려해야 할 사항임을 우선 추측해볼 수 있다. 사안을 요약하면 공익사업시행자인 A시가 당초 도로사업을 위하여 甲 소유의 토지를 협의취득하고 그에 대한 소유권이전등기를 마쳤는데(2013.11.22.) 그로부터 약 2년이 경과한 후(2016.4.25.)에 당초의 목적이던 도로사업을 폐지하고 택지개발사업으로 협의취득한 토지의 대상 공익사업을 변환하였다. 그러자 갑은 자신의 토지가 더 이상 도로사업에 필요없게 되었다고 판단하고 당초 받은 보상금에 상당하는 금액을 공탁한 후 A시에게 환매의 의사표시를 하고(2017.3.24.) 소유권이전등기청구소송을 제기하였다. 설문은 이 청구가 인용될 수 있는가 하는 것이다.

2. 환매권의 문제는 행정법 안에서도 각론에 해당하고 흔한 문제는 아니므로 관계법령의 해석에 집중하고 총론적 이론의 활용여부를 모색할 필요가 있다. 사안에서는 환매가부만을 묻고 있어 활용할 총론적 이론이 달리 보이지 않으므로 사안이 제시해주지 않은 관계법령을 찾아내는 것과 환매의 요건을 확인하는 것에 주안을 두어야 한다. 환매가 법상의 요건을 충족한다면 갑의 청구가 인용될 것이기 때문이다. 답안은 환매권의 요건과 행사기간에 관한 법률규정을 적절히 찾아 제시했고, 이를 사안에 적용하였다. 공익사업변환으로 인하여 환매권의 행사에 제한이 발생한 부분도 잘 풀이해내고 있다. 다만, 공익사업의 변환에 관한 사안의 풀이에 있어서 환매권은 2016.4.25.을 기점으로 다시 기산되므로 의사표시일인 2017.3.24.에는 환매의 요건을 충족하지 못해 청구가 인용되기 어려울 것이라고 하고 있는데, 이 경우는 기간요건을 충족하지 못하여 환매권의 행사가 불가능한 것이 아니라 변환된 공익사업이 폐지·변경 등의 사유로 토지가 필요 없게 되었다거나, 토지를 변환된 공익사업에 이용하지 않게 되었다는 아무런 상황제시가 사안에서 없었으므로 변환된 공익사업으로의 토지사용은 현재 유효하다는 전제에서 환매권의 요건, 기간요건이 아닌 토지를 이용하지 않거나 불필요하게 되었다는 상황요건 자체가 존재하지 않기 때문이라 볼 것이다.

2017년도 입법고등고시 기출문제와 어드바이스 및 답안구성 예

| 제1문(50점) |

> 2009년 1월 토지거래허가지역으로 고시(해제일 : 2013년 1월 31일 0시부터)된 지역에 거주하는 자로서 거래허가를 받을 자격이 있는 A는 허가지역 내의 D소유의 토지를 매입하고자 하였으나 돈이 부족하였다.
>
> A는 위 지역 내의 토지 소유를 원하나 자격이 없는 B와 C에게 'A : B : C = 1 : 1 : 2'의 비율로 공동 소유할 것을 제안하여 2010년 2월 28일 공동소유계약서를 작성하고 그 비율에 따른 금원을 받은 A는 2010년 3월 1일 D와 해당 토지의 매매계약을 하였다.
>
> 2010년 3월 2일 관할청으로부터 해당 토지거래의 허가를 받은 A는 일단 자신의 이름으로 소유권등기를 마쳤다. 그리고 A명의로 된 토지에 대해 B와 C는 각각의 지분에 따른 근저당을 설정하였다. 2014년 7월 8일 B는 공동소유계약서에 근거하여 A의 협조 하에 자신의 지분에 대한 소유권 공유등기를 하였다.
>
> 그런데 A는 이 토지를 구입하는 과정에서 감정대립이 심하였던 C의 지분에 대한 공유등기 요구에 대해 협조를 거부하였다. C는 수차에 걸친 등기요구를 거부하는 A를 상대로 2016년 2월 7일 소송을 제기하여 2017년 3월 2일 법원 판결을 통해 자신의 공유등기를 하기에 이르렀다.

1. 현행법상 투기우려지역에서의 토지거래허가의 법적 성질을 논술하시오. (20점)

Advice

1. 토지거래허가의 법적 성질과 관련해 토지거래는 본래 사적자치에 따라 토지소유자의 자유에 속하는 것인데 투기를 막기 위해 예외적으로 규정된 제도라는 의의를 밝힌 후 토지거래 허가가 인가인지 허가인지 여부, 기속행위인지 여부에 대해 차례로 서술한다.

2. 판례는 토지거래허가를 유동적 무효상태에 있는 법률행위의 효력을 완성시켜주는 인가로 보고 있다. 또한 토지거래의 자유는 중대한 기본권으로 토지거래 허가는 기속행위로 봄이 타당해 보인다(판례).

Ⅰ. **쟁점의 정리**

Ⅱ. **사안의 토지거래허가의 법적 성질**

  1. 토지거래허가의 의의

  2. 토지거래허가의 법적 성질

    (1) 학 설

    (2) 판 례

    (3) 검 토

  3. 사안의 경우

---

2. 위 사례에서 해당 토지에 대한 소유권 등기를 함에 있어 B와 C가 각각의 지분에 대한 공유 등기를 동시에 할 수 없었던 이유를 설명하시오. (10점)

Advice

B와 C가 공유등기를 동시에 할 수 없었던 이유에 대한 문제로서, 행정법의 범위를 벗어난 것으로 보인다. B의 경우 공동소유계약서에 근거하여 A의 협조를 얻었던 반면에 C는 A와의 감정대립으로 A의 협조를 얻지 못했다. 따라서 공유등기 신청의 요건으로 A의 협조가 조건이 되는 것으로 보인다.

Ⅰ. **쟁점의 정리**

Ⅱ. **B와 C 각각에 대해 공유등기를 할 수 없었던 이유**

  1. B의 경우

  2. C의 경우

Ⅲ. **소 결**

---

3. 관련 법률에 따르면, 등기를 할 수 있는 때로부터 법률상 또는 정당한 사유 없이 3년이 경과하게 되면 관할청은 차명등기자에 대하여 토지가액의 30 / 100의 범위 내에서 과징금을 부과하도록 되어 있다. 과징금의 법적 성질과 C에 대한 과징금부과가 가능한지를 설명하시오. (20점)

Advice

1. 과징금의 법적성질과 관련해서는 과징금의 의의 및 유형을 먼저 살핀다. 본래적 의미의 과징금으로 행정법상 의무위반으로 인한 경제적 이익을 박탈하기 위한 과징금, 그리고 제재적 성격을 함께 갖는 과징금 및 변형된 의미의 과징금으로 영업정지에 갈음하는 과징금을 소개한다.

2. 사안은 미등기로 인한 조세포탈이나 법령제한회피를 통해 얻는 이익을 환수함과 동시에 제재적 성격을 함께 갖는 과징금에 해당한다. 또한 처분성 여부 등도 검토한다. 이어 과징금 부과의 가능성과 관련해서는 A의 협조거부가 '정당한 사유'로 평가될 수 있는지가 쟁점이 된다. 공동소유 계약서가 있는 이상 적법한 사유 없는 A의 거부는 정당한 사유로 평가될 수 있을 것이다.

답안구성 예

Ⅰ. 쟁점의 정리

Ⅱ. 과징금의 법적성질
  1. 과징금의 의의
  2. 과징금의 유형 및 과징금부과기준의 성격

  3. 과징금의 처분성
  4. 사안의 검토

Ⅲ. 과징금 부과 가능성 - A의 협조거부가 정당한지

Ⅳ. 소 결

| 제2문 (30점) |

의료법인 00병원에서 공중보건의로 근무하던 A는 혈액배양검사 미실시 및 3세대 항생제 미처방의 의료과실로 인하여 환자를 사망에 이르게 하였다. 유족들이 A를 상대로 직접 국가배상을 청구할 수 있는지를 논술하시오.

Advice

1. 국가배상청구의 가능성에 대한 약술형 문제이다. 쟁점이 되는 것은 혈액배양검사 미실시 및 항생제 미처방의 의료과실에 대한 부분으로, 부작위의 불법행위성 및 공무원인 A의 배상책임이다. 법령은 주어져있지 않지만 보통 의사의 의료행위는 전문성에 기반 한 재량행위로서 구체적인 진료법의 선택은 전적으로 의사의 재량에 속한다. 따라서 혈액배양검사 및 항생제 처방의 미실시가 위법하기 위해서는 '조리상 작위의무가 인정되는지', '작위의무의 사익보호성이 있는지' 등이 쟁점이 된다.

2. 조리상 작위의무를 인정할 때, A의 의료행위가 보편적인 의료인의 관점에 비추어 볼 때 현저하게 불합리한 경우, 부작위의 위법성을 인정할 수 있을 것이다. 또한 법규정은 주어져 있지 않지만 의료관련법의 입법목적은 환자의 생명을 보호하는데 있으므로 사익보호성도 문제없다. 공무원인 A의 배상책임에 대해서는 학설과 판례의 태도를 바탕으로 견해대립을 서술한다.

| 제3문 (20점) |

추가조례와 초과조례에 관하여 약술하시오.

Advice

추가조례와 초과조례에 대한 약술형 문제이다. 목차를 「Ⅰ. 서론 Ⅱ. 조례와 법률의 관계 Ⅲ. 추가조례와 초과조례 Ⅳ. 결론」으로 잡는다. Ⅱ. 에서는 조례와 법률의 정의 및 국가법질서의 통일을 위해 법률이 조례에 대한 우위를 가지고 있으며 따라서 조례 역시 법률우위원칙에 제약된다는 점을 서술한다. Ⅲ. 에서는 조례와 법률의 관계에 따른 유형으로서 추가조례와 초과조례를 설명하며, 법령과 규율대상 내지 규율사항을 달리하는 추가조례는 법령에 위반하지 않으며, 동일한 규율사항 및 규율목적을 규정하는 초과조례는 침익초과조례와 수익초과조례로 나뉘는데, 지자법 제22조 단서로 인해 침익초과조례는 법령에 근거 없이 허용되지 않으며 수익초과조례의 경우 지방의 실정에 맞게 별도로 규율하려는 취지에는 허용된다는 판례의 태도를 소개하며 마무리한다.

| 제1문 | 甲은 2001. 1. A광역시장으로부터 여객자동차 운수사업법 상 개인택시운송사업면허를 취득하여 영업을 하던 중 2010. 5. 음주운전을 한 사실이 적발되어 관할 지방경찰청장으로부터 2010. 6. 도로교통법 상 운전면허의 취소처분을 받았다. 그러나 위 운전면허취소의 사실이 A광역시장에게는 통지되지 않아 개인택시운송사업면허의 취소나 정지는 별도로 없었다. 甲은 2011. 7. 운전면허를 다시 취득하여 영업을 하다가 2014. 8. 乙에게 개인택시운송사업을 양도하는 계약을 체결하였고, 이에 대해 2014. 9. A광역시장의 인가처분이 있었다.

A광역시장은 인가 심사 당시에는 위 운전면허취소의 사실을 모르고 있다가 2016. 5. 관할 지방경찰청장으로부터 통지를 받아 알게 되었고, 2016. 6. 乙에게 위 운전면허취소의 사실을 이유로 개인택시운송사업면허의 취소처분을 하였다(이하 '이 사건 처분'이라 한다). 乙은 이 사건 처분에 대해서 취소소송을 제기하였다. 다음 물음에 답하시오. (총 50점)

(1) 乙은 양도·양수 계약 당시에 甲의 운전면허취소 사실을 전혀 알지 못하였으므로 이 사건 처분은 위법이라고 주장한다. 그 주장의 당부에 관하여 설명하시오. (10점)

(2) 乙은 개인택시운송사업면허 취소사유가 발생한 날로부터 6년이나 경과한 시점에서 그 취소를 처분하는 것은 신뢰에 반하는 점, A광역시장으로서는 인가심사 당시에 음주운전으로 운전면허가 취소된 사실이 있는지 여부를 조사해서 그 사실이 확인되었을 때에는 인가처분을 해서는 안 되는 것인데 이를 게을리 한 잘못이 있는점, 甲이 개인택시운송사업면허를 취득하여 그 사업을 양도하기까지 약 15년 동안당해 음주운전을 제외하고는 교통 법규를 위반한 적 없는 점까지 종합적으로 고려한다면 이 사건 처분은 위법하다고 주장한다. 그 주장의 당부에 관하여 설명하시오. (20점)

(3) 만약 A광역시장이 "양도자 및 양수자가 운전면허가 취소되었거나 취소사유가 있는 것으로 확인되었을 때에는 본 인가처분을 취소한다."는 부관을 붙여서 양도·양수인가처분을 하였다면, 그 부관의 적법성 여부를 부관의 가능성측면에서 설명하시오. (20점)

『여객자동차 운수사업법』

제4조(면허 등) ① 개인택시운송사업을 경영하려는 자는 사업계획을 작성하여 국토교통부령으로 정하는 바에 따라 특별시장·광역시장·특별자치시장·도지사·특별자치도지사(이하 "시·도지사"라 한다)의 면허를 받아야 한다.

② 시·도지사는 제1항에 따라 면허하는 경우에 필요하다고 인정하면 국토교통부령으로 정하는 바에 따라 운송할 여객 등에 관한 업무의 범위나 기간을 한정하여 면허를 하거나 여객자동차운송사업의 질서를 확립하기 위하여 필요한 조건을 붙일 수 있다.

제14조(사업의 양도·양수 등) ① 개인택시운송사업은 사업구역별로 사업면허의 수요·공급 등을 고려하여 관할 지방자치단체의 조례에서 정하는 바에 따라 시·도지사의 인가를 받아 양도할 수 있다.

② 제1항에 따른 인가를 받은 경우 개인택시운송사업을 양수한 자는 양도한 자의 운송사업자로서의 지위를 승계한다.

제85조(면허취소 등) ① 시·도지사는 개인택시운송사업자가 다음 각 호의 어느 하나에 해당하면 면허를 취소하거나 6개월 이내의 기간을 정하여 사업의 전부 또는 일부를 정지하도록 명할 수 있다.

1. ~ 36. (생략)

37. 개인택시운송사업자의 운전면허가 취소된 경우

『여객자동차 운수사업법 시행령』

제43조(사업면허·등록취소 및 사업정지의 처분기준 및 그 적용) ① 처분관할관청은 법 제85조에 따른 개인택시운송사업자에 대한 면허취소 등의 처분을 다음 각 호의 구분에 따라 별표 3의 기준에 의하여 하여야 한다.

1. 사업면허취소 : 사업면허의 취소

[별표 3] 사업면허취소·사업등록취소 및 사업정지 등의 처분기준(제43조제1항 관련)

1. 일반기준

가. 처분관할관청은 다음의 어느 하나에 해당하는 경우에는 제2호의 개별기준에 따른 처분을 가중하거나 감경할 수 있다.

1) 감경 사유

가) 위반 행위자가 처음 해당 위반행위를 한 경우로서, 5년 이상 여객자동차운수사업을 모범적으로 해 온 사실이 인정되는 경우

나. 처분관할관청은 가목에 따라 처분을 가중 또는 감경하는 경우에는 다음의 구분에 따른다.

1) 개인택시운송사업자의 사업면허취소를 감경하는 경우에는 90일 이상의 사업정지로 한다.

2. 개별기준

가. 여객자동차운송사업 및 자동차대여사업

위반내용	근거 법조문	처분내용		
		1차 위반	2차 위반	3차이상 위반
35. 개인택시운송 사업자의 운전면허 가 취소된 경우	법 제85조제1항 제37호	사업면허취소		

『여객자동차 운수사업법 시행규칙』

제35조(사업의 양도·양수신고 등) ① 관할관청은 개인택시운송사업의 양도·양수인가 신청을 받으면 관계기관에 양도자 및 양수자의 운전면허의 효력 유무를 조회·확인하여야 한다.

② 관할관청은 제1항에 따른 조회·확인 결과 양도자 및 양수자가 음주운전 등 도로교통법 위반으로 운전면허가 취소되었거나 취소사유가 있는 것으로 확인되었을 때에는 양도·양수인가를 하여서는 아니 된다.

Ⅰ. 논점의 정리

Ⅱ. 설문 (1)의 해결 : 乙주장의 당부
  1. 문제의 소재
  2. 제재처분사유의 승계
    (1) 의 의
    (2) 학 설
    (3) 판 례
    (4) 검토 및 사안의 경우
  3. 소 결

Ⅲ. 설문 (2)의 해결 : 각 주장의 당부
  1. 문제의 소재
  2. 주장 ①의 당부
    (1) 실권의 법리 위반 여부
    (2) 신뢰보호원칙 위반 여부
    (3) 소 결
  3. 주장 ②의 당부
    (1)「여객자동차 운수사업법 시행규칙」의 법 적 성질
    (2) 법규 위반 여부 :「여객자동차 운수사업법 시행규칙」을 법규명령으로 볼 경우
    (3) 신의성실원칙 위반 여부 :「여객자동차 운수사업법 시행규칙」을 행정규칙으로 볼 경우

  (4) 소 결
  4. 주장 ③의 당부
    (1) 개인택시운송사업면허 취소의 법적 성질
    (2) 재량권 행사의 단계
    (3) 재량의 불행사
    (4) 비례원칙 위반여부
    (5) 소 결

Ⅳ. 설문 (3)의 해결: 부관의 가능성 측면에서 적법 여부
  1. 문제의 소재
  2. 부관의 의의 및 종류
    (1) 강학상 부관인지
    (2) 부관의 종류
    (3) 사안의 경우
  3. 양도·양수·인가의 법적 성질
    (1) 강학상 인가인지
    (2) 재량행위인지
  4. 부관의 가능성
    (1) 준법률행위적 행정행위와 부관의 가능성
    (2) 기속행위와 부관의 가능성
    (3) 사안의 경우
  5. 소 결

Ⅴ. 사안의 해결

Ⅰ. 논점의 정리

1. 설문 (1)에 대하여, 乙주장의 당부판단을 위해 제재처분사유가 승계되는지 검토가 필요하다.

2. 설문 (2)에 대하여, 주장 ①의 경우 실권의 법리 및 신뢰보호원칙 위반여부, 주장 ②의 경우 「여객자동차 운수사업법 시행규칙」의 법적 성질에 따른 법규위반 또는 신의성실원칙 위반여부, 주장 ③의 경우 재량의 불행사 및 비례원칙 위반여부에 대한 검토가 필요하다.

3. 설문 (3)에 대하여, 부관의 종류 및 주된 행정행위의 법적성질에 따라 부관의 부가가 가능한지 검토가 필요하다.

Ⅱ. 설문 (1)의 해결 : 乙주장의 당부

1. 문제의 소재

乙주장이 타당하기 위해서는 甲의 운전면허 취소사유가 명문의 규정 없이 「여객자동차 운수사업법」제14조 제2항의 지위승계 규정만으로 선의의 양수인인 乙에게 승계되는가를 검토할 필요가 있다.

2. 제재처분사유의 승계

(1) 의 의

제재처분사유의 승계란 양도·양수 계약 등에 있어서 양도인의 제재처분사유가 양수인에게 명문의 규정 없이 승계되어 양수인에게 제재처분을 할 수 있는가에 대한 문제를 의미한다.

(2) 학 설

학설은 제재처분사유 승계에 대해 ① 지위 승계규정만으로도 가능하며, 행정제재의 목적달성 및 제재처분을 회피할 의도로 악용될 우려가 있다는 점에서 승계를 긍정하는 '승계긍정설', ② 지위 승계규정만으로 제재 처분사유가 승계될 수 없으며, 자기책임원리에 따라 행위자만이 책임을 질 뿐이라고 보는 '승계부정설', ③ 일정한 한계 내에서 제한적으로 인정된다고 보는 '제한적 긍정설'의 견해가 대립한다.

(3) 판 례

판례는 "개인택시운송사업의 양도·양수가 있고 그에 대한 인가가 있은 후 그 양도·양수이전에 있었던 양도인에 대한 운송사업면허 취소사유를 들어 양수인의 운송사업면허를 취소하는 것은 정당하다."라고 판시하였다.

(4) 검토 및 사안의 경우

승계를 부정할 경우 제재처분 사유를 회피할 의도로 양도·양수계약이 악용될 여지가 있다는 점 및 지위승계규정의 목적과 취지에 비추어 제재처분사유 역시 승계될 수 있다는 측면에서 승계긍정설이 타당하다고 보인다.

사안의 경우 甲은 「여객자동차 운수사업법」 제85조 제1항 제37호에 따라 음주운전으로 인해 운전면허가 취소된 경우로 개인택시운송사업면허를 취소할 수 있는 사유가 존재한다. 따라서 양도·양수계약이 이루어진 경우라면 명문의 규정이 없더라도 「여객자동차 운수사업법」 제14조 제2항의 지위승계 규정에 근거하여 양수인인 乙에게 제재처분사유가 승계된다.

3. 소 결

제재처분사유가 양수인인 乙에게 승계되므로 이 사건 처분이 위법하다는 乙의 주장은 타당하지 않다.

Ⅲ. 설문 (2)의 해결 : 각 주장의 당부
1. 문제의 소재

각 주장의 당부를 판단하기 위해 주장 ① (~6년이나 경과한 시점에서 그 취소를 처분하는 것은 신뢰에 반하는 점)의 경우 6년이라는 기간을 방치했다는 점에서 실권의 법리에 위반되는지 및 장기간 방치한 것을 선행조치로 보아 신뢰보호원칙에 위반되는지 문제된다. 주장 ② (~게을리 한 잘못이 있는 점)의 경우 「여객자동차 운수사업법 시행규칙」의 법적성질에 따라 법규위반여부 또는 신의성실 원칙에 위반되는지 문제된다. 주장 ③ (~종합적으로 고려한다면)의 경우 재량의 한계로 재량의 불행사 및 비례원칙 위반여부가 문제된다.

2. 주장 ①의 당부
(1) 실권의 법리 위반 여부
1) 의 의

행정청이 제재처분 할 수 있다는 것을 알면서 장기간 방치 또는 묵인하여 개인이 그 존속을 신뢰하게 된 경우 제재처분을 할 수 없다는 원칙을 말한다.

2) 요 건

실권의 법리가 적용되기 위해서는 ① 행정청이 취소사유나 철회사유 등을 앎으로써 제재처분 할 수 있다는 것을 알았어야 하고, ② 제재처분 할 수 있음에도 불구하고 행정청이 장기간 제재처분을 하지 않았어야 하며, ③ 상대방인 국민은 행정청이 이제는 제재처분을 하지 않을 것을 신뢰하였고 그에 대한 정당한 사유가 있어야 한다.

3) 사안의 경우

사안의 경우 A광역시장은 甲의 운전면허 취소사실이 통지되지 않아 제재처분 할 수 있다는 것을 알 수 있었다고 보이지 않는다. 따라서 행정청이 취소사유나 철회사유 등을 알지 못하였는바 실권의 법리 요건을 충족하지 못한다.

(2) 신뢰보호원칙 위반 여부

1) 의 의

신뢰보호원칙이란 행정기관의 적극적 또는 소극적 행위의 정당성 또는 존속성에 대한 개인의 보호가 치 있는 신뢰를 보호해 주어야 한다는 원칙을 말한다.

2) 요 건

신뢰보호원칙이 적용되기 위해서는 ① 행정기관의 공적인 견해표명 등 '선행조치'가 있을 것, ② 귀책 사유가 없는 등 '보호가치 있는 신뢰일 것', ③ '상대방의 조치'가 있을 것, ④ '인과관계', ⑤ '선행조치에 반하는 행정작용'이 있을 것을 요구한다.

3) 한 계

신뢰보호원칙의 요건을 충족하는 경우라도 일정한 한계 내에서 그 적용이 제한된다. ① 사정변경, ② 행정의 법률적합성 원칙과의 관계, ③ 제3자 등과의 이익형량 등에서 발생한다.

4) 사안의 경우

사안의 경우 A광역시장이 6년간 방치한 것은 甲의 운전면허 취소사실을 몰랐기 때문이며 그것이 더 이상 아무런 조치를 취하지 않겠다는 공적견해 표명으로 볼 수 없다. 따라서 6년간 방치한 사실이 '선행 조치'에 해당하지 않으므로 신뢰보호원칙의 요건을 충족하지 못한다.

(3) 소 결

乙의 주장 ①은 타당하지 않다.

3. 주장 ②의 당부

(1) 「여객자동차 운수사업법 시행규칙」의 법적 성질

법규명령에 해당하기 위해서는 다수설의 견해에 따르면 ① 행정입법일 것, ② 상위법령의 수권이 있을 것, ③ 대외적 구속력이 있을 것을 요구한다. 이러한 기준에 비추어 「여객자동차 운수사업법 시행규칙」은 상위법령의 수권이 있는가에 따라 그 법적성질이 달라진다. 설문의 경우 상위법령의 수권여부가 불분명한 바, 「여객자동차 운수사업법」의 수권이 있을 경우 법규명령으로, 수권이 없을 경우 행정규칙으로 보아 주장 ②의 당부를 판단하겠다.

(2) 법규 위반 여부 : 「여객자동차 운수사업법 시행규칙」을 법규명령으로 볼 경우

「여객자동차 운수사업법 시행규칙」제35조 제1항 및 제2항에 따르면 음주운전 등으로 인해 운전면허가 취소되었을 경우에는 양도·양수 인가를 하여서는 아니된다라고 규정되어 있으므로 당해 인가처분은 위법하다.

(3) 신의성실원칙 위반 여부 : 「여객자동차 운수사업법 시행규칙」을 행정규칙으로 볼 경우

1) 의 의

신의성실의 원칙이란 모든 사람은 공동체의 일원으로서 상대방의 신뢰를 헛되이 하지 않도록 성의 있게 행동하여야 한다는 원칙이다. 이러한 신의성실원칙은 전후 모순되는 절차금지, 행정청의 사인에 대한 보호의무, 행정청의 불성실로 인해 사인의 법적지위가 악화되는 것의 금지 등에 적용된다.

2) 요 건

신의성실 원칙이 적용되기 위해서는 ① 상대방에게 신의를 주었거나 상대방이 그러한 신의를 가짐이 정당한 상태에 이르러야 하고, ② 상대방의 신의에 반하여 권리를 행사하는 것이 정의관념에 비추어 용인될 수 없어야 한다.

3) 사안의 경우

「여객자동차 운수사업법 시행규칙」을 행정규칙으로 보아 행정기관 내부의 사무처리 기준에 불과하다고 볼 경우에도 「여객자동차 운수사업법 시행규칙」제35조 제1항 및 제2항에 따라 행정청은 양도·양수인가 신청을 받을 경우 관계기관에 양도자 및 양수자의 운전면허 효력 유무를 조회·확인하여 양수인에 대한 보호를 위해 신의성실 원칙에 따라 행동해야 할 내부적 구속력이 발생한다. 하지만 A광역시장은 양도자의 운전면허 효력 유무를 조회·확인하지 않고 양수인인 乙에게 인가처분을 하여 신의를 주었고, 6년이 경과한 시점에서 개인택시운송사업면허를 취소하는 것은 양수인에게 지나치게 불합리한 결과를 초래한다는 점에서 정의 관념에 비추어 용인될 수 없다고 보인다. 결국 신의성실원칙에 위반된다.

(4) 소 결

법규위반 또는 신의성실원칙에 위반되므로 주장 ②는 타당하다.

4. 주장 ③의 당부

(1) 개인택시운송사업면허 취소의 법적 성질

1) 강학상 철회인지

강학상 철회란 적법하게 성립한 행정행위의 효력을 성립 후에 발생한 새로운 사정으로 인하여 장래를 향하여 그 효력을 소멸시키는 별개의 행정행위를 말한다.

사안의 경우 개인택시운송사업면허는 적법하게 성립한 사업면허를 후발적 사유인 운전면허취소에 따라 장래를 향하여 그 효력을 소멸시키는 바 강학상 철회이다.

2) 기속·재량 구별

기속행위와 재량행위를 구별하는 기준으로 우선 법 문언을 고려한 후 불분명한 경우 당해행위의 성질, 기본권 및 공익관련성 등을 종합하여 검토한다. 사안의 경우 「여객자동차 운수사업법」 제85조 제1항에서 재량으로 규정하고 있으며 「여객자동차 운수사업법 시행령」의 법규성 인정여부와 상관없이 「여객자동차 운수사업법 시행령」 제43조 [별표3]에서 가중감경규정을 두고 있는 바 재량행위에 해당한다.

(2) 재량권 행사의 한계

법령에서 행정청에게 재량권을 주었다 하더라도 그 재량권의 행사에는 재량의 일탈·남용이 없도록 행사해야 하는 일정한 한계가 있다. 이러한 재량의 일탈·남용 여부는 ① 목적위반, ② 사실오인, ③ 법규정 위반, ④ 동기의 부정, ⑤ 법의 일반원칙 위반, ⑥ 재량의 불행사 또는 해태 등이 있다. 사안의 경우 乙은 「여객자동차 운수사업법 시행령」[별표3]의 감경사유에 해당함에도 불구하고 일률적으로 개별기준에 근거하여 사업면허를 취소한 바, 재량의 불행사 또는 비례원칙 위반여부를 검토할 필요가 있다.

(3) 재량의 불행사

1) 의의 및 관례

재량의 불행사란 재량권 행사시 고려해야 할 사항을 전혀 고려하지 않을 것을 말한다. 관례는 "가중·감경규정임이 임의적 규정일 때 등록기준을 충족하지 못한 경우 감경사유가 존재하더라도 처분관할관청이 감경사유까지 고려하고도 사업등록을 취소하는 처분을 한 경우에는 이를 위법하다고 단정할 수는 없으나, 위 감경사유가 있음에도 이를 전혀 고려하지 않았거나 감경사유에 해당하지 않는다고 오인한 나머지 처분을 감경하지 아니하였다면 재량권을 일탈·남용한 위법한 처분이라고 할 수 밖에 없다."라고 판시하였다.

2) 사안의 경우

「여객자동차 운수사업법 시행령」[별표3]의 따르면 처음 해당 위반행위를 한 경우로서, 5년 이상 여객자동차운수사업을 모범적으로 해 온 사실이 인정되는 경우에는 처분을 감경 할 수 있다고 규정되어 있다. 甲은 음주운전으로 처음 위반행위를 하였으며, 약 15년의 기간 동안 교통법규를 위반한 적이 없다고 보이는 바 감경사유에 해당함이 명백하다. 따라서 이를 전혀 고려하지 않고 내린 사업면허취소는 재량의 일탈·남용으로 위법하다.

(4) 비례원칙 위반여부

1) 의 의

비례원칙이란 행정작용에 있어서 그 목적과 수단 사이에 합리적인 비례관계가 있을 것을 요구하는 원칙을 말한다.

2) 내 용

비례원칙은 ① 행정목적 달성에 적합한 수단일 것(적합성 원칙), ② 그 수단은 행정목적달성을 위해 최소 침해를 가져올 것(필요성 원칙), ③ 행정목적에 의해 달성되는 공익이 침해되는 사익보다 클 것(상당성 원칙)을 요구한다. 또한 비례원칙은 단계적 절차를 이루는 원칙으로 어느 하나의 원칙에 대한 위반이 이루어 질 경우 위법의 효과가 발생한다.

3) 사안의 경우

사안에서 개인택시운송사업면허 취소처분은 원활한 운송사업 및 여객운송의 안전을 위해 적합한 수단에 해당한다. 다만 감경사유에 해당하며 제반사정을 종합적으로 고려할 경우 90일 이상의 사업정지로도 그 목적을 달성할 수 있다고 보인다. 따라서 필요성 원칙에 위반되어 위법하다.

(5) 소 결

재량의 불행사 또는 비례원칙에 위반되므로 주장 ③은 타당하다.

IV. 설문 (3)의 해결 : 부관의 가능성 측면에서 적법여부

1. 문제의 소재

우선 당해 부관의 종류 및 주된 행정행위인 인가처분의 법적성질을 고려하여 부관의 부가가 가능한지 검토할 필요가 있다.

2. 부관의 의의 및 종류

(1) 강학상 부관인지

강학상 부관이란 행정기관에 의해 주된 행정행위에 부가되는 종된 규율을 의미한다. 이는 법령에 효과제한이 일의적으로 규정된 법정부관과는 구별된다. 사안의 경우 주된 행정행위인 인가처분에 부가되는 종된 규율인바 강학상 부관이다.

(2) 부관의 종류

강학상 부관에는 조건, 기한, 부담, 철회권 유보, 사후부담유보 및 부담의 변경권 유보, 법률효과 일부 배제 등이 있다.

(3) 사안의 경우

사안의 경우 부관은 일정한 사유가 발생한 경우에는 주된 행정행위인 인가처분의 효과를 제한하는 것으로 법령에 일의적으로 규정되지 않은바, 강학상 부관에 해당한다. 또한 일정한 사유가 발생할 경우 인가처분을 철회할 수 있는 권한을 유보하는 부관인 바, 철회권유보에 해당한다.

3. 양도 양수 인가의 법적 성질

(1) 강학상 인가인지

강학상 인가란 타인의 법률행위에 보충하여 그 법률행위의 효력을 완성시켜주는 행정행위를 말한다. 사안의 경우 관할 행정청이 사업면허의 양도·양수 법률행위에 보충하여 그 효력을 완성시켜주는 행위로 강학상 인가에 해당한다.

(2) 재량행위인지

기속행위와 재량행위를 구별하는 기준으로 우선 법 문언을 고려한 후 불분명한 경우 당해행위의 성질, 기본권 및 공익관련성 등을 종합하여 검토한다.

사안의 경우 근거 법 문언인「여객자동차 운수사업법」제14조 제1항에 따르면 사업구역별로 사업면허의 수요·공급 등을 고려하여 인가를 받아 양도할 수 있다고 규정되어 있는바 재량행위에 해당한다.

4. 부관의 가능성

(1) 준법률행위적 행정행위와 부관의 가능성

종래의 통설은 의사표시가 없는 준법률행위적 행정행위에는 부관을 부가 할 수 없다고 보았다. 그러나 일률적으로 준법률행위적 행정행위에 부관을 부가할 수 없다는 견해는 타당하지 않다. 따라서 개별적으로 행정행위의 성질 및 관련법령의 규정취지와 목적 등을 고려하여 판단하는 것이 타당하다.

(2) 기속행위와 부관의 가능성

종래의 통설과 판례는 재량행위에만 부관을 부가할 수 있고, 기속행위에 대해서는 행정청이 법규에 엄격하게 기속되고, 법규가 정한 법률효과를 임의로 제한 할 수 없다고 보아 부관의 가능성을 부정하였다. 하지만 새로운 견해에 따르면 일률적으로 결정할 것이 아니라 근거법령의 규정취지와 목적, 부관의 형태 등을 종합적으로 고려하여 결정해야한다고 본다.

따라서 기속행위라 할지라도 ① 요건충족적 부관이나 ② 법령에 부관의 부가가능성이 있는 경우 등에는 허용할 수 있다고 본다.

(3) 사안의 경우

당해 사안에서 주된 행정행위인 양도·양수인가에 부관을 부가할 수 있다는 명문의 규정은 존재하지 않는다. 다만 양도·양수인가는 강학상 인가로 법률행위적 행정행위이며 재량행위에 해당한다. 또한 「여객자동차 운수사업법」 제4조 제2항 및 동법 제14조 제1항의 규정취지와 목적에 비추어 볼 경우 원활한 여객운송사업을 위해 일정한 범위 내에서 부관을 부가할 수 있다고 봄이 타당하다.

5. 소 결

부관의 가능성 측면에서 당해 부관은 적법하다.

V. 사안의 해결

1. 설문 (1)의 경우, 제재처분사유가 승계되므로 乙주장은 타당하지 않다.

2. 설문 (2)의 경우, 주장 ①은 실권의 법리 또는 신뢰보호원칙에 위반되지 않아 타당하지 않다. 주장 ②는 법규위반 또는 신의성실원칙 위반으로 타당하다. 주장 ③의 경우 재량의 불행사 또는 비례원칙 위반으로 타당하다.

3. 설문 (3)의 경우, 부관의 가능성 측면에서 적법하다.

┤ 강평 ├

1. 전체적으로 잘 구성된 답안이라 판단된다. 목차 Ⅰ. 논점의 정리에서 각 설문의 쟁점을 정리하고 있는데 답안에서 서술해야 할 쟁점을 학설과 판례를 빠짐없이 언급하고 있는 부분이 잘 나타나고 있다. 그러나 Ⅱ. 설문(1)의 사례, Ⅲ. 설문(2)의 사례, Ⅳ. 설문(3)의 사례에 대한 답안에서 학설은 비교적 자세하게 언급하고 있으나 판례의 소개는 그에 비해 소홀히 다룬 경향이 보인다.

2. Ⅲ. 설문(2)의 사례에 대한 답안에서, 주장 ②의 당부를 논하는 과정에서 「여객자동차운수사업법 시행규칙」 제35조 제1항 및 제2항의 법적성질이 법규명령 또는 행정규칙 가운데 어느 것에 해당하는지를 언급하고 있다. 이 문제는 강학상 이른바 '법규명령 형식의 행정규칙'이라는 논제로 많이 논의되고 있는 것이다. 이 '법규명령 형식의 행정규칙'은 제재적 행정처분기준이 시행령 또는 시행규칙에 규정되어 있을 때 이 기준을 법규명령으로 볼지 아니면 행정규칙에 관한 논의이다. 그런데 설문을 보면 「여객자동차운수사업법」에서 제재적 행정처분기준은 「여객자동차운수사업법 시행규칙」이 아니라 「여객자동차운수사업법 시행령」에서 규정하고 있다. 답안에서는 제재적 행정처분기준에 관한 것이 아닌 사항을 정하고 있는 「여객자동차운수사업법 시행규칙」 제35조 제1항 및 제2항의 법적성질에 대해서는 주장 ②의 당부 부분에서 자세히 논하고 있는 반면 정작 제재적 행정처분기준을 정하고 있는 「여객자동차운수사업법 시행령」의 법적성질에 대해서는 주장 ③의 당부 부분에서 이를 전혀 논하지 않고 있는데, 이러한 내용은 보완이 필요할 것으로 보인다.

3. 또한 답안에서는 「여객자동차운수사업법 시행규칙」 제35조 제1항 및 제2항의 법적 성질에 대해서 학설을 주된 근거로 이를 법규명령으로 보고 논의를 전개하고 있는데 시행규칙이 법규명령인지 행정규칙인지에 대한 논의는 학설보다는 판례에 의해서 쟁점이 된 것이므로 판례의 내용을 보다 더 자세하게 소개하고 이에 근거하여 판단하였더라면 더 좋았을 것이다.

4. 그 외 Ⅲ. 설문(2)의 사례에 대한 답안에서 실권의 법리, 신뢰보호의 원칙, 신의성실의 원칙에 대해서 논하고 있는데 이들 원칙에 대한 판례의 내용을 더 자세하게 소개할 필요가 있고 신의성실의 원칙은 「행정절차법」에 규정되어 있다는 점도 서술하였더라면 좋았을 것이다.

| 제2문 | 甲은 B광역시장의 허가를 받지 아니하고 B광역시에 공장 건물을 증축하여 사용하고 있다. 이에 B광역시장은 甲에 대하여 증축한 부분을 철거하라는 시정명령을 내렸으나 甲은 이를 이행하지 아니하고 있다. 다음 물음에 답하시오. (총 30점)

(1) B광역시장은 상당한 기간이 경과하였음에도 甲에 대하여 이행강제금을 부과·징수하지 않고 있다. 이에 대하여 B광역시 주민 乙은 부작위위법확인소송을 통하여, 주민 丙은 적법한 절차를 거쳐 주민소송을 통하여 다투려고 한다. B광역시장이 甲에 대하여 이행강제금을 부과·징수하지 않고 있는 행위는 부작위위법확인소송 및 주민소송의 대상이 되는가? (20점)

(2) B광역시장이 甲에 대하여 일정기간까지 이행강제금을 납부할 것을 명하였으나, 甲은 이에 불응하였다. B광역시장은 지방세외수입금의 징수 등에 관한 법률 제8조에 따라 다시 甲에게 일정기간까지 위 이행강제금을 납부할 것을 독촉하였다. 위 독촉행위는 항고소송의 대상이 되는가? (10점)

【 참조조문 】

건축법

제80조(이행강제금) ① 허가권자는 제79조 제1항에 따라 시정명령을 받은 후 시정기간내에 시정명령을 이행하지 아니한 건축주등에 대하여는 그 시정명령의 이행에 필요한 상당한 이행기한을 정하여 그 기한까지 시정명령을 이행하지 아니하면 다음 각 호의 이행강제금을 부과한다.

1. ~ 2. (생략)

⑦ 허가권자는 제4항에 따라 이행강제금 부과처분을 받은 자가 이행강제금을 납부 기한까지 내지 아니하면 지방세외수입금의 징수 등에 관한 법률에 따라 징수한다.

「지방세외수입금의 징수 등에 관한 법률」 제2조(정의) 이 법에서 사용하는 용어의 뜻은 다음과 같다.

1. "지방세외수입금"이란 지방자치단체의 장이 행정목적을 달성하기 위하여 법률에 따라 부과·징수하는 조세 외의 금전으로서 과징금, 이행강제금, 부담금 등 대통령령으로 정하는 것을 말한다.

제8조(독촉) ① 납부의무자가 지방세외수입금을 납부기한까지 완납하지 아니한 경우에는 지방자치단체의 장은 납부기한이 지난 날부터 50일 이내에 독촉장을 발급하여야 한다.

② 제1항에 따라 독촉장을 발급할 때에는 납부기한을 발급일부터 10일 이내로 한다.

제9조(압류의 요건 등) ① 지방자치단체의 장은 체납자가 제8조에 따라 독촉장을 받고 지정된 기한까지 지방세외수입금과 가산금을 완납하지 아니한 경우에는 체납자의 재산을 압류한다.

답안작성

최 0 0 / 2015년도 5급 공채 일반행정직 합격

Ⅰ. 논점의 정리

1. 설문 (1)에 대하여, B광역시장이 甲에게 이행강제금을 부과·징수하지 않고 있는 것이 행정소송법
제2조 제1항 제2호의 부작위위법확인소송의 대상이 되는지 및 지방자치법 제17조의 주민소송의 대
상이 되는지 검토가 필요하다.

2. 설문 (2)에 대하여, 독촉행위의 처분성이 인정되어 항고소송의 대상이 되는지 검토가 필요하다.

Ⅱ. 설문 (1)의 해결 : 부작위위법확인소송 및 주민소송의 대상 여부

1. 문제의 소재

B광역시장이 이행강제금을 부과·징수하지 않는 행위가 부작위위법확인소송의 대상인지와 관련해
「행정소송법」 제2조 제1항 제2호의 부작위에 해당하는지 및 주민소송의 대상인지와 관련해 「지방자치
법」 제17조 제1항에 규정된 소송요건을 충족하는지 문제된다.

2. 이행강제금의 법적 성질

이행강제금이란 행정법상 의무를 의무자가 이행하지 아니한 경우에 행정청이 일정한 기간 내에 의무
를 이행하지 않으면 일정한 제재금을 과할 뜻을 의무자에게 예고함으로써 심리적 압박을 가하여 의무자
로 하여금 스스로 의무를 이행케 하는 행정상 강제집행 수단을 말한다.

이러한 이행강제금은 금전급부의무를 부과하는 법률행위적 행정행위 중 하명으로 항고소송의 대상인 처분에 해당한다.

3. 부작위위법확인소송의 대상인지

(1) 의 의

부작위위법확인소송이란 「행정소송법」 제4조 제3호에 따라 행정청의 부작위가 위법임을 확인하는 소송유형을 말한다. 이때의 부작위에 대하여 「행정소송법」 제2조 제1항 제2호는 『부작위란 행정청이 당사자의 신청에 대하여 상당한 기간 내에 일정한 처분을 하여야 할 법률상 의무가 있음에도 불구하고 이를 하지 아니하는 것을 말한다』라고 규정되어 있다.

(2) 부작위의 성립요건

1) 당사자의 신청

당사자의 신청과 관련하여 판례는 "당사자가 행정청에 대하여 어떠한 행정처분을 하여 줄것을 요청할 수 있는 법규상 또는 조리상의 권리를 갖고 있지 아니하거나 부작위의 위법확인을 구할 법률상의 이익이 없는 경우에는 항고소송의 대상이 되는 위법한 부작위가 있다고 볼 수 없거나 원고적격이 없어 그 부작위위법확인의 소는 부적법하다."라고 판시하였다.

이에 대해 학설은 ① 신청권은 일반적 추상적 응답신청권으로 일정한 처분을 하여야 할 법률상 의무에 대응하는 응답의무라는 점을 근거로 신청권이 요구된다고 보며 판례를 지지하는 견해와 ② 행정소송법상 신청권을 요구하지 않는바 신청권은 원고적격 또는 본안판단의 문제로 판례를 비판하는 견해가 대립한다.

생각건대, 행정소송법 제2조 제1항 제2호에서 일정한 처분을 하여야 할 법률상 의무가 존재하는바, 이러한 법률상 의무를 응답의무로 볼 수밖에 없기 때문에 응답신청권을 요구하는 견해와 판례가 타당하다고 보인다.

2) 일정한 처분을 하여야 할 법률상 의무

상대방의 적법한 신청이 있는 경우 행정청에게는 그 신청의 내용에 상응하는 일정한 처분을 하여야 할 법률상 의무가 발생한다. 따라서 행정처분이 아닌 행정작용을 신청하는 것에 대한 무응답은 부작위위법확인소송의 대상이 될 수 없다.

3) 상당한 기간

신청에 대한 처분을 하는데 필요한 것으로 인정되는 사회통념상 요구되는 상당한 기간이 경과할 것을 요구한다.

4) 처분의 부존재

행정청의 적극적 또는 소극적 처분의 부존재로 부작위가 존재할 것을 요구한다.

(3) 사안의 경우

사안의 경우 B광역시장은「건축법」제80조 제1항에 따라 시정명령을 이행하지 않는 甲에 대하여 행정처분인 이행강제금을 부과할 의무가 존재함에도 상당한 기간 이행강제금을 부과·징수하지 않고 있다. 따라서 부작위의 성립요건으로 2) 일정한 처분을 하여야 할 법률상 의무, 3) 상당한 기간, 4) 처분의 부존재가 성립한다.

다만 주민 乙은 이행강제금을 부과·징수할 것을 B광역시장에게 신청한 사정이 보이지 않는 바 1) 당사자의 신청 요건을 충족하지 못한다. 결국 부작위위법확인소송의 대상요건을 충족하지 못한다.

(4) 소 결

부작위위법확인소송의 대상이 되지 않는다.

4. 주민소송의 대상 여부

(1) 의 의

주민소송은 주민의 직접참여에 의한 지방행정의 공정성과 투명성 강화를 위하여 지방자치단체의 재정사항에 대하여 감사청구한 주민이 감사를 해태하거나 감사결과 및 그에 따른 이행조치에 불복이 있는 경우 감사결과와 관련한 위법행위나 해태사실에 대하여 당해 지방자치단체장을 상대로 소송을 제기하는 것을 말한다.

(2) 소송의 대상 및 감사청구 전치주의

「지방자치법」제17조 제1항 주민소송은「지방자치법」『제16조 제1항에 따라 공금의 지출에 관한 사항, 해당 지방자치단체를 당사자로 하는 매매·임차·도급계약이나 그 밖의 계약의 체결·이행에 관한 사항 또는 지방세·사용료·수수료·과태료 등 공금의 부과·징수를 게을리 한 사항을 감사청구 한 주민은 다음 각 호의 어느 하나에 해당하는 경우에 그 감사 청구한 사항과 관련이 있는 위법한 행위나 업무를 게을리 한 사실에 대하여 해당 지방자치단체의 장을 상대방으로 하여 소송을 제기할 수 있다』라고 명문에 소송의 대상 및 감사청구 전치주의를 규정하고 있다.

(3) 판 례

판례는 "이행강제금은 지방자치단체의 재정수입을 구성하는 재원 중 하나로서「지방세외수입금의 징수 등에 관한 법률」에서 이행강제금의 효율적인 징수 등에 필요한 사항을 특별히 규정하는 등 부과·징수를 재무회계 관점에서도 규율하고 있으므로 주민소송의 대상이 되는 공금의 부과·징수를 게을리한 사항에 해당한다."라고 판시하였다.

(4) 사안의 경우

주민 丙은 적법한 절차를 거쳐 주민소송을 통하여 다투려고 하는 바 적법한 감사청구를 거쳤다고 보인다. 다만 B광역시장이 이행강제금을 부과·징수하지 않는 행위가 주민소송의 대상이 되는지가 문제된다. 사안의 경우 이행강제금은 지방자치단체의 재정수입을 구성하는 재원 중 하나로서「지방자치법」제9조 제2항 제1호 바목에서 지방세 및 지방세외 수입의 부과 및 징수를 지방자치단체의 사무로 규정하고 있으며,「지방자치법」제17조 제1항에서 규정한 공금의 부과·징수를 게을리한 사항에 해당한다. 따라서 주민소송의 대상이 된다.

(5) 소 결

주민소송의 대상이 된다.

Ⅲ. 설문 (2)의 해결 : 독촉행위의 항고소송 인정 여부

1. 문제의 소재

B광역시장의 이행강제금 납부를 독촉하는 행위가 처분성이 인정되어 항고소송의 대상이 되는지 검토가 필요하다.

2. 독촉행위가 항고소송의 대상인지

(1) 항고소송의 대상

항고소송이란「행정소송법」제3조 제1호에서 행정청의 처분 등이나 부작위에 대하여 제기하는 소송으로 규정되어 있다. 이와 같이 항고소송의 대상인 처분이 되기 위해서는「행정소송법」제2조 제1항 제1호에 따라『행정청이 행하는 구체적 사실에 관한 법집행으로서의 공권력의 행사 또는 그 거부와 그 밖에 이에 준하는 행정작용 및 행정심판에 대한 재결』이 되어야 한다. 따라서 항고소송의 대상인 처분의 개념 징표를 충족하기 위해서는 ① 행정청의 행위일 것, ② 구체적 사실에 대한 집행행위 일 것, ③ 국민에 대해 직접적인 법적 효과를 발생하는 행위일 것, ④ 공권력적 행위에 해당될 것을 요구한다.

(2) 판 례

판례는 "이행강제금 부과처분을 받은 자가 이행강제금을 기한 내에 납부하지 아니한 때에는 그 납부를 독촉할 수 있으며, 납부독촉에도 불구하고 이행강제금을 납부하지 않으면 체납절차에 의하여 이행강제금을 징수할 수 있고, 이때 이행강제금 납부의 최초 독촉은 징수처분으로서 항고소송의 대상이 되는 행정처분이 될 수 있다."라고 판시하였다.

(3) 사안의 경우

당해 사안에서 독촉행위는 행정청인 B광역시장의 행위이며, 甲의 이행강제금 납부독촉이라는 구체적 사실에 대한 집행행위이다. 또한 「지방세외수입금의 징수 등에 관한 법률」 제8조 및 제9조 제1항에 따라 체납자의 재산이 압류되는 바, 이행강제금을 완납하지 않을 경우 체납자인 甲의 재산압류라는 직접적인 법적효과가 발생하며 공권력적 행위에 해당한다. 따라서 독촉행위는 항고소송의 대상인 처분에 해당한다.

3. 소 결

독촉행위는 항고소송의 대상이 된다.

Ⅳ. 사안의 해결

1. 설문 (1)의 경우, B광역시장이 이행강제금을 부과·징수하지 않는 행위는 부작위위법확인소송의 대상이 되지 않지만 주민소송의 대상의 대상이 된다.

2. 설문 (2)의 경우, 독촉행위는 처분성이 인정되어 항고소송의 대상이 된다.

| 강 평 |

1. 쟁점을 잘 파악하면서 답안의 목차도 잘 구성하고 있다. 그런데 인용한 판례의 내용을 일부 잘못 이해하고 있는 부분과 관련 판례의 소개가 미흡한 것이 있다. 특히 본 문제에서 핵심인 부작위법확인소송 내지 주민소송의 성립요건에 대해서는 법의 규정도 중요하지만 판례에 의해서 인정되고 있는 것이 많기 때문에 판례의 내용을 잘 서술하는 것이 중요하다.

2. 답안 Ⅱ, 설문(1)의 해결 부분에서, 2. 이행강제금의 법적 성질에 대해서 항고소송의 대상이 되는 행정처분이라고 서술하고 있는데, 문제가 건축법에 관한 것이므로 건축법상의 이행강제금은 2005년 11월 8일의 개정으로 인해 행정처분으로 보는 것에 문제가 없지만 그 외의 다른 법률에서 규정하는 이행강제금 중에는 비송사건절차법에서 다룰 수 있는 것도 있기 때문에 이행강제금의 법적 성질이 전부 항고소송의 대상이 되는 처분이라고는 볼 수 없다는 점도 아울러 서술하였더라면 좋았을 것이다.

3. 부작위법확인소송의 대상에 대해서, (2) 부작위의 성립요건 가운데 1) 당사자의 신청에 대한 논의에서, 답안은 '신청권'에 대해서 "② 행정소송법상 신청권을 요구하지 않는바 신청권은 원고적격 또는 본안판단의 문제로 판례를 비판하는 견해가 대립한다."고 하여 마치 판례에서는 신청권을 원고적격의 문제로 안 보고 있다는 취지로 서술하고 있는데 '신청권'의 존재를 원고적격의 요소로 파악하면서 동시에 대상적격의 문제로 보고 있는 판례도 있다는 점에도 주의할 필요가 있다. 그 외 부작위의 성립요건으로서 2) 일정한 처분을 하여야 할 법률상 의무, 3) 상당한 기간, 4) 처분의 부존재 등에 대한 판례의 내용도 소개할 필요가 있다.

4. 주민소송의 대상여부에 대한 답안에서, 이행강제금의 부과징수는 주민소송의 대상이 된다는 결론도출은 좋은데 이에 더해 어떠한 주민소송을 할 것인지 지방자치법상 주민소송의 종류(1~4호 소송)에 대해서도 기술하여야 완성도가 높아질 것으로 보인다.

| 제3문 | A중앙행정기관 소속 6급 공무원인 甲은 업무수행 중 근무지를 이탈하고 금품을 수수하는 등의 직무의무 위반행위를 하였다. 다음 물음에 답하시오. (총 20점)

(1) A중앙행정기관의 장은 甲의 행위가 국가공무원법 상 징계사유에 해당한다고 판단됨에도 불구하고 징계위원회에 징계 의결을 요구하지 아니할 수 있는가? (10점)

(2) 甲의 행위에 대하여 징계위원회가 감봉 1월의 징계를 의결하였고 그에 따라 동일한 내용의 징계처분이 내려졌다. 甲은 그 징계처분에 대하여 취소소송을 제기하고자 한다. 이 경우 반드시 행정심판절차를 거쳐야 하는가? (10점)

Ⅰ. 논점의 정리

Ⅱ. 설문 (1)의 해결 : 징계의결요구 의무 여부
  1. 문제의 소재
  2. 징계의결요구의 의무 여부
    (1) 「국가공무원법」 규정
    (2) 판 례
    (3) 징계사유의 존부
    (4) 사안의 경우
  3. 소 결

Ⅲ. 설문 (2)의 해결 : 행정심판 전치주의 여부
  1. 문제의 소재
  2. 필요적 행정심판 전치주의 적용 여부
    (1) 「행정소송법」 규정
    (2) 「국가공무원법」 규정
    (3) 사안의 경우
  3. 소 결

Ⅳ. 사안의 해결

답안작성
최 0 0 / 2015년도 5급 공채 일반행정직 합격

Ⅰ. 논점의 정리

1. 설문 (1)에 대하여, A중앙행정기관 장의 징계의결요구가 의무적 행위에 해당하는지와 관련해 「국가공무원법」 규정과 판례의 검토가 필요하다.

2. 설문 (2)에 대하여, 공무원인 甲이 징계처분에 불복하기 위해 취소소송을 제기하기 전 반드시 행정심판절차를 거쳐야 하는지와 관련해 「행정소송법」 및 「국가공무원법」 규정과 판례의 검토가 필요하다.

Ⅱ. 설문 (1)의 해결 : 징계의결요구 의무 여부

1. 문제의 소재

A중앙행정기관 장이 甲의 행위가 「국가공무원법」상 징계사유에 해당된다고 판단할 경우 반드시 징계위원회에 징계 의결을 요구해야 할 의무가 존재하는지 문제된다.

2. 징계의결요구의 의무 여부

(1) 「국가공무원법」 규정

「국가공무원법」 제78조 제1항에 따르면 『공무원이 다음 각 호의 어느 하나에 해당하면 징계 의결을 요구하여야 하고 그 징계 의결의 결과에 따라 징계처분을 하여야 한다』라고 규정되어 각 호의 사항에 해당함이 명백한 경우에는 징계 의결 요구는 의무적 사항으로 규정하고 있다.

(2) 판 례

판례는 "징계사유에 해당하는지 여부에 관하여 판단할 재량은 있지만, 징계사유에 해당하는 것이 명백한 경우에는 관할 인사위원회에 징계를 요구할 의무가 있다."라고 판시하였다.

(3) 징계사유의 존부

甲의 근무지 이탈(「국가공무원법」 제58조)과 금품 수수(「국가공무원법」 제61조) 등의 직무의무 위반행위(「국가공무원법」 제56조)는 「국가공무원법」 제78조 제1항 각 호에 해당함이 명백한 것으로 징계사유가 존재한다.

(4) 사안의 경우

甲의 행위는 징계사유에 해당함이 명백할 뿐만 아니라 A중앙행정기관의 장 역시 甲의 행위가 「국가공무원법」상의 징계사유에 해당한다고 판단하고 있는바, 징계위원회에 징계 의결을 요구해야 할 의무가 존재한다.

3. 소 결

A중앙행정기관 장은 징계위원회에 징계 의결을 요구하지 아니할 수 없다.

III. 설문 (2)의 해결 : 행정심판 전치주의 여부

1. 문제의 소재

공무원인 甲이 징계처분에 불복하여 취소소송을 제기하고자 할 경우 필요적 소청심사 전치주의가 적용되어 반드시 행정심판을 거쳐야 하는지 문제된다.

2. 필요적 행정심판 전치주의 적용 여부

(1) 「행정소송법」 규정

1) 임의적 전치주의(원칙)

「행정소송법」 제18조 제1항에 따르면 『취소소송은 법령의 규정에 의하여 당해 처분에 대한 행정심판을 제기할 수 있는 경우에도 이를 거치지 아니하고 제기할 수 있다』라고 규정되어 원칙적으로 임의적 전치주의가 적용된다. 또한 「행정소송법」 제18조 제3항 각호에 해당하는 경우에도 행정심판절차를 거치지 않고 취소소송을 제기할 수 있도록 규정하고 있다.

2) 필요적 전치주의(예외)

다만 「행정소송법」 제18조 제1항 단서에 의해 『다만, 다른 법률에 당해 처분에 대한 행정심판의 재결을 거치지 아니하면 취소소송을 제기할 수 없다는 규정이 있는 때에는 그러하지 아니하다』라고 규정되어 예외적인 경우에는 필요적 전치주의가 적용된다.

(2) 「국가공무원법」 규정

1) 소청심사 전치주의

「국가공무원법」 제16조 제1항에 의하면 『제75조에 따른 처분, 그 밖에 본인의 의사에 반한 불리한 처분이나 부작위에 관한 행정소송은 소청심사위원회의 심사·결정을 거치지 아니하면 제기할 수 없다』라고 규정되어 소청심사절차를 필요적 전치주의로 요구하고 있다.

2) 소청심사가 특별행정심판인지

소청심사란 징계처분, 그 밖에 그 의사에 반하는 불리한 처분이나 부작위에 대하여 관할 소청심사위원회에 심사를 청구하는 것으로 특별행정심판에 해당한다.

(3) 사안의 경우

사안에서 甲은 징계처분에 불복하여 취소소송을 제기하고자 하는 바 당해 징계처분은 「국가공무원법」 제16조 제1항에서 정한 본인의 의사에 반한 불리한 처분에 해당한다. 따라서 원칙적으로 행정심판절차로서 소청심사를 먼저 거쳐야 한다. 다만 「행정소송법」 제18조 제3항 각호의 예외사유에 해당하는 경우라면 소청심사절차를 거치지 않아도 된다.

3. 소 결

甲은 원칙적으로 행정심판절차를 거쳐야 하나, 「행정소송법」 제18조 제3항 각호의 예외사유에 해당하는 경우에는 행정심판절차를 거치지 않아도 된다.

Ⅳ. 사안의 해결

1. 설문 (1)의 경우, A중앙행정기관의 장은 징계위원회에 징계 의결을 요구하지 아니할 수 없다.

2. 설문 (2)의 경우, 甲은 「행정소송법」 제18조 제3항 각호의 예외사유에 해당하지 않는 경우에는 반드시 행정심판절차를 거쳐야 한다.

┤ 강 평 ├

1. 제3문에 대한 쟁점인 1. 비위 공무원에 대한 징계의결요구가 국가공무원법상의 의무적 행위
   인지의 여부와 2. 국가공무원법상의 징계처분을 다투고자 할 때 반드시 행정심판을 거쳐야
   하는지 여부 그리고 이 행정심판이 특별행정심판에 해당하는가의 여부에 대하여 쟁점별로
   적용 법조문과 판례의 내용을 빠짐없이 잘 서술하고 있어서 별다른 강평은 논하지 않는다.

2. 다만 징계의결 자체의 법적 성질, 즉 처분에 해당하는지 여부, 소청심사기관, 소청절차 등에
   대한 서술이 추가되었더라면 좋았을 것이다.

| 제1문 | 甲은 A시 시청 민원실 주차장 부지 일부와 그에 붙어 있는 A시 소유의 유휴 토지 위에 창고건물을 건축하여 사용하고 있다. A시 소속 재산 관리 담당 공무원은 A시 공유재산에 대한 정기 실태조사를 하는 과정에서 甲이 사용하고 있는 주차장 부지 일부 및 유휴 토지(이하 '이 사건 토지'라 한다)에 관하여 대부계약 등 어떠한 甲의 사용권원도 발견하지 못하자 甲이 이 사건 토지를 정당한 권원 없이 점유하고 있다고 판단하여 관리청인 A시 시장 乙에게 이러한 사실을 보고하였다. 이에 乙은 무단점유자인 甲에 대하여 ① 「공유재산 및 물품 관리법」 제81조 제1항에 따라 변상금을 부과하였고(이하 '변상금 부과 조치'라 한다), ② 같은 법 제83조 제1항에 따라 이 사건 토지 위의 건물을 철거하고 이 사건 토지를 반환할 것을 명령하였다(이하 '건물 철거 및 토지 반환 명령'이라 한다). (총 50점)

1. 乙이 이 사건 토지를 관리하는 행위의 법적 성질을 검토하시오. (10점)

2. 甲이 건물 철거 및 토지 반환 명령에 따른 의무를 이행하지 않는 경우 이에 대한 행정상 강제집행이 가능한가? (15점)

3. 甲이 이미 변상금을 납부하였으나, 乙의 변상금 부과 조치에 하자가 있어 변상금을 돌려받으려 한다. 甲은 어떠한 소송을 제기하여야 하는가? (25점)

〔 참조조문 〕

「공유재산 및 물품 관리법」

제2조(정의) 이 법에서 사용하는 용어의 뜻은 다음과 같다.

1. "공유재산"이란 지방자치단체의 부담, 기부채납(寄附採納)이나 법령에 따라 지방자치단체 소유로 된 제4조제1항 각 호의 재산을 말한다.

제5조(공유재산의 구분과 종류) ① 공유재산은 그 용도에 따라 행정재산과 일반재산으로 구분한다.

② "행정재산"이란 다음 각 호의 재산을 말한다.

1. 공용재산

지방자치단체가 직접 사무용·사업용 또는 공무원의 거주용으로 사용하거나 사용하기로 결정한 재산과 사용을 목적으로 건설 중인 재산

2. 공공용재산

지방자치단체가 직접 공공용으로 사용하거나 사용하기로 결정한 재산과 사용을 목적으로 건설 중인 재산

3. 기업용재산

지방자치단체가 경영하는 기업용 또는 그 기업에 종사하는 직원의 거주용으로 사용하거나 사용하기로 결정한 재산과 사용을 목적으로 건설 중인 재산

4. 보존용재산

법령·조례·규칙에 따라 또는 필요에 의하여 지방자치단체가 보존하고 있거나 보존하기로 결정한 재산

③ "일반재산"이란 행정재산 외의 모든 공유재산을 말한다.

제81조(변상금의 징수) ① 지방자치단체의 장은 사용·수익허가나 대부계약 없이 공유재산 또는 물품을 사용·수익하거나 점유(사용·수익허가나 대부계약 기간이 끝난 후 다시 사용·수익허가나 대부계약 없이 공유재산 또는 물품을 계속 사용·수익하거나 점유하는 경우를 포함하며, 이하 "무단점유"라 한다)를 한 자에 대하여 대통령령으로 정하는 바에 따라 공유재산 또는 물품에 대한 사용료 또는 대부료의 100분의 120에 해당하는 금액(이하 "변상금"이라 한다)을 징수한다. 다만, 다음 각 호의 어느 하나에 해당하는 경우에는 변상금을 징수하지 아니한다(각 호 생략).

제83조(원상복구명령 등) ① 지방자치단체의 장은 정당한 사유 없이 공유재산을 점유하거나 공유재산에 시설물을 설치한 경우에는 원상복구 또는 시설물의 철거 등을 명하거나 이에 필요한 조치를 할 수 있다.

② 제1항에 따른 명령을 받은 자가 그 명령을 이행하지 아니할 때에는 「행정대집행법」에 따라 원상복구 또는 시설물의 철거 등을 하고 그 비용을 징수할 수 있다.

「**설문 '1'**」

Ⅰ. **쟁점 정리**

Ⅱ. **주차장 부지 일부에 대한 관리권의 성질(공법상 물권적 지배권)**
   1. 공물 관리권의 법적 성질
   2. 사안의 경우

Ⅲ. **유휴 토지를 관리하는 행위의 법적 성질(소유권)**

Ⅳ. **문제의 해결**

「**설문 '2'**」

Ⅰ. **쟁점 정리**

Ⅱ. **행정대집행법상 대집행**
   1. 의 의
   2. 요 건
   3. 사안의 경우

Ⅲ. **기타 행정상 강제집행**

   1. 이행강제금 부과
   2. 직접강제

Ⅳ. **문제의 해결**

「**설문 '3'**」

Ⅰ. **쟁점 정리**

Ⅱ. **변상금 부과 조치가 처분인지(적극)**
   1. 판 례
   2. 검토 및 시안

Ⅲ. **부당이득반환청구와 선결문제**
   1. 구성요건적 효력
   2. 구성요건적 효력과 선결문제
   3. 사안의 경우

Ⅳ. **변상금 부과조치가 무효임을 이유로 한 부당이득반환청구소송의 법적 성질**

Ⅴ. **문제의 해결**

「설문 '1'」

Ⅰ. 쟁점 정리

1. 주차장 부지 일부가 공물에 해당하는 경우 공물관리권의 법적 성질이 문제되고,

2. 유휴 토지의 경우 A시 소유이므로 일반재산에 대한 관리권의 법적 성질이 문제된다.

Ⅱ. 주차장 부지 일부에 대한 관리권의 성질(공법상 물권적 지배권)

1. 공물 관리권의 법적 성질

(1) 학설은 ① 공물의 관리는 소유권의 행사에 불과하다는 소유권설 ② 소유권과 관계없이 공물주체가 공물의 목적을 달성하기 위하여 행하는 독립한 물권적 지배권의 성질을 갖는다는 공법상의 물권적 지배권설이 대립한다.

(2) 판례는 도로법상 변상금부과권한은 적정한 도로관리를 위하여 도로의 관리청에게 부여된 권한이라 할 것이지 도로부지의 소유권에 기한 권한이라고 할 수 없다고 하여 공법상 물권적 지배권설을 취하고 있다.

(3) 공물에 대하여 사인의 소유권을 인정하면서도 그 공물이 공적목적에 제공되는 한도에서 사권의 행사를 제한하는 공물의 이원적 구조를 취하는 것이 우리 법제이므로 물권적 지배권설이 타당하다.

2. 사안의 경우

(1) 시청 민원실의 주차장 부지는 지방자치단체가 직접 사무용 에 사용하는 것으로 공유재산 및 물품 관리법 제5조 제2항 제1호의 공용재산으로서 행정재산에 해당한다.

(2) 행정재산은 공공의 목적에 제공된 물건의 집합체로서 공물에 해당하므로 이를 관리하는 행위는 공법상 물권적 지배권의 성질을 갖는다.

Ⅲ. 유휴 토지를 관리하는 행위의 법적 성질(소유권)

1. 행정재산 외의 모든 공유재산은 일반재산에 해당한다(공유재산 및 물품 관리법 제5조 제3항).

2. 유휴 토지는 지방자치단체인 A시 소유로서 공유재산이나 동조 제2항 각 호 어디에도 해당하지 않으므로 일반재산에 해당한다.

3. 따라서, 유휴 토지의 관리하는 A시의 소유권에 기초한 물권적 권리이다.

Ⅳ. 문제의 해결

1. 주차장 부지 일부를 관리하는 행위는 공물 관리권으로서 공법상 물권적 지배권의 성질을 갖는다.

2. 유휴 토지를 관리하는 행위는 A시의 토지 소유권에 기초한 것으로서 사법상 물권적 권리의 성질을 갖는다.

「설문 '2'」

Ⅰ. 쟁점 정리

1. 행정대집행법상 대집행을 검토하되, 특히 부대체적 작위의무인 토지 반환 명령에 따른 의무에 대하여 대집행이 가능한지 문제된다.

2. 기타 직접강제 및 이행강제금 부과를 검토한다.

Ⅱ. 행정대집행법상 대집행

1. 의 의

대체적 작위의무가 이행되지 않은 경우 당해 행정청이 의무자가 할 일을 행정청 스스로 또는 제3자로 하여금 이를 행하게 함으로써 의무이행이 있었던 것과 동일한 상태를 실현시킨 후, 그에 관한 비용을 의무자로부터 징수하는 강제집행수단이다(행정대집행법 제2조).

2. 요 건
(1) 법률에 근거한 명령이 있을 것

(2) 대체적 작위의무의 불이행

1) 대체적 작위의무란 타인에 의하여도 의무자 스스로 행한 것과 동일한 행정상의 목적을 실현시킬 수 있는 성질의 의무를 말한다.

2) 판례는 토지의 인도나 이전의무는 대체적 작위의무가 아니므로 대집행의 대상이 될 수 없다고 하였다.

(3) 다른 수단으로는 그 이행확보가 곤란할 것

(4) 그 불이행의 방치가 심히 공익을 해하는 것일 것

3. 사안의 경우

(1) 건물 철거 및 토지 반환 명령은 공유재산 및 물품 관리법 제83조 1항에 근거한 것이고

(2) 건물 철거는 대체적 작위의무에 해당하나, 토지 반환은 토지를 점유한 자만이 할 수 있는 부대체적 작위의무이므로 대집행의 대상이 되지 않는다.

(3) 甲이 건물 철거를 이행하지 않는 경우 대집행 외에는 달리 이행확보가 곤란할 것으로 보이며

(4) 시청 민원실 주차장 이용에 큰 불편을 줄 수 있어 건물 철거에 대해서는 대집행을 할 수 있다.

Ⅲ. 기타 행정상 강제집행

1. 이행강제금 부과

(1) 불법건축물에 대하여 대집행이 가능하더라도 건축법상 이행강제금을 부과할 수 있다는 것이 판례이다.

(2) 대집행으로 인한 비용 문제와 전문성을 고려할 때 판례 타당하다.

(3) 다만, 이행강제금은 침익적 처분으로 법적 근거 필요하므로 사안의 경우는 불가능하다.

2. 직접강제

(1) 토지 반환 명령에 따른 의무를 불이행한 경우 직접강제가 적합한 수단이다.

(2) 다만, 침익적 처분으로 법적 근거 필요하므로 사안의 경우는 불가능하다.

Ⅳ. 문제의 해결

건물 철거에 한해 대집행이 가능하다(행정대집행법 제2조).

「설문 '3'」

Ⅰ. 쟁점 정리

1. 변상금 부과 조치가 행정소송법상 '처분'인지 검토하고,

2. 처분에 해당한다면 하자의 정도에 따라 변상금을 돌려받기 위해 취소소송 혹은 무효확인소송이 전제되어야 하는지 구성요건적 효력과 선결문제를 검토하며,

3. 부당이득반환청구소송을 당사자소송으로 제기하여야 하는지 부당이득반환청구권의 법적 성질을 검토하고, 항고소송과의 병합을 살핀다.

Ⅱ. 변상금 부과 조치가 처분인지(적극)

1. 판 례

국유재산법상 변상금부과에 대하여 대부료 또는 사용료 상당액 외에도 그 징벌적 의미에서 국가측이 일방적으로 그 2항 상당액을 추가하여 변상금을 징수토록 하고 있으며, 체납시 국세징부법에 의하여 강제징수토록 하는 점 등에 비추어 관리청이 공권력을 가진 우월적 지위에서 행하는 것으로 행정처분이라고 한다.

2. 검토 및 사안

(1) 처분은 행정청이 행하는 구체적 사실에 관한 법집행으로서 공권력의 행사 또는 그 거부와 그 밖에 이해 준하는 행정작용이다(행정소송법 제2조 제1항 제1호). 구체적으로 행정청이 우월적 지위에서 행하는 고권적 행위인지, 이로 인해 국민의 법적 지위에 영향이 있는지를 기준으로 판단한다.

(2) 그런데 공유재산의 무단 점유에 대한 설문의 변상금 부과 조치는 행정청인 A가 법에 근거하여 행한 고권적 행위로서 甲에 대한 침익적 작용이므로 행정처분에 해당한다고 볼 것이다.

Ⅲ. 부당이득반환청구와 선결문제

1. 구성요건적 효력

(1) 취소소송의 수소법원 이외의 다른 법원이나 제3의 국가기관은 처분청에 의하여 유효한 행위가 발급되어졌다는 사실을 존중하여야 하며 이러한 행정행위를 그들의 결정에 기초하여야 한다는 구속력을 의미한다. 국가기관 상호간의 권한 존중에 근거한다.

(2) 행정행위의 상대방 또는 이해관계인에게만 미치는 공정력과 구별된다(구별 긍정설).

2. 구성요건적 효력과 선결문제

(1) 행정처분의 무효를 이유로 납부한 금원에 대한 부당이득반환청구소송을 제기한 경우에 관할법원은 선결문제로서 행정처분의 효력 유무를 심사할 수 있다(행정소송법 제11조).

(2) 따라서 부과처분이 당연무효라면 관할법원은 부과처분이 무효임을 확인하여 부당이득을 인정한 다음 부당이득반환청구소송에 대하여 인용판결을 내릴 수 있다. 그러나 부과처분이 취소사유에 불과한 경우, 그 처분이 권한 있는 기관에 의하여 취소되지 않는 한 관할법원은 그 효력을 부인할 권한이 없으므로 부과처분이 유효임을 확인하여 부당이득이 발생하지 않았음을 이유로 기각판결을 하여야 한다.

3. 사안의 경우

(1) 변상금 부과 조치에 취소사유의 하자가 있는 경우 취소소송을 통해 변상금 부과 조치를 취소한 뒤 부당이득반환청구소송을 제기해야 하며, 다만 취소소송과 부당이득반환청구소송은 병합제기가 가능하다(행정소송법 제10조 제1항 제1호).

(2) 변상금 부과 조치가 당연무효인 경우 별도 취소소송의 제기 없이 즉시 부당이득반환청구소송을 제기하여 변상금을 반환 받을 수 있다.

Ⅳ. 변상금 부과 조치가 무효임을 이유로 한 부당이득반환청구소송의 법적 성질

1. 판례는 소송물이 사법상 부당이득반환청구권임을 이유로 민사소송으로 본다.

2. 이에 대해 학설은 일반적으로 소송물의 전제가 되는 법률관계의 내용을 고려하여 공법상 당사자소송으로 본다.

3. 부당이득이 공법상 법률관계에 기초한 이상 당사자소송으로 보는 학설이 타당하다.

4. 행정법 개정안에서는 공법상 당사자소송임을 명백히 하였다.

5. 따라서, 甲은 부당이득반환청구소송을 당사자소송으로 행정법원에 제기하여야 한다.

Ⅴ. 문제의 해결

1. 변상금 부과 조치의 하자가 취소사유에 불과하다면 행정법원에 변상금 부과 조치 취소소송을 제기하여 변상금 부과 조치를 취소한 후 당사자소송인 부당이득반환청구소송을 제기하여야 한다. 다만, 소송경제상 취소소송에 부당이득반환청구소송을 병합하여 제기할 것이다(행정소송법 제10조 제1항 제1호).

2. 변상금 부과 조치가 당연무효인 경우 행정법원에 부당이득반환청구소송을 당사자 소송으로 제기하여야 한다.

강평

Ⅰ. 총 평

1. 문제는 공유재산의 관리와 관련하여 발생하는 법률문제의 해결능력을 살펴보려 하고 있다. 그 과정에서 행정의 실효성확보수단에 관한 이해도와 공정력 또는 구성요건적 효력과 선결문제이론이라고 하는 주요한 행정법이론에 대한 이해도를 아울러 점검하려 하고 있다. 공유재산의 관리와 관련한 문제는 흔한 것이라 생각되지는 않지만 나머지 두 분야, 즉 행정상 강제집행의 경우와 선결문제에 관한 질문은 행정법 사례문제에서 선호되는 문제라 할 수 있다. 세 개의 설문은 그 각각에 있어서 하나씩 수험생이 짚어주기를 바라는 쟁점을 숨겨놓고 있다고 판단된다.

2. 설문 1과 관련해서는, 공유재산에 대한 무단점유이기는 한데, 'A시 시청 민원실 주차장 부지 일부와 그에 붙어 있는 A시 소유의 유휴토지 위에'라고 하여 그 무단점유되는 부분이 전부 행정재산이거나 또는 전부 일반재산인 것이 아니라 서로 다른 두 종류의 재산이 동시에 무단점유되고 있다고 하는 것으로 사례를 한 단계 복잡하게 만들어 놓았다. 따라서 설문1에 대한 풀이를 위해서는 서로 다른 두 종류의 공유재산에 대한 관리행위의 법적 성격을 각각 다루어주지 않으면 안 되게 된다. 답안은 이 점을 정확히 간파하고 있다.

3. 설문 2의 경우는 행정상 강제집행의 가부를 묻고 있는데, 건물의 철거를 묻는 것이 하나이고, 그와 대비하여 토지반환을 묻는 것이 또 다른 하나이다. 중요한 것은 '그와 대비하여'이다. 단순한 건물의 철거와 토지의 인도는 행정대집행에 있어서 서로 다르게 다루어지기 때문이다. 출제자는 이 두 가지를 대비하며 토지나 건물의 반환을 대집행할 수 있는가 하는 것에 대해 언급해주기를 기대하고 있다. 무엇보다도 철거되어야 할 건물은 거주용 건물이 아니라 창고건물이라고 하여 그 대비를 보다 뚜렷하게 제시하려 했다고 생각된다. 답안은 이 점도 놓치지 않고 있다.

4. 설문 3의 경우는 그 배점의 규모에서보아 출제자가 가장 심혈을 기울이고 좋은 답안을 기대하며 문제를 출제했음에 틀림없다. 이 설문에서 주의할 것은 "甲이 이미 변상금을 납부했고, 사후적으로 그 변상금을 돌려받으려 한다."는 점과, 乙의 변상금 부과조치에 하자가 있다고 하는데 그 하자에는 '단순위법의 하자와 무효인 하자'가 있다는 점이다. 간과하지 않기를 바라는 부분은 '무효인 처분'인데 그에 대해 '이미 납부한 경우' 그것을 다투는 소송상의 법률문제가 어떻게 되는가 하는 점이다. 또한 더 고민한다면 국가배상의 문제도 언급할 필요가 있다. 답안은 쟁점이 선결문제에 있음을 잘 간파하고 취소할 수 있는 하자의 경우와 무효인 하

자의 경우를 나누어 풀이하고 있는 점은 인정할 수 있으나 25점의 배점에 상응하는 그 이상의 예리한 쟁점에는 소홀히 했다고 할 수 있다. 구체적으로는 개별 설문에 대한 강평에서 지적한다.

Ⅱ. 답안에 대한 강평

1. 설문 1에 대하여

답안은 시청 민원실의 주차장 부지 일부에 대한 관리권의 성질과 유휴토지에 대한 관리권의 성질을 구분하여 풀이하고 있으며 총평에서 지적하였듯이 이는 타당하다. 시청 민원실의 주차장 부지는 시청을 방문하는 민원인들의 사용에 제공할 것을 목적으로 하고 있으므로 공적 목적에 공여된 물건으로서 공물에 속한다. 따라서 공물에 대한 관리권의 법적 성질을 설명해야 하고 답안은 학설과 판례를 잘 기술하였다. 다만, 시청 민원실의 주차장 부지를 행정재산의 종류 가운데 공용재산으로 분류하고 있는 점에는 의문이 있다. 설문이 '민원실의 주차장 부지'라고 하고 있으므로 해당 부지는 구청직원들보다는 구청을 방문하는 일반 민원인들의 사용에 제공되어 있다고 볼 수 있기 때문이다. 그렇다면 이는 주차장이 비록 청사의 일부를 구성한다고 해도 공용재산이 아니라 공공용재산에 가깝다고 보아야 할 것이다. 일반재산으로서의 유휴토지에 대한 답안의 설명은 달리 문제될 것이 없다.

2. 설문 2에 대하여

(1) 설문은 행정청이 발한 의무를 이행하지 않는 경우의 행정상 강제집행에 대하여 묻고 있다. 이 때 그 의무가 '건물 철거 및 토지 반환 명령에 따른 의무'이고 금전급부의무는 아니므로 행정상 강제집행 가운데 행정상 강제징수는 검토될 여지가 없다. 답안은 이를 제외한 나머지의 행정상 강제집행수단에 대하여 모두 검토하고 있어 빈틈이 없다. 다만 아쉬운 점은 설명이 지나치게 간결하여 뭔가 빠진 듯한 느낌을 준다. 이것은 답안 전체에서 느껴진다. 제한된 시간 안에 답안을 작성해야 하는 어려움이 있지만 전후의 설명이 더해진다면 좀 더 답안에 설득력을 부여할 것이다. 예를 들어 직접강제에서 토지 반환 명령에 따른 의무를 불이행한 경우 직접강제가 적합한 수단이라고 설명하는데 왜 그러한가 하는 것이 덧붙여지면 보다 설득력 있는 답안이 될 것이다.

(2) 답안은 대집행의 경우 대체적 작위의무의 개념과 관련하여 건물철거의 경우와 토지반환의 경우로 구분하여 대집행의 가능성을 검토하고 있어 출제자의 의도하는 바를 다루었다. 한편 대체적 작위의무에 대비하여 학자들은 주로 비대체적 작위의무라는 표현을 사용하는데 답안은 부대체적 작위의무라 하여 다소 거북함이 있었다. 대법원 판례 중에도 부대체적 작위의무라는 표현을 사용한 것이 있으므로 문제될 것은 없겠다.

3. 설문 3에 대하여

(1) 설문3의 핵심은 공정력 또는 구성요건적 효력과 선결문제이론이다. 변상금 부과 조치에 하자가 있을 때 그것을 다투는 방법은 변상금 부과 조치의 법적 성질에 따라 달라진다. 만일 변상금징수권이 사법상의 채권의 성질을 갖는다면 그것의 하자를 다투는 문제는 순수한 민사법상의 문제가 될 것이다. 하지만 행정법과목에 순수한 민사법의 문제가 출제될 리 없고 변상금 징수권은 처분이 아닐 수 없다. 변상금징수권이 처분이라면 그것의 하자를 다투는 문제는 하자의 정도에 따라 처분의 취소소송 또는 무효확인소송이 되지 않을 수 없다. 그런데 설문은 단순히 처분의 하자를 다툴 것을 묻지 않고 이미 낸 변상금을 처분의 하자를 이유로 돌려받을 수 있는 방법을 묻고 있다. 만일 처분의 하자가 취소할 수 있는 하자인 경우에는 취소소송의 제소기간 안에 처분의 취소판결을 받아 구제받을 수 있다. 하지만 출소기간을 도과해버렸다면 더 이상 취소소송은 제기할 수 없고 무효확인소송만 가능하게 된다. 중요한 것은 무효확인소송은 확인의 이익이 요구된다는 것이 판례의 태도(대법원 1991. 9. 10. 선고 91누3840 판결)라는 점이다.

(2) 사안에서는 이미 변상금을 납부해버렸기 때문에 변상금 부과처분은 이미 집행이 종료된 것과 같이 되어 변상금 부과처분이 존재하고 있는 것과 같은 외관이 남아 있음으로써 해서 장차 갑에게 다가올 법률상의 불안이나 위험은 전혀 없다. 또한 무효확인을 구하는 방법은 무효확인판결의 구속력에 따라 변상금 부과관청이 스스로 이미 납부한 변상금을 환급해줄 것을 기대하는 간접적인 방법인데 민사소송에 의한 부당이득반환청구의 소로써 직접 그 위법상태를 제거할 수 있는 길이 열려 있는 이상 무효확인을 구하는 소는 분쟁해결에 직접적이고도 유효한 방법이라 할 수 없다. 즉 확인의 이익이 부정되어 사안의 경우 무효확인의 소는 제기할 수 없게 된다. 그렇다면 취소소송도 무효확인소송도 모두 불가능하고 남은 것은 민사소송에 의한 부당이득반환 청구의 소만이 가능하게 된다. 이 때 선결문제이론이 등장한다. 민사소송에서 행정처분의 하자를 심리 판단할 수 있는가 하는 문제가 공정력 또는 구성요건적 효력이론과 맞물려 제기되기 때문이다. 이 부분은 그다지 어려운 문제가 아니다. 공정력 또는 구성요건적 효력과 선결문제의 이론은 행정법을 공부하는 수험생에게 있어서 비교적 잘 알려진 내용이라 생각되기 때문이다. 다만 이미 변상금을 납부해버린 경우에 있어서의 무효확인소송의 제기가능성과 그와 관련하여 확인의 이익유무를 인식하는 문제는 지나쳐버릴 수 있는 부분이다. 답안 역시 이 점에 대해서는 전혀 언급하지 않고 있다. 그 밖의 선결문제이론과 관련한 쟁점은 답안에서도 거의 다루고 있다.

| **제2-1문** | 「사설묘지 등의 설치에 관한 법률」은 국가사무인 사설묘지 등의 설치허가를 시·도지사에게 위임하면서, 설치허가를 받기 위해서는 사설묘지 등의 설치예정지역 인근주민 2분의 1 이상의 찬성을 얻도록 규정하고 있다. X도의 도지사 甲은 「X도 사무위임조례」에 따라 사설묘지 등의 설치에 관한 사무의 집행을 관할 Y군의 군수 乙에게 위임하였다. Y군의 군의회는 乙이 사설묘지 등의 설치를 허가하기 위해서는 사설묘지 설치예정지역 인근주민 3분의 2 이상의 찬성을 얻도록 하는 내용의 「Y군 사설묘지 등 설치허가 시 주민동의에 관한 조례안(이하 '이 사건 조례안'이라 한다)」을 의결하였다. 이에 乙은 이 사건 조례안이 위법하다는 이유로 Y군 군의회에 재의를 요구하였으나, Y군 군의회는 원안대로 이를 재의결하였다. (총 25점)

1. 이 사건 조례안은 적법한가? (15점)

2. 재의결된 이 사건 조례안에 대하여 甲과 乙이 취할 수 있는 통제방법은 각각 무엇인가? (10점)

※ 「사설묘지 등의 설치에 관한 법률」과 「Y군 사설묘지 등 설치허가 시 주민동의에 관한 조례안」은 가상의 것임

「설문 '1'」

Ⅰ. 쟁점 정리

Ⅱ. 조례제정의 사항적 한계를 위반하였는지(적극)
　1. 의 의
　2. 사안의 경우

Ⅲ. 법률유보원칙에 위반하였는지(적극)
　1. 조례와 법률유보원칙
　2. 사안의 경우

Ⅳ. 법률우위의 원칙에 위반하였는지(적극)
　1. 조례와 법률우위원칙
　2. 사안의 경우

Ⅴ. 문제의 해결

「설문 '2'」

Ⅰ. 쟁점 정리

Ⅱ. 甲이 취할 수 있는 통제방법
　1. 지방자치법 제172조 지방의회 의결의 재의와 제소
　2. 지방자치단체의 사무에 대한 지도와 지원

Ⅲ. 乙이 취할 수 있는 통제방법
　1. 지방자치법 제107조 제3항의 소송
　2. 사안의 경우

Ⅳ. 문제의 해결

「설문 '1'」

Ⅰ. 쟁점 정리

조례제정의 한계로서 ① 사항적 한계 ② 법률유보원칙 ③ 법률우위원칙을 검토한다.

Ⅱ. 조례제정의 사항적 한계를 위반하였는지(적극)

1. 의 의

조례는 지방자치단체의 자치법으로서 원칙적으로 자치사무와 단체위임사무에 한해 제정할 수 있으며(지방자치법 제22조 본문), 기관위임사무에 관해서는 특별히 상위 법령에 위임이 없는 한 제정할 수 없다(판례).

2. 사안의 경우

(1) 사설묘지 등의 설치허가는 국가사무인데, 사설묘지 등의 설치에 관한 법률에 따라 시·도지사에게 위임되었으며, 다시 X도의 도지사 甲이 Y군의 군수 乙에게 위임하였다.

(2) 따라서, 이는 기관위임사무에 해당하며, 특별히 Y군의 조례로 이에 관해 규율하도록 위임한 사정이 나타나 있지 않다. 따라서 이 사건 조례안은 위법하다.

Ⅲ. 법률유보원칙에 위반하였는지(적극)

1. 조례와 법률유보원칙

(1) 지방자치단체가 조례로 주민의 권리 제한 또는 의무 부과에 관한 사항이나 벌칙을 정할 때에는 법률의 위임이 있어야 한다(지방자치법 제22조 단서).

(2) 이에 대해 헌법 제117조 제1항에 위반되어 위헌이라는 견해(위헌설)가 있으나, 헌법 제37조 제2항에 비추어 볼 때 합헌이라 할 것이다(판례).

2. 사안의 경우

사설묘지 등의 설치허가는 수익적 처분이므로 이를 규제하는 것은 주민의 권리를 제한하는 것을 의미한다. 한편, 사설묘지설치예정지역 인근주민의 3분의 2 이상의 찬성을 얻도록 하는 것은 사설묘지 등의 설치에 관한 법률보다 권리 제한하는 것임에도 근거가 없으므로 법률유보원칙에 위반하여 위법하다.

Ⅳ. 법률우위의 원칙에 위반하였는지(적극)

1. 조례와 법률우위원칙

(1) 헌법 제117조 제1항과 지방자치법 제22조 본문은 지방자치단체는 '법령의 범위 안에서' 조례를 제정할 수 있다고 규정한다.

(2) 이른바 초과조례나 추가조례가 허용될 수 있는지 법률우위원칙과 관련하여 문제된다.

(3) 학설은 ① 법률에 명시적 규정이 없는 한 규제범위를 확대하거나 기준을 강화할 수 없다는 법률선점론 ② 전국에 걸쳐 일률적으로 동일한 내용을 규율하는 취지의 것이 아닌 이상 침익적 조례이든 수익적 조례이든 법령의 내용을 초과·추가하는 조례제정이 가능하다는 수정법률선점이론이 대립한다.

(4) 판례는 수익적 조례의 경우 지방의 실정에 맞게 별도의 생활보호를 실시하는 것을 용인하는 취지라고 보이는 경우에는 법령의 내용보다 더하는 내용의 조례를 정할 수 있다고 보면서도, 침익적 조례인 차고지확보 조례의 경우 상위법령에서 정한 기준을 초과하는 경우는 무효라고 하였다.

(5) 주민의 권익보호와 자치입법으로서의 조례의 특수성을 조화하는 판례가 타당하다(개별적 검토설).

2. 사안의 경우

사설묘지 설치허가를 위해 인근주민의 찬성을 얻도록 하는 것은 침익적 조례에 해당한다.

그런데 상위법령이 2분의 1 이상의 찬성을 얻도록 하고 있음에도, 근거 없이 인근주민의 3분의 2 이상의 찬성을 얻도록 한 이 사건 조례안은 법률우위원칙에 위반하여 위법하다.

V. 문제의 해결

이 사건 조례안은 조례 제정범위를 벗어났으며, 법률유보원칙과 법률우위원칙에 위반하여 위법하다.

「설문 '2'」

I. 쟁점 정리

1. 甲이 취할 수 있는 통제방법으로 지방자치법 제172조와 제166조를 검토한다.

2. 乙이 취할 수 있는 통제방법으로 지방자치법 제107조 3항의 제소를 검토한다.

II. 甲이 취할 수 있는 통제방법

1. 지방자치법 제172조 지방의회 의결의 재의와 제소

(1) 지방의회의 의결이 법령에 위반되거나 공익을 현저히 해친다고 판단되는 경우 주무부장관이나 시도지사의 통제수단이다.

(2) 다만, 동조 제1항의 재의요구를 전제로 하므로, 甲의 재의요구 없이 재의결된 이 사건 조례안에 대해서는 동조항에 따른 통제가 불가능하다.

2. 지방자치단체의 사무에 대한 지도와 지원

(1) 중앙행정기관의 장이나 시도지사는 지방자치단체의 사무에 관하여 조언 또는 권고하거나 지도할 수 있으며, 이를 위하여 필요하면 지방자치단체에 자료의 제출을 요구할 수 있다.

(2) 조례의 제정과 폐지도 지방자치단체의 사무에 해당하므로 甲은 도지사로서 이 사건 조례의 폐지를 조언 또는 권고하거나 지도할 수 있다.

Ⅲ. 乙이 취할 수 있는 통제방법

1. 지방자치법 제107조 제3항의 소송

(1) 지방자치단체의 장은 지방의회가 지방자치단체의 장의 요구에 따라 재의결된 사항이 법령에 위반된다고 인정되면 대법원에 소를 제기할 수 있다. 필요하다고 인정되면 집행정지를 신청할 수도 있다(동조 제3항, 제172조).

(2) 전형적인 기관소송에 해당한다.

(3) 한편, 지방자치단체의 장은 이송받은 조례안에 대하여 이의가 있으면 이유를 붙여 지방의회에 환부하고, 재의를 요구할 수 있다(동법 제26조 제3항).

(4) 판례는 제26조 제3항의 재의요구는 제107조 제1항의 재의요구에 관한 특별규정으로 보아 조례안이 재의결되어 확정된 경우 동조 제3항에 따라 대법원에 소를 제기할 수 있다고 한다.

2. 사안의 경우

乙의 요구에 따라 재의결된 조례안은 법령에 위반되므로 대법원에 소를 제기할 수 있다. 필요하다면 집행정지를 신청할 수도 있다.

Ⅳ. 문제의 해결

1. 甲은 이 사건 조례안의 폐지를 조언 또는 권고 지도할 수 있다(지방자치법 제166조).

2. 乙은 이 사건 조례안에 대하여 대법원에 소를 제기할 수 있으며, 필요하다면 집행정지를 신청할 수도 있다(동법 제107조 제3항, 제172조 제3항).

Ⅰ. 설문 1에 대하여

설문은 조례제정의 적법성에 대하여 묻고 있으므로 조례의 적법요건으로서 주체요건, 절차요건, 형식요건, 내용요건 등이 관련된다. 다만 사안은 주체나 절차, 형식 등에 대하여는 달리 적시하는 바가 없으므로 살펴보아야 할 적법요건은 내용요건에 집중된다. 조례가 적법하기 위한 내용요건은 답안이 잘 지적하고 있듯이 계쟁사항이 조례제정사항인가 하는 것과 법률유보원칙과 법률우위원칙에 위배되지 않는가 하는 점이다. 답안은 이 순서대로 무리 없이 설문을 풀어나간다. 사안이 사설묘지등의 설치허가를 국가사무라고 밝혔고 그것이 법률에 의해 도지사에게 위임되고 다시 도의 조례에 따라 군수에게 위임되었으므로 해당 설치허가는 기관위임사무에 해당하고 조례가 적법하기 위한 사항적 요건을 충족하지 못한다. 이 부분은 어렵지 않다. 이 설문에서 초점을 맞추어야 할 부분은 법률은 2분의1 이상이라는 주민동의요건을 규정하였는데 군의회에서는 3분의2 이상이라고 하는 가중된 요건을 규정하고 있는 점이다. 이는 법령과 조례가 동일한 사항을 동일한 규율목적으로 규정하고 있지만 법령이 정한 기준을 초과하여 보다 강화된 기준을 정하였으므로 이른바 초과조례에 해당한다. 더욱이 강화된 기준을 적용하면 사설묘지를 설치하고자 하는 자는 그 설치가 더 어려워지게 되므로 법령보다 강하게 국민의 권익을 제한하는 침익초과조례에 해당한다. 침익초과조례는 우선 그 침익성으로 인하여 지방자치법 제22조 단서에 따른 법령의 근거가 있어야 한다. 그러한 법령의 위임이 없다면 그 자체만으로 조례는 위법하게 된다. 만일 법령의 위임은 있다고 한다면 다음으로 검토되어야 하는 것이 3분의2이상으로 가중된 기준을 정한 것이 과연 2분의1이상으로 규정한 법령에 위반되는가이다. 이 경우에 이른바 '법령상의 기준이 전국적으로 적용되는 최소한의 규제기준'인가 하는 점에 대한 검토가 필요하게 된다. 만일 그러하다면 지역의 특성에 따라 법령의 기준을 초과한 기준을 정하는 것도 위법한 것으로는 되지 않는다. 답안은 이 부분까지는 검토하지 않고 있다. 무엇보다 추가조례와 초과조례를 구별하지 않은 채 풀이하고 있고, 사안이 초과조례의 사례임을 명시하지도 않은 것은 아쉽다.

Ⅱ. 설문 2에 대하여

조례안에 대한 통제는 행정적 방법에 의한 재의요구와 사법적 방법에 의한 소송이 있다. 통제의 주체에 따라 당해 지방자치단체의 장에 의한 통제와 감독청에 의한 통제로 나누어 볼 수도 있다. 나아가 문제의 조례에 의거하여 발해진 처분에 대해 해당 처분을 받은 주민이 그 취소나 무효를 소송으로 다투면서 간접적으로 조례에 대한 통제효과를 기대하는 것도 불가능하지는 않다. 설문은 갑과 을이 취할 수 있는 통제방법을 묻고 있으므로 감독청(甲)에 의한 통제와 당해 지방자치단체의 장(乙)에 의한 통제로 나누어 볼 필요가 있다. 기본적으로 지방자치단체의 장에 의한 통제는 지방자치법 제107조에서 감독청에 의한 통제는 같은 법 제172조에서 규정하고 있다. 따라서 이 조항들의 규정만 일목요연하게 정리해도 최소한의 답안은 작성할 수가 있다. 지방의회에 대한 재의결의 요구도 甲과 乙이 취할 수 있는 지방의회에 대한 통제방법인데 사안에 의하면 乙이 이미 재의결을 요구했고 그에 대해 재의결이 이루어져버렸으므로 재의요구라는 통제방법은 더 이상 행사할 수가 없다. 만일 乙이 재의요구를 않고 있었다면 甲이 乙에게 재의요구를 명할 수 있고 이를 거부할 경우 甲은 직접 조례안을 지방의회에 재의요구할 수는 없으므로 대법원에 조례안재의결의 무효확인소송으로 다툴 수 있다. 요컨대 재의요구는 이미 실시되었으므로 설문에 대한 답은 조례안재의결무효확인의 소와 집행정지에 관한 설명에 모아져야 할 것이다. 이때 제소의 요건과 소송의 법적 성질 등이 충실히 설명될 필요가 있다. 해당 소송의 성질에 대하여 기관소송이라는 것이 일반적이라고 해도 약간의 학설대립이 있으므로 그들 학설이 언급되었으면 좋았을 것이다. 조례안재의결 무효확인소송에 행정소송법상의 무효확인소송에 관한 규정이 준용될 것인지 공법상 당사자소송에 관한 규정이 준용될 것인지에 관한 학설대립이 있는데 그러한 설명까지 더해졌다면 점수는 더욱 상승할 것이다. 이런 점에서 답안은 다소 부족해 보인다. 더욱이 "조례의 제정과 폐지도 지방자치단체의 사무에 해당하므로 甲은 도지사로서 이 사건 조례의 폐지를 조언 또는 권고하거나 지도할 수 있다."고 기술하고 있는데 행정지도가 비권력적 사실행위이므로 전혀 불가능하지는 않을 수 있지만 지면을 채우기 위해 억지로 생각해낸 듯한 인상을 받는다.

| **제2-2문** | 甲과 乙은 丙 소유의 집에 동거 중이다. 甲은 乙의 외도를 의심하여 식칼로 乙을 수차례 위협하였다. 이를 말리던 乙의 모(母) 丁이 112에 긴급신고함에 따라 출동한 경찰관 X는 신고현장에 진입하고자 대문개방을 요구하였다. 甲이 대문개방을 거절하자 경찰관 X가 시건장치를 강제적으로 해제하고 집 안으로 진입하였고, 그 순간에 甲은 乙의 왼팔을 칼로 찔러 경미한 상처를 입혔다. 경찰관 X는 현행범으로 체포된 甲이 경찰관 X의 요구에 순순히 응하였기 때문에, 甲에게 수갑을 채우지 않았고 신체나 소지품에 대한 수색도 제대로 하지 않은 채 지구대로 연행하였다. 그 후 乙이 피해자 진술을 하기 위해 지구대에 도착하자마자 甲은 경찰관 X의 감시소홀을 틈타 가지고 있던 접이식 칼로 乙의 가슴부위를 찔러 사망하게 하였다. (총 25점)

1. 경찰관 X의 강제적 시건장치 해제의 법적 성격은 무엇인가? 또한 대문의 파손에 대한 丙의 행정법상 권익구제방법은 무엇인가? (10점)

2. 사망한 乙의 유일한 유가족인 丁은 국가배상을 청구할 수 있는가? 경찰관 X가 배상금 전액을 丁에게 지급한 경우 경찰관 X는 국가에게 구상할 수 있는가? (15점)

※ 丙은 甲, 乙과 가족관계에 있지 않음

「설문 '1'」

Ⅰ. **쟁점 정리**

Ⅱ. **시건장치 해제의 법적 성격**
  1. 행정상 즉시강제
  2. 사안의 경우

Ⅲ. **丙의 행정법상 권익구제방법**
  1. 항고소송
  2. 손실보상

Ⅳ. **문제의 해결**

「설문 '2'」

Ⅰ. **쟁점 정리**

Ⅱ. **丁은 국가배상을 청구할 수 있는지(적극)**
  1. 국가배상청구권의 요건
  2. 사안의 경우
  3. 조리에 의한 작위의무 인정 여부
  4. 소 결

Ⅲ. **경찰관 X가 국가에게 구상할 수 있는지 (적극)**
  1. 국가배상청구와 관련하여 공무원의 내부적 책임
  2. 사안의 경우

Ⅳ. **문제의 해결**

「설문 '1'」

Ⅰ. 쟁점 정리

1. 시건장치 해제가 행정상 즉시강제로서 권력적 사실행위에 해당하는지
2. 행정법상 권익구제방법으로 경찰관직무집행법상 손실보상청구권을 검토한다.

Ⅱ. 시건장치 해제의 법적 성격

1. 행정상 즉시강제

(1) 눈앞의 급박한 행정상 장해를 제거할 필요가 있으나 미리 의무를 부과할 시간적 여유가 없을 때 또는 성질상 의무를 명해서는 목적달성이 곤란할 경우 직접 국민의 신체 또는 재산에 실력을 가하여 행정상 필요한 상태를 실현하는 행정작용으로, 권력적 사실행위로서 성질을 갖는다.

(2) 선행하는 의무부과와 불이행을 전제로 하지 않으므로 이를 전제로 하는 행정상 강제집행과 구별된다.

2. 사안의 경우

(1) 설문상 대문개방을 요구하고 甲이 이를 거절하자 강제적으로 집 안으로 진입하여 의무부과와 불이행을 전제로 한 강제집행과 유사해 보인다.

(2) 그러나 경찰관직무집행법상 위험발생의 방지와 이를 위하여 다른 사람의 건물에 출입할 수 있음을 규정하고 있을 뿐(동법 제7조 제1항), 행정상 강제집행으로서 근거규정을 별도로 두고 있지는 않다.

(3) 따라서 신고를 받고 출동한 경찰관 X가 시건장치를 강제적으로 해제한 것은 행정상 즉시강제에 해당하며, 권력적 사실행위이다.

Ⅲ. 丙의 행정법상 권익구제방법

1. 항고소송

권력적 사실행위의 경우 소의 이익이 없어 실효성이 없다.

2. 손실보상

(1) 적법한 공행정작용으로 재산권이 침해당하여 특별한 희생이 발생한 경우 행정주체가 행하는 재산적 보상을 의미한다.

(2) 최근 경찰작용에 대한 손실보상의 법적근거가 신설되었다(경찰관직무집행법 제11조의2).

(3) 사안의 경우 丙은 손실발생의 원인인 甲의 위협행위에 대하여 책임이 없는 자이므로 동조 제1항 제1호에 해당하여 손실보상을 청구할 수 있다.

Ⅳ. 문제의 해결

1. 경찰관 X의 강제적 시건장치 해제는 행정상 즉시강제로서 권력적 사실행위이다.

2. 丙은 경찰관직무집행법 제11조의2에 근거하여 국가에 손실보상을 청구할 수 있다.

「설문 '2'」

Ⅰ. 쟁점 정리

1. 경찰관 X의 감시소홀이라는 부작위에 의한 국가배상청구권이 문제되므로 조리에 의한 작위의무가 검토한다.

2. 국가배상법 제2조 제2항에 따른 공무원의 내부적 책임이 문제된다.

Ⅱ. 丁은 국가배상을 청구할 수 있는지(적극)

1. 국가배상청구권의 요건

① 공무원이 ② 직무를 집행하면서 ③ 고의 또는 과실로 ④ 법령에 위반하여 ⑤ 이로 인해 ⑥ 타인에게 손해를 입힌 경우 국가는 타인에게 손해를 배상할 책임을 진다.

2. 사안의 경우

① 경찰관 X는 공무원이며 ② 甲을 연행하여 현행범으로 수사하는 것은 경찰의 직무집행에 해당하며 ③ 감시를 소홀히 하여 ⑤ 이로 인해 ⑥ 乙이 사망하여 유가족인 丁은 일응 손해배상을 청구할 수 있을 것으로 보인다. 다만, ④ 부작위가 법령 위반에 해당하는지는 조리에 의한 작위의무가 문제되어 이하 상술한다.

3. 조리에 의한 작위의무 인정 여부

(1) 학설은 ① 법률에 의한 행정의 원칙에 비추어 부정하는 견해 ② 국민의 생명과 재산을 보호하여야 한다는 국가의 임무에 비추어 긍정하는 견해가 대립한다.

(2) 판례는 공무원의 부작위로 인한 국가배상책임과 관련하여, 국민의 생명·신체·재산 등을 보호하는 것을 본래적 사명으로 하는 국가가 초법규적, 일차적으로 그 위험 배제에 나서지 아니하면 국민의 생명·신체·재산 등을 보호할 수 없는 경우에는 형식적 의미의 법령에는 근거가 없더라도 국가나 관련 공무원에 대하여 그러한 위험을 배제할 작위의무를 인정할 수 있다고 하여 긍정설의 입장이다.

(3) 국가가 국민의 생명·신체·재산 등을 보호해야 할 의무는 헌법에 의하여 도출되므로(헌법 제10조) 긍정설이 타당하다.

(4) 사안의 경우 甲은 乙을 칼로 찔러 현행범으로 체포되었고, 피해자 진술을 위해 乙이 지구대에 도착한 경우 경찰관 X는 乙의 추가 피해를 방지하기 위해 주의를 해야할 것이며 이는 생명·신체의 이익과 관련한 것으로 조리상 작위의무를 인정할 수 있다. 따라서 甲에게 수갑을 채우지 않았고 신체나 소지품에 대한 수색도 제대로 하지 않은 채 연행한 것과 감시를 소홀히 한 행위는 위법한 행위이다.

4. 소 결
경찰관 X에게 조리에 의한 작위의무가 인정되며 이를 위반한 것은 법령 위반이므로 국가배상청구권 요건이 모두 충족되어 丁은 국가배상을 청구할 수 있다.

Ⅲ. 경찰관 X가 국가에게 구상할 수 있는지(적극)
1. 국가배상청구와 관련하여 공무원의 내부적 책임
(1) 공무원에게 고의 또는 중대한 과실이 있으면 국가나 지방자치단체는 그 공무원에게 구상할 수 있다(국가배상법 제2조 제2항).

(2) 따라서, 공무원이 경과실에 불과한 경우 국가나 지방자치단체가 종국적으로 책임을 부담한다.

2. 사안의 경우
(1) 현행범으로 체포된 甲이 경찰관 X의 요구에 순순히 응하였으므로 엄격한 수색이나 신체 구속에 대한 필요성에 대한 판단을 잘못할 여지가 있었다. 따라서 경찰관 X의 부작위를 현저한 주의의무 위반에 해당한다고 볼 수는 없으며, 단순히 경과실이 있을 뿐이라 할 것이다.

(2) 그렇다면 국가가 종국적으로 책임을 부담하므로 경찰관 X는 국가에게 구상할 수 있다.

Ⅳ. 문제의 해결
1. 乙은 경찰관 X의 위법한 부작위로 인해 사망하였으므로 유일한 유가족인 丁은 국가배상을 청구할 수 있다(국가배상법 제2조 제1항).

2. 경찰관 X는 경과실이 있을 뿐이므로 배상금 전액을 丁에게 지급한 경우 국가에게 구상할 수 있다(동법 제2조 제2항).

⊣ 강 평 ├

Ⅰ. 설문 1에 대하여

답안이 행정상 즉시강제와 손실보상에 착안한 것은 타당하며 법적 성질을 묻고 있으므로 권력적 사실행위라는 점이 적시되어야 한다. 고민해 볼만한 것은 일단 경찰관이 대문개방을 요구했다는 점이 있으므로 그것을 ① 상대방에게 의무를 명한 사실이 있는 것이라 보고, ② 그럼에도 불구하고 개방을 해주지 않았으므로 의무의 불이행이 발생하고, ③ 이를 의무의 이행이 있었던 것과 동일한 상태를 실현하기 위하여 의무자의 재산인 시건장치에 실력을 행사한 것이라고 구성하면 행정상 강제집행의 하나인 직접강제의 요건을 충족하는 것이 아닌가 하는 점이다. 답안도 이 점을 고민하였지만 결과적으로는 직접강제를 배척하고 행정상 즉시강제의 입장에 섰다. 답안이 직접강제를 배척한 논거는 경찰관직무집행법에 위험방지를 위하여 다른 사람의 건물에 출입할 수 있다는 규정만 있을 뿐 행정상 강제집행으로서의 근거규정이 없다는 점이다. 그러나 근거규정의 유무는 기본적으로 그 실력행사를 적법 또는 위법으로 만드는 요소이지 그 실력행사가 직접강제인지 행정상 즉시강제인지를 구분하는 기준이라고는 할 수 없다. 근거규정이 없이 한 직접강제는 위법한 직접강제가 되는 것이고, 근거규정이 없이 한 행정상 즉시강제 역시 위법한 즉시강제가 될 것이기 때문이다. 만일 대문의 파손이 위법한 직접강제거나 위법한 행정상 즉시강제였다면, 행정법상의 구제방법은 손실보상이 아니라 국가배상이 될 수도 있는 문제이다. 따라서 근거규정의 유무 보다는 사안을 행정상 즉시강제의 요건에 구체적으로 대입하면서 살펴보는 것이 보다 적절했을 것으로 생각된다. 여전히 명확하지 않은 부분은 사안에서 사실상 의무를 명하는 과정이 있지 않았나 하는 것인데, 이때의 의무를 영업장 폐쇄나 외국인의 강제퇴거와 같은 급박성이 요구되지 않는 구체적인 행정법상의 의무를 명하는 것과 동일시할 수 없다고 하는 점에서 직접강제로 볼 수 없는 사정이 있다고 이해해야 하지 않을까 생각된다. 법에서 개별구체적으로 예비되어 있는 의무가 아니라 긴급상황에 따라 즉흥적으로 발동되는 명령에 따른 의무는 의무의 외형을 갖지만 직접강제의 요건으로서의 의무와 같지 않다. 아무튼 이상과 같은 구분의 난해함에서인지 설문은 시건장치 해제의 법적 성질을 묻고 있지 그것이 어떤 종류의 실효성 확보수단에 해당하는지를 묻고 있지는 않다.

Ⅱ. 설문 2에 대하여

설문 2도 비교적 난해한 쟁점을 내포하고 있다. 국가배상의 경우 국가배상청구의 요건을 살펴면 되는데 대부분 공무원의 적극적인 행위로 인한 손해의 경우를 염두에 두지만 공무원이 적극적인 행위로 나아가지 않아 손해가 발생한 경우, 즉 부작위로 손해가 발생한 경우에도 그 손해에 대한 책임을 국가에 지울 수 있는지가 문제된다. 사안은 경찰관이 乙에게 흉기로 상해를 입힌 甲을 현행범으로 체포하였지만 수갑을 채우지 않고 신체나 소지품에 대한 수색도 제대로 하지 않은 채 지구대로 연행한 점에서 부작위가 있다. 경찰관이 乙을 살해한 것은 아니지만, 경찰관의 이러한 부작위가 甲의 돌발적인 가해행위를 매개하여 乙의 사망을 초래한 데에 직접적인 원인이 되었음은 부정하기 어렵다. 결국 공무원의 부작위가 있었고 피해자의 사망이라는 손해가 발생하였다. 문제는 공무원의 부작위가 손해발생의 원인이 되었다고 하더라도 그 부작위가 법적으로 의미 있는 부작위가 아니면 아니된다. 부작위가 법적으로 의미를 갖는 것은 그것이 작위의무를 전제로 하는 경우이다. 작위의무가 있음에도 불구하고 그 행위로 나아가지 않은 경우에 그 부작위는 비로소 작위의무를 위반한 위법한 평가를 받게 되기 때문이다. 뿐만 아니라 해당 작위의무는 공공일반의 이익을 위한 것이거나 행정기관 내부의 질서를 규율하기 위한 것이 아니고 전적으로 또는 부수적으로 사회구성원 개인의 안전과 이익을 보호하기 위한 것이어야 한다(대법원 1993. 2. 12. 선고 91다43466 판결). 작위의무는 법령에 의해 명시적으로 부과될 수 있지만 조리에 의해 인정될 수도 있다. 법령에 의해 명시적이든 조리에 의해 묵시적이든 작위의무가 전제되어야만 한다. 사안에서는 작위의무의 명시적인 법적 근거를 제시하고 있지 않으므로 수험자로서는 조리에 의한 작위의무의 인정여부를 검토하는 쪽으로 나아가지 않을 수 없다. 답안은 판례의 입장을 정리하며 조리에 의한 작위의무가 있음을 설명하고 있다. 한편 사안은 甲이 경찰관의 요구에 순순히 응하여 수갑을 채우지 않았고 몸수색도 하지 않았다고 하여 경찰관이 부작위로 나아간 데에 대한 참작사유로 삼을 수 있는 듯한 기술을 하고 있는 점에서 출제자는 수험자가 이를 고려하는지도 보려했을 것 같다. 바꾸어 말하면 작위의무를 위반한 부작위가 있다고 하더라도 과실은 없다고 하면 국가배상은 부정될 수가 있기 때문이다. 그러나 작위의무의 판단 자체에 공무원의 예견가능성이나 회피가능성이라는 과실 요소에 관한 판단이 포함되게 되므로 작위의무를 위반한 경우에는 특별한 사정이 없는 한 과실은 당연히 인정된다고 볼 수 있다.

다음으로 경찰관이 배상금 전액을 丁에게 지급한 경우 경찰관이 국가에게 구상할 수 있는지 하는 문제이다. 경찰관이 배상금 전액을 丁에게 지급했다고 하는 것은 피해자의 유족이 국가를 상대로 국가배상을 청구한 것이 아니라 과실 있는 경찰관 개인을 상대로 민사상의 손해배상을 청구하였음을 추측할 수 있다. 이른바 선택적 배상청구의 문제이다. 국가배상책임의 성질을 대위책임으로 이해할 때에는 선택적 배상청구가 허용되지 않고 자기책임으로 이해할 때는 이것이 긍정된다고 보는 것이 일반적이다. 판례의 태도에 대해서는 해석이 반드시 일치하지는 않는데 경과실의 경우에는 국가의 자기책임으로 이해하고 고의·중과실의 경우에는 국가기관의 행위로서의 품격을 상실하지만 직무와 관련이 있는 한 국가의 자기책임으로 이해하고 있다고 보는 것이 보통이다(대법원 1996. 2. 15. 선고 95다38677 전원합의체 판결). 그런데 판례는 선택적 배상청구와 관련해서는 고의·중과실의 경우에는 이를 인정하면서 경과실의 경우에는 인정하지 않는다. 이러한 관례의 태도에 의하면 사안에서 경찰관이 배상금을 지급했다는 사실은 관례가 선택적 배상청구를 인정한 것이고, 선택적 배상청구를 인정했다는 사실은 과실이 경과실이 아닌 고의 또는 중과실로 인정된 것이라고 이해할 수 있다. 답안도 인용하고 있듯이 공무원의 고의·중과실로 인한 국가배상의 경우에 국가는 해당 공무원에게 구상할 수 있으므로(국가배상법 제2조 제2항) 어차피 국가에게 구상당할 공무원이 반대로 국가에게 자신이 지급한 손해배상금을 구상한다는 것은 논리에 맞지 않다. 이것은 답안과는 반대의 결론이다. 이에 대하여 만일 경찰관이 정으로부터의 손해배상청구가 없었음에도 불구하고 스스로 배상금 전액을 지불한 것이라고 한다면 경찰관의 과실이 중과실이었는지 경과실이었는지는 아직 법원의 판단을 받지 않았으므로 선택적 배상청구의 문제와는 별도로 검토될 수 있고, 그 경우에는 답안이 풀이한 방향으로 귀결될 수도 있다.

2016년도 입법고등고시 기출문제와 어드바이스 및 답안구성 예

| 제1문 (50점) |

> Y세무서장은 甲에게 舊 국세기본법 제39조 제1항 제2호 다목에 규정된 제2차 납세의무자에 해당한다는 이유로 주택건설업을 영위하는 A주식회사의 체납 국세 전액에 대한 납부를 명하는 과세처분을 부과하였다. 甲은 A주식회사의 최대주주인 배우자 丙과 함께 과점주주에 해당하였다. 그 후 헌법재판소는 위 조세 부과의 근거가 되었던 법률 규정이 조세평등주의와 실질적 조세법률주의에 위반되고 과점주주의 재산권을 침해한다는 이유로 위헌을 결정하였다. 그러나 Y세무서장은 이후에 이 사건 과세처분에 따라 당시 유효하게 시행 중이던 국세징수법을 근거로 체납 중이던 원고 甲의 체납액 및 결손액(가산세 포함)을 징수하기 위하여 甲 명의의 예금채권을 압류하였다. 이에 甲은 Y세무서장의 압류에 대해 행정소송을 제기하려고 한다.

【 참조조문 】

국세기본법 제39조(출자자의 제2차 납세의무)

법인의 재산으로 그 법인에 부과되거나 그 법인이 납부할 국세·가산금과 체납처분비에 충당하여도 부족한 경우에는 그 국세의 납세의무 성립일 현재 다음 각 호의 어느 하나에 해당하는 자는 그 부족한 금액에 대하여 제2차 납세의무를 진다. 다만, 제2호에 따른 과점주주의 경우에는 그 부족한 금액을 그 법인의 발행주식 총수(의결권이 없는 주식은 제외한다. 이하 이 조에서 같다) 또는 출자총액으로 나눈 금액에 해당 과점주주가 실질적으로 권리를 행사하는 주식 수(의결권이 없는 주식은 제외한다) 또는 출자액을 곱하여 산출한 금액을 한도로 한다. 〈개정 2013.5.28., 2014.12.23.〉

1. 무한책임사원

2. 주주 또는 유한책임사원 1명과 그의 특수관계인 중 대통령령으로 정하는 자로서 그들의 소유주식 합계 또는 출자액 합계가 해당 법인의 발행주식 총수 또는 출자총액의 100분의 50을 초과하면서 그에 관한 권리를 실질적으로 행사하는 자들(이하 "과점주주"라 한다)

국세징수법 제14조(납기 전 징수) ① 세무서장은 납세자에게 다음 각 호의 어느 하나에 해당하는 사유가 있을 때에는 납기 전이라도 이미 납세의무가 확정된 국세는 징수할 수 있다.

1. 국세의 체납으로 체납처분을 받을 때

국세징수법 제24조(압류) ① 세무서장(체납기간 및 체납금액을 고려하여 대통령령으로 정하는 체납자의 경우에는 지방국세청장을 포함한다. 이하 같다)은 다음 각 호의 어느 하나에 해당하는 경우에는 납세자의 재산을 압류한다.

1. 납세자가 독촉장(납부최고서를 포함한다)을 받고 지정된 기한까지 국세와 가산금을 완납하지 아니한 경우

2. 제14조제1항에 따라 납세자가 납기 전에 납부 고지를 받고 지정된 기한까지 완납하지 아니한 경우

② 세무서장은 납세자에게 제14조제1항 각 호의 어느 하나에 해당하는 사유가 있어 국세가 확정된 후에는 그 국세를 징수할 수 없다고 인정할 때에는 국세로 확정되리라고 추정되는 금액의 한도에서 납세자의 재산을 압류할 수 있다.

③ ~⑤ 〈생략〉

⑥ 세무서장은 제2항에 따라 압류한 재산이 금전, 납부기한 내 추심(推尋)할 수 있는 예금 또는 유가증권인 경우 납세자의 신청이 있을 때에는 확정된 국세에 이를 충당할 수 있다.

(1) 이 사안에서 甲이 Y세무서장의 압류에 대해 어떠한 행정소송을 제기할 수 있는지를 검토하시오.(15점)

Advice

논의에 앞서 압류처분의 위법여부와 효력유무가 전제가 된다. 따라서 이른 바 '위헌인 법률에 근거한 처분의 집행력 인정여부'를 우선 검토한다. 판례는 위헌결정의 기속력에 반해 위법하며 무효사유라고 본다. 이 후 위 쟁점의 결론에 따라 행정소송의 종류인 민중소송, 항고소송, 기관소송, 당사자소송 중 민중소송과 기관소송은 해당되지 않고, 항고소송으로서 취소·무효 등 확인소송 및 당사자소송으로서 국가배상청구가 가능한지를 검토한다. 모두 가능하다고 결론을 낼 수 있다.

답안구성 예

Ⅰ. 쟁점의 정리

Ⅱ. 위헌인 법률에 근거한 처분의 집행력 인정여부
   1. 학 설
   2. 판 례
   3. 검 토

Ⅲ. 甲이 제기할 수 있는 행정소송
   1. 취소소송 및 무효 등 확인소송 가능여부
   2. 국가배상청구소송 가능여부

Ⅳ. 소 결

(2) 한편, 甲이 Y세무서장의 압류에 대해 그 위법을 다투면서 Y세무서장의 과세처분에 대한 하자를 주장할 수 있는지를 검토하시오.(단, 이 경우 Y세무서장의 과세처분에 대한 제소기간은 경과한 것으로 본다). (20점)

1. 전형적인 '하자의 승계 가능성'에 대한 문제이다. 하자승계의 전제요건에서는 선·후행행위 모두 처분성이 인정되며, 선행행위인 과세처분은 위헌법률에 근거한 것으로서 취소사유의 위법이 있다 (판례). 쟁점이 되는 것은 후행행위인 압류가 적법해야 하는데, 그러기 위해서는 '위헌 법률에 근거한 처분의 집행력'을 긍정하는 견해를 취해야 한다.

2. 설문 (1)과 논리적으로 연결된 것이다. 설문(1)에서는 부정설을 취해야 논의가 전개되므로 여기서는 판례의 반대의견인 긍정설에 따른다고 가정하는 것이 좋을 것이다. 이후 전형적인 하자의 승계 논의를 진행한 후 판례는 과세처분과 압류를 별개의 행정행위로 보고 있음을 언급하며 결론을 내린다.

답안구성 예

I. 쟁점의 정리

II. 하자승계 가능여부
  1. 하자승계 논의의 전제조건
  2. 학 설

3. 판 례
4. 검토 및 사안의 경우

III. 소 결

---

(3) 위 사안에서 Y세무서장의 과세처분의 근거가 되는 법률조항은 해당 과세처분이 발급된 후에 위헌결정이 내려졌다. 이 경우 위헌법률에 근거하여 Y세무서장이 내린 과세처분의 법적 효력에 대해 검토하시오. (15점)

전형적인 '위헌법률에 근거한 처분의 효력'에 대한 문제로서, ① 위헌결정의 소급효 인정여부, ② 위헌인 법률에 근거한 처분의 효력이 주된 쟁점이 된다. 대법원과 헌법재판소의 견해를 비교하여 잘 제시한 후 한 가지 견해를 따라 논리적으로 서술하면 된다. 사안은 어떤 견해를 따르던지 위법하며 취소사유로 볼 수 있다.

답안구성 예

I. 쟁점의 정리

II. 위헌결정의 소급효 인정여부
  1. 문제점
  2. 대법원의 견해

3. 헌법재판소의 견해
4. 검토 및 사안의 경우

III. 위헌인 법률에 근거한 처분의 위법정도

IV. 소 결

甲과 乙은 각각 자신의 주택을 증축해서 매매한 다음 새로운 곳으로 이전하려 했으나, 자신의 토지가 최근 국토교통부장관에 의하여 「국토의 계획 및 이용에 관한 법률」 제38조 소정의 개발제한구역으로 지정됨에 따라 재산상의 큰 피해를 보게 되었고, 이로 인해 이전 계획도 수포로 돌아갈 지경에 이르렀다. 이와 관련하여 아래 甲과 乙 주장의 타당성을 검토하시오.

- 甲 : 자신의 토지에 대한 개발제한구역의 지정은 재한권의 내재적 제약한도를 넘는 '특별한 희생'에 해당하는 공용제한이다. 이 경우 「국토의 계획 및 이용에 관한 법률」에는 손실보상에 관한 규정이 없더라도 헌법 제23조 제3항에 근거하여 직접 손실보상청구권은 성립한다.

- 乙 : 헌법 제23조 제3항은 불가분조항이며 이에 따라 동조 제1항·제2항과 제3항간에는 소위 분리이론에 터 잡은 해석이 전제되어야 한다. 따라서 보상을 요하는 공용제한에 해당함에도 헌법상 요구되는 '법률에 의한 보상'이 규정되지 않았다면 이는 위헌·무효인 법률에 해당한다. 이 경우 위헌·무효인 법률에 기한 공용제한과 그 근거가 된 입법행위는 모두 불법을 구성함으로 각각에 대해 국가배상청구를 할 수 있다.

Advice

1. 각 주장의 타당성을 검토하기에 앞서, 손실보상의 의의 및 분리이론과 경계이론의 내용에 대해 서술한다. 이 후 甲주장의 타당성과 관련해서는 甲의 주장은 ① 개발제한 구역지정으로 '특별한 희생'이 발생했다. ② 따라서 보상규정이 없더라도 직접효력설에 따라 보상청구가 가능하다. 는 두 부분으로 구성된다. 전자와 관련해서는 특별한 희생의 성립하는지를 검토하고, 후자와 관련해서는 손실보상규정 흠결시의 권리구제에 대해 검토한다.

2. 乙주장은 ① 분리이론을 따라야 된다. ② 보상규정 없는 법률이 위헌무효이다. ③ 이에 대해 국가배상청구가 가능하다. 는 세 부분으로 구성된다. 주장①에서는 분리이론의 타당성을 검토하고, 주장②에서는 분리이론에서의 권리구제를, 주장③에서는 위헌법률에 대한 국가배상청구의 가능성을 검토하면 논리적일 것이다.

답안구성 예

Ⅰ. 쟁점의 정리

Ⅱ. 손실보상청구권
  1. 손실보상의 의의
  2. 손실보상청구권의 법적 성격

Ⅲ. 경계이론과 분리이론
  1. 문제점
  2. 경계이론
  3. 분리이론
  4. 검 토

Ⅳ. 甲과 乙의 주장의 타당성 검토
  1. 손실보상청구권 성립요건
  2. 보상규정 흠결 시 권리구제수단
   (1) 문제점
   (2) 학 설
   (3) 판 례
   (4) 검 토
  3. 甲의 주장의 타당성 검토
  4. 乙의 주장의 타당성 검토

Ⅴ. 설문의 해결

| 제3문 (20점) |

취소심판의 인용재결에 대해 피청구인인 처분청이 취소소송을 제기할 수 있는지 검토하시오.

Advice

주된 쟁점이 되는 것은 '피청구인인 처분청의 취소소송 제기가 재결의 기속력에 반하는지' 여부이다. 기속력에 반해 불가하다는 부정설(판례)과 자치사무에 대하여는 지자체장이 자치권을 근거로 소제기가 가능하다고 보는 제한적 긍정설이 대립한다. 부차적은 쟁점으로는 재결의 처분성을 가볍게 검토한 후, '처분청' 즉 행정기관의 원고적격에 대해 검토할 수도 있다. 원칙적으로 당사자능력 없는 행정기관은 원고적격이 없으나 최근 판례는 일정한 경우 예외적으로 원고적격을 긍정하고 있다.

답안구성 예

I. 쟁점의 정리

II. 취소심판 인용재결의 기속력의 의의 및 범위
 1. 기속력의 의의
 2. 기속력의 범위

III. 인용재결의 처분성
 1. 원처분주의와 재결주의

 2. 검토

IV. 행정심판 피청구인의 취소소송제기 가능 여부
 1. 문제점
 2. 학설
 3. 판례
 4. 검토

V. 설문의 해결

| 제1문 | A주식회사는 Y도지사에게 「산업입지 및 개발에 관한 법률」 제11조에 의하여 X시 관내 토지 3,261,281㎡에 대하여 '산업단지지정요청서'를 제출하였고, 해당 지역을 관할하는 X시장은 요청서에 대한 사전검토 의견서를 Y도지사에게 제출하였다. 이에 Y도지사는 A주식회사를 사업시행자로 하여 위 토지를 '○○ 제2일반지방산업단지'(이하 "산업단지"라고 한다)로 지정·고시한 후, A주식회사의 산업단지개발실시계획을 승인하였다. 그러나 Y도지사는 위 산업단지를 지정하면서, 주민 및 관계 전문가 등의 의견을 청취하지 않았다. 한편, 甲은 X시 관내에 있는 토지소유자로서 甲의 일단의 토지 중 90%가 위 산업단지의 지정·고시에 의해 수용의 대상이 되었다. A주식회사는 甲소유 토지의 취득 등에 대하여 甲과 협의하였으나 협의가 성립되지 아니하였다. 이에 A주식회사는 Y도(道) 지방토지수용위원회에 재결을 신청하였고, 동 위원회는 금 10억원을 보상금액으로 하여 수용재결을 하였다. 다음 물음에 답하시오. (총 50점)

(1) 만약 A주식회사가 수용재결을 신청하기 이전에 甲과 합의하여 甲 소유의 토지를 협의취득한 경우, 그 협의취득의 법적 성질은? (10점)

(2) 甲은 Y도 지방토지수용위원회의 수용재결에 대하여 취소소송을 제기하면서 Y도지사의 산업단지 지정에 하자가 있다고 주장한다. 산업단지 지정에 대한 취소소송의 제소기간이 도과한 경우에 甲의 주장은 인용될 수 있는가? (단, 소의 적법요건은 충족하였다고 가정한다) (20점)

(3) 한편, 甲은 중앙토지수용위원회의 이의신청을 거친 후, 재결에 대한 취소소송을 제기하고자 한다. 이 경우 취소소송의 대상과 피고를 검토하시오. (10점)

(4) 甲은 자신의 위 토지에 숙박시설을 신축하려고 하였으나 수용되고 남은 토지만으로 이를 실행하기 어렵게 되었고, 토지의 가격도 하락하였다. 이 경우 甲의 권리구제수단을 검토하시오. (10점)

【 참조조문 】

산업입지 및 개발에 관한 법률
제7조(일반산업단지의 지정)

① 일반산업단지는 시·도지사 또는 대통령령으로 정하는 시장이 지정한다. 〈단서 생략〉

제7조의4(산업단지 지정의 고시 등)

① 국토교통부장관, 시·도지사 또는 시장·군수·구청장은 제6조·제7조·제7조의2 또는 제7조의3에 따라 산업단지를 지정할 때에는 대통령령으로 정하는 사항을 관보 또는 공보에 고시하여야 하며, 산업단지를 지정하는 국토교통부장관 또는 시·도지사 (특별자치도지사는 제외한다)는 관계 서류의 사본을 관할 시장·군수 또는 구청장에게 보내야 한다.

제10조(주민 등의 의견청취)

① 산업단지지정권자는 제6조, 제7조, 제7조의2부터 제7조의4까지 및 제8조에 따라 산업단지를 지정하거나 대통령령으로 정하는 중요 사항을 변경하려는 경우에는 이를 공고하여 주민 및 관계 전문가 등의 의견을 들어야 하고, 그 의견이 타당하다고 인정할 때에는 이를 반영하여야 한다. 〈단서 생략〉

제11조(민간기업등의 산업단지 지정 요청)

① 국가 또는 지방자치단체 외의 자로서 대통령령으로 정하는 요건에 해당하는 자는 산업단지개발계획을 작성하여 산업단지지정권자에게 국가산업단지 또는 일반산업단지 및 도시첨단산업단지의 지정을 요청할 수 있다.

② 〈생략〉

③ 제1항에 따른 요청에 의하여 산업단지가 지정된 경우 그 지정을 요청한 자는 제16조에 따라 사업시행자로 지정받을 수 있다.

제22조(토지수용)

① 사업시행자(제16조제1항제6호에 따른 사업시행자는 제외한다. 이하 이 조에서 같다)는 산업단지개발사업에 필요한 토지·건물 또는 토지에 정착한 물건과 이에 관한 소유권외의 권리, 광업권, 어업권, 물의 사용에 관한 권리(이하 '토지등'이라 한다)를 수용하거나 사용할 수 있다.

② 제1항을 적용할 때 제7조의4 제1항에 따른 산업단지의 지정·고시가 있는 때(제6조 제5항 각 호 외의 부분 단서 또는 제7조 제6항 및 제7조의2 제5항에 따라 사업시행자와 수용·사용할 토지등의 세부목록을 산업단지가 지정된 후에 산업단지개발계획에 포함시키는 경우에는 이의 고시가 있는 때를 말한다) 또는 제19조의2에 따른 농공단지 실시계획의 승인·고시가 있는 때에는 이를 「공익사업을 위한 토지 등의 취득 및 보상에 관한 법률」 제20조 제1항 및 같은 법 제22조에 따른 사업인정 및 사업인정의 고시가 있는 것으로 본다.

③ 국가산업단지의 토지등에 대한 재결(裁決)은 중앙토지수용위원회가 관장하고, 일반산업단지, 도시첨단산업단지 및 농공단지의 토지등에 대한 재결은 지방토지수용위원회가 관장하되, 재결의 신청은 「공익사업을 위한 토지 등의 취득 및 보상에 관한 법률」 제23조 제1항 및 같은 법 제28조 제1항에도 불구하고 산업단지개발계획(농공단지의 경우에는 그 실시계획)에서 정하는 사업기간 내에 할 수 있다.

④ 〈생략〉

⑤ 제1항에 따른 수용 또는 사용에 관하여는 이 법에 특별한 규정이 있는 경우를 제외하고는 「공익사업을 위한 토지 등의 취득 및 보상에 관한 법률」을 준용한다.

답안작성

김 0 0 / 2014년도 5급 공채 일반행정직 합격

Ⅰ. 설문 (1)에 대하여

1. 문제점

산업단지지정의 근거법률인 산업입지 및 개발에 관한 법률(이해 입지법) 제22조 제5항은 제1항에 따른 수용 또는 사용에 관하여는 이 법에 특별한 규정이 있는 경우를 제외하고는 공익사업을 위한 토지 등의 취득 및 보상에 관한 법률(이하 공토법)을 준용하도록 규정하고 있다. 이에 공토법 제16조에서는 사업시행자와 토지소유자간의 토지등에 대한 보상에 관한 협의를 규정하는바 이때 협의취득의 법적성질에 대해 사법상 계약에 해당하는지 공사법의 구별기준을 토대로 검토해본다.

2. 공사법의 구별기준

(1) 학설 및 판례

학설은 한 쪽 당사자가 행정주체인지를 고려하는 주체설, 공권력의 주체에게 권리 의무가 귀속되는지를 고려하는 신주체설, 공익 관련성을 고려하는 이익설, 행정주체에 우월한 지위 인정되는지를 고려하는 성질설 등이 대립하며, 판례는 개별적으로 검토하는 입장이라 보인다.

(2) 검 토

구주체설은 행정주체도 사인의 지위에서 활동한다는 점을 간과하고 있으며, 신주체설은 행정주체가 공권력주체로서의 지위를 갖는지 여부가 불분명한 경우가 있고, 이익설은 공익과 사익의 구별이 상대적이고, 성질설은 사법관계에도 지배복종관계가 있을 수 있으며 공법관계에도 대등관계가 있을 수 있다는 점에서 어느 학설도 완벽하지는 않다고 보인다. 이에 위 이론들을 종합 고려하는 복수기준설이 타당하다.

3. 협의 취득의 법적 성질

복수기준설에 따를 때 협의 취득이 가지는 공익 관련성, 행정주체와의 연관성, 공권력의 우월성 등을 고려해야 할 것이다. 그런데 판례는 공토법 제17조에 의한 협의취득의 계약은 사법상 계약으로 보고 있다. 이러한 판례의 입장은 우선 협의 취득이 수용재결 이전에 당사자에 의해 자율적으로 이루어진 것으로 보아 사익 관련성이 더 높다 보고, 우월한 지위에서의 공권력 행사와는 거리가 있다고 본 것이라는 근거에서 수용가능하다고 보인다. 결국 사안의 협의 취득은 사법상 계약이라 할 것이다.

4. 소 결

사안의 협의 취득은 사법상 계약이다.

II. 설문 (2)에 대하여
1. 문제점

사안에서 甲은 취소소송에서 수용재결을 다투면서 본안에서 선행처분인 산업단지지정의 하자를 주장하고 있다. 이는 산업단지지정의 제소기간이 도과됨에 따라 본래 다툴 수 없는 선행처분의 하자를 후행처분에서 예외적으로 다투게 하여 권리구제를 도울 수 있는지에 관한 하자승계의 문제라 할 것이다. 이에 하자승계 가능성을 검토한다.

2. 하자승계 논의의 전제 충족 여부
(1) 하자승계 논의의 전제

하자의 승계문제는 첫째 선행행위와 후행행위가 모두 항고소송으로 다툴 수 있는 행정처분이어야 한다. 둘째, 선행행위는 당연무효가 아닌 취소사유인 하자가 존재하여야 한다. 셋째, 후행행위에 고유한 하자가 없어야 한다. 마지막으로, 선행행위를 제소기간 내에 다투지 않아 불가쟁력이 발생하여야 한다.

사안에서 우선 수용재결은 준법률행위적 행정행위로서 강학상 확인인바 행정처분인데 이때 선행처분인 산업단지지정이 강학상 행정계획으로서 처분성이 있는지를 검토할 필요가 있다. 둘째로 선행행위인 수용재결에 있어 Y도지사가 입지법 제10조에 따른 주민 및 전문가에 대한 의견청취를 결여한바 절차상 하자가 있는지 및 취소사유인지를 검토한다. 셋째와 관련해서는 수용재결은 고유한 하자가 없다고 보이고, 마지막으로 산업단지지정은 제소기간이 도과하여 불가쟁력이 발생하였다고 보인다.

(2) 산업단지지정의 법적 성질
 1) 강학상 행정계획인지

사안의 산업단지지정은 입지법에 근거하여 산업단지의 조성이라는 장래의 질서있는 행정활동을 위한 목표를 설정하고 그것을 달성하기 위한 관련 행정수단을 종합 조정하는 것으로서 강학상 행정계획이다.

2) 행정계획의 법적 성질 및 사안의 경우

행정계획의 법적 성질에 대해서는 일반 추상적 규율로서 입법행위라는 견해, 국민에게 직접적으로 권리제한의 효과를 발생시키는바 행정행위라는 견해, 개별 검토설, 입법행위도 행정행위도 아니지만 구속력을 가진바 행정행위에 준하여 소의 대상이 된다는 견해 등이 대립한다. 판례는 도시기본계획은 도시개발의 일반적 방향 제시에 불과하다 보아 처분성을 부정했지만 도시계획결정은 건축물의 신축, 개축 등 특정개인의 권리를 제한하는 효과가 있다고 보아 처분성을 인정했다. 생각건대 계획은 종류와 내용이 매우 다양하고 상이한바 개별적으로 검토함이 타당하다고 보인다. 이에 개별 검토설이 타당하다.

사안에서 산업단지지정은 입지법 제22조에 의할 때 그 지정에 따라 개발 사업에 필요한 토지를 수용할 수 있고, 이는 관련 토지를 소유한 개인의 소유권을 제한하는 것인바 행정행위의 성질을 지닌다고 볼 수 있다. 다만 이는 토지에 대해 이루어지는 것인바 물적 일반 처분의 성질을 지닌다.

3) 산업단지지정의 하자의 정도

행정계획은 광범위한 형성의 자유인 계획재량이 인정되고 이에 형량 명령 원칙에 위반되지 않는 한 통상 위법하지 않고 그렇다 하더라도 사정판결이 이루어진다. 이에 절차적 측면의 준수가 중요한데, 입지법은 제10조에서 주민 등의 의견청취를 절차로서 규정하고 있다.

이러한 절차를 사안에서 결여한바 절차상 하자가 분명히 존재한다 할 것이다. 이때 이러한 절차상 하자만으로 독자적 위법사유가 있는지에 대해 논의가 존재한다. 그러나 행정소송법 제30조 제3항은 절차의 위법을 이유로 취소된 경우를 규정하는바 절차상 하자만으로 위법을 인정할 수 있다고 보인다. 한편 하자의 정도와 관련해서는 다수설 판례인 중대명백설에 따를 때 통상 행정계획은 광범위한 형성의 자유인 계획재량인 인정되는바 절차 하자가 위법한지는 일반인 관점에서 명백치 않아 취소사유라 볼 것이다.

3. 하자승계 가능성

(1) 하자승계에 관한 학설 및 판례

전통적 견해는 선행행위와 후행행위가 동일한 법적효과 발생을 목적으로 하는 경우만 승계를 인정한다. 반면 새로운 견해는 양자가 동일한 법적효과를 목적으로 하고, 수범자가 일치하며, 선행 행위의 사실 법률 상태가 동일하게 유지되며, 예측 수인 가능성이 있는 범위내에서 선행행위가 후행행위를 구속하여 하자 승계가 인정되지 않는다고 본다.

판례는 기본적으로 동일한 법적효과를 목적으로 하는지를 고려하되, 그렇지 않더라도 개별공시지가결정과 양도세부과처분의 판례처럼 기대 수인 가능성이 없는 경우는 하자승계를 인정하고 있다.

(2) 검토 및 사안의 경우

생각건대 새로운 견해는 선행 행위의 구속력을 판결의 기관력에서 차용하나 양자는 구조적 차이가 있는바 타당치 않다. 다만 판례처럼 동일한 법적효과 목적 여부에 기대 수인 가능성을 고려하여 개별 사례의 구체적 타당성을 고려할 필요가 있는바 판례 입장이 타당하다.

판례는 도시계획결정과 수용재결 사이의 하자승계를 부정한 바 있는데, 이는 도시계획결정같은 행정계획은 공익적 고려가 큰 반면 수용재결은 그 행정계획을 시행하기 위한 부분적 사항에 불과한 바 온전히 동일한 법적 효과를 목적으로 한다고 보기 어렵기 때문이라 볼 수 있다. 이에 사안의 경우도 동일한 법적효과를 목적으로 한다고 보기 어렵고, 산업단지지정을 다투지 못할 별도의 사유도 없다고 보이지 않아 기대 수인가능성이 있어 하자승계가 부정된다.

4. 소 결
甲의 주장은 인용될 수 없을 것이다.

Ⅲ. 설문 (3)에 대하여

1. 문제점
사안에서 소의 대상과 관련하여 원처분으로서 지방토지수용위원회의 수용재결이 소의 대상인지 아니면 이의신청에 따른 재결이 소의 대상인지에 대해 원처분주의 및 재결 주의에 대해 검토하되 사안의 이의신청이 특별행정심판인지도 검토한다. 이에 근거하여 피고가 지방토지수용위원회인지 이의신청을 맡은 중앙토지수용위원회(공토법 제83조에 근거)인지 검토한다.

2. 이의신청의 법적 성질
입지법 제22조 제5항에 근거하여 준용되는 공토법 제83조에 따를 때 甲은 수용재결에 대한 이의신청이 가능하다. 통상 이의신청은 단순한 진정한 성격을 가지며 이의 신청에 따른 인용재결은 처분청의 처분으로 본다. 그러나 공토법에 따른 이의신청은 제86조 제1항에 근거할 때 준사법적 효력을 갖는다고 볼 수 있고, 헌법 제107조 제3항에 근거할 때 행정심판에 해당 된다. 이는 행정심판법 제4조에 따른 개별법에 규정 된 특별행정심판에 해당된다. 이에 원처분은 수용재결이 이의신청에 따른 재결은 행정심판에서의 재결로 볼 수 있다.

3. 소의 대상 및 피고적격
(1) 소의 대상
1) 원처분주의에 대한 검토
행정소송법 제19조에 따르면 소의 대상은 처분등으로서 처분 및 재결이다. 다만 판례는 재결에 대해서는 원처분에 없는 고유한 하자로서 주체·절차·형식·내용상의 하자가 있는 경우만 다투도록 하여 원처분주의를 고수하고 있다. 다만 개별법에 재결을 우선 다투도록 규정된 경우는 재결이 소의 대상이 되는 재결주의가 된다.

2) 판례의 입장 및 사안의 경우
종래 판례는 필요적 전치주의로 보면서 재결주의라 보았지만, 현행 공토법은 이의신청을 임의적 절차로 규정하여 원처분주의에 해당한다. 사안에서 이의신청에 따른 재결에 고유한 하자가 있다고는 보이지 않아 원처분인 수용재결이 소의 대상이 된다.

(2) 피고적격

행정소송법 제13조 제1항은 다른 법률에 특별한 규정이 없는 한 그 처분등을 행한 행정청을 피고로 한다고 규정한다. 공토법상에는 피고적격에 관한 특별한 규정이 없다고 보이고, 이에 수용재결을 행한 지방토지수용위원회는 다수 위원으로 구성된 합의제 행정청으로서 피고가 된다.

4. 소 결

소의 대상은 수용재결이고 피고는 지방토지수용위원회가 된다.

Ⅳ. 설문 (4)에 대하여

1. 문제점

甲은 수용되고 남은 토지에 대한 권리구제를 구하는 바 이에 대한 공토법 제74조의 잔여지 등의 매수 및 수용 청구에 관한 권리를 검토하고, 甲이 관할 토지수용위원회의 결정에 불복할 경우 제기 가능한 청구소송의 성질을 검토한다.

2. 공토법 제74조에 대한 검토

공토법 제74조는 잔여지 등의 매수 및 수용 청구에 관한 권리를 규정하고 있다. 동법 제74조의 제1항은 동일한 소유자에게 속하는 일단의 토지의 일부가 협의에 의하여 매수되거나 수용됨으로 인하여 잔여지를 종래의 목적에 사용하는 것이 현저히 곤란할 때에는 해당 토지소유자는 사업시행자에게 잔여지를 매수하여 줄 것을 청구할 수 있으며, 사업인정 이후에는 관할 토지수용위원회에 수용을 청구할 수 있다고 규정한다. 이러한 경우에도 손실보상에 관한 요건들이 충족 될 때 보상을 할 수 있다고 볼 경우, 공익 사업을 위한 것이며 적법하며 공권과 관련되며 재산권 침해가 있을 것이며 특별한 희생이 인정되어야 할 것이다. 사안의 일반산업단지는 공토법 제4조 제8호의 그 밖에 다른 법률에 따라 토지등을 수용하거나 사용할 수 있는 사업이라 보이며, 지역 경제와 관련된 사업인바 공익 관련성도 있고 甲의 토지가 일부만 남게 되어 재산권 행사에 제약이 있다고 보인다. 더불어 이러한 희생은 다른 토지소유자와 달리 일부만 토지를 수용당하는 갑의 특별한 희생이라 볼 것인바 손실보상청구권이 성립하고 공토법 제74조에 따라 수용 청구가 가능하다.

3. 수용을 거부 당할 경우 권리구제 수단

판례는 공토법 제85조를 준용하여 관할 토지수용위원회가 수용을 거부하는 재결을 하거나 보상액을 다투고자 하는 경우 보상금청구소송을 제기할 수 있다고 보았다. 이때 보상금청구소송은 수용재결 자체를 다투는 것이 아니라 보상금 자체를 다투는 것으로 관련된 법률관계를 다투면서 실질은 수용재결을 다투는 형식적 당사자 소송이라 할 것이다.

4. 소 결

甲은 공토법 제74조에 따른 잔여지 등의 매수 및 수용 청구를 할 수 있고, 그 이후의 불복수단은 보상금청구소송으로서 이는 형식적 당사자 소송에 해당한다.

| 강 평 |

개별 설문에 대한 답안을 구성하기 전에 먼저 전체적으로 설문에 대한 중요쟁점을 요약해서 제시한 다음에 그 쟁점에 대한 개별적인 답안을 서술하면 좋았을 것이다.

Ⅰ. 설문 (1)의 쟁점은 수용재결신청 전에 이루어진 「공익사업을 위한 토지 등의 취득 및 보상에 관한 법률」 제16조에 의한 협의취득의 법적성질을 묻는 것인데 답안은 이 협의취득이 사법상 계약에 해당하는지에 대해서 공사법의 구별기준을 토대로 검토하고 있는데, 나름대로 근거가 있는 것으로 보인다. 그러나 「공익사업을 위한 토지 등의 취득 및 보상에 관한 법률」 제16조에 의한 협의가 성립하였을 때는 동법 제17조에 의해 토지소유자와 관계인이 계약을 체결하여야 하기 때문에 이 계약이 공법상 계약인지 사법상 계약인지에 대해서 먼저 논하여 동법 제16조에 의한 협의취득의 법적성질에 대한 결론을 도출하는 것이 좋을 것이다. 또한 답안에서는 협의취득의 법적성질에 대한 판례만 인용하고 있고 학설은 서술하고 있지 않은데 협의취득의 법적성질에 대한 학설도 판례의 취지와 반대되는 견해도 있으므로 서술하여야 한다. 또한 답안에서 협의취득이 사법상 계약이라는 판례를 인용하고 있는데 이 판례의 내용을 보다 구체적으로 적시해주는 것이 필요하다. 그 이유는 협의취득에 대한 판례를 일부 자료에서는 「공익사업을 위한 토지 등의 취득 및 보상에 관한 법률」 제16조에 의한 협의와 동법 제26조(협의절차의 준용)와 제29조(협의성립의 확인)에 의한 협의를 혼용하여 서술하면서 협의취득의 법적성질을 논하고 있기 때문이다.

Ⅱ. 설문 (2)에 대한 답안은 '하자의 승계'에 관한 논의로서 선행처분인 산업단지지정이 행정계획으로서 처분성이 있는지를 검토하고 있는 것은 쟁점을 잘 잡은 것으로 보인다. 답안에서 오타가 보이는데 수용재결은 선행처분이 아니라 후행처분에 해당하는 것이므로 수정이 필요하고, 후행처분의 하자가 무효사유인지 취소할 수 있는 하자인지에 대한 검토도 하고 있다.

Ⅱ. 설문 (2)의 2, (2), 3 산업단지지정의 하자의 정도에 대한 내용에서 "행정소송법 제30조 제3항은 절차의 위법을 이유로 취소된 경우를 규정하는 바…."라고 서술하고 있는데 이것이 무슨 뜻인지 선뜻 이해되지 않는다. 행정소송법 제30조 제3항이 이런 내용인지 명확히 파악하여 인용해서 서술할 필요가 있는데, 법조항을 잘못 인용하면 그만큼 감점요인도 커진다고 하겠다. 이어서 답안에서는 다수설과 판례인 중대명백설에 따를 때 절차의 하자가 위법한지는 일반인의 관점에서 명백치 않아서 취소사유라고 서술하고 있다. 그런데 취소사유라고 한 판례의 내용을 보다 자세하게 서술할 필요가 있는데 그 이유는 판례는 일률적으로 절차의 하자가 취소사유라고 하지 않고 사안에 따라 무효사유에 해당한다고 판시한 것도 있기 때문이다. 따라서 답안

에서 절차의 하자의 위법정도에 대해서 취소사유, 무효사유에 해당하는 각 관례를 소개하면 좋았을 것이다.

Ⅱ. 설문 (2)의 3. 하자승계 가능성, (1) 하자승계에 관한 학설 및 관례의 내용에서 "… 새로운 견해는 양자가 동일한 법적효과를 목적으로 하고, 수범자가 일치하며… 예측 수인 가능성이 있는 범위내에서 선행행위가 후행행위를 구속하여 하자 승계가 인정되지 않는다고 본다."고 서술하고 있는데, 새로운 견해는 "선행행위와 후행행위가 별개의 법률효과를 목적으로 하는 경우에도 수인성의 원칙상 예외적으로 승계를 인정한다."는 관례를 근거로 하는 것이기 때문에 답안에서는 이를 감안하여 보다 정확하게 서술하여야 한다.

도시계획결정과 수용재결 사이의 하자의 승계를 부인한 관례도 답안에서 들고 있는 사유 외에 "…각각의 처분이… 단계적으로 별개의 법률효과가 발생하는 독립한 행정처분이어서…"라는 사유를 들어서 승계를 부인하고 있다는 점도 서술하였더라면 좋았을 것이다.

Ⅲ. 설문 (3)은 이른바 행정소송의 대상의 문제로서 '원처분주의'에 관한 내용을 묻는 문제인데 답안에서는 지방토지수용위원회의 수용재결과 이 수용재결에 불복하여 중앙토지수용위원회에 이의신청을 하여 내려진 이의재결을 검토하여, 중앙토지수용위원회에 대한 이의신청은 특별행정심판절차에 해당하여 이의재결을 행정심판에서의 재결로 볼 수 있다고 한다. 이에 따라 지방토지수용위원회의 수용재결을 원처분으로 보고 행정소송법 제19조에 따라 원처분인 수용재결을 소의 대상으로 하고 피고는 수용재결을 행한 지방토지수용회라고 서술하고 있다. 현행 토지보상법은 이의신청이 임의적 절차로 변경되었고 재결주의에서 원처분주의로 변경된 점으로 미루어 답안에서는 이러한 내용이 명확하게 서술되어 있지는 않고 부분적으로만 서술하고 있지만 결과적으로는 옳은 결론을 제시한 것으로 보인다.

Ⅳ. 설문 (4)는 「공익사업을 위한 토지 등의 취득 및 보상에 관한 법률」 제74조의 잔여지 매수 및 수용청구 및 손실보상에 관한 내용을 묻는 문제인데, 잔여지를 매수 및 수용청구할 수 있는 요건을 서술하는 것이 중요한 내용 중의 하나이다. 그 요건으로 토지보상법 제74조 제1항은 "… 잔여지를 종래의 목적에 사용하는 것이 현저히 곤란할 때…"라고 하고 있으므로 이 요건에 대한 학설 및 관례의 내용을 서술하여야 하는데 답안에서는 서술하고 있지 않다. 또한 답안에서는 잔여지등의 매수 및 수용청구권의 법적성질이 형성권적 성질을 가진다는 점(관례), 이 청구권의 행사기간(관례), 행사절차(관례) 등에 대해서도 서술이 필요하다. 그리고 이 잔여지를 매수 및 수용청구 하였지만 거부당하였을 때의 권리구제 수단에 대해서 답안에서는 보상금증감청구소송을 제기하여 다툴 수 있다고 서술하고 있어서 결과적으로는 옳은 서술방향이기는 하지만 결론을 도출하는 과정의 서술은 미흡한 감이 있으므로 보완하면 더 좋을 것이다.

| 제2문 | 甲은 행정청 乙이 지출한 업무추진비의 예산집행내역과 지출증빙서 등에 관하여 乙에게 정보공개청구를 하였다. 다음 물음에 답하시오. (총 30점)

(1) 甲은 정보의 사본 또는 출력물의 교부의 방법으로 정보를 공개해 줄 것을 요구하였다. 이에 반해 乙은 열람의 방법에 의한 공개를 선택할 수 있는가? (10점)

(2) 공개 청구된 정보 중에는 乙이 주최한 간담회·연찬회 등 각종 행사 관련 지출증빙에 행사참석자(공무원도 일부 참석함)를 식별할 수 있는 개인정보가 포함되어 있다. 乙은 이를 이유로 정보공개를 거부할 수 있는가? (20점)

답안작성　　　　　　　　　　　　　　김 ○ ○ / 2014년도 5급 공채 일반행정직 합격

Ⅰ. 설문 (1)에 대하여

1. 문제점

공공기관의 정보공개에 관한 법률(이하 정보법) 제2조는 '공개'라 함은 공공기관이 이 법의 규정에 의하여 정보를 열람하게 하거나 그 사본 복제물을 교부하는 것 등을 의미한다고 규정한다. 즉 제시문에서 甲이 요구하는 사항이나 행정청 乙이 하려는 방법 모두 공개의 방법이라 할 것이다. 다만 甲이 요구하는 사항과 달리 행정청이 임의대로 열람의 방법을 택할 수 있는지 정보법 제13조 등을 중심으로 검토하고자 한다.

2. 정보법 제13조의 검토

정보법 제13조 제2항에 따르면 공공기관은 공개대상정보의 양이 과다하여 정상적인 업무수행에 현저한 지장을 초래할 우려가 있는 경우에는 정보의 사본 복제물을 일정 기간별로 나누어 교부하거나 열람과 병행하여 교부할 수 있다고 규정한다. 더불어 동조 제3항은 공공기관은 제1항의 규정에 의하여 정보를 공개함에 있어 당해 정보의 원본이 오손 또는 파손될 우려가 있거나 그 밖에 상당한 이유가 있다고

인정될 때에는 당해 정보의 사본 복제물을 공개할 수 있다고 규정한다. 이러한 규정들을 고려할 때 일반적으로 열람에 의한 공개가 이루어지되 제13조 제2, 제3항과 같은 경우에는 사본 복제물의 공개가 이루어진다고 판단할 수 있다. 그러나 정보법 제10조 제1항 제2호는 공개방법도 정보공개청구서에 기입하도록 하여 개인이 어떠한 공개방법을 택할 수 있는지를 규정하고 있고, 당해 조항은 그러한 선택권을 보장한다고 보인다. 정보법은 제3조, 제5조에 의해 일반적 정보공개 청구권을 인정하고 있고, 판례 또한 정보공개가 행정청을 괴롭히려는 목적, 즉 권리 남용이 아닌 이상 국민의 정보공개청구를 인정하는 취지의 판결을 하였다는 점에서 정보공개 방법도 행정청이 공개에 있어 큰 애로가 없다면 청구 취지에 따를 필요가 있다. 사안에서도 특별히 공개대상정보 양이 과다하거나 정보의 원본이 오손 또는 파손될 우려가 있다고 보이지 않아 乙은 甲의 청구에 따라야 한다.

3. 소 결

乙은 열람의 방법으로 공개를 제한 할 수 없다. 즉 열람의 방법을 선택할 수 없다.

Ⅱ. 설문 (2)에 대하여

1. 문제점

乙의 정보공개 거부 가능성과 관련해 우선 甲에게 정보공개청구권이 있는지 간단히 검토하고, 乙의 거부사유가 정보법 제9조 제1항 제6호에 해당되는지 및 단서 조항에 해당되는지 공개에 따른 이익형량을 고려하여 판단한다. 마지막으로 제14조의 부분공개 가능성에 대해서도 검토한다.

2. 甲의 정보공개청구권 존부

판례는 정보법 제5조 제1항에 따라 모든 국민은 정보공개청구권을 갖는다고 보면서, 국민에는 직접적 이해당사자가 아닌 시민 단체 등의 법인도 포함된다고 보아 폭 넓게 정보공개청구권을 인정하고 있다. 甲의 경우에도 정보법 제5조 제1항의 국민으로서 정보공개청구권을 갖는다고 할 수 있다.

3. 乙의 거부 사유가 타당한지

(1) 정보법 제9조 제1항 제6호 및 단서에 해당하는지 및 거부 가능성

정보법 제9조 제1항 제6호는 당해 정보에 포함되어 있는 이름 주민등록번호 등 개인에 관한 사항으로서 공개될 경우 개인의 사생활의 비밀 또는 자유를 침해할 우려가 있다고 인정되는 정보를 비공개대상정보로 규정하고 있다. 다만 단서에서 라목은 직무를 수행한 공무원의 성명 직위는 제외한다고 규정하고 있다. 그러나 설문의 연찬회 또한 행정청 乙이 개최한 것으로서 공무원의 직무로 볼 수 있고, 연찬회 참석은 공무원의 직무 수행으로 보아 라목에 해당된다고 볼 수 있다. 이에 해당 정보는 정보공개사항이다.

한편 공무원의 성명 및 직위 외에 일반인 행사참석자의 개인정보에 관해서는 제9조 제1항 제6호에 해당됨에 따라 비공개 할 수 있는지에 대해 이익형량이 필요하다. 우리 판례는 정보법 제9조 제1항 각호에 해당되어도 공개에 따른 이익형량을 요구하고 있다. 사안의 경우 甲이 정보공개청구 목적을 명확히 알기는 어려우나 각종 행사의 투명한 운영을 감시하기 위한 것이라 보이고, 이러한 목적을 고려할 때 참석자의 개인정보를 아는 것이 그 목적 달성에 중요한 요소로 보이지는 않는바 비공개에 따른 개인정보보호 이익이 더 크다고 보인다. 이에 참석자 개인정보는 비공개 사유가 될 수 있다. 그러나 그 외에 간담회 연찬회 등의 업무추진비의 예산집행내역과 지출 증빙서 정보는 별도의 비공개 사유가 없는바 공개해야한다.

(2) 부분공개 가능성

사안에서 공무원이 아닌 참석자의 개인정보를 제외한 나머지 부분은 공개 대상정보라 할 수 있다. 이 경우 일부분의 비공개 사유를 가지고 전체 정보 공개를 거부 할 수 있기에 정보법 제14조는 부분공개를 규정하고 있다.

정보법 제14조는 공개청구의 취지에 어긋나지 아니하는 범위안에서 두 부분을 분리할 수 있는 때라고 규정하고 있다. 이때 재판부는 정보법 제20조 제2항에 의해 제출된 공개청구정보를 비공개로 열람 심사하여 부분공개를 할 수 있는지 판단할 수 있다. 이때 분리가능성이란 판례는 단순히 물리적으로 정보들을 분리할 수 있는가가 아니라 나머지 정보만 떼내어 공개하더라도 정보공개 청구의 취지를 달성할 수 있는지 등을 고려한다. 사안의 경우 공무원을 제외한 참석자의 개인정보를 비공개하더라도 나머지 예산집행내역 등 만으로 충분히 청구목적을 달성할 수 있다고 보이는바 부분공개가 가능하다.

4. 소 결

공무원을 제외한 참석자의 개인정보를 제외한 나머지 정보는 부분공개가 가능한 바 설문에 제시된 사유만으로 전체 정보 공개를 거부할 수 없다.

강평

Ⅰ. 설문 (1)에 대하여

본 문제는 공개청구된 정보의 공개방법에 관한 내용을 묻는 문제이다.

답안에서는 주로 정보공개법 제13조 제2항을 중심으로 답안의 내용을 구성하고 있다. 답안에서 "정보공개법 제3, 제5조에서 일반적 정보공개 청구권을 인정하고 있고, 판례 또한 정보공개가 행정청을 괴롭히려는 목적, 즉 권리 남용이 아닌 이상 국민의 정보공개청구를 인정하는 취지의 판결을 하였다는 점에서 정보공개 방법도 행정청이 공개에 있어 큰 애로가 없다면 청구취지에 따를 필요가 있다."고 서술하고 있는 점은 문제의 쟁점을 잘 파악하여 답안을 작성한 것으로 보인다.

그러나 판례에서 공개방법에 대하여 판시한 사항 중에는 "… 정보공개청구자가 선택한 공개방법에 따라 정보를 공개하여야 하므로 그 공개방법을 선택할 재량권이 없다고 해석함이 상당하다."고 하고 있으므로 답안에서도 행정청이 공개방법에 재량여부를 가졌는가 하는 부분을 언급하였으면 좋았을 것이다.

Ⅰ. 설문 (1)의 3. (2) 부분공개 가능성에 대한 답안 구성은 비교적 충실하게 작성되어 있지만 이 또한 판례의 판시내용이라는 점을 언급하였으면 좋았을 것이다.

Ⅱ. 설문 (2)에 대하여

본 문제는 정보공개법에서 비공개대상정보로 하고 있는 내용을 묻는 문제이다. 답안에서는 정보공개법 제9조 제1항 제6호 본문과 단서규정을 인용하면서 비공개대상 즉 공개거부로 하고 있는 것의 타당성을 서술하고 있다.

그런데 답안에서는 공개대상정보라 하더라도 비공개사유로 할 수 있는 정보에 관하여 판례를 인용하면서 '… 공개에 따른 이익형량 …'을 통해서 비공개여부를 정할 수 있다고 서술하고 있어서 논점을 잘 파악하고 있는 것으로 보이지만 답안형식면에서 볼 때는 먼저 판례가 제시한 공개제외의 규정방식과 입법례, 즉 "… 이름, 주민등록번호 등 정보형식이나 유형을 기준으로 비공개대상정보에 해당하는지를 판단하는 '개인식별형'과 개인에 관한 사항의 공개로 개인의 내밀한 내용의 비빌 등이 알려지게 되고 그 결과 인격적·정신적 내면생활에 지장을 초래하거나 자유로운 사생활을 영위할 수 없게 될 위험성이 있는 정보 즉 '프라이버시형'도 포함된다."고 판시한 내용을 서술한 위의 판시 내용을 서술하였더라면 좋았을 것이다.

참고로 구 정보공개법은 형식상 개인식별형을 취하고 있었는데 현행 정보공개법은 프라이버시형을 채택하고 있다는 내용도 아울러 서술할 필요가 있었다.

설문 (2)의 3. 乙의 거부 사유가 타당한지에 대한 서술과 관련하여서는, "… 지방자치단체의 업무추진비 세부항목별 집행내역 및 그에 관한 증빙서류에 포함된 개인에 관한 정보는 '공개하는 것이 공익을 위하여 필요하다고 인정되는 정보'에 해당하지 않는다."는 판례의 내용도 언급하였으면 좋았을 것이다.

　　설문 (2)의 3.의 (2) 부분공개 가능성에 대한 서술은 주로 정보공개법 조문에 대해서만 서술하고 있는데 판례의 내용도 언급할 필요가 있다.

| 제3문 | X광역시 Y구의회는 「X광역시 Y구 행정사무감사 및 조사에 관한 조례 중 일부개정 조례안」을 의결하여 Y구청장에게 이송하였다. 위 조례안의 개정 취지는 지방의회가 의결로 집행기관 소속 특정 공무원에 대하여 의원의 자료제출요구에 성실히 이행하지 않았다는 구체적인 징계사유를 들어 징계를 요구할 수 있다는 것이다. 이에 Y구청장은 위 개정조례안이 법령에 없는 새로운 견제장치를 만들어 지방의회가 집행기관의 고유권한을 침해하는 것으로 위법하다고 주장하였다. 위 개정조례안에 대한 Y구청장의 통제방법을 검토하고, Y구청장의 주장이 타당한지를 논하시오. (20점)

Ⅰ. **논점의 정리**

Ⅱ. **Y구청장의 통제수단**
  1. 재의요구
  2. 소송 및 집행정지

Ⅲ. **조례안의 위법 여부**
  1. 조례의 가능성
  2. 법률유보
  3. 법률우위
  4. 소 결

답안작성　　　　　　　　　　　　　　　　　김ㅇㅇ / 2014년도 5급 공채 일반행정직 합격

Ⅰ. 논점의 정리

우선 지방자치단체장인 Y구청장의 통제수단으로서 지방자치법(이하 자치법) 제26조 및 제107조의 재의요구를 검토하고 재의결된 사항이 법령에 위반될 경우 제기할 수 있는 소송의 성격과 집행정지에 대해 검토한다. 다음으로 조례안의 위법성과 관련하여 조례의 가능성에 대해 사무의 성질은 간단히 검토하고, 법률유보 및 법률우위에 대해 검토한다. 특히 법률우위와 관련하여 자치법상 자치단체장의 고유한 권한을 침해하는 것인지 살핀다.

Ⅱ. Y구청장의 통제수단

1. 재의요구

Y구청장은 자치법 제26조 및 제107조에 근거하여 조례안이 위법함을 이유로 재의를 요구할 수 있다. 이때 자치단체 공무원의 징계에 관한 사무는 자치사무인바 위법한 경우만 재의요구가 가능하다. 이는 조례안을 이송받은 날부터 20일 이내에 이유를 붙여 자치단체장이 재의를 요구해야 한다.

2. 소송 및 집행정지

자치법 제107조 제3항에 따르면 지방자치단체의 장은 제2항에 따라 재의결된 사항이 법령에 위반된다고 인정되면 대법원에 소를 제기할 수 있다고 규정한다. 이 경우에는 제172조 제3항을 준용하며 이에 집행정지 신청도 가능하다. 이때 소송의 성격과 관련해서는 대립없이 동일한 법인격 내의 기관간 다툼

으로 기관소송으로 본다. 이때 소의 대상이 재의결인지 재의결된 사항인지 의견대립이 있지만 지방의회에 의해 결정된 것은 재의결 자체이므로 재의결이 소의 대상이고 판례도 같은 입장이다. 한편 자치법 제73조의 경우에도 제107조와 같이 소를 제기할 수 있는지에 대해 다수설은 가능하다는 입장이다.

Ⅲ. 조례안의 위법 여부

1. 조례의 가능성

자치법 제22조는 지방자치단체는 법령의 법위 안에서 그 사무에 관하여 조례를 제정할 수 있다고 규정하는데, 이 때 그 사무는 자치사무 및 단체위임사무이다. 기관위임사무는 별도의 법률상 위임이 있어서 조례제정이 가능하다. 이때 자치사무와 기관위임사무의 구분은 판례는 법령상 권한 규정을 우선 고려하되, 감독 규정 및 비용 부담 측면이나 전국적 견지에서 이루어져야 하는 지등을 고려한다. 사안의 경우 자치법 제9조 제2항 제1호 마목의 소속 공무원의 인사에 해당된다고 보아 자치사무라 할 것이다. 조례 제정 가능성은 문제가 없다.

2. 법률유보

자치법 제22조 단서에서는 자치사무라도 주민의 권리 제한 또는 의무부과에 관한 사항이나 벌칙을 정할 때에는 법률의 위임이 있어야 한다고 규정한다. 이에 대해 위헌 논의가 있기는 하지만 사안은 지방자치단체 공무원 징계에 관한 사항으로 주민의 권리 제한 및 의무부과에 해당된다고 보기는 불분명한바 법률 우위에서 위법성을 검토하고자 한다.

3. 법률우위

판례는 지방자치단체 의회와 단체장간의 견제권한에 관해서 지방의회가 집행기관의 인사권에 관하여 소극적 사후적으로 개입하는 것은 그것이 견제의 범위 안에 드는 경우에는 허용되나, 집행기관의 인사권을 독자적으로 행사하거나 동등한 지위에서 합의하여 행사할 수는 없으며, 사전에 적극적으로 개입하는 것도 원칙적으로 허용되지 아니한다고 판시한바 있다. 자치법 제86조에 따르면 지방의회는 의원에 대해 징계권한이 있고 지방의회 내 직원에 대해서도 징계권한이 있다고 보인다. 한편 자치법 제105조에 따라 소속 직원에 대한 징계의 권한을 갖는다. 이에 대해 엄격한 법률선점이론에 따라 곧바로 자치법 제105조의 권한규정에 조례안이 위반된다고 볼 것이 아니라 각 지방자치단체의 개별적 상황을 고려하며 다르게 규율할 수 있고 견제의 정도가 비례성을 유지하는지를 판단할 필요가 있다. 그러나 특별히 Y구가 지방의회가 자치단체 공무원에게 별도로 징계요구해야 할 특수성도 보이지 않고, 이러한 징계요구는 자칫 자치단체 공무원이 지방의회에 종속되어 정치적 중립성을 지키지 못할 우려가 제기된다. 그러한 측면에서 이는 견제의 범위안에 들지 않는다고 보이고 이에 법률 우위 위반이 있어 Y구청장의 주장은 타당하다.

4. 소 결

Y구청장은 자치법 제26조 및 제107조의 재의요구와 대법원에의 기관소송 제기 및 집행정지 신청이 가능하다. 이때 Y구청장은 자치법 제105조에 위반된 월권의 조례안임을 주장할 수 있다.

┤ 강 평 ├

1. 제3문은 지방자치법에 관련한 문제로서 답안은 문제의 쟁점을 1. 지방자치법 제26조 및 제 107조의 재의요구의 성질 및 요건을 검토하고, 2. 재의결된 사항이 법령에 위반될 경우 제기할 수 있는 소송의 성격과 집행정지에 대해 검토하고, 3. 조례안의 위법성과 관련하여 법률유보 및 법률우위로 구분하여 각 쟁점별로 답안을 서술하고 있는데 잘 구성된 답안으로 평가된다.

2. 이 문제에서는 특히 지방자치단체장이 지방의회의 재의결이 법령에 위반될 경우 대법원에 제기하는 소의 성질에 대해서 학설과 판례를 잘 서술하여야 하는데 답안에서는 이 소송의 성질을 '기관소송'이라고 결론을 내리고 있는데 이에 대해서 학설과 판례 등 보다 자세한 서술이 필요할 것으로 보인다.

3. 또한 지방자치법에서 가장 논쟁이 많은 부분 중의 하나가 바로 지방자치법 제22조 단서의 위헌성 여부인데 답안에서는 지방자치단체 공무원에 대한 징계는 자치사무이지만 주민의 권리제한이나 의무부과, 벌칙이 아니라서 법률의 위임이 필요한 것이 아니라는 입장에서 제22조 단서가 적용될 여지는 없다고 하면서 법률우위의 관점에서 서술하고 있는데 논점을 잘 파악해서 작성한 좋은 답안이기는 하지만 자치사무 여부에 대한 논의도 좀 더 진전시켜서 서술하였더라면 좋았을 것이다.

4. 답안에서 법률우위에 대한 논의에서 '법률선점이론'에 대해서 서술하고 있는데 이 부분에 대한 판례가 있는바 판시 내용을 보다 숙지하여 그 타당여부를 서술하였더라면 좋았을 것이다. 같은 취지로 다른 쟁점에 대해서도 판례의 내용을 보다 더 추가할 필요가 있을 것으로 보인다.

| **제1문** | 甲은 乙로부터 2014. 10. 7. A시 B구 소재 이용원 영업을 양도받고 관할 행정청인 B구 구청장 X에게 영업자 지위승계신고를 하였다. 그런데 甲은 위 영업소를 운영하던 중, 2014. 12. 16. C경찰서 소속 경찰관에 의해 「성매매알선 등 행위의 처벌에 관한 법률」 위반으로 적발되었다. 구청장 X는 2014. 12. 19. 甲에 대하여 3월의 영업정지처분을 하였다. 한편, 乙은 이미 같은 법 위반으로 2014년 7월부터 9월까지 2월의 영업정지처분을 받은 바 있었다. 그 후 2015. 5. 6. B구청 소속 공무원들은 위생관리 실태를 검사하기 위하여 위 영업소에 들어갔다가 甲이 여전히 손님에게 성매매알선 등의 행위를 하는 것을 적발하였다. 이에 구청장 X는 이미 乙이 제1차 영업정지처분을 받았고 甲이 제2차 영업정지처분을 받았음을 이유로, 2015. 5. 6.에 적발된 위법행위에 대하여 甲에게 「공중위생관리법」 제11조 제1항 및 제2항, 같은 법 시행규칙 제19조 [별표 7] 행정처분기준에 따라 적법한 절차를 거쳐서 가중된 제재처분인 영업소 폐쇄명령을 내렸다. (총 50점)

1. 甲은 구청장 X의 영업소 폐쇄명령에 대한 취소소송을 제기하면서, 자신에 대한 제2차 영업정지처분의 위법성을 폐쇄명령의 취소사유로 주장하고 있다. 甲에 대한 제2차 영업정지처분 시에 의견청취절차를 거치지 않았으나, 이를 다투지 않은 채 제소기간이 도과하였다. 이러한 甲의 주장이 타당한지를 검토하시오. (25점)

2. 甲의 영업소 바로 인근에서 이용업을 행해온 丙은 甲이 이전에 「성매매알선 등 행위의 처벌에 관한 법률」을 위반하여 폐쇄명령을 받은 전력이 있음에도 불구하고 구청장 X가 甲의 영업자 지위승계신고를 받아주었음을 이유로 하여 이를 취소소송으로 다투고자 한다. 구청장 X가 甲의 영업자 지위승계신고를 받아들인 행위는 丙이 제기하는 취소소송의 대상이 되는가? (10점)

3. 만일 甲이 영업소 안에서 문을 잠그고 B구청 소속 공무원들의 영업소 진입에 불응하여, 위 공무원들이 잠금장치와 문을 부수고 강제로 진입하여 위생관리실태를 조사하였다면, 甲이 그에 대하여 취할 수 있는 권리구제 수단에 관하여 설명하시오. (15점)

[**참조조문**]

「공중위생관리법」

제3조의2(공중위생영업의 승계)

① 공중위생영업자가 그 공중위생영업을 양도하거나 사망한 때 또는 법인의 합병이 있는 때에는 그 양수인·상속인 또는 합병후 존속하는 법인이나 합병에 의하여 설립되는 법인은 그 공중위생영업자의 지위를 승계한다.

② ~ ③ 〈생 략〉

④ 제1항 또는 제2항의 규정에 의하여 공중위생영업자의 지위를 승계한 자는 1월 이내에 보건복지부령이 정하는 바에 따라 시장·군수 또는 구청장에게 신고하여야 한다.

제9조(보고 및 출입·검사)

① 특별시장·광역시장·도지사(이하 "시·도지사"라 한다) 또는 시장·군수·구청장은 공중위생관리상 필요하다고 인정하는 때에는 공중위생영업자 및 공중이용시설의 소유자등에 대하여 필요한 보고를 하게 하거나 소속공무원으로 하여금 영업소·사무소·공중이용시설 등에 출입하여 공중위생영업자의 위생관리의무이행 및 공중이용시설의 위생관리실태 등에 대하여 검사하게 하거나 필요에 따라 공중위생영업장부나 서류를 열람하게 할 수 있다.

제11조(공중위생영업소의 폐쇄 등)

① 시장·군수·구청장은 공중위생영업자가 이 법 또는 이 법에 의한 명령에 위반하거나 또는 「성매매알선 등 행위의 처벌에 관한 법률」·「풍속영업의 규제에 관한 법률」·「청소년 보호법」·「의료법」에 위반하여 관계 행정기관의 장의 요청이 있는 때에는 6월 이내의 기간을 정하여 영업의 정지 또는 일부 시설의 사용중지를 명하거나 영업소폐쇄 등을 명할 수 있다. 다만, 관광숙박업의 경우에는 당해 관광숙박업의 관할 행정기관의 장과 미리 협의하여야 한다.

② 제1항의 규정에 의한 영업의 정지, 일부 시설의 사용중지와 영업소폐쇄명령 등의 세부적인 기준은 보건복지부령으로 정한다.

제11조의3(행정제재처분효과의 승계)

① 공중위생영업자가 그 영업을 양도하거나 사망한 때 또는 법인의 합병이 있는 때에는 종전의 영업자에 대하여 제11조제1항의 위반을 사유로 행한 행정제재처분의 효과는 그 처분기간이 만료된 날부터 1년간 양수인·상속인 또는 합병후 존속하는 법인에 승계된다.

「공중위생관리법 시행규칙」

제19조(행정처분기준)

법 제7조제2항 및 법 제11조제2항의 규정에 의한 행정처분의 기준은 별표 7과 같다.

[별표 7] 행정처분기준

II. 개별기준

3. 이용업

위반사항	관련 법규	행정처분기준		
		1차 위반	2차 위반	3차 위반
3. 「성매매알선 등 행위의 처벌에 관한 법률」·「풍속영업의 규제에 관한 법률」·「의료법」에 위반하여 관계 행정기관의 장의 요청이 있는 때 가. 손님에게 성매매알선 등행위 또는 음란행위를 하게 하거나 이를 알선 또는 제공한 때 (1) 영업소	법 제11조 제1항	영업 정지 2월	영업 정지 3월	영업장 폐쇄 명령

A. 설문 「1」

Ⅰ. 쟁점 정리

연속된 행정작용에 대한 하자의 승계가 문제되는데, 구체적으로

1. 논의의 전제로서 ① 선행행위의 하자와 관련하여 무효와 취소의 구별, 절차하자의 독자성이 문제
되며 ② 후행행위가 적법한지와 관련하여 행정제재처분효과의 승계에 관한 공중위생관리법 제11
조 제3항 및 동법 시행규칙 제19조 [별표7]의 법적 성질(이른바 법규명령 형식의 시행규칙)이 문제
된다.

2. 나아가 하자 승계 인정여부를 검토하여 甲 주장의 타당성을 검토한다.

Ⅱ. 하자의 승계가 문제되는지(적극)

1. 하자의 승계

(1) 의 의

둘 이상의 행정행위가 연속적으로 이루어지는 경우, 선행행위에 불가쟁력이 생겨 다툴 수 없는 경우
에, 후행행위를 다투면서 선행행위의 위법을 주장하는 것이다.

(2) 논의의 전제

① 선행행위는 행정행위일 것, ② 선행행위에 당연무효가 아닌 취소사유인 하자가 존재할 것, ③ 선행
행위에 불가쟁력이 발생할 것, ④ 후행행위에는 하자가 없어 적법할 것이 요구된다.

(3) 사안의 경우

'①' 선행행위인 제2차 영업정지처분은 침익적 처분으로서 행정행위에 해당하며 '③' 설문상 제소기간
이 도과하였다고 하여 불가쟁력이 발생했으나 '②' 의견청취절차를 거치지 않은 것은 행정절차법 제22
조 제3항 위반으로 절차하자인데 독자적 위법사유가 되는지, 된다면 취소사유에 해당하는지와 '④' 후행
행위인 폐쇄명령이 적법한지는 행정제재처분효과의 승계 및 근거 법령의 법적 성질이 문제되므로 항목
을 바꾸어 상술한다.

2. 선행행위인 제2차 영업정지처분에 취소사유 있는지(적극)

(1) 절차하자가 독자적 위법사유인지(적극)

① 절차하자가 실체법적 결정에 영향을 미치지 않음이 명백한 경우 행정처분의 무용한 반복을 막으

려고 부정하거나(부정설) 기속행위의 경우 부정하는(절충설) 견해가 있으나 ② 판례는 재량행위인 식품위생법상 영업정지처분이 청문절차를 거치지 않는 경우(대판 1991. 7. 9, 91누971)는 물론, 기속행위인 과세처분이 이유제시를 결한 경우(대판 1983. 7. 26, 82누420)에도 절차상 하자를 이유로 행정행위를 취소하여 긍정하는 입장이다. ③ 행정소송법 제30조 제3항을 고려할 때 긍정하는 판례가 타당하다.

(2) 무효와 취소사유의 구별(중대명백설)

① 하자가 중대하기만 하면 무효를 인정하고 명백성은 제3자나 공공의 신뢰를 보호할 필요가 있는 경우에만 보충적으로 요구된다는 견해(명백성보충요건설, 대법원 소수견해) 있으나 ② 판례(대판 1995. 7. 11, 94누4615)는 당연무효가 되기 위해서는 그 하자가 법규의 중요한 부분을 위반한 중대한 것으로서 객관적으로 명백한 것이어야 한다는 입장(중대명백설)이다. ③ 법적 안정성과 개인의 권익보호라는 양 가치를 조화하는 중대명백설이 타당하다.

(3) 사안의 경우

① 의견청취절차를 거치지 않는 것은 비록 절차 하자에 불과하나 독자적 위법사유이며 ② 절차규정 위반은 법규의 중요한 부분을 위반한 것으로 볼 수 없어 취소사유에 해당한다. 즉, 선행행위인 제2차 영업정지처분에는 취소사유가 있다.

3. 후행행위인 폐쇄명령이 적법한지(적극)

(1) 乙에 대한 영업정지처분 효과가 甲에게 승계되는지(적극)

① 행정제재처분효과의 승계를 인정할지 논의가 있으나 사안은 공중위생관리법 제11조의 3에 명문의 규정이 있어 문제되지 않는다. ② 甲은 乙이 영업정지처분을 받은 같은 해 2014년 10월 영업을 양수한 자로 동 규정에 의해 행정제재처분효과를 승계한다.

(2) 공중위생관리법 시행규칙 제19조 [별표7]의 법적 성질(법규명령)

이른바 법규명령 형식의 시행규칙에 대하여 ① 형식을 강조하는 법규명령설, 실질을 강조하는 행정규칙설, 기타 수권여부기준설, 독자적 법형식설이 대립하고 있으며 ② 판례는 제재적 처분기준이 부령형식으로 제정된 경우는 행정규칙(대판 1997. 5. 30, 96누5773)으로, 대통령령 형식으로 제정된 경우는 법규명령(대판 2001. 3. 9, 99두5207)으로 보고 있다. ③ 법적 안정성을 고려할 때 법규명령으로 봄이 타당하다. ④ 따라서 공중위생관리법 시행규칙 제19조 [별표7]은 제재적 처분의 기준을 설정한 것이나 법규명령에 해당한다.

(3) 사안의 경우

2015. 5. 6. 위반은 乙에 대한 행정제재처분효과 승계로 인해(공중위생관리법 제11조의3) 3차 위반에

해당한다. 따라서 甲에 대한 폐쇄명령은 공중위생관리법 제11조 및 법규명령인 공중관리법 시행규칙 제19조에 따른 것으로 적법하다.

4. 소 결
논의의 전제를 모두 충족하므로 이하 하자의 승계 인정여부를 검토한다.

Ⅲ. 제2차 영업정지처분의 하자승계가 인정되는지(한정적극)
1. 하자의 승계 인정 여부(한정적극)
(1) 학 설
 1) 하자승계론
선행행위와 후행행위가 결합하여 하나의 효과를 완성하는 경우 승계를 인정한다.

 2) 구속력이론
하자의 승계를 원칙적으로 부인하면서 다만 선행행위의 위법을 주장할 수 없는 것이 당사자에게 수인한도를 넘는 가혹함을 가져오며, 그 결과가 예측가능할 것이 아닌 경우 국민의 권리구제차원에서 예외적으로 승계를 인정한다.

(2) 판 례(대판 1998. 3. 13, 96누6059)
두 개 이상의 행정처분이 연속적으로 행하여진 경우 선행처분과 후행처분이 서로 독립하여 별개의 법률효과를 목적으로 하는 때에는 당연무효인 경우를 제외하고는 선행처분의 하자를 이유로 후행처분을 다툴 수 없는 것이 원칙이나, 그로 인하여 불이익을 입게되는 자에게 수인한도를 넘는 가혹함을 가져오고, 그 결과가 당사자에게 예측가능한 것이 아닌 경우에는 선행처분의 후행처분에 대한 구속력은 인정될 수 없다고 하여 원칙적으로 하자승계론의 입장이나 국민의 권리구제차원에서 예외를 인정한다.

(3) 검 토
구속력이론은 행정행위에 기판력과 유사한 효력을 인정한다는 점에서 문제가 있다. 하자승계론을 원칙으로 하되, 국민의 권리구제차원에서 예외를 인정하는 판례가 타당하다.

2. 사안의 경우
제2차 영업정지처분과 폐쇄명령은 전자는 영업정지를 후자는 영업폐쇄를 목적으로 하므로 별개 독립된 법률효과를 목적으로 하는 행위임이 명백하다. 한편, 통상 영업양도에서 당사자 간에 이해관계가 대립되어 종전에 양도인이 행정제재처분을 받은 경력이 있다고 하더라도 양수인에게 이를 알리지 않을 가능성이 크다. 설문상 이 점이 명백하지는 않으나 이를 甲이 몰랐다고 한다면 폐쇄명령으로 인한 불이익은 수인한도를 넘고, 예측가능성을 벗어난 것으로 볼 수 있다.

Ⅳ. 문제의 해결

乙이 영업양도 전 영업정지처분을 받은 사실을 甲이 몰랐다면 하자의 승계를 인정할 수 있어 甲의 주장은 타당하다.

B. 설문 「2」

Ⅰ. 쟁점 정리

1. 지위승계신고의 법적 성질을 검토하고,

2. 지위승계신고를 받아들인 행위가 취소소송의 대상으로서 처분(행정소송법 제19조)인지 검토한다.

Ⅱ. 지위승계신고 수리가 처분에 해당하는지(소극)

1. 신 고

(1) 의 의

행정주체에 일정한 사실을 알리는 행위이다.

(2) 종 류

신고만으로 법적 효과가 발생하는 수리를 요하지 않는 신고(자체완성적 신고)와 행정청의 수리가 있어야 법적 효과가 발생하는 수리를 요하는 신고(행정요건적 신고)로 나뉜다.

(3) 구별기준

관계법령이 신과와 등록을 구분하는 경우 '신고'는 자체완성적 신고, '등록'은 행정요건적 신고로 볼 것이다. 또한, 신고요건으로 형식적 요건만을 요구하는 경우 자체완성적 신고이고 실질적 요건도 함께 요구하는 경우에는 행정요건적 신고로 보아야 한다.

(4) 사안의 경우

공중위생관리법 제3조의2 제1항에 의하면 공중위생영업양도에 의해 지위 승계가 이루어지고, 동조 제4항은 지위가 승계된 것을 전제로 신고의무를 부과하고 있다. 결국 신고 자체만으로 지위 승계 효과가 발생한다고 볼 수 있어 甲의 지위승계신고는 자체완성적 신고라 할 것이다.

2. 대상적격

(1) '처분 등'(행정소송법 제2조 제1항 제1호)의 의의

① 행정청이 행하는 구체적 사실에 관한 법집행으로서의 공권력의 행사 또는 그 거부와 그 밖에 이에

준하는 행정작용을 말한다. ② 판례는 구체적인 사안에서 국민의 법적지위에 변동을 초래하는지를 중심으로 판단한다.

(2) 사안의 경우

지위승계신고가 자체완성적 신고인 이상 이를 수리하는 행위는 지위 승계라는 법률효과 발생과 무관한 사실적 행위이므로 甲과 乙의 법적 지위에 영향을 미치지 않는다. 따라서 처분에 해당하지 않는다.

III. 문제의 해결

지위승계신고는 자체완성적 신고로서 이를 수리하는 행위는 사실행위에 불과하여 처분성이 없다. 따라서 취소소송의 대상이 될 수 없다.

C. 설문 「3」

I. 쟁점 정리

1. 잠금장치와 문을 부수고 강제로 진입한 행위가 행정상 즉시강제인지 검토하고,

2. 법률유보 및 영장주의에 비추어 위생관리실태 조사와 관련한 행위의 위법성을 판단하고,

3. 권리구제 수단으로 손실보상 혹은 항고쟁송, 국가배상을 검토한다.

II. 강제로 진입한 행위의 성질(행정상 즉시강제)

1. 행정상 즉시강제

급박한 행정상 장해를 제거할 필요가 있으나 미리 의무를 부과할 시간적 여유가 없을 때 또는 그 성질상 의무를 명해서는 목적달성이 곤란한 경우에, 직접 국민의 신체 또는 재산에 실력을 가하여 행정상 필요한 상태를 실현하는 것이다. 권력적 사실행위에 해당한다.

2. 사안의 경우

甲 영업소의 위생관리실태를 실효적으로 조사하기 위해 불시에 점검할 필요가 있다. 따라서 甲이 공무원들의 영업소 진입을 방해한 행위는 급박한 행정상 장해에 해당한다고 할 수 있다. 이에 따라 甲 재산에 실력을 행사한 경우이므로 행정상 즉시강제에 해당한다.

Ⅲ. 잠금장치와 문을 부수고 강제로 진입한 것이 적법한지(적극)

1. 법률유보 준수하였는지(적극)

(1) 행정상 즉시강제의 법적 근거

침익적 행정작용으로 법률에 명시적 수권규정이 필요하다.

(2) 사안의 경우

위생관리실태 조사는 공중위생관리법 제9조 제1항에 근거한 것으로서 법률유보의 위반은 없다.

2. 영장주의에 위반하였는지(소극)

(1) 영장주의 적용 여부(한정적극)

① 통치권의 부당한 행사로부터 국민의 권리를 보장하기 위한 절차적 수단으로서 적용된다는 견해(영장필요설) ② 연혁적으로 영장주의는 형사사법권 남용과 관련되므로 적용이 없다는 견해(영장불요설) 및 ③ 원칙적으로 적용되나 일정한 경우 예외를 인정하는 견해(절충설)가 있다. ④ 판례(대판 1997. 6. 13, 96다56115)는 사전영장주의는 원칙적으로 인신의 자유를 제한하는 모든 국가작용의 영역에서 존중되어야 하지만, 이를 고수하다가 행정목적을 달성할 수 없는 지극히 예외적인 경우에는 이를 적용하지 않을 수 있다고 하였다. ⑤ 국민의 권리 보장을 위해 원칙적으로 영장주의 적용된다고 봄이 바람직하나, 행정상 즉시강제의 특수성 고려하여 행정목적의 달성을 위해 불가피한 경우에는 예외를 인정할 수 있다 할 것이다(절충설).

(2) 사안의 경우

위생관리실태 조사를 위해 미리 영장을 발부하여야 한다면, 시간적 간격으로 인해 현실적인 위생관리실태를 파악하기 곤란한 점이 있다. 따라서 사안의 경우 영장주의 예외가 인정된다고 할 것이다.

3. 소 결

공무원들의 영업소 진입 및 위생관리실태 조사는 공중위생관리법 제9조 제1항에 근거한 것이며 영장주의 예외에 해당하여 일응 적법한 것으로 보인다.

Ⅳ. 행정상 즉시강제에 대한 구제수단

1. 즉시강제가 적법한 경우

행정상 장해 발생에 책임이 있는 자는 이로 인해 손실을 입었어도 손실보상을 청구할 수 없다. 다만, 책임없는 제3자에 대해 즉시강제가 행해져 특별한 손실이 발생한 경우 손실보상이 주어져야 한다.

2. 즉시강제가 위법한 경우

(1) 항고쟁송

권력적 사실행위에 해당하므로 행정심판법상 항고심판이나 행정소송법상 항고소송을 고려할 수 있으나 이미 실행이 완료된 경우가 대부분이므로 소의 이익이 부정되어 실효성이 낮다.

(2) 국가배상

위법한 즉시강제가 공무원의 직무상 불법행위를 구성하는 경우 손해배상을 청구할 수 있다(국가배상법 제2조 제1항). 항고쟁송과 비교할 때 실효적인 구제수단이 된다 할 것이다.

3. 사안의 경우

① 甲은 장해 발생에 책임이 있는 자로서 위생관리실태 조사와 관련한 공무원들의 행위가 적법하다면 달리 권리구제수단이 없다. ② 다만, 영업소 진입이나 조사과정에서 공무원들의 귀책에 의한 위법행위가 인정되며 이로 인해 甲에게 손해가 발생했다면 국가배상청구를 할 수 있다.

V. 문제의 해결

① 공무원들의 행위가 적법하다면 달리 권리구제 수단이 없으나, ② 위법하다면 항고쟁송이나 국가배상법상 손해배상청구(국가배상법 제2조 제1항) 가능하다. 다만, 항고쟁송의 경우 대체로 소의 이익이 부정되어 실효성이 크지 않다.

| 강 평 |

A. 설문 1

1. 전체적으로 잘 구성된 답안이라 판단된다. 먼저 지문의 쟁점을 목차 제일 앞부분 Ⅰ에서 잘 정리하여 이에 따라 답안의 순서를 구성하는 부분이 돋보인다. 그러나 본 답안의 특징으로 각 쟁점별 소제목의 끝에 괄호를 달고 그 안에 단문으로 결론을 제시하고 있는 점을 들 수 있다. 이는 아마도 답안에서 결론(작성자의 견해)을 제목에서부터 분명히 들어내고 논의를 전개하기 위한 것이 아닌가 생각한다. 그러나 이러한 방식보다는 소제목 하에 쟁점되는 부분을 먼저 검토한 뒤 결론에 해당하는 소제목을 달고 거기에 본인이 생각하는 결론을 제시하는 방식이 좋을 것 같다.

2. Ⅱ의 1. (2)를 '논의의 전제'라고 하기 보다는 하자의 승계의 '요건'이라고 하면 명확할 것이다. Ⅱ의 2. (1) 절차하자가 독자적 위법사유인지(적극) 부분에서 부정설과 절충설, 판례의 내용만 적고 있는데, 취소판결 등의 기속력이 신청에 따른 처분이 절차의 위법을 이유로 취소되는 경우에 준용된다는 행정소송법 제30조 제3항에 근거하여 적극설을 소개하고 판례와 같은 입장이라고 하면 좋을 것이다.
Ⅱ의 2. (1) 무효와 취소의 구별이라고 한 부분은 위법성의 정도로 하여 논의를 전개해서 무효와 취소로 구별하는 순서라면 좋을 것 같다.

3. Ⅲ. 1. 하자의 승계 인정 여부(한정적극) (1) 학설 2) 구속력이론을 서술하면서 하자승계를 원칙적으로 부정하는 구속력이론의 개념과 예외의 요건(한계)이 무엇인지에 대한 서술은 생략한 채 구속력이론 중 하자의 승계가 인정되는 예외적인 사항(한계)에 대해서만 서술하고 이에 관한 판례로서 "… 두 개 이상의 행정처분이 연속적으로 행하여진 경우 … 선행처분의 하자를 이유로 후행처분을 다툴 수 없는 것이 원칙이나, 그로 인하여 불이익을 입게되는 자에게 수인한도를 넘는 가혹함을 가져오고, 그 결과가 당사자에게 예측가능한 것이 아닌 경우에는 선행처분의 후행처분에 대한 구속력은 인정될 수 없다."고 한 판례(대판 1998. 3. 13, 96누6059)를 인용하면서 이 판례가 원칙적으로 하자승계론의 입장이나 구속력이론의 예외에도 해당하는 판례라는 취지로 서술하고 있다. 이어서 소결론으로 "구속력이론은 행정행위에 기관력과 유사한 효력을 인정한다는 점에서 문제가 있다. 하자승계론을 원칙으로 하되, 국민의 권리구제차원에서 예외를 인정하는 판례가 타당하다."고 서술하고 이를 근거로 지문의 답으로서 "제2차 영업정지처분과 폐쇄명령은 전자는 영업정지를 후자는 영업폐쇄를 목적으로 하므로 별개 독립된 법률효과를 목적으로 하는 행위임이 명백하다. 한편, 통상 영업양도에서 당사자 간에 이해관계가 대립되어 종전에 양도인이 행정제재처분을 받은 경력이있다고 하더라도 양수인에게 이를 알리지 않을 가능성이 크다. 설문상 이 점이 명백하지는 않으

나 이를 甲이 몰랐다고 한다면 폐쇄명령으로 인한 불이익은 수인한도를 넘고, 예측가능성을 벗어난 것으로 볼 수 있다.”고 서술하여, 하자의 승계론과 구속력이론을 절충한 듯한 결론을 도출하여 갑의 주장이 타당하다고 한다.

그러나 답안에서 인용하고 있는 판례(대판 1998. 3. 13, 96누6059)에서 “… 수인한도를 넘는 …”, “… 그 결과가 당사자에게 예측가능한 것이 아닌 경우에는 선행처분의 후행처분에 대한 구속력은 인정될 수 없다.”는 문언이 있다고 하여 이 판례가 하자의 승계론이 아닌 구속력이론의 예외적 사항(한계)를 고려한 판례라고 단정할 수 없다. 왜냐하면 이 판례와 유사한 취지로 “… 선행처분과 후행처분이 서로 독립하여 별개의 효과를 목적으로 하는 경우에도 … 수인한도를 넘는 가혹함을 가져오며 그 결과가 당사자에게 예측가능한 것이 아니한 경우에는 … 선행처분의 후행처분에 대한 구속력은 인정될 수 없다.”고 판시한 양도소득세등부과처분 취소에 관한 판례(대판 1994. 1. 25. 93누8542)를 두고 선행행정처분의 후행행정처분에 대한 구속력이론에 입각한 판례라고 해석한 견해[1]가 있는 반면에 하자의 승계 일반론에 입각하면서 예외적으로 수인성의 원칙을 근거로 하자의 승계를 인정한 판례라고 해석하는 견해[2]도 있기 때문이다.

즉 판례는 기본적으로 선후의 행위가 하나의 법률효과를 목적으로 하는지를 기준으로 하여 하자의 승계를 논하고 있다는 전제하에 다만 일부 판결이 수인성의 원칙을 인정한다고 하더라도 이는 하자의 승계론이 ‘하나의 법률효과를 목적으로 하는지’라는 형식적 기준으로 하자의 승계 여부를 판단하고 있기 때문에 발생하는 개별구체적인 경우의 불합리성을 제거하기 위한 것이라고 해석한다. 전체적으로 본다면 수인성의 원칙을 인정한 판결과 하자의 승계론이 서로 모순되는 것이라고 보기는 어렵다고 한다.

다시 말해 판시내용에서 구속력이란 용어가 있다고 해서 반드시 구속력이론에 입각하여 하자의 승계여부를 판단한 것은 아니라는 것이다.

하자의 승계에 관해서는 전통적인 견해인 하자의 승계론과 구속력이론이 병존하기 때문에 하자의 승계를 검토할 때에는 먼저 별도의 목차를 달아서 ① 하자의 승계론 일반적인 요건과 내용, 관련 판례를 서술하고, ② 구속력이론의 개념과 예외사항(한계), 관련 판례를 구체적으로 서술한 다음에 ③ 하자의 승계와 구속력의 관계라는 목차순서로 구체적으로 논할 필요가 있다. 예를 들어 구속력이론에 관해서 ① 의의, ② 근거, ③ 한계로 나누고, 구속력이론의 한계는 ㉠ 구속력은 선·후의 행위가 규율대상 내지 법적 효과가 일치하는 범위에서만 미치며 [객관적 한계(내용적·사물적 한계)), ㉡ 처분청과 처분의 직접 상대방(이해관계 있는 제3자도 포함) 및 법원에도 미치며(주관적 한계(대인적 한계)], ㉢ 선행행정행위의 발령시에 기초가 된 사실적·법적 상황의 동일성이 유지되는 한도내까지 미친다(시간적 한계). 그러나 ㉣ 객관적·주관적·

1) 정하중, 행정법개론, 법문사, 2014. 291면
2) 홍정선, 행정법특강, 박영사, 2015. 275면. 박균성, 행정법강의, 박영사, 2015. 294면

시간적 한계 내에서 선행행정행위의 후행행정행위에 대한 구속력이 인정됨으로 인해 사인의 권리보호가 부당하게 축소될 수 있기 때문에 관련자에게 예측불가능하거나 수인불가능한 경우에는 구속력이 미치지 않는다(추가적 요건). 따라서 이 경우에는 후행행위를 다투면서 선행행위의 위법을 주장할 수 있게 된다는 점을 서술할 필요가 있다.

위의 구속력이론 중에서 ㉣의 경우 선행행정행위와 후행행정행위가 별개의 목적으로 이루어져서 별개의 효과를 나타나는 경우에도 무조건 하자의 승계를 부정하지 않고 수인성의 원칙을 근거로 하자의 승계를 인정하고자 하는 예외 사항인데 이에 입각한 판례가 다수 나와 있으므로 이에 관한 판례를 소개한다면 구속력이론에 입각하면서도 하자의 승계를 인정하고자 하는 소결론의 논거로 보완될 것이다.

이런 점에서 답안에서 하자의 승계론과 구속력이론을 논하고 관련 판례를 소개하면서도 구속력이론과 하자의 승계와의 관계에 관한 구체적인 서술이 없는 것은 아쉬운 점이다.

4. Ⅲ. 3. 사안의 검토에서, 제2차 영업정지처분과 폐쇄명령은 전자는 영업정지를 후자는 영업폐쇄를 목적으로 하므로 별개 독립된 법률효과를 목적으로 하는 행위임이 명백하다는 결론을 내리고 있다. 그런데 선후처분이 동일한 법률에서 규정하는 위반행위에 대한 동일한 하명처분인데 왜 별개의 법률효과를 목적으로 하고 있는지 그 사유에 대한 답은 없는 것으로 보여서 보다 면밀한 검토가 필요한 것으로 판단된다.

일반적으로 공법상 의무를 명하는 하명처분과 의무불이행에 대한 강제집행적 처분은 별개의 법률효과를 목적으로 하는 처분으로 보아서 하자의 승계를 인정하지 않지만 하명처분사이는 동일한 법률효과를 목적으로 하므로 하자의 승계를 인정하는 경우가 많다.

따라서 지문의 쟁점은 제2차 영업정지처분과 폐쇄명령은 모두 하명처분인데, 이 두 처분이 서로 별개의 법률효과를 목적으로 이루어지는 처분인지의 여부이다.

제2차 영업정지처분과 폐쇄명령처분은 같은 하명처분으로서「성매매알선 등 행위의 처벌에 관한 법률」에 의해서 성매매알선 등의 행위를 하다가 단속되어 구청장으로부터「성매매알선 등 행위의 처벌에 관한 법률」상의 처분을 받은 것이므로 일련선상에서 하나의 법률효과를 목적으로 이루어진 처분이라고도 볼 여지가 크다. 따라서 제2차 영업정지처분의 하자는 폐쇄명령처분의 위법성 사유로 승계를 인정할 수 있어 甲의 주장은 타당하다는 결론에 도달하게 된다는 점도 간과할 수 없다.

그러나 답안에서처럼 제2차 영업정지처분과 폐쇄명령처분을 별개 독립된 법률효과를 목적으로 하는 처분으로 보는 경우도 상정할 수 있다.

따라서 답안도 두 경우로 나누어서 서술할 필요가 있다. 만약 제2차 영업정지처분과 폐쇄명령이 일련선상에서 하나의 법률효과를 목적으로 이루어진 처분이라고 한다면 하자의 승계는 인정될 것이고, 제2차 영업정지처분과 폐쇄명령이 서로 별개의 법률효과를 목적으로 이루어진 처분이라고 한다면 하자의 승계는 인정되지 않을 것이다. 다만 제2차 영업정지처분과 폐쇄명령이 서로 별개의 법률효과를 목적으로 이루어진 처분이라고 하더라도 甲이 영업양도를 받기 전에 양도인 乙이 영업처분을 받았다는 사실을 몰랐다면 폐쇄명령으로 인한 불이익은 수인한도를 넘고, 예측가능성을 벗어난 것으로 볼 수 있어서 판례에 따라 하자의 승계를 인정할 수 있기 때문에 甲의 주장은 타당하다는 결론을 도출하면 될 것이다.

B. 설문 2

1. 쟁점은 ① 지위승계신고에서 신고의 법적 성질, ② 지위승계신고를 수리하는 행위의 법적 성질, ③ 지위승계신고를 수리하는 행위가 취소소송의 대상으로서 처분에 해당하는지의 여부이다. 답안은 간략하게 서술하고 있지만 지문의 핵심을 파악하여 답안을 작성한 것으로 보인다. 그러나 전체적으로는 결론을 도출하는 과정에 대한 논리적 서술을 추가할 필요가 있다.

먼저 지문에서는 지위승계신고를 수리하는 행위의 법적 성질 내지 처분성을 묻고 있지만 이에 대해서 바로 답하기 이전에 지위승계신고의 전제가 되는 공중위생관리법상의 영업신고의 법적 성질을 먼저 규명한 다음에 이러한 신고영업자의 지위를 승계하는 신고의 법적성질 및 그 신고를 수리하는 행위의 법적 성질을 검토하는 것이 논리적일 것이다.

답안에서는 공중위생법상의 영업신고의 법적 성질에 대해서는 서술하지 않았는데, 과거에는 공중위생법상 영업신고가 허가제였으나 규제완화 차원에서 법이 개정되어 신고만으로 영업을 할 수 있게 되어서 현재 공중위생법상의 영업은 신고영업으로 되어 있다는 점을 먼저 전제로 한 다음에 논의를 이어가야 한다.

따라서 답안에는 사인의 공법행위로서의 신고와 관련하여 ① 자체완성적 신고, ② 행정요건적 신고, 또는 ① 수리를 요하지 않는 신고, ② 수리를 요하는 신고 등으로 분류한 다음에 이러한 신고들을 행정청이 수리해야 신고의 효력을 발하는가의 여부에 따라 신고수리행위의 법적 성질이 달라지고 처분성 여부도 달라진다는 점을 서술해야 하는데 그러한 논의가 빠져 있다.

답안에서는 이러한 논의없이 바로 공중위생법상 영업신고가 자체완성적 신고라는 전제에서 영업신고를 수리하는 행위는 법적 효력이 없는 사실행위에 해당하고 영업자지위승계 신고 및 이를 수리하는 행위도 법적행위가 아닌 사실행위에 불과하여 처분성이 없고 따라서 취소소송의 대상이 될 수 없다는 결론을 도출하고 있는데, 처분성이 있는 것으로 보아야 타당하지 않을까 판단된다.

일반적으로 공중위생법상 영업신고를 자체완성적 신고로서 수리를 요하지 않는 신고[3]또는 정보제공적 신고로 보는 견해도 있고 수리를 요하는 신고로 보는 견해도 있기 때문에 답안도 두 경우로 나누어서 작성하는 것이 좋다.

---

3) 정하중, 행정법개론, 법문사, 2014. 109면

공중위생법과 유사한 식품위생법은 일반음식점을 신고영업으로 규정하고 있고 대법원은 이러한 신고를 수리를 요하는 신고[4]로 판시한 것은 공중위생관리법상의 신고영업의 신고가 수리를 요하는 신고로 보는 유력한 근거가 되고 있다.

이를 전제로 한다면 지문의 답으로는 공중위생관리법상의 신고영업의 영업자지위승계신고를 수리를 요하는 신고로 보아야 타당할 것이다.

이를 뒷받침 하듯 많은 교과서에서도 영업자지위승계신고를 수리를 요하는 신고로 본 판례들을 게재하고 있다. 그러나 교과서에서 소개하고 있는 식품위생법상의 영업자지위승계신고에 관한 판례들은 대부분 허가영업을 양도하는 경우에 있어서의 영업자지위승계신고의 법적성질 및 그 신고의 수리행위에 관한 것들이다[5]. 판례에 따르면 허가영업의 양도시 영업자지위승계신고를 수리하는 행정청의 행위는 '신규허가가 사업을 할 수 있는 권리를 설정해 주는 행위' 인 것과 마찬가지로 '권리를 설정하여 주는 행위'로 보면서, 구체적으로는 '양도인의 영업허가취소'와 '양수인의 권리설정행위'로 본다. 따라서 지위승계신고수리를 양수인에 대한 실질적인 허가처분으로 보고 있다.

그러나 이와 같은 판시를 본 사안과 같이 공중위생법상 신고영업으로 되어 있는 이용업의 영업지위승계신고에 바로 적용하여 해석하는 것은 무리이다.

영업자지위승계신고 및 그 수리행위의 법적 성질을 논하기 위해서는 먼저 허가영업을 양도하는 경우의 영업자지위승계신고와 신고영업을 양도하는 경우의 영업자지위승계신고의 법적 성질은 다르다는 것을 논의의 전제로 한다.

영업자지위승계 신고의 법적성질은 양도대상이 된 영업의 법적성질에 따라 신고의 성질이 판단되어야 한다. 허가영업 양도의 경우(식품조사처리업, 단란주점영업, 유흥주점영업)지위승계신고는 허가로, 수리를 요하는 신고영업양도는 (수리를 요하는)신고로, 수리를 요하지 않는 신고영업 양도는 수리를 요하지 않는 신고로 보아야 한다는 것인데 그 이유는 만일, 그렇지 않다면 허가요건을 구비할 수 없는 자가 허가제를 회피하는 수단이 될 수 있기 때문이라는 것이다[6].

위의 판례에서처럼 '허가영업'을 양도한 경우는 행정청의 지위승계신고수리의 법적 성질을 실질적인 허가처분으로 보는 것에 문제가 없다. 그러나 신고영업을 양도한 경우에 영업자지위승계신고를 하고 행정청이 이를 수리하는 행위는 양도대상이 된 영업의 법적성질에 따라 파악해야 할 것이다.

---

4) 대판 2009. 4. 23, 2008도6829

5) 식품위생법상 허가영업으로 되어 있는 유흥주점영업의 영업자지위승계신고수리처분취소소송(대판 2003. 2. 14, 2001 두7015), 식품위생법상 허가영업으로 되어 있는 단란주점영업에 대한 식품위생법위반사건(대판 2001. 2. 9, 2000도 2050). 또한 관광진흥법상 유원시설업허가처분취소소송(대판 2012. 12. 13, 2011두29144), 액화석유가스의안전및사업관리법상 허가를 받아야 하는 사업양도에 대한 사업양수에 의한 지위승계신고(대판 1993. 6. 8, 91누11544) 등

6) 홍정선, 행정법특강, 박영사, 2015. 98면

현재 공중위생법상의 영업신고를 수리를 요하지 않는 신고라고 전제하면 영업자지위승계신고도 수리를 요하지 않는 신고로 볼 것이고 이를 수리하는 행정청의 수리행위는 법적 성질을 가지지 않는 사실행위에 해당한다. 따라서 영업지위승계신고를 수리하는 행위는 처분에 해당되지 않기 때문에 병이 제기하는 취소소송의 대상이 되지 않는다.

그러나 이에 대해서, 공중위생관리법 제3조 및 동법 시행규칙에서 공중위생영업을 하고자 하는 자는 시설 및 설비기준에 적합한 시설을 갖춘 후, 구청장에게 신고를 하도록 되어있고, 신고서를 접수한 구청장은 건축물대장등본의 확인 등 필요한 사항을 확인한 후 영업신고증을 교부함으로써 일반적으로 금지되고 있는 이미용업 영업행위에서 자유롭게 되는 점 등의 관련 법규정으로 미루어 보아 이미용업 신고는 수리를 요하는 신고로 보아야 한다면 영업지위승계신고도 당연히 수리를 요하는 신고로 보아야 하고 그 수리행위는 양수인에 대한 실질적인 허가처분으로 볼 수 있을 것이다.

2. 결론적으로 ① 영업자지위승계신고가 수리된다면 을에게서 갑으로 이용원영업자의 지위가 승계되어 갑이 이용원의 영업자가 되므로 지위승계신고수리는 법적행위이다. ② 따라서 구청장이 영업자지위승계신고를 수리하는 행위는 처분에 해당되기 때문에 丙이 제기하는 취소소송의 대상이 된다는 논리구조로 답안을 구성하면 좋을 것이다.

답안에서는 이와 같은 신고 및 신고수리의 법리에 관한 논의 없이 공중위생관리법 제3조의2 제1항에 의하면 공중위생영업양도에 의해 지위 승계가 이루어지고, 동조 제4항은 지위가 승계된 것을 전제로 신고의무를 부과하고 있으므로 결국 신고 자체만으로 지위 승계 효과가 발생한다고 보고, 甲의 지위승계신고는 자체완성적 신고로서 이를 수리하는 행위는 사실행위에 불과하여 처분성이 없고 따라서 취소소송의 대상이 될 수 없다는 결론을 도출하고 있다.

그러나 이러한 답안구성에 대해서 위에서 언급한 것처럼 공중위생법상 영업신고를 자체완성적 신고로서 수리를 요하지 않는 신고로 보는 경우와 공중위생관리법상의 영업자지위승계신고를 수리를 요하는 신고로 보는 경우로 나누어서 검토하고 결론을 도출하였다면 보다 완성도 높은 답안이 되었을 것이다.

사례형 답안구성에 있어서 사례의 직접 근거가 된 판례를 찾지 못하더라도 사례형 문제는 논리의 일관성을 비중 있게 채점하는 경향이 있으므로 꼭 판례의 판시내용을 객관식의 정답 맞추듯이 맞추어야 하는 것은 아니기 때문에 신고 및 신고수리의 법적 성질과 이에 따른 지위승계신고 및 수리행위의 법적 성질을 논리적으로 서술하고 그에 따라 사안에 대한 답을 제시한다면 적어도 기본점수는 획득할 수 있을 것이다.

그 외 처분의 개념과 판례에 대해서도 서술이 보완될 필요가 있는데 처분에 대해서는 행정소송법상의 처분개념 외에 학설로서 실체법적 처분개념과 쟁송법적 처분개념을 소개하고 판례가 제시하는 처분개념을 서술할 필요가 있다.

C. 설문 3

1. 공무원들이 잠금장치와 문을 부수고 강제로 진입하여 위생관리실태를 조사하는 행위의 법적 성격과 권리구제 수단이 논의의 쟁점이 된다.

답안은 공무원들이 잠금장치와 문을 부수고 강제로 진입하여 위생관리실태를 조사하는 행위를 즉시강제로 파악하여 논의를 전개하고 있다. 그런데 대가택강제를 행정조사의 한 형태로 보는 견해도 있고 수인하명을 전제로 하는 직접강제로 보는 견해도 있기 때문에 독립된 목차를 만들어서 대가택강제로서의 즉시강제와 행정조사, 직접강제를 비교검토하였더라면 좋았을 것이다.

대가택강제로서의 즉시강제와 행정조사를 비교서술하는 항목에서는, 강제조사(행정조사)에서도 강제가 수반되지만 강제조사(행정조사)는 직접적 실력행사가 아니라 행정작용을 하기 위한 자료를 얻기 위해서 행하는 준비적, 보조적 수단에 머문다는 특성을 가지고 있는 반면에 상대방에 대하여 직접적으로 실력행사를 하는 대가택강제(즉시강제)는 필요한 상태를 현실적으로 실현하는 것을 목적으로 한다는 점에서 구별된다는 점도 서술한다. 예를 들어 공중위생관리법 제9조(보고 및 출입 · 검사) 제1항의 "… 소속공무원으로 하여금 영업소 · 사무소 · 공중이용시설 등에 출입하여 공중위생영업자의 위생관리의무이행 및 공중이용시설의 위생관리실태 등에 대하여 검사하게 하거나 …." 규정을 대가택강제로서의 즉시강제로만 해석할 것이 아니라 식품조사(행정조사)를 위한 영업소의 출입규정이라 보고 그 자체가 상대방의 의사여하에 불문하고 행하여지는 강제조사(행정조사)로 볼 여지는 없는지도 검토할 필요가 있다.

답안에서 즉시강제로 파악하여 구성한 내용을 보면, 1. 행정상 즉시강제의 개념을 적시하고 본 사안에의 적용, 2. 잠금장치와 문을 부수고 강제로 진입한 것이 ① 법률유보를 준수하였는지 검토하고 본 사안에의 적용을 적시하고, ② 영장주의에 위반하였는지에 대해서도 즉시강제와 영장주의를 학설과 판례를 들어가며 비교적 상세히 서술하고 본 사안에의 적용을 서술하여 전체적으로는 필요한 핵심쟁점은 다 검토하였다고 판단된다. 그러나 덧붙인다면 즉시강제의 수단이라는 항목을 만들어 ① 특별법상의 즉시강제수단, ② 경찰관직무집행법상의 즉시강제수단의 서술이 보완될 필요가 있다. 또한 답안에서 즉시강제와 영장주의를 서술하였지만 즉시강제의 한계라는 내용으로 실체법상의 한계, 절차법상의 한계로 나누어 즉시강제와 영장주의는 절차법상의 한계에 해당한다는 점을 서술할 필요가 있다.

2. 결론적으로 공무원들이 잠금장치와 문을 부수고 강제로 진입하여 위생관리실태를 조사하는 행위를 즉시강제로 보든 강제조사(행정조사)로 보든 어떤 경우든 공권력행사의 성질을 가지므로 행정소송 등을 통해서 권리구제를 도모할 수 있다. 이하 권리구제수단에 대해서는 즉시강제의 권리구제수단과 크게 다르지 않기 때문에 답안에서 서술하고 있는 내용으로 충분하다.

| **제2-1문** | 행정청 A는 미성년자에게 주류를 판매한 업주 甲에게 영업정지처분에 갈음하여 과징금부과처분을 하였고, 甲은 부과된 과징금을 납부하였다. 그러나 甲은 이후 과징금부과처분에 하자가 있음을 알게 되었다(아래 각 문제는 독립된 것임). (총 30점)

1. A가 권한 없이 과징금부과처분을 한 경우, 甲이 이미 납부한 과징금을 반환 받기 위해 제기할 수 있는 소송유형들을 검토하시오. (20점)

2. A가 처분의 이유를 제시하지 아니한 채 과징금부과처분을 하였고, 甲은 이미 납부한 과징금을 반환 받기 위해 과징금부과처분을 다투고자 한다. 甲이 제기할 수 있는 소송을 설명하시오. (10점)

A. 설문 '1'

Ⅰ. 쟁점 정리

1. 과징금부과처분의 하자를 검토하여 항고소송으로서 취소소송과 무효확인소송을 검토하되, 특히 무효확인소송의 경우 보충성이 문제되며,

2. A의 과징금부과처분이 무효라면 선결문제와 관련하여 즉시 부당이득반환청구소송을 제기할 수 있는지, 이 경우 민사소송에 해당하는지 검토한다.

Ⅱ. 항고소송

1. 과징금부과처분이 무효인지(적극)

(1) 무효와 취소의 구별(중대명백설)

① 하자가 중대하기만 하면 무효를 인정하고 명백성은 제3자나 공공의 신뢰를 보호할 필요가 있는 경우에만 보충적으로 요구된다는 견해(명백성보충요건설, 대법원 소수견해)가 있으나 ② 판례(대판 1995. 7. 11, 94누4615)는 당연무효가 되기 위해서는 그 하자가 법규의 중요한 부분을 위반한 중대한 것으로서 객관적으로 명백한 것이어야 한다는 입장(중대명백설)이다. ③ 법적 안정성과 개인의 권익보호라는 양 가치를 조화하는 중대명백설이 타당하다.

(2) 사안의 경우

권한 없는 자의 처분은 중대한 법규 위반이며 객관적으로 명백한 하자로 보는 것이 일반적이다. 따라서 A의 과징금 부과처분은 무효이다.

2. 취소소송을 제기할 수 있는지(적극)

(1) 무효사유에 대해 취소소송을 제기하는 경우

무효사유에 해당한다고 하더라도 소송형식의 선택은 원고의 자유이므로 취소소송을 제기할 수 있다. 본안에서 인용판결을 받기 용이하다는 점에서 무효확인소송보다 유리하다.

(2) 사안의 경우

① 과징금부과처분은 침익적 행위로서 처분에 해당함이 명백하고(행정소송법 제19조 대상적격) ② 침익적 처분의 상대방인 甲은 이를 취소할 법률상 이익 인정된다(행정소송법 제12조 원고적격) ③ 제소기간 내(행정소송법 제20조)에 소제기 한다면 기타 소송요건이 문제되지 않는 한 인용판결을 받을 수 있다. 이 경우 기속력의 내용 중 원상회복의무(행정소송법 제30조 제1항)에 따라 A는 甲이 납부한

과징금을 반환하여야 한다.

3. 무효확인소송을 제기할 수 있는지(적극)

(1) 무효확인소송의 보충성

① 민사소송의 일반원칙에 따라 다른 구제수단이 있는 경우에는 무효확인소송의 소의 이익을 부정하는 견해가 있으며, 종래 판례의 태도이기도 하다. ② 그러나, 행정소송법상 취소소송의 기속력이 무효확인소송에도 준용되어(행정소송법 제38조 제1항, 제30조) 무효확인소송의 실효성 인정되므로 민사소송과 달리 보충성 문제되지 않는다고 할 것이다. ③ 판례(대판 2008. 3. 20, 2007두6342) 역시 최근에는 무효확인소송만으로도 실효성 확보할 수 있다는 점 외에 보충성에 관한 명문의 규정이 없는 점, 행정에 대한 사법통제와 권익구제의 확대와 같은 행정소송의 기능 등을 근거로 보충성을 부정하였다.

(2) 사안의 경우

甲은 과징금부과처분에 대해 무효확인소송을 제기할 수 있고, 인용판결이 있는 경우 기속력에 따라 A는 甲이 납부한 과징금을 반환하여야 한다.

4. 소 결

甲은 취소소송이나 무효확인소송을 제기할 수 있으며, 전자는 본안판단에 있어, 후자는 제소기간에 적용에 있어 상대적으로 유리하다.

III. 부당이득반환청구소송의 법적 성질(민사소송) 및 즉시 제기할 수 있는지(적극)

1. 부당이득반환청구소송의 법적 성질(민사소송)

(1) 판 례

민법 제741조에 근거함을 이유로 민사소송으로 처리한다.

(2) 학설 및 검토

① 부당이득 발생원인이 공법상 법률관계에 기초함을 이유로 당사자소송으로 보는 것이 다수설이다. ② 그러나 부당이득반환청구의 발생원인이 민법에 기초하는 이상 공법상 법률관계로 볼 수 없으며, 이를 당사자소송으로 보려면 명문의 규정이 필요하다고 할 것이다. 이에 따라 행정소송법 개정안에서 부당이득반환청구소송이 당사자소송임을 명시적으로 규정하였다.

2. 행정행위의 효력여부가 선결문제인 경우

(1) 문제점

부당이득반환청구소송이 제기된 경우 관할민사법원이 행정행위의 효력 유무를 스스로 심사할 수 있는가 문제된다.

(2) 판 례(대판 2010. 4. 8, 2009다90092)

민사소송에 있어서 어느 행정처분의 당연무효 여부가 선결문제로 되는 때에는 이를 판단하여 당연무효임을 전제로 판결할 수 있고 반드시 행정소송 등의 절차에 의하여 그 취소나 무효확인을 받아야 하는 것은 아니라고 하였다.

(3) 검 토

전제된 행정행위가 당연무효라면 행정소송법 제11조에 근거하여 민사법원이 직접 무효를 심사할 수 있으므로 판례가 타당하다. 학설의 입장도 대체로 이와 일치한다.

3. 사안의 경우

甲은 항고소송을 제기하지 않고 즉시 A를 상대로 민사법원에 부당이득반환청구소송을 제기할 수 있다.

Ⅳ. 문제의 해결

甲은 과징금부과처분에 대해 취소소송(행정소송법 제4조 제1호)을 제기하거나 무효확인소송(행정소송법 제4조 제2호)을 제기할 수 있고, 이를 거치지 않고 바로 민사법원에 부당이득반환청구소송(민법 제741조)을 제기할 수도 있다. 한편 전자의 항고소송과 부당이득반환청구소송을 병합할 수도 있다(행정소송법 제10조).

B. 설문 '2'

Ⅰ. 쟁점 정리

1. 처분의 이유를 제시하지 않아 절차하자가 있는 경우 위법 사유의 독자성이 문제되고,

2. 취소사유가 인정된다면 취소소송과 부당이득반환청구소송을 검토한다.

Ⅱ. 취소소송을 제기할 수 있는지(적극)

1. 절차하자가 독자적 위법사유인지(적극)

① 절차하자가 실체법적 결정에 영향을 미치지 않음이 명백한 경우 행정처분의 무용한 반복을 막으려고 부정하거나(부정설) 기속행위의 경우 부정하는(절충설) 견해가 있으나 ② 판례는 재량행위인 식품위생법상 영업정지처분이 청문절차를 거치지 않는 경우(대판 1991. 7.9, 91누971)는 물론, 기속행위인 과세처분이 이유제시를 결한 경우(대판 1983. 7. 26, 82누420)에도 절차상 하자를 이유로 행정행위를 취소한다. ③ 행정소송법 제30조 제3항을 고려할 때 긍정하는 판례가 타당하다.

2. 사안의 경우

(1) 처분의 이유를 제시하지 않은 것은 행정절차법 제23조 위반으로 위법하다. 다만 절차규정 위반은 중대한 법규위반으로 볼 수 없어 취소사유에 해당한다(중대명백설).

(2) ① 과징금부과처분은 침익적 행위로서 처분에 해당함이 명백하고(행정소송법 제19조 대상적격) ② 침익적 처분의 상대방인 甲은 이를 취소할 법률상 이익 인정된다(행정소송법 제12조 원고적격) ③ 제소기간 내(행정소송법 제20조)에 소제기 한다면 기타 소송요건이 문제되지 않는 한 인용판결을 받을 수 있다. 이 경우 기속력의 내용 중 원상회복의무(행정소송법 제30조 제1항)에 따라 A는 甲이 납부한 과징금을 반환하여야 한다.

Ⅲ. 부당이득반환청구소송을 제기할 수 있는지(원칙적 소극)

행정행위의 공정력에 따라 취소사유가 있다 하더라도 권한있는 기관에 의해 행정행위가 취소되지 않는 한 다른 국가기관이 이를 부정할 수 없다. 따라서 과징금부과처분이 효력 없음을 전제로 하는 부당이득반환청구소송은 불가하다(위 '설문1 Ⅲ 2'참고). 다만, 취소소송과 함께 병합 제기하거나(행정소송법 제10조), 취소소송의 인용결정으로 과징금부과처분이 취소된 경우에는 가능하다.

Ⅳ. 문제의 해결

과징금부과처분이 위법함을 이유로 취소소송(행정소송법 제4조 제1호)을 제기할 수 있다.

이에 부당이득반환청구소송을 병합할 수 있으며(행정소송법 제10조), 취소소송의 인용판결 후에 별도로 부당이득반환청구소송을 제기할 수도 있다(민법 제741조).

| 강 평 |

A. 설문 1

1. 지문의 쟁점은 ① 甲이 이미 납부한 과징금을 반환받기 위해 제기하는 소송의 유형인 항고소송, 부당이득반환청구소송에 대한 검토, 특히 무효확인소송의 경우 보충성의 검토, ② 권한 없는 행정청에 의한 과징금부과처분의 위법성의 정도, ③ 만일 과징금부과처분이 무효라면 무효등확인소송을 거치지 않고 곧바로 부당이득반환청구소송을 제기할 수 있는지, 이 경우 민사소송에 해당하는지를 검토한다. 답안에서는 위의 쟁점들에 대해서 잘 서술하고 있다. 다만 위 쟁점 중 ② 권한없는 행정청에 의한 과징금부과처분의 위법성의 정도를 구별하기 위한 학설과 판례인 중대명백설에 의하여 취소할 수 있는 행정행위와 무효인 행정행위로 구별한다고 하는 서술은 좋으나 무권한인 자에 의해서 이루어진 행정행위가 무효라고 하는 판례 (대판 1996. 6. 28. 96누4374), "… 행정기관의 권한에는 사무의 성질 및 내용에 따르는 제약이 있고, 지역적·대인적으로 한계가 있으므로 이러한 권한의 범위를 넘어서는 권한유월의 행위는 무권한 행위로서 원칙적으로 무효이다."를 추가하였다면 좋았을 것이다.

2. 답안에서 부당이득반환청구소송으로 제기한 경우 관할민사법원이 과징금부과처분이라는 행정행위의 효력유무를 스스로 심사할 수 있는가를 선결문제와 관련하여 서술하고 있는데, 선결문제가 어떠한 것이고 지문의 과징금부과처분과 어떠한 관련이 있는지에 대해서 선결문제의 개념 및 내용, 그리고 관련판례의 내용도 추가하였으면 좋았을 것이다.

B. 설문 2

1. 쟁점으로, ① 처분의 이유를 제시하지 않아 절차하자가 있는 경우 취소사유인지 무효사유인지의 여부와 이러한 위법사유가 독자성이 있는지의 여부, ② 처분의 이유를 제시하지 않고 부과한 과징금부과처분을 어떠한 소송의 형태로 다툴 수 있는지의 여부, ③ 과징금부과처분 취소소송과 부당이득반환청구소송을 병합하여 제기하는 경우의 법률문제가 쟁점이 된다.

2. 답안은 이와 관련하여 잘 구성하고 있다. 다만 목차구성에 보완이 필요한 점이 보인다.
본 지문은 처분의 이유를 제시하지 않은 행정처분의 위법성의 정도를 먼저 규명해야 후속논의를 진행할 수 있으므로 취소사유와 무효사유를 구별하는 학설과 판례의 태도, 나아가 처분이유를 고지 않은 처분은 취소할 수 있는 사유에 해당한다는 판례의 내용을 독립의 목차로 구성해서 추가하였으면 좋았을 것이다.

또한 본 지문에서는 과징금부과처분이 효력 없음을 전제로 하는 부당이득반환청구소송은 불가하다고 서술하고 과징금부과처분취소소송에 부당이득반환청구소송을 병합할 수 있다는 점에 대하여 간략하게 서술하고 있다. 과징금부과처분취소소송에 부당이득반환청구소송을 병합하는 문제와 관련하여서는 행정소송법상 관련소송의 병합의 개념, 요건 등에 대한 추가적인 서술을 보완하고, 취소소송의 취소판결이 확정되어야 부당이득반환청구가 인용될 수 있는지에 대한 서술도 추가할 필요가 있다.

3. 관련판례(대판 2009.4.9. 2008두23153)로서 "…취소소송에 병합할 수 있는 당해 처분과 관련되는 부당이득반환소송에는 당해 처분의 취소를 선결문제로 하는 부당이득반환청구가 포함되고, 이러한 부당이득반환청구가 인용되기 위해서는 그 소송절차에서 판결에 의해 당해 처분이 취소되면 충분하고 그 처분의 취소가 확정되어야 하는 것은 아니라고 한다."는 내용을 보완한다.

| **제2-2문** | 甲은 환경영향평가 대상사업인 X건설사업에 관한 환경영향평가서 초안에 대하여 주민들의 의견을 수렴하고 그 결과를 반영하여 환경영향평가서를 작성한 후 국토교통부장관에게 제출하였다. 국토교통부장관은 환경부장관과의 협의 등 「환경영향평가법」상의 절차를 거쳐 X건설사업에 대한 승인처분을 하였다. 그러나 이후 환경영향평가서의 내용에 오류가 있고 환경부장관의 협의 내용에 따르지 않았다는 사실이 드러났다. (총 20점)

1. 주민 乙은 위와 같은 환경영향평가의 부실을 이유로 국토교통부장관의 사업승인처분은 위법하다고 주장한다. 그 주장의 당부를 검토하시오. (10점)

2. 환경영향평가 대상지역 밖에 거주하는 주민 丙은 사업승인처분의 취소를 구하는 소송을 제기할 수 있는가? (10점)

A. 설문 '1'

Ⅰ. 쟁점 정리

Ⅱ. 환경영향평가서 내용상 오류로 사업승인 처분이 위법한지(한정적극)

1. 환경영향평가가 부실한 경우 처분이 위법하게 되는지(한정적극)
   (1) 판 례(대판 2006. 3. 16, 2006두330)
   (2) 검 토

Ⅲ. 환경부장관의 협의 내용에 따르지 않아 위법한지(소극)

1. 협의의 구속력
2. 사안의 경우

Ⅳ. 문제의 해결

B. 설문 '2'

Ⅰ. 쟁점 정리

Ⅱ. 원고적격

1. '법률상 이익'의 의미
2. '법률'의 범위
3. 사안의 경우

Ⅲ. 丙에게 원고적격이 인정되는지(한정적극)

1. 환경영향평가와 관련한 주민들의 원고적격 판단
   (1) 판 례(대판 2006. 3. 16, 2006두330)
   (2) 검 토
2. 사안의 경우

Ⅳ. 문제의 해결

A. 설문 '1'

Ⅰ. 쟁점 정리

1. 환경영향평가서의 내용상 오류가 사업승인처분의 위법사유가 되는지,

2. 환경부장관의 협의 내용에 국토교통부장관이 구속되는지 중심으로 乙 주장의 당부를 검토한다.

Ⅱ. 환경영향평가서 내용상 오류로 사업승인 처분이 위법한지(한정적극)

1. 환경영향평가가 부실한 경우 처분이 위법하게 되는지(한정적극)

(1) 판 례(대판 2006. 3. 16, 2006두330)

환경영향평가를 거치지 아니한 경우 그에 따른 처분은 위법하다 할 것이나, 그러한 절차를 거쳤다면, 비록 그 환경영향평가의 내용이 다소 부실하다 하더라도 그 부실의 정도가 환경영향평가제도를 둔 입법취지를 달성할 수 없을 정도이어서 환경영향평가를 하지 아니한 것과 다를 바 없는 정도의 것이 아닌 이상, 그 부실은 당해 처분에 재량권 일탈·남용의 위법이 있는지 여부를 판단하는 하나의 요소로 됨에 그치고 당연히 당해 처분이 위법하게 되는 것이 아니라고 하였다.

(2) 검 토

행정행위에 있어 절차상 하자가 있는 경우 경미한 하자로서 치유가 인정되지 않는 한 모두 위법사유가 된다. 환경영향평가는 처분을 행하기 위한 절차에 해당한다고 볼 수 있어 환경영향평가가 부실하다면 절차상 하자가 있는 것으로 볼 수 있다. 따라서 하자가 치유될 수 있다는 특별한 사정이 없는 한 처분은 위법하다고 할 것이다.

Ⅲ. 환경부장관의 협의 내용에 따르지 않아 위법한지(소극)

1. 협의의 구속력

(1) 행정업무가 둘 이상의 행정청의 권한과 관련된 경우에 하나의 행정청이 주된 지위에 있고 다른 행정청은 부차적인 지위에 있는 경우 전자는 주무행정청, 후자는 관계행정청이 된다. 이 때 관계기관의 협의의견은 원칙적으로 주무행정청을 구속하지 않는다.

(2) 판례(대판 2001. 7. 27, 99두2970)는 환경부장관과의 협의를 거친 이상 승인기관의 장이 환경부장관의 환경영향평가에 대한 의견에 반하는 처분을 하였다고 하여 그 처분이 위법하다고 할 수 없다고 하였다.

2. 사안의 경우

환경영향평가법상 환경부장관과 협의를 거치도록 하고 있으나, 협의는 그 의견에 구속력이 인정되지 않는다. 따라서 협의 내용에 따르지 않았다는 이유로 사업승인처분이 위법한 것은 아니다.

Ⅳ. 문제의 해결

환경영향평가서의 오류가 경미하지 않아 하자치유가 인정되지 않는다면 사업승인처분은 위법하므로 乙의 주장은 타당하다. 환경영향평가서의 오류가 경미하여 하자치유가 인정된다면, 내용상 오류나 협의를 따르지 않은 것으로 사업승인처분이 위법하게 되는 것은 아니므로 乙의 주장은 타당하지 않다.

B. 설문 '2'

Ⅰ. 쟁점 정리

기타 소송요건은 문제되지 않으므로 원고적격(행정소송법 제12조)을 중심으로 보건대

1. 법률상 이익의 의미 검토하고,

2. 판례를 검토하여 환경영향평가 대상지역 밖에 거주하는 주민 丙의 원고적격을 검토한다.

Ⅱ. 원고적격

1. '법률상 이익'의 의미

① 권리구제설, 법이 보호하는 이익구제설, 소송상 보호할 가치 있는 이익구제설, 적법성보장설 등의 견해가 있으나 ② 행정소송법 제12조 제1문의 법문상 법이 보호하는 이익이라고 해석할 것이다.

2. '법률'의 범위

① 형식적 의미의 법률에 한정할 것인지 아니면 실질적 의미의 법률까지 확대할지 다툼이 있다. ② 형식적 의미의 법률에 한정하는 견해는 처분의 위법성 판단의 기준이 되는 개별법 조문에 한정하려는 입장과 근거법령 전체 및 절차법규까지 확대하는 입장이 대립한다. ③ 판례는 법률상 이익에 대해 당해 처분의 근거법규 및 관련법규에 의하여 보호되는 개별적·직접적·구체적 이익이라고 하였다. ④ 원고적격의 확대라는 측면에서 실질적 의미로 파악함이 타당하다.

3. 사안의 경우

주민 丙의 원고적격을 판단함에 있어 환경영향평가법은 물론 나아가 헌법상 환경권의 내용도 고려할 수 있다.

Ⅲ. 丙에게 원고적격이 인정되는지(한정적극)

1. 환경영향평가와 관련한 주민들의 원고적격 판단

(1) 판 례(대판 2006. 3. 16, 2006두330)

환경영향평가 대상지역 '안'의 주민들은 특별한 사정이 없는 한 환경상의 이익에 대한 침해 또는 침해 우려가 사실상 추정되어 처분의 무효확인을 구할 원고적격이 인정되나, 환경영향평가 대상지역 '밖'의 주민들은 환경상 이익에 대한 침해 또는 침해우려를 입증하여 원고적격을 인정받을 수 있다고 하였다.

(2) 검 토

환경영향평가법은 기본적으로 대상지역 '안'의 주민들이 전과 비교하여 수인한도를 넘는 환경침해를 받지 아니하고 쾌적한 환경에서 생활할 수 있는 개별적 이익을 보호하려는데 있다고 할 것이다. 나아가 대상지역 '밖'의 주민이라 하더라도 환경영향평가법의 취지 및 헌법상 환경권 등을 고려할 때 환경상 이익의 입증을 통해 원고적격을 인정할 수 있다 할 것이다. 따라서 판례 태도 타당하다.

2. 사안의 경우

丙은 사업승인처분으로 인해 전과 비교할 때 수인할 수 없는 환경상의 이익에 대한 침해 또는 침해 우려가 있다는 사실을 입증하여 원고적격을 인정받을 수 있다.

Ⅳ. 문제의 해결

丙이 환경상 이익을 입증하여 원고적격이 인정된다면 사업승인처분의 취소를 구하는 소송을 제기할 수 있다.

| 강평 |

A. 설문 1

1. 쟁점으로 되는 것은 ① 환경영향평가서의 내용상 하자가 사업승인처분의 위법사유가 되는지 ② 환경부장관의 협의 내용에 따르지 않고 한 국토교통부장관의 사업승인처분이 위법한가 여부이다.

2. 답안에서는 환경영향평가서가 부실하게 작성된 경우인 내용상 하자가 있는 환경영향평가서를 근거로 행정청이 한 사업승인처분이 위법하게 되는지에 대해서만 서술하고 있는데, 환경영향평가서의 하자와 사업승인처분의 위법여부와의 관계를 독자의 목차로 구성할 필요가 있다. 환경영향평가서의 하자를 ① 환경영향평가를 아예 하지 않은 경우, ② 환경영향평가서를 작성하는데 주민의 의견청취를 하지 않거나 환경부장관과 협의를 하지 않는 등 절차상하자가 있는데도 이러한 환경영향평가서를 근거로 한 국토부장관의 사업승인처분의 위법여부(환경영향평가서의 절차상 하자와 사업승인처분의 위법성 여부), ③ 환경영향평가를 하였지만 평가대상을 누락한 경우 등 부실하게 작성되어 내용상 하자가 있는 환경영향평가서를 근거로 한 사업승인처분의 위법여부(환경영향평가서의 내용상 하자와 사업승인처분의 위법성 여부)로 나누어 서술하여야 쟁점을 해결할 수 있다.

3. 지문이 ③의 경우에만 해당하는 것이 아니고 ②의 경우에도 해당하는 사안이기 때문에 답안도 환경영향평가의 내용상 하자와 함께 절차상 하자로 인한 사업승인처분의 위법여부도 아울러 서술하여야 하는데 답안은 이에 따라 잘 구성되었지만 위에서 언급한 일부 내용을 보완할 필요가 있다.

B. 설문 2

1. 본 사례는 이른바 새만금사건에서 대법원의 전원합의체 판결(대판 2006. 3. 16, 2006두330)에서 원고적격에 관하여 판시한 주요 내용을 묻는 것이다.

2. 쟁점은 항고소송의 원고적격 즉 법률상 이익의 범위와 요건에 관한 문제이다. 환경영향평가 대상지역 안의 주민과 밖의 주민을 구별해서 취소소송을 제기할 수 있는 법률상 이익의 여부 즉 원고적격이 있는가를 판단하여야 한다.
관례의 내용을 잘 정리하여 답안이 구성되었지만 관례를 좀 더 명확히 이해하고 답안을 작성하였다면 좋았을 것이다.

관례에서는 "… 환경영향평가대상지역 '밖'의 주민이라 하더라도 … 그 처분 전과 비교하여 수인한도를 넘는 피해를 받거나 받을 우려가 있는 경우에는 … 그러한 환경상 이익에 대한 침해 또는 침해우려가 있다는 것을 입증함으로써 그 처분 등의 무효확인을 구할 원고적격을 인정받을 수 있다."라고 판시하여 '수인한도'와 '입증책임'을 요건으로 환경영향평가대상지역 '밖'의 주민들의 원고적격 인정여부를 정하고 있다. 동관례에서는 "환경영향평가대상지역 '밖'의 주민에게 헌법상 환경권 …에 근거하여 … 무효확인을 구할 원고적격이 없다."라고 판시하여 헌법상 환경권 규정만으로는 법률상 이익의 근거규정으로 삼을 수 없다고 하고 있다. 그러나 답안에서는 관례가 대상지역 '밖'의 주민이라 하더라도 헌법상 환경권 등을 고려할 때 환경상 이익의 입증을 통해 원고적격을 인정할 수 있다는 것으로 해석하고 이러한 관례 태도가 타당하다고 서술하고 있는데 이 부분은 관례의 내용을 오해하고 있는 것은 아닌가 판단된다.

3. 또한 첨언한다면 법률상 이익의 범위 및 원고적격의 인정여부에 대한 관례가 상당히 많이 축적되어 있기 때문에 답안에 관련관례의 내용을 보완한다면 좋을 것이다. 예를 든다면 환경 정책기본법상의 사전환경성검토협의 대상지역 내에 포함될 개연성이 있는 주민들의 원고적 격을 다툰 관례(대판 2006. 12. 22. 2006두14001)와 환경상 침해를 받으리라고 예상되는 영 향권의 범위에 따라서 원고적격을 인정한 관례(대판 2009. 9. 24. 2009두2825) 등을 들 수 있다.

2015년도 입법고등고시 기출문제와 어드바이스 및 답안구성 예

| 제1문(50점) |

A 광역시장은 甲 전원개발회사와 협의를 맺고 신·재생 에너지 개발 및 공급에 관한 협정서를 체결하였다. 체결서의 내용에는 甲이 개발하여 공급하여야 하는 신·재생에너지의 양 및 품질기준, A 광역시가 甲에게 제공하는 공유재산 및 그 사용조건, 보조금의 액수 및 지급방법, 甲이 건축하여야 하는 시설의 종류 및 건축기준, 관련 시설의 건축에 투자하여야 하는 자본의 액수 및 그 회수방법 그리고 30년 후에 관련 시설을 A 광역시에 기부 채납하는 것을 조건으로 하여 그 비용과 손익의 정산 방법에 관한 것이 모두 포함되었다.

1. 위의 협정에 대하여 이해관계자 乙은 甲이 건축하여야 하는 시설 가운데는 법령에 의하여 허가를 하여야 하는 것이 포함되었는데, 이를 임의로 건축하도록 동의해준 내용이 들어 있어 이 협의가 관계법령에 적합하지 않다고 주장한다. 乙의 주장의 타당성 여부에 관하여 제기될 수 있는 쟁점과 그 논거를 검토하시오. (20점)

Advice

설문의 해결을 위해 우선 위 협정의 법적성질을 검토하고 (공법상 계약인지), 이후 공법상 계약의 적법요건을 제시한 후, 허가사항을 협약으로 정하는 것이 적법요건에 반하지 않는지 즉 공법상 계약으로 행정행위를 갈음할 수 있는지가 문제된다. 공법상 계약은 법률의 근거 없이도 인정되므로 긍정설을 취하면 무난하다.

| 답안구성 예 |

Ⅰ. 쟁점의 정리

Ⅱ. 협정의 법적 성질 - 공법상 계약인지

Ⅲ. 협정의 적법여부

1. 공법상 계약의 적법 요건
2. 사안의 경우

Ⅳ. 소 결

2. A 광역시장은 乙의 주장으로 인하여 위 협정의 공정성이 문제가 되자 부하 공무원에게 위 협정의 타당성을 전면 재검토 하도록 지시하였다. 재검토 과정에서 甲이 제출한 신·재생 에너지 개발 실적이 A 광역시의 조례에서 정하고 있는 신·재생 에너지 개발 실적이 A 광역시의 조례에서 정하고 있는 신·재생 에너지 개발업자 기준에 맞지 않는다는 사실이 확인되어,

이를 근거로 A 광역시장은 위 협정을 해제하였다. 그러나 甲은 위 기준을 정한 A 광역시의 조례가 상위법령에 반하여 위법하다고 주장한다. A 광역시장의 해제행위가 적법한지를 검토하시오. (20점)

Advice

甲의 주장에 따라 ① 상위법령에 반하는 조례의 효력을 검토하고, ② 조례가 위법 무효일 경우 이를 근거로 한 해제행위의 적법성을 검토한다. 위법·무효인 조례에 근거한 해제행위이므로 위법하다고 결론낼 수 있다.

┌─ **답안구성 예** ─────────────────────────────

Ⅰ. **쟁점의 정리**

Ⅱ. **조례의 법률우위원칙 위반 여부**
  1. 문제점
  2. 초과조례·추가조례 허용 여부
  3. 위법한 조례의 효력

  4. 사안의 경우

Ⅲ. **해제행위의 적법여부**
  1. 위법한 조례에 근거한 처분의 효력
  2. 사안의 경우

Ⅳ. **소 결**

───

3. 甲이 A 광역시장의 해제 행위에 대하여 다투는 경우 적절한 권리구제 방법에 관하여 논술하시오. (10점)

Advice

사안의 협약해제는 공법상 계약의 해지로서 이를 다투기 위한 권리구제 방법으로는 ① 협적 유효확인소송 및 협정해제 무효확인소송 ② 국가배상청구 ③ 손실보상청구 ④ 결과제거청구소송 등을 검토할 수 있다.

┌─ **답안구성 예** ─────────────────────────────

Ⅰ. **쟁점의 정리**

Ⅱ. **항고소송**
  1. 협약유효확인소송
  2. 협약해제무효확인소송

Ⅲ. **그 밖에 권리구제 방법**
  1. 국가배상청구소송 가능여부
  2. 손실보상청구소송 가능여부
  3. 결과제거청구소송 가능여부

Ⅳ. **소 결**

───

| 제2문(30점) |

시행령 또는 시행규칙에 규정된 제재적 행정처분기준의 법적 성질을 논하시오.

Advice

1. 전형적인 법규명령 형식의 행정규칙에 대한 약술형 문제이다. 행정규칙으로 정할 수 있는 제재적 처분기준을 법규명령의 형식으로 제정하였을 때, 그 법규성 여부에 대해서 견해의 대립이 있다.

2. 목차를 『I. 문제의 소재 II. 법규성에 대한 견해 대립 III. 기타 쟁점 IV. 결론』으로 구성하고 II에서는 학설, 판례를 소개하되 판례는 시행령과 시행규칙을 달리 취급하여 시행령의 경우에만 법규성을 인정한다고 서술한다. 주어진 분량에 비해 배점이 많은바 III에서는 제재처분의 전력이 장래의 가중요건으로 되어있는 경우, 그것이 시행령에 규정된 것인지 시행규칙에 규정된 것인지에 대한 '협의의 소익'문제를 추가적 쟁점으로 서술한다.

답안구성 예

I. **문제의 소재**

II. **법규성에 대한 견해대립**
  1. 학 설
  2. 판 례
  3. 검 토

III. **협의의 소익 인정 여부**
  1. 문제점
  2. 가중요건 등이 시행령에 규정된 경우
  3. 가중요건 등이 시행규칙에 규정된 경우

IV. **결 론**

| 제3문(20점) |

위법한 상관의 직무명령과 복종의무를 논하시오.

Advice

1. 위법한 상관의 직무명령과 복종의무에 대한 약술형 문제로서, 공무원이 위법한 명령에 따라야 하는 가 즉, 법령준수의무와 복종의무의 충돌이 쟁점이 된다. 쟁점에 비해 배점이 많은 약술형 문제로서 가치적 측면을 포함하여 상세히 서술할 필요가 있다.

2. 목차를 『I. 서론 II. 법령준수의무와 복종의무 III. 양 의무의 충돌 IV. 결론』으로 잡는다. II 에서는 국가공무원법 제56조, 제57조 등 관련 법규정을 제시하며 법령준수의무는 합법성의 원칙 및 법치행정의 원칙에서 비롯된 것임을, 공무원의 복종의무는 행정의 계층질서 보장 및 행정의 통일성과 효율성을 보장하기 위한 것임을 명시한다. III에서는 양 의무가 충돌 할 시 결국 행정의 통일성·효율성의 요청과 합법성의 원칙간의 조화의 문제이며 합법성의 원칙이 보다 우선되는 바 위법성이 명백한 경우에 한하여 복종의 거부할 수 있다고 봄이 타당할 것이다. 판례도 그러한 입장이다.

| 제1문 | A하천 유역에서 농기계공장을 경영하는 甲은 수질 및 수생태계 보전에 관한 법률 제4조의5에 의한 오염부하량을 할당받은 자이다. 甲의 공장 인근에서 대규모 민물어류양식장을 운영하는 乙의 양식어류 절반가량이 갑자기 폐사하였고, 乙은 그 원인을 추적한 결과 甲의 공장에서 유출된 할당오염부하량을 초과하는 오염물질에 의한 것이라는 강한 의심을 가지게 되었다. 甲의 공장으로부터 오염물질의 배출이 계속되어 나머지 어류의 폐사도 우려되는 상황에서 乙은 동법 제4조의6을 근거로 甲에 대한 수질오염방지시설의 개선 등 필요한 조치를 명할 것을 관할 행정청 丙에게 요구하였다. 그러나 丙은 甲의 공장으로부터의 배출량이 할당오염부하량을 초과하는지 여부가 명백하지 않다는 이유로 이를 거부하였고, 乙은 동 거부처분에 대한 취소소송을 제소기간 내에 관할법원에 제기하였다. 다음 물음에 답하시오. (총 50점)

(1) 乙의 거부처분취소소송은 적법한가? (20점)

(2) 乙의 거부처분취소소송에 대하여 인용판결이 내려지고 동 판결은 확정되었다. 그럼에도 불구하고 丙은 개선명령 등의 조치가 재량행위임을 이유로 상당한 기간이 지났음에도 아무런 조치를 취하지 않고 있는바 이러한 丙의 태도는 적법한가? 만약 적법하지 않다면 이에 대한 현행 행정소송법상 乙의 대응수단은? (20점)

(3) 한편 甲이 할당오염부하량을 초과하여 오염물질을 배출하였음을 이유로 관할 행정청은 동법 제4조의7에 근거하여 오염총량초과부과금을 부과하였고 甲은 이를 납부하였다. 그런데 甲에게 부과된 부과금처분은 관련 법령상 요구되는 의견청취절차를 거치지 아니한 것이었고, 甲이 이를 이유로 이미 납부한 부과금을 반환받고자 하는 경우, 부당이득반환청구소송을 통해 구제받을 수 있는가? (10점)

[참조조문]

수질 및 수생태계 보전에 관한 법률

제1조(목적) 이 법은 수질오염으로 인한 국민건강 및 환경상의 위해(危害)를 예방하고 하천·호소(湖沼) 등 공공수역의 수질 및 수생태계(水生態系)를 적정하게 관리·보전함으로써 국민이 그 혜택을 널리 향유할 수 있도록 함과 동시에 미래의 세대에게 물려줄 수 있도록 함을 목적으로 한다.

제4조의5(시설별 오염부하량의 할당 등)

① 환경부장관은 오염총량목표수질을 달성·유지하기 위하여 필요하다고 인정되는 경우에는 다음 각

호의 어느 하나의 기준을 적용받는 시설 중 대통령령으로 정하는 시설에 대하여 환경부령으로 정하는 바에 따라 최종방류구별·단위기간별로 오염부하량을 할당하거나 배출량을 지정할 수 있다. 이 경우 환경부장관은 관할 오염총량관리시행 지방자치단체장과 미리 협의하여야 한다.

(각호 생략)

③ 환경부장관 또는 오염총량관리시행 지방자치단체장은 제1항 또는 제2항에 따라 오염부하량을 할당하거나 배출량을 지정하는 경우에는 미리 이해관계자의 의견을 들어야 하고, 이해관계자가 그 내용을 알 수 있도록 필요한 조치를 하여야 한다.

제4조의6(초과배출자에 대한 조치명령 등)

① 환경부장관 또는 오염총량관리시행 지방자치단체장은 제4조의5제1항 또는 제2항에 따라 할당된 오염부하량 또는 지정된 배출량(이하 "할당오염부하량등"이라 한다)을 초과하여 배출하는 자에게 수질오염방지시설의 개선 등 필요한 조치를 명할 수 있다.

제4조의7(오염총량초과부과금)

① 환경부장관 또는 오염총량관리시행 지방자치단체장은 할당오염부하량등을 초과하여 배출한 자로부터 총량초과부과금(이하 "오염총량초과부과금"이라 한다)을 부과·징수한다.

Ⅰ. 설문 (1)의 검토 - 거부처분 취소소송의 적법 여부

1. 문제점
2. 취소소송의 소송요건 충족 여부
3. 당해 거부처분이 행정소송법상 처분인지 여부
   (1) 거부처분의 성립요건
   (2) 법규상·조리상 신청권의 요구 여부
   (3) 행정개입청구권의 인정여부
   (4) 소 결
4. 乙의 원고적격 인정 여부
   (1) 법률상 이익의 의미
   (2) 乙에게 법률상 이익이 존재하는지 여부 - 인인소송의 인정 여부
5. 설문 (1)의 결론

Ⅱ. 설문 (2)의 검토 - 丙의 태도의 적법성과 乙의 행정소송법상 대응수단

1. 문제점
2. 丙의 태도가 행정소송법상 기속력에 반하는지 여부
   (1) 기속력의 의의
   (2) 기속력의 법적 성질
   (3) 기속력의 내용
   (4) 기속력의 범위

   (5) 기속력 위반의 효과
   (6) 사안의 경우
3. 丙의 태도에 대한 乙의 대응수단 – 행정소송법상 간접강제
   (1) 간접강제의 의의 및 요건
   (2) 간접강제의 절차
   (3) 배상금의 성질과 배상금의 추심
4. 설문 (2)의 결론

Ⅲ. 설문 (3)의 검토 - 甲의 부당이득반환청구소송 가능성

1. 문제점
2. 부과금 처분에 절차상 하자가 존재하는지 여부
3. 절차상 하자로 부과금 처분이 위법하게 되는지 여부
   (1) 학 설
   (2) 판 례
   (3) 검 토
4. 부과금 처분의 위법성 정도
   (1) 학설과 판례
   (2) 검 토
5. 부당이득반환청구소송의 인용가능성
6. 설문 (3)의 결론

Ⅰ. 설문 (1)의 검토 - 거부처분 취소소송의 적법 여부

1. 문제점

인근 주민인 乙이 제기한 거부처분 취소소송의 적법성과 관련하여 먼저 당해 거부처분이 행정소송법 상 처분에 해당하는지 거부처분의 신청권과 관련하여 행정개입청구권의 성립여부가 문제된다. 또한 인근주민인 乙이 당해 거부처분 취소소송에 있어 적법한 원고에 해당하는지 행정소송법 제12조의 원고적격 해당여부가 인인소송과 관련하여 문제된다.

2. 취소소송의 소송요건 충족 여부

취소소송이 적법하기 위해서는 ① 처분을 대상으로 ② 법률상 이익이 존재하는 자가 ③ 취소소송을 통해 구제가능한 소의 이익이 존재하는 경우로서 ④ 적법한 피고에 대하여 ⑤ 제소기간 내에 ⑥ 행정심판 전치가 필요한 경우 이를 거쳐서 ⑦ 관할법원에 제기하여야 한다.

사안의 경우 다른 소송요건은 문제되지 아니하나 거부처분이 행정소송법 제2조 제1항 제1호의 '거부'에 포함되어 처분에 해당하는지와 乙에게 법률상 이익이 존재하는 지가 문제되는 바 이하에서 검토한다.

3. 당해 거부처분이 행정소송법상 처분인지 여부

(1) 거부처분의 성립요건

거부처분이 행정소송법 상 처분이 되기 위해서는 ① 당사자의 신청에 대한 거부행위로서 ② 거부된 내용이 공권력의 행사의 거부에 해당하여야 하며 ③ 신청인의 권리의무에 직접 영향을 주는 경우여야 한다. 이때 당사자의 신청과 관련하여 법규상·조리상 신청권이 필요한지 여부가 문제된다.

(2) 법규상·조리상 신청권의 요구 여부

1) 학 설

학설은 신청권의 존재를 본안의 문제로 보는 ① 본안문제설의 견해와 ② 소송요건 중 대상적격으로 보는 견해 그리고 ③ 원고적격으로 보는 견해가 대립한다.

2) 판 례

대법원은 이를 대상적격의 문제로 판단하며 이때 신청권이란 구체적 사건에서 신청인이 누구인지를 고려하지 않고 관계법규의 해석을 통해 일반국민에게 추상적으로 인정되는 응답받을 권리를 의미한다고 판시하였다.

3) 검 토

관례가 요구하는 신청권은 당해 처분의 근거법규에 의해 일반국민에게 추상적으로 인정되는 객관적인 신청권으로서 대상적격설이 타당하다. 따라서 거부처분이 처분에 해당하기 위해서는 당해 법규상 또는 조리상 인정되는 신청권이 필요하다.

사안의 경우 乙이 행정청 丙에 대하여 甲에 대한 적극적인 개입을 주장하였는바 이는 행정개입청구권의 인정여부와 관계가 깊다 할 것이다. 비록 행정개입청구권은 개인의 개별적·구체적 공권에 해당하지만 이것이 인정된다면 일반, 추상적인 신청권은 당연 인정될 것인바 이하에서 행정개입청구권의 성립여부에 대해서 추가적으로 검토한다.

(3) 행정개입청구권의 인정 여부
 1) 행정개입청구권의 의의

행정개입청구권이란 국민이 자신의 권익을 위해 행정청에게 자기 또는 제3자에게 행정권발동을 청구할 수 있는 개인적 공권을 말한다. 수익적인 행정행위 발급청구권과 협의의 행정개입청구권으로 구분되며 사안의 경우 협의의 행정개입청구권이 문제된다.

 2) 행정개입청구권의 인정 여부

행정개입청구권은 행정청에 특정처분을 요구할 수 있는 실질적 권리를 말한다. 따라서 기속행위의 경우 당연히 인정되며 재량행위의 경우, 재량권이 영으로 수축하는 경우 예외적으로 인정된다고 볼 수 있다.

다만 판례의 경우, "제3자에 대한 조치를 요구할 수 있다는 취지의 규정이 없고, 조리상 이러한 권리가 인정된다고 보기 어렵다."라고 판시하여 항고소송에서 행정개입청구권을 인정하지 아니하고 있다.

 3) 행정개입청구권의 성립요건

행정개입청구권은 개별적 공권인 만큼 행정권의 개입의무인 강행법규성과 처분의 근거법규가 공익 뿐만 아니라 개인의 이익 보호를 목적으로 하는 사익보호성의 인정이 필요하다. 강행법규성의 경우, 기속행위라면 당연히 인정되며 재량행위의 경우 재량권이 「0」으로 수축하는 경우 예외적으로 인정된다. 재량의 「0」 수축은 사람의 생명, 신체, 재산 등 중대한 법익에 급박하고 현저한 위험이 존재하고 행정청의 개입으로 위험의 제거 가능성이 존재하여야 하며 개인의 노력으로 위험방지가 불충분한 경우 인정된다.

 4) 사안의 경우 – 행정개입청구권 인정 여부

수질 및 수생태계 보전에 관한 법률 제4조의 6에 따르면 丙은 오염부하량을 초과하여 배출하는 자에게 수질오염 방지시설의 개선 등 필요한 조치를 명할 수 있다. 이는 행정청에게 일정한 행위의 재량을 부여하는 재량행위에 해당하며 따라서 행정개입청구권이 인정되기 위해서는 재량의 「0」 수축이 요구된다.

사안의 경우 乙의 양식어류 절반가량이 갑자기 폐사하는 등 乙의 생계유지와 관련된 재산권에 급박하고 현저한 위험이 존재한다고 보이며, 행정청의 개선 등 필요한 조치를 통해 甲의 오염부하량 감소가 가능하며 이를 통해 乙의 양식어류와 관련된 재산권의 보호가 가능할 것으로 판단된다. 또한 乙은 甲에 대하여 별도의 수단을 강구할 수 없는 바 이는 재량이 「0」으로 수축되는 경우에 해당하여 행정개입청구권이 인정된다고 보인다.

(4) 소 결

행정개입청구권이 인정되는 경우로서 乙의 신청권이 당연히 인정되며, 乙의 처분 발급 신청에 대한 거부행위로서 이는 공권력의 행사의 거부에 해당하며, 이에 대한 거부는 乙의 재산상 이익에 직접적인 영향을 주는 상황에 해당하는 바 위 거부행위는 거부처분에 해당한다.

4. 乙의 원고적격 인정 여부

(1) 법률상 이익의 의미

1) 학 설

법률상 이익의 의미와 관련하여 위법한 처분에 의해 권리가 침해된 자에게 법률상 이익이 있다고 보는 ① 권리회복설, 권리 뿐만 아니라 법률에 의해 보호되는 이익이 존재하는 자에게 법률상 이익이 있다고 보는 ② 법률상 보호이익구제설, 법질서 전체의 관점에서 소송법상 보호할 가치를 법률상 이익으로 보는 ③ 보호가치 있는 이익구제설, 끝으로 처분의 위법성을 다툴 적합한 이익을 법률상 이익으로 보는 ④ 적법성보장설의 견해가 대립한다.

2) 판 례

법률상 이익에 대해 대법원은 '당해 처분의 근거법규 및 관련법규에 의해 직접적 또는 합리적 해석상 보호되는 개별적·직접적·구체적 법률상 이익'이라고 판시하였다.

3) 검 토

권리구제설의 경우 개인의 권리구제와 관련된 범위가 매우 좁고, 보호가치 있는 이익구제설의 경우 법관의 법창조적 기능을 인정한다는 문제가 있다. 또한 적법성 보장설의 경우 주관소송을 취하는 현행법 반한다는 점에서 개인의 권리구제와 남소방지 및 현행법의 합리적 해석상 법률상 보호이익구제설이 타당하다.

(2) 乙에게 법률상 이익이 존재하는지 여부 – 인인소송의 인정 여부

1) 의 의

인근주민이 특정인에게 수익적인 처분 등에 대해서 다투는 소송으로서 사안의 경우 인근주민인 乙이 행정청 丙의 거부처분에 대해서 다투나 이는 실질적으로 甲에 대한 수익적인 거부에 해당한다는 점에서 인인소송에 해당한다고 볼 수 있다.

2) 법률상 이익의 판단 여부

원고적격의 법률상 이익과 동일하게 판단하며 구체적으로 당해 처분등의 근거법규 및 관계법규에서 인인소송을 제기한 자의 공익뿐만 아니라 사익도 보호하고 있다고 해석되는 경우에는 인근주민에게 원고적격이 인정된다고 볼 수 있다.

대법원의 경우 이른바 새만금 판례에서 환경영향평가법을 근거법규 내지 관련법규에 포함시켜 법률상 이익을 판단한 경우가 있으며 구체적으로 환경영향평가 대상지역 안의 주민의 경우 개인적이며 환경 상 이익이 침해되는 것이 사실상 추정된다고 보아 원고적격을 긍정하였으며 대상지역 밖의 주민의 경우 처분전과 비교하여 수인한도를 넘는 환경상 이익의 침해 여부를 스스로 입증하여야 한다고 판시하였다.

3) 소 결

수질 및 수생태계 보전에 관한 법률 제1조에 따르면 국민 건강 및 환경상 위해를 예방하고 공공수역의 수질 및 수생태계를 적정하게 관리, 보전한다는 점과 개별, 구체적 공권인 행정개입청구권이 인정되는 경우라는 점에서 乙에게 당해 거부처분의 취소를 구할 법률상 이익이 인정된다고 볼 수 있다. 따라서 乙에게는 당해 거부처분취소소송을 제기할 원고적격이 있다.

5. 설문 (1)의 결론

乙이 제기한 거부처분취소소송은 신청권이 인정되는 적법한 거부처분을 대상으로 하며 乙은 당해 거부처분의 취소를 구할 법률상 이익이 있다는 점에서 적법하다고 볼 수 있다.

II. 설문 (2)의 검토 - 丙의 태도의 적법성과 乙의 행정소송법상 대응수단

1. 문제점

인용판결이 내려지고 동 판결이 확정된 상태에서 아무런 조치를 취하지 않는 丙의 태도와 관련하여 행정소송법 제30조 제2항의 재처분의무에 반하는지 여부가 기속력과 관련하여 문제된다. 또한 적법하지 않은 경우 乙의 행정소송법상 대응수단과 관련하여 행정소송법 제34조의 거부처분 취소판결의 간접강제 인정여부가 문제된다.

2. 丙의 태도가 행정소송법상 기속력에 반하는지 여부

(1) 기속력의 의의

소송의 당사자인 행정청 및 관계행정청이 법원의 인용, 확정판결의 취지에 따라 행동해야 하는 행정청과 관계행정청을 구속하는 효력을 말한다.

(2) 기속력의 법적 성질

1) 학 설

기속력은 본질이 기판력과 동일하다는 측면에서 ① 기판력설의 견해와 기속력은 취소판결의 실효성 확보 위해 행정소송법이 특별히 부여한 효력이라고 보는 ② 특수효력설의 견해가 대립한다.

2) 검 토

기판력은 모든 확정판결에 인정되며 소송법적 효력에 불과하지만 기속력은 인용판결에만 발생하며 행정청등에게 의무를 부과하는 실체법상 효력에 해당한다는 점에서 특수효력설이 타당하다.

(3) 기속력의 내용

기속력의 소극적 효력으로서 반복금지효와 적극적 효력으로서 원상회복의무 그리고 행정소송법 제 30조 제2항의 재처분의무를 내용으로 한다.

(4) 기속력의 범위

주관적 범위는 당사자인 행정청과 그 밖의 관계 행정청에 대하여 미치며 객관적 범위는 판결주문 및 그 전제가 되는 요건사실의 인정과 판단 즉 구체적 위법사유의 판단에 대하여 판례는 기본적 사실관계의 동일성을 기준으로 판단한다. 끝으로 시간적 범위는 위법판단의 기준시와 동일한데 일반적으로 처분시 존재하는 사유를 기준으로 하되 거부처분 취소소송 이후 행정청의 재처분에 대해서는 처분시설과 판결시설의 견해가 대립한다.

(5) 기속력 위반의 효과

기속력에 위반한 처분은 하자가 중대, 명백하다고 보아 당연 무효에 해당한다.

(6) 사안의 경우

거부처분 취소소송의 인용판결이 내려지고 확정된 경우에 당사자 행정청인 丙은 기속력이 미치는 행정청에 해당하며 이 경우 재량행위라는 이유로 아무런 조치를 취하지 않는 것은 행정소송법 제30조 제2항의 재처분의무에 반한다고 볼 수 있다. 따라서 丙의 태도는 기속력에 반하여 적법하지 아니하다.

3. 丙의 태도에 대한 乙의 대응수단 – 행정소송법상 간접강제

(1) 간접강제의 의의 및 요건

행정소송법 제34조에 규정된 간접강제는 거부처분취소소송의 인용판결의 기속력을 담보하기 위한 대응수단으로서 ① 거부처분취소판결이 확정되었고 ② 행정청이 판결의 취지에 따른 처분을 하지 않는 경우에 간접강제의 신청이 가능하다.

사안의 경우 거부처분취소판결에도 불구하고 행정청 丙이 아무런 처분을 하지 않는 경우로서 간접강제로서 대응 가능하다.

(2) 간접강제의 절차
행정소송법 제34조 제1항에 따라 1심 관할법원에 신청하며 1심 수소법원은 결정으로서 처분을 행할 상당한 기간을 정하여 그 기간 내 불이행 시 지연기간에 따른 일정한 배상 또는 즉시 손해배상 명할 수 있다.

(3) 배상금의 성질과 배상금의 추심
배상금은 재처분의무의 이행을 담보하는 취지로서 지연에 대한 제재나 손해배상의 성격이 아닌 심리적 강제수단에 불과하다. 따라서 기간 경과 후 판결 취지에 따른 재처분의무의 이행이 있으면 더 이상 배상금 추심이 불가능하다.

4. 설문 (2)의 결론
인용판결이 내려지고 동 판결이 확정되었음에도 불구하고 아무런 조치를 취하지 않는 丙의 태도는 행정소송법 제30조 제2항의 재처분의무를 이행하지 않은 것으로서 기속력에 반하여 적법하지 아니하다. 따라서 乙은 행정소송법 제34조의 간접강제를 통해 행정청 丙이 재처분 의무를 하도록 대응할 수 있다.

Ⅲ. 설문 (3)의 검토 – 甲의 부당이득반환청구소송 가능성
1. 문제점
의견청취절차를 거치지 아니한 부과금 처분에 절차상 하자가 존재하는 지 여부와 그 하자만으로도 부과금 처분이 독자적으로 위법하게 되는지가 문제된다. 또한 그 위법성의 정도를 바탕으로 만일 취소사유인 경우 부당이득반환청구소송의 수소법원이 당해 부과금 처분의 효력을 부인하고 부당이득반환청구소송을 인용할 것인지와 관련하여 구성요건적 효력과 선결문제가 문제된다.

2. 부과금 처분에 절차상 하자가 존재하는지 여부
법령상 요구되는 의견청취 절차를 거치지 아니한 경우로서 이는 처분의 절차상 하자가 존재하는 경우에 해당한다고 볼 수 있다.

3. 절차상 하자로 부과금 처분이 위법하게 되는지 여부
(1) 학 설
행정절차는 수단에 불과하다는 점에서 행정경제와 소송경제에 반한다고 보는 ① 소극설, 행정의 법률적합성과 적법절차원칙의 중요성을 강조하는 ② 적극설, 기속행위는 부정하되 재량행위는 다른 처분의 가능성이 있으므로 긍정하는 ③ 절충설, 하자 정도와 적법절차로 인한 다른 결정가능성 등 여러 사정을 고려하는 ④ 개별적 검토설의 견해가 대립한다.

(2) 판 례

대법원의 견해에 따르면 절차의 하자를 독자적 위법사유로 인정하고 있다.

(3) 검 토

실질적 법치주의 측면에서 적법절차의 중요성이 강조된다는 점에서 행정절차법의 입법취지를 고려하여 긍정설이 타당하다. 다만 그 위법성의 정도와 관련하여 견해가 대립한다.

4. 부과금 처분의 위법성 정도
(1) 학설과 판례

법치행정의 원리와 적법절차의 중요성 측면에서 절차상 하자는 무효라고 보는 견해, 행정절차는 수단에 불과하다는 점에서 원칙적으로 취소로 보는 견해가 대립한다. 대법원은 중대 명백설에 따라 절차상 하자는 취소인 하자에 불과하다고 본다.

(2) 검 토

법적안정성과 제3자의 신뢰보호 측면, 행정의 법률적합성, 국민의 권리구제를 조화한다는 측면에서 중대명백설에 따라 취소사유로 봄이 타당하다.

5. 부당이득반환청구소송의 인용가능성

판례와 학설의 견해에 따르면 당해 처분이 당연 무효가 아닌 한 부당이득반환청구소송의 수소법원이 당해 근거 처분의 효력을 부인하는 것은 구성요건적 효력에 반하여 불가능하다.

위 사안의 경우, 부과금 처분은 취소사유이기 때문에 부당이득반환청구소송의 수소법원이 부과금 처분의 효력을 부인하는 것은 불가능하다. 따라서 부당이득반환청구소송은 인용되지 아니할 것이며 당해 부과금처분이 행정청 등에 의해서 취소되지 아니하는 한 구제는 불가능하다.

6. 설문 (3)의 결론

부과금 처분에는 비록 절차상 하자가 존재하며 위법하나 당해 위법성은 취소사유에 불과하며 부당이득반환청구소송의 경우 법률상 원인이 없어 무효 또는 이전에 취소되었을 것을 요구한다는 점에서 부당이득반환청구소송에 의한 구제가 불가능하다.

┤ 강 평 ├

1. 설문 (1)의 경우

(1) 거부처분취소소송의 적법여부를 묻는 문제이므로 거부처분취소소송의 제기요건의 충족여부가 문제된다. 사안에서 제소기간내에 관할법원에 제기하였다는 점을 밝히고 있으므로 그밖에 제기요건으로서 乙의 원고적격 여부와 거부처분의 대상적격여부가 문제된다. 따라서 서론(문제점)에서 이 점을 쟁점으로 밝히고, 원고적격과 대상적격을 검토한다. 먼저, 원고적격의 검토에서는 乙이 인근주민이라는 점에서 취소소송(인인소송)에서 인근주민의 원고적격의 문제가 핵심쟁점으로 다루어져야 한다. 다음, 대상적격의 검토에서는 거부처분의 성립요건의 포섭에서 신청권의 여부가 문제된다. 신청권을 대상적격의 요건으로 볼 경우 乙에게 행정개입청구권이 성립될 수 있는지가 문제된다.

(2) 이러한 점에서 답안은 대체로 무난하나, 문제점에서 검토할 핵심쟁점의 정리가 미흡하고, 사안의 포섭을 위해 원고적격이나 거부처분의 성립요건 및 행정개입청구권의 요건으로서 재량권의 영으로의 수축의 요건 등에 대한 좀 더 구체적 설명이 필요하다. 또한 사안의 해결에서 주어진 참조조문의 적용이 중요한바, 수질보전법 제1조와 제4조의5와 제4조의6에서 乙이 취소를 구할 법률상 이익이 있는지와 신청권이 있는지를 포섭하는데 활용하는 등 좀 더 충실한 사안의 포섭이 아쉽다.

2. 설문 (2)의 경우

(1) 행정청의 인용판결내용의 불이행이 판결의 기속력의 내용인 재처분의 무에 반하는지, 이 경우의 구제수단으로서 간접강제가 가능한지 문제된다. 따라서 기속력의 의의와 내용 및 범위, 위반의 효과를 검토하고 사안의 포섭을 하면 된다. 기속력에 반하면 위법·무효인바, 이 경우 간접강제를 신청할 수 있는지 그 요건을 검토하고 사안을 포섭하면 된다.

(2) 답안은 무난하게 작성되었으나, 기속력의 여러 내용을 열거하기보다 이 사안에 해당하는 재처분의무에 대한 설명이 필요하고, 간접강제의 신청여부가 문제되는 것이므로 그 신청 후의 배상금 추심 부분의 설명은 불필요하다고 할 것이다.

3. 설문 (3)의 경우

(1) 절차하자를 이유로 부당이득반환청구소송을 통한 구제가능성의 문제인바, 절차하자는 취소사유에 불과하여 공정력으로 인해 아직 부당이득이 성립하지 아니하고 있다는 점이 중심

쟁점이다. 부당이득반환청구소송이 공법상 당사자소송인지 민사소송인지 견해가 나뉘며, 종래 관례는 민사소송으로 보았으나 최근 관례변경을 통해 공법상 당사자소송으로 본다는 점도 주의를 요한다(대법원 2013. 3. 21. 2011다95564 전원합의체 판결, 양수금〈부가세 환급청구당사자소송사건〉).

(2) 종래의 관례에 따르면 사안은 민사소송의 선결문제가 대두되어 처분의 효력유무에 대한 선결문제는 부정되나, 통설에 따르면 행정법원에 공법상 당사자소송으로 해결이 가능하다. 단, 행정소송법 제10조 제2항에 따라 오염총량초과부과금 취소소송을 제기하고 이에 병합하여 부당이득반환청구소송을 제기하여 해결하는 방법도 있음을 지적할 필요가 있다.

| 제2문 | A市시장은 지역문화발전을 도모하는 비영리적 전통문화육성·개발사업을 지원하기 위하여 제정한 A市전통문화육성·개발사업지원에 관한 조례에 따라 보조금을 받고자 하는 사업자를 공모하였다. 비영리법인 甲은 A市의 전통문화상품인 모시를 재료로 한 의복을 개발하기로 하고 A市의 공모에 응하였다. 한편 주식회사 乙은 전통시장의 현대화사업을 추진하려는 목적으로 위 공모에 응하였다. A市시장은 甲을 사업자로 선정하고 보조금을 지급하기로 결정하였다. 乙은 응모사업이 영리성이 강하고 보조금예산이 한정되어 있으며 평가점수가 甲보다 낮음을 이유로 사업자로 선정되지 못하였다. 다음 물음에 답하시오. (총 30점)

(1) 당초 甲이 제출한 서류의 내용과 달리 甲의 사업은 A市의 모시를 이용하지도 않고, 영리적 목적만을 가질 뿐 A市의 지역문화발전과는 무관하다는 이유로 A市시장이 보조금지급결정을 취소하고자 하는 경우, 그 법적 가능성은? (15점)

(2) 乙이 甲에 대한 보조금지급결정의 취소소송을 제기할 경우, 그 소송은 적법한가? (15점)

Ⅰ. 설문 (1)의 검토 - A시 시장의 보조금지급결정 취소가능성
1. 문제점
2. 보조금지급결정 취소의 법적 성질 – 직권취소인지 여부
3. 직권취소의 법적 근거 요부
4. 직권취소의 효과
5. 직권취소의 한계법리
6. 설문 (1)의 결론

Ⅱ. 설문 (2)의 검토 - 乙의 보조금지급결정취소소송의 적법성
1. 문제점
2. 취소소송의 소송요건 충족 여부
3. 乙의 원고적격 여부
  (1) 법률상 이익의 의미
  (2) 사안의 경우 – 경원자소송의 원고적격
4. 乙이 제기한 보조금지급결정취소소송의 소의 이익 유무
5. 설문 (2)의 결론

Ⅰ. 설문 (1)의 검토 – A시 시장의 보조금지급결정 취소가능성

1. 문제점

甲이 제출한 서류의 내용과 다른 사업을 하는 경우, A시 시장의 취소가 직권취소인지 철회인지가 문제되며 만일 직권취소라면 원시적 하자가 존재하는지, 한계법리에 반하지 않는지 여부가 문제된다.

2. 보조금지급결정 취소의 법적 성질 – 직권취소인지 여부

행정청이 쟁송제기와 관계없이 직권으로 위법·부당한 행정행위의 효력을 상실시키는 별도의 행정행위를 말한다. 직권취소는 성립당시 원시적 하자가 존재한다는 점에서 당사자의 귀책사유가 있는 경우 예외적 소급효를 인정하는 철회와 구별된다.

사안의 경우 甲이 제출한 서류에 원시적인 하자가 존재한다는 점에서 시장의 보조금지급결정 취소는 직권취소에 해당한다.

3. 직권취소의 법적 근거 요부

위 사안의 경우 직권취소의 법적근거는 존재하지 아니한다. 그 허용과 관련하여 법적근거필요설의 견해가 존재하지만 처분청은 행정행위의 공정력을 깨트릴 수 있는 권한있는 기관이므로 법적근거 불요설의 견해가 타당하다.

4. 직권취소의 효과

쟁송취소는 원칙적으로 소급효이지만 직권취소는 상대방에게 귀책사유 있는 경우를 제외하고는 소급효가 제한된다.

5. 직권취소의 한계법리

수익적 행정행위의 취소는 법적안정성과 상대방의 신뢰보호와 관련하여 구체적인 이익형량 및 신뢰보호의 원칙에 반하지 아니하여야 하며 포괄적 신분설정행위와 불가변력이 발생한 행정행위의 경우 제한되게 된다.

6. 설문 (1)의 결론

원시적인 하자가 존재하는 경우로서 법적근거가 없이 A시 시장의 취소는 가능하다. 다만 수익적 행정행위로서 상대방의 신뢰보호나 구체적 이익형량등의 고려가 필요하나 사안의 경우 상대방에게 귀책사유가 존재하는 경우로서 허위 서류로 인한 처분 취소의 공익적 필요성이 더 크다고 여겨진다는 점에서 한계법리에 반하지 아니한다 보인다. 따라서 A시 시장의 보조금지급결정취소는 법적으로 가능하다.

Ⅱ. 설문 (2)의 검토 - 乙의 보조금지급결정취소소송의 적법성

1. 문제점

처분의 제3자이나 보조금지급결정을 함께 신청한 乙이 제기한 甲의 보조금지급결정취소소송의 적법성과 관련하여 경원자소송의 원고적격 인정여부 및 소의이익 존부가 문제된다.

2. 취소소송의 소송요건 충족 여부

취소소송이 적법하기 위해서는 ① 처분을 대상으로 ② 법률상 이익이 존재하는 자가 ③ 취소소송을 통해 구제가능한 소의 이익이 존재하는 경우로서 ④ 적법한 피고에 대하여 ⑤ 제소기간 내에 ⑥ 행정심판 전치가 필요한 경우 이를 거쳐서 ⑦ 관할법원에 제기하여야 한다.

사안의 경우 다른 소송요건은 문제되지 아니하나 제3자인 乙에게 법률상 이익이 인정되어 적법한 원고인지 여부와 경원자소송의 소의 이익이 문제된다.

3. 乙의 원고적격 여부

(1) 법률상 이익의 의미

1) 학 설

법률상 이익의 의미와 관련하여 위법한 처분에 의해 권리가 침해된 자에게 법률상 이익이 있다고 보는 ① 권리회복설, 권리 뿐만 아니라 법률에 의해 보호되는 이익이 존재하는 자에게 법률상 이익이 있다고 보는 ② 법률상 보호이익구제설, 법질서 전체의 관점에서 소송법상 보호할 가치를 법률상 이익으로 보는 ③ 보호가치 있는 이익구제설, 끝으로 처분의 위법성을 다툴 적합한 이익을 법률상 이익으로 보는 ④ 적법성보장설의 견해가 대립한다.

2) 판 례

법률상 이익에 대해 대법원은 '당해 처분의 근거법규 및 관련법규에 의해 직접적 또는 합리적 해석 상 보호되는 개별적·직접적·구체적 법률상 이익' 이라고 판시하였다.

3) 검 토

권리구제설의 경우 개인의 권리구제와 관련된 범위가 매우 좁고, 보호가치 있는 이익구제설의 경우 법관의 법창조적 기능을 인정한다는 문제가 있다. 또한 적법성 보장설의 경우 주관소송을 취하는 현행법 반한다는 점에서 개인의 권리구제와 남소방지 및 현행법의 합리적 해석상 법률상 보호이익구제설이 타당하다.

(2) 사안의 경우 - 경원자소송의 원고적격

경원자 소송이란 수익적 처분을 복수로 신청한 경우 허가 받지 못한 자가 타방이 받은 허가를 다투는 소송을 말한다. 대법원은 인·허가 등의 수익적 행정처분을 신청한 여러 사람이 경쟁관계에 해당하여 일방에 대한 허가처분이 타방에 대한 불허가로 귀결되는 경우, 처분 받지 못한 사람은 처분의 상대방이 아닌 경우에도 원고적격이 인정된다고 보고 있다.

생각건대 경원자 관계는 각 경원자에 대한 인·허가는 배타적 관계에 해당한다는 점에서 자신의 권익 구제 위해 타인에 대한 인·허가 등을 취소할 법률상 이익이 있다고 보이며 사안의 경우 보조금 예산이 한정된 경우로서 甲에 대한 허가로 인해 乙이 불허가를 받게 된 경원자 관계로서 乙에게는 甲의 보조금 지급결정의 취소를 구할 법률상 이익이 있다고 보인다. 따라서 乙은 당해 처분의 취소를 구할 원고적격에 해당한다.

4. 乙이 제기한 보조금지급결정취소소송의 소의 이익 유무

경원자 관계라 하더라도 乙이 당해 처분의 취소 이후 새로운 허가를 받을 가능성이 부재한 경우 소의 이익이 없어 소송은 각하될 수 있다.

사안의 경우 乙은 영리성이 강하다는 점에서 현 상황에서는 새로운 허가를 받을 가능성이 없다. 이 경우 소의 이익이 없어 소는 각하될 것이다.

그러나 乙이 응모사업의 내용을 전통문화 육성이라는 취지와 비영리성 등을 갖추도록 변화시키는 경우라면 소의 이익이 존재한다고 볼 수 있다.

5. 설문 (2)의 결론

乙은 甲과 경원자 관계로서 적법한 원고적격을 갖추고 있으나 현 시점에서 새로운 허가를 받을 가능성이 없다는 점에서 소의 이익이 없는 바 당해 소송은 부적법하다.

그러나 응모사업의 내용 및 성격을 변화시키는 경우라면 소의 이익이 존재하여 당해 소송은 적법하다고 볼 수 있다.

┤ 강 평 ├

1. 설문 (1)의 경우

사실관계의 정확한 이해가 필요한바, 甲은 허가받은 제출서류의 내용과 달리 A시 모시를 이용하지도 않고 영리목적만 가진다는 이유로 결정사항을 취소하고자 한다. 따라서 처분시의 하자가 아니라 사후의 사정변경이라 할 것이므로 취소가 아니라 철회에 해당한다는 점, 따라서 직권취소가 아니라 강학상 철회사유라 할 것이므로 철회권의 제한여부가 문제된다.

즉, 보조금지급결정은 수익적 행정행위이므로 철회권의 제한의 문제가 발생하며, 사안의 경우 甲에게 귀책사유가 있으므로 수익적 행정행위의 철회가 제한되지 아니하는 경우라 할 것이다.

2. 설문 (2)의 경우

(1) 소제기의 적법여부는 소송요건의 충족여부의 문제인바, 사안에서 보조금지급결정은 수익적 행정행위이므로 대상적격에는 문제가 없고, 처분일자에 대한 언급이 없어 제기기간도 문제되지 아니한다고 할 것이므로, 처분의 상대방이 아닌 乙의 원고적격 여부와 협의의 소익 여부가 검토할 쟁점이다. 먼저, 취소소송 특히 경원자소송의 원고적격이 문제되고, 또한 甲에 대한 보조금지급결정이 취소되더라도 乙이 그 보조금을 받을 수 있는지와 관련하여 협의의 소익이 문제된다. 그런데 乙은 A시의 보조금지급사업에 공동 공모한 甲과 경원자 관계로서 배타적 관계에 있으므로, 甲에 대한 보조금지급결정의 취소를 구할 법률상 이익이 있다고 할 것이므로 위 취소소송의 원고적격이 인정된다는 점을 검토함이 중요하다. 또한 乙은 甲에 대한 보조금지급결정이 취소되면 공동 공모자인 자신이 보조금지급결정을 받을 가능성을 배제할 수 없고 또한 자신이 받을 것으로 기대가능성이 있다고 할 것이므로 위 취소소송을 제기할 소의 이익의 인정도 가능성의 검토가 필요하다.

(2) 답안에서 '2. 취소소송의 소송요건 충족여부'는 문제점에서 정리하여 검토할 쟁점을 제시하면 되므로 따로 목차를 잡은 것은 불필요하다. 乙의 원고적격과 관련해서는 경원자소송의 원고적격을 검토하고 항목을 바꾸어 사안의 포섭을 하고, 협의의 소익에 관한 항목과 사안의 포섭항목을 분리하여 검토하는 것이 더 좋을 듯하다.

| **제3문** | A市의회는 공개된 장소 뿐만 아니라 주거용 주택의 내부인 비공개장소에도 영상정보처리기기를 설치하려는 자는 영상정보처리기기 설치허가를 받도록 하고, 이를 위반한 경우 50만원 이하의 과태료를 부과하는 것을 내용으로 하는 조례안을 의결하였다. 위 조례안은 적법한가? 만약 A市시장이 위 조례안을 위법하다고 판단한 경우, A市시장이 조례안의 위법성을 통제할 수 있는 법적 수단은? (20점)

【 **참조조문** 】

개인정보 보호법

제25조(영상정보처리기기의 설치·운영 제한)

① 누구든지 다음 각 호의 경우를 제외하고는 공개된 장소에 영상정보 처리기기를 설치·운영하여서는 아니 된다.

1. 법령에서 구체적으로 허용하고 있는 경우
2. 범죄의 예방 및 수사를 위하여 필요한 경우
3. 시설안전 및 화재 예방을 위하여 필요한 경우
4. 교통단속을 위하여 필요한 경우
5. 교통정보의 수집·분석 및 제공을 위하여 필요한 경우

② 누구든지 불특정 다수가 이용하는 목욕실, 화장실, 발한실(發汗室), 탈의실 등 개인의 사생활을 현저히 침해할 우려가 있는 장소의 내부를 볼 수 있도록 영상정보처리기기를 설치·운영하여서는 아니 된다. 다만, 교도소, 정신보건 시설 등 법령에 근거하여 사람을 구금하거나 보호하는 시설로서 대통령령으로 정하는 시설에 대하여는 그러하지 아니하다.

Ⅰ. 문제점

Ⅱ. A시 의회가 제정한 조례안의 적법성

　1. 조례제정이 가능한 사무인지 여부

　2. 조례안이 법률유보의 원칙에 반하는지 여부

　　(1) 학 설

　　(2) 판 례

　　(3) 검 토

　　(4) 사안의 경우

　3. 조례안이 법률우위의 원칙에 반하는지 여부

　　(1) 학 설

　　(2) 판 례

　　(3) 검 토

　　(4) 사안의 경우

　4. 소 결

Ⅲ. A시 시장의 조례안 위법성 통제 법적 수단

　1. 재의요구권

　2. 제소권

　3. 집행정지의 가능성

Ⅳ. 결 론

Ⅰ. 문제점

먼저 위 조례안의 적법성과 관련하여 A시 의회가 제정, 의결한 조례안이 제정 가능한 사무에 대하여 제정되었는지 여부와 지방자치법 제22조의 규정과 관련하여 법률유보 및 법률우위의 원칙에 반하는지 여부가 문제된다.

또한 A시 시장이 조례안의 위법성을 통제할 수 있는 수단과 관련하여 재의요구권과 제소권, 집행정지 결정 신청의 가능성이 문제된다.

Ⅱ. A시 의회가 제정한 조례안의 적법성

1. 조례제정이 가능한 사무인지 여부

지방자치법 제22조의 규정상 자치사무와 단체위임사무의 경우 법령위임 없이도 제정이 가능하지만 기관위임사무의 경우 위임조례만 가능하다.

사무를 판단함에 있어서는 근거규정 및 비용부담, 책임소재, 지방자치법 제9조 및 제11조의 규정을 토대로 판단하는데 사안의 경우, 개인정보보호법상 영상정보처리기기의 설치, 운영에 관한 사무는 지방자치단체가 추진하는 제9조상의 사무에도 포함되지 아니하며 위임의 소지도 없는 단순한 국가사무에 포함된다고 봄이 타당하다. 따라서 이는 조례제정이 불가능한 사무에 해당한다.

2. 조례안이 법률유보의 원칙에 반하는지 여부

지방자치법 제22조 단서에 따르면 주민의 권리제한, 의무부과, 벌칙제정과 관련하여 법률위임을 요한다는 규정이 존재하는데 동 규정이 헌법 제117조 제1항에 반하는지 위헌성 여부가 문제된다.

(1) 학 설

헌법에서 정하지 않은 추가적 제한이라는 점에서 ① 위헌설의 견해와 기본권 제한에 관하여 헌법 제37조 제2항을 적용한 일반적 법률유보 규정이라는 점에서 ② 합헌설의 견해가 대립한다.

(2) 판 례

대법원의 견해에 따르면 지방자치법 제22조 단서는 기본권 제한에 대하여 법률유보원칙을 선언한 헌법 제37조 제2항 취지에 부합한다는 점에서 합헌설로 본다.

(3) 검 토

자치단체의 입법권도 기본권에 기속된다는 점에서 헌법 제37조 제2항의 규정은 당연히 조례제정에도 적용된다. 따라서 합헌으로 봄이 타당하다.

위임의 정도와 관련하여 자치조례의 경우 자치법규로서 법률에 준하는 성질을 갖는 바 포괄위임금지원칙이 적용되지 아니하지만 기관위임사무의 경우 위임조례는 행정입법의 일종으로서 일반적 위임한계가 적용되며 구체적 위임이 필요하다.

(4) 사안의 경우
당해 조례안은 설치허가 및 과태료 부과등을 내용으로 하는 침익적인 조례이다. 따라서 법률유보원칙이 적용되지만 법적근거가 존재하지 않는다는 점에서 법률유보원칙에 반한다.

3. 조례안이 법률우위의 원칙에 반하는지 여부
지방자치법 제22조 본문에 따르면 '법령의 범위 안'에서 조례제정이 가능하다고 명시하고 있다. 이에 법령 위반과 관련하여 법령에서 이미 규정하는 사항에 대한 조례제정 가능성이 법률우위원칙과 관련하여 문제된다.

(1) 학 설
국가법령이 이미 정한 사항에 대한 조례제정은 위법하다고 보는 ① 엄격한 법률선점론의 견해와 국가법령이 정한 사항이라도 지역적 특수성을 고려하여 달리 규정이 가능하다고 보는 ② 완화된 법률선점론의 견해가 대립한다.

(2) 판 례
대법원의 견해에 따르면 조례가 법령과 별도목적을 규율하거나 동일목적이라도 법령이 반드시 전국에 걸쳐 일률적으로 규율하려는 취지가 아니고, 지방 실정에 맞는 별도규율을 용인하는 취지인 경우라면 법령에 위반되지 아니한다.

(3) 검 토
추가조례 및 수익초과조례의 경우 판례의 견해에 따라 판단하는 것이 타당하다고 보이나 생각건대 침익초과조례의 경우 제22조 단서에 따라 법령근거가 존재하지 않는 한 상위법령의 제한범위를 초과한 것으로서 위법한 조례가 된다고 봄이 타당하다.

(4) 사안의 경우
당해 조례는 개인정보보호법 제25조의 내용을 유월하는 침익초과조례로서 법령근거가 존재하지 아니하며 각 지방자치단체별로 지방 실정에 맞는 별도규율을 용인하는 취지 역시 아니라 보여진다는 점에서 법률우위의 원칙에 반한다.

4. 소 결

위 조례안은 조례제정사무가 아닌 사무에 대하여 제정되었으며 지방자치법 제22조의 법률유보원칙 및 법률우위원칙에 반하여 제정된바 위법한 조례안에 해당한다.

Ⅲ. A시 시장의 조례안 위법성 통제 법적 수단

1. 재의요구권

지방자치법 제26조 제3항에 따르면 이송받은 조례안에 이의가 있는 경우 20일의 기간내에 이유를 붙여 지방의회로 환부하고 재의를 요구할 수 있다.

이때 재의요구는 조례안 전체를 대상으로 재의요구를 하여야 한다. 재의 요구된 사항은 지방자치법 제107조 제2항에 따라 재적의원의 과반수의 출석과 출석의원 3분의 2 이상의 찬성으로 의결 사항이 확정된다.

2. 제소권

지방자치법 제107조 제3항에 따르면 A시 시장이 재의요구한 조례안이 재의결된 경우, 위 조례안이 법령에 위반된다고 인정된다면 대법원에 소를 제기할 수 있다.

행정소송법 제45조는 기관소송은 법률이 정한 자에 한하여 제기할 수 있다고 규정하고 있고, 기관소송은 동일한 법주체 내의 기관간의 분쟁을 말하는바, 당해 소송은 지방자치법에 의해 지방자치단체의 장이 제기하는 기관소송에 해당한다.

이때 원고는 지방자치단체의 장이 되며 피고는 지방의회이다. 또한 대상적격에 있어서 재의결 자체가 소의 대상이 된다.

제소기간은 제172조 제3항에 따라 재의결된 날부터 20일 이내이며 대법원에 제기하여야 한다.

3. 집행정지의 가능성

지방자치법 제107조 제3항은 동법 제172조 제3항을 준용하고 있다. 따라서 필요하다고 인정되는 경우 그 의결의 집행을 정지하게 하는 집행정지 결정을 신청할 수 있다.

Ⅳ. 결 론

A시 의회가 제정한 위 조례안은 조례제정가능 사무가 아니며 법률유보 원칙 및 법률우위원칙에 반하는 위법한 조례이다. 이에 A시 시장은 조례안의 위법성을 통제하기 위해 재의요구 및 재의결에 대한 제소, 집행정지의 제기가 가능하다.

┤ 강 평 ├

1. 조례제정권의 한계의 문제와 지방자치단체장의 조례안에 대한 통제수단이 문제되는바, 답안은 무난하게 잘 작성되었다. 다만, 제소권에서 대상적격은 학설을 포함해 좀 더 구체적인 설명이 필요해 보인다. 또한 참조조문이 제시되었는데 답안에서 활용한 부분이 보이지 아니한다.

2. 개인정보보호법 제25조 제1항과 제2항에 근거해 조례가 위 조항에 저촉된다는 점 및 참조조문에 위 조례안의 내용을 정할 수 있는 수권규정도 보이지 아니한다는 점 등이 사안의 포섭과정에 지적되었으면 하는 아쉬움이 있다.

| **제1문** | 甲은 A시에서 개인 변호사 사무실을 운영하는 변호사로서 관할 세무서장 乙에게 2010년부터 2012년까지 3년간의 부가가치세 및 종합소득세를 자진신고 납부한 바 있다. 丙은 甲의 변호사 사무실에서 사무장으로 근무하다가 2013년 3월경 사무장 직을 그만두면서 사무실의 형사약정서 복사본과 민사사건 접수부를 가지고 나와 이를 근거로 乙에게 甲의 세금탈루사실을 제보하였다.

이에 따라 乙은 2013년 6월 甲에 대하여 세무조사를 하기로 결정하고, 甲에게 조사를 시작하기 10일 전에 조사대상 세목, 조사기간 및 조사 사유, 그 밖에 대통령령으로 정하는 사항을 통지하였다. 그런데 통지를 받은 甲은 장기출장으로 인하여 세무조사를 받기 어렵다는 이유로 乙에게 조사를 연기해 줄 것을 신청하였으나 乙은 이를 거부하였다. (총 50점)

1. 위 사례에서 세무조사와 세무조사결정의 법적 성질은? (10점)

2. 위 사례에서 乙이 행한 세무조사 연기신청 거부처분에 대하여 甲은 취소심판을 청구하였다. 관할 행정심판위원회에서 이를 인용하는 재결을 하는 경우 乙은 재결의 취지에 따라 처분을 하여야 하는가? (15점)

3. 乙은 세무조사를 하면서 당초 사전통지된 기간보다 조사기간을 연장하였으나 이를 甲에게 통지하지 아니하였다. 이 경우 이 세무조사에 근거하여 甲에게 부과된 소득세부과처분은 위법한가? (10점)

4. 甲은 소득세부과처분에 대하여 취소소송을 제기하였으나 기각판결이 확정되었다. 만약 그 후 甲이 이전 과세처분상의 납부액이 법령상 기준을 초과하였다는 이유로 초과납부한 금액에 대한 국세환급결정을 신청하였지만 乙이 이를 거부하였다면, 이에 대하여 甲이 권리구제를 받을 수 있는 방안은 무엇인가? (15점)

구 「국세기본법」 [시행 2013.1.1.] [법률 제11604호, 2013.1.1. 일부개정]

제51조(국세환급금의 충당과 환급) ① 세무서장은 납세의무자가 국세·가산금 또는 체납처분비로서 납부한 금액 중 잘못 납부하거나 초과하여 납부한 금액이 있거나 세법에 따라 환급하여야 할 환급세액(세법에 따라 환급세액에서 공제하여야 할 세액이 있을 때에는 공제한 후에 남은 금액을 말한다)이 있을 때에는 즉시 그 잘못 납부한 금액, 초과하여 납부한 금액 또는 환급세액을 국세환급금으로 결정하여야 한다.

이 경우 착오납부·이중납부로 인한 환급청구는 대통령령으로 정하는 바에 따른다.

제81조의6(세무조사 대상자 선정) ② 세무공무원은 제1항에 따른 정기선정에 의한 조사 외에 다음 각 호의 어느 하나에 해당하는 경우에는 세무조사를 할 수 있다.

3. 납세자에 대한 구체적인 탈세 제보가 있는 경우

제81조의7(세무조사의 사전통지와 연기신청) ① 세무공무원은 세무조사(「조세범 처벌절차법」에 따른 조세범칙조사는 제외한다)를 하는 경우에는 조사를 받을 납세자(납세자가 제82조에 따라 납세관리인을 정하여 관할 세무서장에게 신고한 경우에는 납세관리인을 말한다. 이하 이 조에서 같다)에게 조사를 시작하기 10일 전에 조사대상 세목, 조사기간 및 조사 사유, 그 밖에 대통령령으로 정하는 사항을 통지하여야 한다. 다만, 사전에 통지하면 증거인멸 등으로 조사 목적을 달성할 수 없다고 인정되는 경우에는 그러하지 아니하다.

② 제1항에 따른 통지를 받은 납세자가 천재지변이나 그 밖에 대통령령으로 정하는 사유로 조사를 받기 곤란한 경우에는 대통령령으로 정하는 바에 따라 관할 세무관서의 장에게 조사를 연기해 줄 것을 신청할 수 있다.

③ 제2항에 따라 연기신청을 받은 관할 세무관서의 장은 연기신청 승인 여부를 결정하고 그 결과를 조사 개시 전까지 통지하여야 한다.

제81조의8(세무조사 기간) ⑥ 세무공무원은 제1항 단서에 따라 세무조사 기간을 연장하는 경우에는 그 사유와 기간을 납세자에게 문서로 통지하여야 하고, 제4항 및 제5항에 따라 세무조사를 중지 또는 재개하는 경우에는 그 사유를 문서로 통지하여야 한다.

구 「국세기본법」 시행령 [시행 2013.3.23.] [대통령령 제24441호, 2013.3.23. 타법개정]

제63조의7(세무조사의 연기신청) ① 법 제81조의7 제2항에서 '대통령령으로 정하는 사유'란 다음 각 호의 어느 하나에 해당하는 사유를 말한다.

2. 납세자 또는 납세관리인의 질병, 장기출장 등으로 세무조사가 곤란하다고 판단 될 때

A. 설문『1』

Ⅰ. 쟁점 정리

1. 乙의 제보(구「국세기본법」제81조의6 제2항 제3호, 이하 '국세법'이라 함)에 따라 행해진 세무조사가 행정조사로서 권력적 사실행위인지 검토하고,

2. 세무조사의 강제성을 고려하여 국세법 제81조의6 제2항 제3호에 따른 세무조사결정이 처분인지, 재량행위인지 검토한다.

Ⅱ. 세무조사의 법적 성질

1. 행정조사

(1) 의 의

행정기관이 정책을 결정하거나 직무를 수행하는 데 필요한 정보나 자료를 수집하기 위하여 행하는 활동이다.

(2) 종 류

상대방의 동의에 기초하는 임의조사와 그렇지 않은 강제조사가 있다.

(3) 법적 성질

임의조사는 상대방의 협력을 요하는 비권력적 사실행위에 불과하지만, 강제조사는 개인에게 수인의무를 부과하는 침해적 작용으로 권력적 사실행위이다.

2. 사안의 경우

세무조사는 과세처분을 위해 조사대상 세목 등을 조사하는 것으로 행정조사에 해당한다. 또한 甲의 동의와 무관하게 국세법에 근거하여 이루어지므로 강제조사로서 권력적 사실행위에 해당한다.

Ⅲ. 세무조사결정의 법적 성질

1. 처분인지

(1) 처분의 의의

행정청이 행하는 구체적 사실에 관한 법집행으로서 공권력의 행사 또는 그 거부와 그 밖에 이에 준하는 행정작용 및 행정심판에 대한 재결을 말한다(행정소송법 제2조 제1항 제1호, 이하 '행정소송법'명 생략). 특히 국민의 권리의무에 직접적인 영향을 미치는 고권적 행위가 이에 해당된다.

(2) 관련 판례

세무조사결정이 있는 경우 납세의무자는 세무공무원의 과세자료 수집을 위한 질문에 대답하고 검사를 수인해야할 의무를 부담하므로 납세의무자의 권리의무에 직접 영향을 미치는 공권력 행사로서 항고소송의 대상이 된다 하여 처분성을 긍정하였다.

(3) 검토 및 사안의 경우

세무조사는 권력적 사실행위로서 수인의무가 있으므로 세무조사결정은 수인의무를 발생시키는 근거가 된다. 또한 세무조사 종료 후 과세처분을 다투게 하는 것보다 세무조사를 다툴 수 있게 하면 분쟁을 조기에 근본적으로 해결할 수 있으므로 처분성을 긍정함이 타당하다. 따라서 乙의 세무조사결정은 처분에 해당한다.

2. 재량행위인지

(1) 재량과 기속의 구별기준

① 종래 요건재량설, 효과재량설 등 다툼이 있었으나, 최근 재량은 입법자의 의사에 의해 부여되는 것으로 법령이 일차적 기준이 되어야 한다고 보는 것이 일반적이다. 다만, 법령이 명확하지 않은 경우 당해 행위 성질, 기본권 관련성, 공익 관련성 등을 고려할 것이다. ② 판례 역시 당해 행위의 근거법규의 문언, 당해 행위의 성질, 당해 행위가 속한 행정분야의 주된 목적과 특성 등을 고려하여 판단할 것이라고 한다.

(2) 사안의 경우

국세법 제81조의6 제1항 문언상 명백히 "할 수 있다."라고 규정된 점, 세무조사는 적절한 과세부과처분을 위한 것으로 사안에 따라 필요성 판단에 대해 행정청에게 재량을 인정함이 타당한 점에서 재량행위로 볼 것이다.

IV. 문제의 해결

세무조사는 행정조사 중 강제조사로서 권력적 사실행위이며, 乙의 세무조사결정은 甲에게 답변의무 및 검사 수인의무를 부과하는 처분이며 재량행위에 해당한다.

B. 설문 「2」

I. 쟁점 정리

甲이 청구한 취소심판에 따른 재결의 효력에 관한 문제로서

1. 행정심판 인용 재결의 효력으로서 기속력(행정심판법 제49조, 이하 '심판법'이라 함)을 검토하고,

2. 거부처분취소재결에 대해 재처분의무 인정할지 검토한다.

II. 행정심판 인용재결의 기속력

1. 기속력

(1) 의 의

처분청 및 관계행정청이 재결의 취지에 따르도록 처분청 및 관계행정청을 구속하는 효력이다(심판법 제49조 제1항). 행정심판의 실효성을 확보하기 위한 것으로 인용재결의 경우에만 인정된다.

(2) 내 용

1) 소극적 효력

재결의 취지에 반하는 처분을 다시 하여서는 안된다(반복금지의무).

2) 적극적 효력

취소심판에서 처분의 변경을 명하는 재결이 있는 때에는 처분청은 당해 처분을 변경하여야 하며(변경의무, 심판법 제49조 제1항), 당사자의 신청을 거부하거나 부작위로 방치한 처분의 이행을 명하는 재결이 있는 경우에는 처분청은 지체없이 그 재결의 취지에 따라 이전의 신청에 대한 처분을 하여야 한다(재처분의무, 심판법 제49조 제2항). 나아가 당해 처분과 관련하여 행해진 후속행위는 위법한 것이 되므로 이를 원상으로 회복시킬 의무를 부담한다(결과제거의무).

(3) 사안의 경우

甲의 세무조사 연기신청에 대한 乙의 거부처분을 취소하는 인용재결이 있었다. 따라서 다시 재결의 취지에 반해 연기신청을 거부하는 처분을 할 수 없다(반복금지의무). 나아가 연기신청에 대해 응할 의무가 있는지 취소재결은 이행을 명하는 재결이 아니어서 재처분의무 여부가 문제된다. 이하 상술한다.

III. 乙이 재결의 취지에 따라 처분을 하여야 하는지

1. 취소재결에 따른 재처분의무 인정 여부

(1) 학 설

① 거부처분은 의무이행심판을 통해 구제될 것이며, 재처분의무를 명문의 규정도 없으므로 인정할 수 없다는 부정설 ② 행정심판법 제49조 제1항을 기속력의 일반적 규정으로 보는 긍정설이 있다.

(2) 판 례

당사자의 신청을 거부하는 처분을 취소하는 재결이 있는 경우에는 행정청은 그 재결의 취지에 따라 다시 이전의 신청에 대한 처분을 하여야 하는 것이라고 하여 긍정설의 입장이다.

(3) 검 토(긍정설)

거부처분에 대해 취소심판을 인정하여 기왕에 인용재결이 있는 경우, 거부처분의 취소는 재처분의무를 인정할 때 재결의 실효성이 확보되며 종국적으로 국민의 권익구제에 기여하므로 기속력을 인정할 것이다.

2. 사안의 경우

乙의 거부처분에 대해 행정심판위원회의 취소재결이 있었으므로 乙은 甲의 연기신청에 대해 재결의 취지에 따라 처분할 의무를 진다.

Ⅳ. 문제의 해결

행정심판위원회의 인용 재결은 기속력(심판법 제49조)이 있으며 이는 재처분의무를 포함하므로, 乙은 재결이 취지에 따라 처분을 하여야 한다.

C. 설문 「3」

Ⅰ. 쟁점 정리

1. 국세법 제81조의7 제1항 사전통지를 흠결하여 세무조사가 위법한지 검토하고,

2. 이를 근거로 발급된 소득세부과처분에 어떠한 영향을 미치는지,

3. 만약 절차 하자에 해당한다면 독자적 위법사유가 되는지 검토한다.

Ⅱ. 乙 세무조사의 위법 여부

세무공무원은 세무조사 기간을 연장하는 경우 그 사유와 기간을 납세자에게 문서로 통지해야 한다(국세법 제81조의8 제6항). 사안의 경우 乙은 조사기간을 연장하면서 甲에게 이를 통지하지 않았으므로 이에 반하여 위법하다.

Ⅲ. 위법한 세무조사에 근거한 소득세부과처분의 하자

1. 위법한 행정조사에 기초한 처분이 당연히 위법한지

(1) 학 설

① 절차의 적법성을 강조해 긍정하는 견해(긍정설) ② 법령에서 행정조사를 필수적인 전제조건으로 규정하고 있는 경우가 아니라면 부정하는 견해(부정설) ③ 행정조사에 중대한 위법이 있는 경우에만 긍정하는 견해(절충설) ④ 행정조사를 행정결정의 절차로 이해하는 견해(절차하자설)이 있다.

(2) 검토(절차하자설) 및 사안의 경우

행정조사는 행정처분을 행하기 위한 정보수집으로서 일련된 절차의 하나이므로 절차하자에 해당한다고 할 것이다. 따라서 乙의 소득세부과처분은 세무조사기간을 연장하면서 甲에게 이를 통지하지 않아 절차상 하자가 있다.

2. 절차하자가 독자적 위법사유인지

① 절차상의 하자가 실체법적인 결정에 어떠한 영향을 미치지 않는다는 것이 명백한 경우에 행정처분의 무용한 반복을 이유로 절차하자의 독자성을 부정하거나 ② 기속행위의 경우 부정하는 절충적인 견해 있으나 ③ 판례는 재량행위인 식품위생법상 영업정지처분은 물론 기속행위인 과세처분의 경우에도 절차하자를 이유로 취소를 긍정한다. ④ 행정절차의 중요성과 기능 및 행정소송법 제30조 제3항의 취지상 절차하자 역시 독자적 위법사유임을 긍정할 것이다. ⑤ 따라서 乙의 소득세부과처분은 절차상 하자로 인해 위법하다.

Ⅳ. 문제의 해결

乙에 세무조사의 조사기간을 연장하면서 통지하지 않은 것은 국세법 제81조의8 제6항 위반이며 이는 소득세부과처분의 절차상 하자에 해당한다. 절차하자도 독자적 위법사유이므로 甲에게 부과된 소득세부과처분은 위법하다.

D. 설문 「4」

Ⅰ. 쟁점 정리

1. 乙이 甲의 국세환급결정을 거부한 행위를 항고소송(제3조 제1호)으로 다툴 수 있는지 환급거부결정의 처분성이 문제되고,

2. 그렇지 않다면 공법상 법률관계로서 당사자소송(제3조 제2호)으로 다투어야 하는지, 구체적으로 과오납금반환청구와 국가배상청구(국가배상법 제2조)를 검토하되,

3. 소득세부과처분이 존재하므로 구성요건적 효력과 선결문제가 문제되고,

4. 국가배상청구의 경우 취소소송의 기판력이 미치는지도 문제된다.

Ⅱ. 국세환급결정 신청에 대해 乙이 거부한 행위를 항고소송으로 다툴 수 있는지
1. 환급거부결정의 처분성 여부

(1) 학 설

① 과세관청이 환급결정을 하지 않은 경우 이를 다툴 수 있어야 하므로 긍정하는 견해(긍정설) ② 국세법 제51조의 국세환급금 결정에 관한 규정은 이미 확정된 납세의무자의 환급청구권에 대하여 과세관청의 환급절차를 규정한 것에 지나지 않는다는 견해(부정설)가 있다.

(2) 판 례

국세환급금결정에 관한 규정은 이미 납세의무자의 환급청구권이 확정된 국세환급금에 대하여 내부적 사무처리절차로서 과세관청의 환급절차를 규정한 것에 지나지 않고, 환급거부결정은 환급청구권의 존부나 범위에 영향을 미치는 처분이 아니어서 항고소송의 대상이 아니라고 한다.

(3) 검 토

과오납금은 개별세법에 따라 적법하게 산출된 세액 기준으로 당연히 발생한 것이며, 환급청구권도 개별세법이 정한 요건에 따라 확정되는 것이므로 환급거부결정은 납세의무자의 법적 지위에 영향을 미치는 처분이라고 볼 수 없다.

2. 사안의 경우

乙의 거부가 처분(제2조 제1항 제1호)에 해당하지 않아 대상적격(동법 제19조)이 부정되어 항고소송으로 다툴 수 없다.

Ⅲ. 당사자소송으로 다툴 수 있는지

1. 학 설

① 부당이득청구권이나 국가배상청구권는 성질상 사법상 권리로서 민사소송에 의할 것이라는 견해 있으나 ② 다수설은 발생원인이 공법관계에 있으므로 당사자소송에 의할 것이라고 한다.

2. 판 례

① 기본적으로 국가배상청구는 물론 공법상 원인에 의해 발생한 부당이득청구도 민사소송에 의할 것이라는 입장이다. ② 그러나 최근 전원합의체 판결에서 부가가치세 환급세액 지급청구를 당사자소송에 의할 것이라고 하면서 국세환급금의 환급을 일률적으로 부당이득반환에 의할 것이라는 태도를 변경하였다. 부가가치세법령에 의하여 국가의 환급세액 지급의무 존부나 범위가 구체적으로 확정된다는 점 등을 근거로 했다. 한편, 당사자소송과 민사소송의 성질이 크게 차이가 없으며 실무상 혼란을 초래할 수 있음을 들어 반대하는 별개의견도 있었다.

3. 검 토

부당이득이나 배상청구 발생원인이 공법관계인 경우 당사자 일방은 통상 행정청으로서 실질적으로 대등한 관계에 있다고 보기 어렵다. 행정소송법상 직권심리(제44조, 제26조)에 관한 규정을 통해 국민의 권익을 보장할 수 있음을 고려할 때 당사자소송을 넓게 인정함이 타당하다. 행정소송법 개정안에서도 실무상 민사소송으로 처리되던 부당이득반환청구와 국가배상청구를 당사자소송으로 명시했다.

4. 사안의 경우

乙의 소득세부과처분과 관련한 법률관계는 국가의 일반재정 확보와 관련한 국민과의 관계로서 전형적인 공법관계이다. 따라서 甲은 국가를 피고(행정소송법 제39조)로 당사자소송을 통해 ① 초과납부한 세액을 반환청구하거나 ② 乙이 법령 적용을 잘못하여 소득세부과처분의 납부액이 법령상 기준을 초과했다는 점을 주장하여 국가배상청구를 할 수 있을 것이다. 다만, 소득세부과처분의 구성요건적 효력과 취소소송의 기판력으로 인해 ① 초과납부한 금액을 판단함에 처분의 효력을 부정할 수 없거나 ② 乙의 소득세부과처분의 위법성을 인정할 수 없는지 이하 상술한다.

IV. 행정행위의 구성요건적 효력과 선결문제
1. 행정행위의 구성요건적 효력

수소법원 이외 제3의 국가기관은 유효한 행정행위가 발급된 사실을 존중하여 이에 구속되는 행위이다. 국가기관 상호간의 권한 존중에 근거한다. 주로 민사소송절차에 있어서 선결문제로서 문제되나 당사자소송의 경우도 관할법원이 처분에 대한 취소권이 없어 동일하게 문제된다.

2. 행정행위의 효력여부가 선결문제인 경우

행정행위가 당연무효인 경우 구성요건적 효력을 인정할 여지가 없어 관할법원이 직접 무효를 심사할 수 있으나, 취소사유에 불과한 하자가 있는 경우 권한있는 기관에 의해 취소되기 전까지는 효력을 부인할 수 없다. 과오납금반환청구소송이 그 예이다.

3. 행정행위의 위법여부가 선결문제인 경우

① 항고소송의 배타적 관할을 이유로 위법성 판단을 부정하는 견해도 있으나 ② 위법성을 심사하는 것은 구성요건적 효력에 반하지 않으므로 긍정할 것이다. ③ 판례 역시 위법한 행정대집행이 완료되면 무효 확인 또는 취소를 구할 소의 이익은 없으나, 취소판결이 있어야만 그 행정처분의 위법을 이유로 한 손해배상청구를 할 수 있는 것은 아니라고 하여 긍정하는 입장이다.

4. 소 결
(1) 과오납금반환청구의 경우

乙의 소득세부과처분이 당연무효가 아닌 이상 구성요건적 효력으로 인해 과오납금반환청구는 인용되기 어렵다. 사안의 경우 소득세부과처분 취소소송이 기각된 점에서 당연무효라고 볼 수 없을 것이다.

(2) 국가배상청구의 경우

구성요건적 효력은 미치지 않는다. 다만, 취소소송의 기각판결 효력이 미치는지 문제되므로 이하 상술한다.

V. 취소소송의 기판력이 국가배상청구에 미치는지

1. 문제점

취소소송의 소송물을 처분의 위법성 일반으로 볼 때, 위법성은 행위자체의 법령에 합치여부 즉 협의의 행위위법을 의미한다. 국가배상사건에서 법령위반의 의미와 관련하여 위법성의 의미가 동일한지 문제된다.

2. 학 설

(1) 전부기판력부정설

결과위법설 또는 상대적 위법성설에 기초하는 견해이다.

(2) 제한적기판력긍정설

광의의 행위위법설에 기초한다.

(3) 전부기판력긍정설

협의의 행위위법설에 기초한다.

3. 판 례

어떠한 행정처분이 항고소송에서 취소되었다 할지라도 그 기판력에 의하여 당해 행정처분이 곧바로 공무원의 고의 또는 과실로 인한 것으로서 불법행위를 구성한다고 단정할 수 없는 것이라고 한다.

4. 검 토

법질서의 일체성과 분쟁의 일회적 해결을 위해 전부기판력긍정설이 타당하다.

5. 사안의 경우

甲의 취소소송이 기각되어 소득세부과처분이 적법하다는 사실에 기판력이 발생한 이상 국가배상소송에서 이를 위법하다고 달리 판단할 수 없다.

VI. 문제의 해결

국세환급거부결정은 처분이 아니므로 甲은 당사자 소송으로서 과오납금청구소송을 제기할 수 있으나 소득세부과처분의 구성요건적 효력으로 인해 인용되기 어렵다. 乙의 소득세부과처분이 위법하다 하여 국가배상청구를 할 수도 있으나 취소소송의 기판력으로 인해 재심으로 취소되지 않는 한 인용되기 어렵다.

⊣ 강 평 ⊢

1. 제1문 답안은 잘 정리되어 있어 특별히 언급할 것은 없다. 다만, 세무조사의 법적 성질을 논하는 부분에서 답안은 '국세법에 근거하여 이루어지므로 강제조사로서 권력적 사실행위'라고 정의하고 있다. 참고조문에서 구 국세기본법의 관련 조문이 잘 적시되어 있으므로, 해당 조문의 부분을 적시하고, 이 조문에 근거한 세무조사의 법적 성질을 논해주는 것이 보다 설득력이 있을 것이다. 또한 세무조사 결정의 성격을 재량행위라고 판단하고 있으나, 판례의 내용이나 법조문의 성격상 단순 재량이기 보다는 기속적인 성격을 가진 재량행위임을 언급하는 것이 좋으리라 생각한다. 주지의 바와 같이, 우리 대법원은 재량행위와 기속행위의 구별기준에 대해 관련 법령에 대한 종합적인 판단을 전제로 하면서(대판 2001. 2. 9, 98두17593〈건축물용도변경신청거부처분취소〉), 효과재량설을 기준으로 활용하거나(대판 2011. 1. 27, 2010두23033), 공익성을 기준으로 들기도 한다. 따라서 관련 법령과의 성격에 따른 법적 성질을 파악하는 것이 무엇보다 중요하다.

2. 국세환급금 청구에 관한 변경된 대법원 판례의 인용은 적절하나, 별개의견을 인용할 때에는 정확한 언급을 하여야 한다. 별개의견은 답안에서와 같이 '당사자소송과 민사소송의 성질이 크게 차이가 없으며 실무상 혼란을 초래할 수 있음을 들어 반대'한 것이 아니라, 환급금청구의 성격을 '민법상 부당이득반환청구로 구성하는 것도 가능'하다고 보기 때문이었다. 즉 "부가가치세법령에 요건과 절차, 지급시기 등이 규정되어 있고 그 지급의무에 공법적인 의무로서의 성질이 있다는 이유로, 그 환급세액 지급청구를 반드시 행정법원의 전속관할로 되어 있는 행정소송법상 당사자소송으로 하여야 한다고 볼 것은 아니다."고 한 것이다(대판 2010. 2. 25, 2007두18284〈경정거부처분취소〉). 학설과 판례는 정확히 인용해야 한다.

| 제2-1문 | A 세무서장은 甲 주식회사에 대하여 1996년 사업연도 귀속 법인세 8억원을 부과하였다. 甲 회사가 이를 체납하고 甲 회사 재산으로는 위 법인세 충당에 부족하자 A 세무서장은 1997. 10. 22. 甲 회사의 최대주주인 乙의 아들 丙에 대하여 과점주주이자 乙과 생계를 같이하는 직계비속인 이유로 구 국세기본법 제39조 제1항 제2호 다.목상 제2차 납세의무자로 지정하고, 위 법인세를 납부하도록 통지하였다. 그 후 위 丙에 대한 법인세부과처분이 확정되자 A 세무서장은 2005. 10. 11. 丙이 체납 중이던 체납액 10억원(가산세 포함)을 징수하기 위하여 丙 명의의 부동산을 압류하였다. 한편, 1998. 5. 28. 헌법재판소는 위 구 국세기본법 제39조 제1항 제2호에 대하여 위헌결정을 하였다. (총 30점)

1. 丙에 대한 위 법인세부과처분의 효력은 어떻게 되는가?(단, 각 처분과 관련된 시효 및 제척기간은 도과되지 않았다고 간주함) (17점)

2. A 세무서장의 丙에 대한 압류처분의 효력은 어떻게 되는가? (13점)

[**참조조문**]

구「국세기본법」[시행 1993.12.31.] [법률 제4672호, 1993.12.31. 일부개정]

제39조 (출자자의 제2차 납세의무) ① 법인의 재산으로 그 법인에게 부과되거나 그 법인이 납부할 국세·가산금과 체납처분비에 충당하여도 부족한 경우에는 그 국세의 납세의무의 성립일 현재 다음 각호의 1에 해당하는 자는 그 부족액에 대하여 제2차 납세의무를 진다.

2. 과점주주 중 다음 각목의 1에 해당하는 자

가. 주식을 가장 많이 소유하거나 출자를 가장 많이 한 자

다. 가목 및 나목에 규정하는 자와 생계를 함께 하는 자

구「국세징수법」[시행 2003.1.1.] [법률 제6805호, 2002.12.26. 일부개정]

제24조 (압류의 요건) ① 세무공무원은 다음 각호의 1에 해당하는 경우에는 납세자의 재산을 압류한다.

1. 납세자가 독촉장을 받고 지정된 기한까지 국세와 가산금을 완납하지 아니한 때

2. 제14조 제1항의 규정에 의하여 납세자가 납기전에 납부의 고지를 받고 지정된 기한까지 완납하지 아니한 때

답안작성

최 0 0 / 2013년도 사법시험 합격

A. 설문「1」

Ⅰ. 쟁점 정리

1. 丙에 대한 법인세부과처분은 납세의무자 지정의 근거법률(국세법 제39조 제1항 제2호 다목)의 위헌결정 이후에 이루어진 것이므로 헌법재판소법 제47조 제2항 위헌결정의 장래효에 따라 처분에 영향이 없는 것인지,

2. 소급효가 인정된다면 위헌 법률에 근거한 처분의 효력이 문제된다.

Ⅱ. 국세법 제39조 제1항 제2호 위헌결정의 소급효 여부

1. 위헌결정의 효력 범위

법적 안정성을 위해 장래효가 원칙이다(헌법재판소법 제47조 제2항).

다만, 형벌에 관한 규정은 국민의 권리구제를 위해 소급효가 인정된다(동조 제3항). 나아가 구체적 타당성 확보를 위해 대법원과 헌법재판소는 해석상 소급효를 인정한다. 이하 상술한다.

2. 위헌결정의 해석상 소급효 인정 범위

(1) 헌법재판소 태도

① 위헌결정의 계기를 부여한 당해사건 ② 위헌결정 이전에 같은 이유로 헌법재판소에 위헌심판제청을 했거나 법원에 위헌심판제청신청한 사건과 당해 법률이 재판의 전제가 되어 법원에 계속 중인 병행사건 ③ 위헌결정 이후에 법원에 제소한 사건으로서 구체적 타당성 위해 소급효 인정하더라도 법적 안정성 침해 우려가 없는 일반사건 등에 위헌결정의 소급효가 미친다고 한다.

(2) 대법원 태도

헌법재판소와 마찬가지로 ① 당해사건 ② 병행사건 소급효를 긍정하되 ③ 일반사건의 경우 원칙적으로 소급효를 인정하지만 예외적으로 소급효를 제한할 수 있다고 한다.

(3) 검 토

위헌법률에 의해 침해된 국민의 권익을 회복하기 위해 일정범위 소급효를 인정하는 판례의 태도는 타당하다.

3. 사안의 경우

丙에 대한 법인세부과처분은 1998. 5. 28. 위헌결정된 법률인 국세법 제39조 제1항 제2호에 근거한다. 한편, 위헌결정은 丙을 납세의무자로 지정(1997. 10. 22.)한 후에 있었다. 하지만 시효 및 제척기간이 도과되지 않았으므로 법인세부과처분을 다투는 항고소송을 제기할 경우 일반사건에 해당하여 위헌결정의 효력이 미친다. 이하 위헌 법률에 근거한 처분의 효력을 검토한다.

Ⅲ. 법인세부과처분의 효력

1. 무효와 취소의 구별

① 하자가 중대하기만 하면 무효로 보는 명백성보충요건설 있으나(대법원 소수견해) ② 하자가 중대한 법규위반이며 외관상 명백할 때 무효로 보는 중대명백성설(대법원 다수견해)이 다수설이다. ③ 법적 안정성과 개인의 권익보호를 조화하는 중대명백성설이 타당하다.

2. 위헌법률에 근거한 처분의 효력

(1) 판 례

일반적으로 법률이 헌법에 위반된다는 사정은 헌법재판소의 위헌결정이 있기 전에는 객관적으로 명백한 것이라고 할 수 없기 때문에 취소할 수 있는 행위에 불과하다고 보고 있다.

(2) 검 토

중대명백성설에 따라 판단할 때 법률이 위헌으로 결정되기 전에는 처분의 하자가 명백하다고 볼 수 없어 취소할 수 있는 행위라고 보는 것이 타당하다.

3. 소 결

위헌결정의 효력이 미친다고 하더라도 법인세부과처분은 취소할 수 있는 행위에 불과하다. 따라서 행정행위 공정력에 따라 권한있는 기관에 의해 취소되기 전에는 유효하다.

Ⅳ. 문제의 해결

丙은 항고소송을 통해 근거 법률의 위헌성을 주장하여 법인세부과처분의 효력을 다툴 수 있다. 다만, 이로써 처분이 취소되기 전에는 행정행위공정력으로 인해 법인세부과처분은 유효하다.

B. 설문 「2」

Ⅰ. 쟁점 정리

법인세부과처분은 유효하며 丙은 2005. 10. 11. 법인세를 체납 중이었으므로, 구「국세징수법」제24조 제1항에 따른 압류로서 외관상 법률의 위반은 없다. 다만 관련 법률의 위헌 결정과 관련하여 집행력을 부정할지 문제된다.

Ⅱ. 압류처분의 효력

1. 위헌인 법률에 근거한 처분의 집행력

(1) 학 설

① 위헌결정의 기속력이 미치지 않는 한 집행이 가능하다는 긍정설 ② 위헌결정의 기속력에 반하고 실질적 법치주의에도 위반된다는 부정설이 있다.

(2) 판 례

불가쟁력이 발생한 과세처분에 근거한 체납처분의 효력과 관련하여 ① 다수견해는 위헌결정의 기속력과 헌법을 최고규범으로 하는 법질서의 체계적 요청에 비추어 위헌결정 전에 이미 형성된 법률관계에 기한 후속처분이라도 그것이 새로운 위헌적 법률관계를 생성·확대하는 경우라면 이를 허용할 수 없다고 하면서 체납처분을 당연무효라고 하였다. ② 이에 대해 과세처분의 근거법률과 체납처분의 근거법률은 별개인 점, 달리 하자승계를 인정할 사정도 없는 점, 위헌결정의 기속력을 제한한 헌법재판소법 제47조 제2항 취지에 반하는 점 등을 이유로 반대하는 별개의견이 있었다.

(3) 검 토

부정설은 사실상 위헌결정의 소급효를 확대한다는 문제점이 있으나 이로 인해 국민의 권익에 기여할 수 있으며, 집행력을 긍정하여 헌법수호의무를 지는 국가가 실질적으로 위헌적 법률에 근거한 처분을 실현하는 것은 실질적 법치주의에 어긋나므로 부정설이 타당하다.

2. 사안의 경우

법인세부과처분이 유효하더라도 근거 법률이 위헌결정 되어 집행력이 부정된다. 따라서 압류처분은 효력이 없다.

Ⅲ. 문제의 해결

1998. 5. 28. 법인세부과처분 근거법률에 대해 위헌결정이 있은 후 2005. 10. 11. 丙명의 부동산을 압류하였다. 따라서 법인세부과처분이 유효하더라도 집행력이 부정되어 A 세무서장의 압류처분은 효력이 없다.

| 강 평 |

1. 위헌인 법률에 근거한 처분의 집행력에 관한 문제는 대법원 판례를 응용한 것으로 보인다 (대판 2002. 8.2 3, 2001두2959〈압규해제신청거부처분취소〉).

2. 다만, 여기에는 판례와 다른 견해도 있는바, 답안에서 인용하고 있는 학설의 내용 중 판례와 반대되는 학설은 좀 더 구체적으로 적시해 주어야 한다.

| 제2-2문 | A시의 X구(자치구 아닌 구) 주민들은 노후 주택재개발을 위하여 추진위원회를 구성하여 조합설립 준비를 하였다. 추진위원회는 토지소유자 4분의 3 이상의 동의를 받아 조합설립결의를 거쳐 설립인가를 신청하였다. 한편, A시 시장 乙은 법령상 위임규정이 없으나, X구구청장 丙에게 조합설립인가에 관한 권한을 내부위임하고 이에 따라 丙이 자신의 이름으로 조합설립인가를 하였다. (총 20점)

1. X구의 주민 甲 등은 추진위원회가 주민들의 동의를 받는 과정에 하자가 있음을 이유로 조합설립결의에 대해 다투고자 한다. 이 경우 조합설립인가 전에 제기할 소의 종류는 무엇이고, 조합설립인가 후에 제기할 소의 종류는 무엇인가? (10점)

2. 甲 등이 丙이 한 조합설립인가처분의 효력을 다투고자 행정소송을 제기하는 경우에, 피고적격과 승소가능성을 검토하시오. (10점)

A. 설문 「1」

Ⅰ. 쟁점 정리

Ⅱ. 결의에 대해 다투는 방법
  1. 조합설립결의 인가의 법적 성질
   (1) 판 례
   (2) 검 토
  2. 조합설립결의 법률관계와 쟁송방법
   (1) 공법과 사법을 나누는 기준
   (2) 사안의 경우

Ⅲ. 문제의 해결

B. 설문 「2」

Ⅰ. 쟁점 정리

Ⅱ. 권한의 내부위임

  1. 의 의
  2. 권한 이전 여부
  3. 법적 근거 요부

Ⅲ. 내부위임에서 수임기관의 명의로 처분이 있는 경우 피고적격
  1. 판 례
  2. 검토 및 사안의 경우

Ⅳ. 승소가능성
  1. 乙의 내부위임이 적법한지
  2. 丙명의 인가처분이 적법한지
   (1) 내부위임에서 수임기관의 권한행사방식 위반의 효과
   (2) 사안의 경우
  3. 소 결

Ⅴ. 문제의 해결

2014

A. 설문 「1」

Ⅰ. 쟁점 정리

조합설립결의 인가의 법적 성질을 고려하여 조합설립결의를 다투는 소송이 공법상 법률관계에 관한 소송인지 인가 전과 후를 나누어 검토한다.

Ⅱ. 결의에 대해 다투는 방법

1. 조합설립결의 인가의 법적 성질

(1) 판 례

① 종래 재건축조합설립인가는 주택 소유자들이 재건축을 위하여 한 재건축조합설립행위를 보충하여 그 법률상 효력을 완성시키는 보충행위로 보아 강학상 인가로 보았다. ② 그러나 최근 입장을 바꾸어 주택재건축사업을 시행할 수 있는 권한을 갖는 행정주체로서의 지위를 부여하는 설권적 처분의 성격을 갖는다고 보았다. 그에 따라 조합설립행위에 하자가 있는 경우에 민사소송으로 취소 또는 무효확인소송을 제기하여야 한다는 종래 입장을 바꾸어 항고소송의 방법으로 인가처분의 취소 또는 무효확인을 구해야 한다고 하였다.

(2) 검 토

관계행정청의 인가에 의해 공익사업을 할 수 있는 권리를 부여받는다고 봄이 타당하므로 설권적 행위로 보는 변경된 판례가 타당하다.

2. 조합설립결의 법률관계와 쟁송방법

(1) 공법과 사법을 나누는 기준

① 주체설, 이익설, 성질성 등 다양한 견해가 있으나 ② 어느 한 견해에 의할 것이 아니라 일방이 행정주체인지, 공익에 기여하는지, 대등한 관계인지 등을 종합적으로 고려하여 판단함이 타당하다.

(2) 사안의 경우

① 설립인가는 설권적 행위이므로 조합설립인가 전 조합은 행정주체도 아니고 공익사업을 수행할 권한도 없다. 따라서 X구 주민과 추진위원회 간에 조합설립결의 하자를 다투는 것은 대등한 사인 간의 분쟁이므로 민사소송에 의할 것이다. ② 다만 조합설립인가 후에는 조합이 행정주체로서 지위를 가지는 외에 조합결의는 인가를 위한 요건에 불과하므로 인가처분을 다투는 항고소송에서 결의 하자를 주장할 것이다.

Ⅲ. 문제의 해결

조합설립인가는 행정주체의 지위를 부여하는 설권적 행위이므로 주민 甲 등이 제기할 소의 종류는 조합설립인가 전에는 민사소송이며, 후에는 항고소송이다.

B. 설문 「2」

Ⅰ. 쟁점 정리

1. 내부위임에 대해 검토하고,

2. 내부위임의 경우 실제 처분한 丙이 피고적격(행정소송법 제13조)을 갖는지,

3. 법적 근거 없이 내부위임한 것이 적법한지, 권한 없는 丙 명의 인가가 행해진 점 주체 하자가 있는지 문제된다.

Ⅱ. 권한의 내부위임

1. 의 의

행정청이 보조기관 또는 하급행정청에 내부적으로 일정한 사항의 결정권을 위임하여 위임청의 이름으로 그의 권한을 사실상 행사하는 것이다. 따라서 원칙적으로 항고소송의 피고적격은 위임청이 갖는다.

2. 권한 이전 여부

① 권한의 위임의 경우에는 수임기관에 권한이 이전되나 ② 내부위임은 권한 이전이 없다는 점에서 임의대리와 동일하다.

3. 법적 근거 요부

① 권한의 위임은 법령상의 권한분배를 변경하는 것이므로 법적 근거를 요하지만 ② 내부위임은 권한분배의 변경이 없어 법적 근거를 요하지 않는다.

Ⅲ. 내부위임에서 수임기관의 명의로 처분이 있는 경우 피고적격

1. 판 례

내부위임을 받은 데 불과한 하급행정청이 권한없이 행정처분을 한 경우에도 실제로 그 처분을 행한 하급행정청을 피고로 하여야 할 것이지 그 처분을 행할 적법한 권한 있는 상급행정청을 피고로 할 것은 아니라고 한다.

2. 검토 및 사안의 경우

행정소송법 제13조 제1항은 처분 등을 '행한' 처분청을 피고로 한다고 하여 권한의 소재를 고려하지 않고 있다. 또한 국민의 피고 확정의 편의를 위해 대외적 명의를 기준으로 피고를 판단하는 판례가 타당하다. 따라서 丙이 자신의 이름으로 조합설립인가를 한 이상 丙이 피고적격을 갖는다.

Ⅳ. 승소가능성

1. 乙의 내부위임이 적법한지

법적 근거가 필요 없으므로 내부위임 자체는 적법하다.

2. 丙명의 인가처분이 적법한지

(1) 내부위임에서 수임기관의 권한행사방식 위반의 효과

① 내부적으로는 위임받고 있으므로 무권한이라 볼 수는 없고 형식상 하자가 있는 것에 불과하다는 취소사유설 ② 대외적으로 무권한에 해당하여 무효라는 당연무효설 ③ 수임기관이 보조기관인 경우 당연무효이나 하급행정청의 경우 하자가 중대하고 명백한 것으로 볼 수 없어 취소사유라는 개별검토설 등이 있다. ④ 판례는 시장으로부터 압류처분권한을 내부위임받은 구청장이 자신의 명의로 압류처분한 경우, 권한 없는 자에 의한 위법무효의 처분이라고 하였다. ⑤ 수임기관에 명의의 처분은 주체상 하자의 문제로서 중대하며 명백한 하자가 있는 경우라 할 것이므로 당연무효설이 타당하다.

(2) 사안의 경우

丙이 자신의 이름으로 조합설립인가를 한 것은 권한 없는 자의 처분으로 효력이 없다.

3. 소 결

내부위임 자체는 적법하나, 조합설립인가가 권한없는 자의 처분으로 무효이므로 甲 등은 승소할 수 있다.

Ⅴ. 문제의 해결

丙은 권한은 없으나 丙의 이름으로 처분이 행해진 이상 처분을 행한 행정청으로 피고적격이 있다(행정소송법 제13조 제1항). 그리고 丙을 피고로 항고소송이 제기될 경우, 내부위임이 적법하더라도 丙 명의로 인가처분이 이루어진 것은 주체하자의 위법이 있어 甲 등은 승소할 수 있다.

┤ 강 평 ├

1. 잘 정리되어 있으나, 설문과 같은 사례에서 판례는 하급행정청이 아니라, '처분명의자'라는 표현을 쓰고 있음에 주의해야 한다.

2. 대판 1994. 6. 14, 94누1197판결은 "항고소송은 원칙적으로 소송의 대상인 행정처분 등을 외부적으로 그의 명의로 행한 행정청을 피고로 하여야 하는 것으로서, 그 행정처분을 하게 된 연유가 상급행정청이나 타행정청의 지시나 통보에 의한 것이라 하여 다르지 않으며, 권한의 위임이나 위탁을 받아 수임행정청이 정당한 권한에 기하여 수임행정청 명의로 한 처분에 대하여는 말할 것도 없고, 내부위임이나 대리권을 수여받은 데 불과하여 원행정청 명의나 대리관계를 밝히지 아니하고는 그의 명의로 처분 등을 할 권한이 없는 행정청이 권한 없이 그의 명의로 한 처분에 대하여도 처분명의자인 행정청이 피고가 되어야 한다." 라고 판시하였다.

| 제1문(50점) |

중학교의 출입문으로부터 직선거리 100미터 지점의 도로에 인접한 3층 상가건물을 소유한 A
는 비어 있는 2층 165㎡(약 50평)를 임대하고자 한다. B는 당구장 또는 PC방(인터넷컴퓨터게
임시설제공업)을 영위하기 위해 위 건물 2층을 임대받고자 A와 해당건물의 임대차계약을 체
결하였다. 위 상가건물 2층에 대하여 당구장영업(또는 PC방 영업)의 금지해제를 구하는 B의
신청이 관할 교육청에 접수되었고, 그 신청을 받은 관할 교육청은 모든 절차를 적법하게 거
친 후 "현재 위 중학교의 학교환경위생 정화구역 내에는 당구장이나 PC방 등 교육환경을 해
치는 업소가 단 하나도 없는 교육청정구역이다."는 점과 "만약 이 건의 금지해제를 받아들이
게 되면, 장차 학생들의 학습과 학교보건위생에 나쁜 영향을 줄 수 있는 각종 업소의 난립을
막을 수 없게 된다."는 해당 학교장 및 학교환경위생정화위원회의 반대의견에 따라 그 금지
해제 신청을 거부하였다. B는 이 건 거부에 대해 행정심판을 제기하고자 한다.
단, 위 건물이 소재한 지역은 상가지역이며, 해당 중학교의 전체 학생 중 3%만이 해당 건물이
소재한 도로를 통학로로 사용하고 있는 것으로 밝혀졌다.

【 참고법령 】

「학교보건법」
제5조(학교환경위생 정화구역의 설정) ① 학교의 보건·위생 및 학습환경을 보호하기 위하여 교육
감은 대통령령으로 정하는 바에 따라 학교환경위생 정화구역을 설정·고시하여야 한다. 이 경우 학
교환경위생 정화구역은 학교 경계선이나 학교설립예정지 경계선으로 200미터를 넘을 수 없다.
② (생략)
③ 교육감은 제2항에 따라 학교설립예정지가 통보된 날부터 30일 이내에 제1항에 따른 학교환경
위생 정화구역을 설정·고시하여야 한다.
④ 이하 생략
제6조(학교환경위생 정화구역에서의 금지행위 등) ① 누구든지 학교환경위생 정화구역에서는
다음 각 호의 어느 하나에 해당하는 행위 및 시설을 하여서는 아니 된다. 다만, 대통령령으로 정
하는 구역에서는 제2호, 제3호, 제6호, 제10호, 제12호부터 제18호까지와 제20호에 규정된 행
위 및 시설 중 교육감이나 교육감이 위임한 자가 학교환경위생정화위원회의 심의를 거쳐 학습
과 학교보건위생에 나쁜 영향을 주지 아니한다고 인정하는 행위 및 시설은 제외한다.
1.~13. 생략

14. 당구장(「유아교육법」 제2조제2호에 따른 유치원 및 「고등교육법」 제2조 각 호에 따른 학교의 학교환경위생 정화구역은 제외한다)

15. 생략

16. 「게임산업진흥에 관한 법률」 제2조 제6호에 따른 게임제공업 및 같은 조 제7호에 따른 인터넷컴퓨터게임시설제공업(「유아교육법」 제2조 제2호에 따른 유치원 및 「고등교육법」 제2조 각 호에 따른 학교의 학교환경위생 정화구역은 제외한다)

② 이하 (생략)

「학교보건법시행령」

제3조(학교환경위생 정화구역) ① 법 제5조제1사항에 다라 시·도의 교육감(이하 "교육감"이라 한다)이 학교환경위생 정화구역(이하 "정화구역"이라 한다)을 설정할 때에는 절대정화구역과 상대정화구역으로 구분하여 설정하되, 절대정화구역은 학교출입문(학교설립예정지의 경우에는 설립될 학교의 출입문 설치 예정 위치를 말한다)으로부터 직선거리로 50미터까지인 지역으로 하고, 상대정화구역은 학교경계선 또는 학교설립예정지경계선으로부터 직선거리로 200미터까지인 지역 중 절대정화구역을 제외한 지역으로 한다.

② 및 ③(생략)

제5조(제한이 완화되는 구역) 법 제6조제1항 각 호 외의 부분 단서에서 "대통령령으로 정하는 구역"이란 제3조제1항에 따른 상대정화구역(법 제6조제1항제14호에 따른 당구장 시설을 하는 경우에는 절대정화구역을 포함한 정화구역을 정화구역 전체)을 말한다.

1. 이 건 B의 검지해제신청에 대한 거부의 법적 의의에 대해 설명하시오(10점).

Advice

설문의 금지해제의 법적성질이 강학 상 예외적 승인에 해당한다는 것을 우선 검토한 후 금재해제 거부의 처분성 및 재량행위성에 대해 차례로 논한다. 거부의 처분성과 관련해서는 판례의 태도를 중심으로 견해대립을 소개하고, 재량행위성과 관련해서는 특히 예외적 승인에 대한 거부인 것을 포섭하여 재량행위에 해당한다고 판단한다.

답안구성 예

Ⅰ. 쟁점의 정리

Ⅱ. 금지해제 및 금지해제거부의 법적성질
  1. 금지해제의 법적성질
  2. 금지해제 거부의 법적성질

  (1) 금지해제거부의 처분성
  (2) 재량행위

Ⅲ. 소 결

2. A가 이 건 상가건물에 대한 임대이익을 목적으로 위와 같은 금지의 해제를 신청하였으나 관할 행정청에 의해 거부되었다고 전제할 경우 「행정심판법」상 A의 청구인 적격여부 대해 설명하시오(10점).

Ａdvice

상가건물의 임대인인 A에게 청구인적격이 인정될 수 있는지가 문제된다. 먼저 행정심판법 제13조의 입법 상 과오여부를 간략하게 언급한 후 과오가 아니라고 포섭한다. 이후 행정심판법 제13조의 '법률상 이익'의 의미에 대한 학설·판례의 견해를 소개한다. 사안의 A는 상가의 임대인에 불과한 바 그 이익이 사실상·반사적 이익에 그쳐 원고적격이 인정되지 않는다.

답안구성 예

Ⅰ. 쟁점의 정리

Ⅱ. 행정심판법 제13조의 입법상 과오여부
 1. 문제점
 2. 학 설
 3. 검토 및 사안의 경우

Ⅲ. 행정심판법 제13조의 '법률상 이익'의 의미
 1. 학 설
 2. 검토 및 사안의 경우

Ⅳ. 소 결

3. B가 신청한 금지해제의 대상이 당구장인 경우와 PC방인 경우 행정심판의 인용가능성에 있어서의 차이점을 설명하시오(15점).

Ａdvice

당구장과 PC방은 제시된 학교보건법 시행령 제5조에 따를 때, 피시방은 상대정화구역에서만 제한이 완화되는데 반하여 당구장은 절대정화구역에서도 제한이 완화될 수 있다. 그 인용가능성에 대해 다른 쟁점은 문제되지 않는 바 재량권 행사와 관련해 당구장 까지 금지해제를 허용하지 않는 경우는 비례원칙에 반할 수 있다는 차이점이 있다.

답안구성 예

Ⅰ. 쟁점의 정리

Ⅱ. 재량의 하자
 1. 재량의 일탈
 2. 재량의 남용
 3. 부당한 재량권의 행사

Ⅲ. 사안의 경우
 1. 금지해제의 대상이 당구장인 경우
 2. 금지해제의 대상이 PC방인 경우

Ⅳ. 소 결

4. 만약, B가 행정심판을 거치지 아니하고 행정소송을 제기하여 1심법원에서 인용판결을 받았
다고 한다면, 행정심판을 통해 인용재결을 받은 경우와는 어떠한 차이점이 있게 되는지를 설
명하시오(15점).

Advice

행정소송에서 인용판결을 받은 경우와 행정심판에서 인용재결을 받은 경우의 차이점은 특히 재결
과 판결의 차이에서 나온다. 첫 번째로는 판결 및 재결의 효력에 관한 문제로서, 거부처분 취소판결
은 형성판결이나 행정심판, 특히 의무이행심판을 거친 경우 이행재결을 할 수 있다. 또한 기속력 확
보수단으로서 행정소송의 경우 간접강제만이 가능하나 행정심판의 경우 직접처분도 가능하다. 마
지막으로 소송 및 재결에 불복하는 경우 소송의 경우 항소 등이 가능하나 재결의 경우 다시 소송으
로 불복할 수 있다.

답안구성 예

　Ⅰ. **쟁점의 정리**

　Ⅱ. **거부처분에 적합한 행정쟁송수단**

　　1. 행정심판수단

　　2. 행정소송수단

　Ⅲ. **직접처분과 간접강제**

　　1. 위원회의 직접처분

　　2. 위원회의 간접강제

　　3. 법원의 간접강제

　Ⅳ. **소송 및 재결에 대한 불복수단**

　　1. 행정소송 판결에 불복하는 경우

　　2. 행정심판 재결에 불복하는 경우

| **제2문(25점)** |

처분의 취소를 구하는 취소소송이 제기되어 판결이 확정된 후에 국가배상청구소송이 제기된
경우, 취소송의 기판력이 후소인 국가배상청구소송에 미치는지 여부를 검토하시오.

Advice

취소소송의 기판력이 후소 인 국가배상소송에 영향을 미치느냐에 대한 약술형 문제로서, 목차를 『Ⅰ.
문제의 소재 Ⅱ. 국가배상법 제2조의 '법령 위반'의 의미 Ⅲ. 취소소송의 기판력이 국가배상소송에 미
치는지 여부 Ⅳ. 결론』으로 잡는다. 국가배상법 제2조의 법령위반, 즉 위법을 어떻게 해석하느냐에
따라 취소소송에서의 위법성과의 관련성이 결정된다. 예를 들면 광의의 행위위법설을 따르는 경우
국가배상법상 위법이 취소소송에서의 위법보다 넓은 개념이 되어, 인용판결의 기판력은 후소에 미
치나 기각판결의 기판력은 미치지 않는 것으로 된다. 적절한 견해를 취한 후 논리적으로 결론을 내
린다.

| 제3문(25점) |

甲은 대로변에서 보석가게를 운영하는 자인데, '쇼윈도'에 특별한 운석을 전시하여 지나가는 행인들이 모여들게 되었다. 이로 인하여 교통소통에 위험이 초래된 경우, 甲과 행인들의 경찰책임에 대해서 설명하시오.

Advice

甲과 행인들의 경찰책임과 관련하여 목차를 『Ⅰ. 서론, Ⅱ. 경찰책임의 원칙, Ⅲ. 경찰책임자의 경합, Ⅵ. 사안의 경우』로 잡는다. Ⅱ.에서는 경찰책임의 원칙의 의의와 행위책임 및 상태책임의 개념을 설명한다. Ⅲ.에서는 경찰책임자가 다수인 경우의 다수자 책임 문제를 서술한다. 마지막으로 Ⅵ.에서 사안을 포섭하여 甲은 운석의 소유자로서 상태책임을, 행인들은 혼잡을 초래한 바 행위책임을 지며 경찰책임의 경합이 발생하는바 효율성과 비례성을 고려하여 우선적으로 위해제거를 신속하게 할 수 있는 행인들에게 부차적으로 상태책임을 유발한 甲에게 경찰권을 발동할 수 있다고 결론낸다.

| 제1문 | 일반음식점을 운영하는 업주 甲은 2012. 12. 25. 2명의 청소년에게 주류를 제공한 사실이 경찰의 연말연시 일제 단속에 적발되어 2013. 2.15. 관할 구청장 乙로부터 영업정지 2개월의 처분을 통지 받았다. 甲은자신의 업소가 대학가에 소재하고 있어서 주된 고객이 대학생인데, 고등학생이 오는 경우도 있어 신분증으로 나이를 확인하고 출입을 시키도록 종업원 A에게 철저히 교육을 하였다. 그런데 종업원 A는 사건 당일은 성탄절이라 점포 내 많은 손님들로 북적거려서 신분증을 일일이 확인하는 것은 어렵겠다고 판단하여 간헐적으로 신분증 확인을 하였고, 경찰의 단속에서 청소년이 발견된 것이다. 한편 甲은 평소 청소년 선도활동을 활발히 한 유공으로 표창을 받았을 뿐 아니라 지금까지 관계 법령위반으로 인한 영업정지 등 행정처분과 행정벌을 받은 바가 전혀 없으며, 간암으로 투병중인 남편과 초등학생인 자식 2명을 부양하고 있다. (총 50점)

(1) 남편에 대한 간병과 영업정지처분의 충격으로 경황이 없던 甲은 2013. 4. 25. 위 영업정지처분에 대한 취소소송을 제기하였다. 甲의 소송상 청구의 인용가능성을 설명하시오. (25점)

(2) 만약, 위 (1)의 소송에서 甲이 인용판결을 받아 확정되었고 이에 甲은 위법한 영엉정지처분으로 인한 재산적·정신적 손해에 대한 국가배상청구소송을 제기한다면, 법원은 어떤 판결을 내려야 하는가? (15점)

(3) 만약, 위 사례에서 영업정지 2개월의 처분에 대해 2013. 2. 20. 乙이 영업정지 1개월의 처분에 해당하는 과징금으로 변경하는 처분을 하였고 甲이 2013. 2. 23. 이 처분의 통지를 받았다면, 甲이 이에 대해 취소소송을 제기할 경우 취소소송의 기산점과 그 대상을 설명하시오. (10점)

[참조조문]

식품위생법

제44조(영업자 등의 준수사항)

② 식품접객영업자는 「청소년 보호법」 제2조에 따른 청소년(이하 이 항에서 '청소년'이라 한다)에게 다음 각 호의 어느 하나에 해당하는 행위를 하여서는 아니 된다.

4. 청소년에게 주류(酒類)를 제공하는 행위

제75조(허가취소 등)

① 식품의약품안전처장 또는 특별자치도지사·시장·군수·구청장은 영업자가 다음 각 호의 어느 하나에 해당하는 경우에는 대통령령으로 정하는 바에 따라 영업허가 또는 등록을 취소하거나 6개월 이내의 기간을 정하여 그 영업의 전부 또는 일부를 정지하거나 영업소 폐쇄(제37조제4항에 따라 신고한 영업만 해당한다. 이하 이 조에서 같다)를 명할 수 있다.

13. 제44조제1항·제2항 및 제4항을 위반한 경우

제82조(영업정지 등의 처분에 갈음하여 부과하는 과징금 처분)

① 식품의약품안전처장, 시·도지사 또는 시장·군수·구청장은 영업자가 제75조제1항 각 호 또는 제76조제1항 각 호의 어느 하나에 해당하는 경우에는 대통령령으로 정하는 바에 따라 영업정지, 품목 제조정지 또는 품목류 제조정지 처분을 갈음하여 2억원 이하의 과징금을 부과할 수 있다. 다만, 제6조를 위반하여 제75조제1항에 해당하는 경우와 제4조, 제5조, 제7조, 제10조, 제12조의2, 제13조, 제37조 및 제42조부터 제44조까지의 규정을 위반하여 제75조제1항 또는 제76조제1항에 해당하는 중대한 사항으로서 총리령으로 정하는 경우는 제외한다.

식품위생법 시행규칙

89조(행정처분의 기준) 법 제71조, 법 제72조, 법 제74조부터 법 제76조까지 및 법 제80조에 따른 행정처분의 기준은 별표 23과 같다.

〔별표 23〕

Ⅰ. 일반기준

15.다음 각 목의 어느 하나에 해당하는 경우에는 행정처분의 기준이, 영업정지 또는 품목·품목류 제조정지인 경우에는 정지처분 기간의 2분의 1 이하의 범위에서, 영업허가 취소 또는 영업장 폐쇄인 경우에는 영업정지 3개월 이상의 범위에서 각각 그 처분을 경감할 수 있다.

마. 위반사항 중 그 위반의 정도가 경미하거나 고의성이 없는 사소한 부주의로 인한 것인 경우

Ⅱ. 개별기준

3. 식품접객업

위반사항	근거법령	행정처분기준		
		1차위반	2차위반	3차위반
11. 법 제44조 제2항을 위반한 경우 라. 청소년에게 주류를 제공하는 행위(출입하여 주류를 제공한 경우 포함)를 한 경우	법 제75조	영업정지 2개월	영업정지 3개월	영업허가·등록 취소 또는 영업소 폐쇄

답안작성

박 ○ ○ / 2012년도 5급 공채 일반행정직 합격

I. 설문 (1)의 해결

1. 문제의 소재

① 우선 당해 행정작용인 영업정지처분과 그 근거규정인 식품위생법 시행규칙 [별표23](이하 '[별표23]')의 법적 성질을 검토한다. ② 소의 적법여부에서는 특히 협의의 소익이 문제된다. ③ 소가 적법하다면, 영업정지처분이 재량행위인 경우 비례원칙을 위반하여 위법한지 여부를 살핀다.

2. [별표23] 및 영업정지처분의 법적 성질

(1) [별표23]의 법적 성질

1) 문제점

사안의 경우 행정규칙의 실질인 제재적 행정처분의 기준이 법규명령인 시행규칙의 형식으로 규정되어 있어 형식과 실질이 불일치하는 바, 그 법적 성질이 문제된다.

2) 학 설

① 구체적 타당성 확보를 위해 행정규칙으로 보는 행정규칙설, ② 법적 안정성을 중시하여 법규명령으로 보는 법규명령설, ③ 법률의 수권에 근거하여 제정된 경우 법규명령으로 보자는 수권여부기준설 등이 대립한다.

3) 판 례

① 대통령령으로 정한 행정처분의 기준은 법규명령에 해당한다고 보면서도, ② 사안과 같은 시행규칙과 관련해서는 부령의 형식으로 되어 있으나 그 성질과 내용이 행정기관내부의 처리지침에 불과한 것으로서 대외적으로 국민이나 법원을 기속하는 효력이 없다고 판시한바 있다.

4) 검토 및 사안의 경우

관례는 시행령과 시행규칙을 합리적 이유 없이 차별 취급하여 일관성을 상실한 것으로 보인다. 법규명령설에 의하더라도 가중·감경 규정을 두어 구체적 타당성을 확보할 수 있으므로 법적 안정성의 측면에서 법규명령설이 타당하다. 따라서 사안의 경우 법규명령으로 봄이 타당하다. 다만 판례에 따르면 시행규칙 형식으로 되어 있으므로 행정규칙으로 볼 것이다.

(2) 영업정지처분의 법적 성질

사안의 경우 식품위생법 제75조 제1항은 "할 수 있다."고 하여 규정하고 있고, 동법 시행규칙에서도 [별표23]에서 감경규정을 두어 구체적 타당성을 도모하고 있는바, 이러한 근거법령의 해석에 의하면 영업정지처분은 재량행위로 볼 것이다. 또한 부작위하명으로서 침익적 행정행위에 속한다.

3. 소의 적법여부

(1) 문제점

1) 사안에서 ① 영업정지처분은 침익적 행정행위로서 대상적격이 인정되고(행정소송법 제19조, 이하 법명생략), ② 甲은 처분의 직접상대방으로서 원고적격이 인정된다(제12조). ③ 또한 2013. 2. 15. 처분의 통지를 받은 날로부터 90일 이내에 소를 제기하여 제소기간을 준수하였고(제20조 제1항), ④ 예외적으로 필요적 행정심판전치주의에 해당하는 사정은 보이지 않는다(제18조 제1항). ⑤ 나아가 피고적격(제13조)과 관할(제9조)은 설문에 별다른 언급이 없으므로 충족된 것으로 본다.

2) 그런데 문제는 사안의 경우 소를 제기할 당시 영업정지기간이 도과하여 당해 처분의 효력이 상실하였는바, 이 경우에도 취소소송을 제기할 수 있는지가 협의의 소익과 관련하여 문제된다.

(2) 협의의 소익 인정 여부

1) 의의 및 근거

협의의 소익이란 소송경제를 위한 소송요건으로서 원고의 소송상 청구가 본안판단을 받을 현실적 필요성을 의미한다. 제12조 제2문을 원고적격에 관한 규정으로 보는 견해도 있으나, 일반적으로 협의의 소익을 규정한 것으로 본다. 기간경과로 처분의 효력이 상실된 경우 원칙적으로는 그 처분의 취소를 구할 법률상 이익이 인정되지 않으나, 사안과 같이 시행규칙에 가중적 제재처분의 요건이 규정되어 있는 경우 예외적으로 협의의 소익이 인정될 것인지 문제된다.

2) 가중요건이 시행규칙에 규정되어 있는 경우 법률상 이익 인정 여부

(가) 학 설

시행규칙의 법적성질에 대하여 ① 법규명령으로 보아 소의 이익을 긍정하는 견해, ② 행정규칙으로 보아 소의 이익을 부정하는 견해, ③ 그 성질과 무관하게 소의 이익을 긍정하는 견해 등이 대립한다.

(나) 판 례

판례는 ① 이전에 행정명령에 불과한 행정처분기준에 관한 규정에서 위반 횟수에 따라 가중처분하게 되어 있다 하여 법률상 이익이 있는 것으로 볼 수 없다고 판시한바 있으나, ② 이후 태도를 변경하여 제재적 처분기준을 행정규칙으로 보면서도, 그 법적 성질이 법규명령인지 여부와는 상관없이 관할 행정청이나 담당공무원은 이를 준수할 의무가 있으므로 그 규칙에 정해진 바에 따라 행정작용을 할 것이 당연히 예견되므로, 선행처분을 받은 상대방이 후행처분을 받을 위험은 구체적이고 현실적인 것이라고 하여 법률상 이익을 긍정하였다. ③ 이에 대하여 소수의견은 제재적 처분기준을 법규명령으로 보면서 소의 이익을 인정한다.

(다) 검토 및 사안의 경우

행정청이나 공무원이 법령에 구속당할 뿐 아니라, 국민의 권리구제측면에서 상대방의 법률상 지위의 불안 해소를 위해서도 당해 규칙의 법적 성질과 무관하게 소의 이익을 인정하는 판례의 태도가 타당하다. 사안의 경우 [별표23]에서 가중요건을 규정하고 있는바, 선행처분인 영업정지처분의 기간이 도과한 후라도 甲으로서는 후행처분을 받을 위험을 제거하기 위해 영업정지처분을 다툴 법률상 이익이 있다고 볼 것이다.

(3) 소 결

소송요건을 모두 갖추어 소의 적법성은 인정된다.

4. 본안판단 – 비례원칙 위반 여부

(1) 비례원칙이란

행정목적과 그 수단 사이에 합리적 비례관계가 있어야 된다는 원칙으로서(헌법 제37조 제2항) 적합성의 원칙, 필요성의 원칙, 상당성의 원칙의 단계적 검토를 내용으로 한다.

(2) 사안의 경우

① 영업정지처분은 청소년 보호를 위한 입법목적에 적합한 수단으로서 적합성의 원칙에는 부합한다. 그러나 ② 甲은 평소에 종업원 A를 철저히 교육하였으나 위반 당일은 점포 내 많은 손님들로 북적거려서 신분증을 일일이 확인할 수 없었다는 점, 평소에 甲은 청소년 선도활동을 활발히 하였고 지금까지 법

령위반으로 벌을 받은 바가 전혀 없었다는 점 등을 고려하면 그 위반의 정도가 경미하거나 고의성이 없는 사소한 부주의로 인한 것으로 볼 여지가 충분하여 [별표23]의 경감규정에 의한 약한 제재를 통해서도 甲에게 경각심을 일으켜 청소년에 대한 주류판매금지의 행정목적을 달성할 수 있는 것으로 보임에도 불구하고 필요 이상의 제재를 가하여 필요성의 원칙에 반하고, ③ 영업정지처분으로 인해 달성되는 공익보다 이로 인한 甲의 손해가 훨씬 큰 것으로 보여 상당성의 원칙에도 반한다.

(3) 소 결

따라서 乙의 영업정지처분은 비례원칙에 위배되어 위법하고, 중대명백설에 의하면 사안의 하자는 중대하나 명백하진 않으므로 취소사유에 해당된다.

5. 사안의 해결

甲의 소송상 청구는 인용될 것이다(제27조).

II. 설문 (2)의 해결

1. 문제점 – 국가배상법 제2조의 성립요건

(1) 법원의 판단은 甲의 청구가 국가배상법 제2조의 손해배상청구권의 성립요건을 충족하는지에 따라 달라지는바, 이는 ① 공무원이 ② 직무를 집행하면서 ③ 고의 또는 과실로 ④ 법령에 위반하여 ⑤ 타인에게 손해를 가하였고 ⑥ 상당인과관계가 있을 것을 요건으로 한다.

(2) 사안은 ① 공무원인 관할 구청장 乙의 행위이고, ② 권력작용인 영업정지처분을 하여 ③ 이로 인하여 ④ 甲은 영업을 하지 못하는 손해를 입었음을 인정할 수 있다. 그런데 사안에서 ⑤ 위법성과 관련하여 당해 처분의 취소소송이 전소로써 제기되어 인용판결이 확정되었는바 후소인 국가배상청구소송의 위법성 판단에 취소판결의 기판력이 미치는지 문제된다. 이는 국가배상법상의 위법개념과 취소소송의 위법개념이 일치하는 것인지의 문제이다. ⑥ 또한 乙의 고의·과실 인정 여부가 문제된다.

2. 취소판결의 기판력이 국가배상청구의 후소에 미치는지 여부 – 위법성 인정 여부

(1) 학 설

국가배상법상 위법개념에 대하여 ① 취소소송의 위법개념과 동일한 협의의 행위불법으로 보아 전부 기판력이 미친다고 보는 전부기판력긍정설 ② 그보다 넓은 광의의 행위불법으로 보아 전소에서 인용판결이 나면 기판력이 미치고 기각판결이 나면 기판력이 미치지 않는다고 보는 제한적기판력긍정설, ③ 취소소송의 위법개념과 별개인 상대적 위법성이나 결과불법으로 보아 전부 기판력이 부정된다는 전부기판력부정설 등이 대립한다.

(2) 판 례

관례는 어떠한 행정처분이 취소소송에서 취소되었다고 할지라도 그 기판력에 의하여 당해 처분이 곧바로 불법행위를 구성한다고 단정할 수는 없다고 판시한바 있다.

(3) 검토 및 사안의 경우

분쟁의 일회적 해결 및 국민의 권리구제 측면에서 제한적 기판력긍정설이 타당하다. 따라서 사안의 경우 전소인 취소소송에서 甲은 인용판결을 받아 확정되었으므로 후소인 국가배상청구에 기판력이 미쳐 위법성에 대해 달리 판단할 수 없으므로 위법성이 인정된다고 할 것이다. 판례에 의하더라도 사안의 영업정지처분은 甲이 처한 구체적 상황을 고려하지 않은 채 발령된 것으로서 공·사익 형량을 제대로 하지 않아 객관적 정당성을 상실하여 위법성이 인정된다고 볼 것이다.

3. 고의 또는 과실의 인정 여부

(1) 고의란 위법행위의 발생가능성을 인식하고 이를 용인한 경우를 말하고, 과실이란 공무원이 직무를 수행함에 있어 당해 직무를 담당하는 평균적 공무원이 보통 갖추어야할 주의의무를 게을리 한 것이다(판례). 나아가 관례는 반드시 가해공무원이 특정되어 있어야 하는 것은 아니라고 하여 과실개념을 추상화·객관화하는 바, 현대행정의 복잡성에 따른 입증곤란을 구제하기 위해 타당하다.

(2) 사안의 경우 [별표23]은 위반 정도가 경미하거나 고의성이 없는 사소한 부주의의 경우에는 영업정지처분의 기간을 경감할 수 있는 규정을 두고 있는바, 乙로서는 적법한 재량권 행사를 위해 행정절차법 제21조의 사전통지와 동법 제22조의 의견청취절차 등을 통해 위 규정에 해당하는 사정이 있는지를 조사해야할 주의의무가 있다고 볼 수 있다. 그런데 사안에서는 乙이 위 절차를 통해 甲의 사정을 알았거나 모르는데 과실이 있는 채로 영업저지처분을 발령한 것인지 명확하지 않은 바, 고의·과실의 입증책임이 원고인 甲에게 있음에 비추어볼 때 일단 [별표23]의 개별기준에 따라 영업정지처분을 행한 乙에게 고의나 과실을 인정하기 어렵다.

4. 사안의 해결

甲의 국가배상청구는 고의 또는 과실의 요건을 충족하지 못하였으므로 법원은 기각관결을 해야 한다.

III. 설문 (3)의 해결

1. 문제점

취소소송은 처분 등을 대상으로 하고(제19조, 제2조1항 제1호), 처분 등이 있음을 안 날로부터 90일, 처분 등이 있은 날로부터 1년을 제소기간으로 한다(제20조). 일단 ① 1차의 영업정지처분과 2차 과징금으로의 변경처분은 모두 일정한 의무를 부과하는 하명으로서 각각 처분에 해당한다. 그러나 ② 1차, 2차

처분의 각각의 통지는 처분의 효력발생요건으로서 그 자체만으로써 국민의 권리·의무에 변동을 초래하는 것은 아니므로 별도로 소의 대상된다고 보기 어렵다. 결국 ③ 당초의 2개월의 영업정지처분을 소의 대상으로 삼을 것인지, 아니면 영업정지 1개월의 처분에 해당하는 과징금으로 변경하는 처분을 대상으로 삼을 것인지 문제되고, ④ 이에 따라 기산점도 결정될 것이다.

2. 변경처분이 있는 경우 소의 대상

(1) 학설은 ① 원처분은 소멸되었고 변경처분이 새로운 처분으로서 소의 대상이 된다는 견해, ② 변경처분은 원처분의 강도를 변경한 것에 불과하므로 변경된 원처분이 소의 대상이라는 견해 등이 대립된다.

(2) 판례는 유사한 사안에서 행정제재처분을 한 후 그 처분을 유리하게 변경하는 처분을 한 경우 변경처분에 의하여 당초 처분은 소멸하는 것이 아니고 당초부터 유리하게 변경된 내용의 처분으로 존재하는 것이라고 하여 소의 대상은 변경처분이 아니라 변경된 내용의 원처분이라고 한 바 있다.

(3) 생각건대, 변경처분은 원처분에 대한 질적 일부 취소에 불과하므로 아직 취소되지 않고 남아 있는 부분이 위법하다고 하여 다투는 경우에 소의 대상은 변경된 원처분으로 보는 것이 타당하다. 따라서 사안의 경우 소의 대상은 과징금으로 변경된 당초의 원처분이라고 할 것이다.

3. 취소소송의 기산점

소의 대상을 변경된 원처분으로 보는 경우 제소기간의 준수 여부도 변경된 원처분을 기준으로 판단하여야 할 것이다. 판례도 같다. 따라서 사안에서 취소소송의 기산점은 당초 처분이 있었음을 안 날인 2013. 2. 15.이다.

4. 사안의 해결

사안의 취소소송은 2013. 2. 15.을 기산점으로 하고, 과징금으로 변경된 당초의 원처분을 소의 대상으로 삼아야 할 것이다.

| 강 평 |

1. 설문 (1)의 경우

(1) 구청장 乙의 이미 실효된 영업정지처분에 대한 취소소송에서 甲의 청구의 인용가능성이 문제이므로 소송요건과 본안에서의 이유유무가 쟁점이다. 즉, 이미 영업정지처분기간이 경과되어 실효된 영업정지처분에 대해 취소소송으로 다툴 실익이라는 협의의 소의 이익이 있는지 문제되고, 소의 이익이 인정되어 소송요건을 충족한 경우에 본안에서 인용판결을 받을수 있는지가 문제된다. 여기서 소송요건과 이유유무에 공통적으로 관련되는 영업정지처분의 법적 성질을 먼저 검토할 필요가 있다는 점에서 모범답안의 답안구성은 잘 되어 있다. 그런데 영업정지처분의 법적 성질을 검토함에 있어서는, 그 근거규정인 식품위생법 제75조 제1항에 따른 경우(모법에 따라 재량행위성을 판단하는 경우)와 같은 법 시행규칙 제89조 별표23에 따른 경우(처분기준에 따라 재량행위성을 판단하여야 하는 경우)로 나누어 검토함이 필요하다(김향기, 행정법연습 제4판, 대명출판사). 법 제75조 제1항에 의할 경우 "할 수 있다."는 규정의 문언만으로 판단할 것이 아니라 법의 취지·목적 등 재량행위의 구체적인 판단기준을 적시하여 종합적으로 판단하여야 한다. 또한 같은 법 시행규칙 제89조 별표23에 의할 경우, 법규명령형식의 재량준칙인 별표23의 법적 성질에 관하여는 잘 검토했으나, 이 별표23의 법규성을 인정하는 경우에 이에 따른 행정처분의 법적 성질에 관하여 개별기준과 감경규정을 두고 있는 일반기준을 종합적으로 고려하여 판단하는 검토가 필요하다. 재량준칙의 법규성을 부인하는 경우에도 행정의 자기구속의 법리에 따라 재량권의 일탈·남용 여부를 판단할 수 있다는 점도 고려할 필요가 있다.

소송요건의 검토에서 모범답안은 문제점에서 잘 정리를 하였고 협의의 소익의 여부에 관해 잘 설명하고 있다. 그런데 행정소송법 제12조 후문의 '법률상 이익'의 의미에 관하여 검토한 후 처분의 효력이 소멸한 경우에는 원칙적으로 소익이 부정되나, 예외적으로 처분 등의 효과가 기간의 경과, 처분 등의 집행 그 밖의 사유로 인하여 소멸된 뒤에도 그 처분 등의 취소로 인하여 회복되는 법률상 이익이 있는 경우에는 소의 이익이 인정되는데, 사안의 경우와 같이 가중적 제재요건이 법령 또는 행정규칙으로 정해진 경우에는 소익이 있는지 문제된다는 점을 검토하면 된다. 법령으로 정해진 경우에는 소의 이익을 인정하는데 이론이 없으나 행정규칙으로 정해진 경우에 문제된다. 모범답안에서도 잘 적시하고 있지만 이 경우 종래 판례는 소의 이익을 부인하여 왔으나(대판 1995. 10. 17. 94누14148 등) 최근에 판례변경을 통하여 소의 이익을 인정하고 있다는 점(대판 2006. 6. 22. 2003두1684)이 빠져서는 아니된다(김향기, 행정법개론 제10판, 탑북스).

(2) 본안에서의 이유유무에 대해서는, 절차상의 하자나 주체 및 형식에는 문제가 없고 내용상의 문제인 영업정지처분의 위법여부가 문제인바, 그 근거규정인 식품위생법 제75조 제1항

에 의하건 같은법 시행규칙 제89조 별표23에 의하건 재량행위라는 점에서 재량권의 일탈·남용의 여부가 문제되며, 재량권의 일탈·남용의 사유 중 비례의 원칙과 고려요소의 흠결이 문제된다는 점이다.

2. 설문 (2)의 경우

(1) 국가배상법 제2조의 배상책임요건이 문제되는데, 그 중에서도 위법성여부와 고의·과실이 핵심쟁점이다. 위법성 여부의 문제는 소송물이 동일한 경우에 취소소송의 기관력이 국가배상청구소송에 미치는지가 문제된다. 이는 위법성의 판단기준에 관한 결과불법설, 협의의 행위불법설(공권력발동요건결여설), 광의의 행위불법설(직무행위기준설), 상관관계설 등 학설에 따라 기관력이 미치는지의 여부에 관해 긍정설, 부정설, 제한적 긍정설 등으로 견해가 나뉘나, 기관력을 부인하면 국가배상청구소송에서 선결문제로 처분의 위법을 다투어야 하는 절차의 번잡성이 문제된다는 점 등에서 기관력긍정설이 타당하다(김향기, 행정법개론 제 10판, 탑북스).

(2) 다음, 고의·과실의 문제에서는 과실과 위법성의 관계에서 과실을 객관적인 주의의무위반으로 파악하는 입장에서는 위법성과 과실 중 어느 하나가 존재하면 다른 요건도 존재하는 것으로 인정하나, 판례는 위법성을 배상책임성립의 객관적 요건으로 보고 과실은 공무원의 주관적 요건으로 보아 구별하고 있다는 점을 언급할 필요가 있다. 과실의 입증책임에 있어서 민법상의 일응추정의 법리를 원용하여 평균적 공무원으로서 甲과 위반행위의 전후 사정 등을 종합적으로 고려하고 식품위생법 시행규칙 제89조 별표 23의 일반기준에 의할 때 과실이 있는 것으로 추정할 수 있고 구청장 乙이 무과실을 반증하도록 한다는 입장에서 보면 과실을 인정할 여지가 있다는 결론도 가능하다는 점을 설명하면 좋을 것이다.

3. 설문 (3)의 경우

당초의 원처분이 유리하게 변경된 경우의 소의 대상과 제소기간 기준시점에 관한 문제이다. 이 경우 소의 대상에 관해, 학설은 ① 원처분설 ② 변경처분설 ③ 변경된 원처분설로 나뉘고, 판례는 변경된 원처분설을 취한다(대판 2007. 4. 27. 2004두9302 〈식품위생법위반과징금부과처분취소〉)는 점을 검토하여 해결하고, 제소기간 기준시점도 위 견해에 따라 다를 것이나 통설과 판례인 변경된 원처분설에 따라 변경된 내용의 당초처분을 기준으로 판단한다.

| 제2문 | A시는 문화예술 진흥을 목적으로 지역주민들을 위한 대규모 무료 콘서트 행사를 시립운동장에서 개최하였다. 행사 시작 전 이미 참석인원이 시설수용인원을 과도하게 초과하였음에도 A시에서는 안전요원의 배치 등 적정한 안전조치를 취하지 않은 채 무리하게 행사를 강행하였다. 이에 행사 참석자들의 안전에 대한 위험이 존재한다고 판단한 관할 경찰서장은 A시 시장에 대하여 행사중지명령을 발하고자 한다. A시 시장에 대한 경찰서장의 경찰처분은 적법한가? (20점)

I. 문제의 소재

II. 행정기관에 대하여 경찰권을 발동할 수 있는지 여부 - 경찰책임의 주체
  1. 문제점
  2. 학 설
  3. 검토 및 사안의 경우

III. 행사중지명령의 법적 근거

IV. 경찰권발동의 한계 준수 여부
  1. 한계의 내용 및 문제점
  2. 경찰비례의 원칙 위반 여부

V. 사안의 해결

답안작성

박 ○ ○ / 2012년도 5급 공채 일반행정직 합격

I. 문제의 소재

경찰서장의 행사중지명령의 적법성과 관련하여 ① 행정기관인 A시 시장에게 경찰명령을 발령할 수 있는지가 형식적 경찰책임의 주체와 관련하여 문제되고, ② 법률유보·법률우위 원칙과 관련하여 경찰관직무집행법 제5조 제1항 및 경찰권의 한계를 준수 여부를 검토하여야 한다.

II. 행정기관에 대하여 경찰권을 발동할 수 있는지 여부 – 경찰책임의 주체

1. 문제점

① 사안에서 A시는 시립운동장에서 개최되는 행사의 참석인원이 시설수용인원을 과도하게 초과하였음에도 무리하게 행사를 강행하여 공공의 안녕·질서에 위험을 야기하여 실질적 경찰책임은 부담한다. ② 이러한 A시의 시장이 경찰명령에 복종하여야 하는지는 형식적 경찰책임의 문제이다.

2. 학 설

① 이를 인정할 경우 다른 기관에 대한 경찰행정청의 우위를 뜻하게 되므로 부정된다는 견해, ② 모든 공법적인 기능이 가치에 있어서 동등함을 뜻하는 것은 아니라는 것을 전제로 긍정하는 견해, ③ 행정기

관의 공적과제 수행과 공공의 안녕·질서를 비교 형량하여 후자의 이익이 더 큰 경우에 제한적으로 인정될 수 있다는 견해 등이 대립한다.

3. 검토 및 사안의 경우

국민의 신체, 재산 등 공적목적달성보다 우위에 있는 법익에 대한 위험방지가 급박한 경우에는 예외적으로 경찰권을 발동할 수 있다고 보는 것이 국민보호관점에서 타당하다. 다만 남용가능성 및 권한분배의 문제가 생길 수 있으므로 입법론적으로는 명문규정을 두는 것이 바람직하다. 사안의 경우는 문화예술 진흥의 공적 목적 달성에 비해 행사 참석자들의 신체·재산에 대한 안전이 더 중요하다고 판단되는 바, 관할 경찰서장은 예외적으로 A시 시장에 대하여 경찰권을 발동할 수 있다.

III. 행사중지명령의 법적 근거

경찰처분은 침익적 행정행위로서 법률상 근거를 요한다(법률유보의 원칙). 사안에서는 표준처분으로서 경찰관직무집행법 제5조 제1항이 문제되는데, 행사 시작 전부터 이미 참석인원이 시설수용인원을 과도하게 초과하여 극단한 혼잡상태가 존재하므로 관할경찰서장은 행사주최자이자 시립운동장의 관리주체인 A시의 시장에 대하여 위험방지를 위한 조치를 취할 수 있다. 따라서 당해 행사중지명령의 법적 근거는 갖추어졌다.

IV. 경찰권발동의 한계 준수 여부

1. 한계의 내용 및 문제점

(1) 법률우위의 원칙상 성문법규를 위반해서는 안되고 경찰행정권의 재량의 일탈·남용을 방지하기 위해 ① 경찰소극의 원칙, ② 경찰공공의 원칙, ③ 경찰평등의 원칙, ④ 경찰책임의 원칙, ⑤ 경찰비례의 원칙 등의 준수가 요구된다.

(2) 사안에서 행사중지명령은 ① 행사에 참여한 지역주민의 안전을 위한 ② 소극적인 질서유지행위이고, ③ 시립운동장의 관리주체이자 행사를 개최하면서도 과도한 인파에 대한 적정한 안전조치를 취하지 않은 A시의 시장에 대한 것이며, ④ 경찰평등의 원칙은 달리 문제되지 않는다. ⑤ 다만 행사를 계속 진행하면서도 주민의 안전을 강구할 수 있는 조치를 고려하지 않고 행사중지명령을 발하는 것이 경찰비례의 원칙에 위반되는 것은 아닌지 문제된다.

2. 경찰비례의 원칙 위반 여부

(1) 경찰비례의 원칙은 경찰목적과 그 실현수단 간에 합리적 비례관계에 있어야 한다는 원칙으로서 (헌법 제37조 제2항, 경찰관직무집행법 제1조 제2항) 적합성의 원칙, 필요성의 원칙, 상당성의 원칙을 내용으로 한다.

(2) 사안의 경우 ① 행사참석인원이 과도하여 발생할 안전상 위험을 방지하기 위해 행사 자체를 중단시키는 것은 그 목적을 달성하기에 적합하다. 그러나 ② 안전요원을 배치하거나 참석하고자 하는 인원을 선착순으로 하여 입장을 제한하는 등 행사를 계속 진행하면서도 과도한 인파로 인한 안전위험을 방지할 수 있는 대책이 존재함에도 불구하고 행사 자체를 중단할 것을 명하는 것은 과도한 제한으로서 필요성의 원칙에 반하며, ③ 달성하려는 경찰목적에 비해 침해되는 이익이 과도하여 상당성의 원칙에도 반한다. 따라서 경찰비례의 원칙에 반한다.

V. 사안의 해결

사안의 행사중지명령은 국민의 신체, 재산의 안전이라는 중요한 법익 보호를 목적으로 하는 것으로서 예외적으로 행정기관인 A시의 시장에 대하여도 발동이 가능하고 경찰관직무집행법 제5조 제1항 제3호에 의한 것이지만, 경찰비례의 원칙을 위반한 과도한 것으로서 위법하다.

┤ 강 평 ├

1. 경찰서장의 A시장에 대한 행사중지명령으로서 경찰권의 근거와 한계가 문제된다. 즉, 법률유보의 원칙상 어떠한 법적 근거에 의하여 경찰권을 발할 수 있으며, 경찰권의 한계로서 행정기관에게도 경찰권을 발동할 수 있는 경찰책임을 부담하는지, 그리고 위 경찰권행사는 비례의 원칙에 위배되는 것은 아닌지 문제된다.

2. 먼저, 경찰서장의 행사중지명령의 근거로서, 개별적 수권조항으로 경찰관직무집행법 제5조의 위험발생방지조치에 해당하는지 여부와, 일반적 수권조항으로서 경찰법 제3조 및 경찰관직무집행법 제2조의 제6호 '기타 공공의 안녕과 질서유지'의 적용가능성이 문제된다. 경찰관직무집행법 제5조 제1항 "인명 또는 신체에 위해를 미치거나 재산상 중대한 손해를 끼칠 우려가 있는 … 극단한 혼잡 기타 위험한 사태가 있을 때에는, … 관계인에게 위해방지상 필요한 조치를 할 수 있다."는 규정의 적용이 문제되고, 나아가 같은법 제2조 제6호의 일반적 수권조항의 적용여부를 검토할 수 있다.

3. 다음, A 시장에게 행사중지명령과 같은 경찰권을 행사할 수 있는지 문제되는데, 이는 경찰권의 한계의 문제로서 경찰책임의 원칙에 관한 문제이다. 즉, 경찰책임의 원칙은 경찰권은 원칙적으로 질서위반의 행위 또는 상태의 발생이나 발생위험에 대하여 직접 책임질 지위에 있는 자에게 발동할 수 있다는 원칙인데, 경찰책임을 부담하고 경찰권 발동의 대상이 되는 자에 국민이 아닌 국가기관도 포함되는지에 대하여 부정설과 (한정적)긍정설로 견해가 나뉘고 있다는 점이다. 한편 사안은 행위책임에 해당한다고 할 수 있는바, 행위책임귀속의 결정기준에 관해 조건설, 상당인과관계설, 직접원인설 등 견해의 대립을 검토하고 A시장의 경찰책임문제를 해결하면 된다(이상 김향기, 행정법개론 제10판, 탑북스).

4. 마지막으로 경찰권의 한계의 문제로서 문제될 수 있는 경찰비례의 원칙에의 위반여부를 검토하면 된다.

| 제3문 | A시장은 B에 대하여 도로점용허가를 함에 있어서 점용기간을 1년으로 하고 월 10만 원의 점용료를 납부할 것을 부관으로 붙였다. 이에 관한 다음 물음에 답하시오. (총 30점)

(1) B는 도로점용허가에 붙여진 부관부분에 대해 다투고자 하는 경우에 부관만을 독립하여 행정소송의 대상으로 할 수 있는가? (10점)

(2) 부관을 다투는 소송에서 본안심리의 결과 부관이 위법하다고 인정되는 경우에 법원은 독립하여 부관만을 취소하는 판결을 내릴 수 있는가? (10점)

(3) A시장은 B에 대하여 위 부관부 도로점용허가를 한 후에 추가로 도로점용시간을 16시부터 22시까지로 제한하는 부관을 붙일 수 있는가? (10점)

I. 설문 (1)의 해결
 1. 문제점
 2. 당해 행정작용의 법적 성질
  (1) 도로점용허가의 법적 성질
  (2) 점용기간, 점용료 부분의 법적 성질
 3. 부관만을 독립하여 행정소송의 대상으로 할 수 있는지 여부
  (1) 학 설
  (2) 판 례
  (3) 검 토
 4. 사안의 해결
II. 설문 (2)의 해결

 1. 문제점
 2. 학 설
 3. 판 례
 4. 검 토
 5. 사안의 해결
III. 설문 (3)의 해결
 1. 문제점
 2. 도로점용시간제한부분의 법적 성질
 3. 사후부관의 가능성
  (1) 학 설
  (2) 판 례
  (3) 검 토
 4. 사안의 해결

2013

I. 설문 (1)의 해결

1. 문제점

① 도로점용허가 및 점용기간, 점용료 부분의 법적 성질을 검토한 뒤, ② 부관의 독립쟁송가능성 및 쟁송형태를 검토한다.

2. 당해 행정작용의 법적 성질

(1) 도로점용허가의 법적 성질

이는 공물관리권에 의해 일반사용과는 달리 특정인에 대하여 도로의 특정부분에 대한 유형적·고정적 특별사용권을 설정해주는 것으로서 강학상 특허이고 재량행위이다.

(2) 점용기간, 점용료 부분의 법적 성질

1) 부관이란 행정행위의 효과를 제한 또는 보충하기 위하여 주된 행정행위에 부가된 종된 규율을 말하고, 조건, 기한, 철회권 유보, 부담 등이 있다.

2) 사안에서 ① 점용기간부분은 도로점용허가의 효과 소멸을 확실한 장래의 사실인 '1년의 도과'에 의존시키는 행정청의 의사표시로서 기한 중 종기에 해당하고, ② 점용료납부부분은 상대방에게 금 전급부의무를 부과하는 부담에 해당한다. 부담은 주된 행정행위와는 별개의 의무를 부과하는 규율로서 그 자체로 행정행위성이 인정된다.

3. 부관만을 독립하여 행정소송의 대상으로 할 수 있는지 여부

(1) 학 설

① 처분성이 인정되는 부담은 진정일부취소소송으로, 기타 부관은 부진정일부취소소송으로 다툴 수 있다는 견해, ② 부관이 주된 행정행위로부터 분리가능성이 있으면 부담의 경우 진정일부취소소송, 기타 부관의 경우 부진정일부취소소송으로 다툴 수 있다는 견해, ③ 모든 부관은 부진정일부취소소송으로 다툴 수 있다는 견해 등이 대립한다.

(2) 판 례

판례는 ① 부담은 행정행위의 불가분적인 요소가 아니고 그 존속이 주된 행정행위의 존재를 전제로 하는 것일 뿐이므로 그 자체로서 행정쟁송의 대상이 된다고 하나, ② 기타 부관은 독립된 쟁송의 대상으로 할 수 없다고 판시한 바 있다. 나아가 판례는 부진정일부취소소송의 쟁송형태를 부정하여 부관부 행정행위 전체의 취소를 구하거나(전체취소소송) 부관변경신청거부처분을 대상으로 하는 취소소송을 제기하여야 한다고 본다.

(3) 검토

생각건대, 분리가능성의 유무는 본안판단사항이므로 쟁송가능성 단계에서 검토하는 것은 타당하지 않으며, 결국 항고소송의 대상적격 문제인바(행정소송법 제19조, 제2조 제1항 제1호), 처분성이 인정되는 부담은 독립하여 소의 대상이 되고(진정일부취소소송), 기타부관은 부관부 행정행위 전체를 대상으로 하여 취소소송을 제기하지만 국민의 권리구제 측면에서 부관만의 취소를 구할 수 있다고 보는 것이 타당하다(부진정일부취소소송).

4. 사안의 해결

① 부담인 점용료납부부관은 그 자체로서 처분성이 인정되어 그 부분만을 독립하여 행정소송의 대상으로 할 수 있다. 판례도 같다. 반면 ② 종기인 1년의 점용기간은 독자적인 처분성을 갖지 못하므로 독립하여 소의 대상이 될 수 없고 전체로서의 부관부 도로점용허가가 소의 대상이 된다. 다만 국민의 권리구제를 위해 기한만의 취소를 구할 수 있다고 봄이 타당하다(부진정일부취소소송). 그러나 판례에 의하면 부관부 도로점용허가 전체의 취소를 구하는 소송을 제기하거나 기한의 변경을 신청하고 그 거부처분에 대하여 취소소송을 제기할 수밖에 없다.

II. 설문 (2)의 해결

1. 문제점

부관에 대한 취소소송이 가능하다고 하더라도 부관의 부종성과 관련하여 부관만의 독립취소판결이 가능한지 문제된다.

2. 학 설

① 기속행위의 경우에만 부관의 취소가 가능하다는 견해, ② 부관이 위법하면 제한 없이 부관의 취소를 인정하는 견해, ③ 부관이 주된 행정행위의 중요한 요소가 아닌 경우에는 부관의 취소를 인정하는 견해 등이 대립된다.

3. 판 례

판례는 ① 부담의 독립취소는 인정하면서도, ② 부진정일부취소소송을 인정하지 않는 결과 기타부관의 경우 독립취소가능성의 문제가 발생하지 않는다.

4. 검 토

①설은 부관의 취소가능성이 주로 재량행위에서 문제되는 점을 간과하였고, ②설은 권력분립의 문제나 부관 취소 후 법률적합성원칙의 관점에서 문제가 발생할 여지가 있다. 따라서 국민의 권리구제와 행정청의 의사존중을 동시에 고려하는 ③설이 타당한바, 이 때 중요한 요소인지 여부는 당해 부관 없이는 주된 행정행위를 발하지 않았을 것인지 여부, 부관이 없으면 주된 행정행위가 위법하게 되거나 주된 행

정행위가 달성하려는 목적에 장애가 생기는지 여부 등을 고려하여 판단하여야 할 것이다.

5. 사안의 해결

(1) 점용료납부부관은 점용료부과가 재량사항이고 영리목적이 아닌 일정한 경우 점용료 감면도 가능한 점에 비추어 보면 도로점용허가의 중요부분이라고 단정할 수 없으므로 독립하여 취소판결을 내릴 수 있다. 또한 부담이므로 판례에 의하더라도 독립하여 취소판결이 가능하다.

(2) 점용기간부분은 행정청이 동일인에게 도로점용허가를 무기한적으로 인정해주지는 않을 것임에 비추어 주된 행정행위의 중요요소에 해당한다고 볼 것이다. 판례도 이와 유사한 사안에서 행정재산의 사용·수익허가에서 허가기간은 행정행위의 본질적 요소에 해당한다고 판시한 바 있다. 따라서 법원은 점용기간 부분만을 독립하여 취소판결할 수 없고, 부진정일부취소청구를 기각하여야 한다. 부빈정일부취소소송을 부정하는 판례 또한 기한만의 독립취소는 인정하지 않을 것이다.

III. 설문 (3)의 해결

1. 문제점

앞서본 바와 같이 도로점용허가는 재량행위이므로 부관을 붙일 수 있다. 사안은 부관의 부종성에서 오는 시간적 한계로서 이미 도로점용허가를 발한 후에도 새로이 부관을 추가할 수 있는지 문제된다. 우선 도로점용시간을 16시부터 22시까지로 제한하는 것의 법적 성질을 검토하기로 한다.

2. 도로점용시간제한부분의 법적 성질

(1) 법률효과 일부배제란 법령이 부여하고 있는 행정행위의 효과를 일부 배제하는 행정청의 의사표시를 말한다. 법률이 인정한 효과를 행정청의 의사로 배제하는 것이므로 반드시 법적 근거를 요한다. 법적 성질에 대하여는 ① 내용적 제한에 불과한 것이라는 견해가 있으나, ② 부관이란 원래 행정행위의 효과를 제한하는 것이므로 부관의 일종으로 보는 것이 타당하다. ③ 판례도 공유수면매립준공인가에 붙은 매립지 국가귀속처분에 대하여 법령의 효과 일부를 배제하는 부관을 붙인 것이라고 판시한 바 있다.

(2) 사안의 경우 법령에서 주어진 도로점용허가의 효과를 시간적으로 일부 배제하는 것으로서 법률효과 일부배제의 부관에 해당한다.

3. 사후부관의 가능성

(1) 학 설

① 부관의 부종성에 반해 허용될 수 없다는 부정설, ② 독립된 처분성이 인정되는 부담만은 가능하다

는 부담긍정설, ③ 법규 또는 행정행위 자체가 사후부관을 허용하고 있거나 상대방의 동의가 있는 경우에는 제한적으로 가능하다는 제한적 긍정설 등이 대립한다.

(2) 판 례

판례는 부관의 사후변경은 ① 법률에 명문규정이 있거나 ② 미리 유보되어 있는 경우 또는 ③ 상대방의 동의가 있는 경우에 한하여 허용되는 것이 원칙이지만, ④ 사정변경으로 인하여 당초 목적을 달성할 수 없게 된 경우에도 그 목적달성에 필요한 범위 내에서 예외적으로 허용된다고 판시한바 있다.

(3) 검 토

사후부관은 상대방에게 불측의 손해를 줄 수 있으므로 원칙적으로 허용되지 않으나, 불측의 손해를 미칠 염려가 없거나 중대한 사정변경이 생긴 경우에는 행정의 탄력성을 고려하여 사후부관을 긍정하는 것이 합리적이라고 할 것이므로 판례가 타당하다.

4. 사안의 해결

법률효과 일부배제에 해당하는 도로점용시간제한에 관하여 관련법규에서 이를 허용하는 규정을 찾기 어렵고, 명문의 법적 근거가 존재한다고 하더라도 ① 사후부관을 허용한 법규를 찾아볼 수 없고, ② 당초의 도로점용허가시 사후부관을 유보한 사실도 없으며, ③ 상대방 B의 동의가 있는지도 불분명하다. 나아가 ④ 사후에 도로점용시간을 제한해야할 사정변경이 생겼는지 여부도 사안에서는 언급이 없으므로 사후부관이 허용될 예외적인 경우에 해당하지 않는다. 따라서 A시장은 B에 대하여 부관부 도로점용허가를 한 후에 추가로 도로점용시간을 16시부터 22시까지로 제한하는 부관을 붙일 수 없다.

강 평

1. 설문 (1)의 경우

모범답안은 좀 더 포괄적으로 검토하고 있으나, 설문은 부관의 위법여부가 아니라 부관의 독립쟁송가능성이 쟁점이므로 이에 한하여 검토하면 된다. 따라서 ① 도로점용허가에 붙인 '점용기간 1년'과 '월 10만원의 점용료'가 각각 어떤 종류의 부관인지 검토한 다음, ② 부관이 독립하여 행정소송의 대상이 될 수 있는 진정일부취소소송의 가능성을 검토하고 사안의 경우에 적용하여 문제를 해결한다. '점용기간 1년'은 1년이 경과되면 도로점용허가의 효력이 소멸하는 것이므로 기한인 부관으로서 종기(갱신기간)에 해당하고, '월 10만원의 점용료'는 도로점용허가에 부수하여 급부의무를 부과하는 것이므로 부담인 부관이라 할 것이다. 부관의 독립쟁송가능성에 관해 학설은 부정설, 부담가능설(통설), 분리가능성설, 전면적 긍정설 등으로 나뉘며, 판례는 부담가능설을 취하고(대판 1992. 1. 21. 91누1264 등) 기한의 독립쟁송가능성을 부인한다(대판 2001. 6. 15. 99두509). 통설과 판례에 의할 때 부담인 '점용료'에 대해서만 독립하여 행정소송의 대상으로 할 수 있다.

2. 설문 (2)의 경우

부관을 다투는 소송에서 부관만의 취소판결이 가능한지가 쟁점인바, 부관의 독립취소가능성에 관해 법구속정도기준설과 관련성기준설 및 위법성기준설 등으로 견해가 대립하고 있다. 그런데 부관의 종류에 따라 행정소송제기방식이 다르므로 각각의 소송제기방식에 따른 부관만의 취소가능성을 검토해야 한다. 부담인 '점용료'에 관해서는 진정일부취소소송이 가능한바, 법원으로서는 소송물인 부담의 위법성만 판단하여 부담의 취소여부를 결정해야 할 것이고, 처분권주의에 따라 소송물이 아닌 주된 처분까지 취소하는 판결을 할 수 없다. 따라서 부관에 하자가 있으면 법원은 부관만을 취소할 수 있다고 하는 위법성기준설이 타당하다고 할 것이다. 그런데 기한인 부관인 '점용기간'은 독립쟁송이 불가하여, 판례는 부인하지만 기한을 포함하여 주된 처분 전체를 다투는 부진정일부취소소송을 생각할 수 있다. 이 경우 주된 처분에는 하자가 없고 부관에만 하자가 있는 경우 부관만의 취소가 가능한지 문제된다. 취소소송에서 전부취소판결뿐만 아니라 일부 취소판결도 가능하므로 하자가 있는 부관만의 취소도 가능하다고 할 수 있다(김향기, 행정법개론 제10판, 탑북스). 이 경우 부관이 주된 행정행위와 분리될 수 있는 경우에 한하여 부관만의 취소판결이 가능하다는 관련성기준설에 따라 기한인 '점용기간'의 취소가 가능하다고 할 것이다.

3. 설문 (3)의 경우

주된 처분을 한 후에 사후부관이 가능한지, 가능하다면 어떠한 부관에 가능한지가 문제되는바, 모범답안은 쟁점에 따라 잘 검토하였으나 좀 더 보충을 하자면 다음과 같다. 즉, 도로점용시간을 16시부터 22시까지로 제한하는 부관의 법적 성질이 문제된다. 조건 및 기한 등은 주된 처분의 불가결한 구성부분이므로 사후부관이 허용될 수 없기 때문에 점용시간제한은 이에 해당하지는 않는다. 따라서 일정한 의무를 부과하는 부담인 부관이거나 점용허가의 일반적 효과를 제한하는 법률효과의 일부제한인 부관이라고 할 수 있다. 법률효과의 일부제한인 부관을 부정하는 견해도 있고 이를 인정하는 경우에도 법령에 특별한 근거가 있는 때에 한하여 인정될 수 있다고 봄이 일반적이다. 이러한 입장에서는 '점용시간제한'은 설문에서 법령에 특별한 근거가 있다는 사정은 보이지 아니하므로 법률효과의 일부제한이라고 보기 어렵기 때문에 부담인 부관이라고 봄이 상당하다. 사후부관의 가능성에 관해 제한적 긍정설이나 판례는 부담의 경우에 법령의 근거, 부관의 유보, 상대방의 동의 및 사정변경의 경우에 예외적으로 인정하고 있는데, 설문의 경우에는 이러한 사정이 보이지 않으므로 붙일 수 없다고 할 것이다.

| 제1문 | 甲은 개발제한구역 내에 위치한 지역에서 폐기물 처리시설의 설치를 위하여 관할 시장 A에게 개발행위허가를 신청하였다. 위 처리시설의 예정지역에 거주하는 주민 乙은 위 처리시설이 설치되면 주거생활에 심각한 침해를 받는다고 생각하여, 시장 A에게 위 신청을 반려할 것과 주민들의 광범위한 의견을 수렴한 후 다시 허가절차를 밟게 하라고 요구하였다. 그러나 시장 A는 위 처리시설이 필요하고, 개발제한구역이 아닌 지역에 입지하기가 곤란하다는 이유로 위 개발행위를 허가하였다. 다만 민원의 소지를 줄이기 위하여, 위 처리시설로 인하여 환경오염이 심각해질 경우 위 개발행위허가를 취소·변경할 수 있다는 내용의 부관을 붙였다. 그런데 위 처리시설이 가동된 지 얼마 지나지 않아 예상과 달리 폐기물 처리량이 대폭 증가하였다. 이에 주민 乙은 위 처리시설로 인하여 평온한 주거생활을 도저히 영위하기 어렵다고 여겨, 시장 A에게 위 부관을 근거로 위 개발행위허가를 취소·변경하여 줄 것을 요구하였다. 그런데 시장 A는 이를 거부하였다. (총 50점)

1. 위 개발행위허가의 법적 성질을 밝히고, 그 특징을 설명하시오. (15점)

2. 乙이 위 개발행위허가가 행해지기 전에 고려할 수 있는 행정소송상의 수단을 검토하시오. (10점)

3. 위 부관을 근거로 한 乙의 요구에 대한 시장 A의 거부행위와 관련하여, 乙이 자신의 권익보호를 국가배상청구소송과 행정소송에서 실현할 수 있는지 검토하시오. (25점)

【 참조법률 】

개발제한구역의 지정 및 관리에 관한 특별조치법

제1조(목적) 이 법은 「국토의 계획 및 이용에 관한 법률」 제38조에 따른 개발제한구역의 지정과 개발제한구역에서의 행위 제한, 주민에 대한 지원, 토지 매수, 그 밖에 개발제한구역을 효율적으로 관리하는 데에 필요한 사항을 정함으로써 도시의 무질서한 확산을 방지하고 도시 주변의 자연환경을 보전하여 도시민의 건전한 생활환경을 확보하는 것을 목적으로 한다.

제12조(개발제한구역에서의 행위제한) ① 개발제한구역에서는 건축물의 건축 및 용도변경, 공작물의 설치, 토지의 형질변경, 죽목(竹木)의 벌채, 토지의 분할, 물건을 쌓아놓는 행위 또는 「국토의 계획 및 이용에 관한 법률」 제2조 제11호에 따른 도시·군계획사업(이하 "도시·군계획사업" 이라 한다)의 시행을 할 수 없다. 다만, 다음 각 호의 어느 하나에 해당하는 행위를 하려는 자는 특별자치시장·특별자치도지사·시장·군수 또는 구청장(이하 "시장·군수·구청장"이라 한다)의 허가를 받아 그 행위를 할 수 있다.

1. 다음 각 목의 어느 하나에 해당하는 건축물이나 공작물로서 대통령령으로 정하는 건축물의 건축

또는 공작물의 설치와 이에 따르는 토지의 형질변경

　다. 개발제한구역이 아닌 지역에 입지가 곤란하여 개발제한구역 내에 입지하여야만 그 기능과 목적이 달성되는 시설

　※ 대통령령으로 정하는 건축물 또는 공작물에 폐기물 처리시설이 포함되어 있음.

I. 설문 1의 해결

　1. 문제점

　2. 개발행위허가의 법적 성질

　　(1) 예외적 허가

　　(2) 재량행위

　3. 개발행위허가의 특징

　　(1) 예외적 허가

　　(2) 재량행위

　4. 사안의 해결

II. 설문 2의 해결

　1. 문제점

　2. 예방적 금지소송의 의의

　3. 학 설

　4. 판 례

　5. 검 토

　6. 사안의 해결

III. 설문 3의 해결

　1. 문제점

　2. 취소소송의 인용여부

　　(1) 적법요건

　　(2) 본안판단

　　(3) 소 결

　3. 국가배상청구의 인용여부

　　(1) 일반적 요건

　　(2) 부작위에 대한 국가배상청구의 요건

　　(3) 소 결

답안작성

김ㅇㅇ / 2012년도 사법시험 합격

I. 설문 1의 해결

1. 문제점

　개발제한구역의 지정 및 관리에 관한 특별조치법(이하 '동법'이라고 함) 제12조에 따르면 개발제한구역의 개발은 원칙적으로 금지되며 예외적으로 엄격한 요건 하에 자치단체장의 허가를 받아 개발이 인정되고 있는바 이에 따른 개발행위의 허가의 법적성질과 그 특징이 문제된다.

2. 개발행위허가의 법적 성질

(1) 예외적 허가

　동법 제12조에 의하면 개발제한구역내의 개발행위는 원칙적으로 금지되고 예외적으로 구체적인 경우에당해 개발행위가 개발제한구역의 지정목적에 위배되지 않는 경우에 예외적으로 호가될 수 있다. 따라서 개발제한구역의 개발행위는 강학상 예외적 허가에 해당한다. 판례 역시 개발제한구역 내에서 건축물의 건축이나 그 용도변경은 원칙적으로 금지되고 다만 구체적인 경우 예외적인 허가에 의하여 그러한 행위를 할 수 있음이 관련규정의 체제와 문언상 분명하다고 판시하여 이를 예외적 허가로 본 바 있다.

(2) 재량행위

행정행위의 재량행위 여부의 판단 기준에 대해서 통설은 법령의 규정이 일차적 기준이 되며 법령이 명확하지 않은 경우 법규의 취지와 목적에 따라 판단해야 한다고 본다. 판례는 당해행위의 근거가 된 법규의 체제·형식과 그 문언, 당해행위가 속하는 행정분야의 주된 목적과 특성, 당해행위 자체의 개별적 성질과 유형등을 모두 고려하여 판단하여야 한다고 판시한 바 있다. 본법 제12조의 규정형식상 지방자치단체장에게 재량을 부여했다고 볼 수 있고 당해행위가 수익적 성격을 가진 것을 감안할 때 개발행위허가는 재량행위이다. 판례 역시 개발행위허가의 법률적 성질이 재량행위 내지 자유재량행위에 속한다고 판시한 바 있다.

3. 개발행위허가의 특징

(1) 예외적 허가

개발행위허가는 예외적 승인에 해당하여 행위 그 자체가 사회적으로 유해하나 예외적으로 적법하게 행사할 수 있도록 하는 경우에 속한다. 따라서 재량행위로 해석되며 그 해제사유에 대해서 신청인이 입증책임을 진다.

(2) 재량행위

개발행위허가는 재량행위에 해당하여 재량권의 일탈·남용에 해당하지 않는 한 행정청의 결정을 위법하다 할 수 없다. 또한 재량행위에 해당하므로 부관을 붙일 수 있다.

4. 사안의 해결

개발행위허가는 예외적 허가이며 재량행위에 속한다.

II. 설문 2의 해결

1. 문제점

예방적 금지소송을 인정하여 개발행위허가 이전에 乙이 이를 행정소송으로 다툴 수 있는지 여부가 문제된다.

2. 예방적 금지소송의 의의

행정청의 공권력 행사에 의해 국민의 권익이 침해될 것이 예상되는 경우에 미리 그 예상되는 침익적 처분의 발급을 저지하는 것을 목적으로 하여 제기되는 소송을 말한다.

3. 학 설

① 권력분립을 형식적으로 보는 관점에서 행정소송법 제4조의 항고소송의 유형을 제한적 열거로 보아 현행법상 예방적 금지소송은 인정할 수 없다는 부정설, ② 권력분립원칙을 실질적으로 보는 관점에서 행정소송법 제4조를 예시적 규정으로 보아 국민의 재판청구권 보장을 위해 예방적 금지소송을 인정할 수 있다는 긍정설이 대립한다.

4. 판 례

행정소송법상 "행정청이 일정한 처분을 하지 못하도록 그 부작위를 구하는 청구는 허용되지 않는 부적법한 소송이다." 라고 하여 예방적 금지소송을 인정하지 않고 있다.

5. 검 토

소송의 유형은 법적 안정성을 위하여 법률로 명시적으로 인정되어야 하므로 해석에 의하여 예방적 금지소송을 인정할 수는 없다고 보아 이를 부정함이 타당하다. 다만 국민의 권리 구제 차원에서 입법론적으로는 그 도입이 필요할 것이다.

6. 사안의 해결

현행 행정소송법상 乙이 개발행위허가 이전에 이를 미리 다툴 수 없다.

III. 설문 3의 해결

1. 문제점

① 행정소송상 취소소송으로 다투어 인용될 수 있는지 여부에 대해서 A시장의 거부처분의 대상적격 및 위법한 재량행사로 되는지 여부가 문제된다. ② 국가배상청구의 인용여부와 관련 A시장의 부작위에 대한 국가배상소송에서 작위의무 및 사익보호성이 인정되는지가 문제된다.

2. 취소소송의 인용여부

(1) 적법요건

1) 거부처분의 대상적격

거부처분이란 개인이 행정청에 대하여 수익적 행정처분을 신청한 경우 이에 대한 행정청의 소극적 의사표시를 말한다. 항고소송의 대상으로써 거부처분이 되기 위해서는 ① 공권력행사에 관한 거부일 것, ② 공권력행사의 거부로 신청인의 법적지위에 변동을 초래할 것, ③ 법규·조리상 신청권이 인정될 것을 요한다. 사안에서 A시장이 乙의 개발행위허가취소신청에 대해 소극적 의사를 표명한 것은 부관에 따른 철회권 행사의 거부로 공권력행사에 관한 거부이며 乙의 주거생활에 현저한 영향을 미쳐 ①,② 요건을 충족하였다. 다만 乙에게 개발행위허가의 취소를 구할 법규상·조리상 신청권이 있는지와 관련하여 행정개입청구권을 인정할 것인지 문제된다.

2) 행정개입청구권의 인정여부

(가) 의 의

개인이 자신의 이익추구를 위해서 행정주체에게 일정한 행정권의 발동을 요구할 수 있는 실체적 공권을 말한다.

(나) 인정여부

가) 학 설

일반적인 견해는 사인간의 분쟁이라도 생명·신체 등의 중대한 법익에 대한 위험이 있는 경우 일정한 요건하에 행정개입청구권을 인정한다.

나) 판 례

건축법 등 관계법령에 국민이 행정청에 대하여 제3자에 대한 건축허가의 취소나 제3자 소유의 건축물에 대한 철거 등의 조치를 요구할 수 있다는 취지의 규정이 없고 그 밖에 조리상으로도 이러한 권리가 인정될 수 없다고 하여 부정적인 입장을 취한 판례도 있으나 최근 새만금간척종합개발사업에 관한 판결에서 행정개입청권의 존재를 전제로 하여 본안에서 취소소송을 기각한 바도 있다.

다) 검 토

국가의 국민에 대한 기본권보호의무와 사인에 의한 기본권침해의 중대성을 감안하여 행정개입청구권을 인정함이 타당하다.

(다) 요 건

① 행정개입의 의무를 부과하는 강행법규의 존재가 필요하다. 기속법규에 있어서는 이를 인정할 수 있으나 재량법규의 경우 행정개입청구권이 발생하기 위해서 재량이 「0」으로 수축하여야 한다. ② 당해법규가 공익뿐 아니라 최소한 사익보호를 의도하고 있어야 한다.

(라) 소 결

행정개입청구권이 인정됨을 전제로 하여 그 요건이 충족되는지 본다. 개발행위허가를 취소하는 것은 A시장의 재량범위 내에 해당하나 폐기물 처리량의 대폭증가로 乙의 평온한 주거생활이 도저히 영위할 수 없는 지경에 이르렀다는 점에서 재량이 「0」으로 수축하였고, 동법 제1조는 동법의 목적으로 '도시민의 건전한 생활환경을 확보하는 것'이라고 규정하고 있어 사익보호성이 인정된다는 점에서 乙에게 행정개입청구권이 인정된다. 따라서 乙에게 법규·조리상 신청권이 인정되어 A시장의 소극적 의사표시는 거부처분으로써 취소소송의 대상이 된다.

3) 기타요건

乙은 처분의 취소를 구할 법률상 이익이 있는 자이므로 원고적격 및 협의의 소익이 인정된다. A시장은 처분을 한 상대방으로 피고적격이 있는 자이며 제소기간은 별도의 사정이 없어 충족된 것으로 본다. 따라서 乙의 취소소송은 적법하다.

(2) 본안판단

A시장이 개발행위허가에 붙인 부관은 철회권유보에 해당한다. 철회권 유보사유 발생한다 하여 곧 제한 없이 철회가 가능한 것이 아니라 철회의 제한이론인 이익형량 원칙에 따라 판단하여야 한다. 사안에서 폐기물처리시설의 계속적 운영의 공익에 비해 주거생활이 도저히 불가능할 정도의 침익을 받고 있는 乙의 사익이 보다 중대하므로 A시장에게 철회권이 발생하며 이를 행사함이 타당하다. A시장이 이를 행

사하지 않은 것은 결국 재량의 일탈에 해당하여(행정소송법 제27조)에 해당하여 위법하며 취소사유에 해당한다.

(3) 소 결
乙은 A시장의 거부처분에 대해 취소소송으로 다투어 이를 취소할 수 있다.

3. 국가배상청구의 인용 여부

(1) 일반적 요건
국가배상법 제2조에 따라 공무원이 직무를 집행하며 고의 또는 과실로 법령을 위반하여 타인에게 손해를 입힐 것이 요구된다. A시장의 부작위는 이상의 요건을 모두 충족한다. 다만 부작위에 대한 국가배상청구 소송에서는 작위의무 및 사익보호성이 추가로 문제된다.

(2) 부작위에 대한 국가배상청구의 요건

1) 작위의무 인정 여부

학설 및 판례는 행정권발동여부에 대해 재량사항으로 되어 있는 경우라 하더라도 그 재량권을 행사하지 않는 것이 현저하게 불합리하다고 인정되는 경우 그러한 권한의 불행사는 직무상의 의무를 위반하여 위법한 것이 된다고 보았다. 앞에서 검토했듯이 본 사안은 乙의 주거권에 대한 심각한 침해로 인해 재량이 「0」로 수축되는 경우에 해당하므로 A시장에게 개발행위허가를 취소할 작위의무가 있다고 보아야한다.

2) 사익보호성

(가) 인정 여부

이에 대하여 학설은 ① 사익보호성은 취소소송의 원고적격에 관한 문제로 보아 부정하는 부정설, ② 사익보호성을 긍정하되 위법성 또는 손해의 문제로 보는 견해가 대립한다. 판례는 공무원에게 부과된 직무상 의무의 내용이 단순히 공공일반의 이익을 위한 것이거나 행정기관 내부의 질서를 규제하기 위한 것이 아니고 사회구성원 개인의 안전과 이익을 보호하기 위하여 설정된 것이라면 상당인과관계가 인정되는 범위 내에서 국가가 배상책임을 진다고 보아 인과관계에서 사익보호성을 긍정한다. 부작위로 인한 국가배상책임의 무한정 확대를 막기 위해 긍정함이 타당하다.

(나) 소 결

동법 제1조에서 사인의 환경상 이익을 검토한 것은 본바와 같고 A시장의 부작위로 인하여 乙에게 중대한 손해가 발생하였으므로 사익보호성도 긍정된다.

(3) 소 결
乙은 A시장의 부작위에 대하여 국가배상청구를 하여 손해를 배상받을 수 있다.

강 평

I. 총 평

　모범답안은 전체적으로 볼 때 문제에 대한 논점을 잘 파악하고 있어 고득점 할 수 있는 내용으로 기술되어 있다. 다만, 문제를 정확하게 이해하지 못하여 제1문의 3번 문제에서 거부행위를 부작위의 문제로 잘못 파악하고 작성하거나 행정개입청구권에 관한 기술이 지나치게 많이 작성되어 있어 옥의 티와 같은 부분이 없는 것은 아니다. 특히, 사법시험 2차시험의 경우 답안을 제한된 시간내에 작성하여야 하므로 점수 배분에 따른 시간 안배와 지면의 양을 고려하면서 충실히 작성하여야 한다.

　답안의 앞부분에 '문제점'으로 시작하는 표현은 사례형의 답안에서 자주 등장하게 되는데, 문제의 제기나 쟁점의 정리, 논점의 정리 등으로 타이틀을 붙이는 것이 적절하다고 본다. 그 이유는 문제점이라는 타이틀은 법정책적 차원에서 현황, 문제점 및 개선방안과 같이 제도 자체의 문제점을 말하는 경우에 사용하고, 설문의 문제는 어떤 쟁점이나 논점을 갖고 있는지를 먼저 밝히는 것이므로 '문제점'을 타이틀로 사용하는 것은 어떤 제도에 문제점이 있다는 것으로 오인할 수가 있다. 제1문의 3번 문제는 행정개입청구권의 문제와 관련되고 있다고 보여지지만, 행정개입청구권의 성립여부의 문제는 재량권이 영으로 수축한 경우 실체법상의 공권의 성립논의의 문제이므로 이를 거부처분의 성립요건의 하나인 법규상·조리상 신청권의 인정의 근거로 다루면 되고, 이에 관하여 모범답안에서와 마찬가지로 균형을 잃을 정도로 지나치게 지면을 할애하여 논의할 것은 못된다. 아울러, 모범답안에서 제1문의 3번 문제를 기술하면서 문제에서 요구되는 것은 A의 거부행위와 관련하여 다루라고 하였음에도 부작위에 대한 국가배상청구의 요건을 다루고 있는 바, 이는 문제를 정확히 읽지 않아서 생기는 문제로 과제를 잘못 해결하는 것이라고 할 것이다.

II. 모범답안에 대한 강평

1. 설문 1에 관하여

　설문 1에서 요구하는 사항은 위 개발행위허가의 법적 성질을 밝히고, 그 특징에 대한 설명(15점)이라고 할 것이다. 그런데 개발행위허가의 법적 성질과 더불어 특징을 묻고 있어 출제의 도를 파악하기 용이하지 않다. 허가 중에 국민의 자유에 속하는 행위라기보다는 원칙적으로 금지되는 행위이지만 특정한 경우에 예외적으로 그 금지를 해제하는 경우 이를 일반적인 허가와 구별하여 예외적 허가 또는 예외적 승인이라고 부르기도 한다. 그런데 이러한 예외적 허가 내지 예외적 승인의 개념을 인정할 경우에 이러한 관념이 허가의 일종인지 특허의 일종인지 아니면 이와는 다른 독자적인 행위형식인지 법적 성질의 규명이 필요하다.

예외적 승인을 특허의 성질을 가진다고 보는 견해도 있으나, 다수 견해는 예외적 허가 내지 예외적 승인은 어디까지나 금지를 해제하는 것이지 상대방에게 권리나 그 밖의 법률상의 힘을 창설·부여하는 것이 아니라는 점에서 허가의 일종으로 파악하면서 이를 특별한 허가의 일종으로 본다. 대법원은"구 도시계획법 제21조, 구 도시계획법시행령 제20조 제1항, 제2항 등의 각 규정을 종합하면, 개발제한구역 내에서는 구역 지정의 목적상 건축물의 건축, 공작물의 설치, 토지의 형질변경 등의 행위는 원칙적으로 금지되고, 다만 구체적인 경우에 위와 같은 구역 지정의 목적에 위배되지 아니할 경우 예외적으로 허가에 의하여 그러한 행위를 할 수 있게 된다." 라고 판시하여 개발행위허가를 예외적 허가의 일종으로 보았다. 따라서 일반적인 허가는 기속행위지만 예외적 허가는 재량행위라는 관점에서 다르다고 본다. 생각하건대, 이와 같이 개발제한구역내에서의 개발행위허가는 상대방에게 특별한 권한을 부여한 것이 아니라, 일반적으로 금하고 있는 개발행위를 예외적으로 허용해 주는 것이며, 이는 도시 주변의 자연환경과 도시민의 건전한 생활환경을 확보하는 것을 목적으로 함으로써 무질서한 개발을 억제하기 위한 경찰행정상의 목적의 규제이므로 일반적인 허가의 특수한 형태인 예외적 허가 내지 예외적 승인으로 보아야 할 것이다.

또한 개발행위허가는 재량행위에 해당하는지 여부가 문제된다. 이와 관련하여 재량행위설, 기속행위설, 기속재량행위설 등의 견해의 대립이 있어 왔다. 그런데 종래 재량행위과 기속행위의 구별과 관련하여 판례의 일반적 기준은 '당해 행위의 근거가 된 법규의 체제·형식과 그 문언, 당해 행위가 속하는 행정분야의 주된 목적과 특성, 당해 행위 자체의 개별적 성질과 유형 등을 모두 고려하여 판단'하고 있다.

한편 대법원 2004. 7. 22. 선고 2003두7606 판결에서 "개발제한구역 내에서의 건축물의 건축 등에 대한 예외적 허가는 그 상대방에게 수익적인 것으로서 재량행위에 속하는 것이라고 할 것이다."라고 판시하여 판례는 이를 재량행위로 보았다. 결국, 개발제한구역내의 개발행위허가는 일반적인 허가와 달리 당해 법률상의 목적에 따라 그 허가의 기준이 엄격한 것이고 따라서 일반적인 허가와 달리 강학상 예외적 허가라 볼 수 있으므로 이를 판례는 재량행위로 보고 있으나 학설은 견해의 대립이 있다.

제1문의 1번 문제는 법적 성질과 특징을 기술하도록 하고 있어 출제의도의 파악이 어렵다. 그러므로 수험생은 개발행위허가의 법적 성질과 특징을 어떻게 구분하여 체계적으로 잘 작성할 것인가에 득점여가가 달려있다. 모범답안은 동일한 타이틀로 중복하여 기술을 하고 있다. 다시 말해서, 개발행위허가의 법적 성질과 특징을 예외적 허가와 재량행위로 구분하여 다루고 있지만, 적절한 형태의 답안이라고 보기 어렵다. 오히려 개발행위허가의 법적 성질에서는 예외적 허가 내지 예외적 승인에 대하여 먼저 다루고, 그 다음으로 개발행위허가가 재량행위에 해당하는지 여부를 검토하는 것이 적절하다. 그 다음 개발행위허가의 특징에서는 예외적 허가 내지 승인이 일반적인 허가나 특허와 어떤 차이가 나는지를 양자의 관계에 관하여 기술할 필요가 있다. 개발행위허가의 특징과 관련하여 예외적 승인 내지 예외적 허가와 일반적 허가의 차이점을 검토하면, 일반적인 허가란 그 대상인 행위 자체는 사회적으로 바람직한 것으로서 다만 그 행위가 일정한 경우에 경찰행정 또는 경제행정상의 위해를 가져올 수 있으므로 사전에 일정한 요건을 정하여 일단 그 행사를 예방적으로 금지한 다음 당사자의 신청이 있는 경우에 법령상의 요건충족여부를 심사하여 당해 행위를 허용해 주는 것인데 반하여, 예외적 허가 내지 예외적 승인이란 사회적으로 유해한 것으로 금지되어 있는 행위를 예외적인 경우에 그 금지를 해제하여 이를 적법하게 행사할 수 있게 하여 주는 행위를 말한다.

개발행위허가의 법적 성질에 관하여 재량행위로 볼 수 있다고 앞에서 검토하였으나, 좀 더 자세히 고찰하면, 개발행위허가는 기속행위로 보는 견해, 기속재량행위로 보는 견해, 이를 재량행위로 보는 통설과 판례로 나눌 수 있다. 기속재량행위로 보는 이유는 행정청은 관계 법규상의 제한사유를 충족하더라도 기타 공익상의 이유를 들어 허가를 거부할 수 있기 때문이다. 재량행위로 이를 파악한다면 행정청이 개발행위허가를 하는 경우에도 재량권의 한계를 벗어나지 않는 범위 내에서 부담 등 부관을 붙일 수 있게 된다.

설문의 사례와 관련하여 살펴볼 때, 위와 같은 2가지의 점 뿐만 아니라 개발행위허가는 부관부 행정행위인 점을 부각하여, 폐기물 처리시설로 인하여 환경오염이 심각해질 경우 개발행위허가를 취소·변경할 수 있다는 내용의 부관을 붙인 것으로 보고, 이는 개발행위허가에 철회권을 유보한 부관부 행정행위에 해당한다는 점을 특징으로 언급하는 것도 가능할 것이다. 다만, 많은 지면을 할애하여 다룰 것은 아니다.

모범답안과 관련하여 한가지 주의할 사항은 모범답안에서는 개발제한구역의 지정 및 관리에 관한 특별조치법을 '동법'으로 약칭하였으나, 다른 법률의 명칭도 뒤에 나오므로 동법이라고 표현하는 것 보다는 약간 길더라도 가령 '개발제한특별조치법'으로 약칭하는 것이 적절하다고 본다. 모범답안은 법적 성질과 특징을 같은 차원에서 놓고 중복적으로 예외적 허가와 재량행위를 기술하고 있으나, 개발행위허가의 법적 성질과 그 특징을 다른 각도에서 접근하는 것이 바람직할 것으로 사료된다.

2. 설문 2에 관하여

모범답안은 논점은 찾아서 작성하였으나, 기본적인 내용을 작성하는데 그친 답안이다. 논리의 전개에 있어서도 모범답안은 문제점에서 이 사안이 바로 예방적 금지소송을 묻는 것으로 접근하고 있으나, 행정소송법 제4조에 항고소송의 종류로 취소소송, 무효등 확인소송, 부작위위법확인소송의 3가지를 열거하고 있는데, 개발행위허가 이전에 강구할 수 있는 소송형태를 모색하여야 하는 것이므로, 이와 같은 법정항고소송 이외에 무명항고소송 내지 법정 외 항고소송의 하나인 예방적 금지소송 내지 예방적 부작위소송이 허용될 것인지 문제가 된다.

정형화된 타이틀인 문제점, 학설, 판례, 검토, 사안의 적용이라는 도식적인 타이틀을 깨고 창의적으로 타이틀을 붙이는 것이 좋다. 앞서도 언급한 바와 같이 '문제점' 대신에 '문제의 제기'나 '쟁점의 정리'등으로 바꾸는 것이 좋다. 의례적으로 학설이라고 하기 보다는 '견해의 대립'이나 '대립적 입장'으로 작성하는 것이 신선한 인상을 줄 수 있다. 이러한 관점에서 타이틀을 다시 붙인다면, 「I. 문제의 소재, II. 예방적 금지소송의 허용성−해석론, 1.의의, 2. 견해의 대립, 3. 판례의 태도, 4. 종합검토, III. 행정소송법 개정안 − 입법론」의 순으로 타이틀을 작성하는 것도 생각해 볼 수 있다. 모법답안의 학설에서는 간략히 기술되어 있으나, 국민의 권익구제적 측면뿐만 아니라 남소 등의 문제와 행정부의 반대 논리 등 다각적인 논거를 제시할 필요가 있다. 전반적으로 모법답안에서는 예방적금지소송에 관하여 간략히 설명하고 있으나, 고득점을 위해서는 보다 치열하게 논의를 전개하고 해석론과 입법론으로 나누어 접근하는 등 답안에 있어서 비교우위를 점할 필요가 있다.

3. 설문 3에 관하여

모범답안은 설문에서 요구하는 과제의 순서대로 작성하지 않고 순서를 달리하여 기술하였는데 점수에는 영향이 없지만, 순서대로 작성하는 것이 채점하는 과정에서 편리할 것이다. 아울러 과제에서 요구되는 것을 중심으로 작성할 필요가 있다. 논의의 순서는 먼저 국가배상청구소송을 통한 실현가능성을 기술하고, 그 다음에 행정소송에서 실현가능성의 순으로 작성할 필요가 있으며 그러한 점에서 모범답안의 순서는 적절하다고 보여지지 않는다.

한편, 국가배상청구소송에 있어서는 A의 거부행위를 전제로 하기 때문에 모범답안에서와 같이 부작위를 이유로 국가배상의 성립여부를 논하는 것은 적절하지 않다고 본다. 행정소송을 통한 권익보호의 실현과 관련하여 거부처분의 3가지 성립요건에 대하여는 기술할 필요가 있다. 즉, ① 신청한 행위가 공권력의 행사 또는 이에 준하는 행정작용일 것 ② 그 거부행위가 신청인의 법률관계에 어떤 변동을 일으키는 것일 것 ③ 국민에게 행위발동을 요구할 법규상 또는 조리상의 신청권이 있을 것이 바로 그것이다. 따라서 여기서는 법규상 또는 조리상 신청권이 인정될 것인가의 문제가 핵심적 쟁점으로 남는다.

다만, 모범답안에서는 행정개입청구권을 거부처분의 성립요건 중 법규상, 조리상 신청권의 인정여부를 논하면서 거부처분 대상적격 바로 뒤에 장황하게 작성하여 실체법상의 공권인 행정개입청구권의 문제를 다루고 있어 논리 체계적으로 적절한 위치라고 보여지지 않는다. 행정개입청구권에 관하여는 조리상, 법규상 신청권의 인정을 위하여 간단히 언급하면 족할 것이다. 제1문의 3번 문제의 출제의도를 파악하기 쉽지 않으나, 일견 행정개입청구권이 어떻게 실현될 것인가를 묻고 있는 것처럼 보인다. 그렇다면 문제의 제기를 하고 그 다음에 행정개입청구권에 관하여 일반론을 작성하고 나아가 그 실현방법을 검토하는 순서로 진행하는 것도 하나의 방법이다. 모범답안은 취소소송의 본안전 요건을 다루면서 행정개입청구권이 나오기 때문에 적절한 위치로 보기 어렵다. 또한 모범답안의 타이틀로 "국가배상청구의 인용여부"라고 타이틀이 되었으나, '국가배상청구소송을 통한 권리실현가능성'으로 하는 것이 적절하다. 그리고 모범답안의 경우처럼A시장의 부작위의 문제를 접근할 것이 아니라 설문에 충실하게 A시장의 거부행위로 인하여 재량권의 일탈·남용여부가 문제가 되며, 재량수축이론에 따라 기술하는 것이 적절하다고 할 것이다. 특히 국가배상법상의 법령에 위반하여의 의미와 관련하여먼저 A시장의 철회권 행사신청 거부가 재량행위인지를 검토하고, 다음으로 재량행위에 해당할 경우에 재량권이 「0」으로 수축되는 경우에 해당되는지 검토할 필요가 있다. 이와 관련하여, 대법원 2012. 7. 26. 선고 2010다95666 판결에서 판시한 작위의무에 관한 판례를 원용할 필요가 있다. 즉, "국민의 생명·신체·재산 등에 대하여 절박하고 중대한 위험상태가 발생하였거나 발생할 상당한 우려가 있어서 국민의 생명 등을 보호하는 것을 본래적 사명으로 하는 국가가 초법규적·일차적으로 그 위험의 배제에 나서지 아니하면 국민의 생명 등을 보호할 수 없는 경우에는 형식적 의미의 법령에 근거가 없더라도 국가나 관련 공무원에 대하여 그러한 위험을 배제할 작위의무를 인정할 수 있을 것이다."

이와 더불어 A시장의 거부행위에 대하여 국가배상책임을 묻기 위해서는 사익보호성이 문제되는데, 대법원 2003. 4. 25. 선고 2001다59842 판결에서 "주민등록사무를 담당하는 공무원으로서는 만일 개명과 같은 사유로 주민등록상의 성명을 정정한 경우에는 위에서 본 바와 같은 법령의 규정에 따라 반드시 본적지의 관할관청에 대하여 그 변경사항을 통보하여 본적지의 호적관서로 하여금 그 정정사항의 진위를 재확인할 수 있도록 할 직무상의 의무가 있다고 할 것이고, 이러한 직무상 의무는 단순히 공공 일반의 이익을 위한 것이거나 행정기관 내부의 질서를 규율하기 위한 것이 아니고 전적으로 또는 부수적으로 사회구성원 개인의 안전과 이익을 보호하기 위하여 설정된 것이라고 할 것이며, 피고 소속 공무원의 직무상 의무위반에 기인하여 소외 1이 원고의 성명을 모용하여 원고 행세를 하면서 타인으로부터 금원을 차용하고 원고 소유의 이 사건 부동산에 관하여 담보를 설정하는 등의 처분행위를 하고 그러한 재산권의 침해상태가 일정기간 방치되는 등으로 원고의 재산적 및 인격적 법익이 침해당하게 된 것이라면, 피고 소속 공무원의 직무상의 과실과 원고의 위와 같은 손해 사이에는 상당인과관계도 있다고 할 것이다."라고 적절한 판시하고 있는 판결의 내용도 참고할 필요가 있다.

결국, 이 사건 법률은 개발제한구역내의 주민의 생활환경의 보호를 목적으로 함으로써 개별 주민의 환경이익을 보호하고 있다. 따라서 A시장의 거부행위로 乙의 환경이익이 침해될 우려가 있는 이상 사익보호성이 인정되는 바, 乙은 A 시장의 거부행위로 인한 손해에 대하여 국가배상청구소송을 통하여 권리를 실현할 수 있다고 보여진다.

| 제2-1문 | X시 소속 공무원 甲은 다른 동료들과 함께 회식을 하던 중 옆자리에 앉아 있던 동료 丙과 시비가 붙어 그를 폭행하였다. 이러한 사실이 지역 언론을 통하여 크게 보도되자, X시의 시장 乙은 적법한 절차를 통해 甲에 대해 정직 3월의 징계처분을 하였다. 甲은 "해당 징계처분이 과도하기 때문에 위법이다."라고 주장하면서, X시 소청심사위원회에 소청을 제기하였다. 이에 대해 X시 소청심사위원회는 정직 3월을 정직 2월로 변경하는 결정을 내렸다. (총 30점)

1. 甲은 2월의 정직기간 만료 후에 위 소청결정에 따른 시장 乙의 별도 처분 없이 업무에 복귀하였다. 이와 관련하여 X시 소청심사위원회가 내린 위 결정의 효력에 대하여 설명하시오. (10점)

2. 甲은 2월의 정직기간 만료 전에 X시 소청심사위원회가 내린 정직 2월도 여전히 무겁다고 주장하면서 취소소송을 제기하려고 한다. 이 경우 취소소송의 피고 및 대상을 검토하시오. (20점)

---

2 0 1 3

답안작성 김 0 0 / 2012년도 사법시험 합격

I. 설문 1의 해결

1. 문제점

재결청인 X시 소청위원회가 X시 공무원 甲에 대한 징계처분에 대해 변경재결을 한 후 乙 시장의 별도 처분 없이 공무원 甲이 업무에 복귀한 바 이와 관련하여 재결의 형성력이 문제된다.

2. 재결의 효력

행정심판법은 재결의 효력에 관하여 기속력과 직접처분에 관한 규정만을 두고 있으나 (행정심판법 제49조 제1항, 제2항, 제50조) 취소재결 및 변경재결에는 형성력이 인정되며 또한 재결은 행정행위에 해당하므로 공정력 및 불가변력도 인정된다. 사안에서는 특히 재결의 형성력이 문제된다.

3. 재결의 형성력

재결의 형성력이라 함은 재결의 내용에 따라 새로운 법률관계의 발생이나 종래의 법률관계의 변경·소멸을 가져오는 효력을 말한다. 형성력이 인정되는 재결로는 취소재결, 변경재결, 처분재결이 있다. 형성재결이 있는 경우 그 대상이 된 행정처분은 재결자체에 의해 당연히 취소되어 소멸한다.

4. 사안의 해결

X시 소청심사위원회가 정직 3월을 정직 2월로 변경하는 재결을 함에 따라 형성력이 발생하여 별도의 처분 없이도정직 2월로 변경된다. 따라서 공무원 甲은 시장 乙의 별도처분 없이도 2월의 정직기간 만료 후 업무에 복귀할 수 있다.

II. 설문 2의 해결

1. 문제점

원처분에 대해 변경재결이 있는 경우 수정되고 남은 원처분과 재결 중 어느 것을 대상으로 취소소송을 제기해야 하는지 문제되며 이에 따라 취소소송의 피고도 결정된다.

2. 취소소송의 대상

(1) 원처분주의와 재결주의

원처분과 재결 모두에 대하여 각 항고소송의 대상으로 소송을 제기할 수 있으나 각자의 위법은 그에 대한 항고소송에서만 주장할 수 있다는 입법주의인 원처분주의와 재결에 대해서만 항고소송의 대상으로 하되 그 항고소송에서 재결자체의 위법 뿐 아니라 원처분의 위법도 함께 주장할 수 있다는 입법주의인 재결주의가 있다. 우리나라는 행정소송법 제19조에서 원처분주의를 규정하고 있다.

(2) 학 설

① 원처분주의 원칙상 재결에 의해 수정되고 남은 원처분을 대상으로 해야한다는 견해 ② 변경재결을 대상으로 해야 한다는 견해가 대립한다.

(3) 판 례

소청심사위원회의 변경재결을 소청심사위원회를 상대로 제기한 취소소송에서 고유한 위법을 주장하는 것으로 볼 수 없어 소청결정의 취소사유가 없다고 하여 ①설과 동일한 입장이다.

(4) 검토 및 소결

행정소송법 제19조가 원처분주의 입법주의를 취하고 있는 이상 ①설이 타당하다. 따라서 사안에서 취소소송의 대상은 X시 소청심사위원회의 재결에 의해 수정되고 남은 원처분인 정직 2월 처분이 된다.

3. 취소소송의 피고

(1) 원 칙

취소소송은 다른 법률에 특별한 규정이 없는한 그 처분등을 한 행정청을 피고로 한다(행정소송법 제13조 제1항).

(2) 검 토

위에서 검토했듯이 변경재결이 있는 경우 재결에 의해 수정되고 남은 원처분이 취소소송의 대상이 된다. 따라서 재결에 의해 수정되고 남은 원처분을 한 행정청인 乙시장이 취소소송의 피고가 된다.

4. 사안의 해결

甲은 재결에 의해 수정되고 남은 정직 2월 처분을 대상으로 하여 시장 乙을 피고로 취소소송을 제기해야 한다.

강 평

I. 총 평

1.「제2문의 1」은 행정법각론의 문제의 일환으로 출제한 것으로 보여진다. 그러나 실질적으로 보면 공무원법적 소재를 갖고 출제한 것으로 행정심판법상의 제도와 시스템을 적절히 이해하고 있는지를 측정한 측면이 있다.「제2문의 1」의 1번 문제는 재결의 관념과 효력을 정확히 이해할 때 정확한 답안을 작성할 수 있다. 이는 간략한 논점 추출형의 문제에 속한다. 재결은 행정심판절차에서 내려지는 것으로 행정절차에서 내려지는 행정행위와 행정소송절차에서 내려지는 판결의 중간에 있으면서 양자의 효력이 중첩되는 경향이 있다. 즉, 취소판결의 효력에 관하여 기속력, 형성력 등이 그대로 미치고 행정행위의 효력인 공정력과 불가변력 등이 미친다. 그러므로 행정심판이 준사법절차이므로 행정법원의 판결의 효력과 마찬가지로 재결의 효력으로 기속력이나 형성력이 인정될 수 있다.

2.「제2문의 1」의 2번 문제에 있어서도 논의의 순서는 설문의 과제로 제시된 순서대로 작성하는 것이 바람직하다. 즉 모범답안의 경우처럼 피고와 대상을 순서를 바꾸는 것보다는 특별한 사정이 없으면 문제에서 언급한 순서대로 작성하는 것이 좋은 인상을 줄 것이다.

3. 한편「제2문의 1」의 문제는 앞서도 언급한 바와 같이 2009년에 시행된 사법시험 제49회 시험문제 제2문의 1의 문제와 유사한 문제가 출제된 것이다. 특히「제2문의 1」의 2번째 문제가 많이 유사한데, 제49회 사법시험의 경우에는 취소소송의 대상인 처분이 무엇인지를 물은 것은 기출문제와 사실상 동일한 문제의 반복출제라고 할 수 있다.

II. 모범답안에 대한 강평

1. 설문 1에 관하여

(1) 설문의 사안은 甲이 2월의 정직기간 만료 후에 위 소청결정에 따른 시장 乙의 별도 처분 없이 업무에 복귀하였다는 점을 염두에 두면서 X시 소청심사위원회가 내린 위 결정의 효력을 생각한다면 판결과 재결의 유사성에 비추어, 재결의 기속력이 아니라 재결의 형성력을 묻는다는 것을 쉽게 파악할 수 있을 것이다. 행정심판 재결의 형성력이란 처분을 취소·변경하는 재결이 확정되면 당해 처분은 행정청이 이를 다시하지 아니하여도 소급적으로 효력을 소멸하여 처음부터 효력을 상실하여 처분이 없었던 것과 같은 상태로 되는 효력을 말한다. 형성력은 모든 재결에 인정되는 것은 아니고 형성재결에 한하고 형성력이 인정되는 경우 누구나 이를 인정하여야 하기 때문에 이는 대세적 효력이라고 한다. 이행재결의 경우에는 당해 처분청에만 효력이 미칠 뿐 국민에게 직접 처분의 효력이 미치

지 아니하므로 형성력이 인정되는 것은 아니다. 먼저 모범답안에서 보는 바와 같이, 문제의 소재에서 곧바로 재결의 형성력에 관한 문제라고 바로 결론을 제시하기보다는 X시 시장 乙의 甲에 대한 3월의 정직처분을 2월의 정직처분으로 변경한 소청심사위원회의 변경재결이 단순한 확인적 효력만 있는지 아니면 형성력까지 존재하여 2월의 경과로 별도의 행위없이 복직된 것으로 볼 수 있는지 문제된다는 점을 언급하면서 작성하면 좋을 것이다.

(2) 또한 이 사건의 변경재결은 일부인용재결에 해당되며, 인용재결의 효력은 불가쟁력, 불가변력, 형성력, 기속력 등이 문제되나, 특히 설문에서는 소청심사위원회 결정의 형성력에 관한 검토가 필요하다. 재결의 형성력에 관한 판례로는 대법원 1994. 4. 12. 선고 93누1879 판결에서 "행정심판에 있어서 재결청의 재결내용이 처분청에 취소를 명하는 것이 아니라 처분청의 처분을 스스로 취소하는 것일 때에는 그 재결의 형성력이 발생하여 당해 행정처분은 별도의 행정처분을 기다릴 것 없이 당연히 취소되어 소멸되는 것이어서 그 후 동일한 사안에 대해 처분청이 또 다른 처분을 하였다면 이는 위 소멸된 처분과는 완전히 독립된 별개의 처분이라 할 것이고, 따라서 새로운 처분에 대한 제소기간 준수여부도 그 새로운 처분을 기준으로 판단하여야 한다."고 판시한 바 있다. 아울러, 2012년에 대법원에서 이와 관련된 판결이 선고되었다.즉, 교원소청심사위원회가 甲 학교법인 소속 교수 乙에 대한 파면처분을 정직 3월의 처분으로 변경하는 결정을 하여 확정되었는데, 甲 학교법인이 별도로 정직 3월의 처분을 하지 않는 한 파면처분이 여전히 유효하다고 다투면서 정직 기간이 경과되었음에도 임금 지급을 거절하고 강의 과목 및 시간을 배정하지 않는 등 乙을 학사 업무에서 배제한 사안에서, 교원소청심사위원회의 결정이 확정됨으로써 파면처분이 정직 3월의 처분으로 변경되어 결정 내용에 따른 법률관계의 변동이 생겼다는 취지로 판시한 바 있다.

(3) 따라서 위 판례의 태도를 염두에 두면서문제의 사안으로 돌아와 검토하면 먼저, 이 사건 X시 소청위원회의 변경재결은 형성력을 가지므로 별도의 乙 시장의 복직처분 없이도 甲은 복직된다고 보게 된다.

2. 설문 2에 관하여

(1) 모법답안은 취소소송의 피고에 관하여 기술하면서, 1. 원칙 2. 검토로 간략히 타이틀을 나누어 기술하고 있다. 그러나 문제는 설문사안에서 소청심사위원회가 피고가 될 것인지 아니면 원처분을 발한 처분청이 피고가 될 것인지 검토를 한 후에 원처분을 발한 행정청이 피고가 된다는 점을 밝혔어야 한다.이 사안에 있어피고는 원처분을 내린 처분청으로서 X시장 乙이 되고, 소청심사위원회가 될 수 없으며, 다만, 재결이라고 볼 수 있는 소청심사

위원회의 결정에 고유한 하자가 있을 때 이를 취소소송의 대상으로 삼고, 그 한도에서 소청심사위원회를 피고로 하여 취소소송을 제기할 수 있다.

(2) 아울러 취소소송의 대상이 무엇인가와 관련하여, 이 문제를 논하기에 앞서 모범답안에서는 원처분주의와 재결주의를 적절히 기술하고 있다. 다만, 더 나아가 원처분주의에 관한 현행 행정소송법 제19조를 언급할 필요가 있다. 문제에서 소청심사위원회에서 정직 3월에서 정직 2월로 변경재결이 내려진 경우 취소소송의 대상이 무엇인지 여부와 관련하여, 원처분을 대체하는 변경재결이 취소소송의 대상이라는 견해가 있기도 하지만, 변경된 원처분이 소의 대상이라는 견해가 통설과 판례의 입장이라는 점을 밝혀둘 필요가 있다. 대법원 1997. 11. 14. 선고 97누7325 판결에서 해임처분을 소청심사위원회가 정직 2월로 변경한 경우 원처분청을 상대로 정직 2월의 처분에 대한 취소소송을 제기한 사건에서 본안판단을 한 바 있고, 대법원 2007. 4. 27. 선고 2004두9302 판결에서는 "행정청이 식품위생법령에 따라 영업자에게 행정제재처분을 한 후 그 처분을 영업자에게 유리하게 변경하는 처분을 한 경우, 취소소송의 대상은 변경된 당초처분이지 변경처분은 아니다."라고 판시한 바 있다.

(3) 따라서, 문제에서 정직 3월의 징계처분이 소청에서 정직 2월로 유리한 내용으로 변경재결이 있게 된 경우 취소소송의 대상은 감경된 원처분인 乙시장의 정직 2월의 처분이라고 할 것이다.

| **제2-2문** | 甲은 100% 국내산 유기농재료를 사용하여 미백과 주름방지에 특효가 있는 기능성상품을 개발하였다고 광고하여 엄청난 판매수익을 올리고, 나아가 '**로션'이라는 상표등록까지 마쳤다. 그런데 식품의약품안전처장 乙은 甲이 값싼 외국산 수입재료를 국내산 유기농재료로 속여 상품을 제조·판매하였음을 이유로 3월의 영업정지처분을 하였다. 한편, 영업정지의 처분기준에는 위반횟수에 따라 가중처분을 하도록 되어 있다. 이미 3월의 영업정지기간이 도과한 후, 甲이 위 영업정지처분의 취소를 구할 법률상 이익이 있는지를 검토하시오. (20점)

I. 문제점

II. 원고적격 인정 여부
 1. 원고적격의 인정범위
 2. 소 결

III. 협의의 소익 인정 여부
 1. 협의의 소익의 의의

2. 제재적 처분의 효력이 소멸한 경우
3. 제재적 처분의 전력이 장래의 제제적 처분의
 가중요건으로 규정된 경우
 (1) 법률 또는 시행령 규정된 경우
 (2) 시행규칙에 규정된 경우
 (3) 소 결
IV. 사안의 해결

답안작성

김 0 0 / 2012년도 사법시험 합격

I. 문제점

甲이 영업정지처분의 취소를 구할 법률상 이익이 있는지와 관련하여 ① 원고적격이 있는지 여부 ② 협의의 소익의 존부와 관련하여 처분의 효력이 소멸하여도 제재적 가중처벌기준이 법령 및 행정규칙에 규정된 경우 협의의 소익이 인정되는지 여부가 문제된다.

II. 원고적격 인정 여부

1. 원고적격의 인정범위

행정소송법 제12조 전문은 취소소송은 처분등의 취소를 구할 법률상 이익이 있는 자가 제기할 수 있다고 규정하고 있다. 판례는 당해 처분의 근거법규 및 일련의 단계적인 근거법규에 의해 명시적으로 보호받는 이익 및 근거법규 및 관련법규의 합리적 해석상 보호되는 개별·직접·구체적 이익으로 판단하고 있다.

2. 소 결

판례는 불이익처분의 상대방은 직접 개인적 이익의 침해를 받은 자로 원고적격이 인정된다고 판시한 바 있다. 따라서 甲은 행정소송법 제12조 전문의 처분등의 취소를 구할 법률상 이익이 있는자로 원고적격이 인정된다.

III. 협의의 소익 인정 여부

1. 협의의 소익의 의의

협의의 소의 이익은 원고가 소송상 청구에 대하여 본안판결을 구할 필요성을 의미한다. 이와 관련 행정소송법 제12조 후문이 원고적격에 관한 것이라는 견해도 있으나 통설은 이를 협의의 소익을 규정한 규정으로 본다. 회복되는 법률상 이익의 의미에는 기본적 이익뿐 아니라 부수적 이익도 포함된다.판례는 부정하는 입장이나 국민의 권익구제를위해 사회적·인격적 이익도 포함된다고 봄이 타당하다.

2. 제재적 처분의 효력이 소멸한 경우

처분의 효력이 소멸한 경우에는 원칙적으로 처분의 취소를 통하여 회복할 법률상 이익이 없다. 그러나 제재적 처분의 전력이 장래의 제재적 처분의 가중요건으로 되어 있는 경우에 회복할 법률상 이익이 있는지 문제된다.

3. 제재적 처분의 전력이 장래의 제제적 처분의 가중요건으로 규정된 경우

(1) 법률 또는 시행령 규정된 경우

가중요건 등이 법률 또는 시행령에 규정되어 있는 경우 법령이 행정청을 법적으로 구속하여 가중된 제재처분을 받을 불이익이 현실적이므로 기간이 경과되어 효력이 소멸한 처분의 취소를 구할 법률상 이익이 있다.

(2) 시행규칙에 규정된 경우

1) 학 설

① 부정설은 시행규칙은 행정규칙에 불과하여 행정청에 대해 법적구속력을 미치지 않음을 근거로 한다. 종전 대법원 판례도 동일한 입장을 취한바 있다. ② 긍정설은 제재적 처분기준이 규정된 시행규칙의 성격을 불문하고 가중된 제재처분을 받을 현실적 위험이 있다거나, 시행규칙 형식의 제재처분기준의 법규성을 인정하는 전제에서 소익을 긍정한다.

2) 판 례

최근 대법원은 전원합의체 판결을 통해 제재적 처분기준이 시행규칙에 규정된 경우에도 소익을 긍정하는 입장으로 태도를 변경했다. ① 다수의견은 그 법적 성질이 대외적·일반적 구속력을 갖는 법규명령인지 여부와 관계없이 관할 행정청이나 담당공무원은 이를 준수할 의무가 있어 그 규칙에 정해진 바에 따라 행정작용을 할 것이 당연히 예견되므로 그러한 규칙에 따라 선행처분을 받은 상대방이 후행처분을 받을 위험은 구체적이고 현실적인 것이므로 상대방은 선행처분의 취소소송을 통하여 그 불이익을 제거할 필요가 있다고 판시하였다. ② 소수의견은 부령인 제재적 처분기준의 법규성을 인정하는 이론적 기초위에서 그 법률상 이익을 긍정하는 것이 법리상 타당하다고 판시하였다.

3) 검 토
시행규칙 형식의 제재적처분기준의 법정성질과 관계없이 행정청은 이에 구속되므로 선행처분을 받은 상대방이 가중된 처분을 받을 위험은 구체적이고 현실적인 것이며 이런 불이익을 제거하기 위하여 기간이 경과되어 효력이 소멸한 처분의 취소를 구할 법률상의 이익이 있다고 할 것이다.

(3) 소 결
설문에서 영업정지 처분기준이 법령 내지 행정규칙에 규정되어 있는지 제시되어 있지 않으나 어느 경우이든 영업정지기간이 도과하였다 하더라도 甲이 재제적 처분을 받은 전력에 따라 가중처분을 받을 현실적, 구체적 위험성이 있어 선행처분을 다툴 법률상 이익이 있다고 보아야 한다.

IV. 사안의 해결
甲에게는 설문의 영업정지처분의 취소를 구할 원고적격이 인정되고 협의의 소익을 갖추어 이를 다툴 법률상 이익이 있다.

I. 총 평

1. 이 문제는 협의의 소의 이익에 관한 문제로 중요하면서 출제 가능성이 높은 문제로 대부분의 수험생이 예상한 문제라고 할 수 있다. 다만 출제의도를 파악하기 어려운 측면이 없지 않다. 그 이유는 식품위생법 시행규칙에 영업정지처분의 기준이 설정되어 있는데, 어느 법령에 기재되어 있다고 밝히고 있지 아니하여 대안적 설명의 방식으로 논의를 전개할 필요가 있기 때문이며, 아울러 제재적 처분기준의 법적 성질과 협의의 소의 이익이 연동되어 다루어지는데, 어느 정도의 분량으로 법적성질의 문제를 다룰 것인지가 배점 기준 등이 안개 속에 쌓여 있기 때문이다. 더구나 부령형식인 시행규칙에 제재적 처분기준이 설정되어 있는 경우에 특히 학설상의 견해의 대립이 있는 바, 설문에서는 제재적 처분기준의 규정형식에 대한 설명이 없으므로 이것이 시행규칙에 규정된 경우를 상정하고 논술할 것을 의도한 것인지 대안적 설명을 하도록 한 것인지 출제의도 파악이 용이하지 않은 측면이 있기 때문이다.

2. 박근혜 정부에 들어서서 정부조직법이 개정되어 종래의 식품의약품안전청에서 국무총리 소속기관인 식품의약품안전처로 변경되었는 바, 시행규칙에 처분기준이 규정되어 있다면 이는 총리령이 되므로 이를 부령과의 관계에서 어떻게 이해할 것인지도 검토의 대상이 될 수 있으나, 기본적으로 처분기준의 법적 성질의 문제는 차치하고 가중요건이 시행규칙이나 행정규칙에 정해지면 법률상 이익이 있으므로 협의의 소의 이익이 인정된다는 점에서는 결론은 동일하다.

II. 모범답안에 대한 강평

1. 모범답안에서는 협의의 소의 이익과 더불어 원고적격에 관하여도 기술하고 있으나, 이 부분을 작성하였다고 하여 감점사유는 안될지라도, 문제에서 요구하는 사안은 행정소송법 제12조 후단에서 말하는 권리보호 필요성의 차원인 협의의 소의 이익의 문제이므로 원고적격에 관하여 별도의 지면의 할애를 할 여유는 없다.

   또한 문제 자체에서 3개월 영업정지처분의 근거 규정에 대해 설문에서 구체적인 언급이 없고 참고법령도 제시해 주고 있지 않은 바, 이러한 경우에는 모범답안에서 보는 바와 같이 경우를 나누어 대안적 설명을 하는 수 밖에 없다. 모범답안에서도 법률 또는 대통령령인 식품위생법시행령에 규정된 경우와 식품위생법시행규칙에 규정된 경우로 나누어 설명하고 있다.

2. 만약에 처분기준이 법률 또는 대통령령인 시행령에 규정된 경우에는 제재처분의 기간이 경과하였다고 할지라도 취소소송의 제기할 법률상 이익이 인정된다는 데에 학설과 판례가 일

치한다. 그런데, 정부조직 개편에 따라 식품의약품안전처가 국무총리 소속기관이 됨에 따라 이 사건 처분기준이 식품위생법시행규칙에 규정된 경우에는 그 시행규칙의 법형식이 부령이 아니라 총리령이 되는 점을 주의할 필요가 있다. 다만, 식품위생법 시행규칙에 제재처분의 가중요건을 규정하고 있는지 여부가 중요하고 시행규칙에서 정한 제재처분기준의 법적 성질은 협의의 소의 이익을 논함에 있어 그다지 중요하지 아니하다. 모범답안에는 식품의약품안전처에서 발하는 식품위생법시행규칙이 총리령이라는 점에 관하여 아무런 언급이 없는 점과 고시 등 행정규칙의 형식에 처분기준이 규정된 경우를 언급하지 않은 점도 아쉬운 대목이라고 할 것이다.

3. 이 문제의 출제의도를 정확하게 파악하기 어렵지만, 참고법령을 제시하지 아니한 점에 비추어, 이 문제는 협의의 소의 이익과 관련되는 대법원 2006. 6. 22. 선고 2003두1684 전원합의체 관결의 태도를 정확히 알고 경우를 나누어 대안적 설명을 통하여 문제를 해결하는 능력을 검증하기 위해서 출제된 것으로 볼 수 있다.
위 대법원 전원합의체의 관결에 의하면, "제재적 행정처분의 가중사유나 전제요건에 관한 규정이 법령이 아니라 행정규칙의 형식으로 되어 있다고 하더라도, 그러한 규칙이 법령에 근거를 두고 있는 이상 그 법적 성질이 대외적·일반적 구속력을 갖는 법규명령인지 여부와는 상관없이, 관할 행정청이나 담당공무원은 이를 준수할 의무가 있으므로, 〈중략〉 규칙이 정한 바에 따라 선행처분을 가중사유 또는 전제요건으로 하는 후행처분을 받을 우려가 현실적으로 존재하는 경우에는, 선행처분을 받은 상대방은 비록 그 처분에서 정한 제재기간이 경과하였다 하더라도 그 처분의 취소소송을 통하여 그러한 불이익을 제거할 권리보호의 필요성이 충분히 인정된다고 할 것이므로, 선행처분의 취소를 구할 법률상 이익이 있다고 보아야 한다."고 판시한 바 있다.
이러한 대법원 전원합의체관결의 입장에 의하면, 시행규칙으로 제재적 처분기준을 정하는 경우에는 그 제재적 처분의 기간이 경과한 후에 취소소송을 제기할 협의의 소의 이익을 인정할 것인가의 여부는 제재적 처분기준의 법적 성질을 법규명령으로 볼 것인가 행정규칙으로 볼 것인가에 따라 달라지는 것이 아니라 시행규칙의 형식으로 정한 처분기준에서 제재적 행정처분을 받을 것을 가중사유나 전제요건으로 삼아 장래의 제재적 행정처분을 하도록 정하고 있는지 여부에 따라 달라진다고 할 것이다. 모범답안에서는 제재적 처분의 전력이 장래의 제재적 처분의 가중요건으로 규정된 경우를 법률 또는 시행령으로 규정한 경우와 시행규칙으로 규정된 경우를 나누어 대안적인 설명을 하고 있으나, 문제의 제기에서 제재적 행정처분기준의 법적 성질과 협의의 소의 이익과의 상관성에 관하여도 언급하고, 논의 전개에 있어서 이 부분을 보다 깊이 있게 언급하는 것이 고득점을 받는데 유리하다고 할 것이다.

2013년도 입법고등고시 기출문제와 어드바이스 및 답안구성 예

| 제1문(50점) |

'미래호프'라는 상호로 일반음식점을 운영하던 甲은 청소년 3명에게 주류를 제공한 것이 적발되어 관할 구청장 乙로부터 2012. 2. 3. 영업정지 2월의 처분을 받았다. 한편, 甲은 2월의 영업정지기간이 도과하였지만 추후 있을지도 모르는 가중처벌을 우려하여, 2012. 2. 3. 자 영업정지처분에 대해 2012. 4. 25. 관할법원에 취소소송을 제기하였다. 甲은 위조된 주민등록증을 식별하기가 실질적으로 불가능한 점, 그리고 영업정지로 인해 수입이 없게 되면 암투병 중인 아내의 병원비 조달이 어려운 점 등 제발 사정을 종합적으로 고려할 때 2월의 영업정지처분은 과중하여 취소되여야 한다고 주장하고 있다.

【 참조조문 】

식품위생법

제44조 (영업자 등의 준수사항) ② 식품접객영업자는 〈청소년 보호법〉 제2조에 따른 청소년에게 다음 각 호의 어느 하나에 해당하는 행위를 하여서는 아니 된다.

4.청소년에게 주류 (酒類)를 제공하는 행위

제75조 (허가취소 등) ① 식품약품안전처장 또는 특별자치도지사·시장·군수·구청장은 영업자가 다음 각 호의 어느 하나에 해당하는 경우에는 대통령령으로 정하는 바에 따라 영업허가 또는 등록을 취소하거나 6개월 이내의 기간을 정하여 그 영업의 전부 또는 일부를 정지하거나 영업소 폐쇄를 명할 수 있다.

13. 제44조 제2항을 위반한 경우

④ 제1항에 따른 행정처분의 세부기준은 그 위반 행위의 유형과 위반 정도 등을 고려하여 보건복지부령으로 정한다.

식품위생법 시행규칙

제89조 (행정처분의 기준) 법 제75조에 따른 행정처분의 기준은 별표 23과 같다.

[별표23] 행정처분기준(제89조 관련)

Ⅰ.일반기준

15. 다음 각 목의 어느 하나에 해당하는 경우에는 영업정지처분 기간의 2분의 1 이하의 범위에서 처분을 경감할 수 있다.

마. 위반사항 중 그 위반의 정도가 경미하거나 고의성이 없는 사소한 부주의로 인한 것인 경우

Ⅱ. 개별기준

3. 식품접객업

위반사항	근거 법령	행정처분기준		
		1차 위반	2차 위반	3차 위반
법 제44조 제2항을 위반한 경우(청소년에게 주류를 제공하는 행위를 한 경우)	법 제75조	영업정지 2개월	영업정지 3개월	영업허가취소 또는 영업소 폐쇄

(1) 甲이 제기한 취소소송의 인용가능성을 논하라. (30점)

Advice

1. 우선 소의 적법성과 관련하여 '협의의 소익'이 쟁점이 된다. 2월의 영업정지 기간이 도과한 사안인바 장래 제재처분의 가중요건이 된다는 사실이 협의의 소익을 인정할 '법률상 이익'이 되는지가 문제 된다.

2. 특히 사안은 시행규칙에 규정된 바 최근 판례의 변경사항을 중심으로 견해대립을 서술한다. 본안과 관련해서는 당해 영업정지 처분이 재량행위인 바 제시된 다양한 사정을 고려하여 당해 처분이 재량의 일탈·남용 사유로서 비례원칙을 위반한 것은 아닌지 검토한다.

답안구성 예

Ⅰ. **쟁점의 정리**

Ⅱ. **각 행정작용의 법적 성질**
  1. 영업정지처분의 법적 성질
    (1) 강학상 하명인지
    (2) 재량행위인지
  2. 식품위생법 시행규칙 [별표 23]의 법적성질

Ⅲ. **취소소송 제기의 적법 여부**
  1. 문제점
  2. 협의의 소익 인정 여부

  3. 제재처분의 가중요건이 시행규칙에 규정된 경우
    (1) 종래 대법원의 견해
    (2) 최근 대법원의 견해
  4. 소 결

Ⅳ. **본안판단**
  1. 문제점
  2. 재량의 일탈·남용여부: 비례원칙 위반인지
  3. 소 결

Ⅴ. **설문의 해결**

(2) 위 영업정지처분 취소소송에서 법원은 인용판결을 하였고, 이 판결은 피고의 항소포기로 확정되었다. 이에 따라 甲은 영업정지처분으로 인한 재산적·정신적 손해에 대해 국가배상

청구소송을 제기하였다. 甲의 국가배상청구는 인용될 수 있는가?(20점)

Advice

1. 국가배상청구의 인용가능성과 관련해 특히 배상책임의 성립요건 중 문제되는 것은 ① 위법성과 ② 고의·과실 여부이다.

2. ①과 관련해서는 이미 취소소송의 인용확정 판결이 있었는 바 인용판결의 기판력이 후소인 국가배상청구의 위법성 판단에 미치는지 문제된다. 쟁점으로 검토한다. ②와 관련해서는 재량의 일탈·남용이 있었다 하더라도 그 처분이 규칙에서 정한 기준에 따른 것인 이상 공무원에게 직무집행 상 과실이 있다고 볼 수 없다는 것이 판례의 태도이다. 따라서 사안의 경우도 과실이 있다고 보기는 어렵다. 결국 국가배상청구가 인용되기는 어려울 것이다.

답안구성 예

| 제2문(30점) |

告示에 대한 사법적 통제를 논하라.

Advice

1. 고시의 사법적 통제방안에 대한 약술형 문제로서, 우선 고시의 법적 성질에 따라 그 통제 방안이 달라진다. 판례는 고시에 담겨진 내용에 따라 행정처분이 될 수도, 법규명령이나 행정규칙이 될 수도 있다고 본다.

2. 따라서 목차를 『Ⅰ. 서론, Ⅱ. 고시의 의의 및 법적 성질, Ⅲ. 일반처분으로서의 고시의 통제방안, Ⅳ. 법규명령으로서의 고시의 통제방안, Ⅴ. 행정규칙으로서의 고시의 통제방안, Ⅵ. 결론』으로 법적 성질에 따라 그 통제방안을 구분해서 서술한다. Ⅱ. 에서는 고시의 법적성질에 대한 판례의 태도를 특히 잘 서술한다. Ⅲ. 에서는 일반처분은 행정행위이므로 항고소송으로 통제할 수 있음을 서술한다. Ⅳ. 에서는 간접적 통제로서 구체적 규범통제에 관해 서술한다. Ⅴ. 에서는 행정규칙은 구체적 규범통제나 항고소송의 대상이 될 수 없으므로 이에 근거한 처분에 대한 소송과정에서만 통제될 수 있음을 서술한다.

| 제3문(20점) |

자신의 토지가 수용된 甲은 중앙토지수용위원회 수용재결의 손실보상금액이 지나치게 낮게 책정되었음을 이유로 보상금의 증액을 구하고자 한다. 甲의 불복수단을 설명하시오.

Advice

1. 중앙토지수용위원회의 수용재결에 대해 특히 보상금 증액을 구하는 불복수단에 대한 약술형 문제이다.

2. 공토법상 관련규정에 따라 목차를 『Ⅰ. 서론, Ⅱ. 이의신청, Ⅲ. 행정소송, Ⅳ. 결론』으로 잡는다. Ⅱ. 에서는 공토법 제83조에 따라 재결서 정본 도달일로부터 30일 이내에 이의신청이 가능하며, 이의신청은 임의절차로서 행정심판에 해당한다는 점을 서술한다. Ⅲ. 에서는 공토법 제85조에 따라 수용재결에 대한 소송은 수용자체를 다투는 취소소송 등(제1항)과 보상금 증감 청구소송(제2항)으로 나뉘며 사안은 보상금증액청구소송이 필요한 경우임을 밝힌다. 이어 소송의 의의 및 당해 소송이 형식적 당사자 소송이며 이행소송인지 확인소송인지 등 관련 쟁점들을 체계적으로 서술한다.

| 제1문 | A시의 시장은 건물 소유자인 甲에게 건축법 제79조 및 행정대집행법 제3조에 따라 동 건물이 무허가건물이라는 이유로 일정기간까지 철거할 것을 명함과 아울러 불이행할 때에는 대집행한다는 내용의 계고를 하였다. 그 후 甲이 이에 불응하자 다시 2차계고서를 발송하여 일정기간까지 자진철거를 촉구하고 불이행하면 대집행한다는 내용을 고지하였다. 그러나 甲은 동 건물이 무허가건물이 아니라고 다투고 있다. (단, 대집행 요건의 구비 여부에 대하여는 아래 각 질문사항에 따라서만 검토하기로 한다) (총 50점)

(1) 甲은 위 계고에 대하여 취소소송을 제기하려고 한다. 계고의 법적 성질을 논하고, 소송의 대상이 되는 계고가 어느 것인지를 검토하시오. (15점)

(2) 철거명령과 함께 이루어진 1차 계고는 적법한가? (10점)

(3) 철거명령의 위법을 이유로 계고의 위법을 다툴 수 있는가? (10점)

(4) 위 사안에서 대집행에 대한 甲의 구제방안에 대하여 설명하시오. (15점)

Ⅰ. 논점의 정리

1. 설문 (1)에서 계고가 준법을 행위적 행정행위 중 통지인지 검토하고, 동일한 내용의 계고처분이 여러번 이루어진 경우 취소소송의 대상이 되는 계고는 무엇인지 관련판례를 중심으로 논의한다.

2. 설문 (2)에서 계고가 적법하기 위한 요건을 살펴보고, 철거명령과 계고를 1장의 문서로서 동시에 한 경우 계고가 위법한지를 특히 '상당한 이행기간'이라는 요건이 충족되었는지를 중심으로 검토한다.

3. 설문 (3)에서 철거명령과 계고 사이에 하자 승계가 인정되는지 검토한다.

4. 설문 (4)에서 사안의 대집행이 위법한 경우, 甲이 권리를 구제받기 위해서 행정심판, 행정소송, 국가배상청구, 결과제거청구 등의 방안을 활용할 수 있는지 논의한다.

Ⅱ. 설문 (1)의 해결

1. 계고의 법적 성질

(1) 의 의

행정대집행법 제3조 제1항에 따르면 계고란, 대집행을 위하여 상당한 이행기간을 정하여 그때까지 이행되지 아니할 때에는 대집행을 한다는 뜻을 미리 문서로 통지하는 것을 의미한다.

(2) 법적 성질

계고는 행위자인 행정청의 효과의사 이외의 정신작용등을 구성요소로 하고, 그 법적 효과를 행정청의 의사여부를 떠나서 법규가 정하는 바에 따라 직접 발생하는 준법률행위적 행정행위에 해당한다. 또한 준법률 행위적 행정행위 중에서도 특정인 또는 불특정 다수인에게 특정사실을 알리는 통지에 속한다.

2. 동일한 내용의 계고가 여러 번 있은 경우 소송의 대상

(1) 취소소송의 대상

1) 행정소송법 제19조 및 제2조

행정소송법은 제19조에서 취소소송의 대상적격과 관련하여 '처분 등'이라 규정하면서, 동법 제2조에서 '처분 등'이라함은 '행정청이 행하는 구체적 사실에 대한 법집행으로서의 공권력의 행사 또는 그 거부와 그 밖에 이에 준하는 행정작용'이라고 정의하고 있다.

2) 계고가 처분인지

계고는 위에서 검토한 바와 같이 준법률 행위적 행정행위인 통지에 해당하는 것으로서 처분의 개념에 대한 어떠한 학설과 판례에 따르더라도 처분성이 인정된다. 다만, 사안의 경우 동일한 내용의 계고가 여러 번이 있었기 때문에 어떤 계고가 소의 대상이 되는지에 대해서는 특수한 논의가 필요하다.

(2) 동일한 내용의 계고가 여러 번 있은 경우 소송의 대상에 대한 판례의 견해

판례는 행정대집행법상 철거의무가 제1차 철거명령 및 계고처분으로 발생하는 것이며, 제2차 계고처분은 새로운 철거의무를 부과하는 것이라고 할 수 없으며 단지 종전의 계고처분에 의한 건물 철거를 독촉하거나 그 대집행 기한을 연기한다는 통지에 불과한 것으로서 독립된 처분으로 볼 수 없다고 판시하였다.

(3) 검토 및 사안의 경우

생각건대 취소소송의 대상이 되기 위해서는 국민의 권리의무에 직접 영향이 있는 공권력 작용이여야 하는 바, 제1차 계고처분과 동일한 내용의 계고처분은 새롭게 국민의 권리의무에 직접 영향을 미칠 수 있다고 볼 수 없는바 판례의 견해가 타당하다. 따라서 甲은 제1차 계고처분에 대하여 취소소송을 제기하여야 한다.

3. 소 결

계고는 행정대집행법상 대집행을 한다는 뜻을 미리 문서로서 통지하는 것으로서 취소소송의 대상인 처분에 해당한다. 또한 사안처럼 동일한 내용의 계고처분이 여러 번 이루어진 경우 철거의무를 발생시킨 제1차 계고 처분에 대하여 취소소송을 제기하여야 한다.

Ⅲ. 설문 (2)의 해결
1. 계고의 요건

계고가 적법하기 위해서는 ① 상대방에게 상당한 이행기간이 주어져야 하며, ② 대집행 요건이 계고시에 이미 충족되어 있어야 하고, ③ 대집행 의무가 특정되어 있어야 하며, ④ 문서로서 이루어져야 한다.

사안의 경우 다른 요건은 모두 충족하나 ②요건과 관련하여 철거명령과 계고처분을 한 장의 문서로서 동시에 이루어져 계고처분시 상대방인 甲에게 의무 불이행이 인정되지 않아 대집행 요건이 충족되지 않은 것은 아닌지 문제된다. 따라서 철거명령과 계고처분이 한 장의 문서로서 동시에 이루어질 수 있는지를 검토하여 당해 계고처분의 위법여부를 판단해야 한다.

2. 철거명령과 계고처분을 한 장의 문서로서 동시에 할 수 있는지

(1) 판 례

판례는 한 장의 문서로서 철거 명령과 계고 처분을 동시에 한 경우라도 각 처분은 독립하여 있는 것으로서 각각 그 요건이 충족되었다고 본다. 또한 이 경우 철거 명령에서 주어진 일정 기간이 자진 철거에 필요한 상당한 기간이라면 그 기간에 속에는 계고시 필요한 '상당한 이행기간'(행정대집행법 제3조 제1항)도 포함되어 있다고 본다.

(2) 판례에 대한 비판

건축법상 철거 명령과 행정대집행법상 계고처분은 각각 별개의 처분으로서 이 두 처분이 결합하여 한꺼번에 행해지는 것은 현행 법체계상 허용될 수 없다. 또한 철거명령과 계고가 일정한 기간을 두고 각각 이루어져야 하는 것은 처분 상대방의 '상당한 이행기간'을 보장하기 위함이므로 특별한 필요가 없음에도 불구하고 이를 결합하여 한 장의 문서로서 행하는 것은 법치행정의 원칙과 국민의 권리 보호라는 관점에서 타당하지 않다.

3. 소 결

한 장의 문서로서 철거명령과 계고처분을 동시에 할 수 있다고 보는 판례의 견해는 타당하지 않으며, 처분 상대방이 행정대집행법상 보호받고 있는 '상당한 이행기간'을 가질 권리를 부당하게 침해하고 있는 사안의 계고처분은 위법하다.

IV. 설문 (3)의 해결

1. 문제점

하자승계란, 두 개 이상의 행정행위가 연속적으로 행해지는 경우 선행행위의 하자를 이유로 후행행위를 다툴 수 있는가에 관한 논의이다. 사안에서 철거명령과 계고는 각각 독립된 처분이므로 철거명령의 위법을 이유로 계고의 위법을 다투기 위해서는 하자승계가 인정되어야 한다.

2. 하자승계 논의의 전제

하자 승계문제는 ① 선행행위와 후행행위가 모두 항고소송으로 다툴 수 있는 행정처분이여야 하고, ② 선행행위는 당연무효가 아닌 취소사유인 하자가 존재하여야 하며, ③ 후행행위에는 고유한 하자가 없어야 한다. 또한, ④ 선행행위를 제소기간 내에 다투지 않아 불가쟁력이 발생하여야 한다. 사안의 경우 위 네가지 전제를 모두 충족한 것으로 전제하고 논의를 진행한다.

3. 하자승계에 관한 학설과 판례

(1) 전통적 견해

전통적 견해는 선행행위와 후행행위가 동일한 법적 효과의 발생을 목적으로 하는 경우에만 하자의 승계를 인정한다.

(2) 새로운 견해(구속력설)

이 설은 둘 이상의 행정행위가 동일한 법적 효과를 추구하는 경우 선행행위는 후행 행위에 대하여 일정한 범위에서 구속력을 갖게 되며 구속력이 미치는 범위에서 후행 행정행위에 있어서 선행행정행위의 효과와 다른 주장을 할 수 없다고 본다.

(3) 판 례

1) 원칙적 입장

판례는 두 개 이상의 처분이 연속적으로 행해지는 경우 선행처분과 후행처분이 서로 결합하여 1개의 법률 효과를 완성하는 때에만 선행처분의 하자를 이유로 후행처분의 효력을 다툴 수 있다고 본다.

2) 예외적 입장

판례는 개별공시지가결정과 양도세부과처분사이에 하자승계가 인정되는지와 관련하여 두 처분이 서로 독립하여 별개의 효과를 목적으로 하는 경우에도 선행처분의 불가쟁력이나 구속력으로 인하여 불이익을 입게 되는 자에게 수인한도를 넘는 가혹함을 가져오며, 그 결과가 당사자에게 예측가능한 것이 아닌 경우에는 국민의 재판받을 권리를 보장하고 있는 헌법의 이념에 비추어 선행처분의 후행처분에 대한 구속력은 인정되지 않아 하자승계를 인정하지 않을 수 없다고 판시한바 있다.

(4) 검 토

생각건대 하자승계는 하자승계를 인정하여 침해되는 법적 안정성과 이를 인정하지 않음으로서 관계인이 입게 되는 재판청구권의 갈등관계를 적절히 조화하기 위한 것인 만큼 원칙적으로 동일한 법적 효과를 발생시키는지를 기준으로 하되 예외적으로 수인가능성과 예측가능성을 기준으로 구체적 타당성을 높이는 판례의 견해가 타당하다.

4. 사안의 경우

철거명령과 계고는 각각 독립한 처분으로서 철거명령은 상대방 甲에게 철거의무를 발생시키는 법적 효과를, 계고는 의무가 이행되지 아니할 때에는 대집행을 한다는 뜻을 미리 알리는 법적 효과를 발생시키는 등 각각 별개의 법적 효과를 발생시킨다. 또한 하자승계를 인정하지 않았을 때 예측가능성과 수인가능성에 비추어 甲에게 가혹한 결과를 낳는다고 보기도 어려우므로 하자승계는 부정됨이 타당하다.

5. 소 결

甲은 철거명령의 위법을 이유로 계고의 위법을 다툴 수 없다.

V. 설문 (4)의 해결

1. 문제점

대집행은 계고·통지·실행·비용징수 보두 각각 처분성이 인정된다. 사안에서 현재 대집행 절차는 계고까지 진행된 상황이므로 이를 바탕으로 甲의 권리 구제 방안을 논한다.

2. 행정심판

(1) 의 의

행정심판이란 행정심판법의 적용은 받는 행정쟁송제도로서 자율적 행정통제, 사법기능의 보완, 법원의 부담경감 등의 기능을 수행한다. 행정심판법 제5조에 따르면, 행정심판의 종류에는 취소심판, 무효등확인심판, 의무이행심판이 있다.

(2) 甲이 제기할 수 있는 행정심판

1) 취소심판

취소심판이란 행정청의 위법 또는 부당한 처분의 취소 또는 변경을 구하는 심판이다. 甲은 계고처분의 위법성을 이유로 행정심판위원회에 계고의 취소를 구할 수 있다. 계고의 위법성이 인정될 경우 행정심판위원회는 계고처분 취소재결을 할 수 있다.

이때, 행정심판법 제30조 제1항의 집행부정지원칙으로 대집행의 절차가 진행되어 甲에게 회복할 수 없는 중대한 손해가 발생할 우려가 있으므로 甲은 취소심판을 제기함과 동시에 집행정지를 신청할 수 있다.

2) 무효확인심판

무효확인심판이란 행정청의 처분의 효력유무에 대한 확인을 구하는 심판이다. 사안에서 계고처분의 위법성이 무효에 해당한다면, 甲은 무효확인심판을 제기할 수 있고, 甲의 신청 이유가 인정 될 때에는 행정심판위원회는 무효확인재결을 할 것이다.

3. 항고소송

(1) 의 의

항고소송이란 행정소송법 제3조 제1호에 따르면 행정청의 처분 등이나 부작위에 대하여 제기하는 소송이다. 동법 제4조에서는 항고소송을 취소소송, 무효등확인소송, 부작위위법확인 소송으로 구분하고 있다.

(2) 甲이 제기할 수 있는 항고소송

1) 취소소송

취소소송이란 위법한 처분 등의 취소·변경을 구하는 소송이다. 甲은 계고처분의 상대방으로서 처분의 취소를 구할 법률상 이익이 있으며(원고적격), 계고처분의 처분성도 인정되므로 나머지 소송요건을 모두 갖추어 취소소송을 제기할 수 있다. 다만, 이때 행정소송법 제23조 제1항의 집행부정지원칙에 따라 대집행 절차의 속행으로 인해 甲이 회복하기 어려운 손해가 발생될 우려가 있으므로 동법 제23조 제2항의 집행정지를 함께 신청할 수 있다.

2) 무효확인소송

무효확인소송이란, 행정청의 처분 등의 효력유무를 확인하는 소송이다. 사안에서 계고처분의 위법성이 무효사유에 해당한다면, 甲은 무효확인소송을 제기하여 권리를 구제받을 수 있다.

4. 국가배상

국가배상이란 국가 또는 공공단체의 위법한 활동에 의하여 개인에게 가하여진 손해를 전보하여 주는 제도이다. 국가배상법 제2조 제1항 전단에 따르면 국가 또는 지방자치단체는 공무원이 그 직무를 집행하면서 고의 또는 과실로 법령에 위반하여 타인에게 손해를 가하는 경우 국가배상책임을 진다. 따라서 甲은 담당 공무원의 고의 또는 과실 및 손해 발생이 인정되는 경우 국가배상청구를 통해 권리를 구제받을 수 있다.

VI. 사안의 해결

1. 설문 (1)에서 제2차 계고처분은 새로운 법적 효과를 발생시킨다고 볼 수 없는바, 甲은 제1차 계고처분에 대하여 취소소송을 제기하여야 한다.

2. 설문 (2)에서 한 장의 문서로서 철거명령과 계고처분을 동시에 하는 경우 처분 상대방이 행정대집행법상 보호받고 있는 '상당한 이행기간'을 가질 권리를 부당하게 침해하게 되므로 사안의 계고처분은 위법하다.

3. 설문 (3)에서 철거명령과 계고처분은 서로 다른 별개의 법적효과를 발생시키므로 하자승계가 인정되지 않아 甲은 철거명령의 위법을 이유로 계고처분의 위법을 다툴 수 없다.

4. 설문 (4)에서 甲은 취소심판, 무효확인심판, 취소소송, 무효확인소송, 국가배상 등을 통해서 권리구제를 받을 수 있다.

┤ 강 평 ├

1. 설문 (1)의 경우

　설문의 해결을 위한 쟁점으로 모범답안은 계고의 법적 성질과 반복된 계고의 항고쟁송의 대상여부로 나누어 잘 검토하였다. 그런데 계고의 법적 성질에서 '(1) 계고의 의의와 (2) 준법률행위적 행정행위'인 통지와 더불어 '(3) 항고쟁송의 대상인 처분여부'를 검토함이 바람직하다. 즉, 계고는 대집행의 필요적 절차이며 대집행영장교부의 기초가 되는 법적 행위인 바, 의무자 자신에 의한 의무의 이행을 촉구하고 강제집행의 수인을 요구하는 의사의 통지인 상대방에게의 예고행위라 점에서 상대방의 권리의무에 직접적인 변동을 초래하게 하는 처분에 해당한다는 점을 지적해야 할 것이다. 그 다음, 반복된 계고가 항고쟁송의 대상인 처분인지를 판례(대판 2000. 2. 22. 98두4665 〈건물철거대집행계고처분취소〉) 등을 검토하여 설문을 해결하는 순서로 함이 바람직하다.

2. 설문 (2)의 경우

　원처분과 계고의 결합가능성이 쟁점인바, 우선 원처분이 대집행의 요건을 갖추고 있는지를 검토한 후 원처분과 계고의 결합가능성을 검토하여 설문을 해결해야 할 것이다. 즉, 먼저, 무허가건물은 부작위의무의 위반의 경우이나 무허가건물의 철거명령은 대체적 작위의무를 부과하는 것이므로 대집행의 대상에 해당되어 대집행의 요건을 갖춘 것이라는 점이 지적되어야 할 것이다. 다음, 원처분과 계고의 결합가능성과 관련하여, (1) 원칙은 대집행의 요건은 계고할 때 이미 충족되어야 하므로 원처분인 철거명령과 동시에 계고처분을 하는 것은 허용되지 아니한다는 점을 지적하고, (2) 예외로서 ① 의무불이행이 예견되고 의무불이행을 제거해야할 긴급한 필요가 있는 경우, ② 충분한 이행기한이 주어졌다고 판단되는 경우 등에는 예외적으로 원처분과 계고가 결합될 수 있다는 판례의 입장을 검토한 후, 설문을 해결함이 바람직하다. 판례에 대한 비판은 필요하다면 위와 같은 사항들을 명확히 한 후에 가능할 수 있다.

3. 설문 (3)의 경우

　하자의 승계여부가 쟁점인바, 먼저 하자승계의 전제요건으로서 연속하는 행정행위의 존재를 검토하고, 다음 선·후행위의 관계에 따른 하자승계의 여부를 검토하는 순서로 함이 바람직하다. 먼저, 연속하는 행정행위의 존재란 선행행위와 후행행위가 행정행위로서, 연속하는 단계적인 절차관계에 있는 것을 의미한다. 다음, 하자승계의 여부는, 선·후행위가 동일목적실현을 위한 경우와 선·후행위가 별개의 법률효과를 발생하는 경우로 나누어 검토함이 바람직하다. 즉, (1) 전자의 경우에는 하자가 승계되나, (2) 후자의 경우에는 ① 선행행위의 하자가 무효인 경우에는 승계되지만, ② 취소사유에 불과한 경우에는 원칙적으로 승계가 부정되나, 예외적으로 예측가능성과 수인한도의 법리를 보충적 기준으로 하여 승계를 인정함이 판례의 입장이기도 하다는 점을 검토한다. 그리고 규준력이론을 언급하고, 사례를 해결하는 방법이 좋을 것이다. 사안의 경우 무허가건물여부에 대하여 다툼이 있는 바, 그 철거명령이 무효인 경우에는 하자승계가 가능하다는 점과, 취소사유에 불과한 경우에는 건축법상의 목적실현을 위한 건물철거명령과 이를 이행하지 아니한 경우의 강제집행절차인 대집행의 계고는 각각 별개의 법률효과를 발생하는 행위이므로 예외적 승계요건인 예측가능성과 수인가능성을 검토하여야 한다는 점을 주의하여야 할 것이다.

4. 설문 (4)의 경우

이 사안에서 현재 대집행절차가 계고까지 진행된 상황을 전제로 한 점은 정확한 파악인 바, 이 경우 모범답안처럼 취소심판과 무효등확인심판 및 취소소송과 무효등확인소송과 더불어 행정심판 및 항고소송에서 각각 집행정지신청을 하는 방법이 검토되어야 할 것이다. 특히 강제집행절차의 진행을 막기 위해서는 집행정지의 실익이 크다. 그런데 국가배상청구의 경우 계고단계에서 손해발생을 인정할 수 있다거나 대집행절차의 진행을 놓아둔 채 손해배상을 청구하는 방법이 실익이 있는지는 의문이다.

| 제2문 | A광역시 B구는 2011년 2월 1일 A광역시 B구 의회 의원의 의정활동비 등 지급에 관한 조례를 개정하여 구의원들에게 전년대비 50만원이 인상된 금원 350만원에 해당하는 월정수당을 지급하도록 하였다. 이에 주민들은 의정활동비의 지급결정 과정에서 의정비심의위원회의 위원이 부적절하게 선정되었으며, 월정수당 인상이 재정자립도, 물가상승률 등을 제대로 감안하지 못하였고, 그 동안 의정활동을 위한 업무추진비 집행이 적정하지 못하였다는 이유로 불만을 제기하고 있다. 특히 월정수당의 지급결정 시에는 지역주민들의 의견수렴절차를 의무적으로 거치도록 규정한 지방자치법 시행령 제34조 제6항에 의해 여론조사가 이루어졌으나, 심의위원회가 잠정적으로 결정한 월정수당액의 지급기준액, 지급기준 등을 누락하고, 설문문안 역시 월정수당 인상을 유도하기 위한 설문으로 구성되는 등 그 결정과정상의 문제점을 지적하고 있다. (총 30점)

(1) 주민들은 의정활동비 인상을 위한 의사결정과정에 대해 감사를 청구하고자 한다. 감사청구 제도에 대하여 설명하시오. (10점)

(2) 주민들은 기 지급된 의정활동비 인상분에 대해 이를 환수하고자 한다. 주민들이 취할 수 있는 방법과 그 인용가능성에 대해 설명하시오. (20점)

〔 참조조문 〕

지방자치법 시행령

제33조(의정활동비·여비 및 월정수당의 지급기준 등)

① 법 제33조 제2항에 따라 지방의회 의원에게 지급하는 의정활동비·여비 및 월정 수당의 지급기준은 다음 각 호의 범위에서 제34조에 따른 의정비심의위원회가 해당 지방자치단체의 재정 능력 등을 고려하여 결정한 금액 이내에서 조례로 정한다.

　1. 의정활동비: 별표 4에 따른 금액

　2. 여비: 별표 5와 별표 6에 따른 금액

　3. 월정수당: 별표 7에 따른 금액

제34조(의정비심의위원회의 구성 등)

⑤ 심의회는 위원 위촉으로 심의회가 구성된 해의 10월 말까지 제33조 제1항에 따른 금액을 결정하고, 그 금액을 해당 지방자치단체의 장과 지방의회의 의장에게 지체없이 통보하여야 하며, 그 금액은 다음 해부터 적용한다. 이 경우 결정은 위원장을 포함한 재적위원 3분의 2 이상의 찬성으로 의결한다.

⑥ 심의회는 제5항의 금액을 결정하려는 때에는 그 결정의 적정성과 투명성을 위하여 공청회나 객관적이고 공정한 여론조사기관을 통하여 지역주민의 의견을 수렴할 수 있는 절차를 거쳐야 하며, 그 결과를 반영하여야 한다.

│ Ⅰ. 논점의 정리

Ⅱ. 설문 (1)의 해결
 1. 감사청구제도의 의의 및 기능
 2. 감사청구의 주체
 3. 감사청구의 상대방
 4. 청구대상
 5. 청구 기간(동법 제16조 제2항)
 6. 법적 효과(동법 제16조 제3항 내지 제7항)

Ⅲ. 설문 (2)의 해결

1. 문제점
2. 주민소송제도의 의의 및 기능과 유형
 (1) 의의 및 기능
 (2) 유형
3. 주민소송의 소송제기 요건 충족 여부
4. 제소기간 및 관할법원
5. 본안판단
6. 손해배상 및 변상명령

Ⅳ. 사안의 해결

답안작성

강 ○ ○ / 2011년도 5급 공채 일반행정직 합격

Ⅰ. 논점의 정리

1. 설문 (1)에서 지방자치법 제16조의 감사청구의 의의 및 청구 주체, 청구 대상, 법적 효과 등에 대하여 살펴본다.

2. 설문 (2)에서 주민들이 기 지급된 의정활동비 인상분에 대하여 주민소송제도를 통해 이를 환수할 수 있는지 논한다.

Ⅱ. 설문 (1)의 해결

1. 감사청구제도의 의의 및 기능

감사청구제도란, 지방자치단체의 19세 이상의 주민이 당해 지방자치단체와 그 장의 권한에 속하는 사무의 처리가 법령에 위반되거나 공익을 현저히 해한다고 인정되는 경우에 청구할 수 있는 지방자치법상의 제도이다.

이러한 주민감사청구제도는 주민의 참여를 도모하고 주민을 통한 지방행정에의 통제기능을 확보하는 기능을 수행한다.

2. 감사청구의 주체

지방자치단체의 19세 이상의 주민은 시·도는 500명, 지방자치법 제175조에 따른 인구 50만 이상 대도시는 300명, 그 밖의 시·군 및 자치구는 200명을 넘지 아니하는 범위에서 그 지방자치단체의 조례로 정하는 19세 이상의 주민 수 이상의 연서로, 시·도에서는 주무부장관에게, 시·군 및 자치구에서는 시·

424 행정법 기출문제 – 답안과 강평

도지사에게 그 지방자치단체와 그 장의 권한에 속하는 사무의 처리가 법령에 위반되거나 공익을 현저히 해친다고 인정되면 감사를 청구할 수 있다.

3. 감사청구의 상대방
주민의 감사청구의 상대방은 당해 지자체가 아니라 감독청을 상대로 한다.

4. 청구대상
당해 지방자치단체 또는 그 장이 행하는 일체의 사무로서, 그 사무처리가 법령에 위반되거나 공익을 현저히 해한다고 인정되는 사항이다. 그러나 ① 수사나 재판에 관여하게 되는 사항, ② 개인의 사생활을 침해할 우려가 있는 사항, ③ 다른 기관에서 감사하였거나 감사 중인 사항(다만, 다른 기관에서 감사한 사항이라도 새로운 사항이 발견되거나 중요한 사항이 감사에서 누락된 경우와 지방자치법 제17조 제1항에 따라 주민소송의 대상이 되는 경우에는 그러하지 아니하다)은 감사청구대상에서 제외된다.

5. 청구 기간(동법 제16조 제2항)
사무처리가 있었던 날이나 끝날 날부터 2년이 지나면 제기할 수 없다.

6. 법적 효과(동법 제16조 제3항 내지 제7항)
주무부장관이나 시·도지사는 감사청구를 수리한 날부터 60일 이내에 감사청구된 사항에 대하여 감사를 끝내야 하며, 감사결과를 청구인의 대표자와 해당 지방자치단체의 장에게 서면으로 알리고, 공표하여야 한다. 다만, 그 기간에 감사를 끝내기가 어려운 정당한 사유가 있으면 그 기간을 연장할 수 있다. 이 경우 이를 미리 청구인의 대표자와 해당 지방자치단체의 장에게 알리고, 공표하여야 한다.

Ⅲ. 설문 (2)의 해결
1. 문제점
지방자치법상 주민들이 지방자치단체를 통제할 수 있는 권리로는 주민투표권, 조례의 제정 및 개폐청구권, 감사청구권, 주민소송제도 등이 있으나 기 지급된 의정활동비 인상분에 대해 환수하기 위해 취할 수 있는 방법은 주민소송제도만 가능하다. 따라서 이하에서는 주민들이 주민소송제도를 제기할 경우 인용될 수 있는지를 논한다.

2. 주민소송제도의 의의 및 기능과 유형
(1) 의의 및 기능
주민소송은 지방자치단체의 재정사항에 대하여 감사청구한 주민이 감사를 해태하거나 감사결과 및 그에 따른 이행조치에 불복이 있는 경우 감사결과와 관련한 위법행위나 해태사실에 대하여 당해 지방자치단체의 장을 상대로 소송을 제기하는 것을 의미한다.

주민소송은 지방재정의 투명성과 공정성을 확보하고 주민의 감사청구를 실질화하는 기능을 수행한다.

(2) 유 형

지방자치법 제17조 제2항에 따르면 주민소송에는 손해발생행위중지소송, 취소 또는 무효확인소송, 해태사실위법확인소송, 손해배상 및 부당이득반환청구소송이 있다.

사안에서 주민들이 기 지급된 의정활동비 인상분을 환수하기 위해서는 손해배상 또는 부당이득반환청구소송을 제기하여야 한다.

3. 주민소송의 소송제기 요건 충족 여부

지방자치법 제16조 제1항에 따라 공금의 지출에 관한 사항, 재산의 취득·관리·처분에 관한 사항, 해당 지방자치단체를 당사자로 하는 매매·임차·도급 계약이나 그 밖의 계약의 체결·이행에 관한 사항 또는 지방세·사용료·수수료·과태료 등 공금의 부과·징수를 게을리한 사항을 감사청구한 주민은 동법 제17조 제1항 각 호의 어느 하나에 해당하는 경우 그 감사청구한 사항과 관련이 있는 위법한 행위나 업무를 게을리 한 사실에 대하여 해당 지방자치단체의 장을 상대방으로 소송을 제기할 수 있다.

사안의 경우 주민이 동법 제16조의 감사 청구를 제기하였고, 동법 제17조 제1항 제2호에서 정한 제16조 제3항 및 제4항에 따른 감사결과에 불복하는 경우를 전제한다면 주민소송의 소송제기 요건을 갖추었다고 볼 수 있다.

4. 제소기간 및 관할법원

동법 제17조 제4항에 따라 주민소송은 감사 결과 또는 조치요구에 대한 통지를 받은 날 또는 감사청구의 수리 후 60일이 종료된 날, 조치요구시 그 처리기간이 만료된 날부터 90일이내에 제기하여야 하며, 지방자치단체의 사무소소재지를 관할하는 행정법원을 관할로 한다.

사안의 경우 해당 이행조치 결과에 대한 통지를 받은 날로부터 90일이내에 소를 제기하여야 한다.

5. 본안판단

사안에서 A광역시 B구 의회 의원의 의정활동비의 지급결정은 지역주민들의 의견수렴절차를 의무적으로 거치도록한 지방자치법 시행령 제34조 제6항에 의해 여론조사가 이루어지긴했으나 월정수당액의 지급기준액, 지급기준 등을 누락하고 설문문안 역시 월정수당 인상을 유도하기 위한 문안으로 구성되는 등 지역주민들의 의견수렴절차에 위법성이 인정된다. 또한 의정비심의위원회위원이 부적절하게 선정되었고, 월정수단 인상이 재정자립도, 물가상승률 등을 제대로 감안하지 못한 사정도 인정되는 바, 지역주민들이 제기한 주민소송은 인용될 것이다.

6. 손해배상 및 변상명령

지방자치단체의 장은 지방자치법 제17조 제2항 제4호 본문에 따른 소송에 대하여 손해배상청구나 부당이득반환청구를 명하는 판결이 확정되면 그 판결이 확정된 날부터 60일 이내를 기한으로 하여 당사자에게 그 판결에 따라 결정된 손해배상금이나 부당이득반환금의 지불을 청구하여야 한다. 따라서 A광역시 B구의 구청장은 판결에 따라 구의원들에 대하여 기 지급된 월정수당비의 인상분만큼을 손해배상금이나 부당이득반환금의 지불을 청구할 수 있다.

Ⅳ. 사안의 해결

1. 설문 (1)에서 지방자치법 제16조의 감사청구는 지방자치단체와 그 장의 권한에 속하는 사무의 처리가 법령에 위반되거나 공익을 현저히 해한다고 인정되는 경우에 제기할 수 있는 주민의 지방자치단체에 대한 통제수단이다.

2. 설문 (2)에서 A광역시 B구의 주민들은 지방자치법 제17조 제2항 제4호에 근거하여 구의원들에 대해 손해배상 또는 부당이득반환청구소송을 통해 기 지급된 월정수당비 인상분에 대하여 환수를 요구할 수 있다.

강 평

1. 설문 (1)의 경우에는 감사청구제도의 일반에 관한 설문이므로 모범답안과 같이 감사청구의 의의, 청구의 요건·대상·효과 등을 중심으로 설명하면 된다.

2. 설문 (2)의 경우, 모범답안과 같이 주민들이 의정활동비 인상분 등 지방자치단체의 위법한 재무회계행위를 시정 또는 그로 인한 손해를 회복하기 위한 방법으로 지방자치법상 주민소송제도가 있다. 그런데 객관적 소송인 이 소송의 인용가능성의 여부는 1. 소제기요건의 충족 여부와 2. 본안에서의 이유유무라 할 것이므로 이를 중심으로 검토하면 된다. 먼저 소제기요건은 (1) 감사청구전치주의, (2) 소송당사자(원고와 피고), (3) 소의 대상, (4) 제소사유로 나누어 검토함이 바람직하다. 먼저, (1)의 경우, 주민소송은 감사청구를 한 후 그 처리에 대한 불복소송이므로 먼저 감사청구를 거쳐야 하고 그 감사청구가 적법하여야 한다는 점을 지적하여야 한다. (2)의 경우, 원고는 감사청구를 한 주민이며, 피고는 해당 지방자치단체의 장이라는 점, (3)의 경우 그 대상은 주민감사청구의 대상과 동일하여야 한다는 점, (4)의 경우에는 감사가 60일 이상 지연되거나 감사결과에 불복 등 지방자치법 제17조 제1항에서 정한 요건이어야 된다는 점 등을 지적해야 한다.

3. 다음, 본안에서의 이유유무는 (1) 위원회 구성상의 하자, (2) 의견수렴절차상의 하자, (3) 월정수당 인상의 재량권 일탈·남용으로 나누어 검토한다. 이상과 같이 제기요건과 이유유무만을 종합하여 인용가능성을 검토하면 된다.

| 제3문 | 甲은 단기복무부사관으로서 복무기간만료시점이 다가옴에 따라 복무기간연장을 신청하고자 한다. 그러나 복무기간연장을 위한 지원자심사에서 탈락하는 경우에 대비하여 전역지원서를 아울러 제출하도록 한 육군참모총장 乙의 방침에 따라 甲도 복무연장지원서와 전역지원서를 함께 제출하였다.

그런데 乙은 군인사법시행령 제4조에 근거하여, 甲의 전역지원서를 수리하여 전역처분을 하였다. 이에 대하여, 甲은 자신이 제출한 전역신청서는 乙이 복무연장신청과 동시에 제출하게 한 서류로서 복무연장의 의사를 명백히 한 의사와 모순되어 전역신청으로서의 효력이 없는 것이므로 전역처분은 위법하다고 주장한다. 甲의 주장의 당부를 검토하시오. (단, 강박에 의한 의사표시의 쟁점은 논외로 한다) (20점)

참조조문

군인사법

제6조(복무의 구분) ⑧ 단기복무부사관으로서 장기복무를 원하거나 복무기간을 연장하려는 사람은 대통령령으로 정하는 바에 따라 전형을 거쳐야 한다.

제44조(신분보장) ② 군인은 이 법에 따른 경우 외에는 그 의사에 반하여 휴직되거나 현역에서 전역되거나 제적되지 아니한다.

군인사법시행령

제3조(장기복무장교등의 전형) ① 법 제6조 제4항·제6항 및 제8항에 따라 단기복무 장교 또는 단기복무부사관으로서 장기복무 또는 복무기간연장을 원하는 사람은 장기복무지원서 또는 복무기간연장지원서를 제출하고 정해진 전형을 거쳐야 한다.

이 경우 단기복무자의 복무연장기간은 의무복무기간의 만료일을 기준으로 하여 1년단위로 정할 수 있다.

제4조(단기복무장교의 복무등) 제3조에 따른 전형에 합격하지 못한 단기복무장교 및 단기복무부사관은 의무복무기간을 초과하여 복무할 수 없다.

군인사법시행규칙

제2조(장기복무 및 복무기간연장지원) ① 단기복무장교 또는 단기복무부사관으로서 장기복무를 지원하는 자(이하 "장기복무지원자"라 한다) 및 복무기간연장을 지원하는 자(이하 "복무기간연장지원자"라 한다)는 별지 제1호서식의 장기복무·복무기간연장지원서를 소속 부대장을 거쳐 각군 참모총장(이하 "참모총장"이라 한다)에게 제출하여야 한다.

민법

제107조(진의 아닌 의사표시) ① 의사표시는 표의자가 진의아님을 알고한 것이라도 그 효력이 있다. 그러나 상대방이 표의자의 진의 아님을 알았거나 이를 알 수 있었을 경우에는 무효로 한다.

답안작성

강 0 0 / 2011년도 5급 공채 일반행정직 합격

Ⅰ. 전역처분 및 전역지원의 법적 성질

1. 전역처분이 쌍방적 행정행위인지

전역처분은 행정청인 육군참모총장 乙이 군인사법, 군인사법 시행령 등에 근거하여 甲의 군인으로서의 신분을 해제하는 구체적 사실에 관한 법집행으로서 행하는 권력적 단독행위인 공법행위, 즉 행정행위에 해당한다.

나아가 전역처분은 군인사법에 근거하여 당해 군인 본인의 동의를 전제로 하는 쌍방적 행정행위이다.

2. 전역지원이 사인의 공법행위인지

전역처분이 전역지원을 전제로 하는 쌍방적 행정행위인 바, 전역지원은 전역처분의 요건에 해당하는 사인의 공법행위이다.

Ⅱ. 민법 제107조 제1항의 단서가 甲의 전역신청에도 적용되는지

1. 문제점

사안에서 甲의 공법행위를 규율하는 개별법 규정이 없다. 이 경우 사인의 공법행위에 대한 민법상의 법원칙, 의사표시나 법률행위에 관한 규정을 원칙상 유추 적용할 수 있다. 그러나 사인의 공법행위와 사법행위의 성질상 차이가 있는 경우에는 그 한도 내에서 사법 규정을 적용할 수 없는 경우도 있으므로 사안의 경우 민법 제107조 제1항 단서가 적용되는 경우인지에 대한 논의가 필요하다.

2. 판례의 견해

판례는 이와 유사한 사안에서 전역지원의 의사표시가 진의 아닌 의사표시라 하더라도 그 무효에 관한 법리를 선언한 민법 제107조 제1항 단서의 규정은 그 성질상 사인의 공법행위에는 적용되지 않는다 할 것이므로 그 표시된 대로 유효한 것으로 보아야 한다고 판시한바 있다.

3. 판례에 대한 비판

甲의 전역 신청에 민법 제107조 제1항 단서가 적용되는지 여부는 甲의 권리보호와 행정법관계의 안정의 보장이라는 두 요청을 조화롭게 하는 해결을 도모하여야 한다. 그런데 평소 복무기간연장을 위한 지원자심사에서 탈락하는 경우에 대비하여 전역지원서를 아울러 제출하도록 육군참모총장 乙의 방침이 있었고, 이를 따르지 않는 것은 甲의 입장에서 기대하기 어려웠다는 점, 전역신청과 복무연장신청이 동시에 제출된 것은 甲의 복무 연장의 의사를 명백히 한 의사와 모순된다는 점 등에 비추어 볼 때 사안에서 민법 제107조 제1항의 단서를 적용하지 않아서 침해되는 甲의 권리가 동법 동조 동항의 단서를 적용하여서 침해되는 행정법관계의 안정보다 현저히 큰 바, 甲의 주장이 타당하다고 볼 수도 있다.

Ⅲ. 甲의 주장의 타당성

1. 판례의 견해를 따를 경우

판례의 견해에 따르면 민법 제107조 제1항 단서 규정이 사인의 공법행위에 적용되지 않으므로 甲의 전역 신청은 유효한 것이고, 乙의 전역처분도 유효한 신청에 의한 적법한 처분이 된다. 따라서 甲의 주장은 타당하지 않다.

2. 민법 제107조 제1항 단서가 적용된다고 보는 견해에 따를 경우

甲의 전역 신청이 민법상 비진의 의사표시에 해당하고, 상대방인 乙이 甲의 진의 아님을 알았거나 이를 알 수 있었을 경우가 인정되므로 전역 신청은 무효가 된다.

사인의 공법행위가 무효에 해당하는 하자가 있는 경우 그에 기한 행정행위는 위법하게 된다. 따라서 甲의 주장은 타당하다. 다만, 행정행위의 위법성의 정도는 무효가 된다는 견해, 취소할 수 있는 행정행위가 된다는 견해 등으로 나뉜다.

┤ 강 평 ├

1. 사안은 복무연장신청과 모순되는 전역신청에 따른 전역처분의 위법여부가 쟁점이므로, (1) 전역지원의 법적 성질, (2) 복무연장지원과 동시에 한 전역지원의 하자여부, (3) 진의 아닌 전역지원에 따른 전역처분의 위법여부의 순서로 검토한다. (1)에서 전역지원은 사인의 공법행위로서 행위요건적 공법행위인 신청에 해당한다는 점이 지적되어야 하고, (2)에서 복무연장지원과 전역지원이 서로 모순되는 점이 있다고 볼 수도 있으나 복무연장지원이 받아들여지지 아니하는 경우에 대비하여 원에 의하여 전역하겠다는 조건부의사표시를 한 것으로 보아 유효하다고 볼 수 있다는 점 등이 검토되어야 한다. (3)에서 전역지원이 진의 아닌 의사표시라고 하더라도 민법 제107조 제1항 단서에 따라 무효로 볼 것인지에 관하여는, 하자 있는 사인의 공법행위의 경우 민법규정의 유추적용 긍정설과 부정설로 나뉘며, 판례는 사안과 같은 사례에서 부정설을 취하였다는 점 등이 검토되어야 한다.

2. 이와 관련하여 대법원은 "군인사정책상 필요에 의하여 복무연장지원서와 전역(여군의 경우 면역임)지원서를 동시에 제출하게 한 피고측의 방침에 따라 위 양 지원서를 함께 제출한 이상, 그 취지는 복무연장지원의 의사표시를 우선으로 하되, 그것이 받아들여지지 아니하는 경우에 대비하여 원에 의하여 전역하겠다는 조건부 의사표시를 한 것이므로 그 전역지원의 의사표시도 유효한 것으로 보아야 하고, 가사 전역지원의 의사표시가 진의 아닌 의사표시라고 하더라도 그 무효에 관한 법리를 선언한 민법 제107조 제1항 단서의 규정은 그 성질상 사인의 공법행위에는 적용되지 않는다 할 것이므로 그 표시된 대로 유효한 것으로 보아야 할 것이다."(대판 1994. 1. 11. 93누10057 〈면역처분취소〉)라고 판시하고 있다.

2012년도 기출문제 　　(재경직 및 기타직렬)

| 제1문 | 甲은 乙로부터 면적 300㎡인 토지에 건축면적 100㎡인 가옥과 담장을 1980. 12. 31일자로 매수하여 등기한 후 소유하고 있었다. 甲은 그 동안 해당 부동산에 대한 세금을 성실히 납부하였다. 그러나 토지가 소재하고 있는 지방자치단체 A市는 2012. 6. 1일자로 甲에게 도로를 침범하고 있는 담장을 철거하라는 통지서를 발부하였다. 철거통지서에는 甲이 점유하고 있는 토지의 30㎡는 A市소유의 도로로 현재 甲은 이를 불법점유하고 있으므로 2012. 7. 31일까지 위 담장을 철거하라고 기재되어 있었다. (총 40점)

(1) 甲은 아무런 하자 없이 乙로부터 토지와 가옥을 매수하여 소유권이전등기를 마쳐 평온히 소유하여 왔으나, 30여년이 지난 시점에서 A市는 토지의 일부가 A市소유의 도로인 토지라고 주장하고 있다. 甲은 어떻게 항변할 수 있겠는가? (15점)

(2) A市는 담장의 철거를 강제집행할 수 있겠는가? (10점)

(3) 철거통지서에는 철거 이유에 대한 구체적인 적시 없이 불법점유 상태이므로 철거하라고만 기재되어 있었다면, 甲은 이를 근거로 위 철거명령의 취소를 주장할 수 있겠는가? (15점)

Ⅰ. 논점의 정리

Ⅱ. 설문 (1)의 해결
1. 문제점
2. 甲이 신뢰보호원칙의 적용을 주장할 수 있는지
 (1) 신뢰보호원칙의 의의
 (2) 요 건
 (3) 한 계
 (4) 사안의 경우
3. 소 결

Ⅲ. 설문 (2)의 해결
1. 행정상 강제집행의 의의 및 종류
2. 문제점
3. 대집행이 가능한지
 (1) 대집행의 의의 및 절차
 (2) 요 건

 (3) 사안의 경우
4. 소 결

Ⅳ. 설문 (3)의 해결
1. 문제점
2. 이유부기에 하자가 존재하는지
 (1) 이유부기의 의의 및 기능
 (2) 이유부기의 대상 및 시기와 방법
 (3) 이유부기의 정도
 (4) 사안의 경우
3. 절차상 하자의 독자적 위법성 인정여부
 (1) 서
 (2) 학설 및 판례
 (3) 검 토
4. 사안의 경우

Ⅴ. 사안의 해결

Ⅰ. 논점의 정리

1. 설문(1)에서 甲은 A시의 토지에 대해 시효취득을 주장할 수 있는지, 신뢰보호원칙의 적용을 주장할 수 있는지 여부를 검토한다.

2. 설문(2)에서 행정상 강제집행의 종류에 대해 살펴보고, 담장의 철거가 대체적 작위의무에 해당하는지 여부를 판단하여 대집행이 가능한지와 대집행이 불가능한 경우 직접강제는 가능한지 논의한다.

3. 설문(3)에서 철거명령처분이 행정절차법 제23조(이유부기)를 위반하여 하자가 인정되는지와 절차상하자가 독자적 위법사유가 되는지를 바탕으로 甲이 철거명령의 취소를 주장할 수 있는지를 검토한다.

Ⅱ. 설문 (1)의 해결

1. 문제점

甲은 아무런 하자 없이 토지와 가옥을 매수하고 소유권이전등기를 마쳐 평온히 30여년을 소유하여 온 바, 일반적인 경우 시효취득을 주장할 수 있다. 그러나 사안의 경우 당해 도로는 공유공물로서 공유재산 및 물품관리법 제6조 제2항에서 행정재산은 민법 제245조에도 불구하고 시효취득의 대상이 되지 아니한다고 규정하고 있으므로 시효취득을 주장할 수 없다. 다만, 甲은 해당 부동산에 대하여 소유권 등기를 하였고, 그 동안 성실히 세금을 납부해 온바, A시도 지난 30년간 甲이 해당 부동산을 점유해왔음을 알고 있다고 볼 수 있는 여지가 있으므로 신뢰보호원칙 적용 여부를 고려할 수 있다.

2. 甲이 신뢰보호원칙의 적용을 주장할 수 있는지

(1) 신뢰보호원칙의 의의

신뢰보호원칙이란 행정기관의 적극적 또는 소극적 행위의 정당성 또는 존속성에 대한 개인의 보호가치 있는 신뢰는 보호해주어야 한다는 원칙을 의미한다.

(2) 요 건

신뢰보호원칙이 적용되려면 ① 행정청의 선행조치, ② 보호가치 있는 신뢰, ③ 상대방의 조치, ④ 인과관계, ⑤ 선행조치에 반하는 행정작용이 요구된다. 이때 행정청의 선행조치에 대하여 학설은 법령·규칙·처분 등 모든 행정작용이 해당하며 명시적·적극적 언동뿐만 아니라 묵시적·소극적 언동도 해당한다고 보고 있으나, 판례는 행정기관의 공적 견해표명으로 제한하고 있다.

(3) 한 계

요건이 충족되더라도 관계인의 신뢰보호에는 사정변경, 법률적합성 원칙과의 관계, 제3자 등과의 이익형량 등에 의하여 적용상 일정한 한계가 존재한다.

(4) 사안의 경우

사안에서 A시는 甲이 매수하여 점유하여 온 토지 300㎡에 대하여 소유권 이전 등기를 해주었고, 지난 30여년 동안 해당 토지에 대해 세금을 부과해 온 바, 선행조치가 있었다고 인정할 수 있다. 또한 甲에게는 귀책사유가 있었다고 볼 만한 여지가 없고, 甲은 A시의 선행조치를 신뢰하여 해당 토지에 가옥과 담장을 건축하는등 일정한 조치를 하였으며, 둘 사이에는 인과관계가 인정된다. 또한 선행조치에 반하여 A시는 30㎡ 토지에 대하여 반환을 요구하고 있으므로 신뢰보호원칙의 요건을 모두 충족한다. 나아가 甲의 신뢰를 보호해주어야 할 사익상의 요청이 30㎡ 토지를 반환받아야 할 공익상의 요청보다 크다고 보이는 등 한계에 해당하지 않는다.

3. 소 결

甲은 A시의 담장 철거 명령에 대하여 시효취득을 주장할 수는 없지만, 신뢰보호원칙을 근거로 항변할 수 있다.

Ⅲ. 설문 (2)의 해결

1. 행정상 강제집행의 의의 및 종류

행정상 강제집행이란, 행정법상의 의무불이행에 대해 행정청이 장래를 향해 강제적으로 의무자로 하여금 의무를 이행시키거나 이행된 것과 같은 상태를 실현하는 작용이다. 강제집행에는 대집행, 이행강제금, 직접강제, 강제징수 등이 있다.

2. 문제점

행정상 강제집행은 상대방인 국민의 기본권을 제한하는 측면이 강하므로 법률유보범위에 관한 어느 학설에 따르더라도 법적 근거가 필요하다. 사안에서 강제징수는 해당사항이 없고, 이행강제금과 직접강제는 개별법적 근거가 존재하지 않는다. 따라서 공유재산 및 물품관리법 제83조와 행정대집행법을 근거로 하여 대집행이 가능한지 여부만이 논의의 대상이 된다.

3. 대집행이 가능한지

(1) 대집행의 의의 및 절차

행정대집행은 대체적 작위의무를 의무자가 이행하지 아니한 경우에 당해 행정청이 의무자가 행할 작위의무를 스스로 행하거나 또는 제3자로 하여금 이를 행하게 하고, 그 의무자로부터 비용을 징수하는 행정상의 강제집행수단이다. 대집행은 계고-통지-실행-비용징수의 절차를 거친다.

(2) 요 건

① 대체적 작위의무의 불이행이 있어야 하고, ② 다른 수단에 의한 이행확보가 곤란해야 하며, ③ 그 불이행의 방치가 심히 공익을 해하는 것이어야 한다.

(3) 사안의 경우

사안에서 다른 요건은 모두 충족했다고 전제하더라도 담장 철거의무가 대체적 작위의무인지가 문제된다. 판례는 매점 퇴거 명령은 그 목적이 점유자가 설치한 불법 시설물을 철거하고자 하는 것이 아니라 매점에 대한 점유자의 점유를 배제하고 점유이전을 받는 데 있다고 보면서 매점점유이전의무는 비대체적의무이므로 대집행의 대상이 되지 아니한다고 판시한 바 있다.

판례의 취지에 따르면 A시가 담장의 철거를 명하는 것은 단순히 담장을 철거하고자 하는 것이 아니라 담장이 설치된 토지에 대한 甲의 점유를 배제하고 점유이전을 받는데 있다고 볼 수 있으므로 토지점유이전의무는 비대체적의무로서 대집행의 대상이 되지 않는다고 봄이 타당하다.

4. 소 결

A시는 담장의 철거를 강제집행 할 수 없다.

Ⅳ. 설문 (3)의 해결

1. 문제점

A시는 철거 통지서에 철거 이유에 대한 구체적인 적시 없이 불법점유 상태라고만 기재하였으므로 행정절차법 제23조의 이유부기에 하자가 있어 위법한 것은 아닌지 논의가 필요하다.

2. 이유부기에 하자가 존재하는지

(1) 이유부기의 의의 및 기능

이유부기란, 처분의 근거가 된 법적·사실적 사유를 처분시에 구체적으로 명시하게 하는 것으로서 행정의 자기통제기능 및 국민의 권리구제 기능을 수행한다.

(2) 이유부기의 대상 및 시기와 방법

이유부기는 모든 행정행위가 대상이 된다. 다만, 행정절차법 제23조 제1항에 제외사유가 존재하나 사안의 경우는 해당사항이 없다. 또한 이유부기는 처분시에 문서로서 해야 한다.

(3) 이유부기의 정도

이유부기는 법적 근거 및 사실적 사유를 구체적으로 명시하여야 한다. 법적 근거로는 처분의 근거가 된 구체적 근거법령 및 개별조항, 부관 등이 명시되어야 하며, 사실적 사유로는 사실의 확정 및 그 사실이 법령에 해당하는지의 여부를 포섭하는 과정이 제시되어야 한다.

(4) 사안의 경우

사안의 경우 행정절차법 제23조에 따라 철거통지서에 구체적인 법적 근거 및 사실적 사유를 적시하여야함에도 불구하고 이러한 적시 없이 단순히 불법점유 상태이므로 철거하라고만 기재되었다면 이유부기의 하자가 인정된다.

3. 절차상 하자의 독자적 위법성 인정여부

(1) 서

이유부기의 하자는 절차상 하자이므로 사안의 경우와 같이 다른 위법사유 없이 절차상 하자만으로 처분의 위법성을 인정할 수 있는지가 문제된다.

(2) 학설 및 판례

1) 긍정설

이 견해는 행정의 법률적합성 원칙 존중, 상대방의 절차적 권리 보호 등을 근거로 절차상 하자의 독자적 위법 사유를 긍정한다.

2) 부정설

이 견해는 절차규정은 내용상 적정한 행정결정을 확보하기 위한 수단에 불과하다는 점, 절차상 하자만으로 취소판결을 내리면 동일한 처분이 반복되어 행정경제에 반한다는 점 등을 근거로 절차상의 하자만으로 위법 사유가 되지 않는다고 본다.

3) 판 례

판례는 이유부기의 하자만을 이유로 행정행위의 취소를 구할 수 있다고 판시하여 절차상 하자를 행정행위의 독자적 위법사유로 보고 있다.

(3) 검 토

생각건대 행정절차법은 강행규정이라는 점, 행정소송법 제30조 제3항에서 취소소송의 판결의 기속력과 관련하여 '신청에 따른 처분이 절차의 위법을 이유로 취소되는 경우'를 규정하고 있다는 점 등을 고려할 때 긍정설과 판례의 견해가 타당하다.

4. 사안의 경우

甲은 철거 명령이 이유부기의 하자가 있어 위법하므로 당해 처분의 취소를 주장할 수 있다.

V. 사안의 해결

1. 설문 (1)에서 甲은 공유재산 및 물품관리법 제6조에 따라 시효취득은 주장할 수 없으나 행정법의 일반원칙 중 신뢰보호원칙의 적용을 주장하며 A시의 주장에 항변할 수 있다.

2. 설문 (2)에서 A시가 고려할 수 있는 강제집행으로는 공유재산 및 물품관리법 제83조 및 행정대집행법상 근거가 있는 대집행이 있다. 그러나 담장의 철거를 명하는 A시의 주된 목적은 당해 토지의 점유이전에 있고, 토지의 점유이전의무는 비대체적의무이므로 대집행의 대상이 되지 않는다. 따라서 A시는 강제 집행을 할 수 없다.

3. 설문 (3)에서 A시가 한 철거명령은 이유부기의 하자가 있어 위법하므로 甲은 이를 근거로 철거명령의 취소를 주장할 수 있다.

강 평

1. 설문 (1)의 경우

(1) 甲은 A시 소유권을 부인해야 하는 문제이므로, 1. 문제점, 2. 도로의 법적 성질, 3. 행정재산의 시효취득 가능성, 4. 행정재산의 묵시적 공용폐지와 신뢰보호, 5. 설문의 해결의 순서로 검토함이 바람직하다. 2에서 도로가 공공용물인 공물로서 국유재산법과 공유재산및물품관리법상 행정재산이라는 점을 밝히고, 3에서 공공용물인 행정재산의 취득시효의 여부에 대하여 부정설과 긍정설이 나뉘는데 위 법률에서 각각 행정재산의 시효취득을 금지하고 있다는 점을 지적한다. 4의 경우, 행정재산인 공공용물은 형태적 요소의 소멸과 공용폐지의 의사적 요소로 소멸하여 일반재산으로 취급될 수 있고, 이 경우에는 시효취득이 가능하다는 점을 지적한다. 의사적 요소는 명시적 의사표시여야 하는지 묵시적으로도 가능한지에 대하여 견해가 나뉘고 있으나, 전자의 입장에서도 예외적으로 주위의 사정으로 보아 객관적으로 공용폐지의 의사의 존재를 추측할 수 있는 경우에는 공용폐지행위가 있는 것으로 본다.

(2) 甲은 해당 토지의 담장을 포함하여 매수·등기하여 30여년간 소유하여 왔다면 공공용물인 도로로서의 형태적 요소는 소멸되었다고 볼 여지가 있고, 또한 A시가 30여년간 담장의 철거를 요구하지 아니하고 해당 토지에 대한 세금을 받아왔다면 묵시적인 공용폐지로 볼 여지가 있다. 그럼에도 불구하고 이제 와서 소유권을 주장하는 것은 신뢰보호원칙에 반하는 문제는 없는지 문제되는바, 신뢰보호원칙의 요건과 한계를 검토하여 관계법에 따라 A시의 소유로 할 공익과 甲의 신뢰보호라는 사익과의 구체적인 비교교량하여 볼 때 甲의 신뢰보호의 이익이 더 크다는 점을 주장할 수 있다. 결국 A시는 신뢰보호원칙상 자기 소유토지라고 주장할 수 없고 甲은 묵시적 공용폐지로 행정재산인 도로가 일반재산으로 되었다고 하여 시효취득을 주장할 수 있다.

2. 설문 (2)의 경우

모범답안 '1. 행정상 강제집행의 의의 및 종류'는 삭제하고 '1. 문제점'에서 언급하면 될 것이고, '2. 대집행의 의의와 요건' 및 '3. 설문의 해결'의 순서로 검토하면 된다. 사안을 보면 토지의 인도의무를 부과하는 것이 아니고 담장의 철거를 명하는 것인데, 담장철거명령은 대체적 작위의무의 이행을 명하는 것이므로 그 성질상 행정상 강제집행의 종류 중 대집행과 직접강제가 논의될 수 있으나, 직접강제는 관계법령에 근거가 없고 대집행의 경우 도로법 제43조 제3항에 "도로의 원상회복의무이행을 하지 아니하면 대집행을 통하여 원상회복할 수 있다."는 규정에 근거하여 논의될 수 있다는 점을 지적하면 될 것이다. 그리고 '3. 설문의 해결'에서 위 법적 근거와 대집행의 요건인 대체적 작위의무불이행의 여부 등을 검토하여 그 가능성을 지적하면 된다.

3. 설문 (3)의 경우

행정절차법 제23조는 '이유부기'가 아니라 '처분의 이유제시'이라고 규정한 바, 따라서 검토 순서는 1. 문제점, 2. 처분의 이유제시의 충족여부, 3. 절차하자의 독자적 위법여부, 4. 설문의 해결의 순서로 검토함이 바람직하다. 이유제시의 정도에서 이는 당해 처분의 성질과 이유제시의 취지에 따라 개별적·구체적으로 판단해야 할 것이나, 일반적으로 당사자가 그 근거를 알 수 있을 정도로 상당한 이유여야 하며, 당사자가 충분히 납득할 수 있을 정도로 구체적이고 명확하게 하여야 한다는 점(대판 2002. 5. 17. 2000두8912 〈토지형질변경불허가처분취소〉)을 지적할 필요가 있다. 3.의 경우 개별적 검토설의 입장도 있음을 지적하고, 재량행위인 경우에는 긍정설이 타당하나 기속행위인 경우에는 실체적 요건이 충족되어 있는 한 절차하자를 시정하여 적법한 절차를 거쳐 다시 처분을 하여도 결국 또 다시 동일한 처분을 하게 될 법적 기속을 받을 것이라는 점도 지적할 필요가 있다.

| **제2문** | B市의회는 공공기관의 정보공개에 관한 법률 의 정보공개에 관한 규정이 정보공개 제도 본래의 취지를 완전히 충족시키지 못한다고 판단하여 주민의 정보공개에 관한 수요에 대응하기 위하여 B市정보공개조례를 제정하였다. B市 정보공개조례와 관련하여 다음 물음에 답하시오. (총 30점)

(1) B市정보공개조례는 지방자치법과 공공기관의 정보공개에 관한 법률에 비추어 적법한가? (10점)

(2) B市정보공개조례가 공공기관의 정보공개에 관한 법률 이 규정하고 있는 비공개대상 정보에 대해서도 공개할 것을 규정하는 경우 적법하다고 할 수 있는가? (10점)

(3) B市정보공개조례가 자치사무만이 아니라 기관위임사무와 관련된 행정정보에 대해서도 공개하도록 규정한 경우 제기되는 법적 문제를 설명하시오. (10점)

Ⅰ. 논점의 정리

Ⅱ. 설문 (1)의 해결
  1. 조례의 의의 및 조례제정권의 범위
  2. 법률유보 위반여부
   (1) 서
   (2) 지방자치법 제22조 단서의 위헌성 여부
   (3) 사안이 법률의 위임이 필요한 경우인지
  3. 법률우위 위반 여부
   (1) 서
   (2) 법률우위 위반 기준에 대한 학설 및 판례
   (3) 검토 및 사안의 경우
  4. 소 결

Ⅲ. 설문 (2)의 해결

  1. 문제점
  2. 법률우위원칙 위반 여부
   (1) 서
   (2) 사안의 경우
   (3) 소 결

Ⅳ. 설문 (3)의 해결
  1. 문제점
  2. 조례제정권의 범위
  3. 사무의 구별기준
   (1) 각 사무의 구별기준
   (2) 사안의 경우
  4. 소 결

Ⅴ. 사안의 해결

답안작성

김 O O / 2011년도 5급 공채 일반행정직 합격

Ⅰ. 논점의 정리

1. 설문 (1)에서 B시 정보공개 조례가 지방자치법 제22조 단서에 근거하여 상위 법률의 위임이 필요한 경우에 해당하여 위법한지와 동법 제22조 본문의 법률우위 원칙 위반이 아닌지 논한다.

2. 설문 (2)에서 B시 정보공개 조례에 의해 정보공개에 관한 법률상 비공개정보에 대해서도 공개 되도록 한 것이 상위법인 정보공개에 관한 법률에 위반되어 위법한 것은 아닌지 논한다.

3. 설문 (3)에서 기관위임사무와 관련된 행정정보에 대한 정보공개업무가 조례 제정 범위에 해당하는 사무인지 논한다.

Ⅱ. 설문 (1)의 해결

1. 조례의 의의 및 조례제정권의 범위

조례는 지방자치단체가 자신의 사무를 규율하기 위해 지방의회의 의결로 자율적으로 제정하는 규범이다. 조례는 자치사무와 단체위임사무에 대해서만 제정할 수 있으며, 기관위임사무의 경우 위임조례만 제정할 수 있다. 사안의 경우 자치사무에 관한 정보를 공개하도록 조례에서 제정하였다면 조례제정권의 범위를 위반한 것은 아니다.

2. 법률유보 위반 여부

(1) 서

조례는 지방자치법 제22조 단서에서 "주민의 권리제한 또는 의무부과에 관한 사항이나 벌칙을 정할 때'에는 법률의 위임이 있어야 한다."고 규정하고 있다. 이에 대하여 동조 단서가 위헌이라는 견해가 존재하는 바, 논의가 필요하다.

(2) 지방자치법 제22조 단서의 위헌성 여부

1) 위헌설

이 견해는 헌법 제117조 제1항은 '법령의 범위 안에서'라고만 규정했다는 점, 지방자치단체에게 인정되는 포괄적인 자치권에 반한다는 점을 근거로 한다.

2) 합헌설(다수설)

이 견해는 지방자치법 제22조 단서는 헌법 제37조 제2항을 확인하는 조항이라는 점, 조례도 국가작용이므로 당연히 기본권에 기속된다는 점 등을 근거로 한다.

3) 판 례

판례는 동법 동조 단서가 기본권 제한에 대하여 법률유보원칙을 선언한 헌법 제37조 제2항의 취지에 부합하므로 조례제정에 있어서 위와 같은 경우 법률의 위임근거를 요구하는 것이 위헌성이 있다고 할 수 없다고 판시한 바 있다.

4) 검 토

생각건대 헌법의 기본권 제한의 한계를 규정한 헌법 제37조 제2항은 모든 공권력 행사를 구속하는 조항이므로 조례도 예외가 될 수 없다는 점에서 합헌설이 타당하다.

(3) 사안이 법률의 위임이 필요한 경우인지

판례는 이와 유사한 사안에서 행정정보공개조례안은 주민의 알 권리의 실현을 근본내용으로 하면서도 이로 인한 개인의 권익침해 가능성을 배제하고 있으므로 그 제정에 있어서 반드시 법률의 개별적 위임이 따로 필요한 것은 아니라고 판시한 바 있다. 판례의 견해가 타당하다. 따라서 사안의 조례는 법률의 위임 없이도 제정할 수 있다. 즉, 사안의 조례는 법률유보 원칙을 위반하지 않는다.

3. 법률우위 위반 여부

(1) 서

지방자치법 제22조 본문은 "지방자치단체는 법령의 범위 안에서 그 사무에 관하여 조례를 제정할 수 있다."고 규정하고 있는바, 조례는 국가의 법령에 위반할 수 없다. 이와 관련하여 이미 상위 법률인 정보공개에 관한 법률에 의해서 규율되고 있는 사항에 대해 조례로 제정한 것이 법률우위 원칙에 반하는지 여부가 문제된다.

(2) 법률우위 위반 기준에 대한 학설 및 판례

1) 엄격한 법률선점이론

이 견해는 국가법령이 이미 정한 사항에 대해 조례로 정하는 것은 위법하다고 보는 견해이다. 그러나 이에 대해 통설은 자치입법권을 지나치게 제한한다는 비판을 하고 있다.

2) 완화된 법률선점이론(통설)

이 견해는 국가법령이 정한 사항이더라도 국가법령의 입법목적이 조례의 입법목적과 다르거나 전국적인 견지에서 최소기준을 정한 것에 불과하다면 조례가 국가법령과 다르게 규율할 수 있다고 본다.

3) 판례

판례는 조례가 법령과 별도의 목적에 기하여 규율함을 의도하는 것이거나 양자가 동일한 목적일지라도 각 지방자치단체가 그 지방의 실정에 맞게 별도로 규율하는 것을 용인하는 취지라고 해석되는 때에는 그 조례가 국가의 법령에 위반되는 것은 아니라고 판시한 바 있다.

(3) 검토 및 사안의 경우

생각건대 지방자치단체의 자치입법권을 보장하고, 상위 법률과의 법질서를 합리적으로 유지하기 위해서 판례 및 통설의 견해가 타당하다. 또한 판례는 이와 유사한 사안에서 행정정보공개조례안이 국가위임사무가 아닌 자치사무 등에 관한 정보만을 공개대상으로 하고 있다고 풀이되는 이상 반드시 전국적으로 통일된 기준에 따르게 할 것이 아니라 지방자치단체가 각 지역의 특성을 고려하여 자기고유사무와 관련된 행정정보의 공개사무에 관하여 독자적으로 규율할 수 있다고 판시한바 있다. 따라서 이러한 점을 모두 고려할 때, 사안의 정보공개조례는 자치사무에 관한 정보만을 공개대상으로 규율하고 있는 이상 법률우위 원칙을 위반하지 않는다.

4. 소 결
B시의 정보공개조례는 지방자치법과 정보공개에 관한 법률에 비추어 적법하다.

Ⅲ. 설문 (2)의 해결
1. 문제점
설문 (1)의 해결에 비추어 비공개대상 정보를 공개하도록 규정한 사안의 조례는 주민의 권리를 제한하거나 의무를 부과하는 조례가 아니므로 상위 법률의 위임을 필요로 하지 않는다. 또한 당해 조례에서 자치사무에 관한 사항을 정보공개하도록 규정하였다고 가정하는 경우 조례 제정 범위의 한계도 위반하지 않는다.

다만, 상위 법률인 정보공개에 관한 법률에서 비공개대상 정보로 규율하고 있는 정보도 공개할 것을 규정하는 것이 법률우위 원칙 위반은 아닌지 문제된다.

2. 법률우위원칙 위반 여부
(1) 서
설문 (1)의 해결에서 살펴본 바와 같이 통설과 판례의 견해에 따를 때 조례의 입법목적이 상위 법률의 입법목적과 다르거나 법률이 전국적인 견지에서 최소기준을 정한 것에 불과하면 조례는 법률과 다르게 규율할 수 있다.

(2) 사안의 경우
정보공개에 관한 법률과 B시의 정보공개조례는 국민(또는 주민)의 알권리를 충실히 보장하기 위한 입법목적을 가지고 있다는 점에서 동일하지만, 정보공개에 관한 법률이 반드시 전국적으로 동일한 기준에 따르게 하는 것이 아니고, 지방자치단체가 각 지역의 특성을 고려하여 자기고유사무와 관련된 행정정보의 공개여부를 독자적으로 규율할 수 있다고 봄이 타당하다. 또한 정보공개에 관한 법률 제9조에서 비공개대상정보로 규정된 것일지라도 개별법상 공개가 금지되는 비밀정보가 아닌 이상 공개가 금지되는 것은 아니고, 공개여부에 대하여는 행정청의 재량이 인정되므로 조례로서 공개할 것을 규정하는 것이 위법하다 볼 수 없다.

(3) 소 결
B시정보공개조례가 정보공개에 관한 법률이 규정하고 있는 비공개대상정보에 대해서도 공개할 것을 규정하고 있더라고 해당 정보가 자치사무에 관한 것인 이상 위법하다 볼 수 없다.

Ⅳ. 설문 (3)의 해결
1. 문제점

기관위임사무와 관련한 행정정보를 공개하는 것이 조례제정권의 범위에 포함되는지가 문제된다.

2. 조례제정권의 범위

위에서 살펴 본 바와 같이 조례는 자치사무와 단체위임사무에 대해서만 제정할 수 있고, 기관위임사무의 경우 위임조례만 제정이 가능하다. 따라서 기관위임사무과 관련한 행정정보공개가 자치사무인지 기관위임사무인지에 대한 검토가 필요하다.

3. 사무의 구별기준

(1) 각 사무의 구별기준

개별법에서 각 사무의 유형을 분명하게 구별하고 있는 경우는 별 문제가 되지 않지만, 대부분의 경우 그 유형이 불분명하게 되어 있다. 이러한 경우 가장 중요한 단서가 되는 것은 근거법령의 권한 규정이고, 그 다음으로 개별법상의 비용부담, 수입규정, 감독규정 등을 고려하여야 하며, 지방자치법 제9조 제2항과 제11조의 예시규정을 보충적으로 고려하여야 한다.

(2) 사안의 경우

기관위임사무와 관련된 행정정보를 공개하는 것은 개별법상 그 사무의 유형을 규정하고 있지 않고, 근거법령의 권한 규정도 불분명하지만 기관위임 사무의 성질상 그 사무를 수행하는 과정에서 취득하여 관리하고 있는 정보에 대한 공개여부도 위임자의 권한으로 보는 것이 타당하다. 따라서 기관위임사무와 관련된 행정정보에 대한 공개여부 결정 또한 기관위임사무로 보아야할 것이다.

4. 소 결

기관위임사무와 관련된 행정정보에 대해서도 공개하도록 조례에 규정하는 경우 조례제정범위를 위반하는 것은 아닌지 문제되며, 이 때 기관위임사무와 관련된 행정정보에 대해서는 조례로서 공개하도록 규정할 수 없다고 봄이 타당하다.

V. 사안의 해결

1. 설문 (1)에서 B시의 정보공개조례는 법률우위 및 법률 유보원칙을 모두 준수하였고, 다른 위법 사유도 없는바 적법하다.

2. 설문 (2)에서 B시정보공개조례가 정보공개에 관한 법률이 규정하고 있는 비공개대상정보에 대해서도 공개할 것을 규정하고 있더라고 해당 정보가 자치사무에 관한 것인 이상 위법하다고 볼 수 없다.

3. 설문 (3)에서 기관위임사무와 관련한 정보에 대하여 공개하도록 조례로 규정하는 것은 조례의 제정범위를 벗어난 것으로서 위법하다.

| 강 평 |

1. 설문 (1)의 경우

B시 정보공개조례의 한계의 문제이므로, 검토순서는 1. 문제점, 2. 법률유보원칙의 위반여부, 3. 법률우위원칙의 위반여부, 4. 설문의 해결의 순서로 하면 된다. 2의 경우, 조례가 주민의 권리제한·의무부과·벌칙에 관한 것인 경우에만 법률유보원칙의 적용이 있으므로(헌법 제117조, 지방자치법 제22조), 이 사안은 주민의 정보공개에 관한 수요에 대응하기 위하여 법률을 보충하려는 것이므로 법률유보원칙과의 충돌문제가 없다는 점을 지적하면 되므로 지방자치법 제22조 단서의 위헌여부에 관해 학설의 검토는 불필요하다. 3의 경우, 헌법 제117조 제1항 및 지방자치법 제22조 본문의 '법령의 범위안에서'의 해석에 관해 법률선점수정론이 통설과 판례의 입장임을 지적하고, 이에 따라 법률우위원칙의 위반여부의 판단기준을 구체적으로 검토할 필요가 있다. 즉, 조례규율사항에 관하여 법령에 규정이 없는 경우에는 문제가 없으나, 법령에 규정이 있는 경우에 문제되는데, 이 경우에도 입법목적이 다른 경우와 추가조례 및 수익초과조례는 문제되지 아니하나 침익조례나 침익초과조례는 법률우위원칙에 위반되는 문제가 발생한다는 점을 지적한 후, 사안의 경우를 적용하여 문제를 해결하여야 할 것이다.

2. 설문 (2)의 경우

정보공개법 제9조 제1항 단서의 각호에 해당하는 비공개대상정보에 대하여 조례로 공개하도록 규정할 수 있는가의 문제이다. 따라서 우선 법률우위원칙의 위반여부가 문제되고, 다음 비공개대상정보를 규정한 정보공개법 제9조의 목적·효과가 문제된다. 먼저, 법률유보원칙의 위반여부의 판단기준으로서 조례규율대상에 관하여 법령에 규정이 있지만 입법목적이 다른 경우가 문제된다. 이 경우 조례가 법령상의 목적과 다른 목적으로 규율되고 그 법령의 목적·효과를 저해하지 아니하면 문제되지 않는다(대판 2007. 12. 13. 2006추52 〈조례안의결무효확인청구〉). 따라서 공개를 규정한 조례가 정보공개법 제9조의 목적·효과를 저해하는지가 또한 문제된다. 정보공개법 제9조 비공개정보는 비밀정보 또는 공개금지정보를 뜻하는 것이 아니므로 당해 정보의 공개로 달성될 수 있는 공익 및 사익과 비공개로 하여야 할 공익 및 사익을 종합적으로 비교·교량하여 구체적 사안에 따라 개별적으로 공개여부를 결정하여야 한다(대판 2008. 11. 27. 2005두15694 〈정보공개거부처분취소 등〉)는 점을 지적하고, 이에 따라 설문의 해결을 하면 된다.

3. 설문 (3)의 경우

설문은 기관위임사무의 조례제정가능여부가 문제되는 것으로 조례제정권의 범위에 관한 문제이므로 사무의 구별기준은 불필요한 검토이다. 조례제정권의 범위는, 자치사무와 법령에 따라 지방자치단체에 속하는 단체위임사무의 전반에 걸친 자치조례와, 개별법령에서 기관위임사무 중 일정한 사항을 조례로 정하도록 위임하는 있는 경우의 위임조례를 제정할 수 있다는 점을 지적한다. 다음, 개별법령의 위임 없는 기관위임사무는 원칙적으로 조례규정사항이 아닌바(대판 2000. 5. 30. 99추85 〈공원조례중개정조례안 무효 등〉), 기관위임사무는 지방자치단체의 장이 국가의 하급행정관청의 지위에서 처리하는 사무이지 지방자치단체의 장의 지위에서 처리하는 사무가 아니기 때문이며, 기관위임사무를 규율하는 조례는 지방자치법 제22조 본문과 제9조 제1항에 위배되어 위법의 문제가 있다는 점을 지적할 필요가 있다.

| 제3문 | 甲은 위치정보의 보호 및 이용 등에 관한 법률에 의한 위치정보사업을 하기 위하여 위치정보사업 허가신청서에 관련 서류를 첨부하여 방송통신위원회에 허가신청을 하였다. 방송통신위원회는 甲의 위치정보사업 관련 계획의 타당성 및 설비규모의 적정성 등을 종합 심사한 후에 허가기준에 미달되었음을 이유로 이를 거부하였다. (총 30점)

(1) 방송통신위원회가 설정·공표한 위 사업의 허가기준에 적합함에도 불구하고 甲의 허가신청이 거부되었다면 이에 대하여 甲은 어떠한 주장을 할 수 있겠는가? (15점)

(2) 허가신청 거부에 대한 甲의 취소청구를 인용하는 수소법원의 판결이 확정되었고, 그 후에 방송통신위원회가 다시 허가신청을 거부하였다면, 이는 취소판결의 효력과 관련하여 어떠한 문제점이 있는지 설명하시오. (15점)

I. 논점의 정리

1. 설문 (1)에서 처분기준의 설정 및 공표가 가지는 의미를 살펴보고, 처분기준의 형식(법규명령인지 혹은 행정규칙인지)에 따라 그 효력을 논하여 甲이 방송통신위원회의 거부처분이 위법함을 주장할 수 있는 논거를 검토한다.

2. 설문 (2)에서 허가신청 거부처분 취소판결이 확정되었으므로 행정소송법 제30조의 기속력이 발생하는 바, 그 후 다시 방송통신위원회가 허가거부처분을 할 경우 반복금지효에 반하여 위법한 것은 아닌지 논한다. 더불어 거부처분취소소송의 경우 기속력이 인정되는 범위가 좁아 국민의 실효적인 권리구제수단으로 한계가 있는 것은 아닌지 검토한다.

II. 설문 (1)의 해결

1. 문제점

처분기준의 설정 및 공표는 행정절차법 제20조에서 규정하고 있으며, 행정청의 자의적인 권한행사를 방지하고 행정의 통일성을 기하며 처분의 상대방에게 예측가능성을 부여하기 위하여 요청된다.

그런데 사안에서 방송통신위원회는 설정·공표한 위 사업의 허가 기준에 적합함에도 불구하고 甲의 허가신청을 거부하였으므로 당해 거부처분이 위법한 것은 아닌지 문제된다. 이 때 처분기준이 규정된 형식이 법규명령인지 혹은 행정규칙인지에 따라 처분기준의 효력이 달라지므로 이를 나누어 살펴본다.

2. 처분기준의 효력 및 처분기준을 위반한 처분의 효력

(1) 처분기준이 법규명령의 형식으로 된 경우

법규명령은 대외적으로 구속력을 가진다. 따라서 법규명령으로 규정된 처분 기준을 따르지 않은 처분은 위법하다.

(2) 처분기준이 행정규칙의 형식으로 된 경우

처분기준이 훈령, 지침, 예규 등의 행정규칙의 형식으로 된 경우 처분기준의 구속력은 행정규칙의 구속력의 문제가 된다. 행정규칙의 대외적 구속력을 인정하지 않는 통설과 판례의 견해에 따르면 행정규칙으로 규정된 처분 기준을 따르지 않은 처분은 행정규칙 위반으로 위법하지는 않다.

그러나 이 경우에도 신뢰보호의 원칙 또는 자기구속의 원칙이 적용되어 처분 기준을 따르지 않은 처분이 위법해질 수는 있다. 즉, 처분 기준이 행정청의 선행조치로 인정되고, 이를 신뢰한 상대방에게 귀책사유가 없으며, 이를 바탕으로 일정한 조치를 취하였으나, 행정청이 선행관행(처분기준)에 반하는 행정작용을 한 경우 처분이 신뢰보호원칙 위반으로 위법할 수 있다. 또한 처분기준이 재량준칙으로 되어 있고, 그에 따른 선행관행이 형성되어 있는데 선행관행과 동일한 사안에서 합리적 이유 없이 처분기준과 달리 재량권을 행사하였다면 그러한 재량행위는 자기구속 원칙으로 위법하다.

3. 甲이 할 수 있는 주장
(1) 처분기준이 법규명령으로 규정된 경우
법규명령을 위반한 방송통신위원회의 거부처분이 위법하다고 주장할 수 있다.

(2) 처분기준이 행정규칙으로 규정된 경우
 1) 신뢰보호원칙 적용

甲이 방송통신위원회가 설정·공표한 처분을 신뢰하고, 그러한 甲의 신뢰가 보호가치 있는 신뢰이며, 甲이 이에 기반하여 사업 투자 등 일정한 조치를 취하였으나 방송통신위원회가 처분 기준과 다르게 허가를 거부처분한 경우에 해당한다면 甲은 허가거부처분이 신뢰보호원칙 위반으로 위법하다고 주장할 수 있다.

 2) 자기구속원칙 적용

방송통신위원회가 이전에 甲과 동일한 요건을 갖춘 사업자에 대하여 처분기준에 따라 허가를 한 선행관행이 형성되어 있는 경우, 甲은 허가거부처분이 자기구속원칙 위반으로 위법하다고 주장할 수 있다.

Ⅲ. 설문 (2)의 해결
1. 기속력의 의의
기속력은 처분이나 재결을 취소하는 확정판결이 그 내용에 따라 처분청과 관계행정청에게 판결의 취지에 따라 행동할 의무를 지우는 효력을 의미한다. 행정소송법 제30조 제1항에서 취소판결의 기속력을 규정하고 있다.

2. 기속력의 내용
(1) 반복금지효
반복금지효란, 행정청은 동일한 사실관계하에서 동일한 이유로 동일인에 대하여 동일한 내용을 처분하여서는 안되는 기속력의 소극적 효력이다.

(2) 원상회복의무

원상회복의무란, 당해처분으로 법률관계나 사실관계가 변동된 경우 당해 처분이 취소되면 변동된 관계에도 원상회복 의무를 진다는 것이다.

(3) 재처분의무

재처분의무란, 신청을 요하는 처분에 대한 행정청의 거부처분이 판결에 의해 취소된 경우 행정청의 판결의 취지에 따라 처분해야 할 의무를 의미한다.

3. 사안의 경우 문제점

허가거부처분에 대한 취소관결이 확정되었으므로 방송통신위원회는 재처분의무와 반복금지의무를 지는데, 또 다시 허가신청을 거부한 것이 기속력을 위반한 것은 아닌지 문제된다. 즉, 다시 내려진 거부처분이 거부처분 취소관결의 기속력 범위에 포함되는지가 문제된다.

4. 방송통신위원회가 재차 허가거부한 것이 기속력 위반인지
(1) 기속력의 인정범위
1) 주관적 범위

행정소송법 제30조 제1항에서 취소확정관결은 당사자인 행정청과 그 밖의 관계행정청을 기속한다고 규정하고 있다.

2) 객관적 범위

기속력은 관결 주문 및 그 전제가 되는 처분의 구체적인 위법사유에 관한 이유중의 판단에 대하여 인정되며 관결의 결론과 직접 관계없는 방론이나 간접사실에 미치지 않는다는 것이 통설과 판례이다. 다수설에 따르면 당초 처분의 근거로 삼은 이유와 기본적 사실관계가 동일한지 여부에 따라 처분의 동일성이 판단되고, 당초 처분과 이후 처분이 동일한 경우 기속력의 객관적 범위에 포섭된다.

3) 시적 범위

기속력의 시적범위는 항고소송의 위법판단기준시와 밀접한 관련이 있는데, 통설과 판례인 처분시설에 따르면 기속력은 처분시까지의 사실상태 혹은 법률관계에 미친다.

(2) 방송통신위원회가 재차 허가를 거부한 것이 기속력 위반인지

설문에서 방송통신위원회가 다시 허가를 거부한 사유가 구체적으로 적시되지 않았으나 만일 처분시에 존재한 사유나 혹은 기존의 거부사유와 기본적 사실관계가 동일한 사유로 재차 거부한 경우 재거부처분은 취소관결의 기속력을 위반한 것으로 위법하다. 그러나 방송통신위원회가 취소관결에서 판단한 처분의 위법사유를 시정한 경우나 취소관결에서 판단한 처분과 동일성이 없는 새로운 처분을 한 경우,

당초 처분시 이후에 발생한 사유로 재 거부처분한 경우에는 기속력 위반이 아니다.

5. 소 결

방송통신위원회가 취소판결의 확정 이후 다시 한 거부처분이 당초 처분과 기본적 사실관계의 동일성이 인정되지 않거나 당초 처분시 이후의 사유에 기인한 것인 경우 재거부처분은 위법하지 않다.

이처럼 거부처분에 대해 상대방인 국민이 거부처분취소소송을 제기하는 경우 다른 사유로 거부처분이 무한히 내려질 수 있어 국민의 권리구제가 실효적으로 이루어질 수 없는 문제점이 지적된다. 따라서 이러한 문제를 해결하기 위해 거부처분취소소송의 경우에는 처분의 위법성 판단시를 판결시로 보아 분쟁의 일회적 해결을 도모하거나 의무이행소송을 도입하여 보다 실효적인 권리구제수단을 보장할 필요가 있다.

IV. 사안의 해결

1. 甲은 처분 기준이 법규명령으로 규정된 경우 이러한 법규명령에 따르지 않은 방송통신위원회의 거부처분이 위법하다고 주장할 수 있다. 또한, 처분기준이 행정규칙으로 규정된 경우에는 신뢰보호원칙 위반이나 자기구속원칙 위반을 통해 거부처분의 위법성을 주장할 수 있다.

2. 거부처분취소판결이 확정된 이후 재차 허가거부처분하더라도 취소판결에서 판단한 처분의 위법사유를 시정하였거나 취소판결에서 판단한 처분과 동일성이 없는 새로운 처분을 한 경우 등 기속력의 범위에 포섭되지 않는 재거부처분은 적법하다. 따라서 분쟁의 일회적 해결과 국민의 실효적 권리구제가 어려운 문제점이 발생하므로 이에 대한 보완 장치가 필요하다.

1. 설문 (1)의 경우

(1) 방송통신위원회는 대통령소속하의 중앙행정기관인 바(방송통신위원회의 설치 및 운영에 관한 법률 제3조), 이 방송통신위원회의 허가기준의 법적 성질이 문제된다. 위 허가기준은 방송통신위원회가 정한 것이므로 헌법이 정한 법규명령형식은 아니고 그 형식은 행정규칙이라 할 것인데 그 법규성여부가 문제될 수 있다. 이 허가기준이 법규성이 없는 행정규칙에 불과한 경우에는 재량권의 일탈·남용의 법리로서 신뢰보호의 원칙 및 행정의 자기구속의 법리의 위반을 주장할 수 있는지 문제된다. 따라서 검토의 순서는, 1. 문제점, 2. 허가기준이 법규성 여부, 3. 신뢰보호원칙의 위반여부, 4. 행정의 자기구속의 법리의 위반여부, 5. 설문의 해결의 순서로 검토함이 바람직하다. 2의 경우, 허가기준이 법령의 위임에 따라 방송통신위원회가 정한 것이라면 소위 법령보충적 행정규칙으로서 그 법적 성질에 관하여 견해가 나뉘며, 판례는 위임법령과 결합하여 법규명령으로서의 효력을 가진다고 본다(대판 2008. 4. 10. 2007두4841 등). 그런데 설문의 내용이나 위치정보의 보호 및 이용 등에 관한 법률에 위임규정이 없으므로 위 허가기준은 법규성이 없는 행정규칙에 불과하다고 볼 것이다. 따라서 허가거부처분의 위법여부는 재량권의 일탈·남용의 여부에 따라 판단해야 하는 데, 재량권의 일탈·남용의 법리로서 신뢰보호원칙과 행정의 자기구속의 법리 등의 위반여부가 문제될 수 있다. 먼저, 3의 경우, 방송통신위원회가 설정·공표한 허가기준은 행정시관의 선행조치에 해당하는 등 신뢰보호원칙의 요건에 모두 해당되며 신뢰보호원칙의 한계에 해당한다고도 볼 수 없어 결국 위 거부처분은 신뢰보호원칙에 반한다고 할 것이다. 다음, 4의 경우, 행정의 자기구속의 법리의 성립요건인 재량행위, 동종사안, 행정선례의 존재를 충족하는지 문제된다.

(2) 위치정보사업의 허가여부는 위 설문의 내용상으로 보면 관련계획의 타당성 등 종합심사를 하여 결정하는 것이므로 방송통신위원회의 재량행위라 할 수 있고, 허가기준인 행정규칙만으로 행정선례의 존재를 인정할 수 있는지에 대해 견해가 대립되나 담당 공무원은 복종의무와 법령준수의무에 따라 특별한 사정이 없는 한 행정규칙에 따를 것이라는 점에서 행정선례의 존재를 인정할 여지가 있고, 또한 행정의 자기구속의 법리의 한계를 벗어난 것이라 할 수 없어 행정의 자기구속의 법리의 위반을 주장할 여지도 있다. 결국 갑은 방송통신위원회의 거부처분에 대하여 신뢰보호원칙과 행정의 자기구속의 법리를 위반하여 재량권의 일탈·남용의 위법이라고 주장할 수 있다.

2. 설문 (2)의 경우

(1) 이 문제는 취소판결의 효력으로서 기속력에 반하는지의 문제인바, 1. 문제점, 2. 기속력의 의의, 3. 기속력의 내용, 4. 기속력의 범위, 5. 기속력 위반의 효과, 6. 설문의 해결의 순서로 검토함이 바람직하다. 3의 경우, 거부처분에 대한 취소판결이므로 재처분의무에 중점을 두고, 4의 경우 주관적 범위와 객관적 범위만을 간단히 설명하면 될 것이다.

(2) 결국 허가신청 거부를 취소하라는 판결일 것이므로 방송통신위원회는 그 판결의 취지에 따라 다시 이전의 신청에 대한 처분을 하여야 할 재처분의무가 있음에도 불구하고 또 다시 거부처분을 하였으므로 기속력에 반하는 문제가 발생하고, 따라서 방송통신위원회의 재거부처분은 당연 무효라는 문제가 발생한다.

| 제1문 | 甲은 주택을 소유하고 있었는데 그 지역이 한국토지주택공사가 사업자가 되어 시행하는 주택건설사업의 사업시행지구로 편입되면서 甲의 주택도 수용되었다. 사업시행자인 한국토지주택공사는 「공익사업을 위한 토지 등의 취득 및 보상에 관한 법률」 제78조에 따라 이주대책의 일환으로 주택특별공급을 실시하기로 하였다. 그 후 甲은 「주택공급에 관한 규칙」 제19조 제1항 제3호 규정에 따라 A아파트입주권을 특별분양하여 줄 것을 신청하였다. 그런데 한국토지주택공사는 甲이 A아파트의 입주자모집공고일을 기준으로 무주택세대주가 아니어서 특별분양 대상자에 해당되지 않는다는 이유로 특별분양신청을 거부하였다. (총 50점)

1. 甲이 한국토지주택공사를 피고로 하여 특별분양신청 거부처분취소소송을 제기한 경우, 그 적법성은? (제소기간은 준수한 것으로 본다) (15점)

2. 취소소송을 제기하기 전에 특별분양신청 거부에 대하여 행정심판을 제기하려는 경우, 甲이 제기할 수 있는 행정심판법상의 권리구제수단에 대하여 검토하시오. (15점)

3. 취소소송의 계속 중에 입주자모집공고일 당시 무주택세대주였다는 甲의 주장이 사실로 인정될 상황에 처하자 한국토지주택공사는 甲의 주택이 무허가주택이었기 때문에 甲은 특별분양 대상자에 해당되지 않는다고 처분사유를 변경하였고, 심리결과 甲의 주택이 무허가주택이었음이 인정되었다. 이 경우 법원은 변경된 처분사유를 근거로 甲의 청구를 기각할 수 있는가? 법원의 판결 확정 후 한국토지주택공사가 甲의 주택이 무허가주택임을 이유로 특별분양신청을 재차 거부할 수 있는지 여부도 함께 검토하시오. (20점)

[**참조조문**]

주택공급에 관한 규칙(국토해양부령)

제19조 (주택의 특별공급)

① 사업주체가 국민주택등의 주택을 건설하여 공급하는 경우에는 제4조에도 불구하고 입주자모집공고일 현재 무주택세대주로서 다음 각 호의 어느 하나에 해당하는 자에게 관련기관의 장이 정하는 우선순위 기준에 따라 1회(제3호·제4호·제4호의2에 해당하는 경우는 제외한다)에 한정하여 그 건설량의 10퍼센트의 범위에서 특별공급할 수 있다. 다만, 시·도지사의 승인을 받은 경우에는 10퍼센트를 초과하여 특별공급할 수 있다.

3. 다음 각 목의 어느 하나에 해당하는 주택(관계법령에 의하여 허가를 받거나 신고를 하고 건축하여

야 하는 경우에 허가를 받거나 신고를 하지 아니하고 건축한 주택을 제외한다)을 소유하고 있는 자로서 당해 특별시장·광역시장·시장 또는 군수가 인정하는 자.

가. 국가·지방자치단체·한국토지주택공사 및 지방공사인 사업주체가 당해 주택건설사업을 위하여 철거하는 주택

한국토지주택공사법

제1조 (목적) 이 법은 한국토지주택공사를 설립하여 토지의 취득·개발·비축·공급, 도시의 개발·정비, 주택의 건설·공급·관리 업무를 수행하게 함으로써 국민주거생활의 향상 및 국토의 효율적인 이용을 도모하여 국민경제의 발전에 이바지함을 목적으로 한다.

제8조 (사업)

① 공사는 제1조의 목적을 달성하기 위하여 다음 각 호의 사업을 행한다.

3. 주택(복리시설을 포함한다)의 건설·개량·매입·비축·공급·임대 및 관리

Ⅰ. 설문 1의 해결

1. 쟁점의 정리
2. 피고적격
 (1) 문제점
 (2) 학 설
 (3) 판 례
 (4) 검토 및 소결
3. 거부가 처분이 되기 위한 요건
4. 원고적격의 구비 여부
5. 소익 구비 여부
6. 소 결

Ⅱ. 설문 2의 해결

1. 쟁점의 정리
2. 거부처분 취소심판의 제기 가능성
3. 의무이행심판의 제기 가능성
4. 가구제 – 집행정지신청(제30조)
 (1) 의의 및 성질
 (2) 집행정지의 인정요건
 (3) 거부처분에 대한 집행정지의 가능성
 (4) 소 결
5. 가구제 – 임시처분제도(제31조)
 (1) 의의 및 취지

 (2) 요 건
 (3) 소 결
6. 설문의 해결

Ⅲ. 설문 3의 해결

1. 문제점
2. 통상의 기각판결의 가능성 – 처분사유의 추가·변경의 문제
 (1) 의의 및 인정여부
 (2) 허용범위 및 한계
 (3) 거부처분에 있어 위법판단의 기준시의 확정
 (4) 설문의 경우
3. 사정판결에 의한 기각판결의 가능성
 (1) 의의 및 인정요건
 (2) 설문의 경우 요건 해당성 여부
4. 직권에 의한 사정판결의 가능성 – 제26조의 해석론
5. LH의 2차 거부처분의 가부 – 기속력 위배 여부
 (1) 기속력의 의의, 근거, 법적 성질
 (2) 기속력의 범위
 (3) 기속력의 내용 및 위반의 효과
 (4) 설문의 경우

Ⅰ. 설문 1의 해결

1. 쟁점의 정리

거부처분 취소소송의 적법성과 관련 먼저 ① 한국토지주택공사(이하 'LH')가 행정소송법 제2조 제2항의 행정청에 해당하여 피고적격이 있는지 여부를 검토하고, ② LH의 거부행위가 취소소송의 대상적격이 인정되는지 여부를 살핀 연후, ③ 甲의 원고적격의 구비 여부 및 ④ 甲의 제소의 소의 이익의 구비성을 논한다.

2. 피고적격

(1) 문제점

쟁송법상 행정청개념을 기능적 작용법상 행정청개념과 같다고 보아 외부관계에서 처분발령권한을 개념적 요소로 하여 양자를 동일하게 볼 것인지 여부가 문제시 된다.

(2) 학 설

① 쟁송법상 행정청개념을 기능적 작용법상 행정청개념과 마찬가지로 공법상 외부관계에서 행정처분을 할 수 있는 권한을 가진 행정기관과 이를 위임 위탁받은 행정기관 및 사인으로 보는 견해와 ② 국가사무의 공적 임무수행을 위한 조직단위체이면 모두 쟁송법상 행정청개념에 포섭될 수 있다는 견해가 대립된다.

(3) 판 례

판례는 "행정청에는 처분 등을 할 수 있는 권한이 있는 국가 또는 지방자치단체와 같은 행정기관 뿐만 아니라 법령에 의하여 행정권한의 위임 또는 위탁을 받은 행정기관, 공공단체 및 그 기관 또는 사인이 포함된다." 판시해 1설을 취한 바 있다.

(4) 검토 및 소결

행정소송법 제2조 제2항에서는 처분발령권한을 매개로 하지 않는 점 및 국민의 포괄적인 권리구제를 위해 ②설을 취함이 타당하다.

설문의 경우, 한국토지주택공사법 1조에서 LH의 설립 목적이 도시개발 등을 통한 국민주거생활의 향상에 있음에 비추어 볼 때 LH는 국가의 공적 임무수행을 위한 조직 단위체라 볼 수 있으며, 특히 동법 제8조 제1항 제3호에서 주택 건설 공급 임대 등의 사업시행권을 공사에 부여하고 있는 점에 비추어 주택사업에 관련된 처분발령권한을 국가로부터 위임받았다 볼 소지가 있어 행정청에 해당한다 볼 수 있고, 따라서 LH는 피고적격이 있다.

3. 거부가 처분이 되기 위한 요건

(1) 거부처분이란 개인이 행정청에 대하여 수익적 행정처분을 신청한 경우 신청된 내용의 행위를 발급하지 않겠다는 행정청의 소극적 의사표시를 의미하는 바, 부작위가 부작위위법확인소송의 대상이 되는 점과 달리 거부의 경우 거부처분 취소소송의 대상이 된다는 데에 있어 양자의 구별 실익이 있다.

(2) 거부가 항고소송의 대상이 되기 위하여는 ① 공권력 행사에 대한 거부여야 하며, ② 공권력 행사의 거부로 신청인의 법적 지위에 어떠한 변동을 초래하여야 하고, ③ 법규상·조리상 신청권이 긍정되어야 하는데(판례), 신청권과 관련, 본안요소라는 견해가 주장되나, 대상적격으로 봄이 타당하고, 이의 존부는 신청인이 누구인가를 고려치 않고, 관계법규의 해석에 의해 일반 국민에게 그러한 신청권을 인정하고 있는가를 살펴 추상적으로 결정되어야 한다(판례).

(3) 설문의 경우 ① 甲의 LH에 대한 특별분양신청에 대한 거부는 공권력 행사에 대한 거부에 해당하고, ② 그로써 甲이 특별분양 대상자에서 제외됨에 따라 그의 법적 지위에 변동이 발생하며, ③ 주택공급에 관한 규칙 제19조 제1항 본문 빛 동항 제3호에 비추어 볼 때 그가 특별분양권자임을 확인받고, 특별분양을 신청할 수 있는 법규상 신청권이 있다 봄이 타당하므로, 취소소송의 대상적격이 있다. 판례도 유사한 사례인 이주대책대상자 선정 및 특별분양신청 거부와 관련해 법규상 신청권을 인정한 바 있다.

4. 원고적격의 구비 여부

(1) 원고적격이란 취소소송을 제기할 수 있는 법률상 자격 및 권한을 의미하는 바 이는 행소법12조 전문에 근거하며, 남소 방지를 위하여 요구되는 소송요건에 해당한다. ① '법률'의 범위와 관련 (i) 처분의 직접근거법령에 한하는 견해, (ii) 관련실체법령까지 포함하는 견해, (iii) 관련 절차법규까지 포함하는 견해 및 (iv) 기본권규정을 포함하는 견해가 주장되며, ② '이익'과 관련 (i) 권리회복설, (ii) 법률상 이익구제설, (iii) 보호가치 있는 이익구제설, (iv) 적법성 보장설이 대립되는 바, ③ 판례는 '당해 처분의 근거법규(관련법규를 포함) 및 일련의 단계적인 근거법규에 의해 명시적 또는 합리적 해석상 보호되는 개별·직접·구체적 이익'으로 판단한다. ④ 생각건대, 공권의 확대화 경향 및 기본권의 최대보장 관점에 비추어 법률의 범위는 4설을 취함이 타당하고, 이익은 취소소송의 주관소송성 및 의회민주주의 원칙상 2설을 취함이 타당하다.

(2) 설문의 경우 甲은 당해 거부처분의 직접상대방으로써, 불이익 처분의 직접상대방의 경우 관련 법규의 사익보호성을 고려할 필요 없이 헌법상 기본권 침해를 이유로 원고적격이 인정된다(직접상대방이론). 판례도 "불이익처분의 상대방은 직접 개인적 이익의 침해를 받은 자로서 원고적격이 인정된다." 판시해 같은 입장이다.

5. 소익 구비 여부

(1) 소익이란 본안판결을 구하는 것을 정당화시킬 수 있는 현실적 필요성을 의미하는바, 이는 판결의 실효성 확보 및 소송경제의 관점에서 인정된 소송요건에 해당한다.

(2) 행정소송법 제12조 후단의 성질과 관련, 제1, 제2문 모두 원고적격으로 보는 입법비과오설이 주장되나, 제2문은 소익으로 봄이 타당하고, 후단의 취소소송을 관련 장래의 불이익 제거를 위해 실효한 행정처분의 효력을 기왕에 소멸시키는 것으로 보는 소급적 취소목적의 형성소송설이 주장되나, 취소소송의 본질이 형성소송임에 비추어 볼 때 실효한 행정처분의 위법성 확인을 구하는 소로 봄이 타당하다(다수설, 계속적 확인소송설).

(3) 협의의 소익의 인정 범위와 관련 ① 경제적 이익설, ② 명예·신용상 이익설 및 ③ 정치·경제·사회·문화적 이익을 포함하는 정당한 이익설이 주장되고, 판례는 기본적으로 제1설을 취하나, 국민의 권리구제를 위하여 가급적 협의의 소익은 넓게 보는 것이 타당하므로 제3설이 타당하다.

(4) 설문의 경우, 상기 거부처분에 대한 취소판결이 있는 경우 반복금지효, 재처분의무에 따라 甲이 특별분양 대상자에 포함될 소지가 있으며, 이는 경제적 이익에 해당하므로 견해대립 없이 소익이 긍정된다.

6. 소 결

따라서 甲이 LH를 피고로 하여 제기한 특별분양신청 거부처분 취소소송은 취소소송의 요건을 구비하여 적법하다.

II. 설문 2의 해결

1. 쟁점의 정리

甲의 구제수단으로써 먼저 ① 본안청구로 거부처분 취소심판의 제기와(행정심판법 제5조 제1호) ② 의무이행심판(제5조 제3호)의 제기를 고려해 볼 수 있으며, 가구제 수단으로써 ③ 집행정지 신청(제30조) 및 ④ 임시처분제도(제31조)의 이용이 상정 가능한 바, 이들의 허용성을 각 살핀다.

2. 거부처분 취소심판의 제기 가능성

취소심판이란 행정청의 위법 또는 부당한 처분을 취소하거나 변경하는 행정심판을 의미하는 바, 전술하였듯 거부의 처분성이 긍정되므로 甲은 거부처분 취소심판을 제기할 수 있다. 따라서 甲은 중앙행정심판위원회에 (행정심판법 제6조 제2항) 처분 있음을 안날로부터 90일, 있은 날로부터 180일 이내에 행정심판청구 가능하다(제27조 제1항).

3. 의무이행심판의 제기 가능성

의무이행심판이란 당사자의 신청에 대한 행정청의 위법 또는 부당한 거부처분이나 부작위에 대하여 일정한 처분을 하도록 하는 행정심판을 의미하는 바, 설문의 경우 부당한 거부처분에 해당할 가능성이 있으므로, 甲은 의무이행심판 청구 가능하다. 의무이행심판이 거부처분을 대상으로 하므로, 제소기간 및 관할 행정심판위원회는 거부처분의 경우와 같다.

4. 가구제 - 집행정지신청(제30조)

(1) 의의 및 성질

위원회는 처분, 처분의 집행 또는 절차의 속행 때문에 중대한 손해가 생기는 것을 예방할 필요성이 긴급하다고 인정할 때 처분의 효력·집행·절차의 속행을 전부 또는 일부 정지할 수 있는 바, 이는 사법작용에 해당하며, 소극적 가구제제도에 속한다.

(2) 집행정지의 인정요건

① 집행정지대상인 처분이 존재하고, ② 본안소송이 계속중이어야 하며, ③ 회복하기 어려운 손해발생의 가능성이 인정되어야 하는 바, 이는 금전배상이 불가능한 경우 또는 사회통념상 금전배상으로 수인할 수 없거나 수인하기 어려운 유무형의 손해를 의미한다(판례). ④ 긴급한 필요가 요구되는 바, 이는 처분의 성질·태양·내용·금전배상의 가부·난이·본안청구 승소가능성 등 제반사정을 기초로 개별 구체적으로 판단하여야 하며(판례) ⑤ 원고의 신청의 이익이 있어야 한다. 또한 소극적 요건으로써, ⑥ 공공복리에 중대한 영향을 미칠 우려가 없어야 하는 바, 이는 신청인의 회복하기 어려운 손해와 공공복리 양자를 비교 교량하여 전자를 희생하더라도 후자를 옹호하여야 할 필요가 있는지 여부에 따라 상대적 개별적으로 판단해야 한다(판례). ⑦ 본안소송의 승소가능성이 요구되는지와 관련 일부 견해는 (i) 이는 본안요건이므로 본안전 판단요소인 집행정지결정의 요건이 될 수 없다 보나, (ii) 남소방지 및 소송경제를 위하여 이를 고려함이 타당하고, (iii) 판례도 같은 취지에서 '신청인의 본안 청구가 이유 없음이 명백하지 않아야 한다는 것도 효력정지나 집행정지의 요건에 포함시켜야 한다' 판시한 바 있다. ⑧ 설문의 경우 효력정지에 해당하므로, 이와 더불어 효력정지의 보충성이 요구된다.

(3) 거부처분에 대한 집행정지의 가능성

거부처분이 집행정지의 대상이 되는 지 여부가 집행정지의 성질 및 요건과 관련하여 문제되는 바, 이에 관하여 ① 처분의 집행정지는 처분이 없었던 것과 같은 상태를 만드는 것을 의미할 뿐 행정청에게 처분을 명하는 등 적극적인 상태를 만드는 것은 그 내용이 될 수 없어 거부처분은 집행정지의 대상이 될 수 없다는 소극설과 ② 갱신허가의 거부처분의 경우는 대상적격이 있다는 제한적 적극설이 주장되며 ③ 판례는 '거부처분은 그 효력이 정지되더라도 행정청에 대하여 어떠한 처분을 명하는 등 적극적인 상태를 만들어 내는 경우를 포함하지 아니하는 것이므로, 회복할 수 없는 손해를 피하는 데 아무런 보탬도 되지 아니하므로 효력을 정지할 필요가 없다' 판시해 소극설을 취하는 바, ④ 가구제인 집행정지는 본안판결의 내용을 초과할 수 없는 한계를 가지므로 가구제의 본질상 갱신허가의 거부가 아닌 한 집행정지를 부정함이 타당하다.

(4) 소 결
甲이 거부처분 취소심판/의무이행심판을 제기하는 경우 그 대상적격은 거부처분이므로, 전술한 바와 같이 집행정지의 본질상 효력정지신청 할 수 없다. 설령 이에 대하여 효력정지 대상이 된다 하여도 甲의 손해는 특별분양신청에 근거한 분양권 상실로써 금전배상이 가능하고 또한 금전배상을 수인할 수 없는 것도 아니므로 효력정지신청 할 수 없다.

5. 가구제 – 임시처분제도(제31조)
(1) 의의 및 취지
개정 행정심판법은 행정심판위원회의 처분 또는 부작위가 위법·부당하다고 상당히 의심되는 경우로서 처분 또는 부작위 때문에 당사자가 받을 우려가 있는 중대한 불이익이나 당사자에게 생길 급박한 위험을 막기 위하여 임시지위를 정하여야 할 필요가 있는 경우에는 직권으로 또는 당사자의 신청에 의하여 임시처분을 결정할 수 있도록 하였다.

이는 구 행정심판법이 의무이행심판을 인정하면서도 이에 대응되는 가구제를 인정하고 있지 않아 의무이행심판의 실효성을 제약하고 있다는 문제점에 기인한 것으로, 이를 개선하기 위하여 도입된 제도에 해당한다.

(2) 요 건
① 거부처분 또는 부작위가 위법·부당하다고 상당히 의심되어야 하며, ② 행정심판청구가 계속중이고, ③ 당사자가 받을 우려가 있는 중대한 불이익이나 당사자에게 생길 급박한 위험이 존재하여야 하며, ④ 임시지위를 정하여야 할 필요가 있어야 하며, 소극요건으로 ⑤ 공공복리에 중대한 영향을 미치지 아니할 것이 요구된다. 또한 ⑥ 임시처분은 행심법상 집행정지로 목적을 달성할 수 있는 경우에는 허용되지 아니하므로(임시처분의 보충성) 이는 거부처분 및 부작위에 대하여만 적용된다.

(3) 소 결
甲의 심판청구의 대상이 거부처분이므로 거부처분취소심판의 경우와 의무이행심판을 제기하는 경우 모두 임시처분의 보충성은 충족하고, 기타 요건의 경우도 특별히 문제되지는 않는다. 그러나 전술한바 甲의 손해가 분양권 상실에 관한 재산상의 손해로써 금전으로 전보가 가능한 이상 당사자가 받을 중대한 불이익이 있다 볼 수 없다. 따라서 임시처분제도도 이용이 불가하다.

6. 설문의 해결
따라서 甲은 별도의 가구제 수단은 획책 불가하고, 중앙행정심판위원회에 상기 거부처분을 대상으로 거부처분 취소심판 또는 의무이행심판을 청구할 수 있다. 다만 후술하듯, 기속력을 특수효력으로 파악하는 이상 절차하자를 제외하고는 행심법 제49조 제2항이 거부처분 취소심판에 대하여 기속력을 인정하지 아니하므로 기속력이 인정되는 의무이행심판을 청구하는 것이 甲의 권리구제에 보다 효율적이다.

Ⅲ. 설문 3의 해결

1. 문제점

① LH의 처분사유 변경에 근거해 법원이 통상의 기각판결을 할 수 있는지 여부 및 ② 이가 불가능하다면 신청 내지 직권에 의한 사정판결이 가능한지의 검토가 요구되고, ③ 확정한결 후 LH의 분양신청 거부가 기속력에 위배되는지 여부가 문제시 된다.

2. 통상의 기각판결의 가능성 - 처분사유의 추가·변경의 문제

(1) 의의 및 인정여부

1) 처분사유의 추가 변경이란 행정청이 처분시에 처분의 사유를 밝힌 후 행정소송의 계속 중에 그 대상처분의 적법성을 유지하기 위하여 그 사유를 추가하거나 잘못 제시된 사실상의 근거 또는 법률적 근거를 변경하는 것을 의미하는 바, 소송경제 및 공익보장, 실체진실보장과 원고의 공격방어권의 보장 및 법원의 심리 재판지연방지의 관점에서 처분사유의 추가 변경의 인정 여부가 문제시 된다.

2) 이에 관하여 ① 분쟁의 일회적 해결과 소송경제를 근거로 하는 전면적 긍정설, ② 실질적 법치주의의 관점에서 원고의 신뢰보호 침해우려와 공격방어권 침해, 재판의 심리지연에 따른 폐혜를 근거로 하는 전면적 부정설, ③ 원고의 공격방어권을 침해하지 않는 범위 내에서 허용된다고 보는 제한적 긍정설이 주장되는 바, ④ 판례는 당초의 처분사유와 기본적 사실관계에 있어서 동일성이 인정되는 한도 내에서만 새로운 처분사유를 추가하거나 변경할 수 있다고 하여 제한적 긍정설을 취한다. ⑤ 생각건대, 계쟁처분의 동일성과 소송당사자의 공격 방어권을 동시에 고려하는 제한적 긍정설이 타당하다.

(2) 허용범위 및 한계

① 처분의 기본적 사실관계의 동일성이 인정되어야 하는 바, 이는 시간적·장소적 근접성, 행위의 태양·결과 등의 제반사정을 종합적으로 고려하여 판단하여야 한다(관례). 또한 ② 동일 소송물의 범위 내에 한하여 인정되며, ③ 위법판단의 기준시 이전의 사유에 한정되고, ④ 사실심 변론종결시까지 처분사유를 추가 변경할 것이 요구된다.

(3) 거부처분에 있어 위법판단의 기준시의 확정

거부처분 취소소송에서 위법판단의 기준시를 일반적 취소소송에서의 통설 관례와 같이 처분시로 보게 되면 그 후 법률적 사실적 변동을 고려할 수 없다는 점에서 위법판단의 기준시가 문제시 되는 바, 이에 관하여 ① 행정소송법 제30조 제2항에 의해 의무부과적 효력이 지워짐을 근거로 판결시가 위법판단의 기준시가 된다는 견해와, ② 취소소송이 행정청이 내린 처분을 다투어 취소를 구하는 소임을 근거로 기준시를 일률적으로 처분시로 새기는 처분시설, ③ 위법판단의 기준시는 처분시를 기준으로 판단하되, 인용판결의 기준시는 판결시로 보아야 한다는 견해가 주장되며, ④ 판례는 '처분의 위법 여부는 처분시를 기준으로 판단하여야 하는 것'이라 판시해 처분시설을 취한다. ⑤ 생각건대 의무이행소송을 도입해 입법적으로 이 문제를 종식시키는 것이 타당하나, 그 이전까지는 위법판단시·판결시 구별시설을 취함이 항고소송을 통한 위법한 처분의 통제 및 국민의 권리구제라는 항고소송의 기능에 합치한다는 점에서 타당하다.

(4) 설문의 경우

설문의 LH의 처분사유의 변경이 종국적으로는 신청인 甲에 이 사건 특별분양 신청권이 존재하는지 여부에 관한 것으로 본다면 기본적 사실관계의 동일성이 인정된다고 볼 여지가 없는 것은 아니나, 1차 거부사유는 무주택세대주가 아니라는 사유로써 주택공급에 관한 규칙 제19조 제1항 본문상의 요건 자체에 해당하지 아니한다는 것이고(특별분양 신청권 자체가 처음부터 발생할 여지가 없다는 것), 변경된 거부사유는 甲의 주택이 무허가건축물이라는 것으로써 이는 제19조 제1항이 예시하는 특별분양 대상자 중 예외적으로 이가 배제되는 단서조항에 관한 사유라는 점(특별분양 신청권자에 해당하나 예외적으로 배척되는 자임)에 비추어 볼 때 기본적 사실관계에 있어 동일하다고 보기 어려운 바 LH의 처분사유 변경은 비록 처분시 이전의 사유를 들고, 소송물의 변경이 있는 경우가 아니라 하여도 甲의 방어권을 침해하므로 인정될 수 없다. 따라서 통상의 기각판결은 불가하다.

3. 사정판결에 의한 기각판결의 가능성

(1) 의의 및 인정요건

사정판결이란 원고의 취소청구가 이유 있는 경우라도 당해 청구를 인용하지 않고 처분 등을 취소하는 것이 현저히 공공복리에 반한다는 이유로 행정소송법 제28조에 근거해 원고의 청구를 기각하는 판결을 의미하는바, 이는 취소소송의 공익소송적 관점에서 인정된 제도이다.

(2) 설문의 경우 요건 해당성 여부

1) ① 계쟁처분이 위법하여야 하고, ② 이가 원고의 법률상 이익을 침해해야 하며, ③ 처분등의 취소가 현저히 공공복리에 적합하지 아니할 것이 요구되는 바, 이는 변론종결시를 기준으로 공·사익간의 엄격한 비교형량 하에서 현저히 공공복리에 반할 것을 의미한다(판례). ④ 피고 행정기관의 신청이 있어야 하며 ⑤ 행정청이 주장 및 그에 관한 입증을 하여야 한다.

2) 설문의 경우 처분 취소가 현저히 공공복리에 반함은 별론, 피고 행정청이 명시적으로 사정판결을

구한 바 없어 이에 의하여는 기각판결이 불가하다. 다만 행소법 제26조가 "필요하다고 인정할 때는 직권으로 증거조사 할 수 있고 당사자가 주장하지 아니한 사실에 대하여도 판단할 수 있다." 정한바 이하에서 이에 근거해 직권에 의한 사정판결을 할 수 있는지 여부를 검토한다.

4. 직권에 의한 사정판결의 가능성 - 제26조의 해석론

(1) ① 당사자의 주장이나 입증활동이 불충분한 때 법관이 직권으로 증거조사를 할 수 있다는 의미로 보는 변론주의 보충설, ② 제26조의 의미를 적극적으로 해석하여 행정소송은 직권탐지주의가 원칙이라는 견해가 주장되며, ③ 판례는 "일건 기록상 현출되어 있는 사항에 관하여만 직권으로 심리 조사하고 이를 기초로 판단할 수 있다." 관시해 제1설을 취하며, ④ 예상외 재판 방지의 이념에 비추어 제1설이 타당하다.

(2) 설문의 경우 피고 행정청의 주장이 묵시적으로 사정판결을 구하는 것으로 선해할 여지가 있으나, 단지 특별분양의 대상자 중 1인의 지위에 변동이 있을 뿐 주택건설사업의 수행에 있어 중대한 지장이 있는 경우라 볼 수 없어 처분의 취소가 현저히 공공복리에 반하는 경우가 아니어서 사정판결의 여지는 없다.

5. LH의 2차 거부처분의 가부 - 기속력 위배 여부

(1) 기속력의 의의, 근거, 법적 성질

판결의 기속력이란 처분이나 재결을 취소하는 확정판결이 있는 경우 소송당사자와 관계행정청이 그 판결의 내용에 따라 행동할 의무를 지우는 효력을 의미하는 바, 이는 행정소송법 제30조에 근거하며, 확인소송설에서는 이를 기판력의 부수적 효력에 불과하다 보나, 취소소송은 형성소송으로 봄이 타당하므로, 판결의 실효성을 담보하기 위하여 행정소송법에 의해 인정된 특수한 효력으로 봄이 타당하다(특수효력설의 지지).

(2) 기속력의 범위

1) 기속력의 주관적 범위는 당사자인 행정청 뿐 아니라 그 밖의 모든 관계 행정청에 미치며, 시적 범위는 거부처분의 위법판단의 기준시에서 살폈듯 전소 확정판결시를 기준으로 그 이전의 사유에 관하여 미친다.

2) 객관적 범위와 관련하여, 그 범위의 확정이 당사자의 실효적인 권리구제와 관련하여 문제되는 바, ① 주문과 이유에서 적시된 개개의 위법사유에 한하여 미친다는 견해와, ② 처분사유의 추가·변경과 기속력의 객관적 범위가 표리의 관계에 있음을 근거로 기본적 사실관계의 동일성이 인정되는 범위까지 확장된다는 견해가 대립된다. 이와 관련 ③ 판례는 (i) 과거 "자동차 운수사업 양도에 관한 불인가에 대한 취소판결 확정 후 자동차운수사업면허 자체를 직권취소한 경우 그 근거

법규를 달리하고 있어 두 처분은 대상과 내용을 달리하는 별개의 처분으로 기속력에 위배되지 않는다." 판시해 제1설의 입장을 취한 바 있으나, 최근 (ii) "새로운 사유인지는 종전 처분에 관하여 위법한 것으로 판결에서 판단된 사유와 기본적 사실관계의 동일성이 인정되는 사유인지에 따라 판단하여야 하고, 추가 또는 변경된 사유가 처분 당시에 그 사유를 명기하지 않았을 뿐 이미 존재하고 있었고 당사자도 그 사실을 알고 있었다고 하여 당초 처분사유와 동일성이 있는 것이라고 할 수는 없다." 판시해 제2설을 취한 예도 있다. ④ 생각건대, 재처분의무의 강화를 통해 국민의 소송부담을 경감하고 권리구제의 길을 확장해 판결의 실효성을 도모하는 제2설이 타당하다.

(3) 기속력의 내용 및 위반의 효과

기속력은 반복금지효(제30조 제1항), 재처분의무(제2항, 제3항) 및 원상회복의무로 구성되며 기속력에 위반한 처분은 중대 명백한 하자있는 처분으로 당연무효에 해당한다.

(4) 설문의 경우

LH는 취소판결에 있어 피고 행정청에 해당하고, 그가 든 사유는 판결시 이전의 사유로써 기속력의 주관적, 시적 범위를 충족한다. 그러나 전술한 바와 같이 양 사유가 기본적 사실관계의 동일성이 없어 기속력의 객관적 범위를 이탈한바, LH는 상기 사유를 이유로 甲에 특별분양신청을 재차 거부할 수 있다.

| 강평 |

1. 설문 1에 대하여

(1) 쟁점의 정리에 관하여

제1문의 설문 1은 "甲이 한국토지주택공사를 피고로 하여 특별분양신청 거부처분취소소송을 제기한 경우, 그 적법성(제소기간은 준수한 것으로 본다)?"이다.

이 설문 1에 대한 쟁점의 정리에서 모범답안은 "거부처분 취소소송의 적법성과 관련 먼저, ① 한국토지주택공사(이하 'LH')가 행정소송법 제2조 제2항의 행정청에 해당하여 피고적격이 있는지 여부를 검토하고, ② LH의 거부행위가 취소소송의 대상적격이 인정되는지 여부를 살핀연후, ③ 甲의 원고적격의 구비 여부 및 ④ 甲의 제소의 소의 이익의 구비성을 논한다."라고 기술하고 있다.

무릇 소송을 제기하려는 사람은 먼저 어떤 소송을 제기할 것인지를 선택하여야 한다. 행정소송을 제기할 것인지 민사소송을 제기할 것인지(김철용, 행정법 [전면개정판], 2012, 고시계사 512쪽 이하) 행정소송을 제기할 것인지 헌법소송을 제기할 것인지(위 책 514쪽 이하), 행정소송을 제기하려고 할 경우 어떤 행정소송을 선택할 것인지를 결정하여야 한다(위 책 529쪽 이하 및 539쪽 이하). 이를 결정하기 위해서는 설문 1의 甲이 [공익사업을 위한 토지 등의 취득 및 보상에 관한 법률] 제78조에 따라 이주대책의 일환으로 실시하기로 한 특별분양의 대상자에 해당하는지의 여부에 관한 법률관계의 성질을 밝혀야 한다. 이를 밝혀야 설문 1의 甲이 선택한 취소소송 제기의 적법성을 밝힐 수 있게 된다. 취소소송의 제기 선택이 적법한 것이라면 다음으로 밝혀야 하는 것들이 피고적격, 대상적격, 원고적격 등 취소소송의 제기요건의 검토이다.

참고삼아 말하면 특별분양의 대상자에 해당하는지의 여부에 관한 법률관계가 공법관계에 속한다는 점에 대한 이견은 별반 없었다. 그러나 권력적 공법관계에 속하는지 비권력적 공법관계에 속하는지에 관하여는 견해가 나뉘다. 그래서 하급심 판결에서 항고소송에 의하는 사례와 공법상 당사자소송에 의하는 사례가 엇갈렸다. 대법원 1994. 5. 24. 선고 92다35783 전원합의체 판결은 사업시행자가 이주대책대상자가 아니라고 하여 처분을 하지 않고 이를 제외시키거나 또는 거부조치한 경우에는 사업시행자를 상대로 항고소송에 의하여 그 제외처분 또는 거부처분의 취소를 구할 수 있다고 보아야 한다고 판시하여 대법원의 입장을 정리하였다. 그러나 헌법재판소 1996. 10. 4. 95헌마34 결정은 택지개발사업의 시행과 관련하여 철거이주민에 대한 생활대책의 일환으로 이루어진 용지공급공고행위는 청구인들에게 부지를 일정한 공급조건하에 수의계약으로 공급한다는 것을 통보하는 것이므로 이러한 사실관계는 사법상의 권리 이전에 대한 반대급부의 조건 내지 내용에 관련된 사항에 불과하여 헌법소원의 대상이 되는 공권력 행사로 보기 어렵다고 하였다. 또한 광주지법 2007. 1. 25. 선고 2006구합1159 판결은 생활대책의 대상자에 해당하는지 여부는 사법상의 권리 이전(협의 양도)에 대한 반대급부의 조건 내지 이행에 관련된 사항이 아니라 손실보상으로서의 생활대책을 받을 정당한 대상자로서 용지 등의 특별공급신청권이 있는지 여부를 확정하는 공법상의 법률관계에 속하는 것이므로 사업시행자가 생활대책의 대상자임을 부정하는 경우 공법상 당사자소송으로 생활대책대상자의 지위의 확인을 구할 수 있다고 하였다. 사실 최근에도 특별분양의 대상자에 해당하는지의 여부가 다투어지는 소송에서 대상자 지위확인을 구하는 공법상 당사자소송이 가능한지가 본안전 쟁점으로 다투어지는 사례가 있다. 그러나 대법원은 항고소송으로 제기하여야 한다는 입장을 고수하고 있다(최근의 판결로는 대법원 2011. 10. 13. 선고 2008두17905). 대법원의 판결에 의하게 되면 설문 1의 甲이 제기한 취소소송의 선택은 적법한 선택이 된다.

(2) 피고적격에 관하여

모범답안은 문제점이라 하여 "쟁송법상 처분청 개념을 기능적 작용법상 행정청 개념과 같다고 보아 외부관계에서 처분발령권한을 개념적 요소로 하여 양자를 동일하게 볼 것인지 여부가 문제시 된다."고 하고, 학설과 판례를 설명한 후 검토를 거쳐 한국토지주택공사의 피고적격을 인정한다. 그러나 한국토지주택공사의 피고적격을 논증하기 위해서 위 학설과 판례의 기술이 논리적으로 전제가 되어야 한다는 점이 명백하지 않다. 행정소송법 제2항에 의하여 피고적격 속에 공공단체 및 그 기관 또는 사인이 포함되는 것이므로 바로 한국토지주택공사가 이에 해당하는가의 여부를 기술하는 것으로 족하다고 생각한다. 판례는 "사업시행자가 국가 또는 지방자치단체와 같은 행정기관이 아니고 이와는 독립하여 법률에 의하여 특수한 존립목적을 부여받아 국가의 특별감독하에 그 존립목적인 공공사무를 행하는 공법인의 관계법령에 따라 공공사업을 시행하면서 그에 따른 이주대책을 실시하는 경우에도, 그 이주대책에 관한 처분은 법률상 부여받은 행정작용권한을 행사하는 것으로서 항고소송의 대상이 되는 공법상 처분이 되므로, 그 처분이 위법부당한 것이라면 사업시행자인 당해 공법인을 상대로 그 취소소송을 제기할 수 있다."(대법원 1994. 5. 24. 선고 92다35783 전원합의체 판결)고 판시하고 있다.

(3) 거부가 처분이 되기 위한 요건에 관하여

모범답안은 "거부가 항고소송의 대상이 되기 위하여는 ① 공권력 행사에 대한 거부여야 하며, ② 공권력 행사의 거부로 신청인의 법적 지위에 어떠한 변동을 초래하여야 하고, ③ 법규상·조리상 신청권이 긍정되어야 하는데(판례), 신청권과 관련 본안요소라는 견해가 주장되나 대상적격으로 봄이 타당하다."라고 기술하고 있다.

행정청이 사인의 신청을 받고 그 신청에 따른 행위를 하지 않겠다고 거부한 행위가 취소소송의 대상이 되는 처분이 되기 위한 요건으로 신청권이 반드시 요구되는 것이냐의 문제는 논의의 초점이 되고 있는 문제이다. 요건으로 신청권이 반드시 요구되는 것이 아니라는 견해는 우리 행정소송법이 일본의 경우와 달리 이미 공권력 행사의 거부를 처분에 포함시키고 있기 때문에 거부처분의 처분성을 인정함에 있어 굳이 신청권이라는 도구개념을 사용할 필요가 없으며 오히려 이렇게 봄으로써 현행 법령상 아무런 근거 없이 처분의 개념을 축소시키는 결과가 되고 있다는 것이 그 논거의 요지이다. 따라서 이러한 견해에도 불구하고 판례가 신청권을 처분이 되기 위한 요건으로 요구하는 이유까지 논급하지 않더라도, 양 견해를 기술한 뒤 판례에 의하면 어떤 결론이 이른다고 설명하는 것이 친절한 답안이다. 부작위와 거부처분의 구별에 관한 기술을 할 여유가 있다면 최근의 판례의 동향(김철용, 위 책 564쪽)에 언급하는 것이 더 나은 답안이 될 수 있지 않을까 생각된다.

(4) 원고적격의 구비 여부, 소익 구비 여부에 관하여

모범답안은 원고적격의 구비 여부와 소익 구비 여부를 나누어 비교적 상세히 기술하고 있다. 그러나 설문의 甲은 처분의 직접 상대방이므로 간략하게 기술해도 족하다. 다만, 강평자가 지적하고 싶은 것은 원고적격의 구비 여부를 기술하는 경우 학설과 판례를 구별하는 것이 필요하다. 모범답안은 "관련 법규의 사익보호성을 고려할 필요 없이 헌법상 기본권 침해를 이유로 원고적격이 인정된다."고 하면서 판례도 같은 입장이라고 기술하고 있다. 학설이 헌법상 기본권 침해를 이유로 원고적격을 인정해야 한다는 주장을 하고 있는 것은 옳지만 판례도 같은 입장이라는 기술은 신중할 필요가 있다. 대법원 1995. 5. 23자 94마218 결정, 최근의 것으로 대법원 2006. 3. 16. 선고 2006두330 전원합의체 판결은 헌법상의 기본권의 근거만에 의한 원고적격을 부인하고 있다. 부정확한 기술은 오히려 감점의 요인이 될 수 있음을 유의할 필요가 있다.

이상 제1문의 설문 1에 대한 답안을 보면서 전반적으로 느끼는 점은 답안을 작성하기 전에 문제를 몇 번이고 되풀이 읽어 무엇을 묻고 있는지를 확인하고, 초점이 어디 있는지 초점이 여러 개 있으면 초점 중 어느 것이 더 중요하고 어느 것이 덜 중요한지를 생각해 보고, 그것에 따라 답안의 분량을 안배한 후 답안의 작성을 시작하는 것이 필요하다는 것이다.

2. 설문 2에 대하여

(1) 거부처분 취소심판의 제기 가능성에 관하여

모범답안은 "취소심판이란 행정청의 위법 또는 부당한 처분을 취소하거나 변경하는 행정심판을 의미하는바, 전술하였듯 거부의 처분성이 긍정되므로 甲은 거부처분 취소심판을 제기할 수 있다. 따라서 甲은 중앙행정심판위원회에(행정심판법 제6조 제2항) 처분 있음을 안 날로부터 90일, 있은 날로부터 180일 이내에 행정심판청구 가능하다(제27조 제1항)."라고 기술하고 있다. 이 기술은 이미 행정법을 잘 알고 있는 사람을 상대로 한 기술이다. 이렇게 기술해도 채점위원은 알 것이다. 그러나 이러한 답안은 좋은 답안이 아니다. 강평자가 모두에서 밝히고 있는 바와 같이 좋은 답안은 행정법을 처음 공부하는 사람들에게 설명하여 알게 해주는 것처럼 기술하는 답안이다. 행정심판법상의 권리구제수단이 되려면 거부처분 취소심판의 제기요건을 우선 갖춘 심판청구이어야 할 것이다.

　제기요건 중 하나인 행정심판위원회에 제기하여야 한다는 요건을 예로 들어 보자. 한국토지주택공사가 甲이 특별분양 대상자에 해당하지 않는다는 이유로 특별분양신청을 거부하여, 甲이 거부처분 취소심판을 제기하는 경우 우선 부딪치는 문제가 어느 행정심판위원회에 제기하여야 하는가이다. 행정심판법은 해당 행정청 소속 행정심판위원회, 중앙행정심판위원회, 시·도지사 소속 행정심판위원회, 행정청의 직근 상급행정기관 소속 행정심판위원회 및 개별법에 의하여 설치된 특별행정심판위원회 등을 제6조에서 규정하고 있다. 전문가들도 행정심판을 제기하려는 경우 어느 행정심판위원회에 청구하여야 하는가가 헷갈린다고 한다. 모범답안은 '중앙행정심판위원회(행정심판법 제6조 제2항)'이라고만 기술하고 있다. 행정심판법 제6조 제2항은 다음 각 호의 행정청의 처분 또는 부작위에 대한 심판청구에 대하여는 「부패방지 및 국민권익위원회의 설치와 운영에 관한 법률」에 따른 국민권익위원회에 두는 중앙행정심판위원회에서 심리·재결한다.

1. 제1항에 따른 행정청 외의 국가행정기관의 장 또는 그 소속 행정청
2. 특별시장·광역시장·도지사·특별자치도지사 또는 특별시·광역시·도·특별자치도의 의회
3. 「지방자치법」에 따른 지방자치단체조합 등 관계 법률에 따라 국가 지방자치단체·공공법인 등이 공동으로 설립한 행정청, 다만, 제3항 제3호에 해당하는 행정청은 제외한다."라고 규정하고 있다. 한국토지주택공사가 행한 거부처분에 대하여 취소심판을 제기하려는 경우에 『행정심판법』 제6조 제2항의 어디에 해당되기 때문에 甲은 중앙행정심판위원회에 제기하여야 하는 것일까. 이 물음에 답을 해주는 것이 좋은 답안이 된다. 이 물음에 답을 해주는 것을 보고 채점위원은 답안작성자가 제대로 공부를 했는가를 판단할 수 있게 된다. 따라서 모범답안처럼 '중앙행정심판위원회(행정심판법 제6조 제2항)'이라고만 기술하여서는 아니된다.

(2) 의무이행심판의 제기 가능성에 관하여

　이에 관한 모범답안의 기술도 지나치게 간결하다. 모범답안은 의무이행심판이 무엇인가를 밝힌 후 "설문의 경우 부당한 거부처분에 해당할 가능성이 있으므로 甲은 의무이행심판 청구가 가능하다"라고 기술하고 있다. '부당한 거부처분'이라고 하여 '위법한 거부처분'을 제외하고 있다. 조금 더 설명이 필요하다는 것을 스스로 인정하고 있는 기술이라고 여겨진다.

(3) 가구제 −집행정지신청(제30조)에 관하여

　모범답안은 거부처분에 대한 집행정지의 가능성에서 소극설을 설명한 후 '갱신허가의 거부처분의 경우를 대상적격이 있다는 제한적 적극설이 주장되며'라고 기술하고, 판례가 소극설을

취하고 있다고 하면서 "가구제인 집행정지는 본안판결의 내용을 초과할 수 없는 한계를 가지므로 가구제의 본질상 갱신허가의 거부가 아닌 한 집행정지를 부정함이 타당하다."는 결론을 내리고 있다. 그러나 거부처분에 대하여 일률적으로 집행정지를 부정할 수 없다는 견해가 최근 유력하게 주장되고 있고, 집행정지를 인정한 판례도 있으므로(김철용 앞 책 597쪽) 결론을 조심스럽게 접근하는 것이 필요하다.

3. 설문 3에 대하여

(1) 문제점에 관하여

모범답안은 "① LH의 처분사유 변경에 근거해 법원의 통상의 기각판결을 할 수 있는지 여부 및 ② 이가 불가능하다면 신청 내지 직권에 의한 사정판결이 가능한지의 검토가 요구되고, ③ 확정판결후 LH의 분양신청 거부가 기속력에 위배되는지 여부가 문제시 된다."라고 기술하고 있다. 그러나 설문은 ①과 ③을 묻고 있으므로 이에 한정하는 것이 좋겠다.

(2) 통상의 기각판결의 가능성 – 처분사유의 추가·변경의 문제에 관하여

우선 모범답안에서는 '처분사유의 추가·변경이란 행정청이 처분시에 처분의 사유를 밝힌 후 행정소송의 계속 중에 그 대상처분의 적법성을 유지하기 위하여 그 사유를 추가하거나 잘못 제시된 사실상의 근거 또는 법률적 근거를 변경하는 것을 의미'한다고 하고 있으나, 이는 보완되어야 한다. 즉 처분행정청이 처분을 행하면서 일단 처분사유를 밝힌 후 이에 대한 취소소송이 제기된 경우에 그 처분의 적법성을 유지하기 위하여 처분시 객관적으로 존재하였지만 처분사유로 삼지 않았던 새로운 사유를 내세워 처분의 적법성을 주장할 수 있는가의 문제이다. 이 점이 흠 있는 처분의 치유문제와 다른 점이다. 개념은 정확하여야 한다. 개념이 부정확하면 이를 전제로 한 논의의 전개는 무의미하다.

다음으로, 모범답안은 처분사유의 추가·변경의 인정여부에 관한 학설로서 전면적 긍정설, 전면적 부정설, 제한적 긍정설을 셋을 들고 있다. 판례는 "행정처분의 취소를 구하는 항고소송에 있어서는 실질적 법치주의와 행정처분의 상대방인 국민에 대한 신뢰보호라는 견지에서 행정청은 당초 처분의 근거로 삼은 사유와 기본적 사실관계에 있어서 동일성이 인정되는 한도 내에서만 새로운 처분사유를 추가하거나 변경할 수 있을 뿐 동일성이 인정되지 않는 별개의 사실을 들어 처분사유로 주장하는 것은 허용되지 아니하며, 여기서 기본적 사실관계의 동일성 유무는 처분사유를 법률적으로 평가하기 이전의 구체적인 사실에 착안하여 그 기초가 되는 사회적 사실관계가 기본적인 점에서 동일한지 여부에 따라 결정된다."(대법원 1989. 6. 27. 선고 88누6160 판결 등)는 입장이다. 행정실정법은 끊임없이 변화하고 있고, 이에 따라 행정법의 도그마도 변하기 마련이다. 전면적 긍정설은 과거에 존재한 학설이었지만, 지금은 이를 주장하는 학자는 찾기 어렵다. 전면적 부정설은 존재하지 않았고, 존재하였던 것은 원칙적 부정설이다. 제한적 긍정설은 원칙적 긍정설에 가까운 견해로부터 원칙적 부정설에 가까운 견해를 모두 합한 중간설의 입장으로 보인다. 판례의 입장을 제한적 긍정설 속에 포함시킬 수 있으나, 제한적 긍정설이 곧 판례의 입장이 할 수는 없다. 최근의 흐름을 정리하여 보면, 판례의 입장을 추종하는 제한적 긍정설과 원칙적 부정설이 대립되어 있는 양상이다. 어느 견해를 취하거나 설문의 경우 甲의 청구를 기각할 수 없다는 결론을 같이 할 것으로 보인다.

(3) LH의 2차 거부처분의 가부 – 기속력 위배여부

우선 지적하여야할 점은 설문이 묻고 있는 것이 '법원의 판결 확정 후 한국토지주택공사가 甲의 주택이 무허가 주택임을 이유로 특별분양신청을 재차 거부할 수 있는지 여부'이지 기속력을 설명하라가 아니다. 따라서 기속력에 관한 기술도 설문에 답하기 위해서 필요한 부분에 한정하여야 한다. 모범답안은 기속력의 의의, 근거, 법적 성질이라는 제목에서 "취소소송은 형성소송으로 봄이 타당하므로, 판결의 실효성을 담보하기 위하여 행정소송법에 의해 인정된 특수한 효력으로 봄이 타당하다(특수효력설의 지지)."로 기술하고 있다. 설문에서 어느 설을 지지하느냐고 묻지도 않는데, 왜 이러한 기술이 필요한지 강평자는 이해하기 어렵다. 기판력설도 유력하게 주장되고 있다. 그러므로 기판력설에 의하게 되면 설문의 결론이 어떻게 되는가를 기술하는 것도 필요하다.

어떻든지, 취소소송에서 소송의 대상이 된 거부처분을 실체법상의 위법사유에 기하여 취소하는 판결이 확정된 경우에는 당해 거부처분을 한 행정청은 원칙적으로 신청을 인용하는 처분을 하여야 하고, 사실심 변론종결 이전의 사유를 내세워 다시 거부처분을 하는 것은 확정판결의 기속력에 저촉되어 허용되지 아니한다는 것이 판례이다(대법원 2001. 3. 23. 선고 99두5238 판결). 따라서 판례에 의하면 한국토지주택공사는 확정판결된 소송의 진행 중에 甲의 주택이 무허가 주택이었기 때문에 甲은 특별분양 대상자에 해당되지 않는다고 처분사유를 변경하여 내세웠던 것이므로 확정판결 이후 다시 동일한 사유를 이유로 하여 특별분양신청을 재차 거부할 수 없다는 결론이 된다.

| 제2-1문 | A는 甲시에 소재하는 「국토의 계획 및 이용에 관한 법률」에 따른 관리지역 내 110㎡ 토지(이하 '이 사건 토지'라 한다) 위에 연면적 29.15㎡인 2층 건축물을 건축하기 위한 신고를 관할 X행정청에 하였다. 그런데 이 건물을 신축하면 이 사건 토지에 위치하고 있는 관정(管井)이 폐쇄됨으로써 인근주민의 유일한 식수원 사용관계에 중대한 위해가 있게 된다. 따라서 관할 X행정청은 A가 신청한 건축물이 건축될 경우 보건상 위해의 염려가 있음을 이유로 당해 건축신고의 수리를 거부하였다. (총 30점)

1. A가 행한 건축신고의 법적 성질은 무엇이며, 건축허가와는 어떻게 다른가? (15점)

2. X행정청이 건축법상 명문의 규정이 없음에도 불구하고 인근주민의 식수사용관계 등 보건상 위해를 이유로 한 건축신고 수리거부는 적법한가? (15점)

【 참조조문 】

건축법

제11조 (건축허가)

① 건축물을 건축하거나 대수선하려는 자는 특별자치도지사 또는 시장·군수·구청장의 허가를 받아야 한다. 다만, 21층 이상의 건축물 등 대통령령으로 정하는 용도 및 규모의 건축물을 특별시나 광역시에 건축하려면 특별시장이나 광역시장의 허가를 받아야 한다.

⑤ 제1항에 따른 건축허가를 받으면 다음 각 호의 허가 등을 받거나 신고를 한 것으로 보며, 공장건축물의 경우에는 「산업집적활성화 및 공장설립에 관한 법률」 제13조의2와 제14조에 따라 관련 법률의 인·허가등이나 허가등을 받은 것으로 본다.

3. 「국토의 계획 및 이용에 관한 법률」 제56조에 따른 개발행위허가

제14조 (건축신고)

① 제11조에 해당하는 허가 대상 건축물이라 하더라도 다음 각 호의 어느 하나에 해당하는 경우에는 미리 특별자치도지사 또는 시장·군수·구청장에게 국토해양부령으로 정하는 바에 따라 신고를 하면 건축허가를 받은 것으로 본다.

2. 「국토의 계획 및 이용에 관한 법률」에 따른 관리지역, 농림지역 또는 자연환경보전지역에서 연면적이 200제곱미터 미만이고 3층 미만인 건축물의 건축. 다만, 「국토의 계획 및 이용에 관한 법률」 제51조 제3항에 따른 지구단위계획구역에서의 건축은 제외한다.

② 제1항에 따른 건축신고에 관하여는 제11조 제5항을 준용한다.

답안작성

Ⅰ. 설문 1의 해결

1. 쟁점의 정리

甲은 연면적 29.15㎡의 건축물을 신축하는 경우이므로 건축법 제14조 제1항에 따라 건축신고의 대상이 되고, 동법 제2항에 의거 동법 제11조 제1항의 건축허가 및 동법 제11조 제5항에 따른 국계법(국토의 계획 및 이용에 관한 법률) 제56조 제1항의 개발행위허가가 의제되는 신고에 해당하는 바, 이러한 인·허가가 의제되는 신고가 수리를 요하는 신고인지 여부를 살피고, 나아가 이와 건축허가와의 차이점을 논한다.

2. 신고의 의의 및 종류, 양자의 구별실익

(1) 신고란 사인의 일정한 공법상 법률효과의 발생을 목적으로 행정청에게 일정한 사실을 알리는 행위를 의미하는 바, ① 전형적 신고란 요건을 갖춘 신고만 하면 신고의무를 이행한 것이 되는 신고를 의미하며 이는 자기완결적 사인의 공법행위로 이를 수리하는 행위는 사실행위에 그친다. 반면 ② 수리를 요하는 신고란 신고가 수리되어야 신고 대상 행위에 대한 금지가 해제되는 신고를 의미하며, 행정요건적 사인의 공법행위에 해당하고, 이를 수리하는 행위는 준법률행위적 행정행위에 해당한다.

(2) 전자의 경우 수리여부와 관계없이 신고의무의 해제라는 법 효과가 발생하는 데 비해 후자는 신고 수리에 의하여 신고의무의 해제라는 법적 효과가 발생한다는 점에 구별의 실익이 있다.

3. 양자의 구별기준

(1) 학 설

① 당해 신고대상인 행위가 근거법 기타 관계법의 실체적 규정에 반하여 위법한 것인 때에는 행정청의 수리행위가 필요하다고 보는 견해와, ② 신고요건이 형식적 요건만을 요구하는 경우 자기완결적 신고이고, 신고요건이 형식적 요건 이외에 실질적 요건도 포함되는 경우에는 수리를 요하는 신고로 보아야 한다는 견해가 대립된다.

(2) 판 례

대법원은 관계 규정의 형식이나 체제 또는 문언 등을 종합적으로 검토하여 당해 신고가 형식적으로 적법한 요건을 갖추어 신고 되기만 하면 행정청의 별단의 조치 없이 신고대상행위를 할 수 있는 것으로 해석되면 전형적 신고이고, 실질적 적법요건도 규정하고 있어 관계기관의 수리처분이 있어야 비로소 신고대상행위를 할 수 있는 것으로 해석되면 수리를 요하는 신고로 보고 있다.

(3) 검 토

관계법규의 유기적이고 합리적인 해석을 통해 양자를 구별하는 판례의 태도가 타당하다.

4. 인·허가가 의제되는 건축신고의 경우

(1) 학 설

① 신고만으로 인·허가사항에 관한 일체의 요건심사가 배제되서는 아니됨을 이유로 수리를 요하는 신고로 보는 견해, ② 인·허가의제의 규제완화적 측면을 고려하여 자기완결적 신고로 보는 견해, ③ 신고의 요건은 형식적인 것이어서 수리를 요하지 않으나 의제되는 인·허가와 관련된 부분만 수리를 요하는 신고로 보는 제한적 긍정설, ④ 개별검토설이 주장된다.

(2) 판 례

"인·허가 의제제도를 둔 취지는 인·허가 의제사항과 관련하여 건축허가 또는 건축신고의 관할 행정청으로 창구를 단일화하고 절차를 간소화하여 비용과 시간을 절감함으로써 국민의 권익을 보호하려는 것이지 인허가 의제사항과 관련 법률에 따른 각각의 인허가 요건에 관한 일체의 심사를 배제하려는 것으로 보기는 어려우므로, 인·허가의제 효과를 수반하는 건축신고는 일반적인 건축신고와는 달리 특별한 사정이 없는 한 행정청이 그 실체적 요건에 관한 심사를 한 후 수리하여야 하는 이른바 수리를 요하는 신고로 봄이 옳다."라고 판시한 바 있다.

(3) 검토

신고제는 규제완화제도라는 점에서 원칙적으로 수리를 요하지 않는다 봄이 온당하나, 인·허가가 의제되는 경우에는 후술하는 절차집중효설이 타당하므로, 의제되는 인·허가의 사항을 고려해야 함이 마땅한 바 수리를 요하는 신고로 봄이 타당하다.

5. 수리를 요하는 신고와 허가와의 차이점

① 허가는 경찰목적이 주가 됨에 비해 수리를 요하는 신고는 정보수집기능 및 규제적 기능이 주를 이루고 ② 수리는 준법률행위적 행정행위나 허가는 법률행위적 행정행위로 명령적 행정행위이며 ③ 허가는 적법요건인데 반해 수리는 효력발생요건에 해당한다. ④ 다만 양자 모두 원칙적 기속행위라는 점에서는 공통점을 갖는다.

6. 설문의 해결

A의 건축신고는 인허가가 의제되는 신고로 수리를 요하는 신고에 해당하고 이는 허가와 목적, 법적 성질, 무허가/신고시의 효력에 차이를 보인다.

Ⅱ. 설문 2의 해결

1. 쟁점의 정리

인·허가 의제제도란 신청인이 관련법상 유사한 수개의 인·허가를 받아야 하는 경우 주된 인·허가를 받으면 관련법상의 다른 허가, 인가, 승인, 면허, 신고 등을 받은 것으로 의제하는 제도를 의미하는 바, 원칙적으로 수리를 요하는 신고의 경우 기속행위에 해당하여 법정 외 공익사유를 이유로 수리거부 할 수 없다. 다만 설문의 경우 건축신고가 제14조 제1항에 따라 건축허가가 의제되고, 연이어 제11조 제3항 제3호에의해 개발행위허가가 의제되는 바 이들에 의해 수리거부가 적법해질 여지가 있다. 따라서 ① 먼저 인·허가 의제시 집중효가 미치는 범위를 살피고, ② 건축법상 법정외 공익사유를 이유로 한 수리거부의 가능성과, ③ 개발행위허가의 법적 성질에 따른 수리거부의 가능성을 검토한다.

2. 집중효의 효력범위

(1) 학설

① 관할관청의 권한만 의제되므로 의제되는 인허가의 절차 및 실체요건은 모두 준수해야 한다는 관할집중효설, ② 권한과 절차가 의제되므로 인허가의 실체요건만 준수하면 된다는 절차집중효설, ③ 일정한 범위 내에서는 실체요건도 의제된다는 제한적 실체집중효설이 주장된다.

(2) 판례

건설부장관이 관계기관의 장과의 협의를 거쳐 사업계획승인을 한 이상 별도로 중앙도시계획위원회의 의결이나 주민의 의견청취 등 절차를 거칠 필요는 없다고 판시해 절차집중효설을 취하고 있다.

(3) 검토 및 소결

행정절차의 간소화 및 규제완화라는 인허가의제제도의 입법취지상 절차집중효설을 취함이 타당하다. 따라서 설문의 경우 관할 및 절차요건은 집중되나, 관할권 있는 당해 행정청에서 의제되는 사항과 관련한 실체요건의 심사는 가능하다 할 것이다.

3. 건축법상 명문의 근거 없이 행한 수리거부의 적법성

① 당해 건축신고에 의해 의제되는 건축허가의 경우도 다양한 성질이 포함된 건축허가의 특성상 재량행위성을 긍정하는 견해가 있으나, ② 다수설은 "개정 건축법이 제11조 제4항에서 공익사유를 근거로 건축허가를 거부할 수 있는 규정을 둔 취지에 비추어 건축허가는 기속행위가 된다." 보며, ③ 판례는 유사한 취지에서 건축법 등 관계 규정에서 정한 어떠한 제한에 배치되지 않는 이상 건축허가를 하여야 하고 중대한 공익상의 필요가 없음에도 불구하고 요건을 갖춘 자에 대한 허가를 관계 법령에서 정하는 제한 사유 이외의 사유를 들어 거부할 수 없다 판시한바 있다. ④ 생각건대 개정 건축법 제11조 제4항의 입법취지상 기속행위로 봄이 타당하며, 따라서 법정 외 공익사유인 인근주민의 식수사용관계 등 보건상 위해를 이유로 한 X의 수리거부는 부적법하다.

4. 개발행위허가의 법적 성질 및 건축신고 수리거부의 적부

(1) 개발행위허가의 의의

개발행위허가란 개발행위가 제한되는 개발제한구역 지역 내에서 사전에 개발행위를 허가하는 것을 의미한다.

(2) 법적 성질 – 학설 및 판례

이의 법적 성질과 관련 ① 상대적 금지를 해제하는 경찰허가로서 기속행위로 보는 견해와 ② 원칙적으로 기속행위이나 일정한 요건 하에서만 재량성이 인정되는 기속재량행위로 보는 견해, ③ 예외적 승인으로서 재량행위로 보는 견해와 ④ 기속·재량·판단여지가 모두 인정될 수 있으므로 개별적으로 검토해야 한다는 개별검토설이 주장된다. ⑤ 판례는 (ⅰ) 국계법 제56조 제1항 제2호에 의한 토지의 형질변경허가는 그 금지요건이 불확정개념으로 규정되어 있어 금지요건에 해당하는지 여부를 판단함에 있어 행정청에 재량권이 부여되어 있다거나, (ⅱ) 개발제한구역 안에서의 건축물의 건축 등의 개발행위는 원칙적으로 금지되고, 다만 구체적인 경우 구역지정의 목적에 위배되지 아니할 경우 예외적으로 허가에 의하여 그러한 행위를 할 수 있게 되어 있음을 근거로 재량행위에 속하는 것이라 판시해 판단여지와 재량을 구별하지 않는 입장에서 재량행위로 보고 있다.

(3) 검토 및 소결

개발제한구역의 지정 및 관리에 관한 특별조치법의 문언에 비추어 볼 때 개발행위 허가는 기속재량행위로 봄이 타당한 바, 법률에 근거하지 아니한 채 인근 주민의 보건상 이유로 건축신고 수리를 거부함은 위법하다.

5. 설문의 해결

따라서 X가 명문의 규정에 근거하지 않고 보건상 위해를 이유로 신고수리를 거부함은 위법하다.

6. 여론 - 재량행위로 보는 겨우

개발행위허가를 재량행위로 본다면 당해 사안의 경우 재량하자의 존부가 문제시 되는 바, 특히 비례의 원칙 위배 여부의 문제로 귀결된다. 설문의 경우, ① 행정청의 건축신고 수리 거부행위는 인근주민의 식수사용관계 등 보건상의 위해를 우려한 것으로 정당한 행정목적 달성을 위하여 적절한 수단에 해당한다 볼 수 있고, ② 이를 위하여는 A의 건축신고를 반려하는 외에는 특별한 방법이 없으며(필요성의 원칙 충족) ③ 피침해이익은 연면적 29.15㎡에 불과한 A의 대지사용 제한이나, 그로써 보호되는 공익은 인근주민의 식수사용이라는 중대한 공익과 연관이 있으므로, X의 수리거부는 적법하다.

| 강평 |

1. 설문 1에 대하여

설문 1에 대한 답안 작성에는 신고와 건축신고를 명확하게 구분하는 것이 필요하다. 제목도 '수리는 요라는 신고와 허가와의 차이점'이 아니라 '건축신고와 건축허가와의 차이점'이 되어야 한다.

모범답안에는 자기완결적 신고와 수리를 요하는 신고의 구별기준에 관한 학설에서 '① 당해 신고대상인 행위가 근거법 기타 관계법의 실체적 규정에 반하여 위법한 것인 때에는 행정청의 수리행위가 필요하다고 보는 견해'가 있다고 소개하고 있는데, 이 학설에 의하면 자기완결적 신고와 수리를 요하는 신고의 구별이 신고대상인 행위가 위법임이 판명된 이후에야 가능한 것이 된다. 교과서를 다시 볼 필요가 있다. 모범답안은 '인허가가 의제되는 건축신고의 경우'라는 제목에서 판례를 들고 있다. 이 판례에 의하면 건축법의 적용을 받지 아니하는 건축신고와 인허가의제효과가 수반되는 건축신고를 구별하고 있다. 그렇다면 '수리를 요하는 신고와 허가와의 차이점'(건축신고와 건축허가의 차이점)을 기술하는 경우에도 이 구별이 반영되어야 논리일관하는 답안이 될 것이다.

2. 설문 2에 대하여

모범답안을 보면 우선 인·허가 의제와 집중효라는 개념이 눈에 띈다. '집중효의 효력범위', '관할집중효설', '절차집중효설', '제한적 실체집중효설' 등 일반적으로 잘 들어 본 일이 없는 용어도 보인다. 집중효라는 개념은 독일 연방행정절차법상의 개념이다. 즉 독일 연방행정절차법 제75조 제1항 제1문 후단은 특정한 기획사업에 대하여 특별 행정절차인 계획확정절차를 거쳐 계획확정결정이 행하여지면 그 이외의 행정청에 의한 인·허가, 동의, 승인, 계획확정결정 등을 필요로 하지 아니한다는 취지의 규정을 두고 있다. 이를 계획확정결정의 집중효라 부른다. 이 집중효는 계획확정절차의 본질을 이루는 것으로서 이 집중효의 존재 여부가 계획확정절차와 보통의 허가절차를 구분하는 기준이 되어 있다. 따라서 독일에서는 집중효와 인·허가의제가 별도로 병존할 수 있게 되어 있다. 우리 행정실체법에는 행정계획확정절차라는 제도가 없다(우리 행정절차법을 제정 또는 개정할 때 논의되기는 하였으나 채택되지 않았다). 그 대신 사업계획승인제도가 있고 그 승인에는 인·허가 의제(효)가 따른다. 인·허가의제와 집중효는 법적 효과의 대상 및 효력의 범위 등에 차이가 있다. 설문의 답안을 작성하는데 집중효란 개념을 사용하지 아니하여도 아무런 지장이 없다. 예컨대, '인·허가 의제시 집중효가 미치는 범위'는 '인·허가의제가 미치는 범위'로, '집중효의 효력범위'는 '인·허가의제의 효력범위'로, '관할관청의 권한만 의제되므로 의제되는 인·허가의 절차 및 실체요건은 모두 준수해야 한다는 관할집중효설'은 '관할관청의 권한만 의제되므로 의제되는 인·허가의 절차 및 실체요건은 모두 준수해야 한다는 견해'로 또한 '권한과 절차가 의제되므로 인·허가의 실체요건만 준수하면 된다는 견해', '일정한 범위 내에서는 실체요건도 의제된다는 견해'로 바꾸어도 지장이 없을 뿐만 아니라 이해하기 쉽다.

　모범답안을 정리하면, 보건상 위해를 이유로 한 건축신고 수리거부는 적법한가에 대한 결론은 건축신고 수리를 기속행위로 보는 경우는 부적법하지만, 만일 재량행위로 보는 경우에는 적법하다는 것 같다. 그리고 재량행위로 보는 경우에는 특히 비례원칙 위배 여부가 문제로 귀결된다고 본다. 재량행위로 보는 경우 위법 여부는 재량권일탈·남용의 유무가 된다. 재량권일탈·남용의 유무를 판단하는 기준으로 판례가 들고 있는 것은 비단 비례원칙위반 뿐만 아니라 자의·독단, 사실오인, 입법정신위반, 평등원칙위반, 공익원칙위반, 목적위반, 법적 안정성 박탈, 사회통념상 현저한 타당성 상실 등이다.

│ 제2-2문 │ Y시 소재 20㎡ 토지(이하 '이 사건 토지'라 한다)는 일제강점기의 토지조사사업 당시 토지조사부나 토지대장에 등록되지 않은 채 미등록 상태로 있었다. 그런데 1912. 7. 11. 작성된 Y군(현재 Y시)의 지적원도에는 이 사건 토지의 지목이 도로로 표시되어 있었다. 그러다가 관할 X행정청은 이 사건 토지에 관하여 1976. 12. 31. 처음으로 지번을 부여하고 토지대장을 작성하면서 토지대장에 지목을 도로로, 소유자를 국(國)으로 등록하였으며, 그 후 1995. 10. 20. 대한민국의 명의로 등기를 마쳤다. 한편 A는 이 사건 토지를 1950. 3. 1.부터 사찰부지의 일부로 사실상 점유하여 왔다. (총 20점)

1. A가 이 사건 토지를 사찰부지의 일부로 점유함에 따라 도로의 기능을 사실상 상실한 경우에 도로의 공용폐지를 인정할 수 있는가? (10점)

2. A가 이 사건 토지의 점용허가를 받고 사찰부지의 일부로 사용한 경우에 일반인들도 당해 사찰부지의 일부를 통행할 수 있는가? (10점)

Ⅰ. **설문 1의 해결**
 1. 쟁점의 정리
 2. 당해 도로의 법적 성질
 3. 형체적 요소의 멸실로 공물의 지위가 상실되는지 여부
  (1) 문제점
  (2) 학 설
  (3) 판 례
  (4) 검토 및 소결
 4. 공물의 시효취득으로 인한 공용폐지 가부
  (1) 학 설

  (2) 판 례
  (3) 검토 및 소결
 5. 설문의 해결
Ⅱ. **설문 2의 해결**
 1. 쟁점의 정리
 2. A의 도로점용허가의 법적 성질
  (1) 공물의 허가사용관계와 특별사용관계
  (2) 설문의 경우
 3. 일반인들의 도로이용의 법적 성질
 4. 공물의 일반사용과 특허사용의 병존가능성
 5. 소 결

답안작성
최 ○○ / 2011년도 사법시험 합격

Ⅰ. 설문 1의 해결

1. 쟁점의 정리

 공물이란 행정주체에 의하여 직접 공적 목적에 제공되어 공법적 규율을 받는 유체물·무체물 및 집합체와 관리할 수 있는 자연력을 의미하는바, ① 설문의 도로가 공물에 해당하는지 여부를 살피고, ② A의

임의점유로써 공물의 형체적 요소가 멸실된 바, 이러한 경우 묵시적 공용폐지의사를 추단할 수 있는지 여부 및 ③ 공공용물로 잔존한다면 A가 당해 공물을 시효취득하여 그 효과로써 공용폐지가 인정될 수 있는지 여부가 문제시된다.

2. 당해 도로의 법적 성질

(1) 공용지정이란 특정물건이 특정한 공적 목적에 제공돼 이로 인해 공법상의 특별한 규율 하에 놓이게 되는 것을 선언하는 법적 행위를 의미하는 바, 설문의 도로는 공공용물에 해당한다. 도로의 공용지정의 시기와 관련, 노선지정시설, 도로사용개시 공고시설이 주장되나 도로구역의 결정·고시가 있는 때부터 공공용물로서 공용개시행위가 있다 봄이 타당하다(다수설과 판례).

(2) 설문상 공용지정 여부가 불명확하나 1912.7.11자 Y의 지적원도에 당해 토지의 지목이 도로로 표시된 점에 비추어 늦어도 그 시점에는 당해 도로가 공공용물로서 공용개시행위가 있었다 봄이 타당하므로, 설문의 도로는 인공공물인 공물에 해당한다. 판례도 동 사례에서 "공용지정은 일반 공중의 사용에 제공한다고 하는 뜻의 의사표시로서 법령에 의하여 지정되거나 행정처분으로 공공용으로 사용하기로 결정한 경우뿐만 아니라 행정재산으로 실제로 사용하는 경우의 어느 하나에 해당하면 성립할 수 있다." 하여 1912.7.11.자에 이미 도로에 해당한다 판시한 바 있다.

3. 형체적 요소의 멸실로 공물의 지위가 상실되는지 여부

(1) 문제점

공용폐지란 공물로서의 지위를 상실시키는 권한 있는 행정기관의 의사표시를 의미하는 바, 이는 물적 행정행위의 성질을 가지며, 공용폐지를 위하여는 ① 당해 물건의 공용지정시 요구된 공공목적이 더 이상 존재하지 않고, ② 공익적 근거에서 물건의 공용성을 제거하여 줄 필요성이 있을 것을 요하는데, 형체적 요소가 멸실되었다는 사유만으로 별도의 공용폐지의 의사표시 없이 공물로서의 지위가 상실되는지 여부가 문제시된다.

(2) 학 설

① 형체적 요소의 멸실로써 공물의 지위가 상실된다는 적극설, ② 형체적 요소의 멸실은 공용폐지 사유에 해당할 뿐 공용폐지를 위하여는 별도의 공용폐지행위가 요구된다는 소극설이 주장되며, 소극설은 다시 (ⅰ) 명시적 의사표시를 요한다는 견해와 (ⅱ) 묵시적 의사표시로 족하다는 견해로 대립된다.

(3) 판 례

대법원은 국유하천부지의 일부가 사실상 대지화되어 그 본래의 용도에 공여되지 않는다 하더라도 용도폐지를 하지 않은 이상 당연히 잡종재산이 된다고 할 수 없다 판시해 소극설을 취하나, 후술하듯 그 공용폐지의사는 묵시적 의사표시로 족하다 판시해 ②-(ⅱ)설을 취한다.

(4) 검토 및 소결

공물의 공시적 기능이 불충분한 점 및 그 판단기준도 모호하다는 점에 비추어 별도의 공용폐지행위를 요한다 봄이 타당하나, 다만 그 폐지행위는 묵시적 의사표시로도 족하다 볼 것이며, 이로 인한 문제점은 묵시적 공용폐지의사의 인정 요건을 엄격히 함으로써 해결할 수 있다.

설문의 경우, A가 1950. 3. 1.자로 점유개시한 점이 보이나, 1976.12.31.자 토지대장의 기재 및 1995. 10. 20.자 대한민국 명의의 보존등기 경료의 점에 비추어 공용폐지의사를 인정하기 어려우므로, 형체적 요소의 소멸에도 불구하고 당해 도로는 공물의 성질을 유지한다.

4. 공물의 시효취득으로 인한 공용폐지 가부
(1) 학 설

① 공물은 공적 목적에 제공된 물건이므로 공용폐지가 없는 한 시효취득의 대상이 될 수 없다는 부정설, ② 공물의 융통성이 인정되는 한도 내에서 제한적 시효취득 가능하다는 제한적 긍정설, ③ 묵시적 공용폐지가 있는 것으로 보아 완전한 권리를 취득한다는 완전시효취득설이 주장된다.

(2) 판 례

최근 대법원은 "공용폐지의 의사표시는 명시적 의사표시뿐만 아니라 묵시적 의사표시도 무방하다." 판시한 바 있으나 다만 그 인정을 위하여는 "공물이 사실상 본래의 용도에 사용되고 있지 않다거나 행정주체가 점유를 상실하였다는 정도의 사정으로는 부족하고, 주위의 사정을 종합하여 객관적으로 공용폐지 의사의 존재가 추단될 수 있어야 한다." 판시한 바 있다.

(3) 검토 및 소결

개정 국유재산법 제7조 제2항 및 공유재산 및 물품관리법 제6조 제2항이 행정재산은 시효취득의 객체가 되지 아니함을 명시하여 이를 입법적으로 해결한 바, 이에 따르면 당해 도로가 공공용물인 이상 A의 시효취득의 여지는 없다.

5. 설문의 해결

행정청의 묵시적 공용폐지 의사를 인정할 수 없고, 개정법에 따라 시효취득도 불가하므로 당해 도로는 공용폐지가 없다 볼 것이고, 공공용물로서 공물의 성질을 상실하지 않는다.

Ⅱ. 설문 2의 해결
1. 쟁점의 정리

먼저, ① A의 도로점용허가로 인한 도로의 이용이 공물의 허가사용인지, 특별사용허가인지 여부를 검토하고, ② 일반인들의 도로의 통행이 공물의 일반사용에 해당하는지 여부를 살핀 후, ③ 양자의 병존 가능성을 검토한다.

2. A의 도로점용허가의 법적 성질

(1) 공물의 허가사용관계와 특별사용관계

① 공물의 허가사용이란 공물의 사용이 타인의 공동사용을 방해하거나 공공질서에 위해를 줄 우려가 있는 경우 그 사용을 금지하면서 특정한 경우 그 금지를 해제하여 그 공물의 사용을 허용하는 관계를 의미하며, ② 특별사용이란 공물관리청이 그의 공물관리권에 의해 특정인에 대해 일반인에게는 허용되지 않는 특별한 사용권을 설정하여 사용하도록 하는 것을 의미한다.

(2) 설문의 경우

관례는 '도로점용이라 함은 일반공중의 공용되는 도로에 대하여 이러한 일반사용과는 별도로 도로의 특정 부분을 유형적·고정적으로 사용하는 이른바 특별사용을 뜻하는 것'이라 관시한바 특정부분에 대한 유형적 고정적 사용을 특별사용허가의 기준으로 삼는데, 설문의 경우 A가 도로를 사찰부지에 이용하고 있으므로 도로의 특정한 부분에 대한 유형적·고정적 사용에 해당하므로, 공물의 특별사용허가에 해당한다. 이러한 특별사용허가는 행정처분에 해당하는 형성적 행정행위로써 강학상 특허에 해당하며, 원칙적 재량행위에 해당한다.

3. 일반인들의 도로이용의 법적 성질

공공용물의 일반사용이란 일반인이 행정청의 특별한 허락을 받지 않고도 공공용물을 그 본래의 목적에 따라 타인의 공동사용에 지장을 주지 아니하는 범주 내에서 자유로이 사용하는 것을 말한다.

설문의 경우, 일반인의 도로이용은 도로의 본연의 목적인 통행 기능을 이용하는 것으로써 공물의 일반사용에 해당한다 봄이 타당하다.

4. 공물의 일반사용과 특허사용의 병존가능성

관례는 '도로의 특별사용은 반드시 독점적 배타적인 것이 아니라 그 사용목적에 따라서는 도로의 일반사용과 병존이 가능한 경우도 있고, 이러한 경우에는 도로점용부분이 동시에 일반공중의 교통에 공용되고 있다고 하여 도로점용이 아니라고 말할 수 없는 것'이라 관시한 바, 특별사용이 일반공중의 보통사용에 공용되는 보통의 도로사용을 감수하고 사용하는 경우라면 공물의 특허사용과 일반사용이 동시에 병존할 수 있다는 입장을 취한다. 따라서 설문의 경우 사찰출입에 대하여 통행료를 징수하는 등의 사정이 없는 이상, 점용권자 A가 일반인들의 당해 부지에 대한 통행을 수인하고 도로를 점용하고 있다 봄이 합리적이므로 양자는 병존 가능한 경우로 봄이 타당하다.

5. 소 결

A의 도로점용허가는 공물의 특별사용허가이고, 일반인의 사찰부지 출입은 공물의 일반사용허가에 해당하는바, A의 묵시적인 의사에 비추어 볼 때 양자가 병존 가능하다 볼 것이고, 따라서 일반인들도 당해 사찰부지의 일부를 통행할 수 있다.

| 강 평 |

1. 설문 1에 대하여

도로가 도로법의 적용을 받는 도로이고 도로의 공용폐지에 관하여 별도의 규정이 없는 경우에는 공공용물 중 인공공물의 소멸에 관한 일반이론에 따라 형체적 요소의 멸실이 인공공물인 도로의 소멸원인이 되는가의 견해 대립, 의사적 요소의 소멸로서 공용폐지행위가 반드시 명시적임을 요하는가의 견해 대립을 차례로 설명하여 결론을 내리면 충분할 것으로 본다. 공물의 시효취득으로 인한 공용폐지 가부까지는 논급할 필요가 없다고 본다.

2. 설문 2에 대하여

모범답안은 잘 정리하고 있다. 응시자 중에는 전혀 예상하지 못하였던 문제일 수도 있다. 그러나 당황할 필요는 없다. 평소 익혔던 기초실력을 충분히 발휘하여 답안 작성을 하면 된다. 이 사건 토지는 도로이고 도로는 공공용물이며 공공용물은 본래 일반 공중의 사용에 제공함으로 목적으로 하는 공물이므로 일반사용이 원칙이다. 도로의 점용허가는 도로의 특별사용이고, 특별사용은 반드시 독점적인 것이 아니므로, 특별사용에 지장이 없다면 일반사용이 가능하다고 보아야 한다. 기초실력을 발휘하여 작성한 답안이 의외로 높은 점수를 받을 수도 있다.

| 제1문(50점) |

甲은 2011년 9월 15일 A시에 다세대주택 건축허가를 받아 건축 중이었다. 2012년 1월 20일에 A시 시장은 대지 중 일부에 이웃 건축물 소유자의 담장이 설치되어 있다는 등의 이유로 甲에게 공사의 중지를 명령하였다. 그러나 甲은 A시 시장의 명령을 무시하고 공사를 계속하여 다세대주택을 완공하였다. 이후 2012년 3월 20일에 대지면적과 연면적을 일정 부분 증가하고, 세대수를 등으로 변경하는 내용의 건축변경허가를 신청하였다. 이에 A시 시장은 4월 24일 건축변경허가를 하면서 "건축사용승인 신청시까지 단지 내 침범된 인근 건축물의 담장부분을 철거하고 대지경계에 담장을 설치한 후 사용승인신청을 하여야 한다."는 내용을 부가하였다. 甲은 "건축사용승인 신청시까지 단지 내 침범된 인근 건축물의 담장부분을 철거하고 대지 경계에 담장을 설치한 후 사용승인신청을 하여야 한다."고 한 부분만의 취소를 구하는 소송을 제기하였다. 이 사안을 보고 다음 물음에 답하시오.

참고조문

건축법

제83조(옹벽 등의 공작물에의 준용) ① 대지를 조성하기 위한 옹벽, 굴뚝, 광고탑, 고가수조(高架水槽), 지하 대피호, 그 밖에 이와 유사한 것으로서 대통령령으로 정하는 공작물을 축조하려는 자는 대통령령으로 정하는 바에 따라 특별자치시장·특별자치도지사 또는 시장·군수·구청장에게 신고하여야 한다.

건축법시행령

제118조(옹벽 등의 공작물에의 준용) ① 법 제83조제1항에 따라 공작물을 축조(건축물과 분리하여 축조하는 것을 말한다. 이하 이 조에서 같다)할 때 특별자치시장·특별자치도지사 또는 시장·군수·구청장에게 신고를 하여야 하는 공작물은 다음 각 호와 같다.

1. 높이 6미터를 넘는 굴뚝
2. 높이 6미터를 넘는 장식탑, 기념탑, 그 밖에 이와 비슷한 것
3. 높이 4미터를 넘는 광고탑, 광고판, 그 밖에 이와 비슷한 것
4. 높이 8미터를 넘는 고가수조나 그 밖에 이와 비슷한 것
5. 높이 2미터를 넘는 옹벽 또는 담장
6. 바닥면적 30제곱미터를 넘는 지하대피호

7. 높이 6미터를 넘는 골프연습장 등의 운동시설을 위한 철탑, 주거지역·상업지역에 설치하는 통신용 철탑, 그 밖에 이와 비슷한 것

8. 높이 8미터(위험을 방지하기 위한 난간의 높이는 제외한다) 이하의 기계식 주차장 및 철골 조립식 주차장(바닥면이 조립식이 아닌 것을 포함한다)으로서 외벽이 없는 것

9. 건축조례로 정하는 제조시설, 저장시설(시멘트사일로를 포함한다), 유희시설, 그 밖에 이와 비슷한 것

10. 건축물의 구조에 심대한 영향을 줄 수 있는 중량물로서 건축조례로 정하는 것

(1) 甲의 소 제기는 적법한 것인지 설명하시오. (25점)

Advice
전형적인 부관에 대한 독립쟁송 가능성의 문제로서, 먼저 건축변경허가 및 부가된 내용의 법적성질을 검토한다. 건축변경허가는 강학상 허가로서 기속행위에 해당한다. 부가된 내용은 강학상 부관이며 부담으로 볼 수 있는 바, 이어 부관의 독립쟁송가능성에 대한 견해대립을 서술한다.

답안구성 예

I. 쟁점의 정리

II. 각 행정작용의 법적성질
  1. 건축변경허가의 법적성질
  2. 부가된 내용의 법적성질

III. 부관의 독립쟁송 가능성
  1. 학 설
  2. 판 례
  3. 검토 및 사안의 경우

IV. 소 결

(2) 적법하게 소송이 제기되었다면 수소법원이 원고의 청구를 인용할 수 있는지 그 판단방법과 기준에 관하여 설명하시오. (25점)

Advice
1. 본안에서는 부관의 위법성에 대해 검토하게 된다. 따라서 위법성과 관련해 부관의 가능성 및 한계를 살펴본다. 사안은 요건충족적 부관으로 법적근거 없이도 부가가 가능한바 가능성에 있어서는 문제없다. 한계에 대하여는 행정지도의 형식으로도 가능한 것을 부담의 형식으로 부가한 바 필요성의 원칙 즉, 비례원칙에 위반한 위법이 있다.

2. 따라서 당해 부관은 위법하나 그 위법의 정도는 명백해 보이지는 않는바 취소사유에 해당한다. 또한 위법한 부관의 독립취소가능성이 쟁점이 된다. 쟁점에 대한 견해대립을 체계적으로 서술한다.

| 제2문(30점) |

국가배상법상 이중배상금지에 관하여 설명하시오.

Advice

1. 국가배상법상 이중배상금지에 대한 약술형 문제로서 쟁점이 되는 것은 헌법 제29조 제2항 및 이에 의거한 국가배상법 제2조 제1항 단서가 위헌인지, 그리고 공동불법행위자가 있을 시 구상권 행사는 어떻게 되는지가 문제된다.

2. 따라서 목차를 『I. 서론, II. 이중배상금지규정의 의의 및 요건, III. 이중배상금지규정의 위헌 여부, IV. 공동불법행위자의 문제, V. 결론』으로 잡는다. II. 에서는 헌법 및 국가배상법 규정에 대한 법문언 및 판례의 태도 등을 상세히 서술한다. III. 에서는 위헌이라는 반대 견해와 이러한 제한이 헌법 자체에 규정되어 있으므로 위헌은 아니라는 판례의 태도를 소개한다. IV. 에서는 공동불법행위자의 구상권 문제에 대한 대법원 전원합의체 판례의 태도 및 헌법재판소의 입장에 대해 상세히 서술하며 자신의 견해를 밝힌다.

| 제3문(20점) |

국유재산의 무단점유자에 대한 변상금에 관하여 설명하시오.

Advice

1. 국유재산의 무단점유자에 대한 변상금에 관한 문제로서 다소 지엽적인 쟁점이다. 주어지는 법전을 활용해 최대한 쟁점을 뽑아내야 한다. 국유재산법 제72조 제1항은 변상금에 관한 내용을 규정하고 있다. 쟁점은 변상금의 의의, 법적성질, 부과대상 및 부과권자 등을 다룰 수 있고 출제년도에는 나오지 않았던 판례로서 변상금 부과와 부당이득반환청구의 병존가능성에 대한 최신판례가 있다(대판 2014. 7. 16. 2011다76402).

2. 따라서 목차를 「I. 서론, II. 변상금의 의의 및 법적 성질, III. 부과대상 및 부과권자, IV. 다른 제도와의 관계, V. 결론」으로 잡는다. II. 에서는 변상금의 의의 및 그 법적 성질이 처분인지 기속행위 인지를 다루고, III. 에서는 국유재산법 관련 법규정을 적시한다. IV. 에서는 변상금 부과처분과 사용료 부과처분의 관계(대판 2013. 3. 26. 2012두20663) 및 변상금 부과처분과 부당이득 반환청구와의 관계(대판 2014. 7. 16. 2011다76402) 등에 대한 판례의 태도를 상세히 소개한다.

답안구성 예

Ⅰ. 서 론

Ⅱ. 변상금의 의의 및 법적 성질
  1. 변상금의 의의
  2. 변상금의 처분성 여부

Ⅲ. 부과대상 및 부과권자(국유재산법 제72조)

Ⅳ. 다른제도와의 관계
  1. 변상금 부과처분과 사용료의 관계
  2. 변상금 부과처분과 부당이득 반환청구와의 관계

Ⅴ. 결 론

| 제1문 | 서울특별시 X지구에 위치한 사설학원에서 대학입학전문상담사로 근무하는 甲은 과학적이고 체계적인 학생입학지도를 위해 「공공기관의 정보공개에 관한 법률」에 따라 교육과학기술부장관 乙에게 각 학교별 성적분포도를 포함하여 서울지역 2010년 대학수학능력시험평가 원데이터에 관한 정보(수능시험정보)의 공개를 청구하였다. 이에 대해 乙은 甲의 청구대로 응할 경우 학교의 서열화를 야기할 뿐만 아니라 업무의 공정한 수행에 현저한 지장을 초래한다는 이유로 비공개결정을 하였다. 甲의 권리구제와 관련하여 다음의 질문에 답하시오. (단, 무효등확인심판과 무효등확인소송은 제외한다) (총 50점)

(1) 甲이 현행 행정쟁송법상 권리구제의 수단으로 선택할 수 있는 방식에 대해 기술하시오. (10점)

(2) 乙이 비공개결정을 한 이유의 타당성을 검토하시오. (10점)

(3) 만약 甲이 행정심판을 제기한 경우에 행정심판위원회는 어떠한 재결을 할 수 있는지 행정심판 유형에 따라 기술하고, 이때 행정심판법상 甲의 권리구제수단의 한계에 대해서도 검토하시오. (20점)

(4) 만약 甲이 취소소송을 제기하여 인용판결이 확정되었음에도 불구하고 乙이 계속 정보를 공개하지 않을 경우 甲의 권리구제를 위한 행정소송법상 실효성 확보수단과 그 요건 및 성질에 대해 기술하시오. (10점)

I. 설문 (1)의 해결
1. 문제의 소재
2. 행정소송
  (1) 거부처분취소소송
  (2) 의무이행소송
3. 행정심판
  (1) 거부처분취소심판
  (2) 의무이행심판
4. 집행정지

II. 설문 (2)의 해결
1. 문제의 소재
2. 정보공개법 조문과 판단기준

3. 사안의 경우
4. 소 결

III. 설문 (3)의 해결
1. 인용재결의 종류
2. 권리구제수단상의 한계
  (1) 거부처분취소심판의 경우
  (2) 의무이행심판의 경우

IV. 설문 (4)의 해결
1. 문제의 소재
2. 간접강제의 의의
3. 요 건
4. 성 질

I. 설문 (1)의 해결

1. 문제의 소재

비공개결정을 甲의 공개신청에 대한 거부라고 한다면, 甲이 제기할 수 있는 행정쟁송법상 권리주제 수단으로 취소소송, 의무이행소송, 거부처분취소심판, 의무이행심판을 들 수 있다. 이 밖에 보전소송으로서 집행정지를 생각해 볼 수 있다.

2. 행정소송

(1) 거부처분취소소송

정보공개거부처분에 대해 거부처분취소소송 제기를 고려해 볼 수 있다. 소가 적법하기 위해서는 판례에 따르면 법규상·조리상 신청권이 인정되어야 하는데 공공기관의 정보공개에 관한 법률(이하 정보공개법이라 한다) 제5조상 일반적 정보공개청구권이 인정되기 때문에 신청권이 인정된다.

(2) 의무이행소송

현행 행정소송법상 의무이행소송에 대해 긍정하는 입장은 행정소송법 제3조와 제4조의 쟁송형태는 예시적인 규정들에 불과하고 행정소송법 제4조 제1호의 변경을 적극적인 변경으로 해석하는데 반하여, 부정적인 입장은 권력분립상 불가능하고 동법 제3조와 제4조의 소송은 한정적이고 열거적인 것이며 제4조 제1호의 변경은 일부취소에 불과하다고 본다. 현행 행정쟁송법상 의무이행소송은 부정되므로 각하될 수밖에 없다. 다만 입법론적으로는 이러한 형태의 소송들이 적극적으로 도입되는 것이 국민의 권리구제와 재판청구권의 보장이라는 관점에서 타당하다고 본다.

3. 행정심판

(1) 거부처분취소심판

행정심판법 제5조 제1호에 근거해 교육과학기술부장관 乙의 정보공개거부처분에 대한 거부처분취소심판을 제기할 수 있다. 다만, 행정심판의 경우 권력분립의 문제가 없어 거부처분의 경우 의무이행심판을 통해 보다 적극적인 권리구제가 가능하다.

(2) 의무이행심판

행정심판법 제5조 제3호에 근거해 당사자의 신청에 대한 행정청의 위법 또는 부당한 거부처분이나 부작위에 대하여 일정한 처분을 하도록 하는 의무이행심판 제기가 가능하다.

4. 집행정지

거부처분에 대한 집행정지를 인정할 수 있는지에 대해 부정하는 입장이 일반적이나, 허가갱신 등의 제한적인 경우 인정하는 것이 타당하다고 본다.

Ⅱ. 설문 (2)의 해결

1. 문제의 소재

정보공개결정은 정보공개법 제9조의 조문의 취지와 정보비공개결정행위의 성질과 분야, 공익관련성을 고려하건대 재량행위이다. 이하에서는 수능시험정보가 비공개대상인지여부는 정보공개법 제9조의 조문을 분석한 후, 판례가 제시한 판단기준에 따라 판단해 본다.

2. 정보공개법 조문과 판단기준

설문에서 문제가 되는 조문인 정보공개법 제9조 제1항 제5호는 시험에 관한 사항으로서 공개될 경우 업무의 공정한 수행에 현저한 지장을 초래한다고 인정할 만한 상당한 이유가 있는 정보는 공개하지 아니한다고 규정하고 있다. 즉, 객관적으로 시험에 관한 정보여야 하고, 주관적으로 업무의 공정한 수행에 현저한 지장을 초래한다고 인정할 만한 상당한 이유가 있는 정보여야 한다.

판례에 따르면 공개될 경우 업무의 공정한 수행에 현저한 지장을 초래한다고 인정할 만한 상당한 이유가 있는 경우라 함은 공개될 경우 업무의 공정한 수행이 객관적으로 현저하게 지장을 받을 것이라는 고도의 개연성이 존재하는 경우를 의미한다.

3. 사안의 경우

설문의 수능시험 정보는 시험에 관한 정보로서 객관적 요건은 충족한다. 따라서 사안에서는 주관적 요건에 충족하는지가 문제되는데, 乙이 주장하는 것처럼 학교별 성적분포도를 포함하여 서울지역 2010년 대학수학능력시험평가 원데이터에 대한 정보(수능시험정보)가 공개되면 학교의 서열화를 야기하는 측면이 일부 존재한다. 그러나 현행 입시제도 하에서 수능점수가 대입에서 큰 비중을 차지하는 현실을 감안할 때 학교별 성적분포도를 공개함으로써 학생·학부모·교사의 입시혼란을 방지할 수 있고, 학교별 성적이 공개됨으로써 학생지도에 있어 학교의 책임성이 강화될 수 있다. 따라서 교육과학기술부장관 乙이 주장하는 학교 서열화의 우려보다 입시지도 편의성 및 학교 책임성 강화라는 공익이 더 크므로 수능시험정보는 그 공개로 인하여 수능시험 업무의 공정한 수행이 객관적으로 현저하게 지장을 받을 것이라는 고도의 개연성이 존재한다고 볼 수 없다. 따라서 수능시험정보는 정보공개법 제9조 제1항 제5호 소정의 비공개대상정보에 해당하지 아니한다.

4. 소 결

따라서 乙이 비공개결정을 한 이유는 타당하지 않으며, 甲이 거부처분취소 심판·소송을 제기할 경우 행정심판위원회와 수소법원은 인용해야 한다.

Ⅲ. 설문 (3)의 해결

1. 인용재결의 종류

행정심판법 제43조 제3항에 의하면 청구인의 신청을 인용하는 재결의 형태로는 취소재결, 취소명령재결이 있다. 구법과 달리 개정 행정심판법 제43조 제3항에서 구법과 달리 취소명령재결의 규정이 삭제되어 있는 것과 관련하여 문리해석을 하는 입장에서는 취소명령재결이 불가능하다고 해석하게 되지만, 당해 행정청의 권한 존중 측면에서 취소명령재결도 가능하다고 볼 수 있다.

2. 권리구제수단상의 한계

(1) 거부처분취소심판의 경우

거부처분취소심판을 제기한 경우 행정심판위원회로부터 거부처분취소재결, 거부처분취소명령재결을 받을 수 있다. 그러나 현행 행정심판법 제43조에서는 의무이행심판의 이행명령에 대한 재처분의무만 규정하고 있고 취소심판의 인용재결에 대한 재처분의무는 존재하지 않는다. 이에 대해 국민의 권리구제에 유리하도록 동법 동조 제1항에 재처분의무도 포함하는 것으로 해석하는 경우에는 재처분의무가 존재한다.

(2) 의무이행심판의 경우

의무이행심판을 제기한 경우 행정심판위원회로부터 행정심판법 제43조 제5항에 따라 신청에 따른 처분재결, 처분명령재결을 받을 수 있다. 거부처분에 대한 처분명령재결의 경우 행정심판법 제49조 제2항에 의하여 재처분의무가 존재한다. 그러나 재처분의무를 불이행하는 경우가 문제되는데, 이때 행정심판법 제50조 제1항에 의하여 시정명령을 내리고, 그래도 불이행하면 직접 처분이 가능하다.

그러나 정보를 행정청인 교육과학기술부 장관 乙이 독점하는 경우에는 행정심판위원회의 정보공개와 관련된 시정명령이나 직접처분은 한계를 가질 수 밖에 없다. 따라서 입법론으로 행정심판에 대하여도 행정소송법 제34조의 간접강제가 가능하도록 규정을 도입하자는 논의가 존재하며 타당하다고 본다.

Ⅳ. 설문 (4)의 해결

1. 문제의 소재

甲이 거부처분취소소송을 제기하여 인용판결을 받은 경우 행정소송법 제30조 제2항의 기속력에 의해 乙에게 재처분의무가 발생한다. 그러나 乙이 이를 인용판결의 취지에 따른 재처분을 하지 않는 경우에 대비하여 행정소송법에서는 제34조에서 간접강제 규정을 두고 있다.

2. 간접강제의 의의

현행 행정소송법은 판결의 기속력을 담보하기 위하여 제34조에서 간접강제규정을 두고 있다. 수소법원은 당사자의 신청에 의하여 결정으로써 상당한 기간을 정하고 행정청이 그 기간 내에 이행하지 아니하는 때에는 그 지연기간에 따라 일정한 배상을 할 것을 명하거나 즉시 손해배상을 할 것을 명할 수 있다.

3. 요 건

① 거부처분취소판결 등이 확정되었을 것, ② 행정청이 재처분의무를 이행하지 않을 것, 즉 행정청이 아무런 처분을 하지 않고 있을 때 간접강제가 가능하다.

4. 성 질

간접강제는 판결을 이행할 때까지 손해를 배상하도록 하는 것인데, 금전적인 의무부과를 통하여 간접적으로 의무의 이행을 확보하고자 하는 것이다. 판례에 따르면 간접강제는 재처분의무를 이행한 이후에는 목적을 상실하므로 더 이상 배상금을 추심하는 것이 허용되지 않는다.

정보공개청구에 있어 정보를 乙이 독점하는 경우 간접강제가 정보를 공개하도록 만들 수 있는 가장 적절하고 유일한 수단이 될 수 있다.

| 강 평 |

1. 설문 (1)의 경우

(1) 현행 행정쟁송법상의 권리구제수단이므로 현행 행정심판법과 현행 행정소송법상의 수단인 취소심판과 의무이행심판 및 취소소송의 가능성을 검토하고 (무효등확인쟁송은 제외하므로) 아울러 명문규정은 없지만 학설상 논의되는 의무이행소송의 가능성을 검토하면 된다. 그런데 단순히 권리구제수단을 나열하면 충분한 것이 아니라 이유(왜)의 논증이 중요한 부분이다. 즉, 항고쟁송의 제기가능성은 원고적격(청구인적격)과 대상적격이 핵심쟁점인바 이 부분을 좀 더 중점적으로 구체적인 검토를 필요로 한다.

(2) 원고적격의 문제에 있어서 '법률상 이익'의 의미와 정보공개법 제5조 제1항과 관련하여, 정보공개를 청구할 수 있다는 의미는 정보공개를 청구할 법률상 보호되는 구체적인 권리가 인정된다는 의미로서 정보공개거부처분을 받은 것 자체가 법률상 이익의 침해이므로 그 외에 추가로 어떠한 이익을 가질 것을 요구하지 않는다는 점(대법원 2004. 9. 23, 2003두1370 〈부작위위법확인〉)을 지적할 필요가 있다.

(3) 또한 대상적격과 관련하여, 거부처분의 성립요건 및 특히 거부처분의 전제요건이 되는 신청권의 존부와 관련하여, 구체적 사건에서 신청인과 상관없이 관계법규의 해석에 의하여 일반국민에게 그러한 신청권을 인정할 수 있는가에 따라 추상적으로 결정되는 것이라는 점에서, 정보공개법 제5조 제1항 '모든 국민이 정보공개를 청구할 수 있다'는 규정과 연결하여 검토한다.

(4) 이렇게 하여 취소심판·의무이행심판 및 취소소송이 가능하다는 점을 검토한 후, 거부처분에 대한 집행정지의 가능성과 의무이행소송의 가능성을 학설·판례를 통한 간단한 검토를 하면 된다.

2. 설문 (2)의 경우

(1) 먼저 정보공개법상 비공개대상정보의 해당여부를 검토한다. 즉, 乙의 비공개결정이유인 '학교의 서열화 야기'와 '업무의 공정한 수행에 현저한 지장초래'가 각각 정보공개법 제9조 제1항 제 몇 호에 해당하는 것인지, 또 그 비공개사유의 의미는 구체적으로 무엇인지 검토한다. 즉, 동법 제9조 제1항 제5호의 사유와 제7호의 사유에 포함될 수 있는지 검토한다.

(2) 다음, 정보공개결정의 재량행위 여부와 비공개여부의 판단기준 및 비공개사유의 입증 등을 차례로 검토한다. 즉, 비공개대상정보는 비밀정보 또는 공개금지정보를 뜻하는 것이 아니므로 당해 정보의 공개로 달성될 수 있는 공익 및 사익과 비공개로 하여야 할 공익 및 사익을 종합적으로 비교·교량하여 구체적 사안에 따라 개별적으로 공개여부를 결정해야 한다는 점 및 정보공개를 거부하기 위해서는 어느 부분이 어떠한 법익 또는 정보공개법 제9조 제1항 제 몇 호에 정하고 있는 비공개사유에 해당하는지를 주장·입증하지 아니한 채 공개대상 전부에 대하여 개괄적인 사유만을 들어 공개를 거부하는 것은 허용되지 않는다(대법원 2007. 2. 8, 2006두4899 〈행정정보공개청구거부처분취소〉)는 점을 지적할 필요가 있다.

3. 설문 (3)의 경우

(1) 20점 배점짜리 라는 점에서 좀 더 구체적 검토가 필요한데 모범답안은 이점을 좀 소홀히 하였다. 먼저, 행정심판유형에 따른 재결유형을 설명하고, 다음, 재결의 기속력으로서 재처분의무와 직접처분의 각각의 한계를 검토한다.

(2) 행정심판의 유형으로서 거부처분 취소심판과 의무이행심판이 가능한바, 기각재결이 아닌 인용재결을 하는 경우 인용재결의 유형은 심판청구의 내용에 따라 취소재결과 의무이행재결로 구분할 수 있고, 그 효력에 따라 형성재결(처분재결)과 명령재결(처분명령재결 또는 이행재결)로 구분할 수 있다. 그런데 처분을 취소하는 재결은 재결의 형성력에 의하여 형성재결이라 할 수 있으나, 다른 처분으로 변경하는 재결이나 의무이행재결의 경우는 형성재결과 명령재결이 모두 가능하고 그 선택여부는 행정심판위원회의 재량이라 할 것인바, 사안의 경우 수능시험정보공개는 행정심판위원회가 대신 할 수 있는 성질의 것이 아니므로 형성재결은 곤란하고 乙이 甲에게 정보를 공개하도록 명하는 명령재결만이 가능할 것이다. 명령재결의 내용의 특정성 정도는, 심판청구의 대상인 처분이 기속행위인 경우에는 신청에 따른 처분을 하도록 재결할 것이나, 재량행위인 경우에는 하자 없는 재량권행사를 명하는 재결로 족하다고 본다.

(3) 다음, 행정심판법상 권리구제수단의 한계의 문제는 인용재결의 기속력의 한계문제이다. 따라서 기속력의 의의를 설명하고, 기속력의 내용으로서 재처분의무와 직접처분의 가능성을 검토하면 된다. 먼저, 재처분의무의 경우 행정심판법이 의무이행재결 및 절차하자로 인한 취소재결의 효력으로 규정하는 있는바(제49조 제2항, 제3항), 거부처분취소재결에 재처분의무의 인정여부에 대해 당연히 포함된다는 적극설과 명문규정이 있을 때에만 가능하다는 소극설의 대립이 있다. 甲이 거부처분취소심판으로 제기한 경우에는 소극설에 따르면 권리구제에 한계가 있다고 할 것이다. 다음, 직접처분의 경우, 의의·요건·한계의

순서로 검토하고 사안에 적용하면 되는바, 행정심판위원회는 피청구인이 재결의 내용에 따른 처분을 하지 아니하는 경우에는 당사자가 신청하면 기간을 정하여 서면으로 시정을 명하고 그 기간 내에 이행하지 아니하면 직접처분을 할 수 있다(동법 제50조 제1항). 직접처분의 요건은 ① 의무이행심판의 인용재결이 존재할 것, ② 피청구인의 재결의 불이행이 있을 것, ③ 당사자의 신청이 있을 것, ④ 행정심판위원회가 시정명령을 하였을 것, ⑤ 시정명령의 불이행이 있을 것 등이다. 직접처분의 한계는 직접처분의 요건을 모두 충족하고 있다 하더라도 해당 처분의 성질이나 그 밖의 불가피한 사유로 행정심판위원회가 직접처분을 할 수 없는 경우에는 직접처분을 아니할 수 있는바, 사안과 같이 해당 행정청만이 보유하고 있는 정보공개청구에 대한 이행재결이 이에 해당한다고 할 수 있다.

4. 설문 (4)의 경우

(1) 행정소송법상 간접강제의 의의와 요건 및 성질을 검토하면 된다. 간접강제의 요건은 거부처분취소판결이 확정되었을 것과 행정청이 판결의 취지에 따른 처분을 하지 않았을 것이다. 행정청이 판결의 취지에 따라 다시 이전의 신청에 대한 처분을 하지 아니한 경우는 물론, 재처분을 하였더라도 그것이 종전의 거부처분에 대한 취소의 확정판결의 기속력에 반하는 등으로 당연무효인 경우 간접강제를 신청할 수 있다.

(2) 다음, 간접강제 방법은 배상금을 추심하는 것인데, 이는 재처분의무의 이행을 확실히 담보하기 위한 것으로서, 재처분의 지연에 대한 제재나 손해배상이 아니고 재처부의 이행에 관한 심리적 강제수단에 불과하여 일종의 이행강제금에 유사한 성질의 것이라 할 것이다.

| 제2문 | 甲은 A공단 소속 근로자로서 노동조합 인터넷 게시판에 A공단 이사장을 모욕하는 내용의 글을 게시하였고, A공단은 甲이 인사규정상 직원의 의무를 위반하고 품위를 손상하였다는 사유로 甲에 대하여 직위해제처분을 한 후 동일한 사유로 해임처분을 하였다. A공단의 인사규정은 직위해제기간을 승진소요 최저연수 및 승급소요 최저근무기간에 산입하지 않도록 하여 직위해제처분이 있는 경우 승진 승급에 제한을 가하고 있고, A공단의 보수규정은 직위해제기간 동안 보수의 2할(직위해제기간이 3개월을 경과하는 경우에는 5할)을 감액하도록 규정하고 있다. 甲은 중앙노동위원회에 직위해제처분 및 해임처분에 대해 부당해고 재심판정을 구하였으나 기각되었다. 이후 甲은 재심판정 중에서 해임처분의 취소를 구하는 소송을 제기하여 다투고 있는 중이다. (총 25점)

(1) 직위해제처분의 법적 성격과 해임처분이 직위해제처분에 미치는 효과에 대하여 검토하시오. (10점)

(2) 만약 甲이 위 해임처분에 관한 취소소송과는 별도로, 재심판정 중에서 직위해제부분의 취소를 구하는 소송을 제기하는 경우 이러한 소의 제기는 적법한가? (15점)

Ⅰ. **설문 (1)의 해결**
  1. 직위해제처분의 법적 성격
    (1) 처분성
    (2) 잠정성
  2. 해임처분이 직위해제처분에 미치는 영향
    (1) 양자의 관계
    (2) 직위해체처분의 효력
Ⅱ. **설문 (2)의 해결 : 직위해제처분 취소소송의 적법성**
  1. 문제의 소재

  2. 대상적격
    (1) 원처분주의와 재결주의
    (2) 재심판정의 대상적격
  3. 협의의 소의 이익
    (1) 의 의
    (2) 입법상 과오 여부
    (3) 제12조 제2문상 법률상 이익의 성질과 범위
    (4) 소의 이익이 없는 경우
    (5) 설문의 경우
  4. 소 결

2011

답안작성   박 0 0 / 2010년도 5급 공채 일반행정직 합격

Ⅰ. 설문 (1)의 해결

1. 직위해제처분의 법적 성격

(1) 처분성

행정소송법 제2호 제1호에 따르면, 처분이라 함은 행정청이 행하는 구체적 사실에 관한 법집행으로

서의 공권력의 행사 또는 그 거부와 그 밖에 이에 준하는 행정작용을 의미한다. 판례는 이에 더해 국민의 권리·의무에 직접적인 변동을 가져오는 경우 처분성이 인정된다고 본다. 설문의 직위해체처분은 공무원 신분은 유지하나, 그 직위를 박탈하여 설문에 설시된 바와 같이 보수와 승진 상의 권리·의무 변동을 가져오므로 행정소송법 소정의 처분에 해당한다.

(2) 잠정성
직위해제처분은 후행의 해임처분을 하기 전에 잠정적으로 甲의 직위를 박탈하는 것으로서 잠정성을 특징으로 한다.

2. 해임처분이 직위해제처분에 미치는 영향
(1) 양자의 관계
해임처분과 직위해제처분은 동일한 사유에 의해 행해지는 선·후행처분의 관계에 있다. 따라서 직위해제처분은 해임처분이라는 본 행위에 앞선 잠정적인 조치에 해당한다.

(2) 직위해체처분의 효력
판례에 따르면 동일한 사유에 대하여 본 행위인 해임처분이 있게 되면 잠정적인 조치로서 직위해제처분의 효력은 소멸한다. 이 때 직위해제처분의 효력은 소급적으로 소멸하는 것이 아니라 사후적으로 그 효력이 상실됨을 의미한다(대법원 2010. 7. 29. 선고 2007두18406 판결 〈부당해고구제재심판정중직위해제부분취소〉).

Ⅱ. 설문 (2)의 해결 : 직위해제처분 취소소송의 적법성
1. 문제의 소재
침익적 처분의 상대방으로서 甲에게는 원고적격이 쉽게 인정될 수 있고, 행정심판전치주의, 제소기간 등의 소송요건은 문제가 없어 보인다. 따라서 이하에서는 직위해제처분 재심판정을 대상으로 제소하는 것이 적법한지 원처분주의와 재결주의의 문제, 직위해제처분을 다투는 것이 협의의 소의 이익이 있는지를 중심으로 검토한다.

2. 대상적격
(1) 원처분주의와 재결주의
행정소송법 제19조에 따르면 현행 행정소송법은 원처분주의를 따르고 있다. 다만 감사원의 재심판정, 중앙노동위원회의 재심판정, 특허심판원의 판정에 대해서는 재결을 소송대상으로 해야 한다.

(2) 재심판정의 대상적격
판례에 따르면 당사자가 지방노동위원회의 처분에 대하여 불복하기 위해서는 처분 송달일로부터 10

일 이내에 중앙노동위원회에 재심을 신청하고 중앙노동위원회의 재심판정서 송달일로부터 15일 이내에 중앙노동위원장을 피고로 하여 재심판정취소의 소를 제기하여야 한다(대법원 1995. 9. 15. 선고 95누6724 판결〈노동쟁의중재회부결정취소〉). 따라서 甲이 중앙노동위원회의 재심판정에 대해 불복하여 취소소송을 제기하는 경우 대상적격을 충족한다.

3. 협의의 소의 이익

(1) 의 의
협의의 소의 이익이란 재판을 통한 권리보호의 필요로서 소의 이익 존재여부를 판단하여 소권남용을 방지하기 위한 취지에서 도입되었다. 행정소송법 제12조 제2문에 규정되어 있다.

(2) 입법상 과오 여부
행정소송법 제12조 제2문에는 처분의 효력이 소멸된 뒤에도 법률상 이익이 있는 경우도 같다라고 규정되어 있다. 이에 대해 입법상 과오설과 입법상 비와오설이 대립한다.

(3) 제12조 제2문상 법률상 이익의 성질과 범위
이에 대해 다수설은 동법 동조 상의 법률상 이익이 계속적 확인소송의 정당한 이익이라 보는 반면, 취소소송의 권리보호의 필요에 불과하다고 보는 견해도 존재한다. 이 때의 법률상 이익의 범위에 대해 정치·경제·사회·문화적 이익까지 포함시켜 제1문에 비해 넓게 보는 것이 다수의 견해이며 국민의 권리구제측면에서 타당하다고 생각한다.

(4) 소의 이익이 없는 경우
일반적으로 ① 보다 간이한 방법이 있는 경우 ② 이론적 의미만 있는 경우 ③ 부당한 목적으로 제소한 경우 ④ 소권이 실효된 경우 ⑤ 처분의 효력이 소멸한 경우 소의 이익이 없다.

(5) 설문의 경우
일반적인 경우 후행 처분으로 인하여 선행 처분의 효력이 소급적으로 소멸된다면 선행처분을 다툴 소의 이익이 없다. 그러나 설문의 경우 직위해제처분이 있고 이후에 동일한 사유로 해임처분이 있다면 직위해제처분의 효력은 사후적으로 상실된다. 따라서 직위해제처분에 기하여 발생한 효과는 당해 직위해제처분이 실효되더라도 소급하여 소멸하는 것이 아니므로, 인사규정 등에서 직위해제처분에 따른 효과로 승진·승급에 제한을 가하는 등의 법률상 불이익을 규정하고 있는 경우에는 직위해제처분을 받은 근로자는 이러한 법률상 불이익을 제거하기 위하여 그 실효된 직위해제처분에 대한 구제를 신청할 이익이 있다(대법원 2010.7.29. 선고 2007두18406 판결〈부당해고구제재심판정중직위해제부분취소〉).

4. 소 결
甲의 직위해제처분 재심판정에 대한 취소소송은 적법하다.

┤ 강 평 ├

1. 설문 (1)의 경우

(1) 먼저 직위해제처분의 법적 성격은 직무배제성, 잠정성, 제재적 처분성, 징계와 구별의 순으로 설명하면 된다. 즉, 직위해제는 직위해제사유가 있는 경우 정상적인 공무집행 및 사무의 공정성 등을 저해할 우려를 사전에 방지하고자 미리 공직에서 배제하기 위한 가처분적인 직무배제조치이고(직무배제성), 일시적으로 직무에 종사하지 못하게 하는 잠정적 조치이며(잠정성), 강제적인 보직의 해제이고 복직이 보장되지 않는 처분이다(제재적 처분성). 따라서 징벌적 제재인 징계와 법적 기초·성질·사유 등을 달리하므로 시효의 적용을 받지 않고 양자간에 일사부재리의 원칙이나 이중처벌금지의 원칙이 적용되지 않는다(징계와 구별성).

(2) 다음, 해임처분이 직위해제처분에 미치는 효과는, 직위해제의 소멸효이다. 즉, 해임처분이 행해지면 직위해제처분의 효력은 당연히 소멸된다. 해임처분에 의하여 직위해제처분이 소급하여 소멸되는 것이 아니라, 해임처분이 직위해제처분을 대체하는 것이므로 해임처분시부터 장래에 향하여 직위해제의 효력이 상실된다.

2. 설문 (2)의 경우

(1) 소송요건에 관한 문제로서 대상적격과 협의의 소의 이익이 문제된다. 대상적격은 중앙노동위원회의 재심판정과 원처분주의와의 관계에 주의해야 한다.

특히 해임처분에 의하여 직위해제처분의 효력은 소멸되었으므로 이러한 상태에서 직위해제처분의 취소소송을 제기하는 경우 협의의 소의 이익이 인정될 수 있는지가 중요한 쟁점이 된다. 따라서 행정소송법 제12조 후문이 협의의 소익에 관한 규정인지의 여부, 여기서 '법률상 이익'의 의미 등에 대한 학설 및 판례를 검토한다.

(2) 다음, 이 조항에서 소의 이익이 부인되는 사례에서 처분의 효력이 소멸한 경우를 검토하는바, 원칙적 소익 부정과 예외적 소익인정의 경우를 검토하여 본 사안을 적용한다. 분쟁사례에서 A공단 인사규정상의 직위해제처분의 효과에 대하여 상세하게 기술하고 있으므로, 그러한 직위해제처분의 효과에 의해 해임되기 이전의 직위해제상태로 인한 불이익이 남아 있다는 점을 일일이 적시하고, 따라서 협의의 소의 이익이 예외적으로 인정되는 경우라는 것을 설명하면 된다.

| 제3문 | 甲은 K국립도서관의 허가를 받아 지하에서 4년 동안 구내식당을 운영하여 왔다. 그런데 K 국립도서관은 당해 시설을 문서보관실 등의 용도로 직접 사용할 필요가 발생하자, 허가를 취소하고 甲의 구내식당을 반환하여 줄 것을 요구하였다. 이에 대해 甲은 사용기간이 아직 1년이 남아있다고 주장하며 구내식당의 반환을 거부하였다. K국립도서관의 취소행위가 적법한지 여부와 구내식당을 반환받기 위한 K국립도서관의 행정법상 대응 수단에 관하여 설명하시오. (25점)

Ⅰ. **논점의 정리**

Ⅱ. **행정작용의 법적 성질**
  1. 구내식당 영업허가의 법적 성질
   (1) 강학상 행정행위
   (2) 강학상 특허
  2. 영업허가 취소의 법적 성질

Ⅲ. **영업허가 취소의 적법성**
  1. 철회의 근거
   (1) 견해의 대립

   (2) 검토 및 설문에의 적용
  2. 철회사유
  3. 철회권 행사의 제한

Ⅳ. **도서관의 행정법적 대응수단**
  1. 구내식당반환의무의 성질
  2. 대집행
  3. 직접강제
  4. 이행강제금

Ⅴ. **사안의 해결**

답안작성

박 ○ ○ / 2010년도 5급 공채 일반행정직 합격

Ⅰ. 논점의 정리

도서관 구내식당 허가의 법적성질이 공법상의 행정행위인지, 사법상 임대차계약인지 검토하고 행정행위라면 허가취소가 강학상 직권취소인지 철회인지 살펴본 후 사안의 경우 철회에 해당하는 것으로 보이는바, 행정행위의 철회에 관한 논의를 통해 허가취소가 적법한지 판단한다. 아울러 허가취소의 적법여부와 별도로 K도서관이 구내식당을 반환받기 위한 수단으로서 행정상 대집행, 직접강제, 이행강제금에 대해 검토한다.

Ⅱ. 행정작용의 법적 성질

1. 구내식당 영업허가의 법적 성질

(1) 강학상 행정행위

도서관 내 식당 영업허가는 공물의 목적 외 사용에 해당한다. 이러한 목적외 사용허가의 법적 성질을 두고 강학상의 행정행위설과 사법상 임대차계약설의 대립이 있다. 국유재산과 공유재산의 사용관계가 관리청이 공권력을 가진 우월적 지위에서 행하는 것으로서 국유재산법에서 허가의 취소·철회라는 용어를 사용하고 있는 점으로 보건대, 행정행위로 봄이 타당하다고 생각하며 다수설과 판례의 입장도 동일하다.

(2) 강학상 특허

허가는 일정한 요건을 갖춘 경우에 일반적으로 금지된 영업의 자유를 회복하는 정도만 형성하여 주는데 반하여, 특허는 공익을 고려하여 일반인에게는 허용되지 않는 특권을 새로이 설정하여 주는 것이다. 설문의 경우 국립도서관의 지하층 일부에 대한 식당사용허가는 후자에 해당하는 것으로서 강학상의 특허라고 봄이 타당하다.

2. 영업허가 취소의 법적 성질

K도서관의 구내식당 영업허가취소는 적법한 허가 이후에 당해 시설을 문서보관실 등의 용도로 직접 사용할 필요가 발생한 경우이다. 따라서 허가 당시의 위법을 제거하기 위해 소급하여 처분의 효력을 소멸시키는 직권취소가 아니라, 적법하게 발령된 처분을 장래에 대하여 효력을 소멸시키는 강학상 철회에 해당한다.

Ⅲ. 영업허가 취소의 적법성
1. 철회의 근거
(1) 견해의 대립

행정청의 철회권 행사시 법적 근거가 필요한 지에 대해 긍정설은 수익적 행정행위의 철회는 본질적인 영업의 자유에 대한 제한이므로 본질성설 내지 중요사항유보설의 입장에서 급부국가원리상 법률의 근거가 있어야 한다고 본다. 반면, 부정설은 사정변경에 대비하여 공익을 위해 탄력적인 행정이 가능하도록 하는 철회의 속성상 법률의 근거가 필요 없다고 본다. 판례는 불요설의 입장이다.

(2) 검토 및 설문에의 적용

수익적 행정행위의 철회는 침익적이므로 법적 근거가 필요하다고 보는 견해가 타당하다고 생각된다. 설문의 경우는 국유재산법 제36조가 철회의 법적 근거가 될 수 있으며, 판례에 따르면 법적근거가 없더라도 철회가 가능하다.

2. 철회사유

철회를 하기 위하여서는 다수설과 판례에 따르면 ① 철회권의 유보 ② 부담의 불이행 ③ 중대한 사실상의 사정변경 ④ 법률상의 변경 ⑤ 중대한 공익상의 요청이 있는 경우이어야만 한다. 설문의 경우 K도서관의 공간이 부족하여 문서보관실로 식당을 전용할 필요가 생긴 것은 중대한 사실상의 사정변경이나 중대한 공익상의 요청이 있는 경우에 해당한다고 볼 수 있다.

3. 철회권 행사의 제한

설사 철회사유가 인정된다고 하더라도 철회가 항상 가능하고 적법한 것이 아니라 ① 철회 이외의 보다 경미한 수단이 있는지 ② 영업전부에 대한 철회보다는 일부철회가 가능한지를 고려하여야 한다. ③ 또한 철회권 행사시 비례의 원칙이나 신뢰보호의 원칙 등 일반원칙도 충족해야 한다.

설문의 경우 영업허가의 일부취소나 다른 수단이 존재하는 것으로 보이지 않고, 비록 1년의 사용기간이 남아있기는 하지만 도서관 본래사용의 목적인 문서보관실의 부족에 따른 공간확보라는 공익이 甲의 영업의 자유라는 사익보다 크다고 보여지므로 철회권의 행사는 비례의 원칙이나 신뢰보호의 원칙에 반하지 않는다.

Ⅳ. 도서관의 행정법적 대응수단

1. 구내식당반환의무의 성질

행정의 실효성 확보수단을 강구하기 위해서는 우선적으로 의무의 성질을 파악하여야 한다. 설문의 구내식당 반환의무는 일종의 인도의무 내지 명도의무로서 비대체적인 작위의무에 해당한다.

2. 대집행

행정상 대집행이란 의무의 불이행시 행정청이 스스로 또는 제3자로 하여금 대체적 작위의무를 대신 이행하는 것을 의미한다. 대집행을 실시하기 위해서는 ① 공법상 의무 불이행이 있을 것 ② 대체적 작위의무일 것 ③ 의무실현 가능한 대체수단이 없을 것 ④ 공익상의 요청이 있을 것을 요구한다. 설문에서는 인도·명도의무라는 비대체적 작위의무에 대해서도 대집행을 실시할 수 있는지가 문제되는데, 일신전속적의무에 대해서는 대집행이 불가하다는 것이 다수설과 판례의 입장이다.

3. 직접강제

직접강제란 의무불이행이 있는 경우 행정청이 직접 의무의 대상이 되는 신체나 재산에 실력을 가하여 의무이행 상태를 도모하는 강제집행이다. 설문의 경우 대집행이 불가능하므로 직접강제가 활용될 수 있으나 법적근거가 반드시 필요하다.

4. 이행강제금

직접강제의 경우 직접 신체에 실력을 가하는 것으로서 인권침해의 소지가 발생할 수 있기 때문에 인도적인 방법으로서 이행강제금이 활용될 수 있다. 그러나 이행강제금을 부과하기 위해서는 법적 근거가 반드시 필요하다.

Ⅴ. 사안의 해결

1. K도서관 구내식당 영업허가는 공법상 행정행위이고 강학상 특허이다. 그리고 허가취소는 강학상 철회에 해당한다.

2. K도서관의 영업허가 취소는 법적 근거가 있고, 도서관의 본래 목적인 문서보관실 확보라는 중대한 공익상의 요청이 있으며, 이러한 공익이 甲의 사익보다 크다고 보여지므로 영업허가 취소는 적법하다.

3. 구내식당 반환의무는 비대체적 작위의무로서 대집행이 불가능하고 법적 근거가 있다면, 직접강제나 이행강제금 부과가 가능하다.

┤ 강 평 ├

1. 여기서 검토할 쟁점은 K국립도서관의 취소행위의 적법여부와 식당반환을 위한 행정법상 대응수단이다. 이를 해결하기 위해 우선 K국립국립도서관의 구내식당 운영허가의 법적 성질을 검토해야 하는바, 행정재산의 목적외 사용(공물의 사법상 계약에 의한 사용)의 근거(국유재산법)와 사용관계의 성질에 관한 학설·판례, 국유재산법상의 사용·수익자의 의무(동법 제38조의 취소·철회된 경우 원상회복의무)와 취소·철회(동법 제36조, 제37조)에 관해 설명한 후, 허가취소의 법적 성질(강학상 철회)을 검토한다. K국립도서관은 행정주체에 의하여 직접 행정목적에 공용되는 유체물이라는 점에서 공물인 행정재산이다. 따라서 구내식당은 국립도서관인 공물을 사용하는 관계로서 행정재산의 목적외 사용관계라 할 수 있다.

2. 다음, 허가취소의 적법여부는, 허가취소는 허가시의 하자를 이유로 한 것이 아니라 사후에 사정변경을 이유로 한 것이므로 강학상 철회에 해당한다고 할 것이므로, 일반적인 철회사유와 국유재산법상의 사유를 검토한 후, 수익적 행정행위의 철회권의 제한에 관해 검토한 후 사안을 적용하여 해결한다.

3. 식당반환을 위한 행정법상 대응수단은, 국유재산법 제74조 "행정대집행법을 준용하여 철거하거나 그 밖에 필요한 조치를 할 수 있다."는 근거에 의해 대집행 가능여부를 검토한 후 그 밖에 다른 조치수단을 알아본다. 다만, 甲은 허가철회로 인해 구내식당의 인도·명도의무가 있다는 점에서 대체적 작위의무라는 대집행의 요건충족에 문제가 있는바, 민사소송이나 공무집행방해죄 등이 논의될 수 있으며, 그 밖에 이행강제금이나 직접강제 등은 법적 근거가 문제된다.

| 제1문 | A시는 자신의 관할구역 내의 국유하천에 대한 주변자연환경개선계획(이하 '자연환경개선계획')을 발표하면서 현재 A시 소유의 시민체육공원이 포함된 부지를 시민자연생태공원용지로 그 지목과 용도를 변경하여 생태공원을 조성하고 생태학습장 및 환경교육센터 등을 설치한다고 고시하였다. 이러한 자연환경개선계획을 발표하는 과정에서 법령상 정해진 도시계획위원회의 심의는 거치지 않았다. 이 계획에 대해 인근 주민과 환경관련 시민사회단체(NGO)등은 적극적인 찬성 입장을 표명하였으나, 시민체육공원의 위탁관리주체인 서울올림픽기념국민체육진흥공단(이하 '진흥공단')은 A시의 자연환경개선계획에 대하여 '이는 국가예산의 낭비일 뿐만 아니라 시민체육공원을 정기적·부정기적으로 이용하는 국민 일반의 권리를 침해하는 것'이라면서 비판하고 있다. (총 40점)

(1) 진흥공단이 A시의 자연환경개선계획에 대해서 항고소송을 제기할 경우 당해 소송은 적법한가? (20점)

(2) A시의 국유하천주변 자연환경개선계획의 효력유무에 대해서 검토하시오.(단, 실체적인 요건은 모두 갖춘 것으로 전제한다) (10점)

(3) 인근 주민 甲은 평소 시민체육공원의 베드민천장을 정기적으로 이용하다가 A시의 자연환경개선계획으로 인해 이 시설을 더 이상 이용하지 못할 위험에 처했다. 이에 甲은 A시의 자연환경개선계획에 대해서 행정소송을 제기하려고 한다. 甲의 시민체육공원 시설이용의 법적 성질에 대해 검토하시오. (10점)

【 참고법률 】

※ 국민체육진흥법

제36조(서울올림픽기념국민체육진흥공단)

① 제24회 서울올림픽대회를 기념하고 국민체육 진흥을 위한 다음의 사업을 하게 하기 위하여 문화체육관광부장관의 인가를 받아 서울올림픽기념국민체육진흥공단(이하 '진흥공단'이라 한다)을 설립한다.

  1. 제24회 서울올림픽대회 기념사업

  2. 기금의 조성, 운용 및 관리와 이에 딸린 사업

3. 체육시설의 설치·관리 및 이에 따른 부동산의 취득·임대 등 운영 사업

4. 체육 과학의 연구

5. 그 밖에 문화체육관광부장관이 인정하는 사업

② 진흥공단은 법인으로 한다.

③ 진흥공단에 관하여 이 법에서 규정한 것 외에는「민법」중 재단법인에 관한 규정을 준용한다.

④ 진흥공단은 제1항 제3호에 따른 체육시설 중 제24회 서울올림픽대회를 위하여 설치된 체육시설의 유지·관리에 드는 경비를 충당하기 위하여 그 체육시설에 입장하는 자로부터 입장료를 받을 수 있다.

⑤ 제4항의 입장료를 받으려면 문화체육관광부장관의 승인을 받아야 한다. 승인받은 사항을 변경하려는 때에도 또한 같다.

※ 체육시설의 설치·이용에 관한 법률

제6조(생활체육시설)

① 국가와 지방자치단체는 국민이 거주지와 가까운 곳에서 쉽게 이용할 수 있는 생활체육시설을 대통령령으로 정하는 바에 따라 설치·운영하여야 한다.

② 제1항에 따른 생활체육시설을 운영하는 국가와 지방자치단체는 장애인이 생활체육시설을 쉽게 이용할 수 있도록 시설이나 기구를 마련하는 등의 필요한 시책을 강구하여야 한다.

제8조(체육시설의 개방과 이용)

① 제5조 및 제6조에 따른 체육시설은 경기대회 개최나 시설의 유지·관리 등에 지장이 없는 범위에서 지역 주민이 이용할 수 있도록 개방하여야 한다.

② 제1항에 따른 체육시설의 개방 및 이용에 관하여 필요한 사항은 문화체육관광부령으로 정한다.

I. 논점의 정리

II. 설문 (1)의 해결
  1. 소의 적법요건
  2. 대상적격
   (1) 행정계획의 의의 및 법적 성질
   (2) 사안의 경우
  3. 진흥공단의 원고적격
   (1) 진흥공단의 법적 성격
   (2) 행정소송법상 원고적격
   (3) 사안의 경우
  4. 소 결

III. 설문 (2)의 해결
  1. 당해 행정계획의 문제점

  2. 절차상 하자의 독자적 위법성 인정 여부
   (1) 학설의 입장
   (2) 소 결
  3. 위법의 정도
  4. 소 결

IV. 설문 (3)의 해결
  1. 시민체육공원의 법적 성질
  2. 공물의 자유사용
   (1) 의 의
   (2) 법적 성질
   (3) 인접주민의 고양된 일반사용권
  3. 소 결

V. 결 론

Ⅰ. 논점의 정리

1. 설문 (1)에서는 대상적격과 관련하여 A시의 자연환경개선계획이 처분에 해당하는지 그리고 진흥공단이 원고적격을 갖는지 근거법규와 관련법규의 사익보호성 도출을 통해서 살펴보아야 하며,

2. 설문 (2)에서는 자연환경개선계획의 절차적 하자가 독자적 위법성을 갖는지 그리고 그 위법의 정도는 어떠한지에 대한 검토를 통해 당해 계획의 효력유무에 대한 검토를 요한다.

3. 설문 (3)에서는 甲의 시문체육공원 시설이용이 자유사용에 해당하는 지 그리고 인접주민의 고양된 일반사용권이 인정될 수 있는지에 대한 검토를 요한다.

Ⅱ. 설문 (1)의 해결

1. 소의 적법요건

우리 행정소송법은 소가 적법하기 위해서는 대상적격과 원고적격을 갖추고 소의 이익이 있어야 함 등을 규정하고 있다. 사안의 경우 당해 자연환경개선계획이 항고소송의 대상이 되는 처분성을 갖는지 그리고 진흥공단이 원고적격을 갖추었는지에 대한 검토를 요한다.

2. 대상적격

(1) 행정계획의 의의 및 법적 성질

1) 행정계획의 의의

행정계획이란 행정주체가 일정한 행정활동을 위한 목표를 예측하여 설정하고, 서로 관련되는 행정수단의 조정과 종합화의 과정을 통해 장래 일정한 시점에 일정한 질서를 실현할 것을 목적으로 하여 정립하는 활동기준을 말한다.

2) 행정계획의 법적 성질

행정계획의 법적 성질과 관련하여 입법행위설, 행정행위설 등의 견해가 있으나 계획에 따라 법적 성질을 개별적으로 검토하여야 한다는 개별검토설이 통설·판례의 입장이며 타당하다. 특히 국토의계획및이용에관한법률(이하, 토용법) 상의 도시계획결정은 그것이 공고나 고시되면 법률규정과 결합하여 각종의 권리제한의 효과를 가져오므로 행정청의 처분으로 볼 수 있을 것이다.

(2) 사안의 경우

사안에서 A시의 자연환경개선계획은 토용법 상의 관리계획에 해당하는 것으로 고시 이후 각종의 권

리제한의 효과 특히 진흥공단과 시설을 이용하는 사인들의 권리제한의 효과를 가져오므로 행정청의 처분에 해당한다. 따라서 당해 계획은 항고소송의 대상이 되는 처분에 해당한다.

3. 진흥공단의 원고적격

(1) 진흥공단의 법적 성격

사안의 진흥공단은 국민체육진흥법 제36조 제1항에 의할 때 공공의 목적을 달성하기 위해 문화체육관광부장관의 인가를 받은 기관으로 동조 제2항에서 법인으로 규정되어 있다. 따라서 사안의 진흥공단은 공법인에 해당한다.

(2) 행정소송법상 원고적격

행정소송법 제12조 제1문의 법률상이익과 관련하여 ① 취소소송의 목적은 위법한 처분으로 야기된 개인의 권리침해의 회복에 있으므로 권리가 침해된 자만이 소를 제기할 수 있다는 권리구제설 ② 위법한 처분으로 인해 권리 뿐만 아니라 법에 의해 보호되는 이익을 침해당한 자도 처분을 다툴 수 있다는 법률상보호이익구제설 ③ 법에 의해 보호되는 이익이 아니라 하더라도 그 이익이 실질적으로 소송법적 관점에서 재판상 보호할 가치가 있다고 판단되는 경우에는 그러한 이익을 침해당한 자도 소를 제기할 수 있다는 보호가치 있는 이익구제설 ④ 처분의 적법성 확보에 가장 이해관계가 있는 자는 원고적격이 인정된다는 적법성보장설의 견해가 대립되고 있으나 우리나라의 취소소송이 주관적 쟁송이라는 점과 행정소송법 제12조 제1문의 문언상으로 가장 합치되는 법률상보호이익구제설이 타당하다. 그리고 그 법률의 범위와 관련하여 학설은 근거법규와 관련법규 외에도 기본권까지 고려해야 한다는 입장이 통설의 입장이고 판례도 근거법규 외에도 관련법규까지 점차 사익보호성을 도출하는 법령의 범위를 점차 확대시키고 있다.

결국 사안의 경우 진흥공단의 원고적격이 인정되기 위해서는 근거법규와 관련법규에서 사익보호성을 도출하여야 할 것이다.

(3) 사안의 경우

사안의 경우 자연환경개선계획의 근거법인 토용법과 진흥공단의 설립근거법인 국민체육진흥법에서 사익보호성을 도출할 수 없으므로 진흥공단의 원고적격이 인정될 수 없다. 더욱이 진흥공단이 법인의 법익침해가 아닌 '국민 일반의 권리'침해를 이유로 소를 제기하는 것은 주관적 소송 체계를 유지하는 우리의 행정소송법 하에서 불가능하다.

4. 소 결

당해 자연환경개선계획은 항고소송의 대상이 되지만 진흥공단이 원고적격을 갖추고 있지 못하므로 당해 소송은 부적법하다.

III. 설문 (2)의 해결

1. 당해 행정계획의 문제점

사안의 행정계획은 실체적 하자는 없지만 절차적 하자가 존재하는바, 절차적 하자가 독자적인 위법사유가 되는지 그리고 인정된다면 위법의 정도는 어떠한지에 대한 검토를 요한다.

2. 절차상 하자의 독자적 위법성 인정 여부

(1) 학설의 입장

1) 소극설

행정절차는 적정한 행정결정의 확보를 위한 수단에 불과하다는 점, 절차하자를 이유로 처분을 취소하더라도 동일한 처분이 나올 가능성이 크다는 점을 근거로 절차하자의 독자적 위법성을 부정하는 견해이다.

2) 적극설

타당한 결정은 타당한 절차에서 나오므로 절차적 요건의 의미를 중요시해야 한다는 점, 재처분을 하더라도 반드시 동일한 결론에 이른다는 보장이 없다는 점 등을 들어 절차하자의 독자적 위법성을 긍정하는 통설, 판례의 입장이다.

(2) 소 결

생각건대, 동일한 결론에 이를 가능성이 크다는 점을 근거로 절차하자의 독자적 위법성을 부정하는 것은 법치주의의 이념에 반한다. 더욱이 우리 행정소송법 제30조 제3항은 취소소송 등의 기속력이 절차의 위법을 이유로 하는 경우에 준용된다고 규정하고 있어 실정법상으로도 절차하자의 독자적 위법성은 긍정되고 있으므로 적극설이 타당하다.

사안의 경우 도시계획위원회의 심의를 거치지 않은 것은 절차적 하자로서 당해 자연환경개선계획의 독자적인 위법사유가 된다. 다만 효력의 유무와 관련하여 절차하자의 위법사유가 무효사유인지 취소할 수 있는 사유인지에 대하여 검토를 요한다.

3. 위법의 정도

절차하자의 경우 다수설과 대법원 판례의 다수의견인 중대명백설에 의할때 절차가 전혀 이행되지 않았거나 전혀 이행되지 않은 것과 같은 정도의 중대, 명백한 하자가 있다면 무효로 보고, 다소 미흡한 경우에 취소사유로 본다. 이에 대하여 대법원은 세액산출근거가 누락된 경우에도 당해 과세처분을 취소사유에 불과한 것으로 본 바 있다.

사안의 경우 법령상 정해진 심의를 거치지는 않았지만 그 하자가 일반인을 기준으로 외견상 일견 명백한 경우라고 볼 수 없으므로 중대하지만 명백하지 않은 사유로서 취소사유에 불과하다고 할 것이다.

4. 소 결

A시의 자연환경개선계획은 위법하나 그 하자가 취소사유에 불과하므로 권한 있는 행정기관에 의해 취소되거나 법원에서 취소판결을 받기 전까지는 당해 계획은 유효하다.

Ⅳ. 설문 (3)의 해결

1. 시민체육공원의 법적 성질

행정법상 공물이란 공적목적에 공여된 유체물 내지 물적 설비를 말한다. 사안의 시민체육공원은 A시의 소유로 시민들의 건강과 도시환경을 위해 공여된 물적 설비이므로 공공용물로서 공물에 해당한다.

2. 공물의 자유사용

(1) 의 의

공물의 자유사용 또는 일반사용이란 공물주체의 특별한 행위 없이 모든 사인이 공물의 제공목적에 따라 자유롭게 공물을 사용하는 것을 말한다. 甲의 시민체육공원이용은 특허나 허가가 필요치 않으며 공물의 제공목적에 따른 것이므로 자유사용에 해당한다.

(2) 법적 성질

공물의 자유사용권을 반사적 이익에 불과한 것으로 보는 과거와 달리 오늘날에는 이를 주관적 공권으로 본다. 다만, 자유사용권은 권리의 방해배제를 구하는 소극적 권리에 불과하다. 판례도 "시민생활에 있어 도로를 이용만 하는 사람은 그 용도폐지를 다툴 법률상의 이익이 있다고 말할 수 없다."고 판시한 바 있다.

(3) 인접주민의 고양된 일반사용권

도로에 접하여 생활하고 있는 인접주민은 도로사용과 관련하여 일반인에게 인정되지 않는 특별한 이익을 갖기도 하는데 이를 인접주민의 고양된 일반사용권이라고 한다. 이 권리가 성립되기 위해서는 도로의 존재와 이용이 인접주민에게 지대한 영향을 미쳐야 하며 타인의 자유사용을 중대하게 제약하지 않아야 한다.

3. 소 결

사안의 경우 甲의 시민체육공원의 배드민턴장 이용은 공물의 자유사용에 해당한다. 공물의 자유사용권은 권리의 방해배제를 구하는 소극적 권리에 불과하므로 甲은 이를 근거로 행정소송을 제기할 수 없으며 인접주민의 고양된 일반사용권 역시 인정될 수 없으므로 이를 근거로 행정소송을 제기할 수는 없을 것이다.

V. 결 론

1. 진흥공단이 A시의 자연환경개선계획에 대해 항고소송을 제기할 경우 당해 소송은 원고적격이 인정되지 않아 부적법 각하될 것이다.

2. A시의 국유하천주면 자연환경개선계획은 취소사유에 해당하는 하자가 있는 위법한 처분으로 권한 있는 행정기관이나 법원에 의해 취소되기 전까지는 유효하다.

3. 甲의 시민체육공원 시설이용은 자유사용에 해당하여 권리의 방해배제를 구하는 소극적 권리를 행사할 수 있으나 인접주민의 고양된 일반사용권은 인정되지 않는다.

| 강 평 |

1. 설문 (1)의 경우

(1) 소송요건에 관한 문제로서 대상적격과 원고적격이 쟁점인바, 20점 배점짜리라는 점에서 좀 더 자세한 검토가 필요하다.

(2) 먼저, 대상적격과 관련하여, 자연환경개선계획이 항고소송의 대상적격이 되는지 문제되는바 행정계획의 법적 성질에 관하여 견해가 대립되고, 판례 또한 구체적 사례에 따라 처분성을 인정하기도 하고 부인하기도 한다. 행정계획은 그 종류와 내용이 매우 다양하므로 개별적으로 검토해야 한다는 개별적 검토설(복수성질설)이 타당한바, A시의 자연환경개선계획은 소위 도시관리계획으로 지목·용도의 변경에 따라 이해관계자에게 처분성을 인정할 수 있다고 할 것이다.

(3) 다음, 원고적격여부와 관련하여, (1) 진흥공단의 법적 성격(국민체육진흥법 제36조의 해석), (2) 원고적격 범위에 관한 학설·관례, (3) '법률상 이익'의 판단기준, 즉 ① '법률'의 의미에서 근거법령과 관련법령 및 헌법 등 포함여부를 검토하고, ② 법률상 '이익'의 의미, ③ 법률상 이익이 '있는 자'의 의미를 각각 검토한 후 사안에 적용한다.

(4) 원고적격의 범위와 관련하여 항고소송의 주관적 쟁송성과 권리구제의 확대등을 고려해 법률상 이익구제설이 통설·관례의 입장인바, 이러한 입장에서 '법률상 이익'의 의미가 논의되고 있다는 점이다.

(5) '법률상 이익'의 해석과 관련하여, 법률상 이익이 '있는 자'에는 자연인과 법인 및 법인격 없는 단체를 포함한다는 점에서 진흥공단도 문제없다고 할 수 있다. 그런데 법률상 '이익'은 사익보호성이 인정되는 이익을 의미하는데, 시민체육공원이 시민자연생태공원으로 변경됨으로 인하여 진흥공단이 그 관리권을 상실하게 되는 경우라면 몰라도, 진흥공단이 비판하는 '국가예산낭비와 국민의 일반적 권리의 침해'라는 사유로는 사익보호성을 인정하기 곤란하다는 점이 쟁점사안이라 할 것이다.

2. 설문 (2)의 경우

실체적인 요건은 모두 충족하였다고 하므로 절차적인 요건을 검토하면 되는바, 도시계획위원회의 심의를 거치지 않은 것이 문제될 수 있다. 절차하자의 독자적 위법성 여부 및 절차하자의 위법성 정도를 각각 학설과 관례를 검토한 후 사안에 적용하면 된다.

3. 설문 (3)의 경우

(1) 甲의 시민체육공원 시설이용의 법적 성질을 검토하기 위해서는 ① 시민체육공원시설의 법적 성격, ② 공물의 자유사용의 의의와 법적 성질, ③ 인접주민의 고양된 자유사용의 의의와 법적 성질을 검토한 후 사안에 적용한다.

(2) 먼저 시민체육공원시설의 법적 성격을 파악하기 위해서는 '체육시설의 설치·이용에 관한 법률' 제6조와 제8조를 적용하여 검토한다. 시민체육시설은 공물이라 할 수 있으며 이곳을 사용하고자 하는 자는 다른 이용자의 자유사용을 침해하지 않는 범위에서 자유롭게 사용할 수 있다는 점에서 공물의 자유사용이라 할 수 있다. 이 경우 공물의 자유사용의 성질에서는 반사적 이익설 및 공법상 권리설 등 학설을 검토한다. 그리고 인접주민의 고양된 자유사용의 법적 성질에서는 관습법 또는 헌법상 재산권으로 보장되는 완전한 의미의 공권으로 보는 견해와 장소적 인접성으로 인해 상대적으로 누리는 사실상·경제상 이익으로 공물의 자유사용의 한 유형이라는 견해가 대립된다는 점을 검토한 후, 사안을 해결해야 한다. 특히 주어진 참조법률을 보기만 할 것이 아니고 이를 적극적으로 적용하여 해결함을 요한다.

| 제2문 | 甲은 자신의 5번째 자녀(女)의 이름을 첫째에서 넷째 자녀의 돌림자인 '자(子)' 자를 넣어, '말자(末子)'라고 지어 출생신고를 하였다. 가족관계의 등록 등에 관한 규칙 〔별표1〕에 의하면 '末'자와 '子'자는 이름으로 사용할 수 있는 한자이다. 그러나 甲의 출생신고서를 접수한 공무원 乙은 '末子'라는 이름이 개명(改名)신청이 잦은 이름이라는 이유로 출생신고서의 수리를 거부하였다. (총 30점)

(1) 乙의 수리거부행위가 항고소송의 대상이 되는지 검토하시오. (15점)

(2) 乙의 수리거부행위에 대해 행정소송법상 집행정지가 가능한지 검토하시오. (15점)

【 참조법률 】

※ 가족관계의 등록 등에 관한 법률

제44조(출생신고의 기재사항)

① 출생의 신고는 출생 후 1개월 이내에 하여야 한다.

② 신고서에는 다음 사항을 기재하여야 한다.

1. 자녀의 성명·본·성별 및 등록기준지

2. 자녀의 혼인 중 또는 혼인 외의 출생자의 구별

3. 출생의 연월일시 및 장소

4. 부모의 성명·본·등록기준지 및 주민등록번호(부 또는 모가 외국인인 때에는 그 성명·출생연월일·국적 및 외국인등록번호)

5. 「민법」제781조 제1항 단서에 따른 협의가 있는 경우 그 사실

6. 자녀가 복수국적자(複數國籍者)인 경우 그 사실 및 취득한 외국 국적

③ 자녀의 이름에는 한글 또는 통상 사용되는 한자를 사용하여야 한다. 통상 사용되는 한자의 범위는 대법원규칙으로 정한다.

④ 출생신고서에는 의사·조산사나 그 밖에 분만에 관여한 사람이 작성한 출생증명서를 첨부하여야 한다. 다만, 부득이한 사유가 있는 경우에는 그러하지 아니하다.

※ 가족관계의 등록 등에 관한 규칙

제37조(인명용 한자의 범위)

① 법 제44조제3항에 따른 한자의 범위는 다음과 같이 한다.

1. 교육과학기술부가 정한 한문교육용 기초한자

2. 별표 1에 기재된 한자. 다만, 제1호의 기초한자가 변경된 경우에, 그 기초한자에서 제외된 한자는 별표 1에 추가된 것으로 보고, 그 기초한자에 새로 편입된 한 자 중 별표 1의 한자와 중복되는 한자는 별표 1에서 삭제된 것으로 본다.

② 제1항의 한자에 대한 동자(同字)·속자(속자)·약자(약자)는 별표 2에 기재된 것만 사용할 수 있다.

③ 출생자의 이름에 사용된 한자 중 제1항과 제2항의 범위에 속하지 않는 한자가 포함된 경우에 는 등록부에 출생자의 이름을 한글로 기록한다.

답안작성

김ㅇㅇ / 2010년도 5급 공채 일반행정직 합격

Ⅰ. 논점의 정리

1. 설문 (1)에서는 수리거부행위가 처분성을 갖는지와 관련하여 거부가 처분이 되기 위한 요건과 그 요건으로 수리가 처분에 해당하는지에 대한 검토를 통해 乙의 수리거부행위가 처분성을 갖는지에 대한 검토를 요한다.

2. 설문 (2)에서는 거부행위에 대해 집행정지를 할 수 있는지 학설이 대립하고 있으므로 이에 대한 검토를 통해 乙의 수리거부행위에 대한 집행정지가 가능한지 검토를 요한다.

Ⅱ. 설문 (1)의 해결

1. 출생신고의 법적 성질

(1) 신고의 의의

행정법상 신고란 사인이 공법적 효과의 발생을 목적으로 행정주체에 대하여 일정한 사실을 알리는 행위를 말한다.

(2) 신고의 종류

1) 자족적 공법행위로서의 신고

신고서가 행정청에 제출되어 행정청에 대하여 일정한 사항이 통지된 때에 법적 효과가 발생하는 신고를 말한다. 수리를 요하지 아니하는 신고라고도 하며 수리가 있더라도 이는 단지 행정사무의 편의를 위한 것일 뿐, 사인의 지위에 아무런 영향이 없다.

2) 행정요건적 공법행위로서의 신고

사인이 행정청에 일정한 사항을 통지하고 행정청이 이를 유효한 행위로서 받아들여 수리함으로써 법적효과가 발생하는 신고를 말한다. 다른 말로 수리를 요하는 신고라고도 하며 실정법상 등록이라는 용어가 사용되기도 한다.

(3) 사안의 경우

사안의 甲의 출생신고는 가족관계의 등록 등에 관한 법률(이하 가족관계법)제44조 제1항에 의할 때 행정법상 신고로 볼 수 있다. 신고의 경우 당해 법령의 합리적이고 유기적인 해석을 통하여 양자를 구분하여야 하는데 사안의 경우 가족관계법상 행정청이 그 내용에 관하여 심사할 수 있는 규정이 없고 사인의 출생신고만으로 그 법적효과를 얻을 수 있으므로 자족적 공법행위로서의 신고로 볼 수 있다.

2. 수리거부행위의 처분성
(1) 거부행위의 처분성 인정요건

판례는 국민의 적극적 행위신청에 대한 거부가 항고소송의 대상이 되는 행정처분에 해당하려면 ① 신청한 행위가 공권력의 행사 또는 이에 준하는 행정작용이어야 하고 ② 그 국민에게 그 행위의 발동을 요구할 법규상 또는 조리상의 신청권이 있어야 하며 ③ 신청의 거부행위가 신청인의 법률관계에 어떤 변동을 일으키는 것이어야 한다고 본다. 사안의 경우 자족적 공법행위로서의 신고의 수리가 처분성을 갖는지가 특히 문제된다.

(2) 사안의 경우

종래에는 자족적 공법행위로서의 신고의 경우 신고서의 도달 자체로서 법적 효과가 발생하므로, 수리거부는 법률적으로 의미가 없어서 수리거부의 처분성이 문제될 여지가 없다고 보았다. 다만 자족적 공법행위로서의 신고라도 건축신고와 같이 미신고시 행정벌이 가해지는 금지해제적 신고인 경우 수리거부의 처분성을 인정해야 한다는 견해가 있다.

사안의 경우 출생신고는 자족적 공법행위로서의 신고이고 그 수리는 신청인의 법률행위에 아무런 영향을 미치지 아니하므로 행정소송법상의 처분이 아니고 따라서 출생신고 수리거부는 항고소송의 대상이 되는 거부처분에 해당하지 아니한다.

3. 소 결

乙의 수리거부행위는 항고소송의 대상이 되지 아니한다.

III. 설문 (2)의 해결
1. 집행정지의 의의

취소소송이 제기된 경우에 처분 등이나 그 집행 또는 절차의 속행으로 인하여 생길 회복하기 어려운 손해를 예방하기 위하여 긴급한 필요가 있다고 인정할 때에는 본안이 계속되고 있는 법원은 당사자의 신청 또는 직권에 의하여 처분 등의 효력이나 절차의 속행의 전부 또는 일부의 정지를 결정할 수 있는바 이를 집행정지라고 한다(행정소송법 제23조 제2항 본문).

행정소송법은 집행부정지의 원칙을 택하면서 예외적으로 사인의 권리보호를 위하여 집행정지 제도를 택하고 있다. 따라서 집행정지 신청에도 사인의 법률상 이익이 있어야 한다. 집행정지는 무효확인소송에는 준용되나, 부작위위법확인소송에는 준용되지 않는다.

사안의 경우 집행정지의 요건 중 특히 문제가 되는 것은 그 대상행위가 거부행위라는 점이므로 이에 대한 검토를 요한다.

2. 거부행위의 집행정지 인정여부

(1) 학설의 입장

거부처분이라도 집행정지가 허용된다면 행정청에 사실상의 구속력이 인정되어 집행정지를 인정할 실익이 있다는 점을 근거로 이를 긍정하는 견해가 있으나 거부처분의 경우에는 집행정지를 인정하더라도 신청인의 지위는 처분이 없는 신청당시의 상태로 돌아가는 것에 불과하여 집행정지를 인정할 실익이 없다는 점을 근거로 이를 부정하는 것이 다수의 견해이다. 최근에는 갱신허가, 외국인 체류 연장허가 신청에 대한 거부와 같이 집행정지를 인정할 실익이 있는 경우에 한하여 제한적으로 이를 인정하는 견해가 제기되고 있다.

(2) 판례의 입장

대법원은 교도소장의 접견불허가처분에 대하여 집행정지를 부정하는 등 부정설의 입장이나, 하급심에서는 예외적으로 이를 인정한 경우도 있다.

(3) 소 결

생각건대 거부처분이라고 하더라도 갱신허가에 대한 거부와 같이 구체적 사정에 따라 집행정지의 실익이 있는 경우라면 이를 부정할 이유가 없다. 따라서 제한적 긍정설이 타당하다.

다만 사안의 경우 집행정지 신청이 받아들여진다 하더라도 甲으로서는 출생신고를 한 상태로 돌아가게 되고 乙의 수리거부는 법적인 효과에 아무런 영향을 미치지 아니하여 甲은 신고의 효과를 달성할 수 있으므로 집행정지의 실익이 없다고 할 것이다. 따라서 집행정지는 받아들여지지 않을 것이다.

3. 소 결

乙의 수리거부행위에 대해 甲이 행정소송법상 집행정지를 신청하였을 경우 집행정지의 실익이 없으므로 집행정지는 불가능하다고 할 것이다.

Ⅳ. 결 론

1. 乙의 수리거부행위는 항고소송의 대상이 되는 처분에 해당하지 않는다.

2. 乙의 수리거부행위에 대해 집행정지가 될 경우 신고 이전의 상태로 돌아가는 것에 불과하여 집행정지의 실익이 없으므로 乙의 수리거부행위에 대하여 집행정지는 불가능하다.

| 강 평 |

설문 (1)의 경우

1. 수리거부행위의 처분성이 문제되는바, 우선 수리거부행위가 있게 된 전제 요건인 출생신고의 법적 성질을 검토해야 하는데, 이 경우 신고의 일반적 의미와 종류를 검토한 후, 사안의 경우 주어진 참조법률인 '가족관계의 등록 등에 관한 법률' 제44조를 적용하고 행정절차법 제40조에 의해 어떤 유형의 신고인지 파악해야 한다.

2. 다음, 수리거부행위의 처분성을 검토하기 위해서는 거부처분의 성립요건에 신고수리거부행위가 포함되는지 문제된다. 자기완결적 신고의 거부행위에 대해 종래 통설·판례는 처분성을 부인하였으나, 최근 건축신고반려처분과 관련하여 대법원의 판례변경이 있었다는 점을 유의해야 한다. 즉, 적법한 건축신고로 신고의 효과가 발생하므로 그 거부는 사실상의 행위에 불과하여 처분이 아니라고 보았던 종래의 입장을 변경하여, 건축법상 건축신고가 반려될 경우 당해 건축에 대한 시정명령·이행강제금·벌금의 대상이 되며 당해 건축물과 관련된 허가의 거부우려 등 법적 불안의 해소와 분쟁의 조기해결이라는 법치행정의 원리상 항고소송의 대상인 처분이라고 판시했다(대판 2010. 11. 18, 2008두167 〈건축신고불허처분취소〉). 이러한 점을 고려하면 신고가 자기완결적 공법행위이므로 그 거부는 처분성을 인정할 수 없다고 하여 신고와 그 거부를 연계하여 처분성을 파악할 필요는 없다고 본다. 신고의 법적 효과와 수리거분처분에 대한 항고소송의 대상적격의 범위는 별개의 문제라고 본다. 따라서 자기완결적 신고라 하더라도 그 거부행위로 벌금 등의 대상이 되거나 이와 관련된 허가의 거부우려 등 법적 불안의 해소가 필요한 경우에는 신고거부행위에 대해서는 처분성을 인정함이 필요할 것이다. 사안의 경우, 출생신고는 자기완결적 신고이므로 그 거부행위도 처분성을 인정할 수 없다고 봄이 일반적이겠으나, 가족관계의 등록등에 관한 법률 제44조 제1항은 출생 후 1개월 이내에 신고하도록 되어 있고, 이 기간 내에 신고하지 아니한 경우 동법 제122조에 의해 5만원 이하의 과태료를 부과받을 수 있다는 점 및 장래 자녀의 학교입학 문제 등에서 불안·불이익의 해소를 위해 처분성을 인정할 수 있다는 견해도 있을 수 있다.

| 제3문 | A시 소재의 유흥주점에서 여종업원 甲이 화재로 인하여 질식·사망하였다. 화재가 발생한 유흥주점은 관할 행정청의 허가를 득하지 아니하고 용도가 변경되었고, 시설기준을 위반하여 개축되었다. 특히 화재 발생시 비상구가 확보되어 있지 않았다. (총 30점)

(1) A시 담당공무원 乙이 식품위생법상 유흥주점의 관리·감독과 관련하여 시정명령 등 취하여 야 할 직무상 조치를 해태한 사실이 밝혀진 경우, A시의 배상책임이 인정되는가? (15점)

(2) 만약 화재발생 1주일 전에 실시된 점검에서 유흥주점이 관련법령에 위반되었음을 인지하고 서도 담당공무원 乙이 '이상없음' 이라는 보고서를 작성하고 시정조치를 취하지 아니한 경우, 乙의 배상책임에 대해 검토하시오. (15점)

Ⅰ. **논점의 정리**

Ⅱ. **설문 (1)의 해결**

　1. 국가배상법 제2조의 요건

　2. 부작위에 의한 손해배상책임

　　(1) 작위의무 존부

　　(2) 부작위로 인한 국가배상과 반사적 이익론

　　(3) 사안의 경우

　3. 소 결

Ⅲ. **설문 (2)의 해결**

　1. 국가배상책임의 본질

　　(1) 학설의 입장

　　(2) 판례의 입장

　　(3) 소결

　2. 공무원의 대외적 책임인정 여부

　　(1) 학설의 입장

　　(2) 판례의 입장

　　(3) 소 결

　3. 소 결

Ⅳ. **결 론**

답안작성

김 ○ ○ / 2010년도 5급 공채 일반행정직 합격

Ⅰ. 논점의 정리

1. 설문 (1)에서는 국가배상법 제2조의 요건을 통해 A시의 배상책임 유무에 대한 검토를 요한다. 특히 사안의 경우 부작위로 인하여 손해가 발생하였으므로 그 전제로 작위의무의 존부와 반사적 이익론의 도입 여부에 대한 검토를 요한다.

2. 설문 (2)에서는 국가배상책임의 본질과 공무원의 대외적 책임 인정여부에 대한 검토를 통해 乙의 직무상 과실로 인하여 국가배상책임이 성립될 경우 乙의 대외적 배상책임여부에 대한 검토를 요한다.

Ⅱ. 설문 (1)의 해결

1. 국가배상법 제2조의 요건

국가배상법 제2조에 의한 국가배상책임이 성립하기 위해서는 공무원이 직무를 집행하면서 타인에게 손해를 가하였고, 공무원의 가해행위는 고의 또는 과실로 법령에 위반하여 행하여 져야 하고, 손해가 발생하였고 가해행위와 손해 사이에 인과관계가 있을 것이 요구된다.

사안에서 다른 요건은 충족되며, A시는 해당 사무의 사무주체로서 배상책임자에 해당한다. 다만 공무원 乙이 직무상 조치를 해태한 행위가 문제되므로 부작위에 의한 손해배상책임의 문제를 검토하기로 한다.

2. 부작위에 의한 손해배상책임

(1) 작위의무 존부

부작위에 대하여 국가배상청구권이 성립하려면 작위의무가 존재하여야 하는바, 그 작위의무는 법령을 통해서 찾아보아야 할 것이다. 그러나 법령에 명문으로 규정되어 있지 않은 경우에도 구체적 사안에서 관련 실정법 전체의 구조, 침해의 가능성이 있는 법익의 종류 및 법익침해의 위험성의 정도 등을 고려하여 손해를 방지할 구체적 의무가 있다고 해석될 수 있는 경우에는 조리에 의한 작위의무를 인정할 수 있을 것이다.

(2) 부작위로 인한 국가배상과 반사적 이익론

1) 학설의 대립

부작위로 인한 국가배상의 경우 항고소송에서의 반사적 이익론을 국가배상의 문제에 도입할 수 있는가 하는 문제와 관련하여 행정권의 작위의무를 규정한 법령이 공익뿐만 아니라 국민 개인의 이익도 보호하는 것을 목적으로 하는 경우에만 그 행정권의 작위의무는 법적인 작위의무가 되어 그 위반만이 국가배상법상 위법한 것이라고 보아 반사적 이익론을 위법성의 문제로 보는 견해와 국가배상법 상의 손해는 법익의 침해를 의미하는 것으로 반사적 이익은 이에 포함되지 아니하므로 반사적 이익론을 손해의 문제로 보는 견해가 있다. 또한 국가배상법 상의 당사자적격과 행정소송법상의 원고적격은 다르기 때문에 반사적 이익론의 도입을 부정하면서 국가배상책임이 무한정으로 확대되는 것을 막는 것은 인과관계이론에 의해야 한다는 견해도 있다.

2) 판 례

대법원은 반사적 이익론을 부작위에 의한 국가배상책임에 적용한바 있는데 이러한 판례에 대하여 국가배상책임상의 반사적 이익론을 상당인과관계의 문제로 보았다는 견해가 있으나 위법성의 문제로 보았다고 해석하는 견해가 타당하다.

3) 검 토

국가의 손해배상책임을 인정하려면 국가의 국민에 대한 일반적 직무수행의무와 구별되는 정도의 개별적 관련성이 인정되어야 한다는 점에서 반사적 이익론이 국가배상에 인정된다고 보아야 할 것이다. 이 경우 공무원의 직무의무를 규정한 관계법규가 사익도 보호하는 경우에만 그 행정권의 작위의무는 법적인 의무가 되고 그 위반이 위법한 것이 되므로 반사적 이익론을 위법성의 문제로 보는 것이 타당할 것이다.

(3) 사안의 경우

부작위에 대하여 국가배상청구권이 성립하려면 작위의무가 존재하여야 하는바, 사안의 경우 담당공무원 乙은 식품위생법 제74조와 동법 제75조에 의거 용도변경과 비상구 미확보에 대하여 시정명령 등의 행위를 하여야할 의무가 인정된다. 그리고 비상구 미확보는 식품위생법뿐만 아니라 소방법의 구조를 통해서도 그 의무를 도출할 수 있고 乙의 부작위로 인하여 사인의 신체 및 재산에 침해가 발생할 수 있으므로 乙에게는 이를 방지할 작위의무를 인정할 수 있을 것이다. 또한 식품위생법은 동법 제1조를 통해 살펴볼 때, 공익만을 목적으로 하는 것이 아니고 국민 개개인의 식품상의 안전을 도모하여 국민의 신체를 보호하는 것도 목적으로 하고 있으므로 사익보호성이 인정된다고 할 것이다.

3. 소 결

사안의 경우 작위의무와 사익보호성이 인정되고 국가배상법상의 다른 요건에도 저촉되는 점이 보이지 않으므로 A시는 국가배상법 제2조 또는 기관위임사무라면 동법 제6조 제1항에 의해 국가배상책임이 인정된다.

Ⅲ. 설문 (2)의 해결

1. 국가배상책임의 본질

(1) 학설의 입장

1) 대위책임설

공무원의 불법행위는 국가의 행위가 될 수 없으므로 공무원 개인의 행위일뿐이나, 국가배상책임은 피해자를 위하여 국가가 가해자인 공무원을 대위하여 책임을 부담하는 것이라는 견해이다. 이 경우 공무원 개인의 책임은 부정된다.

2) 자기책임설

국가 등이 지는 배상책임은 그의 기관인 공무원의 행위라는 형식을 통하여 직접 자기의 책임으로 부담하는 것이라고 보는 견해이다. 자기책임설에 의할때 공무원 개인의 책임은 긍정된다.

3) 절충설

공무원의 고의·중과실에 대한 국가의 배상책임은 대위책임이나, 경과실에 대한 국가의 배상책임은 자기책임의 성질을 가진다고 보는 견해이다. 고의·중과실의 경우 공무원의 대외적 책임여부에 따라 공무원의 대외적 책임을 긍정하는 절충설과 이를 부정하는 중간설로 구분하는 견해도 있다. 절충설에 의할 경우 고의·중과실이 있는 경우에 한하여 대외적 책임이 긍정되고 중간설에 의하면 공무원은 어느 경우나 대외적 책임이 부정된다.

(2) 판례의 입장

종전 판례는 자기책임설의 입장과 대위책임설의 입장을 오가기도 하였으나, 1996년 이후 대법원은 절충설의 입장이다. 다만, 반대의견은 대위책임설의 입장, 별개 의견으로 자기책임설의 입장이 각 주장되기도 하였다(대법원 1996. 2. 15. 선고 95다38677 전원합의체 판결).

(3) 소 결

공무원의 불법행위는 그 자체가 당연히 국가의 행위로 귀속되는 것이라고 보기는 어렵다. 기관의 행위가 법인격체의 행위로 되는 것은 원칙적으로 적법한 행위에 한정되기 때문이다. 따라서 공무원 개인의 행위에 대하여 정책적으로 국가가 대신 책임을 부담하는 것으로 파악하는 대위책임설의 입장이 타당하다.

2. 공무원의 대외적 책임인정 여부

(1) 학설의 입장

국가배상책임의 본질과 공무원 개인의 대외적 배상책임을 연계시키는 경우 각 학설에 따라 공무원의 대외적 책임여부가 달라진다. 공무원 개인의 대외적 배상책임의 인정여부를 입법정책의 문제로 보아 국가배상책임의 본질과 공무원 개인의 대외적 배상책임을 연계시키지 않는 입장에서는 피해자의 보호, 공무원의 신중한 직무집행을 논거로 대외적 책임을 긍정하는 견해와 공무원의 사기진작과 국가의 무한자력은 근거로 공무원의 대외적 책임을 부정하는 견해가 있다.

(2) 판례의 입장

판례는 절충설의 입장에서 고의·중과실의 경우에 한하여 공무원 개인의 대외적 배상책임을 인정하였다. 별개의견은 자기책임설의 입장에서 대외적 책임을 긍정하였고, 반대의견은 대위책임설의 입장에서 대외적 책임을 부정하였다.

(3) 소 결

생각건대, 국가배상은 근본적으로 공무원의 행위에서 비롯되므로 국가배상책임의 본질과 공무원 개인의 책임을 연계시키는 것이 타당하다. 따라서 대위책임설의 입장에서 공무원의 대외적인 배상책임을 부정함이 타당하다. 피해자는 자력이 풍부한 국가를 상대로 배상청구를 하면 족한 것이고 공무원의 사기진작과 안정적인 직무집행을 위해서라도 대외적 책임을 부정함이 타당하다.

3. 소 결

사안의 경우 공무원 乙의 중과실로로 인하여 A시가 국가배상의 책임을 지게 되었지만 대위책임설에 따를 때 공무원 乙은 대외적인 배상책임은 없다. 다만, A시가 배상한 경우 A시는 공무원 乙에 대하여 구상권을 행사할 수 있다.

Ⅳ. 결 론

1. 공무원 乙의 직무상 조치 해태로 인하여 국민에게 손해가 발생하였고 다른 부작위의 손해배상을 위한 국가배상청구권이 성립에 문제가 보이지 않으므로 A시의 배상책임이 인정된다.

2. 공무원 乙의 배상책임과 관련하여 대위책임설의 입장에서 A시가 공무원 乙을 대신하여 배상의 책임이 있을 뿐 乙의 대외적책임은 없다. 다만 A시가 구상권을 청구할 경우에는 구상권이 인정될 수 있다.

| 강평 |

1. 설문 (1)의 경우

(1) 국가배상법 제2조의 배상책임요건과, 그 요건 중에 특히 직무상 조치를 해태한 부작위의 위법성의 문제가 쟁점이라 할 것이다.

(2) 먼저, 국가배상법 제2조 제1항에 의한 손해배상책임이 성립하기 위해서는, 공무원이 직무를 집행하면서 고의 또는 과실로 법령을 위반하여 타인에게 손해를 입힐 것을 요건으로 한다. 사안에서 乙은 공무원이며, 직무상 조치를 해태하였는바 부작위도 직무행위에 포함되고, 직무상 조치의 해태로 과실이 인정된다고 할 것이며, 화재발생시 비상구확보가 되어 있지 아니하여 사망에 이르게 되었다는 손해가 발생하였다고 할 것이므로 인과관계가 인정된다. 따라서 문제는 직무상 조치의 해태라는 부작위가 위법성의 요건을 충족하느냐라 할 것이므로, 법령위반의 여부와 그 중에서도 부작위의 위법성 여부를 검토하면 된다.

(3) 법령위반의 여부의 경우, 법령의 범위는 명문의 법규위반 및 재량권의 일탈·남용을 포함하는 객관적 정당성을 결한 행위라는 광의설이 통설·판례의 입장이다. 위법성의 판단기준에 관해서 학설은 결과불법설·행위불법설·상관관계설 등으로 나뉘며, 판례는 상관관계설 내지 행위불법설을 취하고 있다. 행위불법설에도 법령에서 규정한 공권력발동요건을 결여한 경우를 위법으로 보는 공권력발동요건결여설(협의설)과 공무원으로서 직무상 주의의무를 태만히 한 것을 위법이라고 보는 직무행위기준설(광의설)로 나뉘는바, 후설이 통설의 입장이다. 그런데 사안의 경우는 부작위의 문제이므로 이 경우에 위법성의 판단을 어떻게 해야 하는지 문제된다.

(4) 부작위의 위법성의 문제는, 작위의무의 도출 여부와 재량권수축의 요건충족 여부 및 사익보호성 여부(반사적 이익의 문제)라 할 것이다. 첫째, 작위의무의 도출의 경우, 부작위가 위법으로 되기 위해서는 행정청에 작위의무가 인정되어야 하는바, 작위의무가 명문으로 법정되어 있는 경우에는 문제가 없지만 법정되어 있지 않은 경우에는 조리에 의해 작위의무가 도출될 수 있다는 것이 학설과 판례의 일반적 입장이다. 사안의 경우 식품위생법상 시정명령 등 직무상 조치를 해태하였다고 하므로 작위의무가 명문으로 법정되어 있다고 할 것이다.

둘째, 재량권수축의 요건의 경우, 사안에서 어떠한 경우에 시정명령 등 직무상 조치를 할 것인지는 행정청의 재량행위라 하더라도 일정한 한계가 있기 때문에, 재량적 권한의 불행사도 조리에 의해 작위의무를 도출하는 재량권수축론에 의해 위법의 평가를 받을 수 있다. 즉, 부작위의 위법성을 인정할 수 있는 재량권수축의 요건으로, ① 피해법익의 대상성, ② 구체적 위험의 절박성, ③ 예견가능성, ④ 결과회피가능성, ⑤ 규제권한발동의 기대가능성 등을 들 수 있다. 즉, 피해법익은 생명·신체·재산이어야 하고, 위험의 정도가 추상적 위험으로는 불충분하고 구체적이어야 하며, 절박성의 정도는 개연성이 있으면 된다. 사안의 경우 화재로 인한 사망이므로 피해법익과 구체적 절박성의 요건을 충족한다. 또한 구체적 위험의 절박성의 존재를 행정측이 예견할 수 있는 상황이 필요하고, 회피가능성의 유무는 행정측의 사정이 아니라 사회통념에 의해 판단하고, 피해자의 노력만으로는 위험의 회피가 곤란하기 때문에 행정에 의한 규제권한의 발동을 기대할 수 있는 사정이 존재해야 한다. 사안의 경우, 시설기준을 위반하고 화재발생시 비상구가 확보되지 않았다는 점에서, 화재발생시 사망에 이를 수 있다는 예견가능성이 인정되고, 사회통념상 시정조치 등을 하였더라면 이러한 끔찍한 사망사건의 발생을 회피할 수 있다고 판단할 수 있으며, 사망자의 노력만으로는 위험의 회피가 곤란하기 때문에 행정에 의한 시정조치 등 규제권한의 발동을 기대할 수 있는 사정이 존재한다고 볼 수 있다. 위와 같은 재량권수축의 요건은 오늘날 완화되는 경향이 있는바, 위 요건에 의하더라도 설문의 사안은 위와 같은 요건을 모두 충족하고 있다고 할 수 있다.

셋째, 사익보호성의 여부(반사적 이익의 문제)의 경우, 사익보호성은 법률상 이익의 여부의 문제로서 항고소송의 원고적격의 문제이므로 국가배상책임의 문제에는 적용될 수 없다는 견해도 있다. 그러나 사익보호성은 부작위책임의 인정여부와 관련하여, 권한행사에 의하여 받게되는 이익이 반사적 이익인 경우에는 당해 권한의 불행사로 인해 그 이익을 향유할 수 없어도 그 불이익에 대하여는 국가배상책임을 지지 않는다고 할 것인바, 국가배상책임문제에 어떻게 적용되는지 문제된다. 이에 대해 학설은 위법성설, 손해설, 직무관련성설 및 상당인과관계설로 견해가 대립되며, 판례는 상당인과관계설을 취하는 것으로 보인다(대법원 2001. 4. 13, 2000다34891 등). 생각건대, 국가배상책임은 현실로 발생한 손해의 배상을 청구하고자 하는 것이고, 법적으로 보호되는 이익의 침해인지 단순히 반사적 이익의 침해에 불과한지는 국가배상책임의 성립을 좌우하는 것은 아니라고 할 것이다. 다만, 공무원의 가해행위로 인한 손해의 범위를 결정함에 있어서 반사적 이익의 침해인지가 하나의 고려사항이 될 수 있다고 할 것이므로, 상당인과관계의 판단요소로 반사적 이익이 작용한다고 할 것이어서 상당인과관계설이 타당하다고 본다. 사안의 경우, 공무원의 시정명령 등 직무상 조치는 화재예방 등 사회공공의 이익은 물론 당해건물의 출입자 개개인의 안전과 이익도 보호하기 위한 것으로 볼 수 있어 사익보호성을 인정할 수 있다고 볼 수 있다.

(5) 본 사안의 부작위의 위법성과 관련하여 관련판례(대법원 2008. 4. 10, 2005다48994)에 의하면, "공무원이 직무상 의무를 게을리 한 경우 그 의무위반이 직무에 충실한 보통 일반의 공무원을 표준으로 할 때 객관적 정당성을 상실하였다고 인정될 정도에 이른 경우에는 국가배상법 제2조에서 말하는 위법의 요건을 충족하게 된다. 그리고 행정권한 행사가 관계 법률의 형식상 공무원의 재량에 맡겨져 있다고 하더라도 공무원에게 그러한 권한을 부여한 취지와 목적에 비추어 볼 때 구체적인 상황 아래에서 공무원이 그 권한을 행사하지 않은 것이 현저하게 합리성을 잃어 사회적 타당성이 없는 경우에는 직무상 의무를 위반한 것으로서 위법하게 된다." 또한 '공무원에게 부과된 직무상 의무의 내용이 단순히 공공 일반의 이익을 위한 것이거나 행정기관 내부의 질서를 규율하기 하기 위한 것이 아니고 전적으로 또는 부수적으로 사회구성원 개인의 안전과 이익을 보호하기 위하여 설정된 것이라면, 공무원의 그와 같은 직무상 의무를 위반함으로 인하여 피해자가 입은 손해에 대하여는 상당인과관계가 인정되는 범위 내에서 국가배상을 지는 것'이라고 판시하고 있는 점을 참고할 필요가 있다.

2. 설문 (2)의 경우

(1) 담당공무원 乙이 유흥주점의 법령위반을 인지하고서도 시정조치를 취하지 않았으므로 공무원의 고의 내지 중과실을 인정할 수 있는바, 이 경우 (1) 배상책임의 성질과 관련하여, (2) 공무원의 직접적인 배상책임의 인정여부와, (3) 구상권에 응하는 책임여부가 문제된다.

(2) 첫째, 배상책임의 성질의 경우, 대위책임설과 자기책임설 및 중간설 등 학설과 판례의 입장을 검토하고, 둘째, 공무원의 직접적인 배상책임여부의 경우에 학설은 긍정설과 부정설 및 절충설로 나뉘고, 판례는 절충설을 취하고 있는바 사안의 경우 어느 입장에 서느냐에 따라 결론이 나뉠 수 있다. 셋째, 구상권에 응하는 책임문제의 경우, 구상권의 의의·성질 및 구상권행사의 요건, 즉 ① 국가 등이 피해자에 대하여 현실로 손해배상금을 지불했을 것과 ② 가해 공무원에게 고의 또는 중대한 과실이 있을 것을 검토한다. 사안의 경우 乙의 고의·중과실이 인정되므로 A시가 손해배상금을 지불한 후 乙은 A시의 구상에 응할 책임이 있다고 할 것이다.

| 제1문 | X 시장은 「개발제한구역의 지정 및 관리에 관한 특별조치법」 제12조 제1항 제1호 마목과 동법 시행령 및 동법 시행규칙의 관련 규정에 의거하여, 개발제한구역 내의 간선도로 중 특정 구간에 고시된 선정 기준에 따라 사업자 1인을 선정하여 자동차용 액화석유가스충전소(이하 '가스충전소'라고 한다.) 건축을 허가하기로 하는 가스충전소의 배치 계획을 고시하였다. 이에 A와 B는 각자 자신이 고시된 선정 기준에 따른 우선순위자임을 주장하며 가스충전소의 건축을 허가해 줄 것을 신청하였다. 이에 X 시장은 각 신청 서류를 검토한 결과 B가 고시된 선정 기준에 따른 우선순위자라고 인정하여 B에 대하여 가스충전소 건축을 허가하였다. (총 50점)

1. A는 우선순위자 결정의 하자를 주장하면서 X 시장의 B에 대한 건축허가 결정을 다투려고 한다. 이 경우 A는 행정소송법상 원고 적격이 있는가? (15점)

2. 만약 A가 X 시장의 B에 대한 건축허가처분 취소심판을 제기하여 인용재결이 된 경우, B는 인용재결에 대해 취소소송을 제기할 수 있는가? (10점)

3. A가 X 시장의 처분에 불복하여 소송을 제기하였을 경우, B는 이에 대응하여 행정소송법상 어떤 방법(B가 아무런 조치를 취하지 못하는 사이 A가 제기한 위 소송에서 A가 승소하여 그 판결이 확정된 경우를 포함한다.)을 강구할 수 있는가? (15점)

4. X 시장이 B에게 가스충전소 건축허가를 한 후 B가 허위, 기타 부정한 방법으로 건축허가 신청을 하였다는 것을 발견하고 건축허가를 취소하였다. 이에, B는 X 시장의 허가를 신뢰하여 가스충전소 신축공사계약 체결을 비롯한 새로운 법률관계를 형성하였기 때문에 취소할 수 없다고 주장한다. B의 주장은 타당성이 있는가? (10점)

답안작성

임 0 0 / 2010년도 사법시험 합격

I. 설문 1– A의 행정소송법상의 원고적격 인정 여부

1. 문제점

원고적격이란 행정소송에서 원고가 될 수 있는 자격을 말하는바, 설문의 경우 A가 처분의 직접상대방이 아닌 자임에도 불구하고 B에게 발령된 건축허가 결정을 다투려고 하기에 A의 원고적격이 문제된다.

2. 취소소송의 본질과 법률상 이익의 의미

(1) 취소소송에 있어서의 원고적격에 대한 행정소송법의 태도

행정소송법 제12조 제1문은 취소소송에서의 원고적격과 관련하여 "취소소송은 처분 등의 취소를 구할 법률상 이익이 있는 자가 제기할 수 있다."고 규정하고 있는바, 여기의 '법률상 이익'의 의미와 관련하여 일반적 견해는 취소소송의 본질에 대한 논의를 통해 그 범위를 결정하고 있다.

(2) 법률상 이익의 의미 관련 학설

취소소송의 본질에 관해 ① 취소소송의 목적은 위법한 처분으로 야기된 개인의 권리침해의 회복에 있으므로 권리가 침해된 자만이 소송을 제기할 수 있다는 권리구제설, ② 위법한 처분으로 권리뿐 아니라 법에 의해 보호되는 이익을 침해당한 자도 처분을 다툴 수 있다는 법률상 보호이익설, ③ 법에 의해 보호되는 이익이 아니더라도 그 이익이 실질적으로 재판상 보호할 가치가 있다고 판단되는 경우에는 그러한 이익이 침해된 자도 소송을 제기할 수 있다는 보호가치 있는 이익설, ④ 처분의 적법성 확보에 가장 이해관계가 있는 자는 원고적격을 갖는 다는 적법성보장설 등의 견해가 대립된다.

(3) 판례의 태도

대법원은 "행정소송은 행정청의 행정처분이 취소됨으로 인하여 법률상 직접적이고 구체적인 이익을 가지게 되는 사람만이 제기할 이익이 있고 사실상이며 간접적인 관계를 가지는데 지나지 않는 사람은 이를 제기할 이익이 없다."고 판시하여 법률상 보호이익설을 취하고 있다.

(4) 검 토

현행 행정소송법이 항고소송을 주관적 소송으로 규정하고 있으므로 항고소송은 '법적 이익의 구제'를 목적으로 보아야하고 원고적격을 법률상 이익이 침해된 자에게 있다고 규정하고 있는 취지상 법률상 보호이익설이 타당하다.

3. 법률상 이익에서 '법률'의 범위

(1) 문제점

행정소송법 제12조의 '법률상 이익'을 법률상 보호 이익이라고 볼 경우, 그 판단 근거인 법률의 범위가 문제된다.

(2) 학설의 태도

일반적인 견해는 당해법률의 규정과 취지, 관련법률의 규정과 취지 외에도 기본권 규정도 고려해야 한다는 입장이다.

(3) 판 례

대법원은 기본적으로는 당해처분의 근거되는 법률만을 고려하나, '폐기물처리시설입지결정사건'에서는 "법률상 보호되는 이익이라 함은 당해 처분의 근거 법규 및 관련 법규에 의하여 보호되는 개별적, 직접적, 구체적 이익이 있는 경우를 말한다."고 하여 근거법률 외에 관련법률까지 고려한바 있고, '국세청장의 납세병마개제조자지정처분'과 관련된 헌법소원 사건에서는 "일반법규에서 경쟁자를 보호하는 규정을 별도로 두고 있지 않은 경우에도 기본권인 경쟁의 자유가 바로 행정청의 지정행위의 취소를 구할 법률상 이익이 된다."고 판시하여 기본권 규정도 고려하였다고 해석된다.

(4) 검 토

취소소송은 법률상 보호이익의 구제를 목적으로 하는 소송이므로, 근거법률, 관련법률 외에 기본권까지 고려하는 일반적인 견해가 타당하다.

4. 소 결 – 설문 A의 원고적격 인정 여부

(1) 법률상 보호이익의 침해 여부

「개발제한구역의 지정 및 관리에 관한 특별조치법」제12조 제1항 제1호 마목 및 동법 시행령 및 동법 시행규칙에서는 개발제한구역 내의 가스충전소의 건축을 위하여는 시장이나 구청장의 허가를 받도록 규제하고 있는데, 이는 도시의 무질서한 확산방지와 도시주변의 자연환경 보전 및 도시민의 건전한 생활환경 확보라는 공익적 목적을 위한 것이기는 하나, 위와 같은 건축허가 결정으로 인하여 사경제 주체 간의 경쟁조건에 영향을 미치고 이로써 A의 경쟁의 자유를 제한하는 것임이 명백하다 할 것이므로 X시장의 건축 허가 결정으로 말미암아 경쟁의 자유를 제한 받게 된 A는 X시장의 건축허가 결정을 다툴 법률상 이익이 있다고 할 것인바, A는 행정소송법상의 원고적격이 인정된다.

(2) 경원자 관계에서의 원고적격 인정 여부

경원자소송은 면허나 인,허가 등의 수익적 행정처분을 신청한 수인이 서로 경쟁관계에 있어서 일방에 대한 면허나 인허가등의 행정처분이 타방에 대한 불면허, 불인가, 불허가 등으로 귀결될 수 밖에 없는 경우 불허가 등으로 인한 자기의 법률상 이익의 침해를 다투는 소송을 말하는 바, 대법원은 〈고흥군 LPG 충전소사건〉에서 "경원관계에 있는 경우 허가 등의 처분을 받지 못한 자는 비록 경원자에 대하여 이루어진 LPG 충전소의 허가 등 처분의 상대방이 아니라도 당해 처분의 취소를 구할 당사자적격이 있다."고 하여 경원관계의 존재만으로 신청이 거부된 경원자에게 수익처분을 다툴 법률상 이익이 있다고 본다.

설문의 경우, 고시된 선정기준에 따르면 사업자 1인만을 선정하여 건축을 허가하므로 건축허가를 신청한 A와 B는 경원자관계에 해당한다. 따라서 허가를 받지 못한 A는 비록 당해 허가처분의 상대방이 아니라도 이 사건 처분에 대하여 취소를 구할 법률상 이익이 인정된다.

II. 설문 2 – 취소심판 인용재결에 대한 B의 취소소송 제기 가부

1. 문제점

행정소송법 제19조는 단서는 "재결취소소송의 경우 재결 자체에 고유한 위법이 있음을 이유로 하는 경우에 한한다."고 규정함으로써 취소소송은 원칙적으로 원처분을 대상으로 하며, 재결은 예외적으로만 취소소송의 대상이 될 수 있도록 하여 원처분중심주의를 채택하고 있다. 이에 따라 설문의 B가 인용재결에 대한 취소소송을 제기할 수 있으려면 재결 자체에 고유한 위법이 있어야 하는바, 원처분인 가스충전소 건축허가처분의 직접상대방이 아닌 제3자인 A가 제기한 취소심판에 대한 인용재결이 있는 경우 원처분의 직접상대방인 B가 재결 자체의 고유한 위법을 주장하며 인용재결에 대한 취소소송을 제기할 수 있는지 문제된다.

2. 재결 고유의 위법의 의미

재결고유의 위법한 사유와 관련하여 주체, 절차, 형식의 위법만을 의미한다는 견해도 있으나 내용상의 위법을 제외하여야 할 합리적인 이유가 없으므로 "행정소송법 제19조에서 말하는 재결 자체의 고유한 위법이란 원처분에는 없고 재결에만 있는 재결청의 권한 또는 구성의 위법, 재결의 절차나 형식의 위법, 내용의 위법 등을 뜻하고 그 중 내용의 위법에는 위법·부당하게 인용재결을 한 경우가 해당한다."고 보는 판례 및 다수설의 태도가 타당하다.

3. 인용재결에 대한 취소소송의 성격

(1) 문제점

원처분의 직접상대방이 아닌 제3자가 행정심판청구인인 경우 원행정처분의 상대방이 인용재결에 대한 취소소송을 제기하는 경우, 이를 재결 자체의 고유한 위법을 다투는 것으로 볼 수 있는지 문제된다.

(2) 학설의 대립

① 인용재결은 원처분과 내용을 달리 하는 것이므로 인용재결의 취소를 주장하는 것은 원처분에는 없는 재결에 고유한 하자를 주장하는 셈이어서 인용재결의 취소를 구하는 소송은 재결취소소송이라는 견해와 ② 인용재결은 형식상으로는 재결이나 제3자에게는 실질적으로 최초처분의 성질을 갖는 것이라고 보아 이에 대한 취소소송을 처분취소소송으로 보는 견해가 대립된다.

(3) 판례의 태도

대법원은 "원처분의 상대방이 아닌 제3자가 행정심판을 청구하여 재결청이 원처분을 취소하는 형성재결을 한 경우에 그 원처분의 상대방은 그 재결에 대하여 항고소송을 제기할 수 밖에 없고, 이 경우 재결은 원처분과 내용을 달리하는 것이어서 재결의 취소를 구하는 것은 원처분에 없는 재결 고유의 위법을 주장하는 것이 된다."고 판시하여 재결취소소송으로 보고 있다.

(4) 검 토

제3자효를 수반하는 행정행위에 있어서 인용재결로 인하여 불이익을 입은 자는 그 인용재결에 대하여 다툴 필요가 있고, 원처분에 대한 취소심판의 인용재결이 있는 경우라도 여기서의 원처분은 제3자효 있는 행정행위 자체이지 재결이 아니므로 인용재결로 인하여 비로소 권익을 침해받은 경우에는 재결 자체의 고유한 위법을 다투는 것으로 보아야 할 것이다.

4. 사안의 해결

가스충전소 건축허가 처분에 대하여 처분의 직접상대방이 아닌 A가 제기한 취소심판이 인용된 경우, 여기서의 원처분은 'B에 대한 가스충전소 건축허가 처분'이 될 것인데 이는 B에 대하여 법률상 이익을 침해하는 경우가 아니고, 이에 대한 취소심판의 인용재결에 의하여 비로소 불이익을 입게 된다고 할 것인바, 이와 같은 재결은 원처분인 건축허가 처분과 내용을 달리하는 것이어서 재결의 취소를 구하는 것은 원처분에 없는 재결 고유의 위법을 주장하는 것이 되므로 B는 인용재결에 대해 취소소송을 제기할 수 있다고 할 것이다.

III. 설문 3 - 취소소송의 제3자의 행정소송법상의 보호수단

1. 문제점

설문 A가 B에 대한 건축허가처분에 대한 취소소송을 제기한 경우 만일 청구인용 판결이 있다면 취소판결의 제3자효(행정소송법 제29조 제1항)에 따라 취소소송에 관여하지 않은 제3자에게도 효력이 미치는 바, 설문 B가 취소판결의 제3자효를 받는 제3자인지, 만일 B가 그 제3자라면 B가 취할 수 있는 조치는 무엇인지 취소판결의 확정 전후로 나누어 살핀다.

2. B가 취소판결의 효력이 미치는 제3자인지 여부

(1) 취소판결의 형성력 및 제3자의 범위

행정소송법 제29조 제1항에서 취소판결을 통해 그 법률관계를 획일적, 통일적으로 규율하기 위하여 취소판결의 제3자효를 인정한 취지상, '제3자'란 당해 판결에 의하여 권리 또는 이익에 영향을 받게 되는 범위에 있는 이해관계인, 즉 당해 처분에 직접적인 이해관계 있는 제3자를 의미한다고 보는 것이 타당하다.

(2) 설문 B가 제3자 인지 여부

설문의 B는 가스충전소 건축허가 처분의 상대방으로서, 이에 대한 취소판결이 있는 경우 권리 또는 이익에 영향을 받는 직접적인 제3자에 해당하므로, 행정소송법 제29조 제1항에 의해 취소판결의 효력이 미치는 제3자라고 할 것이다.

3. 취소판결의 확정 전 B의 소송참가

(1) 제3자의 소송참가의 의의 및 취지 등

소송참가란 타인간의 소송계속 중에 소송외의 제3자가 그 소송의 결과에 따라 자기의 법률상 이익에 영향을 받게 되는 경우 자기의 이익을 위해 그 소송절차에 가입하는 것을 말하는 바, 이는 행정소송의 공정한 해결, 모든 이해관계자의 이익의 보호 등을 위하여 인정된다. 설문의 A가 X시장의 처분에 불복하여 소송을 제기하였을 경우, B는 취소판결의 제3자효로 말미암아 예측하지 못한 불이익을 받을 염려가 있으므로, 취소소송이 계속 중인 경우에는 제3자의 소송참가(행정소송법 제16조)를 할 수 있는지 문제된다.

(2) 제3자의 소송참가의 요건

행정소송법 제16조의 제3자의 소송참가가 허용되려면 ① 타인간의 소송이 계속 중일 것 ② 소송의 결과에 따라 권리 또는 이익을 침해받은 제3자일 것 ③ 침해되는 권리 또는 이익은 법률상 이익일 것을 요한다.

(3) B의 소송참가 가부

설문의 경우 A와 X시장간의 취소소송이 계속 중이고, B는 위 2.에서 살펴본 바와 같이 취소소송의 제3자효를 받는 제3자에 해당하며, 그 취소소송이 인용된다면 자신의 건축허가가 취소되는 법률상 불이익을 받게 되므로, 취소소송이 계속 중인 경우에는 행정소송법 제16조에 따른 제3자의 소송참가를 할 수 있을 것이다.

4. 취소판결의 확정 후 B의 재심청구
(1) 제3자의 재심청구의 의의 및 취지 등

취소판결의 제3자효를 받는 제3자는 불측의 손해를 입지 않기 위해 소송참가를 할 수도 있으나 본인에게 귀책사유 없이 소송에 참가하지 못하는 경우도 있을 수 있으므로 그런 경우 제3자의 불이익을 구제하기 위한 방법이 행정소송법 제31조에서 규정하고 있는 제3자의 재심청구제도이다. 설문의 B가 소송참가를 하지 못하였다가 취소판결이 확정된 후에 B가 재심청구를 할 수 있는지 문제된다.

(2) 제3자의 재심청구의 요건

① 처분 등을 취소하는 종국판결이 확정되었을 것 ② 재심청구의 원고는 처분 등을 취소하는 판결에 의해 권리 또는 이익의 침해를 받는 제3자일 것 ③ 자기에게 책임없는 사유로 소송에 참가하지 못함으로써 판결의 결과에 영향을 미칠 공격방어 방법을 제출하지 못하였을 것 ④ 확정판결이 있음을 안 날로부터 30일 이내, 판결이 확정된 날로부터 1년이내에 제기할 것 등을 요한다.

(3) 설문 B의 재심청구 가부

A가 제기한 건축허가 취소소송에 B가 소송에 참가하지 못하는 사이 A가 제기한 소송에서 A가 승소하여 그 판결이 확정된 경우, 취소판결에 의하여 법률상 이익을 침해받은 B는 행정소송법 제31조 소정의 재심청구의 요건을 갖추어 재심청구를 할 수 있을 것이다.

5. 소 결

설문 B는 A가 제기한 취소소송의 판결의 결과에 따라 법률상 이익의 침해를 받을 염려가 있는 제3자로서, 취소소송의 판결이 확정되기 전이라면 행정소송법 제16조에 따른 제3자의 소송참가를, 아무런 조치를 취하지 못한 채 취소소송의 판결이 확정된 후라면 행정소송법 제31조의 재심청구를 통하여 자신의 불이익을 구제할 수 있을 것이다.

IV. 설문 4 - 건축허가 취소의 타당성

1. 건축허가취소의 법적 성질

직권취소란 일단 유효하게 성립된 행정행위에 대하여 그 성립의 하자를 이유로 그 행정행위의 효력을 소멸시키는 행위로서, 설문의 경우 X시장은 B가 허위 기타 부정한 방법으로 건축허가신청을 하였다는 것을 이유로 건축허가를 취소하였으므로 이는 강학상 직권취소에 해당하며, 설문상 명문의 규정은 제시되지 않았으나 보통 수익적 처분의 취소를 예정하는 규정은 재량법규이므로 재량행위로 판단된다.

2. 직권취소의 한계

(1) 문제점

설문의 B는 X시장의 허가를 신뢰하여 새로운 법률관계를 형성하였기 때문에 취소할 수 없다는 '신뢰보호의 원칙'을 주장하고 있는바, B의 주장대로 X시장의 직권취소는 신뢰보호의 원칙을 위반한 것인지 문제된다.

(2) 신뢰보호원칙의 의의 및 요건

신뢰보호의 원칙이란 행정청의 행위를 사인이 신뢰한 경우 보호가치 있는 신뢰라면 보호되어야 한다는 원칙으로서 법적안정성을 그 이론적 근거로 한다.

그 요건으로는 ① 행정청의 선행조치가 있을 것 ② 보호가치 있는 사인의 신뢰가 있을 것 ③ 행정청의 선행조치를 믿은 사인의 처리가 있을 것, ④ 사인의 신뢰와 사인의 처리간의 인과관계가 있을 것 ⑤ 선행조치에 반하는 행정청의 후행행위가 있을 것을 요건으로 한다.

(3) 신뢰보호원칙의 한계

신뢰보호의 원칙은 법적 안정성을 위한 것이지만, 법치국가원리의 또 하나의 내용인 행정의 법률적합성의 원리와 충돌되는 문제점을 가지므로, 결국 양자의 충돌은 법적안정성(사익보호)과 법률적합성(공익상 요청)의 비교형량에 의하여 문제를 해결해야 한다.

(4) 사안의 해결

설문의 경우 X시장의 건축허가처분은 선행조치에 해당하나, 이와 같은 건축허가처분은 B 스스로 X시장에 대해 허위와 부정한 방법으로 건축허가신청을 하여 받은 것으로서 귀책사유가 있으므로 B는 그 처분에 의한 이익이 위법하게 취득된 것임을 알고 있어 그 취소가능성도 예상하고 있었다고 할 것이므로, 건축허가 처분에 대한 B의 신뢰가 보호가치 있는 신뢰라고 할 수 없다.

따라서 설문 X시장의 건축허가 직권취소는 신뢰보호원칙이 적용되지 아니하므로 B는 신뢰보호 원칙을 주장할 수 없다. 설사 B의 신뢰를 보호가치 있는 신뢰라고 보더라도 직권취소로 인해 입게 될 B의 재산권 등 사익의 침해보다는 보호되는 공익- 도시의 무질서한 확산 방지와 자연환경보전 등-이 더 우월하므로 B는 신뢰보호원칙을 주장할 수 없을 것이다.

| 강 평 |

1. 설문 1 (A의 행정소송법상의 원고적격 인정 여부)

모범답안은 '취소소송의 본질과 법률상 이익의 의미'라는 제목으로 행정소송법 제12조 제1문의 '법률상 이익'의 의미에 관한 학설을 열거하고 있습니다. 그러나 취소소송의 본질의 이해와 법률상 이익의 의미 관련 학설과의 관계가 충분히 기술되어 있다고 할 수 없습니다. 학설을 밝힌 후에는 어느 학설이 지배적 견해이며 현재의 흐름이 어떤지도 언급해야 할 것입니다.

'법률상 이익에서 법률의 범위'라는 제목으로 학설의 일반적 견해는 "당해 법률의 규정과 취지, 관련법률의 규정과 취지 외에도 기본권 규정도 고려해야 한다는 입장이다."라고 기술하고 있습니다. 법률의 범위 속에 헌법을 포함시키는 것이 일반적인 학설의 입장인지 분명치 않습니다. 전체적으로 보면 잘 기술되어 있습니다만, 설문이 X 시장의 B에 대한 건축허가를 다툴 A의 행정소송법상 원고적격 존부를 묻고 있으므로 이 물음에 대한 필요한 해답을 간결하게 묶어 기술할 수 있을 것으로 보입니다.

2. 설문 2 (취소심판 인용재결에 대한 B의 취소소송 제기 가부)

모범답안은 '재결 고유의 위법의 의미'라는 제목으로 '재결고유의 위법한 사유와 관련하여 주체, 절차, 형식의 위법만을 의미한다는 견해'가 있다는 것을 기술하고 있습니다. 견해에는 그 견해를 뒷받침하는 논거가 있습니다. '내용상의 위법을 제외하여야 할 합리적인 이유가 없으므로' "판례 및 다수설의 태도가 타당하다."라고만 기술할 것이 아니고 그 견해에 의하면 설문의 해결에 어떤 결과가 초래하는 가를 기술하여야 할 것입니다. 또한 '인용재결에 대한 취소소송의 성격'이라는 제목 아래서 학설의 대립이라고 하여 2가지 견해를 기술하고 있습니다. 어느 견해가 타당하냐 라는 기술보다는 이 두 견해의 차이가 설문을 해결하는데 어떤 차이를 가져오는 것인지를 먼저 설명하고 사안의 해결로 이어져야 할 것입니다.

3. 설문 3 (취소소송의 제3자의 행정소송법상의 보호수단)

모범답안은 잘 정리하여 기술하고 있습니다.

4. 설문 4 (건축허가 취소의 타당성)

모범답안은 '건축허가취소의 법적성질'이라는 제목으로 "설문상 명문의 규정은 제시되지 않았으나 보통 수익적 처분의 취소를 예정하는 규정은 재량법규이므로 재량행위로 판단된다." 라고 기술하고 있습니다. 그러나 이와 같은 일반적인 기술에는 문제가 있다고 생각합니다. 모범답안도 제2문의 1 답안에서는 "도로점용허가가 재량행위인지는 관계법규의 규정방식과 취지, 목적, 행정행위의 성질 등을 합리적으로 해석하여 판단한다."라고 기술하고 있습니다.

꼭 건축허가취소의 법적 성질이 재량행위인지 여부를 밝히고 싶다면 관계법규의 규정방식과 취지, 목적, 행정행위의 성질 등을 합리적으로 해석하여 판단하여야 할 것입니다. 강평자의 생각으로는 이 설문의 배점이 10점이므로 건축허가취소의 법적 성질이 재량행위이냐의 여부를 논하기 보다는 직권취소를 전제로 "X 시장의 허가를 신뢰하여 가스충전소 신축공사계약 체결을 비롯한 새로운 법률관계를 형성하였기 때문에 취소할 수 없다."는 B의 주장에 초점을 맞추어 타당성 여부를 기술하여도 충분할 것으로 보입니다. 이 설문에서의 요점을 신뢰보호 원칙의 한계 문제일 것입니다. 모범답안에서는 이점의 중요성이 부각되어 있지 않습니다. 신뢰보호원칙과 법률적합성원칙과의 관계만 하더라도 학설과 판례를 기술하고 있어서 사안의 해결로 넘어가야 할 것입니다. 모범답안은 '사안의 해결'의 말미에 "설사 B의 신뢰를 보호가치 있는 신뢰라 하더라도 직권취소로 인해 입게될 B의 재산권 등 사익의 침해보다는 보호되는 공익 ─ 도시의 무질서한 확산방지와 자연환경보전 등─이 더 우월하므로 B는 신뢰보호원칙을 주장할 수 없을 것이다." 라고 기술하고 있습니다. 이와 같은 기술은 B의 신뢰가 보호가치 있는 신뢰인 경우 견해가 나뉠 수 있으므로 신중하여야 할 것입니다. 강평자의 생각으로는 설문 4의 해답으로 "X 시장의 건축허가 직권취소는 신뢰보호원칙이 적용되지 아니하므로 B는 신뢰보호원칙을 주장할 수 없다." 라고 기술했으면 이로써 족한 것이지 왜 불필요한 사족을 붙이는 것인지 잘 이해가 되지 않습니다.

| 제2-1문 | 건축업자 A는 공사시행을 위하여 Y 시장에게 도로점용허가를 신청하였고, Y 시장은 2006. 11. 23. 소정의 기간을 붙여 점용허가를 하였다. 그 기간 만료 후 A는 공사가 아직 완료되지 않아 새로이 점용허가를 신청하였다. Y 시장은 도로의 점용이 일반인의 교통을 현저히 방해하지 않음에도 인근 상가 주민의 민원이 있다는 이유로 점용허가를 거부하였다. 그런데 Y 시장은 이러한 불허가처분을 하기 전에 '의견을 제출할 수 있다는 뜻과 의견을 제출하지 아니하는 경우의 처리방법'을 알리지 아니하였다. (총 35점)

1. Y 시장의 불허가처분은 적법한가? (15점)

2. 만약 Y 시장이 새로이 점용허가를 하면서 기간을 지나치게 짧게 정한 경우, A의 행정소송상 권리구제방법은? (20점)

[참조조문]

도로법 제38조 (도로의 점용)

① 도로의 구역에서 공작물이나 물건, 그 밖의 시설을 신설·개축·변경 또는 제거하거나 그 밖의 목적으로 도로를 점용하려는 자는 관리청의 허가를 받아야 한다. 허가받은 사항을 연장 또는 변경하려는 때에도 또한 같다.

② 제1항에 따라 허가를 받을 수 있는 공작물·물건, 그 밖의 시설의 종류와 도로 점용허가의 기준 등에 관하여 필요한 사항은 대통령령으로 정한다.

③-⑤ 〈생략〉

도로법 시행령 제28조 (점용의 허가신청)

① 법 제38조 제1항에 따른 허가를 받으려는 자는 다음의 사항을 적은 신청서를 관리청에 제출하여야 한다. 이 경우 점용장소·점용기간·공작물 또는 시설의 구조 등 점용에 관한 사항은 별표 1의 2의 기준에 적합하게 하여야 한다.

1. 점용의 목적
2. 점용의 장소와 면적
3. 점용의 기간
4.-7. 〈생략〉

답안작성

임 0 0 / 2010년도 사법시험 합격

I. 설문 1 – Y 시장의 불허가 처분의 적법성

1. 문제점

Y시장의 불허가 처분이 적법하려면 주체·내용·절차·형식면에서 행정행위의 적법요건을 구비하여야 하는데 설문에서 불허가처분을 하기 전에 '의견을 제출할 수 있다는 뜻과 의견을 제출하지 아니하는 경우의 처리방법'을 알리지 아니한 것이 절차상 하자가 되는지 문제되고, 인근 상가 주민의 민원이 있다는 이유로 점용허가를 거부한 것이 내용상 하자가 되는지 문제된다.

2. 도로점용허가의 법적 성질 – 재량행위 여부

도로점용허가가 재량행위인지는 관계법규의 규정방식과 취지, 목적, 행정행위의 성질 등을 합리적으로 해석하여 판단한다. 도로법 제38조 제1항에 의한 도로점용은 일반 공중의 교통에 사용되는 도로의 특정부분을 유형적, 고정적으로 특정한 목적을 위하여 사용하는 이른바 특별사용을 뜻하는 것이고, 이러한 도로점용의 허가는 특정인에게 일정한 내용의 공물사용권을 설정하는 설권행위로서 공물관리자가 신청인의 적격성, 사용목적 및 공익상의 영향 등을 참작하여 허가를 할 것인지의 여부를 결정하는 재량행위에 해당한다.

재량행위에 대한 사법심사는, 행정청의 재량에 기한 공익판단의 여지를 감안하여 법원은 독자의 결론을 도출함이 없이 그 재량판단의 심사기준으로 삼은 사유에 법령의 해석이나 법리의 오해, 사실의 오인 혹은 비례, 평등의 원칙 위반 등의 위법이 있는지 여부를 판단 대상으로 한다.

3. 불허가처분의 절차상 하자여부 - 사전통지 결여의 하자

(1) 사전통지의 근거와 의의

처분의 사전통지란 행정청이 당사자에게 의무를 과하거나 권익을 제한하는 처분을 하는 경우에 처분의 제목, 당사자의 성명 또는 명칭과 주소, 처분하고자 하는 원인이 되는 사실과 처분의 내용 및 법적근거, 의견제출에 관한 사항등을 당사자 등에게 통지하는 것을 말한다(행정절차법 제21조 제1항).

(2) 거부처분의 사전통지의 대상 여부

1) 문제점

사안의 경우 도로점용불허가처분을 하면서 의견제출에 관한 사항에 대해서 사전통지를 하지 않았는데, 수익적 행위의 거부처분의 경우도 권익을 제한하는 처분에 해당되어 사전통지의 대상이 되는지 견해대립이 있다.

2) 학 설

① 신청거부는 직접 당사자의 권익을 제한하는 것이 아니며 신청자체가 의견진술의 기회를 준 것으로 볼 수 있다는 점에는 사전통지대상이 아니라는 부정설 ② 신청에 따른 처분을 기대한 것이므로 거부처분은 당사자의 권익을 제한하는 처분에 해당하므로 처분의 사전통지가 필요하다는 긍정설 등의 대립이 있다.

3) 판 례

대법원은 "신청에 따른 처분이 이루어지지 아니한 경우에는 아직 당사자에게 권익이 부과되지 아니하였으므로 특별한 사정이 없는 한 신청에 대한 거부처분이라고 하더라도 직접 당사자의 권익 제한하는 것은 아니어서 신청에 대한 거부처분을 여기에서 말하는 '당사자의 권익을 제한하는 처분'에 해당한다고 할 수 없는 것이어서 처분의 사전통지대상이 된다고 할 수 없다."고 판시하여 부정설의 입장이다.

4) 검 토

수익적 행위의 신청만으로는 아직 당사자에게 권익이 부여되지 아니하였으므로 행정청이 그 신청을 거부하여도 직접 당사자의 권익을 제한하는 처분에 해당한다고 볼 수 없어 부정설이 타당하다.

(3) 소 결 - 불허가처분의 절차상하자의 존부

사안은 수익적 행정행위의 신청에 따른 처분이 없는 상태로서 아직 건축업자 A에게 권익이 부과되어 있는 것은 아니기 때문에 거부처분을 하였어도 A의 권익이 제한된 것이라 할 수 없다. 따라서 A에 대한 불허가처분은 행정절차법 제21조 소정의 사전통지의 대상이 아니며 도로점용불허가처분의 절차상 하자는 없다.

4. 불허가처분의 내용상하자여부 - 인근 상가주민의 민원이 있다는 이유로 점용허가를 거부한 것의 적법성

(1) 문제점

도로점용허가가 재량행위라고 한다면 도로법 및 같은 법 시행령이 요구하는 도로점용허가의 기준에 부합한다고 하더라도 법령상의 제한사유에 해당하지 않더라도 중대한 공익상 필요가 있는 경우에는 도로점용허가를 거부할 수 있다. 그러나 이 경우에도 법령상의 제한사유 외의 거부사유가 언제나 적법한 것은 아니며, 거부처분으로 달성되는 공익은 이로 인하여 침해되는 사익과 비례성을 이루어야 하는바, 도로의 점용이 일반인의 교통을 현저히 방해하지 않음에도 인근 상가 주민의 민원이 있다는 이유로 점용허가를 거부한 것이 비례원칙에 위반한 것은 아닌지 문제된다.

(2) 비례의 원칙위반 여부

비례의 원칙은 행정주체가 구체적인 행정목적을 실현함에 있어서 그 목적실현과 수단 사이에 합리적인 비례관계가 유지되어야 한다는 원칙을 말하는데 ① 행정목적과 목적달성을 위해 동원되는 수단간에 객관적인 관련성이 있어야 한다는 적합성의 원칙 ② 적합한 여러 수단 중에서도 국민의 권리를 최소한으로 침해하는 수단을 선택하여야 한다는 필요성의 원칙 ③ 적합하고 필요한 수단이라고 하더라도 이러한 수단을 통해 달성하려는 공익과 수단으로 인한 사익침해가 합리적인 비례관계에 있어야 한다는 상당성의 원칙을 그 내용으로 한다.

(3) 사안의 경우

사안의 도로점용불허가처분은 도로의 이용관계에서 인접상인들의 이해관계를 고려하기 위한 것으로서 적합성의 원칙은 충족된다. 그런데 Y시장은 A에게 도로점용허가를 하면서 인근 상가주민들의 민원을 해소할 수 있는 부관등의 부가 등을 통하여 A와 상가주민들의 이해관계를 조절할 수도 있다는 점을 감안하면 필요성의 원칙에 반한다. 또한 도로점용불허가처분을 통해서 A가 입게 되는 재산권불행사의 불이익과 이로 인하여 얻게 되는 인근 상가주민들의 영업상의 이익을 비교형량하면 공사로 인하여 인근 상인들의 영업활동에 지장을 주지는 않겠지만 반면 A의 재산권의 행사를 원천봉쇄하는 것이어서 A의 불이익이 훨씬 크다고 할 수 있어 상당성의 원칙에도 반한다. 따라서 설문의 Y시장이 인근 상가 주민의 민원이 있다는 이유로 불허가처분을 하는 것은 비례의 원칙에 반하는 것으로서 재량권의 일탈, 남용이 있는 위법한 처분에 해당한다.

5. 소 결

Y시장의 불허가처분은 의견제출과 관련한 사항을 사전에 통지하지 않은 부분은 위법하지 않으므로 절차상하자는 없으나 인근상가 주민의 민원이 있다는 이유로 점용허가를 불허한 것은 재량권의 일탈, 남용이 있어 내용상하자가 있으므로 위법하다.

II. 설문 2 – 도로점용허가기간에 대한 A의 행정소송상 구제수단

1. 문제의 소재

만약 Y시장이 새로이 점용허가를 하면서 기간을 지나치게 짧게 정한 경우 A로서는 도로점용허가라는 수익적 행정행위 그 자체의 효과는 향유하면서 도로점용허가에 부가된 기간에 대해서는 불복하여 기간의 연장을 원할 것이다.

이 때 A의 행정소송상의 구제수단으로서 부관만의 취소를 구하는 소송이 허용되는지, 부관의 변경을 신청하고 거부시 거부처분 취소소송을 제기할 수 있는지 검토한다.

2. 도로점용허가에 부가된 기간의 법적 성질

설문의 도로점용허가에 부가된 기간은 주된 행정행위에의 효과를 제한 또는 보충하려는 종된 규율, 즉 강학상 부관에 해당하며 부관 중에서 행정행위의 효력의 발생 또는 소멸을 장래 도래할 것이 확실한 사실에 의존하게 하는 부관인 기한에 해당한다.

3. 부관에 대한 독립쟁송가능성

(1) 문제점

설문의 A가 Y시장의 도로점용허가는 그대로 두고 지나치게 짧게 정해진 '기한'인 부관만의 취소소송을 제기할 수 있는지 문제된다.

(2) 학 설

① 부관의 종류에 따라, 부담은 그 자체로서 특정한 의무를 명하는 행정처분의 성질을 가지므로 쟁송의 대상이 될 수 있지만 그 밖의 부관은 그 자체로서 독자적인 처분성을 갖지 못하므로 독립하여 쟁송의 대상이 될 수는 없다는 견해 ② 소의 이익이 있다면 모든 부관이 소송의 대상이 된다는 견해 ③ 독립쟁송가능성의 문제는 부관의 독자적인 취소가능성 문제의 전제조건으로서의 성격을 가지는 것으로서 '분리가능성'이 있으면 독립쟁송가능성이 인정된다는 견해가 대립한다.

(3) 판 례

대법원은 "행정행위의 부관 중에서도 행정행위에 부수하여 그 행정행위의 상대방에게 일정한 의무를 부과하는 행정청의 의사표시인 부담의 경우에는 다른 부관과는 달리 행정행위의 불가분적인 요소가 아니고 그 존속이 본체인 행정행위의 존재를 전제로 하는 것일 뿐이므로 부담 그 자체로서 행정쟁송의 대상이 될 수 있다."고 하여 부담만의 독립쟁송가능성을 인정하면서 부담 이외의 '어업면허 유효기간' '기부채납된 행정재산에 대한 무상사용기간' 등의 부관에 대하여는 독립쟁송가능성을 부정하여 부적법각하 하고 있다.

(4) 검토

모든 부관에 대해 독립쟁송 가능성을 인정하는 견해는 주된 행정행위와 부관간의 객관적 고찰이 소홀하다는 점에서, 분리가능성설은 분리가능성의 문제는 본안에서 판단해야할 실체적 사항임에도 불구하고 소의 허용성 판단단계에서 검토한다는 점에서 문제가 있으므로 부관의 종류에 따라 구분하는 견해가 타당하다.

(5) 사안의 경우

부관의 종류에 따라 구분하는 견해에 따르면, 사안의 도로점용허가기간은 기한에 해당하므로 A는 점용기간만을 대상으로 하여 취소소송을 제기할 수는 없다.

4. 기한부도로점용허가에 대한 전부취소소송

A는 부관만의 취소를 구하는 소송이 아니라 기한부도로점용허가 전부취소를 구하는 소송을 제기할 수 있음은 당연하다. 그러나 부관부행정행위 전부취소소송을 제기할 경우 기한은 주된 행정행위인 도로점용허가의 본질적인 부분이어서 기한이 위법할 경우 기한부 도로점용허가 전부가 취소될 수 있어 A가 원치않는 결과를 초래할 수 있게 되어 A의 권리구제 방법으로서는 부적절하다.

5. 기한의 변경신청거부에 대한 취소소송

결국 부담 이외의 부관에 대하여 직접 부관에 대해 다툴 수는 없으나 부관부 행정행위를 부관없는 행정행위 또는 다른 내용의 부관이 붙여진 행정행위로 변경신청을 한 후에 이에 대한 불허가처분에 대해 취소소송을 제기할 수 있을 것이다. 판례도 부속선을 사용할 수 없는 조건으로 어업면허를 받은 자가 조건없는 행정행위로 변경처분을 하여줄 것을 행정청에 신청을 한 후 행정청이 이를 거부한 경우에 그 거부처분에 대한 취소소송을 받아들이고 있다.

사안의 경우 A는 도로점용허가기간을 연장하여 줄 것을 Y시장에게 신청하여 Y시장이 거부할 경우 거부처분에 대한 취소소송을 제기할 수 있다. 이 때 A가 승소할 경우에는 판결의 기속력(행정소송법 제30조 제2항의 재처분의무)에 의하여 Y시장은 적절한 기간으로 점용허가기간을 연장하여야 할 것이다.

6. 사안의 해결 – A의 권리구제 방법

부담과 기타부관을 구분하여 독립쟁송가능성을 논하는 견해 및 판례에 의하면 A는 직접 도로점용허가기간만을 대상으로 독립하여 취소소송을 제기할 수는 없을 것이나, A는 도로점용허가기간의 연장 신청을 하여 그에 대한 거부처분이 있을 경우, 그 거부처분에 대한 취소소송을 제기함으로써 지나치게 짧게 정하여진 도로점용기간에 대해 다툴 수 있을 것이다.

1. 설문 1 (Y 시장의 불허가 처분의 적법성)

모범답안은 '도로점용허가의 법적 성질–재량행위 여부' 라는 제목으로 도로점용허가는 "재량행위에 해당한다." 라고 기술한 후에 "재량행위에 대한 사법심사는, 행정청의 재량에 기한 공익판단의 여지를 감안하여 법원은 독자의 결론을 도출함이 없이 그 재량판단의 심사기준으로 삼은 사유에 법령의 해석이나 법리의 오해, 사실의 오인 혹은 비례의 원칙, 평등의 원칙 위반 등의 위법이 있는지 여부를 판단 대상으로 한다." 라는 첨언을 하고 있습니다. 최근의 대법원 판시 속에는 이와 유사한 언급이 보이긴 합니다. 그러나 이러한 언급이 정확한 것인지 여부는 차치하고, 도로점용허가의 법적 성질 – 재량행위 여부를 논하는 자리에서 기술할 필요가 있는지 의문입니다. "도로점용허가는 재량행위라는 것이 통설이고 판례이다' 라는 기술로 족한 것이 아닌가 생각합니다.

설문 1의 핵심은 거부처분의 사전통지의 대상 여부입니다. 모범답안은 학설과 판례를 기술한 후, 검토에서 "수익적 행위의 신청만으로는 아직 당사자에게 권익이 부여되지 아니하였으므로 행정청이 그 신청을 거부하여도 직접 당사자의 권익을 제한하는 처분에 해당한다고 볼 수 없어 부정설이 타당하다."라고 하고, '소결 – 불허가처분의 절차상 하자의 존부'라는 제목에서 "사안은 수익적 행정행위의 신청에 따른 처분이 없는 상태에서 아직 건축업자 A에게 권익이 부과되어 있는 것은 아니기 때문에 거부처분을 하였어도 A의 권익이 제한된 것이라 할 수 없다. 따라서 A에 대한 불허가처분은 「행정절차법」 제21조 소정의 사전통지의 대상이 아니며 도로점용불허가처분의 절차상 하자는 없다."라고 결론을 짓고 있습니다. 그러나 모범답안은 출제위원의 출제의도를 정확하게 읽어내지 못하고 있습니다.

제2문의 1의 설문을 잘 읽어 보면, Y시장은 2006.11.23. 소정의 기간을 붙여 1차로 점용허가를 하였습니다. 그런데 소정 기간 내에 아직 공사가 완료되지 않아 A가 새로이 점용허가를 신청하였는데 Y시장은 도로의 점용이 일반인의 교통을 현저히 방해하지 않음에도 인근 상가 주민의 민원이 있다는 이유로 점용허가를 거부하였던 것입니다. 따라서 출제위원이 묻고 있는 것은 1차로 점용허가를 받은 사람이 소정 기간 내에 공사를 만료하지 못하여 공사를 마무리하기 위해서 새로이 점용허가를 신청하였는데 Y시장이 거부한 것이 「행정절차법」 제21조 소정의 사전통지의 대상이 되지 아니하는가에 있는 것으로 보입니다. 모범답안에서도 언급하고 있는 대법원판결도 '특별한 사정이 없는 한'이라는 조건을 붙이고 있음에 유념하여야 합니다. 또한 학자 중에는 종래 신청거부는 직접 당사자의 권익을 제한하는 것이 아니고 신청 자체가 의견진술의 기회를 준 것으로 볼 수 있다는 점에서 사전통지의 대상이 아니라는 부정설에 서 있던 이도 최근 "다만, 갱신허가거부처분의 경우에는 권익을 제한하는 처분으로 보아 사전통지와 제출기회부여의 대상이 된다."는 설명을 추가하고 있다는 점에 주목할 필요가 있습니다. 그렇다면 모범답안의 "불허가처분의 절차상 하자 여부 – 사전통지 결여의 하자." 라는 제목의 부분은 재구성되어야 합니다. 재구성하는 경우 학설에 관한 기술은 정확을 기하여야 합니다.

이에 관하여는 강평자의 행정법 380쪽 이하를 참조해 주시기 바랍니다.

모범답안은 '불허가처분의 내용상 하자 여부 – 인근 상가주민의 민원이 있다는 이유로 점용허가를 거부한 것의 적법성'이라는 제목으로 문제점과 비례의 원칙 위반 여부를 기술하고 있습니다. 문제점은 거두절미하고 "도로점용허가가 재량행위라고 한다면 도로법 및 같은 법 시행령이 요구하는 도로점용허가의 기준에 부합한다고 하더라도 법령상의 제한사유에 해당하지 않더라도 중요한 공익상 필요가 있는 경우에는 도로점용허가를 거부할 수 있다."라는 명제에서 출발하고 있습니다. 이미 모두 알고 있는 바와 같이 우리나라는 정부수립 이후 행정청은 자신들에게 부여된 재량권을 남용하여 왔습니다. 그래서 재량권의 남용을 방지하기 위해서 수년 전부터 법령을 정비하여 재량의 기준을 마련하는 작업을 정부가 하여 왔습니다. 법령에서 기준이 정하여져 있으면 행정청은 입법자가 정한 재량의 기준을 우선적으로 준수하여야 합니다. 이러한 의미에서 행정청이 행사하는 재량권의 행사는 자유재량일 수 없게 되었습니다. 설문을 보면 설문에는 참조조문이 붙어 있습니다. 이에 의하면 도로점용허가의 기준을 대통령령으로 정하도록 법률에서 명시하고 있고, 이 명시적 위임을 받은 「도로법시행령」에서 도로점용허가의 기준을 구체적으로 정하고 있습니다. 그 기준에는 주민의 민원은 없습니다. 그렇다면 문제의 초점은 법령에 명문의 규정이 없음에도 불구하고 민원이 있다는 이유로 도로점용허가를 거부할 수 있는가가 되겠습니다. 답안은 이 문제부터 시작하여야 할 것입니다.

2. 설문 2 (도로점용허가기간에 대한 A의 행정소송상 구제수단)

모범답안은 '부관에 대한 독립쟁송가능성'이라는 제목으로 학설과 판례를 설명하면서 부담에 대해서만 독립쟁송가능성을 긍정하고, 기한부도로점용허가에 대한 전부취소소송과 기한의 변경신청거부에 대한 취소소송을 A의 행정소송상 권리구제방법으로 들면서 기한부도로점용허가에 대한 전부취소소송이 가능하지만 A의 권리구제 방법으로서는 부적절하다라고 부언하고 있습니다.

먼저 부관에 대한 독립쟁송가능성을 보겠습니다. 모범답안은 부관 중에서 부담은 처분으로 보는 것 같습니다. 판례가 부담의 부관을 처분으로 본 사례는 많습니다. 그것은 계쟁 소송에서 문제가 되었던 부담이 본체인 행정행위로부터 분리될 수 있어 처분성을 갖기 때문일 것입니다. 따라서 모든 부담이 처분이 아니라 부담 중 처분성 있는 것만이 처분이라는 것이 판례라고 읽어야 할 것입니다. 그렇다면 부담이 처분의 되는 경우는 분리가능성을 기준으로 하여 긍정될 수 있다고 볼 수 있습니다. 즉 부담의 독립쟁송가능성이 긍정될 수 있는 것은 그것이 부관의 일종인 부담이어서가 아니라 독립가능성이 인정되는 처분이기 때문입니다. 이를 인정하면 비단 부담뿐만 아니라 다른 부관도 독립가능성이 인정되는 처분이기만 하면 독립쟁송가능성이 긍정될 수 있을 것입니다. 강평자도 행정법 교과서에서 "어느 부관이든 본체인 행정행위로부터 분리되어 처분성이 인정될 수 있는 것이면 독립하여 쟁송의 대상이 될 수 있다고 보아야 한다." (240쪽)는 결론을 내리고 있습니다. 이와 같은 입장에서 보면 모범답안이 그 '검토'에서 '분리가능성설은 분리가능성의 문제는 본안에서 판단해야 할 실체적 사항임에도 불구하고 소의 허용성 판단단계에서 검토한다는 점에서 문제'가 있다는 기술은 적절하지 않겠습니다. 만일 모범답안의 기술대로라면 부담의 부관이 처분이냐의 문제도 본안에서 판단해야 할 실체적 사항이라고 해야 할 것이므로 부담의 독립쟁송가능성도 부인해야 하는 결론에 이르게 될 것이기 때문입니다. 따라서 이 문제는 대단히 어려운 문제라 할 것이므로, 강평자의 생각으로는 이 문제에 대한 사법시험의 답안으로 응시자가 자기의 주관적 견해를 앞세울 것이 아니라 각각의 학설에 따라 제1설에 의하면 어떤 결론이 되고, 제2설에 의하면 어떤 결론이 되며, 제3설에 의하면 어떤 결론이 된다는 식으로 기술하는 것이 가장 무난한 기술방법이 아닌가 여겨집니다.

다음으로 지적해 두어야 할 것은 부담의 독립쟁송가능성을 긍정을 하게 되면 부담 자체를 처분으로 보아 그 부담 자체의 취소를 구하는 부담부관취소소송이 가능하게 될 것은 말할 나위가 없습니다만, 나아가서 부담부 행정행위 전체를 대상으로 하여 그 일부의 취소를 구하는 일부취소소송도 가능하다고 보아야 할 것입니다. 그렇다면 분리가능성설의 입장에서는 반드시 부담의 부관이 아니어도, 예컨대 기한의 부관이라고 하더라도 그것이 분리가능하여 처분성을 갖춘 것이면, 그 기한 자체의 취소를 구하는 기간부관취소소송이 가능하게 될 것은 물론이고, 나아가서 기한부 행정행위 전체를 대상으로 하여 그 일부의 취소를 구하는 일부취소소송도 역시 가능하다고 보아야 할 것입니다.

그러므로 분리가능성설의 입장에게 되면, 기간을 지나치게 짧게 정한 경우, A의 행정소송상 권리구제방법에는 기한부도로점용허가에 대한 전부취소소송, 기한의 변경신청거부에 대한 취소소송 외에 기한부도로점용허가에 대한 일부취소소송이 추가될 것입니다.

끝으로 모범답안은 '기한부도로점용허가에 대한 전부취소소송'이라는 제목에서 "부관부행정행위 전부취소소송을 제기할 경우 기한은 주된 행정행위인 도로점용허가의 본질적인 부분이어서 기한이 위법할 경우 기한부 도로점용허가 전부가 취소될 수 있어 A가 원치 않는 결과를 초래할 수 있게 되어 A의 권리구제 방법으로서는 부적절하다."라고 기술하고 있습니다. 기한의 부관이 도로점용허가의 본질적인 부분일 때는 권리구제방법으로 부적절할 수도 있을 것입니다. 그러나 기한의 부관이 반드시 도로점용허가의 본질적인 부분이라고 단정할 수는 없습니다. 또한 전부취소소송의 판결문을 검토하여 보면 전부취소를 하고 있습니다.

단, 판결이유속에서 일부취소의 판시를 읽을 수 있는 경우도 있습니다. 따라서 반드시 기한부 도로점용허가에 대한 전부취소소송이 A의 권리구제 방법으로서는 부적절하다고 단정할 것은 아니라고 생각합니다.

| 제2-2문 | 국가공무원 A는 20여 년간 성실히 근무해 왔으나, 임용 당시 결격사유인 금고 이상의 형을 받고 그 집행유예기간이 완료된 날로부터 2년이 경과되지 아니한 것이 나중에 발견되어 임용권자 B로부터 퇴직발령의 통지를 받았다. (총 15점)

1. A에 대한 임용행위의 법적 효력 및 퇴직발령통지의 법적 성질은? (10점)

2. A는 공무원연금법상 퇴직급여청구권을 행사할 수 있는가? (5점)

I. 설문 1 - A에 대한 임용행위의 법적효력 및 퇴직발령통지의 법적 성질
 1. A에 대한 임용행위의 법적 효력
  (1) 임용행위의 법적 성질
  (2) 결격사유 있는 자에 대한 임용행위의 효력
  (3) 사안의 해결 – A에 대한 임용행위의 법적 효력
 2. A에 대한 퇴직발령통지의 법적 성질

  (1) 문제점
  (2) 견해의 대립
  (3) 판례의 태도
  (4) 검토 및 사안의 해결
II. 설문 2 - A의 퇴직급여청구권의 행사가능성
 1. 문제점
 2. 판례의 태도
 3. 검토 및 사안의 해결

답안작성
임 0 0 / 2010년도 사법시험 합격

I. 설문 1– A에 대한 임용행위의 법적효력 및 퇴직발령통지의 법적 성질

1. A에 대한 임용행위의 법적 효력

(1) 임용행위의 법적 성질

A에 대한 임용은 특정인에게 공무원 신분을 부여하는 행위로 강학상 임명에 해당하는데 임명의 성질은 계약직 공무원의 경우에는 공법상계약이지만 통상적인 공무원 임명의 경우 협력을 요하는 행정행위(쌍방적 행정행위)에 해당한다. A는 계약직 공무원은 아닌 것으로 보이므로 A에 대한 임용행위는 쌍방적 행정행위에 해당한다.

(2) 결격사유 있는 자에 대한 임용행위의 효력

 1) 문제점

공무원에 대한 임용은 적법한 임용권자가 결격사유 없는 자로서 성적요건을 충족한 자에 대하여 하여야 하나, 공무원 A는 임용당시 결격사유인 금고이상의 형을 받고 그 집행유예기간이 완료된 날로부터 2년이 경과되지 아니하였기 때문에 국가공무원법 제33조 제4호의 공무원임용결격사유에 해당하는 공무원을 임용한 하자가 존재한다. 이러한 결격사유 있는 자에 대한 임용의 효력이 문제된다.

2) 학설의 대립

임용결격자에 대한 임용의 효력에 대하여는 ① 국가공무원법 제69조는 재직 중 결격사유가 발생하면 당연퇴직 하도록 규정하고 있으며 공무에 대한 국민의 신뢰를 확보하고자 하는 취지 등을 이유로 당연무효라고 보는 견해와 ② 중대명백설에 의할 때 임용결격사유를 간과한 임용행위가 외견상 일견 명백하다고 볼 수는 없으므로 취소사유에 불과하다는 견해가 대립한다.

3) 판례의 태도

대법원은 일관되게 결격사유가 있는 자에 대한 임용은 무효라고 보고 있으며, 이는 국가의 과실에 의해 밝혀내지 못하였다하더라도 마찬가지이며 장기간 사실상 공무원으로 근무해왔더라도 묵시적으로 새로운 임용처분을 한 것으로 볼 수 없다는 입장이다.

4) 검 토

생각건대, 공무원 임용을 받은 자가 자신에게 결격사유 있음을 알았거나 알 수 있었을 경우 이러한 자를 보호할 필요성이 없고, 결격사유를 당연퇴직 사유로 규정한 국가공무원법의 취지를 생각하면 당연무효로 보는 것이 타당하다.

(3) 사안의 해결 - A에 대한 임용행위의 법적 효력

사안에서 A에 대한 임용은 결격사유 있는 자에 대한 임용으로서 아무런 효력이 없는 무효의 행위이다.

2. A에 대한 퇴직발령통지의 법적 성질
(1) 문제점

A에 대한 퇴직발령통지의 법적성질에 관하여 항고소송의 대상이 되는 처분으로(행정소송법 제19조, 제2조 제1호) 볼 수 있는지 문제되는바 이는 앞서 살핀 A에 대한 임용행위의 효력과 관련하여 문제된다.

(2) 견해의 대립

① 결격사유 있는 A 대한 임용의 효력을 당연무효로 보는 경우에는 A가 공무원 지위를 상실하는 것은 임용권지 B의 퇴직발령통지에 의해서가 아니라 국가공무원법 등 법률의 규정에 의해 당연히 상실하는 것이므로, 이러한 사실을 A에게 알려주는 퇴직발령통지는 A의 권리나 의무에 아무런 영향을 미치지 않는 단순한 사실행위로서의 통지에 불과하여 처분성을 인정할 수 없다고 하나 ② A에 대한 임용의 효력을 단순한 취소사유가 존재하는 것에 불과하다는 견해에 때라면 A에 대한 임명행위는 일단 유효하고 취소사유가 존재하는 것에 불과하므로 퇴직발령통지는 A의 권리나 의무에 직접 영향을 미치므로 처분성을 인정할 수 있다고 한다.

(3) 판례의 태도

대법원은 결격사유 있는 공무원을 임용하였다가 사후에 결격사유 있는 자임을 발견하고 공무원임용을 취소하는 행위 역시 원래의 임용행위가 당초부터 당연무효였음을 통지하여 확인시켜 주는 행위에 지나지 아니하는 것이라고 하여 처분성을 부정한다.

(4) 검토 및 사안의 해결

앞서 살핀 바와 같이 A에 대한 임용행위는 당연무효에 불과하므로, 결국 A에 대한 퇴직발령통지는 A의 권리 의무에는 아무런 영향을 미치지 아니하는 사실행위로서의 통지에 불과하여 처분성을 인정할 수 없다고 할 것이다.

II. 설문 2 – A의 퇴직급여청구권의 행사가능성

1. 문제점

A에 대한 임용이 당연무효라고 하더라도 A는 20여년간 성실히 근무하여 왔는데 사실상 노동력을 제공한 A의 퇴직급여지급에 대해 견해가 대립한다.

2. 판례의 태도

대법원은 "임용결격자가 공무원으로 임용되어 사실상 근무하여 왔다고 하더라도 적법한 공무원으로서의 신분을 취득하지 못한 자로서는 공무원연금법 소정의 퇴직급여 등을 청구할 수 없으며, 나아가 임용결격사유가 소멸된 후에 계속 근무하여 왔다고 하더라도 그 때부터 무효인 임용행위가 유효로 되어 공무원의 신분을 취득하고 퇴직급여 등을 청구할 수 없다."는 입장이다.

3. 검토 및 사안의 해결

생각건대 임용이 무효인 공무원에 대한 퇴직급여청구권은 퇴직급여의 법적 성질과 관련하여 검토되어야 한다. 퇴직급여의 법적 성질은 퇴직급여 중 본인의 기여금에 해당하는 부분은 재직중 근무의 대가로서 지급하였어야 할 임금의 후불적 성격이 강하고 그 나머지 부분은 재직중의 성실한 복무에 대한 공로보상 또는 사회보장적 급여의 성격이 강하다. 따라서 사회보장적 성격을 갖고 있는 부분은 지급하지 않더라도 후불적 임금의 성격을 갖고 있는 공무원본인의 기여금에 해당하는 부분을 지급하는 것이 타당하다.

따라서 A는 퇴직급여액에서 20여년 동안 기여금으로 납입한 부분에 대해서는 퇴직급여청구권을 가진다. 이 경우 퇴직급여청구는 부당이득반환청구의 실질을 갖는다고 볼 수 있다.

┤ 강 평 ├

1. 설문 1 (A에 대한 임용행위의 법적 효력 및 퇴직발령통지의 법적 성질)

모범답안이 잘 정리하여 기술하고 있습니다. 다만, 임용행위의 법적 성질에 관한 기술에 속에 모범답안은 "임명의 성질은 계약직 공무원의 경우에는 공법상 계약이지만 통상적인 공무원 임명의 경우 협력을 요하는 행정행위(쌍방적 행정행위)에 해당한다."고 기술하고 있습니다.

첫째로 모범답안이 기술하고 있는 임명의 성질은 다수설과 판례의 입장으로 보입니다. 통상적인 공무원의 임용행위를 공법상 계약으로 보는 견해도 유력한 견해입니다. 또한 실정법의 규정 속에는 공법상 계약설에 유리한 규정이 없는 것은 아닙니다.

둘째로 용어의 문제입니다. 모범답안에는 협력을 요하는 행정행위와 쌍방적 행정행위를 동일한 것으로 보고 있습니다. 주의가 필요한 것은 공무원의 임용행위의 성질과 관련하여 문제되는 협력을 요하는 행정행위는 협력을 요하는 행정행위 중 동의를 요하는 행정행위입니다. 또한 쌍방적 행정행위의 개념 사용도 주의가 필요합니다. 학자에 따라서는 공무원임용행위의 법적 성질로 쌍방적 행정행위설을 지지합니다. 그런데 이 경우 쌍방적 행정행위를 '동의의 결여를 무효사유로 하는 행정행위'로 이해하는 견해에 의하면 동의의 결여를 무효사유로 하는 행정행위설이 쌍방적 행정행위설이 됩니다. 그러나 쌍방적 행정행위를 동의의 결여를 취소 또는 무효사유로 하는 행정행위로 이해하면서도, 임명의 법적 성질에 관하여 쌍방적 행정행위설을 지지하는 견해도 있습니다(강평자의 행정법 926쪽 참조).

2. 설문 2 (A의 퇴직급여청구원의 행사가능성)

모범답안이 잘 정리하여 기술하고 있는 것으로 보입니다.

| 제1문(50점) |

> X광역시 Y區의 구청장 丙은 「부동산 가격공시 및 감정평가에 관한 법률」 제11조 제1항에 따라 개별공시지가를 결정·공시하였다. 甲은 자신의 토지에 대하여 결정 고시된 위 개별공시지가가 합리적인 이유 없이 주변 토지의 시세에 비하여 높게 평가되었음을 주장하면서 재조사청구를 하였다. 이에 丙구청장은 위 개별공시지가를 감액조정하여 2010. 7. 18. 甲에게 통지하고 같은 달 23. 공고하였다. 그러나 甲은 2010년도 개별공시지가 결정에 대하여 한 재조사청구에 따른 조정결정이 있기 전인 같은 해 6. 19. Y구에 해당 토지를 협의매도한 후 2011. 3. 31. 양도가액을 위 조정된 개별공시지가로 하여 산출한 양도소득세를 확정신고하고, 乙세무서장으로부터 과세처분을 받았다. 위 개별공시지가 결정에 대한 쟁송제기기간은 이미 도과하였다.

【참고조문】

부동산 가격공시 및 감정평가에 관한 법률

제3조(표준지공시지가의 조사·평가 및 공시)
① 국토해양부장관은 토지이용상황이나 주변 환경, 그 밖의 자연적·사회적 조건이 일반적으로 유사하다고 인정되는 일단의 토지 중에서 선정한 표준지에 대하여 매년 공시기준일 현재의 단위면적당 적정가격(이하 "표준지공시지가"라 한다)을 조사·평가하고, 제19조에 따른 중앙부동산가격공시위원회의 심의를 거쳐 이를 공시하여야 한다.

제11조(개별공시지가의 결정·공시 등) ① 시장·군수 또는 구청장은 「개발이익환수에 관한 법률」에 의한 개발부담금의 부과 그 밖의 다른 법령이 정하는 목적을 위한 지가산정에 사용하도록 하기 위하여 제20조의 규정에 의한 시·군·구부동산평가위원회의 심의를 거쳐 매년 공시지가의 공시기준일 현재 관할구역 안의 개별토지의 단위면적당 가격(이하 "개별공시지가"라 한다)을 결정·공시하고, 이를 관계행정기관등에 제공하여야 한다. 다만, 표준지로 선정된 토지, 조세 또는 부담금 등의 부과대상이 아닌 토지 그 밖에 대통령령이 정하는 토지에 대하여는 개별공시지가를 결정·공시하지 아니할 수 있다. 이 경우 표준지로 선정된 토지에 대하여는 당해 토지의 공시지가를 개별공시지가로 본다.

제14조(타인토지에의 출입 등) ① 공무원 또는 감정평가업자는 제5조 제1항의 규정에 의한 표준지가격의 조사·평가 또는 제11조 제3항의 규정에 의한 토지가격의 산정을 위하여 필요한 때에는 타인의 토지에 출입할 수 있다.

② 공무원 또는 감정평가업자가 제1항의 규정에 의하여 택지 또는 담장이나 울타리로 둘러싸인

타인의 토지에 출입하고자 할 때에는 시장·군수 또는 구청장의 허가(감정평가업자에 한한다)를 받아 출입할 날의 3일 전에 그 점유자에게 일시와 장소를 통지하여야 한다. 다만, 점유지를 알 수 없거나 부득이한 사유가 있는 경유에는 그러하지 아니한다.

③ 일출 전·일몰 후에는 그 토지의 점유자의 승인없이 택지 또는 담장이나 울타리로 둘러싸인 타인의 토지에 출입할 수 없다.

④ 제2항의 규정에 의한 출입을 하고자 하는 자는 그 권한을 표시하는 증표와 허가증을 지니고 이를 관계인에게 내보여야 한다.

⑤ 제4항의 증표와 허가증에 관하여 필요한 사항은 국토해양부령으로 정한다.

(1) 이 경우 甲은 乙의 과세처분에 대한 취소소송을 제기하면서 조정된 개별공시지가의 위법성을 주장할 수 있는지를 검토하시오.(30점)

Advice

전형적인 하자의 승계 가능성에 대한 문제이다. 이 문제를 풀기위해 특히 전제가 되는 쟁점은 개별공시지가의 법적성질이다. 따라서 먼저 개별공시지가의 법적성질이 처분성을 지니는지를 밝히고 하자의 승계가능성에 대한 학설 및 판례의 대립을 검토한다. 판례는 개별공시지가의 처분성은 인정하나 과세처분과 개별공시지가는 별개의 법률효과를 목적하는 것으로 본다. 특히 사안은 이 재조사에 관한 조정결정을 통지받은 것을 근거로 예측가능성이 결여된 것으로 보기도 어렵다는 점을 포섭하면 좋을 것이다. 따라서 하자의 승계를 긍정하기 어렵다고 결론을 낸다.

답안구성 예

Ⅰ. **쟁점의 정리**

Ⅱ. **각 행정작용의 법적성질**
   1. 개별공시지가결정의 법적성질
   2. 과세처분의 법적성질

Ⅲ. **하자승계 인정여부**

   1. 하자승계의 의의
   2. 하자승계 논의의 전제조건 충족여부
   3. 하자승계 가능성에 대한 학설 및 판례
   4. 사안의 경우

Ⅳ. **소 결**

(2) 위 사례에서 2010년 개별공시지가의 결정을 위해 Y구 소속 공무원 丁은 개별공시지가의 산정을 위해 甲의 토지를 출입하였고, 적법절차를 준수하여 출입할 날의 3일 전에 甲에게 일시와 장소를 통지하였다. 그러나 丁은 甲의 토지에 출입하여 측량 또는 조사를 하면서 甲에게 재산상 피해를 발생시켰다. 「부동산 가격공시 및 감정평가에 관한 법률」에는 이에 대한 손실보상을 규정하거나 준용규정을 두고 있지 않다. 이 경우 甲이 손실보상을 청구할 수 있는지를 검토하시오.(20점)

먼저 손실보상청구권의 성립요건을 검토한다. 사안은 ① 공공필요에 의해 ② 적법한 재산권의 침해가 이루어 진 바 ③ 특별한 희생이 있었는지가 문제된다. 甲에게는 구체적인 재산상 피해가 발생한 바 이는 특별한 희생으로 볼 수 있다. 결국 손실보상청구권은 성립하나 보상규정이 없는 바 보상규정 없을 시의 보상에 대한 견해대립을 서술한다. 직접효력설로 결론내면 무난할 것이다.

답안구성 예

Ⅰ. **쟁점의 정리**

Ⅱ. **손실보상청구권의 성립여부**
  1. 손실보상청구권의 성립요건
  2. 사안의 경우

Ⅲ. **손실보상규정 흠결시 권리구제수단**

1. 문제점
2. 학 설
3. 판 례
4. 검토 및 사안의 경우

Ⅳ. **소 결**

| **제2문(30점)** |

사업가 丙이 운영하는 사업장으로부터 배출허용기준을 초과하여 대기환경을 오염시키는 물질이 방출되어 주민 甲이 피해를 입고 있음에도 관할행정청 乙은 아무런 조치를 취하지 아니하였다. 이 경우 甲은 대기환경보전법 제33조를 근거로 행정법상 어떠한 권리구제수단을 강구할 수 있는가?

참고조문

대기환경법

제33조(개선명령) 환경부장관은 제30조에 따른 신고를 한 후 조업 중인 배출시설에서 나오는 오염물질의 정도가 제16조나 제29조 제3항에 따른 배출허용기준을 초과한다고 인정하면 대통령령으로 정하는 바에 따라 기간을 정하여 사업자(제29조 제2항에 따른 공동 방지시설의 대표자를 포함한다)에게 그 오염물질의 정도가 배출허용기준 이하로 내려가도록 필요한 조치를 취할 것(이하 '개선명령'이라 한다)을 명할 수 있다.

Advice

주어진 대기환경보전법 제33조는 개선명령을 재량행위로 규정하고 있는 바 행정개입청구권이 성립하는 지, 성립한다면 어떤 구제수단을 통해 이를 실현할 수 있는지가 문제된다. 재량행위에서의 행정개입청구권의 성립을 인정하기 위하여 '재량의 「0」으로의 수축 법리'를 검토해야 한다. 사안은 생명신체에 중대한 위해가 우려되는 사항으로 甲의 자력구제는 어려우나 乙의 조치로 구제가 가능한 바 이러한 법리를 충족한다. 사익보호성도 문제없는 바 행정개입 청구권이 인정된다. 또한 권리구제수단은 개선명령을 신청한 경우에는 그 거부나 부작위에 대해 행정심판법 혹은 행정소송법상 항고심판, 항고소송 그리고 의무이행심판 등을 통해 구제될 수 있다. 또한 가구제 및 손해전보로서 국가배상청구소송도 가능하다.

답안구성 예

　Ⅰ. 쟁점의 정리

　Ⅱ. 행정개입청구권의 성립여부

　　1. 의 의

　　2. 성립요건

　　3. 사안의 경우

　Ⅲ. 행정법상 권리구제수단

　1. 문제점

　2. 행정소송법상 항고소송 가능성

　3. 행정심판법상 거부처분취소심판 및
　　의무이행심판 가능성

　4. 가구제 및 국가배상청구소송 가능성

　5. 소 결

　Ⅳ. 사안의 해결

| 제3문(20점) |

행정의 자기구속의 원칙에 관하여 설명하시오.

Advice

행정의 자기구속 원칙에 대한 약술형 문제로서 목차를 『Ⅰ. 의의 및 근거, Ⅱ. 적용 영역, Ⅲ. 적용 요건, Ⅳ. 한계』로 잡아 서술한다. 특히 주어진 쟁점에 비해 배점이 많고 기초적인 내용이라 차별화를 위한 요소가 필요하다. Ⅰ. 에서는 자기구속원칙의 의의를 적고 그 근거를 신뢰보호의 원칙 및 평등원칙에서 구하는 견해와 평등원칙에서 구하는 견해가 대립함을 적시한다. 판례는 전자이다. Ⅱ. 에서는 재량영역에서만 인정되는지 기속영역에서도 인정되는지에 대한 쟁점을 서술한다. Ⅲ. 에서는 적용요건 중 특히 관행의 존재와 관련하여 재량준칙이 있는 경우 선례가 필요한지에 대한 견해대립 및 판례의 태도를 상세히 언급한다. Ⅳ. 에서는 자기구속원칙의 적용 한계로서 사정변경 및 선례의 불법에 대해 서술한다.

답안구성 예

　Ⅰ. 행정의 자기구속원칙의 의의 및 근거

　Ⅱ. 적용영역

　Ⅲ. 적용요건

　　1. 문제점

　2. 학 설

　3. 판 례

　4. 검 토

　Ⅳ. 적용의 한계

　Ⅴ. 위반의 효과

| 제1문 | 甲은 숙박시설을 경영하기 위하여 「건축법」 등 관계 법령이 정하는 요건을 구비하여 관할 A시 시장 乙에게 건축허가를 신청하였다. 그러나 시장 乙은 「건축법」 제11조 제4항에 따라 해당 숙박시설의 규모나 형태 등이 주거환경이나 교육환경 등 주변 환경을 고려할 때 부적합하다는 이유로 건축허가를 거부하였고, 甲은 이에 대해 건축허가거부처분취소소송을 제기하였다. 이와 관련하여 아래 물음에 답하시오. (총 50점)

(1) 乙이 제시한 "주거환경이나 교육환경 등 주변환경을 고려할 때 부적법하다."는 거부사유에 대한 사법심사의 가부(可否) 및 한계는? (10점)

(2) 甲이 乙의 거부처분과 관련하여 처분의 법적 근거, 의견제출기한 등을 사전에 통지하지 않았으므로 위법하여 취소되어야 한다고 주장한다면, 법원의 판단은 어떠해야 하는가? (20점)

(3) 한편, 甲의 취소소송은 인용되었으나, 동 소송의 계속 중 A시 건축조례가 개정되어 건축허가 요건으로 「건축법」 제49조 등 건축법령의 규정보다 강화된 피난시설의 구비를 요구하게 되었으며, 甲이 허가 신청한 건축물은 현재에도 여전히 이를 구비하지 못한 상태이다. 이 경우 시장 乙은 위 취소소송의 인용판결에도 불구하고 강화된 피난시설요건의 미비를 이유로 甲에게 재차 건축허가거부처분을 할 수 있는가? (단, A시 개정건축조례가 적법함을 전제로 함) (20점)

Ⅰ. **논점의 정리**

Ⅱ. **설문 (1)의 해결**
  1. 판단여지의 의의 및 근거
  2. 판단여지의 인정 여부
  3. 판단여지의 적용영역
  4. 판단여지의 한계
  5. 사안의 경우

Ⅲ. **설문 (2)의 해결**
  1. 건축허가거부처분취소소송의 소송요건 구비 여부
   (1) 소송요건 일반
   (2) 문제 상황
   (3) 신청권의 문제

   (4) 사안의 경우
  2. 사전통지 불비의 위법성
   (1) 문제 상황
   (2) 불이익처분에 거부처분이 포함되는지 여부
   (3) 사안의 경우

Ⅲ. **설문 (3)의 해결**
  1. 기속력의 의의
  2. 기속력의 내용
  3. 기속력의 범위
   (1) 주관적 범위
   (2) 객관적 범위
   (3) 시간적 범위
   (4) 사안의 경우

Ⅳ. **사안의 해결**

Ⅰ. 논점의 정리

1. 설문 (1)과 관련하여 '주거환경이나 교육환경 등 주변 환경의 고려'라는 사유는 판단여지에 해당하여 사법심사가 제한되는지 검토하고, 판단여지의 영역이라면 그 한계는 무엇인지 검토한다.

2. 설문 (2)와 관련하여 우선 소송요건에 있어 대상적격에 있어 판례는 거부처분 취소소송의 경우 신청권을 요구하는 바 이에 대해 검토한다. 본안 판단에 있어서는 거부처분의 경우에도 행정절차법상의 불이익 처분에 해당하여 사전통지를 해야 하는지 검토한다.

3. 설문 (3)과 관련하여 취소판결 후 개정된 조례에 따라 다시 건축허가거부처분을 할 수 있는지 여부는 다시 발령한 거부처분이 취소판결의 기속력에 반하지 않는가의 문제이다. 특히 시장 乙은 개정된 조례를 근거로 거부처분을 발령한 것이므로 기속력의 시적 범위가 문제된다.

Ⅱ. 설문 (1)의 해결

1. 판단여지의 의의 및 근거

(1) 판단여지란 불확정 개념과 관련하여 사법심사가 불가능하거나 가능하지만 행정청의 자유영역을 인정하는 것이 타당한 행정청의 평가·결정영역을 말한다.

(2) 불확정개념은 행정기관에 따라 상이한 평가가 가능하며, 불확정개념에 대해서는 하나의 정당한 결정만이 존재하는 것은 아니며, 행정청의 전문성, 대체불가능한 결정이 존재할 수 있다는 점을 판단여지의 인정근거로 주장한다.

2. 판단여지의 인정 여부

(1) 판단여지는 법률요건에 대한 인식의 문제이고, 재량은 법률효과 선택 행위의 문제라는 점에서 판단여지와 재량은 구별하는 다수의 견해와 판단여지와 재량은 사법심사의 배제라는 면에서 실질적 차이가 없으며, 재량은 입법자에 의해 요건의 측면에서도 존재할 수 있음을 근거로 부정하는 견해로 나뉜다.

(2) 판례는 공무원임용면접전형, 감정평가사시험의 합격기준, 교과서 검정처분 등을 재량의 문제로 보고 있어 판단여지와 재량을 구별하지 않는다.

(3) 법치국가원리상 규범의 구성요건은 객관적인 것으로서 요건충족의 판단은 예견가능한 것이어야 하므로 요건부분에 재량을 부여할 수 없기에 구별하는 견해가 타당하다.

3. 판단여지의 적용영역

일반적인 견해는 ① 시험결정, 인사고과 등 비대체적 결정 영역, ② 예술·문화 등의 분야에 있어 어떤 물건이나 작품의 가치 또는 유해성 등에 대해 독립된 합의제 기관의 판단에 맡기는 구속적 가치평가 영역, ③ 환경법 및 경제법 분야 등에서 미래예측적 성질을 가진 예측적 결정 영역, ④ 전쟁 무기의 생산 및 수출 등 외교정책 등 행정정책적인 결정을 포함하는 형성적 결정영역 등에 판단여지가 인정된다고 본다.

4. 판단여지의 한계

판단여지가 존재하는 경우에도 판단기관이 적법하게 구성되었는지 여부, 절차규정 준수여부, 정당한 사실관계에서의 판단여부, 일반적으로 승인된 평가척도의 준수여부 등은 사법심사의 대상이 될 수 있다. 다만 이러한 한계를 준수하였다고 하면 행정청의 판단을 존중하여 법원은 위법여부를 심사할 수 없다.

5. 사안의 경우

'주거환경이나 교육환경 등 주변환경의 고려'는 불확정개념을 담고 있고, 행정정책적인 결정에 있어서 형성적 결정 영역에 포함되어 행정청의 자유영역을 인정하는 것이 타당한 경우이므로 판단여지에 해당한다. 그리고 특별히 판단여지의 한계를 준수하지 않았다고 볼만한 특별한 사정이 없는 한 법원은 사법심사를 할 수 없다.

Ⅲ. 설문 (2)의 해결

1. 건축허가거부처분취소소송의 소송요건 구비 여부

(1) 소송요건 일반

① 甲의 거부처분취소소송은 관할권 있는 법원에 (행정소송법 제9조), 원고적격(동법 제12조)과 피고적격을 갖추어 (동법 제13조), 처분 등을 대상으로 (동법 제19조), 제소기간 내에(동법 제20조) 제기하고, 그 밖에 권리보호필요성 요건을 갖추고 있어야 한다. ② 설문은 거부처분이므로 다른 요건은 문제되지 않고 대상적격과 원고적격이 특히 당사자의 신청권과 관련해 문제된다.

(2) 문제상황

행정소송법 제19조는 취소소송의 대상을 처분 등으로 하면서, 동법 제2조 제1항 제1호는 '처분 등'의 정의에 '공권력행사의 거부'를 포함하고 있어 거부가 공권력행사의 신청에 대한 것이라면 취소소송의 대상이 되는 처분임은 의문이 없으나, 대법원판례는 거부처분의 성립요건으로 법규상 또는 조리상의 신청권을 필요로 한다고 하고 있어 문제된다.

(3) 신청권의 문제

신청권 문제에 대해 학설은 ① 판례가 말하는 신청권의 의미를 형식적 신청권 (특정한 행정결정을 요구할 수 있는 것이 아니라 단지 하자 없는 적법한 결정을 요구할 수 있다는 의미)으로 이해하면서 이를 대상적격의 문제로 보는 견해, ② 행정소송법 제2조 제1항 제2호의 정의 규정을 대상적격의 문제가 아니라 본안판단의 차원의 규정으로 해석하면서 판례의 신청권을 소송요건의 문제가 아니라 본안의 문제로 보는 견해, ③ 판례의 입장은 대상적격과 원고적격의 구분을 무시한 것이며, 어떠한 거부행위가 행정소송의 대상이 되는 처분에 해당하는가의 여부는 "그 거부된 행위가 행정소송법 제2조 제1항 제1호의 처분에 해당하는가?"의 여부에 따라 판단하는 것이 타당하다는 이유로 판례의 신청권을 원고적격의 문제로 봐야 한다는 견해가 대립된다. ④ 판례는 신청권의 존부는 "신청인이 누구인가를 고려하지 않고 일반국민에게 그러한 신청권을 인정하고 있는가를 살펴 추상적으로 결정된다."라고 보아 신청권을 '단순히 응답받을 권리'로 보면서 대상적격의 문제로 보고 있다. ⑤ 대상적격은 객관적·외형적으로 판단해야 하고, 신청권의 판단은 객관적·외형적 판단을 넘어서 사인의 개별·구체적인 상황을 고려해야 가능하다. 따라서 신청권은 원고적격의 문제로 보는 것이 타당하다.

(4) 사안의 경우

甲은 숙박업을 하기 위해 건축허가를 신청하였는바 신청의 내용은 건축허가이고, 건축허가는 강학상 행정행위이므로 공권력행사에 해당한다. 그리고 乙 시장의 허가가 없다면 甲은 숙박업을 할 수 없게 되기에 건축허가의 거부는 甲의 권리·의무나 법률관계에 영향을 미치는 행위이므로 대상적격을 충족한다.

甲은 건축허가거부처분의 직접 상대방이므로 원고적격 또한 충족한다. 그리고 판례의 견해를 따르더라도 건축법상의 법규상 신청권과 조리상 신청권이 인정되므로 모든 소송요건을 충족한다.

2. 사전통지 불비의 위법성

(1) 문제 상황

행정절차법 제21조에는 "행정청은 당사자에게 의무를 부과하거나 권익을 제한하는 처분을 하는 경우에는 일정한 사항을 당사자 등에 통지하여야 한다."고 규정하고 있다. '권익을 제한하는 처분'이라 함은 수익적 행정행위의 취소 또는 정지처분 등을 말하고, '의무를 부과하는 처분'이라 함은 조세부과처분, 시정명령과 같이 행정법상의 의무를 부과하는 처분을 말한다. 이러한 불이익처분에 거부처분이 포함되는가가 문제된다.

(2) 불이익처분에 거부처분이 포함되는지 여부

1) 학설의 견해

수익적 행정행위에 대한 거부처분은 실질적으로 신청인에게 불리하므로 이를 긍정하는 견해도 있으나, 신청을 하였어도 아직 당사자에게 권익을 제한하는 처분에 해당한다고 볼 수 없으므로 부정하는 견해가 다수설이다.

2) 판례의 태도

판례는 "신청에 따른 처분이 이루어지지 않은 경우에는 아직 당사자에게 권익이 부과되지 아니하였으므로 특별한 사정이 없는 한 신청에 대한 거부처분이라고 하더라도 직접 당사자의 권익을 제한하는 것은 아니어서 신청에 대한 거부처분을 처분의 사전통지의 대상이 된다고 할 수 없다."라고 판시하였다.

3) 검 토

신청을 하였어도 아직 당사자에게 권익이 부여되어 있다고 볼 수는 없으므로 현행법의 명문의 해석상 부정하는 판례와 다수의 견해가 타당하다. 다만, 실제적으로 당사자의 권익을 제한하는 불이익한 조치이므로 입법을 통한 보완을 고려해 볼만하다.

(3) 사안의 경우

① 판례와 다수설에 따르면 거부처분의 경우에는 불이익처분에 해당하지 않아 사전통지를 반드시 해야 할 필요가 없으므로 거부처분은 위법하지 않다. 따라서 법원은 기각판결을 해야 한다. ② 사전통지가 불이익처분에 포함된다는 견해에 따르면 거부처분의 경우에도 행정절차법 제21조 제4항의 예외사유에 해당되지 않는 한 사전통지를 반드시 해야 한다. 사안의 경우 공공의 안전복리, 객관적으로 증명된 경우, 명백히 불필요하다고 인정되는 경우라 볼 수 없으므로 예외사유에 해당하지 않는다. 따라서 절차상 하자에 해당하고, 다수설과 판례는 법률적합성의 원칙에 따라 행정행위는 내용상뿐만 아니라 절차상으로도 적법해야며 행정절차법이 강행규정이라는 점을 들어 절차상 하자를 독자적 위법사유로 인정하고 있다. 따라서 법원은 인용판결을 해야 한다.

III. 설문 (3)의 해결

1. 기속력의 의의

기속력은 처분 등을 취소하는 확정판결이 당사자인 행정청과 관계행정청에 대하여 판결의 취지에 따라야 할 실체법상의 의무를 발생시키는 효력을 말한다(행정소송법 제30조 제1항).

2. 기속력의 내용

기속력은 ① 당사자인 행정청과 그 밖의 관계 행정청이 확정판결에 저촉되는 처분을 할 수 없는 반복금지의무와 ② 행정청에 대하여 판결의 취지에 따라 신청에 대한 새로운 처분을 하여야 할 의무를 부과하는 재처분의무(행정소송법 제30조 제2항, 제3항), 그리고 ③ 취소소송의 경우에도 인용판결이 있게 되면, 행정청은 위법처분으로 인해 야기된 상태를 제거하여야 할 의무인 결과제거의무를 그 내용으로 한다.

사안의 경우에는 취소소송을 제기하여 인용판결을 받았음에도 재차 건축허가거부처분을 할 수 있는지의 문제이므로 반복금지의무 위반여부가 문제된다.

3. 기속력의 범위

(1) 주관적 범위

처분 등을 취소하는 확정판결은 그 사건(취소된 처분)에 관하여 당사자인 행정청과 그 밖의 관계 행정청을 기속한다. 여기서 그 밖의 관계 행정청이란 당해 판결에 의하여 취소된 처분 등에 관계되는 어떠한 처분권한을 가지는 행정청, 즉 취소된 처분 등을 기초로 하여 그와 관련되는 처분이나 부수되는 행위를 할 수 있는 행정청을 총칭하는 것이다.

(2) 객관적 범위

기속력은 판결주문 및 그 전제가 된 요건사실의 인정과 효력의 판단에만 미치고, 판결의 결론과는 직접 관련 없는 방론이나 간접사실의 판단에는 미치지 않는다. 기속력은 기관력과 달리 '판결에 적시된 개개의 위법사유'에 관해서만 발생하므로 법원이 위법이라고 판단한 것과 동일한 이유나 자료를 바탕으로 동일인에 대하여 동일행위를 하는 것을 금할 뿐이다. 구체적으로 보면, 판결에 적시된 개개의 위법사유는 처분사유의 추가·변경과의 관계로 인해 판결에 적시된 기본적 사실관계가 동일한 위법사유를 말한다. 따라서 기본적 사실관계가 동일하지 아니한 별도의 이유에 기하여 동일한 내용의 처분을 하는 것은 기속력에 위반되지 않는다.

(3) 시간적 범위

기속력의 시적 범위는 항고소송의 위법판단 기준시와 밀접한 관련이 있다.

① 처분시설은 처분시 이후의 사정고려는 법원에 의한 행정권의 권한 침해를 의미하며, 법원은 행정청의 처분에 대해 사후적인 판단을 하는 역할에 그친다고 보아 처분시를 기준으로 판단해야한다는 견해이다. ② 판결시설은 취소소송의 목적이 현행법규에 처분이 위법한가를 판단하는 것이며, 법원은 판결 당시에 처분의 효력이 계속적으로 유지시킬 것인가 여부까지 결정해야 된다고 보아 판결시를 기준으로 판단해야한다는 견해이다. ③ 절충설은 원칙적으로 처분시기준설을 취하면서, 예외적으로 영업허가취소나 교통표지판 설치 등과 같이 계속효 있는 행정행위에 대하여는 판결시설을 취해야 한다고 본다. ④ 판례는 "사실심 변론종결 이전의 사유를 내세워 다시 거부처분하는 것은 확정판결의 기속력에 저촉되어 허용되지 아니한다."라고 판시하여 처분시설을 따르고 있다. ⑤ 판결시설은 판결의 지체 여하에 따라 판결의 내용이 달라질 수 있다는 문제점이 있고, 특별한 사정이 없는 이상 처분당시의 법령 및 기초사실에 터 잡아 처분을 하는 것이 바람직하므로 처분시설이 타당하다. 따라서 기속력의 시간적 범위에 있어

서도 처분시설을 기준으로 종전의 거부처분 후 법령 및 사실상태에 변경이 있는 경우에는 처분청은 재처분으로 다시 거부처분을 할 수 있다.

(4) 사안의 경우

조례의 개정은 처분시 이후의 사정이므로 취소판결의 기속력이 미치지 않는다. 따라서 乙 시장은 기속력의 제한을 받지 않으며, 처분시 이후의 사정인 개정된 조례를 근거로 재차 건축허가거부처분을 할 수 있다.

Ⅳ. 사안의 해결

1. 설문 (1)에서 '주거환경이나 교육환경 등 주변환경의 고려'라는 사유는 판단여지에 해당하고, 그 한계를 넘지 않으므로 사법심사가 제한될 수 있다.

2. 설문 (2)에서 소송요건과 관련하여 신청권은 원고적격의 문제로 보는 것이 타당하고, 모든 소송요건을 충족한다. 보안 판단에 있어서는 거부처분은 행정절차법상 불이익처분에 해당하지 아니하여 사전통지를 반드시 할 필요는 없는바 법원은 기각판결을 하여야 한다.

3. 설문 (3)에서 기속력의 시적범위 판단은 처분시를 기준으로 하여야 하고, 따라서 처분 이후 개정된 조례에 따라 내려진 건축허가 거부처분은 기속력에 반하지 않는다. 따라서 재차 건축허가 거부처분을 할 수 있다.

| 강평 |

1. 설문 (1)의 경우, 먼저 허가거부사유인 건축법 제11조 제4항의 법적 성질부터 검토해야 한다. 즉, 제4항은 "허가권자는 위락시설이나 숙박시설에 해당하는 건축물의 건축을 허가하는 경우 해당 대지에 건축하려는 건축물의 용도·규모 또는 형태가 주거환경이나 교육환경 등 주변 환경을 고려할 때 부적합하다고 인정하면 이 법이나 다른 법률에도 불구하고 건축위원회의 심의를 거쳐 건축허가를 하지 아니할 수 있다."고 규정하고 있다. 건축허가의 요건판단에 있어서 불확정개념으로 되어 판단여지(요건재량)가 있고, 효과선택에 있어서 문언의 형식이나 이 조항의 취지로 볼 때 재량이 인정된다고 할 수 있다. 그런데 설문은 거부사유에 대하여 묻는 것이므로 판단여지가 문제된다. 다음, 판단여지도 일정한 한계가 있으므로 그 한계를 일탈하면 사법심사가 될 수 있는데, 설문의 거부사유가 이에 해당여부를 검토하면 된다.

2. 설문 (2)의 경우, 사전통지를 결한 거부처분은 위법하여 취소하여야 한다는 甲의 주장에 대한 법원의 판단을 묻는 것이다. 따라서 거부처분취소소송의 소송요건이 아니라 거부처분에서 사전통지의 흠결의 효력여부가 쟁점이다. 이 경우, 먼저 사전통지의 의의와 법적 근거, 사전통지 사항과 예외를 설명한 다음, 거부처분의 사전통지대상여부에 관해 검토한다. 이에 대해 학설은 긍정설과 부정설로 나뉘며 판례는 부정설을 취하는바(대판 2003. 11. 28, 2003두 674 〈임용거부처분취소〉), 이들 논거를 검토한 후 설문을 해결한다.

3. 설문 (3)의 경우, 甲은 거부처분취소소송의 인용판결을 받았는데 처분청은 소송계속 중 개정된 조례에 의하여 다시 거부처분을 할 수 있는지를 묻고 있다. 따라서 확정판결의 기속력의 내용으로서 재처분의무와 특히 거부처분취소판결에 따른 재처분의무를 검토하고, 기속력의 객관적 범위로서 기본적 사실관계에 있어서 동일성이 인정되는 사유인지와 시간적 범위가 핵심쟁점이므로 이를 비중 있게 검토할 필요가 있다.

| 제2문 | A시에서 육류판매업을 영위하고 있는 乙은 살모넬라병에 감염된 쇠고기를 보관·판매하였던바, A시 시장은 이를 인지하고 「식품위생법」 제5조와 제72조에 근거하여 담당공무원 甲에게 해당 제품을 폐기조치 하도록 명하였다. 이에 따라 甲은 乙이 보관·판매하고 있던 감염된 쇠고기를 수거하여 폐기행위를 개시하였고, 乙은 즉시 甲의 폐기행위에 대해 취소소송을 제기하였다. 이 소송의 적법 여부를 설명하시오. (25점)

〔 참조법률 〕

식품위생법 시행규칙

제4조(판매 등이 금지되는 병든 동물 고기 등) 법 제5조에서 '보건복지부령으로 정하는 질병'이란 다음 각 호의 질병을 말한다.

1. 「축산물가공처리법 시행규칙」 별표 3 제1호다목에 따라 도축이 금지되는 가축전염병
2. 리스테리아병, 살모넬라병, 파스튜렐라병 및 선모충증

I. 논점의 정리

II. 취소소송의 적법 여부

  1. 소송요건 일반
  2. 대상적격 충족 여부
   (1) 행정소송법상 처분개념

   (2) 법적 행위
   (3) 사안의 경우
  3. 원고적격 충족 여부
  4. 협의의 소익

III. 사안의 해결

답안작성   박 0 0 / 2009년도 행정고등고시 일반행정직 합격

I. 논점의 정리

1. 대상적격과 관련하여 '폐기행위'의 법적 성질이 권력적 사실행위로서 즉시 강제인지, 즉시강제의 처분성을 인정할 수 있어 대상적격을 충족하는지 검토한다.

2. 원고적격 및 협의의 소익과 관련하여 乙에게 폐기행위에 대해 취소소송을 제기할 법률상 이익이 있는지 검토하고, 즉시강제와 같이 단시간 종료되는 경우에 협의의 소익이 있는지 검토한다.

Ⅱ. 취소소송의 적법 여부

1. 소송요건 일반

(1) 乙의 폐기행위취소소송은 관할권 있는 법원에 (행정소송법 제9조), 원고적격(동법 제12조)과 피고적격을 갖추어 (동법 제13조), 처분 등을 대상으로 (동법 제19조), 제소기간 내에(동법 제20조) 제기하고, 그 밖에 권리보호필요성 요건을 갖추고 있어야 한다.

(2) 설문의 경우 다른 요건들은 특별히 문제되어 보이지 않으나 대상적격, 원고적격, 협의의 소익이 문제 된다.

2. 대상적격 충족 여부

(1) 행정소송법상 처분개념

① 행정소송법 제19조 본문은 "취소소송은 처분 등을 대상으로 한다."고 하고, 동법 제2조 제1항 제1호는 "처분 등이라 함은 행정청이 행하는 구체적 사실에 관한 법집행으로서의 공권력의 행사 또는 그 거부와 그밖에 이에 준하는 행정작용 및 행정심판에 대한 재결을 말한다."라고 규정하고 있다. ② 처분 개념을 분석하면 (ⅰ) 행정청(기능적 의미의 행정청을 말하며, 합의제 기관과 행정소송법 제2조 제2항의 행정청도 포함된다), (ⅱ) 구체적 사실에 대한 법집행행위 (관련자가 개별적이고 규율대상이 구체적이어야 하며, 법의 집행행위라야 한다)이며, (ⅲ) 공권력행사 (행정청이 공법에 근거하여 우월한 지위에서 일방적으로 행사하여야 한다)이거나, (ⅳ) 이에 준하는 행정작용 (처분적 법규명령, 일반처분, 권력적 사실행위 등이 논의 되고 있다)이어야 한다.

(2) 법적 행위

'법적 행위'는 행정소송법 제2조 제1호에서 명시적으로 표현되고 있는 처분개념의 요소는 아니다. 그러나 판례와 전통적인 견해는 취소소송을 형성소송으로 보아 취소소송의 본질을 법률관계의 위법성을 소급적 제거로 이해함으로 인해 법적 행위를 항고소송의 대상이 되는 처분개념의 요소로 보고 있다. 이러한 견해에 따르면 항고소송의 대상이 되는 처분은 행정소송법 제2조 제1항 제1호의 처분의 개념요소를 구비하는 것 외에 법적 행위일 것을 요한다. 행정소송법 제29조 제1항을 고려할 때 취소소송은 형성소송이며 따라서 항고소송의 대상을 법적행위에 한정하는 판례와 전통적인 견해는 타당하다. 결국 항고소송의 대상인 처분은 처분개념에 해당하고 법적인 행위라야 한다. 판례에 따르면 법적 행위란 '국민의 구체적인 권리의무에 직접적 변동을 초래하는 행위'를 말한다.

(3) 사안의 경우

1) 즉시강제의 의의

행정상 즉시강제란 급박한 행정상의 장해를 제거할 필요가 있는 경우에 미리 의무를 명할 시간적 여유가 없을 때 또는 성질상 의무를 명하여 가지고는 목적달성이 곤란할 때에 즉시 국민의 신체 또는 재산에 실력을 가하여 행정상의 필요한 상태를 실현하는 행정작용을 말한다. 사안의 작용은 살모넬라병의 위해를 제거하기 위해 재산에 실력행사를 가하여 행정상 필요한 상태를 실현시키는 것이므로 즉시강제에 해당한다.

2) 처분성 인정 여부
① 일반적 견해는 권력적 사실행위인 즉시강제는 순수한 사실행위가 아니라 법적 규율로서 수인의무를 부과하는 요소(수인하명)와 물리적 집행행위가 결합된 합성행위로서의 성질을 갖는바, 수인하명의 요소에 대하여 처분성을 인정할 수 있다고 한다. 그리고 수인하명의 제거의 목적이 취소소송의 대상이 되는 부분이라고 설명한다. 다만, 권력적 사실행위가 처분개념의 요소 중 공권력의 행사에 해당하는지 기타 이에 준하는 작용에 해당하는지에 대한 학설의 대립이 있다. ② 일부 견해는 사실행위는 법적 효과의 제거의 대상이 될 수 없다는 점, 합성행위로 보더라도 통지의 결여를 정당화 할 수 없다는 점, 수인의무가 발생하려면 상대방이 인식하여야 하는데 대부분의 권력적 사실행위는 인식이 결여되어 있다는 점을 논거로 즉시강제의 처분성을 부정하고 있다. ③ 대법원은 단수처분, 이송조치 등에 있어서 처분성을 긍정하고 있고, 헌재도 "수형자의 서신을 교도소장이 검열하는 행위는 이른바 권력적 사실행위로서 행정심판이나 행정소송의 대상이 되는 행정처분으로 볼 수 있다."라고 판시하여 권력적 사실행위가 항고소송의 대상인 처분에 해당된다는 점을 분명히 밝히고 있다.

3) 소 결
즉시강제는 처분개념에 해당하고 당사자인 乙의 권리를 개별적이고 구체적으로 제한을 하는 법적인 행위이므로 처분성이 긍정된다. 이는 즉시강제의 처분성 인정여부에 관한 일반적 견해와 일치한다.
처분성을 부정하는 일부견해를 따르더라도 처분개념의 확장론에 따르면 항고소송의 대상으로 포함시킬 수 있다. 즉 '이에 준하는 행정작용'으로 보거나, 형식적 행정행위로 인정하자는 견해, 항고소송을 객관적 소송으로 그리고 취소소송의 본질을 확인소송으로 본다면 항고소송의 대상인 처분에 사실행위나 법규명령을 포함시킬 수 있다는 견해 등이 있다. 따라서 폐기행위는 대상적격을 충족한다.

3. 원고적격 충족 여부
행정소송법 제12조 제1문은 "취소소송은 처분의 취소를 구할 법률상 이익이 있는 자가 제기할 수 있다."고 규정하고 있다. 이 법률상 이익에 대해 ① 권리구제설, ② 법률상 보호이익설 ③ 보호가치 있는 이익구제설, ④ 적법성 보장설 등의 견해가 있으나, 다수설과 관례는 행정소송법 문언상 가장 합치되고 주관적 쟁송임을 근거로 법률상 보호이익설의 입장이다. 乙은 폐기행위에 의해서 재산권에 대해 직접적이고 구체적인 이익의 침해를 받는 직접상대방이므로 법률상 이익이 있고, 원고적격이 인정된다.

4. 협의의 소익

소방장애물의 파괴와 같이 행정상 즉시 강제가 단시간에 종료되는 경우에는 협의의 소익이 없기 때문에 행정쟁송을 제기가 가능하지 않다. 이 경우에는 원상회복이나 행정상 손해배상을 통하여 권리구제를 받을 수 밖에 없다. 그러나 전염병 환자의 강제격리, 정신질환자의 강제입원과 같이 즉시강제가 계속적 성질을 갖는 경우에는 행정쟁송으로 다툴 소의 이익이 있다. 사안의 경우에는 폐기행위를 개시한 즉시 취소소송을 제기하였으므로 폐기행위가 아직 완료되었다고 볼 수 없으므로 협의의 소익이 있다고 보여 진다. 다만 집행정지 신청한다면 취소소송을 통한 권리구제의 실효성을 보다 높일 수 있을 것이다.

Ⅲ. 사안의 해결

즉시강제의 처분성이 인정되어 대상적격을 충족하고, 원고적격, 협의의 소익도 충족하므로 모든 소송요건을 충족한다. 따라서 乙의 폐기행위에 대한 취소소송은 적법하다.

| 강평 |

1. 설문은 행정청의 명에 따른 甲의 폐기행위에 대한 乙의 취소소송의 적법여부를 묻고 있다. 따라서 먼저 폐기행위의 법적 성질을 검토한 후 취소소송의 소송요건 중 특히 쟁점이 될 수 있는 소송요건을 구체적으로 검토해야 한다. 폐기처분의 근거규정인 식품위생법 제5조는 병든 동물고기 등의 판매등 금지를, 제72조는 폐기처분 등을 규정하고 있는바, 설문에서는 소송의 적법여부를 묻는 것이므로 소송요건충족여부만 검토하면 되고 본안에서의 문제인 법규위반여부는 문제되지 않는다. 취소소송의 소송요건인 원고적격, 대상적격, 협의의 소익이 문제될 수 있고, 제소기간이나 제기절차는 문제가 없어 보인다.

2. 앞에서 검토한 폐기행위의 성질은 행정상 즉시강제에 해당하는바, 행정상 즉시강제의 성질상 협의의 소익의 문제와 대상적격이 핵심쟁점이라 할 것이다. 따라서 원고적격의 경우, 乙은 행정청의 폐기조치의 상대방이므로 취소를 구할 법률상 이익의 여부에 대해 일반적으로 검토하면 되는데, 협의의 소익과 관련하여 즉시강제의 성질상 일시적으로 상황이 종료되는 것이 보통이라는 점에서 구체적 검토가 필요하다.

3. 즉, 소의 이익의 의의와 관련규정을 검토한 후 처분의 효력이 소멸한 경우의 원칙적 소익 부정과 예외적 소익 인정의 경우를 비중 있게 검토하여 설문을 해결해야 한다. 또한 대상적격의 경우, 행정상 즉시강제의 성질과 관련하여 수인의무를 내포한 합성적 사실행위의 문제와 행정청의 공권력 행사와 이에 준하는 행정작용의 검토에 비중을 둘 필요가 있다.

| 제3문 | A 공연기획사는 연휴를 맞이하여 유명 가수 B를 초청하여 음악회를 열고자 계획하였다. 그런데 가수 B는 갑작스런 질병을 이유로 공연장에 나타나지 않았다. 공연장에 갔던 관람객들은 환불조치를 요구하였고, A사가 환불을 약속했음에도 분을 이기지 못해 거리를 점거하고 소동을 피웠으며 인근 상가의 간판을 떼어내어 도로에 바리케이트를 쳤다. 이 경우 경찰상 책임에 대하여 설명하시오. (25점)

Ⅰ. **논점의 정리**	1. 경찰책임자의 경합
Ⅱ. **사안에서 경찰책임자가 누구인지**	(1) 의 의
1. 경찰책임 원칙의 의의	(2) 책임자 경합시 경찰권 상대방결정
2. 경찰책임의 유형	(3) 사안의 경우
(1) 행위책임	2. 비용상환청구의 문제
(2) 상태책임	(1) 문제점
3. 사안의 경우	(2) 학 설
Ⅲ. **경찰책임자의 경합과 비용상환**	(3) 검토 및 사안의 경우
	Ⅳ. **사안의 해결**

답안작성

박 ○ ○ / 2009년도 행정고등고시 일반행정직 합격

Ⅰ. 논점의 정리

1. 경찰책임의 유형으로 행위책임과 상태책임을 검토하여 행위책임자와 상태책임자를 판단한다.

2. 설문의 경우 관람객이라는 다수의 행위자들이 존재하고, 행위책임자와 상태책임자가 일치하지 않는다면 책임자의 경합의 문제가 생길 수 있는바 이에 대해 검토한다. 그리고 비용상환청구의 문제를 추가적으로 검토한다.

Ⅱ. 사안에서 경찰책임자가 누구인지

1. 경찰책임 원칙의 의의

경찰책임의 원칙이란 경찰권은 경찰상 위험의 발생 또는 위험의 제거에 책임이 있는 자에게 발동되어야 한다는 원칙을 말한다. 따라서 경찰권 발동은 경찰상의 위해방지나 장애제거의 의무가 주어지는 당사자에게 우선 행해지게 된다. 즉, 경찰권 발동의 상대방이 누구인가에 관한 문제이다.

2. 경찰책임의 유형

(1) 행위책임

① 행위책임이란 스스로의 행위나 자신의 보호·감독 하에 있는 사람의 행위로 인해 공공안녕이나 공공질서에 대한 위해나 장애를 야기한 경우에 발생되는 책임이다. 이때의 행위는 적극적인 작위 뿐 아니라, 부작위도 포함된다. ② 형사책임무능력자인 행위자 및 심신장애나 심실상실 상태에 있는 사람에 의한 행위에 대해서는 보호의무나 감독의무를 지는 친권자, 후견인 등이 행위책임을 진다. 또한 사용자에 대해서는 그를 감독하고 지시할 수 있는 관계에 있는 사용자도 행위책임을 진다. 이때의 행위책임은 개별적 행위자의 책임과 병존하는 책임의 성질을 가진다.

(2) 상태책임
① 상태 책임이란 물건이나 동물의 소유자, 점유자 또는 사실상의 지배권을 행사하는 사람이 당행 물건의 상태나 동물의 행위로부터 야기된 경찰상의 위해에 대해서 지는 책임이다. 물건의 상태란 물건 자체의 성질이나 공간적인 위치 등을 의미한다. ② 상태책임의 주체는 물건의 소유자뿐 아니라 사실상의 지배권을 행사하는 모든 사람이 대상이 된다. 사실상의 지배권에 대해서는 지배권의 권원의 직접성 여부는 묻지 않으며 소유권자는 이차적으로 경찰책임의 대상이 된다. 그러나 도난이나 압류처럼 사실상의 지배권자가 소유자의 의사에 반하여 지배권을 행사하는 경우에는 소유권자는 이러한 상태책임으로부터 면제된다.

3. 사안의 경우
우선 거리를 점거하고 소동을 피운 직접적 원인 제공자로서 관람객들은 행위 책임자이다. 상태책임자로는 공연을 총괄적으로 관리하는 위치에 있는 A 공연기획사와 도로의 바리케이트를 사실상 지배하고 있는 관람객이 상태 책임이 있다고 볼 수 있다. 따라서 사안의 경우에는 A 공연기획사와 관람객 다수가 경찰책임에 관여하는 복합적인 책임상태에 있다.

Ⅲ. 경찰책임자의 경합과 비용상환
1. 경찰책임자의 경합
(1) 의 의
경찰상의 위해가 다수인의 행위 또는 다수인이 지배하는 물건의 상태로 발생하거나 행위책임자와 상태책임자가 경합하여 발생하는 경우를 말한다. 설문의 경우 경찰책임자가 다수인이므로 경찰책임자가 경합되는 경우이다.

(2) 책임자 경합시 경찰권 상대방결정
기본적으로 경찰상의 처분은 위험이나 장해를 가장 신속하고도 효과적으로 제거할 수 있는 위치에 있는 자에게 행해져야 한다. 원칙적으로는 시간적으로나 장소적으로 위험에 가장 근접해 있는 자가 처분의 상대방이 될 것이지만, 종국적으로는 그것은 비례원칙을 고려하여 의무에 합당한 재량으로 정할 문제이다.

(3) 사안의 경우

관람객 다수와 A 공연기획사 모두 경찰책임자이다. 그러나 현재 관람객들은 A 공연기획사의 통제에서 벗어나 있으며 그들의 힘으로는 손 쓸 수 없는 지경이 되었다. 즉, 관람객 스스로가 경찰책임을 지는 것이 현재의 문제를 가장 신속하게 해결할 수 있는 길이다. 그리고 사태의 직접적 원인도 관람객들이 제공하였으므로 책임도 가장 무겁다. 따라서 바리케이트 철거명령과 해산명령 등을 관람객들에게 발령하여야 한다.

2. 비용상환청구의 문제

(1) 문제점

다수책임자의 경우 경찰권 발동이 적법한 경우에 경찰책임의 이행에 드는 비용을 각 책임자가 분담해야하는지가 문제된다. 이 경우 민법상 연대채무자 사이의 책임부담에 근거하여 비용상환을 청구할 수 있는지가 검토한다.

(2) 학 설

① 민법상 연대책임자 사이의 책임의 분담에 관한 규정과 법리를 유추적용하여 가능하다고 보는 긍정설, ② 구체적인 경우 특정인만이 현실적인 경찰책임의 대상이 되고 있다고 평가되는 경우는 그 특정인에 대한 재량행사에 대해서는 다른 경찰책임자에게 비용상환청구권이 인정되지 않지만, 각 행위자 등에게 부과되어 있는 의무내용들이 서로 동일한 경우에는 민법상의 연대채무자간의 내부구상권이 유추적용 될 수 있다는 절충설, ③ 경찰책임자는 자신의 일을 하는 것이므로 민법상 사무관리규정을 유추적용할 수 없으며, 다수의 경찰책임자는 연대채무자가 아니라는 점 등을 근거로 부정하는 부정설이 있다.

(3) 검토 및 사안의 경우

경찰권발동의 문제와 다수책임자 사이의 비용부담문제는 별개라는 점, 다수책임자가 있는 경우 경찰권발동은 경찰상 위해의 효율적인 제거가 주된 기준이지만 다수책임자 사이의 비용부담의 문제는 책임분담의 원리에 따라 결정되는 것이 정의의 원칙에 비추어 타당하다는 점 등에 비추어 긍정설이 타당하다. 따라서 관람객들 사이에 연대 채무 법리에 따른 비용상환을 청구할 수 있다.

Ⅳ. 사안의 해결

1. 관람객들은 행위책임자이자 상태책임자로서 경찰책임이 있고, A 기획사는 상태책임자로서 경찰책임이 있다.

2. 다수의 경찰책임자가 경합하는 상황이나, 위해를 신속하고 효과적으로 제거할 수 있는 위치에 있는 관람객들에게 경찰권발동이 행해져야 한다. 그리고 비용상환청구권을 긍정하는 견해에 따라서 관람객들 사이에 비용의 부담이 이루어질 수 있다.

┤ 강평 ├

1. A 기획사의 가수B초청 차질로 관람객들이 도로점거와 바리케이트 설치로 인한 경찰책임의 문제이다. 이 문제의 모범답안은 대체로 쟁점을 잘 파악하여 검토하고 있다.

2. 다만, 행위책임의 경우, 그 인과관계의 결정기준에 관해 견해가 나뉘는바(조건설, 상당인과관계설, 직접원인설), 견해에 따라 A와 B 및 관람객들 중 경찰책임의 소재가 다를 수 있다는 점을 좀 더 구체적으로 검토할 필요가 있다.

| 제1문 | 약사법 제23조 제6항은 "한약사가 한약을 조제할 때에는 한의사의 처방전에 따라야
한다. 다만, 보건복지부장관이 정하는 한약처방의 종류 및 조제 방법에 따라 조제
하는 경우에는 한의사의 처방전 없이도 조제할 수 있다."고 규정하고 있다. 이 조항
에 근거하여 보건복지부장관은 한약사가 임의로 조제할 수 있는 한약처방의 종류를
100가지로 제한하는 보건복지부고시('한약처방의 종류 및 조제방법에 관한 규정')
를 제정하였다. 그런데 한약사 甲은 보건복지부고시를 위반하여 한약을 조제하였다
는 사실이 적발되어 약사법에 따라 乙시장으로부터 약국업무정지 1개월에 갈음하
여 2,000만원의 과징금을 납부하라는 통지서를 받았다. 이에 甲은 보건복지부고시
가 위헌이며, 따라서 과징금부과처분도 위법이라고 생각한다. 甲이 주장할 수 있는
법적 논거와 그에 대한 자신의 견해를 논술하고 권리구제수단을 설명하시오. (40점)

I. 논점의 정리

II. 법적 성질

  1. 보건복지부고시의 법적 성질

    (1) 법령보충규칙 의의

    (2) 법규성 인정 여부

  2. 과징금의 법적 성질

III. 甲의 논거 및 견해

  1. 고시의 위헌위법 여부 검토

    (1) 포괄위임금지원칙 위반 여부

    (2) 비례원칙 위반 여부

    (3) 평등원칙 위반 여부

  2. 과징금 부과처분의 위법 여부

  3. 소 결

IV. 권리구제 수단

  1. 위헌위법명령규칙심사

  2. 헌법소원

  3. 취소심판

  4. 취소소송 및 집행정지

  5. 국가배상청구소송

V. 결 론

답안작성
             박○○ / 2009년도 행정고등고시 일반행정직 합격

I. 논점의 정리

  1. 우선 한약사 甲의 임의조제를 제한하는 보건복지부고시 (이하 고시)의 법적 성질이 법령보충규칙
으로 법규성을 인정할 수 있는지 여부 및 위반에 따른 제재로서 과징금의 법적 성질을 검토할 필요
가 있다.

2. 다음으로 甲이 주장할 수 있는 법적 논거로 고시가 헌법상 포괄위임금지원칙에 위배되는지 여부, 비례원칙 및 평등원칙에 위배되는지를 검토한 후 만약 위배된다면 위법한 법률에 근거한 처분의 효력에 대해 검토하겠다. 또한 과징금 부과처분에 재량의 일탈 남용이 있는지도 살펴볼 필요가 있다.

3. 마지막으로 甲의 권리구제수단으로서 위헌위법명령규칙심사, 헌법소원, 취소소송, 집행정지 및 가처분, 국가배상청구소송을 검토하겠다.

Ⅱ. 법적 성질
1. 보건복지부고시의 법적 성질
(1) 법령보충규칙 의의
법령보충규칙은 고시, 훈령, 지침 등의 행정규칙 형식을 갖추고 있으나 그 실질적 내용에 있어서는 법령의 내용을 보충하는 기능을 갖는 규범을 말한다. 이는 급변하고 복잡한 행정현실에 탄력적으로 대응하기 위해서 행정의 전문성을 활용한다는 측면에서 필요하며 행정규제기본법 제4조 제2항에서도 법령보충규칙을 인정하고 있다.

사안의 보건복지부고시의 경우 수권규정을 약사법 제23조 제6항으로 볼 수 있으며, 이에 따라 고시의 형식으로 제정되었으므로 법령보충규칙으로 보인다.

(2) 법규성 인정 여부
1) 학 설
이에 대해 학설은 ① 행정입법의 형식보다는 내용을 중시하는 입장에서 '법규명령'이라고 보는 견해, ② 형식을 중시해 '행정규칙'이라고 보는 견해, ③ 행정규칙으로 보되, 대외적인 구속력을 인정하는 '규범구체화행정규칙'으로 보는 견해, ④ 헌법에서 법규명령의 형식으로 대통령령, 총리령, 부령만을 한정적으로 인정하고 있으므로 '위헌무효'라는 견해가 대립하고 있다.

2) 판 례
판례는 국세청 훈령인 재산제세사무처리규정에 대해 소득세법시행령과 결합하여 대외적으로 구속력 있는 법규명령의 성질을 갖는다고 판시하고 있다.

3) 검토 및 사안
헌법에 나열된 법규명령의 형식은 예시적이라고 해석해야하며, 상위 법령의 구체적인 위임에 근거하여 제정되는 경우 상위 법령을 보충하는 것으로 대외적 구속력이 발생한다고 보는 것이 타당할 것이다. 따라서 사안의 고시는 법령보충규칙으로 법규성을 인정할 수 있을 것이다.

2. 과징금의 법적 성질
과징금이란 행정법상 의무를 위반하거나 이행하지 않음으로써 경제적 이득을 얻게 되는 경우에 당해 위반으로 인한 경제적 이득을 박탈하기 위해 부과하는 제재금을 뜻한다.

사안에서 甲이 고시를 위반한 것을 이유로 업무정지 1개월에 갈음하여 2000만원의 과징금을 부과하였으므로 변형적 과징금으로 볼 수 있다. 또한 설문의 주어진 법만으로는 기속 재량을 판단하기 어렵지만 일반적으로 이러한 형태의 과징금은 행정권의 재량적 선택으로 규정되어 있는 경우가 많으므로 재량행위로 볼 수 있을 것이다.

Ⅲ. 甲의 논거 및 견해

1. 고시의 위헌위법 여부 검토

(1) 포괄위임금지원칙 위반 여부

1) 의 의

헌법 제75조는 '구체적으로 범위를 정하여 위임받은 사항'에 대해서만 위임명령을 발할 수 있다고 하여 법률에 의한 포괄적 위임은 허용되지 않고 개별적 위임이 있어야 한다고 규정되어 있다. 이를 위해서는 대상을 특정해야 하며, 기준이 명확해야 한다.

2) 사 안

사안에서는 약사법 제23조 제6항에 의해 '한약처방의 종류 및 조제 방법'이라는 구체적 위임이 이뤄지고 있는 바 포괄위임금지원칙에 위반되지 않는다고 보인다.

(2) 비례원칙 위반 여부

1) 의의 및 근거

비례원칙이란 행정청이 행정목적 실현함에 있어서 그 목적과 수단 간에 합리적 비례관계가 있어야 한다는 원칙이다. 헌법 제37조 제2항을 법적 근거로 한다.

2) 내 용

비례원칙의 내용으로는 행정작용이 그 목적달성에 적합해야 한다는 적합성의 원칙, 행정목적 달성을 위한 여러 수단 중 국민의 권익을 최소로 침해하는 수단을 선택해야 한다는 필요성 원칙, 마지막으로 달성되는 공익과 침해되는 이익 중 후자가 더 커서는 안된다는 상당성 원칙이 있다.

3) 사 안

사안의 경우 한약사의 임의조제를 방지함으로써 국민이 좋은 약을 조제받을 수 있는 건강권을 달성할 수 있으므로 적합한 수단으로 보이며, 이를 위한 한약사 권익을 덜 제한하는 다른 특별한 수단이 있다고 보기도 어렵고, 국민의 건강권과 한약사의 조제자율권 중 후자가 더 크다고 보기도 어려우므로 비례원칙 위반으로 보기 힘들다.

(3) 평등원칙 위반 여부

1) 의의 및 근거

평등원칙이란 동일한 사안에서 합리적 사유가 존재하지 않는 이상 차별적 행정작용을 하지 않아야 한다는 원칙이다. 법적 근거로는 헌법 제11조에 근거한 성문법원으로 보는 견해와 동 규정으로부터 도출되는 불문법원으로 보는 견해가 있다.

2) 요건 및 한계

평등원칙에 위반되는 경우는 ① 동일 사안일 것, ② 행정작용이 차별에 해당할 것, ③ 합리적 차별사유가 없는 경우이며, 그 한계로는 위법한 행정작용에 있어 평등원칙을 주장할 수 없다는 것이다.

3) 사 안

사안에서 한의사와 한약사에 대한 대우가 다르다는 것을 평등원칙 위반으로 주장할 수 있을 것이나, 한약사와 한의사의 전문성의 분야가 다르다는 점, 처방 남용의 방지를 위한 의약분업의 일부분이라는 점 등을 고려할 때 한의사와 한약사의 차별이 비합리적 차별이 아니라고 보인다. 따라서 평등원칙 위반으로 보기 힘들 것이다.

2. 과징금 부과처분의 위법여부

고시가 적법하다면 이에 따른 과징금 부과 처분도 위법하지 않다. 다만 과징금 액수 결정에 있어 행정청의 재량이 인정된다면 과징금 액수에 있어 비례원칙 위반 여부가 검토될 필요가 있을 것이다.

고시가 위법하다면 위법한 법규명령에 근거한 처분으로 그 효력이 문제될 것이다. 우리나라 다수설과 판례인 중대명백설에 따르면 고시의 위헌위법이 결정되기 전까지는 하급행정기관이 위법에 대해 판단할 수 없으며 이에 따라야 하는 것이므로, 명백한 하자로 보기 어렵기 때문에 취소 사유가 된다고 볼 것이다.

3. 소 결

고시의 위법여부는 포괄위임금지원칙, 비례원칙, 평등원칙 검토 결과 적법하다고 보이며, 과징금 부과 처분도 특별한 위법 사유가 있다고 보기는 힘들다.

IV. 권리구제 수단

1. 위헌위법명령규칙심사

이는 헌법 제107조 제2항에 의해 인정되는 것으로 명령규칙의 위헌, 위법 여부가 재판의 전제가 되는 경우에 선결문제로서 법규명령의 위헌위법여부를 다투는 것을 의미한다. 사안의 경우 고시의 위헌위법 여부에 따라 과징금의 위법여부도 달라지게 되므로 재판의 전제가 된다고 볼 수 있다. 따라서 甲은 법원에 위헌위법명령규칙심사를 신청할 수 있을 것이다.

2. 헌법소원

헌법소원이 가능한지 여부에 대해서는 ① 헌법 제107조가 대법원에 명령규칙의 위헌 여부에 대한 심사권을 부여한 것은 명령규칙이 재판의 전제가 된 경우에 한하는 것이고, 명령규칙의 위헌 여부 심판은 헌재의 권한이라는 긍정설, ② 명령규칙이 국민의 권리를 직접 침해하는 경우에는 항고소송이 가능하므로 헌법소원의 보충성 원리에 반한다는 부정설이 있다.

사안에서는 고시 자체가 한약사의 제조의 자율권을 제약하고 있다는 점에서 국민의 기본권리를 직접 제약하고 있으므로 헌법소원이 가능하다고 보는 것이 타당할 것이다. 물론 이 경우 항고소송을 제기할 수 없는 경우에 한해야 할 것이다. 그러나 헌법소원이 가능하다고 해도 당해 전술한 바대로 한약사의 권리를 과도하게 제한한다고 보기 힘들므로 합헌 결정이 나올 가능성이 크다.

3. 취소심판

과징금 부과 처분에 대해 甲은 청구기간, 청구인/피청구인 적격 등의 취소심판의 요건을 갖춘 경우 취소심판을 제기할 수 있을 것이다. 전술한 바대로 과징금 부과에 특별한 위법이 없는 경우라면 기각재결이 나올 것이다.

4. 취소소송 및 집행정지

과징금 부과는 강학상 급부하명에 해당하는 행정행위이므로 이에 대한 취소소송 제기가 가능하다. 이와 함께 행정소송법 제23조의 집행정지 신청도 고려해 볼 수 있는데, 동법 동조 제1항의 회복하기 어려운 손해 요건에 해당하는지 여부가 가장 중점적으로 다뤄질 것이다. 만약 과징금 2000만원이 甲의 경영상 회복할 수 없는 손해를 입히는 경우라면 집행정지 신청이 받아들여질 것이다.

5. 국가배상청구소송

이미 甲이 과징금을 납부했다면 과징금에 대한 국가배상청구소송을 제기할 수도 있을 것이다. 국가배상청구의 요건 중 법령 위반 심리는 처분의 위법성 심리를 하는 것이므로 처분의 유효성 추정인 구성요건적 효력에 반하지 않으므로 가능하다. 그러나 고의 과실의 문제 있어서는 乙시장은 법령에 따른 처분을 한 것이므로 고의 과실이 있다고 보기 힘들다. 따라서 국가배상청구소송은 인용되기 힘들 것이다.

V. 결 론

1. 고시는 법령보충규칙으로 법규성을 인정할 수 있을 것이다. 과징금 부과는 변형된 형태의 과징금으로 재량행위로 볼 수 있다.

2. 甲이 주장할 수 있는 논거는 고시의 위법으로 포괄위임금지, 비례원칙, 평등원칙이 있으나 위법이 있다고 보기 힘들다. 또한 과징금 부과 처분 또한 위법하다고 보기 힘들다.

3. 권리구제수단으로 위헌위법명령규칙심사, 헌법소원, 취소심판, 취소소송 및 집행정지, 국가배상 등을 고려할 수 있겠으나 고시 및 과징금 처분이 적법하다고 보이는바 인용 가능성은 낮다.

┤ 강 평 ├

1. 모범답안이 주요한 쟁점을 거의 검토하고 있으나, 일부 보완 및 추가할 사항을 지적하고자한다. 모범답안이 보건복지부고시를 법규성이 있다고 전제하고 논리를 전개하고 있는데, 법규명령으로 보는 경우와 행정규칙에 불과하다고 보는 경우로 나누어 검토하는 것이 바람직할 것이다. 고시가 법규인 경우에는 과징금부과는 고시의 요건에 기속되므로 고시의 위헌·위법을 따져야 할 것이고, 고시가 행정규칙이라면 과징금은 이에 기속되지 않고 재량권의 일탈·남용의 법리로 검토해야 할 것이다.

2. 고시가 법령보충규칙으로서 법규라고 보는 경우에는 모범답안과 같이 쟁점들을 검토하면되는데, 고시는 헌법이 예정한 법규명령형식이 아닌 점에서 위헌·무효라는 주장을 甲이 할수 있다는 점도 추가하여 검토할 필요가 있다. 또한 포괄적위임금지원칙 위반 여부에서 포괄적위임금지원칙의 내용인 위임의 한정성과 위임의 구체성·명확성·예측가능성에 관해 좀 더자세한 언급을 한 다음 보건복지부고시가 이에 위반되지 않음을 좀 더 상세히 검토하였으면하는 아쉬움이 있다. 비례의 원칙 위반여부에서 위 고시의 내용이 적합한 수단이고 의약분업의 목적을 달성하기 위해 필요성의 원칙에 부합하며, 의약분업에 의해 달성되는 공익과 이로인해 침해되는 한약사의 사익의 비교형량에서 법익균형성이 유지된다고 좀 더 구체적으로지적하면 좋을 것이다.

3. 권리구제수단으로서 위헌위법명령규칙심사는 구체적 규범통제에 의하므로 과징금부과처분취소소송을 제기하면서 처분의 근거가 된 고시의 위헌·위법을 주장해야 한다는 점을 지적할필요가 있다.

| 제2문 | K도지사 甲은 공무원의 근무기강 확립차원에서 K도 내의 시장·군수에게 '근무지 이탈자에 대한 징계업무처리지침'을 시달하여 소속 공무원이 업무시간에 개인업무를 처리하기 위하여 자리를 비우는 일이 없도록 복무관리를 철저히 할 것을 당부하였다. 그런데 K도 Y시의 공무원 A가 근무시간 중에 자리를 비운 것이 사회적 문제가 되자 甲은 Y시 시장 乙에게 A에 대하여 징계의결을 요구할 것을 지시하였다. 그러나 乙은 오히려 근무성적평정이 양호한 것을 이유로 A에 대한 승진임용처분을 행하였는바, 이와 관련하여 다음의 질문에 답하시오. (총 30점)

(1) 乙의 승진임용처분에 대한 甲의 취소가능 여부를 논하시오. (20점)

(2) 만일 A에 대한 승진임용처분이 甲에 의하여 취소된 경우 乙이 다툴 수 있는 방법에 대해 논하시오. (10점)

Ⅰ. **논점의 정리**

Ⅱ. **승진의 법적 성질**
  1. 행정행위 / 재량행위 인지
  2. 사무의 법적 성질
    (1) 자치사무와 위임사무
    (2) 승진임용 사무가 자치사무인지

Ⅲ. **설문 (1)의 해결**
  1. 문제점
  2. 승진의 위법 여부
    (1) 법률우위 및 법률유보 위반 여부
    (2) 재량의 일탈·남용여부
  3. 제169조 제1항 '법령위반' 해석에 대한 판례 검토

  (1) 판 례
  (2) 검 토
  4. 甲의 취소가능성 여부
  5. 소 결

Ⅳ. **설문 (2)의 해결**
  1. 문제점
  2. 소송의 성질
    (1) 학 설
    (2) 검 토
  3. 소 결

Ⅴ. **결 론**

답안작성

박 0 0 / 2009년도 행정고등고시 일반행정직 합격

Ⅰ. 논점의 정리

1. 승진의 법적성질과 관련해 행정행위인지, 사무의 성질이 자치사무인지 검토해야한다.

2. 설문 (1)에서는 지방자치법 제169조 제1항의 해석과 관련해 재량의 일탈 남용이 포함되는지 살펴보겠다.

3. 설문 (2)에서는 지방자치법 제169조 제2항에서의 소제기 가능성 여부와 관련해 소송의 성질에 대해 검토하겠다.

II. 승진의 법적 성질

1. 행정행위 / 재량행위 인지

행정행위란 행정청이 법 아래서 구체적 사실에 관한 법 집행으로서 행하는 권력적 단독행위인 공법행위를 뜻한다. 사안에서 승진 임용은 공무원 A의 권리 의무를 변동시키는 행위로서 강학상 행정행위에 해당한다.

또한 승진임용은 단순히 하나의 사건만으로 결정되는 것이 아니라 공직 생활 전체를 놓고 결정하는 것으로 임용권자의 재량이 요구된다고 보이는바 재량행위로 볼 수 있다.

2. 사무의 법적 성질

(1) 자치사무와 위임사무

자치사무란 주민의 복리증진에 관한 사무와 지방자치단체의 존립을 위하여 필요한 사무를 뜻한다. 위임사무란 국가 또는 상급 지자체로부터 지방자치단체 또는 지자체 장에게 위임된 사무를 뜻한다.

(2) 승진임용 사무가 자치사무인지

지자체의 승진 임용 사무는 지역적이고 자치단체 존립에 관한 사무이며 국가나 상급 지자체에 의해 위임된 사무가 아니므로 자치사무로 봐야한다.

III. 설문 (1)의 해결

1. 문제점

지자법 제169조 제1항에 의하면 "자치사무에 관한 명령이나 처분에 대하여는 법령을 위반하는 것에 한한다."라고 규정되어 있다. 이 때 법령위반의 의미에 대해 판례의 견해 대립이 있는 바 이에 대해 검토할 필요가 있다.

2. 승진의 위법 여부

(1) 법률우위 및 법률유보 위반 여부

 1) 의 의

법률우위 원칙은 국가의 행정작용은 헌법에 부합하는 법률에 위반되어서는 안된다는 원칙이며, 법률유보 원칙은 행정작용은 법률의 수권에 의하여 행해져야 함을 의미한다.

 2) 사 안

자리를 비운 사실만으로 승진을 금지시키는 지방공무원법상 규정이 없고, 승진은 공무원의 다양한 자질을 종합적으로 검토해 결정하는 것이므로 법률우위 및 법률유보 원칙위반이라 보기 힘들다.

(2) 재량의 일탈·남용 여부

1) 의 의

재량의 일탈은 법령상의 한계를 넘은 재량처분을 내렸는지 여부를 의미하며, 재량의 남용은 사실오인, 목적위반 및 행정법 일반원칙 위반 등을 의미한다.

2) 사 안

사안에서 A가 근무시간 중에 자리를 비운 것이 사회적 문제가 되었음에도 불구하고 乙시장은 A를 승진 임용시켜 공직 기강을 문란하게 하였는바 재량의 남용이 있다고 볼 수 있을 것이다.

3. 제169조 제1항 '법령위반' 해석에 대한 판례 검토

(1) 판 례

이에 대해 다수의견은 재량의 일탈 남용까지도 포함하는 개념으로 본 반면에 반대의견은 재량의 일탈 남용은 포함하지 않는 개념으로 보았다.

(2) 검 토

일반적으로 '법령위반'의 개념에는 재량의 일탈 남용까지 포함하는 의미로 사용하므로 반대의견과 같이 지방자치법 제169조 제1항에서만 이를 제외하는 것은 어렵다고 생각된다. 따라서 다수의견과 마찬가지로 법령위반은 재량의 일탈 남용까지 포함하는 개념으로 파악하는 것이 타당할 것이다.

4. 甲의 취소가능성 여부

다수의견과 같이 법령위반의 의미를 파악할 경우 지자법 제169조 제1항에 의해 甲은 乙에게 서면으로 시정할 것을 명하고, 그 기간에 이행하지 아니하면 이를 취소하거나 정지할 수 있을 것이다. 다만 반대의견에 따를 경우에는 甲은 이에 대해 시정명령이나 취소 정지할 수 없을 것이다.

5. 소 결

당해 승진 처분은 재량의 남용이 있으며, '법령위반'의 의미를 다수의견과 같이 파악한다면 甲은 乙의 승진임용처분을 취소할 수 있다.

Ⅳ. 설문 (2)의 해결

1. 문제점

지자법 제169조 제2항에서는 지자체 장은 제1항에 의한 자치사무에 관한 명령이나 처분의 취소 또는 정지에 대해 이의가 있으면 그 처분을 통보받은 날로부터 15일 이내에 대법원에 소를 제기할 수 있다고 규정하고 있는 바, 이 소송의 성질에 대한 검토가 필요할 것이다. 만약 항고소송으로 볼 수 있다면 집행정지도 가능한지 검토하겠다.

2. 소송의 성질
(1) 학 설
이에 대해 학설은 시정명령, 취소정지 처분의 처분성을 부정하면서 기관소송 해당한다고 보는 견해, 처분성을 인정하면서도 기관소송이 아닌 지자법 제169조 제2항에서만 인정되는 특별한 소송형태라고 보는 견해, 처분성을 인정해 항고소송에 해당한다는 견해가 대립한다.

(2) 검 토
자치사무에 관한 명령이나 처분의 취소 또는 정지는 지자체의 자치권을 강제하는 행정소송법상의 처분에 해당한다고 볼 수 있고, 지자체 장은 자자체를 대표하는 행정주체로 독립된 법주체로 볼 수 있기 때문에 항고소송에 해당한다고 봐야한다.

3. 소 결
따라서 乙시장은 甲을 피고로 지자법 제169조 제2항의 소송을 제기할 수 있으며, 이 소송의 형태는 항고소송의 형태라고 볼 수 있을 것이다. 따라서 이 경우 행정소송법 제23조 집행정지도 신청할 수 있다고 보는 것이 타당할 것이다. 다만 집행정지 요건에 있어서 회복하기 어려운 손해가 발생하는지 여부에 있어서는 공무원 A의 승진이 취소됨으로써 받는 손해가 주로 보수상의 손해인 경우라면 인용되기 힘들 것이다.

V. 결 론
1. 승진임용 처분은 임용권자의 재량이 인정되는 행정행위로 보이며, 자치사무이다.

2. 설문 (1)에서 판례의 다수의견에 따라 甲은 乙이 행한 승진처분을 취소할 수 있다.

3. 설문 (2)에서 지자법 제169조 제2항에 의해 乙은 甲을 상대로 항고소송을 제기할 수 있으며 집행정지를 신청할 수 있을 것이다.

┤ 강평 ├

모범답안은 쟁점을 정확하게 찾아 잘 검토하였다. 다만 논리구성을 좀 더 체적적이며 구체적으로 정리하여 본다.

1. 설문(1)의 경우, 시장·군수·구청장의 처분을 시·도지사가 취소할 수 있는지의 문제인바, 지방자치법 제169조 제1항 "법령에 위반되거나 현저히 부당하여 공익을 해친다고 인정되면 시정을 명한 후 이를 이행하지 아니하면 취소할 수 있으며, 자치사무의 경우에는 법령을 위반한 것에 한한다."는 조항이 관련된다. 따라서 우선 시장 乙의 승진임용처분이 자치사무인지 그리고 재량행위인지 문제되며, 다음 이것이 위법인지 문제되는바, 이러한 순서로 검토한다. 먼저, 승진임용의 자치사무여부인데, 자치사무여부는 법령의 규정, 사무의 성질 등에 의해 판단한다. 자치사무의 범위를 규정한 지방자치법 제9조 제1항 제1호 마목은 '소속공무원의 인사'를 열거하고 있고, 동법 제105조는 지방자치단체장의 권한으로서 소속직원에 대한 임면권을 규정하고 있는 점에서 자치사무임이 분명하다. 그리고 승진이란 동일직열내의 상위 급류의 직에 임용하는 것을 말하는데, 승진임용여부는 근무성적과 경력평정 기타 능력의 실증 등을 종합적으로 고려하여 판단해야 하는 것이므로 임용권자의 재량행위라 할 것이다. 그러나 징계의결요구·징계처분·직위해제·휴직 또는 시보임용기간 중 등 일정한 승진제한사유가 있으며, 징계사유 있는 자의 승진임용의 위법여부에 대해 위법설과 적법설이 나뉘고 있다. 판례는 임용권자의 승진임용에 관한 재량권을 일탈·남용한 것으로 위법이라고 한다(대판 2007. 3. 22. 2005추62 〈울산 북구청 승진처분취소사건〉).

2. 다음, 甲의 취소가능성 여부의 판단을 위하여, 취소의 대상 및 요건을 검토하고 법령위반의 의미를 검토해야 한다. 지방자치법 제169조 제1항에 따라, 취소의 대상 및 요건의 경우, 시정명령은 지방자치단체의 사무에 관한 그 장의 명령이나 처분이 법령에 위반되거나 현저히 부당하여 공익을 해친다고 인정되는 때에 할 수 있으며, 취소·정지는 위 시정명령을 기간 내에 이행하지 아니한 때에 할 수 있다. 다만, 자치사무에 관한 명령이나 처분에 대하여는 법령에 위반하는 것에 한한다. 여기서 자치사무인 경우 법령위반에 한하는바, 이 법령위반의 의미에 대하여 재량권의 일탈·남용의 포함여부에 관해 적극설과 소극설이 나뉘며, 재량권의 일탈·남용을 포함한다는 적극설이 통설·판례의 입장이다(대판 2007. 3. 22. 2005추62). 결국 甲은 乙에게 승진임용처분을 취소하라는 시정명령을 한 후, 이를 이행하지 아니하면 승진임용처분을 취소할 수 있다고 할 것이다.

3. 설문(2)의 경우, A에 대한 승진임용처분을 甲이 취소한 경우 乙이 불복이 있으면 지방자치법 제169조 제2항에 의한 대법원에의 소송제기라 할 수 있다. 그런데 이 소송의 성질에 대하여 항고소송에 해당한다는 입장은 납득하기 어렵다. 행정소송법 제3조 제4호에서 기관소송은 국가 또는 공공단체의 기관상호간에 있어서의 권한의 존부 또는 그 행사에 관한 다툼이 있을 때에 제기하는 소송이라고 하며, 다만 헌법재판소법 제2조의 규정에 의하여 헌법재판소의 관장사항으로 되는 소송은 제외한다고 규정하고 있다. 이와 같이 기관소송은 대등관청상호간이든 상하관청상호간이든 구별하지 아니하고 있다. 따라서 기관상호간의 권한행사에 관한 다툼은 헌법재판소법에 의한 권한쟁의심판 이외에는 기관소송이므로 행정소송법 제45조에 따라 각 개별법에 근거가 있는 경우에 한해 인정되며 그 근거법이 정하는 절차에 따라 다투게 된다. 그런데 이를 항고소송이라고 하여 구별한다면 소송절차나 그 효과 등에 있어서 기관소송과 구별의 실익이 있어야 할 텐데 단순히 주장차원인지 의문이다. 지방자치법 제169조 제2항에 의한 소송은 기관소송에 관한 행정소송법 제45조와 제46조가 적용되며, 따라서 처분 등의 취소를 구하는 소송에는 그 성질에 반하지 아니하는 한 취소소송에 관한 규정을 준용하므로(행정소송법 제46조 제1항) 집행정지의 신청도 가능하다고 할 것이다.

| **제3문** | 한국전력공사는 OO도 A군내 지역에 발전소를 건설하고자「전원개발촉진법」에 근거하여 전원개발사업실시계획의 승인을 관계당국에 신청하였다. 그런데 발전소 건설사업은 환경영향평가 대상사업이다. 아래 관련 법조문을 참조하여 다음의 질문에 답하시오. (총 30점)

(1) 전원개발사업실시계획의 법적 성질을 논하시오. (5점)

(2) A군 내의 지역주민으로서 자신의 재산상, 환경상의 이익에 영향을 받는 자가 법률상 이익이 있는지 여부를 논하시오. (10점)

(3) 발전소 건설예정지에 자주 출입하는 임산물채취업자, 환경보호단체 등의 원고적격 인정여부와 본안소송을 진행하기 위한 논거를 제시하시오. (15점)

[**참조법률**]

전원개발촉진법

제1조(목적) 이 법은 전원개발사업(전원개발사업)을 효율적으로 추진함으로써 전력수급의 안정을 도모하고, 국민경제의 발전에 이바지함을 목적으로 한다.

제5조(전원개발사업 실시계획의 승인)

① 전원개발사업자는 전원개발사업 실시계획(이하 "실시계획"이라 한다)을 수립하여 지식경제부장관의 승인을 받아야 한다. 다만, 대통령령으로 정하는 전원개발사업에 대하여는 그러하지 아니하다.

③ 실시계획에는 다음 각 호의 사항이 포함되어야 한다.

6. 국토자연환경 보전에 관한 사항

환경영향평가법

제1조(목적) 이 법은 환경영향평가 대상사업의 사업계획을 수립·시행할 때 미리 그 사업이 환경에 미칠 영향을 평가·검토하여 친환경적이고 지속가능한 개발이 되도록 함으로써 쾌적하고 안전한 국민생활을 도모함을 목적으로 한다.

제3조(국가 등의 책무)

① 국가와 지방자치단체는 정책이나 계획을 수립·시행하려면 환경영향을 고려하고 이에 대한 대책을 강구하여야 한다.

제14조(의견수렴 및 평가서초안의 작성)

① 사업자는 평가서를 작성하려는 때에는 대통령령으로 정하는 바에 따라 설명회나 공청회 등을 개최하여 환경영향평가대상사업의 시행으로 영향을 받게 되는 지역 주민(이하 '주민'이라 한다)의 의견을 듣고 이를 평가서의 내용에 포함시켜야 한다.

답안작성
박 0 0 / 2009년도 행정고등고시 일반행정직 합격

Ⅰ. 논점의 정리

1. 당해 계획이 강학상 행정계획인지, 법적성질이 행정계획인지 검토하겠다.

2. 행정소송법 제12조 제1문의 '법률상 의미'의 해석 및 '법률'의 범위에 대해 검토해야한다.

3. 임산물채취업자와 환경보호단체에게 원고적격이 있는지 여부와 본안소송에서의 논거로 형량하자에 대해 검토하겠다.

Ⅱ. 설문 (1)의 해결

1. 행정계획인지

행정에 관한 전문적·기술적 판단을 기초로 특정한 행정목적 달성을 위해 서로 관련되는 행정수단을 종합, 조성하는 행위를 행정계획이라 한다.

사안의 전원개발사업실시계획의 경우 전원개발촉진법에 따라 국토자연환경 보전 및 전력 수급의 안전을 도모하기 위해 행정청이 여러 행정 수단을 조정 통합하는 것으로 행정계획으로 볼 수 있다.

2. 법적 성질

(1) 학 설

행정계획의 법적성질에 대해 학설은 ① 일반추상적 규율이라는 점에서 입법행위로 보는 견해, ② 권리제한의 효과를 발생시키므로 행정행위라는 견해, ③ 개별적으로 검토해야한다는 견해, ④ 특수한 법제도이지만 구속력을 가진다는 점에서 행정행위에 준하여 파악하는 견해가 대립한다.

(2) 판 례

이에 대해 판례는 특정개인의 권리 내지 법률상 이익을 구체적으로 규제하는 도시계획결정을 처분으로 파악하면서 항고소송의 대상으로 인정하였다.

(3) 검토 및 사안

사안의 전원개발사업실시계획의 경우 당해 계획에 의해 한국전력공사에게 발전소를 건설할 수 있는 권리가 생기고 지역 주민에게 이를 수인할 의무를 부여하게 되므로 행정행위라고 보아야 한다.

3. 소 결

전원개발사업실시계획은 강학상 행정계획이며, 법적성질은 행정행위로 보아야 한다.

Ⅲ. 설문 (2)의 해결

1. 문제점

행정소송법 제12조 제1문의 '법률상 이익'의 의미에 관한 학설·판례를 검토하고, 이에 따라 A군내의 지역주민에게 법률상 이익이 있는지 여부를 검토해야 한다.

2. 법률상 이익의 의미

(1) 학 설

① 권리의 침해를 받은 자만이 원고가 될 수 있다는 권리구제설, ② 법률에 의해 보호되는 이익을 침해받은 자도 가능하다는 법적이익구제설, ③ 실질적으로 보호가치 있는 자도 가능하다는 보호가치 있는 이익구제설, ④ 소송에 있어 적합한 이해관계를 가지는 자에게 원고 적격을 인정하는 적법성 보장설 등이 있다.

(2) 판 례

판례는 '법률상 직접적이고 구체적인 이익을 가지게 되는 사람'이 행정소송을 제기할 수 있다고 판시해 법적이익구제설의 입장이다.

(3) 검 토

적법성 보장설은 우리나라 취소소송은 주관적 쟁송이라는 점에서, 보호가치 있는 이익구제설은 법률상 이익에 대한 객관적 기준을 제시하지 못한다는 점에서 문제가 있다. 또한 권리 구제설은 오늘날 원고적격의 범위를 지나치게 좁게 보는 문제점이 있으므로 법적이익구제설이 타당하다.

3. 법률의 범위에 관한 문제
(1) 학설 및 판례

이에 대해 학설은 ① 처분의 근거법규에 한정하는 견해, ② 관련법규까지 포함시키는 견해, ③ 헌법상 기본권까지 포함시키는 견해가 있다.

판례는 과거에는 근거법규에 한정해서 파악했으나 최근에는 그 범위를 계속해서 넓혀가고 있는 중이다.

(2) 검 토

처분의 근거법규에 한정할 경우 원고적격의 범위가 지나치게 좁아지는 문제가 있으며, 헌법상 기본권까지 확대할 경우 남소가 우려가 있는바 관련법규까지 포함시키는 견해가 타당하다고 보인다.

4. 사안 및 판례

법적 보호가치 있는 이익설에 따르고 법률의 범위를 관련법률까지로 보는 견해에 따라 판단해보면, 사안에서 A군내 지역주민들은 전원개발사업실시계획의 근거법인 전원개발촉진법에 적용을 받으며, 관련법인 환경영향평가법 제14조에 의해서 원고적격이 인정된다.

판례의 경우에도, 지역주민의 경우 특단의 사정이 없는 한 환경상 이익에 대한 침해 또는 침해 우려가 있는 것으로 사실상 추정되어 법률상 이익이 있다고 판시한 바 있다.

Ⅳ. 설문 (3)의 해결
1. 판 례

판례는 행정계획의 영향권 밖의 주민들은 당해 처분으로 인하여 그 전과 비교하여 수인한도를 넘는 환경상 이익에 대한 침해를 증명함으로써 법률상 이익이 있다고 보았다.

2. 원고적격 인정 여부
(1) 임산물채취업자

임산물채취업자의 경우 설문의 전원개발사업실시계획으로 인해 자신의 직업적 자유를 직접적으로 침해당한다고 볼 수 없으며, 근거법이나 관련법에서 보호하고 있는 이익으로 보기 힘들므로 원고적격을 인정하기 어렵다.

(2) 환경보호단체

환경보호단체 또한 법률의 범위를 관련법규까지로 보는 견해에 따르는 이상, 헌법상 환경권을 침해 당했다는 사실만으로는 법률상 이익을 인정받을 수 없을 것이며, 판례도 새만금 사례에서 이와 같은 입장이다.

3. 본안소송을 위한 논거

(1) 계획재량과 형량명령

행정청이 행정계획을 함에 있어서는 법적으로 그 내용을 미리 결정할 수 없을 정도의 넓은 범위의 형성여지를 갖는데 이를 계획 재량이라 한다. 형량명령은 행정계획을 수립함에 있어서 관련된 이익을 정당하게 형량하여야 한다는 원칙을 말하며, 계획재량의 통제에 관한 개념이다.

(2) 형량하자

형량명령에 반하는 경우를 형량 하자라고 하며, 이는 ① 형량을 행하지 않았거나, ② 고려해야 할 이익을 빠뜨리거나, ③ 관련 공·사익 가치를 잘못 평가하거나, ④ 형량에 있어 비례성을 결한 경우를 의미한다.

(3) 사 안

사안에서 만약 임산물채취업자와 환경단체의 원고적격이 인정되어 본안판단으로 들어가게 된다면, 이들은 형량하자에 대해 주장할 수 있을 것이다. 그 밖의 환경영향평가법 상의 절차상의 문제의 경우 이들이 환경영향평가 대상이 아닌 한 제기할 수 없을 것으로 보인다.

4. 소 결

법률상 이익의 의미에 대해 법적이익구제설의 입장을 취하고, 법률의 범위를 관련법규까지 파악하는 입장에서는 임산물채취업자나 환경단체의 원고적격을 인정할 수 없을 것이다. 이들은 본안소송을 위해서 당해 행정계획에 형량하자가 있다는 점을 주장할 수 있다.

V. 결 론

1. 전원개발사업실시계획은 강학상 행정계획으로 행정행위이다.

2. 법률상 이익을 판례와 다수설에 따라 판단할 경우 지역주민은 근거법 및 관련법에 의해 법률상 이익이 있다고 볼 수 있다.

3. 임산물 채취업자와 환경단체는 원고적격이 없으며, 본안 소송에서는 당해 행정계획의 형량하자를 논거로 제시하여야 할 것이다.

┤ 강 평 ├

1. 사안은 전원개발사업실시계획의 승인을 신청한 단계이지만, 승인 전에는 문제가 되기 어려우므로 설문에 대한 검토는 환경영향평가를 받은 것인지는 알 수 없으나 승인을 받았기 때문에 그 취소소송을 제기한 경우를 상정하고 검토해야 할 것 같다.

2. 설문 (1)은 5점짜리 이므로 전원개발사업실시계획의 의의와 그 처분성여부 및 계획재량여부를 핵심만 검토하면 된다. 전원개발사업 실시계획이란 정부의 전력수급기본계획에 따른 전원개발사업의 실시에 관한 세부계획을 말한다(전원개발촉진법 제2조 제3호). 사안에서는 전원개발사업실시계획의 개념이나 효과에 관한 근거규정을 적시하고 있지 아니하므로 일반적인 개발사업 실시계획에 관해 검토하면 된다. 그런데 관할청의 승인을 받기 전의 개발사업 실시계획은 행정기관 내부 예정표에 불과하므로 설문의 취지를 볼 때 관할청의 승인을 받은 개발사업 실시계획의 법적 성질을 검토해야 할 것 같다. 판례는 실시계획승인은 시행자에게 단순히 공사의 시공권을 부여하는데 그치지 않고 해당 사업을 시행할 수 있는 권한을 설정해주며, 실시계획시행지역의 토지가 수용되는 등 재산권행사에 제약을 가져오므로 처분성을 인정할 수 있다고 한다(대판 1994. 5. 24, 93누24230 〈토지수용재결처분취소 등〉).

3. 설문 (2)는 어떤 경우의 법률상 이익인지 명시되어 있지 아니하나, 환경영향평가 대상지역주민의 항고쟁송의 원고적격을 묻고 있는 것으로 이해하면 될 것 같다. 제3자의 원고적격 그 중에서도 인인소송의 원고적격을 검토해야 할 것이다. 따라서 모범답안은 잘 작성되어 있으나, 인인소송의 원고적격의 의의와 그 허용가능성 및 환경영향평 대상지역 안의 주민인 경우와 그 대상 밖의 주민인 경우를 비중 있게 추가 검토함이 필요하다.

4. 설문 (3)의 경우, 법률상 이익에 관한 법률상 이익구제설에 의할 경우 근거법규뿐만 아니라 관계법규에서 사익도 보호하는 것으로 해석되는 경우에 원고적격이 인정된다고 할 수 있다. 그런데 전원개발촉진법이나 환경영향평가법에서는 임산물채취업자나 환경보호단체 등의 이익을 보호하는 것이라고 해석할 수 있는 규정을 발견하기 어렵다. 그렇다면 관계법규에 헌법 등을 포함할 수 있는지 문제되는데 견해가 나뉘고 있으나 통설과 판례는 이를 부정하고 있다. 판례는 헌법상의 기본권으로서의 환경권에 관한 규정 만으로서는 그 보호대상인 환경권의 내용과 범위, 권리의 주체가 되는 권리자의 범위 등이 명확하지 못하기 때문에 직접적인 권리부여의 규정이라고 볼 수 없고, 따라서 헌법이 여기의 법률에 포함된다고 볼 수 없다고 판시하고 있다(대결 1995. 5. 23, 94마2218 〈공작물설치금지가처분〉). 이러한 입

장에서 임산물채취업자가 그 지역에 자주 출입하여 임산물을 채취하였다는 것만으로는 헌법상의 직업의 자유와 영업의 자유 및 생존권을 개별적·직접적으로 침해받았다고 보기 어려울 것이다. 마찬가지로 환경보호단체도 헌법상의 기본권으로서의 환경권에 관한 규정 만으로서는 개별적이고 직접적인 권리부여의 규정이라고 보기 어려울 것이므로, 원고적격을 인정받기 어려울 것이라는 점을 지적하면 된다.

5. 다음, 본안소송을 진행하기 위해서는 해당 처분이 위법해야 하는 것은 아니고, 소송요건을 충족하고 있어야 하고, 원고가 관할청의 처분에 대해 위법주장을 하는 것으로 족하다. 따라서 먼저 임산물채취업자나 환경보호단체가 원고적격을 인정받기 위한 방안을 검토한 다음, 해당 처분의 위법의 논거를 주장하여야 할 것이다. 판례에 의하면, 환경영향평가 대상지역 밖의 주민은 해당 처분으로 그 처분 전과 비교하여 수인한도를 넘는 환경피해 등을 받았거나 받을 우려가 있다는 자신의 환경상 이익 등에 대한 침해 또는 침해 우려가 있음을 입증해야 한다고 판시하고 있다(대판 2010. 4. 15. 2007두16127; 대판 2007. 6. 1. 2005두11500 〈공장설립승인처분취소〉). 따라서 임산물채취업자나 환경보호단체는 법원에서 해당 처분 전과 비교하여 수인한도를 넘는 영업상 이익 등 생존권 또는 환경상 이익에 대한 침해 또는 침해우려가 있음을 입증해야 한다는 점을 지적해야 한다. 다음, 형량하자가 존재해야만 하는 것은 아니고 형량하자가 있다는 주장만으로 본안소송은 계속될 수 있으므로, 그 형량하자의 논거를 검토하면 된다. 즉, 형량하자의 실체상 및 절차상의 흠결 가능성을 검토한다.

| 제1문 | A시는 택지개발사업을 위해 관련 법령에 따른 절차를 거쳐 甲 소유의 토지 등을 취득하고자 甲과 보상에 관하여 협의하였으나 협의가 성립되지 않았다. 이에 A시는 관할 토지수용위원회에 재결을 신청하여 "A시는 甲의 토지를 수용하고, 甲은 그 지상 공작물을 이전한다. A시는 甲에게 보상금으로 1억 원을 지급한다."라는 취지의 재결을 받았다. 그러나 甲은 보상금이 너무 적다는 이유로 보상금 수령을 거절하였다. 그러자 A시는 보상금을 공탁하였고, A시장은 甲에게 보상 절차가 완료되었음을 이유로 위 토지 상의 공작물을 이전하고 토지를 인도하라고 명하였다. (총 50점)

1. 甲이 토지수용위원회의 재결에 불복할 경우 적절한 구제 수단은? (20점)

2. 甲이 공작물이전명령 및 토지인도명령에 응하지 않을 경우 A시장은 이를 대집행 할 수 있는가? (8점)

3. 만약 A시장이 대집행을 했을 때, 甲이 "위법한 명령에 기초한 대집행으로 말미암아 손해를 입었다."라고 주장하면서 관할 민사법원에 국가배상청구소송을 제기 한다면 민사법원은 위명령의 위법성을 스스로 심사할 수 있는가? (12점)

4. 甲이 위 명령에 대해 관할 행정법원에 취소소송을 제기하여 청구기각판결을 받아 그 판결이확정되었더라도 甲은 후소인 국가배상청구소송에서 위 명령의 위법을 주장할 수 있는가? (10점)

I. 설문 1의 해결
  1. 문제의 소재
  2. 이의재결
    (1) 이의신청의 요건
    (2) 이의신청의 효력
  3. 재결을 다투는 행정소송(항고소송)
  4. 보상금증감청구소송
    (1) 성 질
    (2) 피고적격
  5. 사안의 경우

II. 설문 2의 해결
  1. 문제의 소재
  2. 공작물이전명령
  3. 토지인도명령
    (1) 의무의 성질

    (2) 토지보상법 제89조의 검토
  4. 사안의 경우

III. 설문 3의 해결
  1. 문제의 소재
  2. 국가배상소송의 관할
  3. 선결문제심사
    (1) 논의의 전제
    (2) 행정행위의 위법여부가 쟁점인 경우
    (3) 사안의 경우

IV. 설문 4의 해결
  1. 문제의 소재
  2. 취소소송에서의 소송물
  3. 국가배상의 위법성
  4. 기판력이 미치는지 여부
  5. 사안의 경우

Ⅰ. 설문 1의 해결

1. 문제의 소재

토지수용위원회의 수용재결과 관련하여 甲의 불복수단은 토지보상법(이하 법이라 한다) 제83조의 이의재결, 재결이나 이의신청에 따른 재결을 다투는 같은 법 제85조 제1항의 행정소송, 또한 보상금의 증감에 관하여 다투는 같은 법 제85조 제2항의 보상금증감소송 등을 검토해 보아야 한다.

2. 이의재결

(1) 이의신청의 요건

법 제83조상의 이의신청에 대하여 중앙토지수용위원회는 제84조상의 이의재결을 내릴 수 있으며 이의절차에는 행정심판법이 준용된다.

(2) 이의신청의 효력

① 법 제84조 제1항에 의하여 중앙토지수용위원회는 원처분인 수용재결이 위법 또는 부당하다고 인정하는 때에는 그 재결의 전부 또는 일부를 취소하거나 보상액을 변경할 수 있으며, ② 법 제86조 제1항에 의하여 재결이 확정된 때에는 민사소송법상의 확정 판결이 있는 것으로 보며, ③ 법 제88조상 이의의 신청은 사업의 진행 및 토지의 수용 또는 사용을 정지시키지 아니한다.

3. 재결을 다투는 행정소송(항고소송)

법 제85조 제1항에 의한 항고소송은 재결자체를 다투는 항고소송은 수용자체가 위법하다는 것으로 보상금이 너무 적다는 이유로 보상금 수령을 거절한 甲에게 적절한 구제수단이라고 보기 힘들다.

4. 보상금증감청구소송

(1) 성 질

법 제85조 제2항에 의거 보상금증감청구소송의 성질과 관련하여 견해가 대립되는 바,

1) 학 설

실질적으로는 처분을 다투는 것이므로 항고소송이라는 견해와 당사자소송이라고 보는 견해가 대립된다.

2) 판 례

토지수용법 제75조의2 제2항의 규정은 그 제1항에 의하여 이의재결에 대하여 불복하는 행정소송을 제기하는 경우 이것이 보상금의 증감에 관한 소송인 때에는 이의재결에서 정한 보상금이 증액 변경될

것을 전제로 하여 기업자를 상대로 보상금의 지급을 구하는 공법상의 당사자소송을 규정한 것으로 볼 것이다라고 하여 당사자소송으로 보는 견해를 취하고 있다.

3) 결론

행정행위자체에 대하여 다투는 것이 아니라 수용재결의 내용인 보상금액에 관하여 다투는 것이므로 당사자 소송으로 파악하는 것이 타당하며 그중에서도 실질적으로는 처분을 다투는 것이지만 형식적으로는 처분으로 인해 발생된 법률관계를 다투는 것이므로 형식적 당사자소송으로 보는 것이 타당하다.

(2) 피고적격

당사자소송에서는 피고가 권리의무의 주체인 상대방 당사자이며 개정전 토지수용법과는 달리 필요적 공동소송으로 볼 수 없으므로 사업시행자인 A시만을 피고로 하는 것이 타당하다.

5. 사안의 경우

甲은 법 제84조에 의하여 이의재결을 중앙토지수용위원회에 청구하거나 법 제85조 제2항의 보상금 증감청구소송 중 증액청구소송을 사업시행자인 A시를 피고로 하여 청구할 수 있다.

Ⅱ. 설문 2의 해결

1. 문제의 소재

대집행의 요건은 공법상 의무의 불이행이 있을 것, 불이행된 의무는 대체적 작위의무일 것, 다른 방법이 없을 것, 공익상 요청이 있을 것을 요하는데 설문의 경우는 대체적 작위의무와 관련하여 문제된다.

2. 공작물이전명령

공작물이전명령의 경우 대체적 작위의무로서 대집행의 대상이 될 수 있다.

3. 토지인도명령

(1) 의무의 성질

토지인도나 명도의무는 일신전속적인 것으로서 대체적 작위의무가 아니어서 대집행의 대상이 되지 않는다.

(2) 토지보상법 제89조의 검토

1) 법 제89조에서 법 제43조 및 제44조의 의무에 대해 甲이 이행하지 않을 경우 대집행을 할 수 있다고 규정하고 있는바 대집행의 근거가 될 수 있는지 여부가 문제된다.

2) 학설

동 규정을 토지인도의무에 대해 대체적인 작위의무로 전환시키는 전환규범으로 보아서 근거가 될 수 있다고 보는 견해와 성질상 대집행을 허용하는 특별법이라고 볼 수 없어 대집행을 할 수 없다고 보는 견해가 있다.

3) 판례

"각 규정에서의 '인도'에는 명도도 포함되는 것으로 보아야 하고, 이러한 명도 의무는 그것을 강제적으로 실현하면서 직접적인 실력행사가 필요한 것이지 대체적 작위의무라고 볼 수 없으므로 특별한 사정이 없는 한 행정대집행법에 의한 대집행의 대상이 될 수 있는 것이 아니다."고 하여 부정적인 입장이다.

4) 결론

법 제89조의 규정 뿐 아니라 의무의 성질도 대집행에 부합하여야 하므로 동 규정을 목적론적으로 축소해석하여 대집행의 근거가 될 수 없다고 해석하는 것이 타당하다.

4. 사안의 경우

A시장은 대체적 작위의무의 요건을 충족하지 못하여 甲에 대한 대집행을 할 수 없다.

Ⅲ. 설문 3의 해결

1. 문제의 소재

국가배상법의 성질과 관련 국가배상소송이 민사법원에 관할이 있는지 여부와 민사법원의 본안판단에서 행정행위의 효력유무 위법여부가 선결될 문제인 경우 행정법원의 관할 사항인 행정행위의 위법여부를 판단할 수 있을지 여부가 문제된다.

2. 국가배상소송의 관할

(1) 학설은 공법적 원인으로 야기되는 배상문제를 규율하는 법이라는 점에서 당사자소송으로 보는 견해와 국가배상법은 사법의 성질을 갖으며 민사소송으로 다루어야 한다는 견해가 대립한다.

(2) 판례는 국가배상소송을 민사소송으로 민사법원에서 다루고 있다.

(3) 국가배상법 제8조가 민법이 보충적으로 적용됨을 규정하고 있는 것에 비추어 국가배상법은 민법의 특별법으로 국가배상소송은 민사소송으로 다루는 것이 타당하다.

3. 선결문제심사

(1) 논의의 전제

행정행위가 존재하여야 하고, 취소소송심리 법원이 아닌 다른 법원에서 행정행위를 심리하여야 하고, 그 행정행위의 위법성의 정도는 당연무효가 아닌 취소사유여야 한다.

(2) 행정행위의 위법여부가 쟁점인 경우

1) 학 설

공정력은 적법성의 추정이므로 행정행위가 취소되지 않는 한 공정력으로 인해 다른 국가기관은 구속되어야 한다는 소극설, 행정소송법 제11조 제1항은 선결문제심판권에 대한 예시적 규정에 불과하다는 적극설이 있다.

2) 판 례

건물철거가 불법행위임을 전제로 서울특별시에 손해배상을 청구한 사건에서 그 행정처분의 취소판결이 있어야만 그 행정처분의 위법임을 이유로 한 손해배상청구를 할 수 있는 것은 아니라고 판시하여 적극설이 태도를 취하고 있다.

3) 결 론

민사법원이 위법성을 확인해도 행정행위의 효력을 부정하는 것이 아니므로 적극설이 타당하다.

(3) 사안의 경우

사안의 경우 위법성을 검토하면 족한 사안이므로 민사법원은 위법성을 심리할 수 있다.

IV. 설문 4의 해결

1. 문제의 소재

선행하는 취소소송의 기판력이 후소인 국가배상청구소송에 미치는지 여부와 관련하여 취소소송 및 국가배상청구소송에서의 위법의 의미가 문제된다.

2. 취소소송에서의 소송물

취소소송의 대상이 되는 행정행위라는 입장, 행정행위로 인하여 침해되는 권리라는 입장, 처분의 위법성 일반으로 보는 입장, 당사자의 주장 그 자체로 보는 입장 등이 있는 바 판례는 처분의 위법성 일반으로 보는 입장이다.

3. 국가배상의 위법성

(1) 국가배상의 위법성과 관련 행위위법성설에 따르면 취소소송에서의 위법성의 개념이 동일하다고 보나 상대적위법성설 및 결과불법설 및 다른 학설에 따를 경우 위법성의 개념을 다르다고 본다.

(2) 판례는 경북대 앞의 학생시위를 막지 못해 날아든 화염병으로 인해 화재사고가 난 사건에서 공무원의 직무집행이 법령이 정한 요건과 절차에 따라 이루어진 것이라면 특별한 사정이 없는 한 이는 법령에 적합한 것이고 그 과정에서 개인의 권리가 침해되는 일이 생긴다고 하여 그 법령 적합성이 곧바로 부정되는 것은 아니라고 할 것이라고 판시한 바 있다.

4. 기판력이 미치는지 여부

(1) 취소소송에서의 소송물을 위법성 일반으로 보며 행위불법설을 위법성의 개념으로 보면 기판력이 미치게 된다. 그러나 결과불법설이나 상대적 위법성설 등에서는 위법성의 개념이 달라 기판력이 미치지 않게 된다.

(2) 국가배상에서의 위법성의 개념을 행위불법설을 취하되, 취소소송의 소송물을 당사자의 청구에 국한시킴으로써 기판력이 미치지 않는다는 견해도 있다.

(3) 취소소송에서의 소송물은 본안심리범위를 넓게 인정하여 일거에 모든 위법사유들을 심리할 수 있어 위법성일반으로 보는 견해가 타당하나 당사자 권리구제 확대를 위하여 국가배상에서의 위법성의 의미를 다르게 보아 기판력이 미치지 않는다고 보는 것이 타당하다.

5. 사안의 경우

취소소송의 기판력이 미치지 않는다고 볼 경우 甲은 후소인 국가배상청구소송에서 위 명령의 위법을 주장할 수 있다.

┤ 강 평 ├

1. 甲이 토지수용위원회의 재결에 불복할 경우 적절한 구제 수단은?

　　과거에는 「공익사업을 위한 토지 등의 취득 및 보상에 관한 법률」 제85조 제2항에 해당하는 규정이 "제1항의 규정에 의하여 제기하고자 하는 행정소송이 보상금의 증감에 관한 소송인 때에는 당해 소송을 제기하는 자가 토지소유자 또는 관계인인 경우에는 재결청 외에 기업자를, 기업자인 경우에는 재결청 외에 토지소유자 또는 관계인을 각각 피고로 한다."라고 되어 있었다. 이 규정 아래서 여러 가지 법적 논쟁이 전개되었다. 현행법은 "제1항의 규정에 따라 제기하고자 하는 행정소송이 보상금의 증감에 관한 소송인 경우 당해 소송을 제기하는 자가 토지소유자 또는 관계인인 때에는 사업시행자를, 사업시행자인 때에는 토지소유자 또는 관계인을 각각 피고로 한다."라고 규정하고 있다. 보상금의 증감에 관한 소송의 법적 성질을 밝히려는 경우에는 이와 같은 실정법의 변화에 유념하여야 한다.

　　모범답안은 '토지보상법(이하 법이라 한다)'라고 기술하고 있다. 그러나 우리나라 실정법에는 토지보상법이라는 법률이 없다. 「공익사업을 위한 토지 등의 취득 및 보상에 관한 법률」을 토지보상법으로 약칭한 것으로 보인다. 이것은 잘못된 것이다. 따라서 「공익사업을 위한 토지 등의 취득 및 보상에 관한 법률」(이하 법이라 한다)'라고 기술하여야 한다. 토지보상법이란 약칭은 토지평가사들이 주로 사용하고 있다. 그러나 「공익사업을 위한 토지 등의 취득 및 보상에 관한 법률」의 제정은 토지의 강제적 취득을 목적으로 하고 있는 법률이지, 보상을 목적으로 제정된 법률이 아니다. 따라서 약칭을 하려고 한다면 '토지취득법' 또는 '토지취득보상법'으로 해야 적절한 것이라고 생각한다.

　　「공익사업을 위한 토지 등의 취득 및 보상에 관한 법률」 제82조 제2항에 규정되어 있는 보상금의 증감에 관한 소송의 법적 성질에 관하여는 형성소송설과 확인·급부소송설로 나뉜다. 전자의 견해는 재결의 처분성이나 공정력을 강조하여 보상금의 증감에 관한 소송이 실질은 재결에서 정한 보상액의 취소·변경을 구하는 것으로서, 구체적인 손실보상청구권은 법원이 재결을 취소하여 정당보상액을 확정함으로써 비로소 형성되는 것이라고 본다. 이에 대하여 후자의 견해는 보상금의 증감에 관한 소송을 법규에 의하여 객관적으로 발생하여 확정되어 있는 보상금의 지급의무의 이행 또는 그 확인을 구하는 소송으로 본다. 종래에는 법이 재결청도 피고로 하도록 규정되어 있었기 때문에 전자의 견해 또는 전자의 견해를 중심으로 한 절충설이 유력하였으나, 현행법은 재결청을 피고로 제외하고 있으므로 현행법 아래에서는 후자의 견해가 유력하게 되었다. 이와 같은 보상금의 증감에 관한 소송의 법적 성질에 관한 견해를 전제로 하여 물음에 관한 해답을 하여야 한다.

　　甲이 토지수용위원회의 재결에 불복할 경우의 구제수단으로 생각할 수 있는 것은 복심적 재결기관인 중앙토지수용위원회에 대하여 그 재결의 취소 또는 변경을 구하는 이의신청을 하거나, 토지수용위원회의 재결에 불복하는 행정소송을 제기하는 것이다. 행정소송으로 생각할 수 있는 것은 재결의 무효등확인소송, 재결의 취소소송, 보상금증액청구소송이다. 이와 같은 구제 수단 중 언, 구제수단이 적절한 구제수단인가 하는 것이 물음이다.

모범답안은 중앙토지수용위원회에 대한 이의신청으로, 보상금증액청구소송으로 청구할 수 있다고 간단히 결론만 내리고 있다. 아마도 위 두 가지가 적절한 구제수단이라는 해답인 것 같다. 왜 위 두 가지가 적절한 구제수단인가에 관한 설명이 없다. 무엇 때문에 중앙토지수용위원회에 대한 이의신청이 행정심판의 성질을 가진다는 지적을 한 것인지, 보상금의 증감에 관한 소송의 법적 성질을 논한 것인지 알 수가 없다. 중앙토지수용위원회에 대한 이의신청과 보상금 증액청구소송이 적절한 구제 수단임을 설명하기 위해서 필요한 설명이 아니었나 생각한다. 왜 위 두 가지가 적절한 구제 수단인가를 설명하여야 한다. 강평자가 학생들에게 항상 하는 말이 '가장 좋은 답안은 법률지식이 없는 사람에게 알기 쉽게 설명해 주는 답안'이라는 것이다.

2. 甲이 공작물이전명령 등에 응하지 않을 경우 A시장은 이를 대집행할 수 있는가?

토지·물건의 인도의무의 불이행의 경우에 대집행이 가능한가에 관하여는 견해가 나뉜다. 제1설은 토지·물건의 인도의무는 대체적 작위의무가 아니므로 「공익사업을 위한 토지 등의 취득 및 보상에 관한 법률」제89조의 규정에도 불구하고 대집행을 할 수 없다는 견해이다. 제2설은 인도의 대상인 토지·건물을 신체로써 점유하고 있는가, 존치물건만으로 점유하고 있는가를 기준으로 전자의 경우에는 대집행을 할 수 없지만 후자의 경우에는 대집행을 할 수 있다는 견해이다. 제3설은 대집행의 대상이 된다는 견해이다. 판례는 "인도에는 명도도 포함되는 것으로 보아야 하고, 이러한 명도의무는 그것을 강제적으로 실현하면서 직접적인 실력행사가 필요한 것이지 대체적 작위의무라고 볼 수 없으므로 특별한 사정이 없는 한 행정대집행법에 의한 대집행의 대상이 될 수 있는 것이 아니다."(대법원 2005. 8. 19. 선고 2004다2809 판결 〈가처분이익〉)라고 판시하고 있다.

대집행의 성질을 어떻게 이해하는가, 대체적 작위의무가 무엇인가의 이해에 따라 학설이 나뉘고, 판례도 '특별한 사정이 없는 한'이라고 하여 대집행할 수 없다고 단정하고 있지 아니하므로, 해답도 겸손하게 판례에 따르면 원칙으로 대집행할 수 없다는 것으로 하면 좋을 것이다. 겸손해서 불이익을 받는 법은 없을 것이다.

3. 甲이 민사법원에 국가배상청구소송을 제기하면 민사법원은 위 명령의 위법성을 스스로 심사할 수 있는가?

처분으로 인하여 손해를 받은 자가 행정상 손해배상청구소송을 제기한 경우 수소(受訴)법원은 처분의 위법성을 스스로 심사할 수 있는가에 관하여는 견해가 나뉜다.

소극설은 수소법원이 처분의 위법성을 스스로 심사하여 청구인용의 판결을 할 수 없으며, 이를 행하는 것은 공정력에 반한다는 견해이다(이유 생략). 적극설은 수소법원이 처분의 위법성을 스스로 심사하여 청구인용의 판결을 할 수 있으며, 이를 행하여도 공정력에 반하지 아니한다는 견해이다(이유 생략). 절충설은 수소법원이 처분의 위법성을 스스로 심사하여 청구인용의 판결을 할 수 있는가의 여부를 수소법원이 처분의 위법성을 스스로 심사하여 청구인인용판결을 함으로써 처분의 목적이 방해를 받게 되는가의 여부에 의하여 결정하려는 견해이다(이유 생략). 종래에는 소극설과 적극설이 다투어졌으나. 최근에는 적극설과 절충설의 논쟁이 간단하지 않다. 적극설과 절충설의 논쟁은 행정소송의 다른 논쟁과 결부되어 있기 때문에 간단히 결론을 내리기 어렵다. 강평자는 교과서에서 "행정상 손해배상청구소송의 허용이 취소소송의 배타적 관할을 침해한다고 단정하기 어렵다."는 말로 적극설을 지지하고 있다. 답안에서는 판례에 의하면 민사법원은 위 명령의 위법성을 스스로 심사할 수 있다는 결론이 된다고 설명하면 될 것이다. 모범답안은 학설의 소개가 충실하지 않다.

4. 甲은 후소인 국가배상청구소송에서 위 명령의 위법을 주장할 수 있는가 ?

모범답안에는 "국가배상의 위법성과 관련 행위위법성설에 따르면 취소소소의 위법성의 개념이 동일하다고 보나 상대적위법성설 및 결과불법설 및 다른 학설에 따를 경우 위법성의 개념을 다르다고 본다."는 기술이 있다. 여기서 말하는 '다른 학설'이 어떤 학설인지 강평자는 모른다. 그러나 모범답안은 행위위법성설(행위불법설)·상대적위법성설·결과불법설이 정확하게 어떠한 학설인지 밝히지 아니하고 위와 같은 기술을 하는 것은 무책임하다. 강평자가 알고 있기로는 상대적위법성설은 그 관점에 따라 의미가 다르게 사용되기 때문에 경우에 따라서는 행위위법성설(행위불법설) 주장자 중에서도 상대적위법성설에 서기도 하고, 결과불법설 주장자 중에서도 상대적위법성설에 서기도 한다. 따라서 모범답안처럼 간단하지 않다.

강평자의 생각으로는 이 문제에 대한 해답으로 어느 교과서나 '취소소송판결의 기판력과 국가배상소송'이라는 제목으로 설명을 하고 있으므로, 교과서의 설명에 따라 학설이 기판력 부정설, 일부 기판력 긍정설, 전부 기판력 긍정설로 나누고, 각 설의 논거를 설명하고, 판례의 입장에 따라 결론을 내리는 것이 무난할 것으로 보인다. 논거에 자신이 있으면 판례와 다른 결론도 낼 수 있을 것이다.

제2-1문 | B군에서는 정부의 자유무역협정체결에 대응하여 지역특산물인 녹차산업을 진흥하고 이를 통해 지역 경제를 육성하고자 「녹차산업 육성 및 지원에 관한 조례」를 제정·공포하였다. 이 조례에는 녹차산업 지원을 위한 기술지도 및 보조금 지급에 관한 내용이 포함되어 있다. 이에 주민 甲은 이 조례에 근거하여 녹차 원료 생산을 위한 보조금을 신청하여 지원받았다. 그러나 주민 乙은 위 보조금 지급행위가 甲과 군수의 인척관계에 기인했을 뿐만 아니라 위 보조금지급제도가 군수의 인기영합 정책에 의한 부당한 재정지출의 원인이 된다고 생각하고 있다. (총 30점)

1. 위 조례의 제정가능성에 대하여 논하시오. (15점)

2. 주민 乙이 취할 수 있는 「지방자치법」에 의한 쟁송수단에 관하여 설명하시오. (15점)

I. **설문 1의 해결**

　1. 문제의 소재

　2. 사항적 한계 – 조례제정대상인 사무

　　(1) 지방자치법 제22조

　　(2) 판단기준

　　(3) 사안의 적용

　3. 법률유보의 원칙 – 지방자치법 제22조 단서의 법률의 유보

　　(1) 지방자치법 제22조 단서의 위헌여부

　　(2) 사안의 경우

　4. 법률우위의 원칙 위반 여부

　　(1) 자유무역협정 위반 여부

　　(2) 지방자치법 제122조 위반 여부

II. **설문 2의 해결**

　1. 문제의 소재

　2. 주민감사청구

　　(1) 지방자치법 제16조

　　(2) 사안의 경우

　3. 주민소송

　　(1) 의 의

　　(2) 요 건

　　(3) 유 형

　　(4) 사안의 경우

답안작성　　　　　　　　　　　　　　　김 ㅇㅇ / 2009년도 사법시험 합격

I. 설문 1의 해결

1. 문제의 소재

　조례가 적법 유효하게 효력을 발생하려면 지방의회가 일정한 절차와 공포요건을 갖추어(지방자치법 제26조) 감독청에 보고해야 한다(지방자치법 제28조). 내용상 적법요건으로 조례제정 대상인 사무에 대하여만 제정할 수 있다는 사항적 한계를 준수하여야 하고 법률유보의 원칙과 법률우위의 원칙에 반하여

서는 아니되는 바, 설문의 경우 절차와 공포, 보고요건은 문제되지 않으므로 내용상의 적법요건만 검토한다.

2. 사항적 한계 - 조례제정대상인 사무

(1) 지방자치법 제22조

지방자치법 제22조 본문은 "지방자치단체는 법령의 범위 안에서 '그 사무'에 관하여 조례를 제정할 수 있다."고 규정하고 있으며 동법 제9조 제1항은 "지방자치단체는 관할 구역의 '자치사무와 법령에 따라 지방자치단체에 속하는 사무'를 처리한다."고 하므로 조례로 제정할 수 있는 사무는 자치사무와 단체위임사무이며, 예외적으로 판례는 법령이 기관위임사무를 조례로 정하도록 규정한다면 기관위임사무도 조례로 제정할 수 있다고 보고 있다.

(2) 판단기준

판례는 그 사무의 성질이 어디에 해당하는가 여부를 판단함에 있어서 그에 관한 법규의 규정 형식과 취지를 우선 고려해야 할 것이지만 그 외에도 그 사무의 성질이 전국적으로 통일적인 처리가 요구되는 사무인지 여부나 그에 관한 경비부담과 최종적인 책임귀속의 주체 등도 아울러 고려하여 판단하고 있다.

(3) 사안의 적용

지역특산물에 대한 것임에 비추어 녹차산업 육성 및 지원은 B군의 자치사무라고 보아야 할 것이다.

3. 법률유보의 원칙 - 지방자치법 제22조 단서의 법률의 유보

(1) 지방자치법 제22조 단서의 위헌여부

1) 지방자치법 제22조 단서가 헌법 제117조 제1항에 의하여 인정된 지방의회의 포괄적 자치권을 제한하는 위헌적인 규정이 아닌지 문제 된다.

2) 학 설

합헌이라고 보는 합헌설과 위헌설이 대립한다.

3) 판 례

기본권 제한에 대하여 법률유보원칙을 선언한 헌법 제37조 제2항의 취지에 부합하므로 법률의 위임 근거를 요구하는 것이 위헌성이 있다고 할 수 없다고 하여 합헌으로 본다.

4) 검 토

조례의 내용이 침익적인 경우 법률유보는 당연히 적용되므로 지방자치법 제22조 단서는 확인적인 규정에 불과하므로 합헌설이 타당하다.

(2) 사안의 경우

보조금지급결정은 지급인에게는 수익적이지만 상반되는 이해관계를 갖는 제3자에게는 침익적이므로 제3자효행정행위에 해당하며 甲에 대한 보조금 지급행위는 다른 주민에 대한 권리 제한 등에 대한 것으로서 법률의 근거가 필요하다.

4. 법률우위의 원칙 위반 여부

(1) 자유무역협정 위반 여부

자유무역협정은 헌법 제6조에 의하여 헌법과 법률에 의한 조약으로서 법률과 동일한 효력이 있는 바 지역특산물은 녹차산업을 육성하고 지원하는 것이 농산물 개방을 내용으로 하고 있는 자유무역협정에 반하는 것은 아니라고 보아야 할 것이다.

(2) 지방자치법 제122조 위반 여부

위 조례가 지방자치법 제122조 위반여부가 문제되는 바 녹차산업육성을 통하여 자유무역협정을 극복하는 데 목적이 있는 이상 이에 위반되지 않는다.

II. 설문 2의 해결

1. 문제의 소재

지방자치법은 제13조 이하에서 주민의 권리를 규정하고 있는바 쟁송수단으로는 주민소송을 들 수 있는 바 그 소송제기의 전제인 주민감사청구를 검토해보아야 한다.

2. 주민감사청구

(1) 지방자치법 제16조

법 제16조는 지방자치단체의 19세 이상의 주민은 당해 지방자치단체와 그 장의 권한에 속하는 사무의 처리가 법령에 위반되거나 공익을 현저히 해한다고 인정되는 경우에는 감사를 청구할 수 있다.

(2) 사안의 경우

감사대상은 단체장의 모든 사무이고 인척인 乙에 대한 위법 또는 부당한 보조금 지급은 감사청구의 대상이 될 수 있어 乙이 19세 이상이라면 감사청구를 할 수 있을 것이다.

3. 주민소송

(1) 의 의
지방자치법 제17조는 지방행정의 공정성 확보를 위하여 주민소송제도를 도입하고 있다.

(2) 요 건
주무부장관 또는 시도지사가 감사청구를 수리한 날부터 60일을 경과하여도 감사를 종료하지 아니한 경우, 감독청의 감사결과 또는 그에 따른 필요조치의 요구에 불복이 있는 경우, 감사청구의 감사결과에 따른 감독청의 조치요구를 지방자치단체의 장이 이행하지 않은 경우, 감독청의 조치요구에 따른 지방자치단체의 장의 이행조치에 불복이 있는 경우에 제기할 수 있다.

(3) 유 형
부작위청구소송, 취소 또는 무효확인 소송, 부작위위법확인소송, 손해배상 또는 부당이득반환청구소송의 4가지 유형이 있다(제2항).

(4) 사안의 경우
군수의 보조금지급을 한 행위에 대하여 감사를 청구한 뒤 주민소송을 제기하여 보조금지출에 대한 중지를 구하는 소송과 甲에 대한 보조금지급결정취소소송 및 손해배상이나 부당이득반환청구소송을 구체적으로 제기할 수 있다.

강 평

1. 위 조례의 제정가능성에 대하여 논하시오.

헌법 제117조 제1항은 "지방자치단체는 주민의 복리에 관한 사무를 처리하고 재산을 관리하며, 법령의 범위안에서 자치에 관한 규정을 제정할 수 있다."라고 규정하고 있다. 주민의 복리에 관한 사무는 헌법이 명시한 지방자치단체의 자치사무이다. 정부의 자유무역협정에 대응하여 지역특산물인 녹차산업을 진흥하고 이를 통해 지역 경제를 육성하고자 하는 사무는 자치사무이다. 이 자치사무를 위하여 조례를 제정하려는 것은, 그것이 조례제정권의 한계를 벗어나지 아니한 한, 당연한 조치이다. 따라서 묻고 있는 문제의 핵심은 조례제정권의 한계이다.

조례제정권의 한계 중 사례문제와 관련되는 것으로는 법적 한계이다. 「지방자치법」 제22조는 위 헌법 제117조 제1항을 구체화하여 "지방자치단체는 법령의 범위안에서 그 사무에 관하여 조례를 제정할 수 있다. 다만, 주민의 권리 제한 또는 의무 부과에 관한 사항이나 벌칙을 정할 때에는 법률의 위임이 있어야 한다."라고 규정하고 있다. 따라서 조례제정권의 법적 한계로는 '법령의 범위안에서'라는 법률우위원칙, '그 사무에 관하여'라는 소관사항의 원칙, "법률의 위임이 있어야 한다."는 법률유보원칙의 셋이나 사례문제와 관련하여서 문제되는 것은 법률우위원칙이다. 그러므로 해답은 법률우위원칙에 집중해야 한다.

「지방자치법」 제22조에서 말하는 '법령의 범위안에서'라는 의미는 '법령에 위반되지 아니하는 범위안에서'라고 새기는 것이 통설이고 판례(대법원 2004. 7. 22. 선고 2003추51 판결〈재의결무효확인〉)이다. 따라서 행정정보공개조례안 사건에 대한 대법원 1992. 6. 23. 선고 92추17 판결 등의 판시에서와 같이 법령에 위반되지 아니하면 법령의 위임이 없더라도 그 권한에 속하는 사무에 대하여 조례를 제정할 수 있다.

사례문제에 대하여 답하기 위하여 참고가 될 대법원의 판시로는 "조례가 규율하는 특정사항에 관하여 그것을 규율하는 국가의 법령이 이미 존재하는 경우에도 조례가 법령과 별도의 목적에 기하여 규율함을 의도하는 것으로서 그 적용에 의하여 법령의 규정이 의도하는 목적과 효과를 전혀 저해하는 바가 없는 때, 또는 양자가 동일한 목적에서 출발한 것이라고 할지라도 국가의 법령이 반드시 그 규정에 의하여 전국에 걸쳐 일률적으로 동일한 내용을 규율하려는 취지가 아니고 각 지방자치단체가 그 지방의 실정에 맞게 별도로 규율하는 것을 용인하는 취지라고 해석되는 때에는 그 조례가 국가의 법령에 위반되는 것은 아니라고 보아야 할 것이다."(대법원 2007. 12. 13. 선고 2006추52 판결)라고 한 것이 있다. 제정·공포된 조례에는 녹차산업 지원을 위한 기술지도 및 보조금 지급에 관한 내용이 포함되어 있다. 녹차산업 지원을 위한 기술지도는 문제가 없다. 문제는 보조금 지급이다.

보조금 지급을 규정한 국가의 법령에 조례가 위반되는 것이냐의 여부를 판단하는 기준으로 위 대법원 판시는 유용한 것으로 보인다. 이 대법원의 판결을 참고하여 해답을 한다면 무난하지 않을까 생각한다.

2. 주민 乙이 취힐 수 있는「지방자치법」에 의한 쟁송수단에 관하여 설명하시오.

주민이 자치사무를 통제할 수 있는「지방자치법」이 정한 수단에는 선거참여·주민투표참여·조례제정개폐청구·감사청구·주민소송제기·주민소환 등이 있다. 설문에서는 주민 乙이 취할 수 있는 쟁송수단만을 묻고 있다. 쟁송이라는 말은 여러 가지 의미로 사용된다. 예컨대,「법원조직법」제2조에서 사용하고 있는 쟁송은 분쟁이란 의미로 사용한다. 설문에서 묻고 있는 쟁송은 쟁송수단이라는 용어를 사용하고 있는 것으로 보아 분쟁이란 의미로 사용하고 있지 않는 것 같고, 행정쟁송의 의미로 사용하고 있는 것 같다. 그렇다면 여기서 말하는 쟁송은 분쟁 그 자체를 뜻하는 것이 아니라 분쟁을 일정한 국가기관이 심리·판단하여 해결하는 것을 말한다고 보아야 한다. 따라서 주민이 자치사무를 통제할 수 있는「지방자치법」이 정한 수단 중 쟁송수단에 해당하는 것은 주민소송제기이다. 설문은 "설명하시오."라는 주문을 하고 있다. 즉 "주민 乙이 취할 수 있는 쟁송수단을 설명하시오."라는 것을 요구하고 있다. 그렇다면 설문은 주민소송 전체를 설명하라는 것이 보다는 사례에서 乙이 취할 수 있는 주민소송의 유형 중 제1호 소송(지방자치법 제17조 제2항 제1호), 제2호 소송(동법 동조 동항 제2호), 및 제4호 소송(동법 동조 동항 제4호)을 중심으로 주민소송을 설명하라는 것으로 보아야 한다.

아직 주민소송의 실시가 일천하여 판결이 많지 않다. 주민소송제도가 도입된 이래 주민측이 승소한 판결이 서울행정법원 2009. 5. 20. 선고 2008구합46149 판결〈주민소송(부당이득반환)〉이다. 따라서 판례를 가지고 풍부한 답안을 만들기는 어렵지만, 교과서에서 설명하고 있는 정도는 기술하여야 한다.

| 제2-2문 | 甲은 공휴일을 맞아 가족과 함께 C시가 관리하는 하천으로 야유회를 갔다. 甲은 낚시를 하였고 甲의 자녀들은 물놀이를 하였다. 그 전에도 甲의 가족은 이 하천에 물놀이를 수차례 한 바 있다. 그런데 최근 하천 준설공사로 인하여 수심이 이전보다 매우 깊어져 있던 관계로 甲의 아들 乙이 수영 중 익사하고 말았다. 하천에는 위험을 알리는 표지판이나 사람의 출입을 금하는 철망 등의 시설도 없었다. 그리고 준설 공사 이전에는 홍수 때가 아니면 어린이가 익사할 만큼 깊지도 않았다. 甲이 C시를 상대로 「국가배상법」 제5조에 근거하여 배상을 청구하는 경우 제기될 수 있는 법적 쟁점을 설명하시오. (20점)

Ⅰ. 문제의 소재

Ⅱ. 국가배상법 제5조 제1항 요건의 충족 여부
 1. 도로, 하천 기타 공공의 영조물
 2. 설치 또는 관리의 하자
 (1) 설치·관리의 의의
 (2) 하자의 의미

3. 불가항력과 예산부족의 문제

Ⅲ. C시가 관리하는 하천의 종류와 그 사무의 성질에 따른 책임 근거 (보론)
 1. 국가하천인 경우
 2. 지방하천인 경우

Ⅳ. 결 론

답안작성

김 0 0 / 2009년도 사법시험 합격

Ⅰ. 문제의 소재

설문의 하천은 대표적인 공물이며, 공물의 설치·관리상의 하자로 인한 배상문제는 국가배상법 제5조 제1항의 문제이다. 그런데, 사안의 경우, 하천 준설공사로 수심이 깊어진 점과 이에 대해 위험을 알리는 표지가 없었다는 점과 관련하여 C시에게 설치·관리상의 하자가 있는지가 문제된다. 또한 이와 관련하여 하천의 종류에 따른 C시의 배상책임을 검토할 필요가 있다.

Ⅱ. 국가배상법 제5조 제1항 요건의 충족 여부

1. 도로, 하천 기타 공공의 영조물

국가배상법 제5조 제1항의 영조물은 학문상 공물을 의미한다. 공물에는 공용물과 공공용물이 포함된다. 사안의 경우 하천이라는 자연공물이 문제되는 경우이므로 요건이 충족된다.

2. 설치 또는 관리의 하자

(1) 설치·관리의 의의

설치란 영조물의 설계에서 건조까지를 말하고 관리란 영조물의 건조 후의 유지, 수선을 의미한다.

(2) 하자의 의미

국가배상법 제5조 제1항의 법문상 표현이 '영조물의 하자'라고 되어 있지 않고, '영조물의 설치나 관리에 하자'가 있기 때문에 손해가 발생한 경우라고 표현되어 있기에 학설의 대립이 있다.

1) 학설의 대립
(가) 주관설

주관설은 하자를 공물주체의 설치, 관리상의 귀책사유로 인한 하자로 이해한다.

(나) 객관설

객관설은 하자를 공물 자체가 항상 갖추어야 할 객관적인 안정성의 결여로 이해하고 관리자의 고의·과실을 문제 삼지 않는다.

(다) 절충설

절충설은 관리자의 주의의무위반에 기인하든 물적 결함에 기인하든 모두 하자에 해당한다는 견해이다.

(라) 안전의무위반설

행정주체가 공용개시를 통해 일반의 사용에 제공·노출시킨 경우 타인에게 위험이 발생하지 않도록 안전조치를 취할 법적의무를 부담하는데, 영조물의 설치, 관리상의 하자란 이러한 안전의무위반을 말한다. 국가배상법이 '영조물의 하자'로 표기하지 않고 '영조물 설치·관리에 하자'라고 표현하고 있으므로 '행위책임'이며, 고의·과실을 요건으로 하지 않으므로 '무과실책임'이라고 한다.

2) 판례의 태도

판례는 도로결빙으로 인한 사고로 국가배상책임이 문제된 사건에서 영조물의 설치, 관리상의 하자는 영조물 자체가 통상 갖추어야 할 안전성을 갖추지 못한 상태에 있는 것을 말하고, 국가배상법 제5조의 책임은 무과실책임이라고 판시한 바 있다. 그러나 최근 신호기의 정지신호가 소등된 상태로 진행하다 오토바이를 충돌한 사건에서는 위와 같은 안전성의 구비여부를 판단함에 있어서는 사회통념상 일반적으로 요구되는 정도의 방호조치의무를 다하였는지 여부를 기준으로 삼아야 한다고 판시한바 있어 객관설을 취하면서 주관적인 사정을 고려하는 것으로 보인다.

3) 사안의 적용 및 검토

사안의 경우 주관설에 의하면, 하천 준설공사 이전에는 어린이가 익사할 정도로 하천이 깊지 않았으므로 주의의무를 다했다고 볼 수 있으나, 객관설, 절충설, 안전의무위반설과 판례의 태도에 의하면, 사안의 하천은 통상적인 안전성의 결여가 있고 그런 상태로 일반의 사용에 노출되어 있으므로 설치·관리상의 하자가 인정된다. 피해자의 구제에 충실하다는 측면에서 주관설을 제외한 나머지 견해들이 타당하다. 따라서 사안의 경우 설치, 관리상의 하자가 인정된다.

3. 불가항력과 예산부족의 문제

(1) 영조물의 설치·관리에 하자가 있다고 하더라도 그 결함이 설치·관리자의 관리행위가 미칠 수 없는 불가항력의 경우에 국가 등의 책임은 면제되고, 판례는 불가항력을 예견가능성과 회피가능성으로 판단한다. 반면, 예산부족은 배상액 산정에 참작사유일 뿐 안전성 판단에 결정적인 사유는 될 수 없으므로 면책사유가 될 수 없다.

(2) 사안의 경우 하천 준설공사 이전에는 어린이가 익사할 정도로 하천의 수심이 깊지 않았지만, 하천 준설공사로 인하여 하천의 수심이 깊어졌다. 이에 대해 C시는 하천 준설공사를 하면서 하천의 수심 변화에 대한 조사를 하였을 것으로 생각되므로 수심의 변화로 인한 위험성을 예견할 수 있었다고 볼 수 있다. 또한 하천 주변에 위험을 알리는 표지판이나 사람의 출입을 금하는 시설을 설치하였다면 乙이 이 하천에서 수영을 하지 않았을 것이므로 사고를 회피할 수 있었을 것이다. 따라서 사안은 불가항력으로 책임이 면책되지 않는다.

III. C시가 관리하는 하천의 종류와 그 사무의 성질에 따른 책임 근거 (보론)

1. 국가하천인 경우

C시가 관리하는 하천이 국유하천이라면 C시장이 국가사무를 관리하는 것이 되어 국가기관위임사무가 된다. 이 경우 일반 국민은 구체적인 사무귀속을 알기 어려우므로 국가배상법 제6조 제1항을 정책적으로 규정하고 있어, 甲은 C시를 상대로 배상청구를 할 수 있다.

2. 지방하천인 경우

C시가 관리하는 하천이 지방하천이라면 C시의 자치사무에 해당하므로 甲은 C시를 상대로 배상청구를 할 수 있고, 국가배상법 제2조와 제5조의 경합문제가 생길 수 있으나, 다수설에 의하면 제5조를 우선 적용하므로 甲은 국가배상법 제5조를 근거로 C시에게 배상을 청구할 수 있을 것이다.

IV. 결 론

사안의 경우, 주관설 이외의 견해에 따르면 C시에게 하천에 대한 설치·관리상의 하자가 인정되고, 면책사유는 없으므로 甲은 C시를 상대로 국가배상법 제5조에 근거한 배상을 청구할 수 있다.

강평

1. 제2문의 2에서 묻고 있는 것은 甲이 C시를 상대로 「국가배상법」 제5조에 근거하여 배상을 청구하는 것을 전제로 하여 "제기될 수 있는 법적 쟁점을 설명하라."는 것이다. 따라서 이 문제의 해답으로는 '제기될 수 있는 법적 쟁점'을 찾는 것부터 시작해야 한다.

'제기될 수 있는 법적 쟁점'으로 배상책임의 요건 중 ① 설치 또는 관리의 하자(흠), ② 하자의 입증책임, ③ 불가항력의 문제, ④ 설치 또는 관리의 하자와 손해의 발생과의 사이에 상당인과관계가 있느냐의 문제, ⑤ 상당인과관계의입증책임, ⑥ 그 밖에 배상의 범위 문제, ⑦ 배상책임자의 문제 등이 있다.

이 중 모범답안에서는 ① 설치 또는 관리의 하자, ③ 불가항력의 문제, ⑦ 배상책임자의 문제를 기술하고 있다. 제기될 수 있는 법적 쟁점을 설명하라는 것이므로 ② 하자의 입증책임 즉 누구에게 입증책임이 있느냐의 문제에 관한 학설과 판례 및 ④, ⑤, ⑥의 문제에도 언급하여야 한다.

2. 모범답안에는 불가항력, 예산부족의 문제를 기술하고 있다. 예산부족의 문제는 법적 책임으로 보기는 어렵다. 따라서 제외하는 것이 좋을 것 같다. "불가항력과 관련하여 모범답안은 불가항력의 경우에 국가 등의 책임은 면제되고, 판례는 불가항력을 예견가능성과 회피가능성으로 판단한다."라고 기술하고 있다. 원래 불가항력의 인정은 객관설에서 나왔다. 따라서 객관설을 취하는 경우에는 모범답안의 기술에 아무런 문제가 없다. 그러나 관리의무위반설을 취하는 경우에는 불가항력을 인정하려는 때에는 설명이 필요하다. 왜냐 하면 관리의무위반설이란 손해방지조치를 게을리한 손해회피의무 위반으로 이해되기 때문이다.

2010년도 입법고등고시 기출문제와 어드바이스 및 답안구성 예

| 제1문(50점) |

국민건강보험공단은 甲이 국민건강보험법 규정에 따라 건강보험의 직장가입자로서의 요건을 갖추고 있음에도 그 가격이 누락되어 있음을 확인하고 甲에게 보험료부과처분을 하였다. 이에 甲은 이를 전액 납부하였으나, 나중에 위 보험료부과처분에 하자가 있다는 사실을 알게 되었다. 이러한 사실관계를 바탕으로 다음의 물음에 답하시오.

(1) 보험료부과처분에 취소사유에 해당하는 하자가 있는 경우, 甲이 이미 납부한 보험료를 돌려받기 위하여 제기할 수 있는 소송에 대하여 검토하시오(제소기간은 준수한 것으로 본다).(35점)

Advice

먼저 논의의 전제로서 보험료부과처분의 처분성을 검토한다. 처분성을 긍정할 수 있다. 이어 보험료를 돌려받기 위해 ① 보험료부과처분 취소소송 ② 부당이득반환청구소송 ③ 국가배상청구소송을 차례로 검토한다. ①의 경우 인용판결을 받으면 기속력을 통해 보험료를 돌려받을 수 있다. ②의 경우 부당이득반환청구의 요건으로서 '법률상 원인 없이'의 충족과 관련해 구성요건적 효력과 선결문제에 관한 쟁점검토가 필요하다. ③의 경우 역시 위법성의 판단과 관련해 구성요건적 효력이 쟁점이 된다. 특히 사안과 같이 금전납부의무를 지우는 행위에 대해서는 국가배상청구를 인정하면 사실상 행정행위의 효력이 부인되는 것과 동일하다는 점에서 추가적 쟁점이 있다.

답안구성 예

Ⅰ. **쟁점의 정리**

Ⅱ. **보험료 부과처분의 처분성**
  1. 처분의 개념
  2. 사안의 경우

Ⅲ. **보험료 부과처분 취소소송과 기속력**
  1. 취소소송 제기 가능여부
  2. 취소판결에 따른 기속력

Ⅳ. **부당이득반환청구소송의 제기**
  1. 문제점

  2. 부당이득반환청구권의 법적성질
  3. 행정처분의 구성요건적효력과 선결문제
  4. 부당이득반환청구권의 성립 요건
  5. 사안의 경우

Ⅴ. **보험료부과처분 취소소송과 부당이득반환청구소송의 병합제기 가능성**
  1. 관련청구소송 병합의 의의
  2. 관련청구소송 병합의 요건
  3. 사안의 경우

---

(2) 보험료부과처분에 무효사유에 해당하는 하자가 있는 경우, 甲이 이미 납부한 보험료를 돌려
　받기 위하여 무효확인소송을 제기하였다면 수소법원은 어떠한 판단을 하여야 하는가?(15점)

Advice

1. 무효사유가 있는 경우에 부당이득반환청구라는 보다 실효적인 권리구제수단을 두고 확인소송을
　제기할 수 있는 지 즉, 법률상이익과 관련하여 확인소송의 보충성이 쟁점이 된다.

2. 무효확인소송의 보충성에 대해 견해의 대립이 있으나 대법원은 민사소송과는 그 목적과 취지를
　달리하고 기속력이 준용되고 있으며 무효확인소송은 항고소송의 일종인 점 등을 논거로 소제기
　가 가능하다고 본다. 따라서 수소법원은 인용판결을 하게 될 것이다.

| 제2문(25점) |

위임명령의 근거와 한계를 논하시오.

Advice

1. 위임명령의 근거와 한계에 대한 약술형 문제이다. 행정입법으로서 법규명령은 위임명령과 집행
　명령으로 구분된다.

2. 목차를 「Ⅰ. 위임명령의 의의와 근거, Ⅱ. 위임명령의 한계」로 잡고, Ⅰ. 과 관련해서는 위임명령의
　의의를 서술한 후 헌법 제75조와 제95조에 위임명령의 헌법적 근거가 있고 이에 따라 각 개별 수
　권법령에서 위임명령의 개별법적 근거를 규정하고 있다는 점을 서술한다. Ⅱ.와 관련해서는 위임
　명령의 한계를 수권 상 한계와 제정 상 한계로 구분한다. 수권 상 한계는 특히 포괄적 위임 금지와

법률전속사항에 대한 위임금지로 나눌 수 있는데 전자는 헌법 제75조의 '구체적으로 범위를 정하여' 라는 부분에서, 후자는 조세법률주의 등 각 헌법조항에서 비롯되는 한계이다. 수권상 한계를 위반하면 '위헌'이 된다. 제정 상 한계는 수권의 범위 내에서 제정되어야 하며, 상위법령을 위반해서는 안되고, 대강을 정하고 재위임이 가능하다는 점 등을 서술한다.

Ⅰ. **위임명령의 의의와 근거**
  1. 위임명령의 의의
  2. 위임명령의 근거

Ⅱ. **위임명령의 한계**

  1. 상위법령의 수권상 한계
  2. 위임명령 자체의 제정상 한계

Ⅲ. **결**

| 제3문(25점) |

의무이행확보수단으로서의 위반사실의 공표를 논하시오.

Advice

1. 의무이행확보수단으로서 위반사실의 공표에 관한 약술형 문제이다. 위반사실의 공표는 새로운 행정의 실효성 확보수단으로서 명예 또는 신용에 대한 압박을 토해 행정법상 의무이행을 확보한다.

2. 목차를 『 Ⅰ. 의의, Ⅱ. 법적 성질, Ⅲ. 법적 근거, Ⅳ. 한계, Ⅴ. 구제수단』 으로 잡는다. Ⅱ. 법적 성질과 관련해서는 명단공표의 처분성이 특히 문제된다. Ⅲ. 법적 근거에 대해서는 명예, 신용 등의 침해를 초래하므로 법적 근거가 필요함을 서술한다. Ⅳ. 한계로는 비례원칙 등 행정법의 일반원칙을 비롯해 법률우위의 원칙에 제약된다는 점을 서술한다. Ⅴ. 구제수단으로는 항고소송 및 국가배상청구, 결과제거 청구의 가능성에 대해 서술한다.

Ⅰ. **공표의 의의**

Ⅱ. **공표의 법적성질**
  1. 학 설
  2. 검 토

Ⅲ. **공표의 법적근거**

Ⅳ. **공표의 한계**

  1. 행정법의 일반원칙
  2. 법률우위의 원칙

Ⅴ. **공표에 대한 구제수단**
  1. 항고쟁송
  2. 국가배상청구소송
  3. 결과제거청구소송

행정법 기출문제 - 답안과 강평 -

초 판 발 행	2018년 01월 05일
전 면 개 정 판 발 행	2018년 12월 05일
전면개정2판 발행	2019년 11월 01일
전 면 개 정 판 발 행	2020년 11월 18일
전 면 개 정 판 발 행	2021년 12월 20일
전 면 개 정 판 발 행	2022년 10월 17일
전 면 개 정 판 발 행	2023년 09월 25일

편 저 자	고시계사 편집국
발 행 인	정 상 훈
디 자 인	신 아 름
발 행 처	고시계사

서울특별시 관악구 봉천로 472
코업레지던스 B1층 102호 고시계사

대 표 817-2400　　팩 스 817-8998
考試界 · 고시계사 · 미디어북 817-0419
www.gosi-law.com
E-mail : goshigye@gmail.com

정가 33,000원　　ISBN　978-89-5822-635-2　　93360

법치주의의 길잡이 70년 月刊 **考試界**